'मेरा बचपन मेरे कन्धों पर'

ज़िन्दगी को ढूँढ़ते हुए

भाग-दो

'मेरा बचपन मेरे कन्धों पर'

ज़िन्दगी को ढूँढ़ते हुए

भाग-दो

श्यौराज सिंह बेचैन

वाणी प्रकाशन

प्रकाशन के उत्कृष्टतम 61 वर्ष

vaniprakashan.com

सजिल्द प्रथम संस्करण : 2024

वाणी प्रकाशन

4695, 21-ए, दरियागंज, नयी दिल्ली-110 002

फ़ोन : + 91 11 23273167, 23275710

शाखाएँ

अशोक राजपथ, पटना-800 004, बिहार

कॉफ़ी हाउस कैम्पस, महात्मा गांधी मार्ग, प्रयागराज-211 001, उत्तर प्रदेश

महात्मा गांधी अन्तरराष्ट्रीय हिन्दी विश्वविद्यालय, वर्धा-442 001, महाराष्ट्र

sales@vaniprakashan.in
vaniprakashan@gmail.com

Zindagi Ko Dhoodhate Hue
by Sheoraj Singh Bechain

ISBN : 978-93-6287-059-9
Autobiography

मूल्य : ₹ 695

आर. टेक ऑफ़सेट प्रिंटर्स, दिल्ली-110032 में मुद्रित

वाणी प्रकाशन का लोगो मक़बूल फिदा हुसैन की कूची से

‘मूकनायक’ के जाने वाले और ‘बहिष्कृत भारत’
के आने वाले शताब्दी वर्षों को समर्पित

-श्यौराजसिंह बेचैन

स्वतन्त्रता दिवस, 15 अगस्त, 2024

अनुक्रम

मनोगत 9

भूमिका : एक अवश्य पठनीय 'आपबीती'–**सुधीश पचौरी** 10

जीवन की तलाश में बेचैन–**प्रियदर्शन** 13

सम्पूर्ण समाज का आईना–**कँवल भारती** 18

यह ज़िन्दगी कष्टकर किन्तु काव्यात्मक है–**विश्वनाथ त्रिपाठी** 24

जो भुलाया ना गया 25

एक नज़र मुड़कर

बदायूँ : पुनि-पुनि पलायन 33

दाख़िले की शर्त : अस्तित्व दाँव पर, जागन यादव की ड्रेस, आशु कवि अवस्थी, मंगो की मौत, ज्ञान, भूख जान और जोखिम, आधी रात का रोना-ब्रज का होना, बड़े बेआबरू होके

अलीगढ़ : मोह-ममता की सूरजमुखी 69

भूख से मरी थी माँ, सन्नू की सहायता और सिखों पर संकट, नूरपुर : भावना नहीं रही, उन्नाव, औरत की गुलामी, श्यौराज कूँ तो मैं जिन्दौ जराइ देतो, माँ की मौत का ज़िम्मा मेरी पढ़ाई पर, एस.एम. कॉलेज की ओर, नेता-कुनेता, बाबूजी, पंजाब : भाग नहीं तो..., मलखान सिंह यादव पर किताब, मिर्ज़ापुर का मुशायरा और 'मास्को' स्कूल

चन्दौसी : पेंशन वृद्धाओं की और हमला हम पर 122

नयनी, लड़की को भगा कर ले जा, राधेश्याम : रेवाराम का विस्तार

कॉमरेड : जाति-भेद समस्या नहीं है... 163

शहरिया की पदयात्रा, मामा अमरसिंह–'ख़लीफ़ा', मैं तेरी मेहमान, बरेली

छात्रावास, भीख से तुच्छ वजीफ़ा और हिस्सेदार, पाली के पथ में, चन्दौसी : चाय की दुकान, बिलारी, झुकाव इस्लाम की ओर, बरेली बी.एड., चन्दौसी : काव्य संगोष्ठी, आर.के. जावेद का पत्र, वे मेरी गोद में सो गये और इतिहास हो गये, चन्दौसी, आम जनता से अपील, अस्पृश्यता की आग, वाल्मीकि दूल्हा, नदरोली : सिरी है गओ है श्यौराज, दूल्हा ख़ाँ : औचित्य का प्रश्न और दलित, काश! वे आत्मकथा लिख पाते, 'बेचैन' क्यों?, वाल्मीकि बस्ती का भोजन और सवर्ण-हिन्दुओं का हाज़मा, दिल्ली : 'अजय भवन' में पढ़ाई, ताऊ से अन्तिम मुलाक़ात, पीएच.डी. संकट में, ब्राह्मणवाद गायब, मुलाक़ात, डी.लिट. और शवयात्रा

अम्बेडकरी पत्रकारिता पर पहली पीएच.डी. **273**

डॉ. हुसैन बनाम रानी, दिल्ली : शिक्षक के नाते, बिजेन्द्र सिंह यादव प्रधान, दिल्ली : छात्र नहीं शिक्षक, विवाह की बातें, 'पढ़ ले' कोई कहने वाला नहीं था, शहीद भगत सिंह के निमित्त, कुलकर्णी का करिश्मा, रामचरन लेखोनवीस की चादर, छूत से भयाक्रान्त ब्राह्मण, चन्दौसी : बहादुर दलित बेटी या पुलिस

ब्राह्मण की रसोई का स्वाद **296**

शास्त्री जी का स्वराज और गंगी की गुलामी, शूद्रों की छुआछूत, नदरोली : 'लुटिया फोड़ा', भोजन-भेद, अम्बेडकर कॉलेज में : मुख्यमन्त्री का फ़ोन, सहजीवन की घोषणा को लेकर मीनू, पापा जी, बिन मँगनी बिन गौना, मीलों दौड़ी मोना, इलाहाबाद कौशाम्बी, चन्दौसी : बुधिया नानी के निवाले, नानी की डायरियाँ और अन्य पाण्डुलिपियाँ, मुझे जुआ क्यों नहीं भाया, मेरी पंजाब यात्रा : साहित्यकार के साथ, मृत्यु भोज, मैं छिका हुआ, शिमला में सुखविन्दर पाल सिंह (S.P. Singh)

Appendix **366**

आभार **371**

मनोगत

पस्त-हिम्मत, हमसफ़र थे

पुरखतर थे रास्ते
कौन था मेरे लिए,
मैं था किन के वास्ते?
कौन से सपने नयन में
हसरते—मंज़िल थी क्या?
किस तरह चलता रहा मैं
और आ पहुँचा कहाँ?
सोचता हूँ कुछ लम्हे,
मैं ठहरकर सब से मिलूँ
फिर यह मौक़ा हो न हो
कुछ गुफ़्तगू करता चलूँ।
'मूक भारत' भी मुखर हो,
मुक्ति का समवेत स्वर हो
सबको रोटी, सबको घर हो
सार्थक तब तो सफ़र हो।

II

बचपन के जिस पड़ाव पर
छूटा था कल सफ़र
आगाज़ वहीं से किया
साहस बटोर कर।
चल तो रहा हूँ दूर
पहुँचने की सोच कर
गुज़रे सफ़र को देख
रहा लौट-लौट कर।
कल फिर मिलूँगा आप से
वायदा लिया था कर।
एक बोझ-सा लदा,
रहा ज़हनो-जमीर पर—
अब आप का दिया—
किया है आप की नज़र।
जिस भी तरह से—
आ गया बचपन गुज़ार कर।
लेकिन मैं नहीं,
आ सका यादें बिसार कर।
होने को तो हर—
फूल की रंगत मेरा लहू
दावा मगर नहीं—
किया मैंने बहार पर।।
ढूँढ़ने जीवन चला था,
पर सफ़र आसाँ न था
रास्ते परिचित नहीं थे,
मालूम न थी मंज़िल कहाँ?
गिरना-उठना, रुकना—
चलना कशमकश जारी रही।
जो सहा था, सो कहा,
यह पेशकश भारी रही।
जो लिया दुनिया से,
दुनिया को दिया—
वास्ते अपने न कुछ चाहा,
न तैयारी रही।
नफ़रत को प्यार
दर्द को आराम बनाकर
लौटा रहा हूँ
आपका सामान सजा कर।

डॉ. श्यौराज सिंह बेचैन
सीनियर प्रोफेसर एवं पूर्व हिन्दी विभागाध्यक्ष
दिल्ली विश्वविद्यालय तथा
पूर्व अध्येता : एडवांस स्टडी, राष्ट्रपति निवास, शिमला
निवास-1/122, वसुन्धरा, ग़ाज़ियाबाद-201012
ई-मेल—sheorajsinghbechain@gmail.com
seniorprofsheorajsingh@gmail.com
मो.: 9718371808

भूमिका

एक अवश्य पठनीय 'आपबीती'

श्यौराज सिंह 'बेचैन' की 'आत्मकथा' के दूसरे खण्ड का नाम 'ज़िन्दगी को ढूँढ़ते हुए' पहले खण्ड 'मेरा बचपन मेरे कन्धों पर' से आगे की कहानी कहता है।

यदि पहला खण्ड हर तरह से वंचित दलित समाज के चौतरफ़ा अभावों और बेसहारेपन की सत्यकथा कहता है, जहाँ श्यौराज का दलित वर्ग/वर्ण उच्चवर्ग के भेदभाव से तो परेशान है ही अपने जैसे अन्य दलितों के बीच से आते भेदभाव से भी ग्रस्त है।

श्यौराज जैसा दलित बालक बचपन से ही अपने यथार्थ अस्तित्व के प्रति बेहद सजग और संवेदनशील है। बचपन से युवावस्था तक झेले गये अनन्त अभावों, अपमानों, अन्यायों और नाना प्रकार के जाति-जन्य अन्यायों से चौबीस बाई सात के हिसाब से आहत दलित ज़िन्दगी की दिलों को दहला देने वाली यह विकट आपबीती को एक बार पढ़कर आप कभी भूल नहीं सकते। यह आपबीती आपसे भी सवाल पूछती चलती है कि जब एक बड़े समाज का जीवन इतना कठिन है तो आप इतने चैन में क्यों हैं? श्यौराज की सजगता जिस बेचैनियत को पैदा करती है, उसी से श्यौराज बेचैन बनते हैं, उनका यह उपनाम एकदम सटीक है।

लेकिन इस दूसरे खण्ड में कुछ होश सँभालते किशोर से युवक होते श्यौराज सिंह बेचैन की उच्च से उच्चतर शिक्षा प्राप्त करने की गहरी ललक, लेकिन घोर अभावों और अन्यायों के कारण शिक्षा प्राप्त करने के हर क़दम पर निरे भेदभाव और अभावजन्य अन्यायों की कहानी कहता है।

श्यौराज में उत्कट जिजीविषा है, अपने दलित होने का पल-पल गहरा अहसास है। वे किसी भी कठिनाई के आगे हार नहीं मानते।

एक 'हार में या जीत में, किंचित नहीं भयभीत मैं' की ज़िद वाले श्यौराज की यह प्रतिरोधात्मक आपबीती कई दलित लेखकों की आपबीती से अलग महसूस होती है।

किशोर से युवक होते श्यौराज ने जिस तरह के और जितनी तरह के भेदभाव और अन्याय झेले और फिर भी आगे बढ़ने की ललक के साथ ही अपने दलित समाज के बीच अलख जगाना, चन्दौसी, मुरादाबाद, बरेली, आगरा, अलीगढ़ के गाँवों-क़स्बों में डॉ. बाबा साहब भीमराव अम्बेडकर के नाम से सभाएँ करना, उनकी मूर्ति स्थापित करने के लिए आन्दोलन चलाना, अम्बेडकर युवा क्लब चलाना, दलितों को बराबरी का दरजा मिले–ऐसे विचारों के बीज बोना और दलित चेतना व आन्दोलनों को आगे बढ़ाना, लाइब्रेरी बनाना, सामाजिक न्याय के आन्दोलनों में हिस्सा लेना, साथ ही हज़ार कठिनाइयों के बावजूद पढ़ना, स्कूलों में दाख़िला लेना, वहाँ के हज़ार तरह के भेदभावों के बीच किसी तरह अपना पढ़ना जारी रखना और इस लम्बी दुर्वह यात्रा में साथ आये मित्रों, परिवारों, जगहों व अख़बारों के नामों को तिथिवार याद रखना और दूसरे खण्ड में इस सबको लिखना और लगभग असम्भव-सी स्थितियों में भी अम्बेडकर के विचारों को आगे बढ़ाते चलना...यह आपबीती का एक अलग अनुभव है। इस समूची प्रक्रिया में वे एक 'नये दलित क्रान्तिकारी' की तरह नज़र आते हैं।

सब सहते हुए लेकिन एक पल को भी कहीं 'सेल्फ पिटी' और 'हाय रे दुर्भाग्यता-हतभाग्यता' का परिताप करने की जगह, उनको अपने अस्तित्व की कंडीशन मान और अपने कुछ शुभचिन्तकों व साथियों के सहयोग से उनसे भी आगे निकलने की ज़िद, श्यौराज को एक नये प्रेरणादायक व्यक्तित्व का स्वामी बनाती है।

इस जीवन यात्रा में यह तेजस्वी व होनहार युवक ज्यों-ज्यों आगे बढ़ता जाता है, त्यों-त्यों उसकी चुनौतियाँ बढ़ती जाती हैं।

एक चुनौती उच्चतर शिक्षा प्राप्त करने की है तो दूसरी चुनौती, समाज में मौजूद भयानक वर्णभेद पर वर्ग संघर्ष का परदा डालने वाले कम्युनिस्ट पार्टी के कुछ कामरेडों से है और तीसरी चुनौती अपने पढ़े-लिखे होने, अच्छे और प्रतिभाशाली वक्ता होने, सोशल एक्टिविस्ट होने और अपनी जाति में बहुत-सी कन्याओं के माता-पिताओं के लिए उन पर शादी के लिए डाले जाते दबावों और फिर पीएच.डी. करने में एक कामरेड द्वारा किये जाते षड्यन्त्र से निपटने की है जिसमें श्यौराज के सुपरवाइजर प्रसिद्ध हिन्दी कवि प्रो. वीरेन डंगवाल आगे बढ़कर मदद करते हैं।

इस खण्ड में वे किशोरावस्था से ही बहुत अच्छे वक्ता नज़र आते हैं। उनके धाराप्रवाह भाषण की कला ही, जाति भेदभाव के कारण, एक स्कूल में न हो सकने वाले दाख़िले को सम्भव कराती है, यहाँ भी स्वभाव से उदारतावादी अध्यापक उनके इस गुण के ग्राहक और अकुण्ठ प्रशंसक बन जाते हैं।

उनकी याददाश्त बहुत अच्छी है। वे अपने भाषणों में बहुत आसानी से बहुत-सी प्रसिद्ध कविताओं व शायरी के साथ अम्बेडकर समेत बहुत से चिन्तकों को उद्धृत कर भाषणों को और भी प्रभावी बना देते हैं। यह खण्ड यह भी बताता है कि वे एक आशु कवि भी हैं, उनकी स्वरचित कविताएँ इसी संघर्षकाल में लिखी गयीं जिनको उन्होंने यथा प्रसंग उद्धृत किया है।

इस खण्ड का अन्त अम्बेडकर कॉलेज में डॉक्टर श्यौराज सिंह बेचैन से होता है।

श्यौराज की यह 'आपबीती', एक दलित युवक के जीवन में आती हज़ार आफतों के बारे में 'ग्राफिक डिटेल्स' के साथ बताती है लेकिन यहाँ किसी के प्रति एक 'शिकायत' नहीं है। यह श्यौराज के अपने प्रति गहन आत्मविश्वास का प्रमाण है। यह आत्मविश्वास उनको अपने कई सहवर्गी साथियों के लेखन से अलग करता है। वे किसी की लकीर न छोटा करते हैं न मिटाते हैं बल्कि अपनी लकीर को बड़ा करते हैं।

मेरी नज़र में श्यौराज की 'आत्मकथा' का दूसरा खण्ड 'ज़िन्दगी को ढूँढ़ते हुए' एक अवश्य पठनीय 'टेक्स्ट' है।

—सुधीश पचौरी

जीवन की तलाश में बेचैन

जिन लोगों ने 'मेरा बचपन मेरे कन्धों पर' पढ़ रखी होगी, उन्हें निस्सन्देह बहुत बेचैनी से उसके दूसरे खण्ड का इन्तज़ार रहा होगा। अब 15 वर्षों के अन्तराल पर वह खण्ड आ गया है–बताता हुआ कि श्यौराज सिंह बेचैन अपने बचपन से जो सलीब ढोते आ रहे हैं, वह अब भी उनके छिले हुए कन्धों पर टँगा हुआ है और उन्हें बताता रहता है कि उनके लिए एक-एक कदम बढ़ना किसी पहाड़ पर चढ़ने की चुनौती जैसा है।

वह पहला खण्ड पढ़ते हुए इन पंक्तियों के लेखक ने इसरार किया था कि यह आत्मकथा पूर्वग्रहों से मुक्त होकर पढ़ी जानी चाहिए। वह कौन से पूर्वग्रह हैं जिनसे मुक्ति की बात की जा रही थी? पहला तो यही कि दलित और कुछ नहीं करते तो आत्मकथा लिखने बैठ जाते हैं। दूसरी यह कि ये सारी आत्मकथाएँ एक जैसी होती हैं। दुर्भाग्य से ये दोनों पूर्वग्रह अब भी बने हुए हैं–बल्कि उनमें कुछ नए पूर्वग्रह भी जुड़ गये हैं–मसलन यह कि इन दिनों अस्मितावादी विमर्श के इस दौर में दलित लेखन को अनावश्यक महत्त्व मिलता है। या फिर दलित साहित्य का अपना सौन्दर्यशास्त्र या समाजशास्त्र नहीं है–वह एक पूर्वाग्रह की कोख से निकला है। जबकि इन एक-दो दशकों में साहित्य की दलित धारा में काफी पानी बह चुका है।

सच क्या है? यह बात समझने में यह किताब हमारी काफ़ी मदद कर सकती है। यह आत्मकथा पूरी तरह श्यौराज सिंह बेचैन की है। हो सकता है, जो अनुभव उन्हें हुए, वे दूसरों को भी हुए, लेकिन बेचैन से बाहर इस कथा का वजूद नहीं है। इसे पढ़ते हुए हम जान पाते हैं कि जो बेचैन करने वाली, तड़कने वाली सच्चाई किताब के पन्नों से उठ कर हम तक आ रही है, वह किसी सरलीकरण या सामान्यीकरण का उत्पाद नहीं हो सकती। जो लोग दलित कथाओं के इकहरेपन की शिकायत करते हैं, वे दरअसल उन्हें नजदीक से देखना-महसूस करना ही नहीं चाहते। उनकी निगाह उन सैलानियों जैसी ही होती है जो किसी गाड़ी पर बैठे एक के बाद एक

जंगल, पहाड़ और पेड़ पार होते देखते हैं और समझते हैं कि सारे पेड़, सारे पत्थर एक जैसे ही हैं–सब में एक जैसा हरापन ही है।

जाहिर है, इस कथा को समझने के लिए इसकी आत्मा में उतरना होगा। वह अभिजात चश्मा हटाना होगा जो हमारे साहित्यिक मूल्यांकन का आधार बनाता है। हमें ज़िन्दगी की सँकरी, आड़ी-तिरछी, कीच और गन्ध की मारी गलियों में उतरना होगा और यहाँ पाँव रखते हुए भाषा की शुद्धता, शिल्प की कसावट और कथ्य की बुनावट को कतिपय स्थगित भी करना होगा। साहित्य सजा-सजाया बाग़ नहीं होता, वह एक शिल्पविहीन जंगल भी होता है, जिसके अपने अँधेरे होते हैं, अपनी जटिलताएँ भी।

यह आत्मकथा वहाँ से शुरू होती है जहाँ श्यौराज किसी भी सूरत में पढ़ाई जारी रखने पर आमादा हैं और दसवीं करने के बाद स्कूल में दाख़िला चाहते हैं। संकट यह है कि **अगर वे मेहनत-मज़दूरी न करें तो खाना मुहाल हो जाये और मेहनत-मजदूरी में लगे रहें तो पढ़ाई छूट जाये**। जिस मास्टर प्रेमपाल सिंह यादव से अब तक पढ़ाई में मदद मिली, उनके स्वार्थ स्पष्ट हैं। श्यौराज उनके यहाँ बेगारी करें तो खाना मिल जायेगा, अगर नहीं करते तो फिर ये अपना जानें। लेकिन भूख और अक्षर के बीच के इस द्वन्द्व में पड़े रहें तो वह ज़रूरी बात छूट जायेगी जिससे पता चलता है कि श्यौराज के लिए मज़दूरी का असली मतलब क्या था? मज़दूरी अपने आप में बहुत शिष्ट शब्द है। श्रम से किसी को परहेज नहीं होना चाहिए। लेकिन श्यौराज जैसे लोगों के हिस्से जो श्रम आता है, वह उन्हें मनुष्य नहीं, जानवर बनाये रखने के अभ्यास के तहत आता है। वे बचपन में ही बहुत सारे ऐसे विषम काम करते हैं। जैसे चमड़े उतारने का काम, अख़बार बेचने का काम, जूते पॉलिश करने का काम, बेलदारी का काम, कुएँ चिनने का काम, हल जोतने, ईख काटने जैसे काम उनके हिस्से आते रहे हैं और यह कुएँ चिनने का काम कैसा होता है? श्यौराज बताते हैं–'कुएँ का काम मकान की चिनाई की तुलना में ज़्यादा जोखिम भरा होता था। इसलिए कि नौ इंच की गोलाकार दीवार पर बैठ कर ही पूरा कुआँ बाँस की परकार के सहारे चिना जाता था और सीमेंट मसाले पर रखी भीगी ईंट मसाले पर पाँव साधे रखना 'नट' द्वारा रस्सी पर साधने जैसा होता था। ज़रा फिसलते ही समझो, अन्दर या बाहर दोनों ओर साठ-सत्तर फुट के गड्ढे में चले गये।' फिर यह काम जून-जुलाई की चिलचिलाती धूप में होता था, जब सर से पाँव तक वे पसीने से भीगे रहते थे।

क्या यह सिर्फ़ गरीबी का अभिशाप है जो श्यौराज सिंह बेचैन ने भोगा? यह समझने के लिए बहुत गहरी मीमांसा की ज़रूरत नहीं पड़ती कि यह दरअसल दलित होने की त्रासदी है जो उनके जीवन के सपने को खाये जाती है। श्यौराज सिंह किताब के शुरू में ही बहुत तकलीफ़ से याद करते हैं कि उनके जन्म से 14 साल पहले इस देश के संविधान का जन्म हुआ। यह संविधान-स्वतन्त्रता समता की गारंटी देने वाला था, लेकिन यह महज एक किताब रह गया और 14 साल बाद पैदा हुए बच्चे का साबिका ज़िन्दगी नाम की उस किताब से पड़ा जिसमें उसके हिस्से बस अछूतपन, उपेक्षा और संघर्ष लिखे थे।

श्यौराज के पढ़ने और बढ़ने की कहानी बहुत मद्धिम और कभी-कभी नाटकीय ढंग से आगे बढ़ती है। ख़ासकर **11 की कक्षा में उनका दाख़िला तो बिल्कुल एक बच्चे के नायकत्व की गाथा है।** उनके गाँव के लोग जानने लगे हैं कि श्यौराज बचपन से कविताएँ लिखता है, स्कूल का प्रिंसिपल भी उन्हे जानता है, लेकिन वह कहता है कि अब तो दाखिले का समय निकल चुका। अब कुछ नहीं हो सकता। फिर वही एक रास्ता निकालता है। वह बताता है कि 15 अगस्त को स्कूल में वाद-विवाद प्रतियोगिता है, उसमें वह बाहरी छात्र की तरह दाखिल होकर अगर पुरस्कार जीत लेता है तो उसका नामांकन हो जायेगा। श्यौराज सिंह बाक़ी लोगों द्वारा हतोत्साहित किये जाने के बावजूद कविता लिखते हैं, अपने अन्धे गंगी बब्बा को बार-बार सुनाते हैं, तैयारी करते हैं और अन्ततः इनाम भी जीत लाते हैं और दाखिला भी। लेकिन यह दाखिला काफ़ी नहीं है। क्योंकि अब उन्हें स्कूल ड्रेस चाहिए, जिसके बिना पीटी टीचर क्लास में घुसने नहीं देंगे। इसका इन्तज़ाम भी एक दारुण कहानी है।

आत्मकथा के इस खण्ड से गुज़रते हुए एक बात और समझ में आती है। श्यौराज जैसे किसी बच्चे का मुक़ाबला सिर्फ़ उस व्यवस्था से नहीं है जिसमें अगड़ी या मझोली जाति वाले शोषकीय भूमिका में हैं, उन अपनों से भी है जो एक स्तर पर यह शोषण झेलते भी हैं और करते भी हैं। जीवन के अभावों और सन्त्रासों ने उन्हें मनुष्य कम रहने दिया है–वे झूठ बोल सकते हैं, झगड़ा कर सकते हैं, आगे बढ़ते किसी शख़्स को रोकने की कोशिश कर सकते हैं, किसी का मनोबल तोड़ने के लिए किसी हद तक भी जा सकते हैं। यह दूसरा मोर्चा है जो लगातार बेचैन जी जैसे लेखक को भटकाता रहता है।

लेकिन जब इतने मुश्किल हालात हैं तो फिर जूते गाँठने वाला, चमड़े उतारने वाला, कुएँ की दीवार चिनने वाला एक बच्चा इस मोड़ तक कैसे चला आता है

जहाँ वह **देश के सबसे नामी विश्वविद्यालय के एक विभाग का प्रमुख हो पाता है?** वह भी किसी रियायत पर नहीं अनारक्षित विशुद्ध मेरिट पर। इस सवाल का ब्योरेवार उत्तर मिलना अभी बाक़ी है, जिसके लिए शायद हमें उनकी आत्मकथा के तीसरे खण्ड की प्रतीक्षा करनी पड़े।

लेकिन दो बातें फिर भी स्पष्ट हैं। एक तो यह कि सामाजिक भेदभाव की सदियों पुरानी लकीरों को पाटने वाले कुछ संवेदनशील लोग हर दौर में रहे हैं जो श्यौराज सिंह बेचैन की मदद में आगे आते हैं–बेशक, अपनी सीमाओं के भीतर और बहुधा अपने स्वार्थों से संचालित–लेकिन यह मदद भी उस बच्चे के लिए मूल्यवान है–डूबते को ऐसे तिनके के सहारे की तरह, जो उसे थाम कर किनारे तक पहुँच गया है। जाहिर है, इसके पीछे अपने बहुत सारे झोल के बावजूद उस आधुनिक शिक्षा की भी भूमिका रही है जो समता का पाठ पढ़ाती है और बताती है कि सबको बराबरी हासिल करने का हक़ है।

दूसरी बात यह समझ में आती है कि **श्यौराज सिंह बेचैन से 14 साल पहले पैदा हुए इस देश के संविधान ने श्यौराज के लिए फिर भी ऐसी व्यवस्था की है जिससे अछूत समझे जाने वाले, सबसे निचले दर्जे के माने जाने वाले काम में लगाये जाने वाले, तबकों को ऊपर उठने का मौक़ा मिला।** यह आरक्षण की मजबूरी न होती तो एक नौकरीपेशा समुदाय के रूप में दलित खड़े न हो पाते। लेकिन वे हैं और उनकी उपस्थिति यह सुनिश्चित कर रही है कि सारे छल-प्रपंच के बावजूद श्यौराज सिंह बेचैन जैसे लोग हर बार न ठगे जायें–अन्तिम जीत उनकी हो।

यह आत्मकथा एक और महत्त्वपूर्ण तथ्य की ओर इशारा करती है। श्यौराज सिंह बेचैन की बेचैनी का सिर्फ़ निजी पक्ष नहीं था–उसका एक सार्वजनिक पक्ष भी था। उन्होंने बस अपने पढ़ने और बढ़ने की लड़ाई नहीं लड़ी, बल्कि एक समुदाय के रूप में दलितों के संघर्ष में हिस्सा भी लिया और एक समाज के रूप में लगातार उस बड़े हिस्से से संवादरत रहे जिसे इस मुद्दे पर संवेदनशील बनाने की जरूरत थी और बहुत दूर तक अब भी है। एक सामाजिक कार्यकर्ता के रूप में, एक पत्रकार के तौर पर, एक स्तम्भकार की तरह और अन्ततः एक लेखक की भूमिका में उन्होंने अपनी निजी तकलीफ़ के सार्वजनिक पक्ष को समझने की कोशिश की। इस काम में अध्ययन और अनुभव दोनों उनकी मदद करते रहे। स्कूल में दाखिले के लिए जो कविता उन्होंने लिखी, उसके पहले वह बहुत सारा रूसी साहित्य पढ़ा, जो उन दिनों सहज-सुलभ था। बोल्शेविक क्रान्ति, **मार्टिन लूथर किंग** और **दास प्रथा** के विरुद्ध **लिंकन** के संघर्ष ने उन्हें विशेष तौर पर प्रभावित किया। जाहिर है, समतामूलक समाज की कल्पना या इसका सपना उनके अनुभव और अध्ययन दोनों

के बीच उनके भीतर पल्लवित होते रहे। किताब में एक दिलचस्प हिस्सा यह है कि वे साहिर का मशहूर गीत उद्धृत करते हुए उसे बदलने की सोचते हैं–'तू हिन्दू बनेगा, न मुसलमान बनेगा, इन्सान की औलाद है इन्सान बनेगा।' बेचैन लिखते हैं–'अगर वहाँ मेरे जैसा दलित कवि होता तो ज़रूर लिखता–

न तू ब्राह्मण बनेगा न अछूत बनेगा
तू भारती है भारती का पूत बनेगा
इन्सानियत की क़द्र करे जान से बढ़ कर!
पैगामे समानता का अग्रदूत बनेगा।

तो यह भी कहा जा सकता है कि जीवन के इतने सारे दुर्दान्तक संघर्षों के बीच अगर वे बचे रहे तो इसका कुछ श्रेय उस साहित्य को भी जाता है जिसने उनके भीतर एक रास्ता बनाने लायक ऊर्जा भरी, कुछ रास्ता भी दिखाया। कविताएँ न होतीं तो न आसपास की दुनिया श्यौराज नाम के बच्चे को पहचानती, न वह स्कूल जा पाता और न ही यह आत्मकथा हमारे सामने आती। **यह अनायास नहीं है कि यह आत्मकथा एक कविता से शुरू भी होती है और दूसरी कविता-पंक्तियों पर ख़त्म भी होती है।**

वैसे इस आत्मकथा में श्यौराज ने एक युक्ति का भी सहारा लिया है–वह अतीत की बात करते-करते बाद के समय पर लौटते हैं और फिर अतीत तक जुड़ते हैं। इससे कुछ फ्लैश बैक सा भी अनुभव होता है और कुछ बदलते हुए हालात का अन्दाज़ा भी मिलता है।

आत्मकथा में बहुत सारे निजी प्रसंग भी हैं जिनमें आत्मीयता, दुख, शिकायत और तकलीफें शामिल हैं। पत्नी रजत रानी मीनू से ब्याह का दिलचस्प प्रसंग है, उनकी पढ़ाई और उनके साझा संघर्ष का जिक्र है, बहन मनोरमा से मिली व्यथा है और ऐसे अनेक प्रसंग हैं जिनमें अपनों ने उनको दग़ा दिया–यहाँ तक कि वैचारिक साथियों ने भी उनकी आड़ लेकर ही उनको किनारे किया–मसलन, एक अवसर उनके लिए **मास्को** जाने का निकलता है, लेकिन वह एक नेताजी अपनी बेटी के नाम कर देते हैं।

मुझे यक़ीन है कि यह आत्मकथा 'ज़िन्दगी को ढूँढ़ते हुए' श्यौराज सिंह बेचैन के 'मेरा बचपन मेरे कन्धों पर' की ही तरह समादृत होगी, इसे धीरज से पढ़ेंगे तो जीवन की तलछट में चल रहे उन अन्यायों पर ज्यादा बारीकी से विचार कर पायेंगे, जिनमें कुछ हिस्सा हमारा भी है। श्यौराज सिंह बेचैन को इस पुस्तक के लिए फिर से बधाई।

28 जुलाई, 2024

—प्रियदर्शन

सम्पूर्ण समाज का आईना

कहावत है कि किसी चीज़ की जब ढूँढ़ाई होती है, तब कुछ और चीजें भी अचानक मिल जाती हैं। ऐसा ही आज हुआ, हार्डडिस्क में एक लेख ढूँढ़ते हुए बेचैन जी की आत्मकथा पर लिखा हुआ यह लेख अचानक सामने आ गया। यह लगभग पन्द्रह साल पहले लिखा गया होगा।

डॉ. श्यौराज सिंह बेचैन की आत्मकथा 'मेरा बचपन मेरे कन्धे पर' को पढ़ने के बाद लगा कि मैं अपनी सदी में नहीं हूँ, जैसे-जैसे मैं इसे पढ़ता गया, वैसे-वैसे अपने देश के लोकतन्त्र और उसके बारे में गढ़े गये सारे नारे ध्वस्त होते चले गये। बीसवीं सदी का सारा हिन्दी साहित्य बेमानी नज़र आने लगा। व्यवस्था बदलने की राजनीति के सारे दल पाखण्ड दिखाई देने लगे। एक किताब सारे समाज को नंगा करती चली गयी, गांधीवाद को भी और लोकशाही को भी। **डॉ. धर्मवीर** ने अपने कविता संग्रह 'हीरामन' (1987) की भूमिका में सारे दलितों की ओर से उनके सदियों के सन्ताप से उद्वेलित होकर लिखा है, "आवश्यकता इस बात की अधिक हो गयी है कि मनुष्य को थोड़ा नंगा किया जाय। यदि ऐसा कहना किसी को अश्लील लगता हो, फिर समाज को नंगा किया जाये। कहने का तात्पर्य यह कदापि नहीं कि इतिहास के एक दम विरोध में जाया जाये। इससे भिन्न, समस्या इस बात को जानने की है कि इन सभ्यताओं और संस्कृतियों के मूल में कौन-सा सत्य ठहरा हुआ है।" डॉ. बेचैन की आत्मकथा इसका सटीक जवाब है। डॉ. धर्मवीर ने एक और बात बड़े दुखी मन से कही है, "इस देश में और कुछ भले ही हो गया है, निर्धन के भाग्य ने पलटा नहीं खाया है।"

यहाँ हमारे प्रगतिशील चिन्तक कह सकते हैं कि यदि निर्धन के भाग्य ने पलटा न खाया होता, तो **कबीर, रैदास और डॉ. अम्बेडकर जैसे महापुरुष कैसे हो गये? बराक ओबामा कैसे अमेरिका के राष्ट्रपति बन गये? गोर्की, मार्क्स और बालजाक को आज कौन जानता?** लेकिन ये कुछ व्यक्तियों के उदाहरण

हैं, जिन्हें उनके संघर्ष और उनकी जिजीविषा ने महान बनाया था। सामूहिक रूप से यहाँ दलितों की निर्धनता कभी दूर नहीं हुई। निर्धनता ने उनसे वह कराया, जो करने योग्य नहीं था, वह खिलाया, जो खाने योग्य नहीं था और वह पहनाया, जो पहनने योग्य नहीं था। उसने उन्हें आदमी नहीं बनने दिया, दलित कवि **मलखान सिंह** के शब्दों में कहूँ तो गरीबी ने उसे दो पाय का जानवर' ही बनाये रखा। लेकिन यह निर्धनता दलित की थी, सवर्ण की नहीं। सामान्यतया गरीबी ने सवर्णों से वह नहीं कराया, जो करने योग्य नहीं था, वह नहीं खिलाया, जो खाने योग्य नहीं था और वह नहीं पहनाया, जो पहनने योग्य नहीं था।

श्यौराज सिंह बेचैन ने अपनी आत्मकथा में अपनी पाँच साल की उम्र से लेकर हाई स्कूल पास करने की उम्र तक की अपने संघर्ष का वर्णन किया है। यह संघर्ष एक दलित का भी है और एक बाल मजदूर का भी है, एक गुलाम का भी है और एक भूमिहीन और सर्वहारा चमार का भी है और इससे भी बढ़कर यह आजाद भारत के एक गुलाम समाज की कहानी है, जो बताती है कि स्वतन्त्र भारत के शासक वर्ग ने और चाहे जो किया हो, पर वह दलितों को एक सम्मानित जीवन देने में असमर्थ रहा।

दलित कवि **डॉ. सोहनपाल सिंह सुमनाक्षर** ने 1990 में एक कविता लिखी थी, 'लिख डालो इतिहास नया', जिसकी ये पंक्तियाँ भारतीय समाज के विद्रूप को चित्रित करती हैं–

हमारा संविधान है महान
जो सभी को बराबर का सम्मान देता है
लेकिन जहाँ सम्मान निश्चित है जन्म से पूर्व
वहाँ यह बात कौन सुनेगा?
कौन तुम्हें बराबर का सम्मान देगा? हमारा संविधन है महान
जो सभी को बढ़ने के बराबर अवसर देता है
लेकिन जहाँ समृद्धों की मुट्ठी में बन्द है सारी प्रगति
वहाँ यह बात कौन सुनेगा?
कौन तुम्हें आसानी से आगे बढ़ने देगा?

श्यौराज सिंह बेचैन ने 1960 में पश्चिमी उत्तर प्रदेश के जिस नदरोली गाँव में जन्म लिया, जहाँ वे पले-बढ़े और जहाँ-तहाँ रोटी के लिए बाल मजदूर के रूप में भटके, वहाँ उन्होंने इसी विद्रूप को पूरे सामाजिक परिवेश में अपनी आँखों से, अपने हाथों से और अपने पेट से जिया था।

डॉ. अम्बेडकर ने गुलाम-प्रथा और उसके समकक्ष दलित की स्थिति का तुलनात्मक अध्ययन करते हुए एक जगह लिखा है कि गुलाम-प्रथा में गुलाम को रोटी, कपड़ा और घर देने का दायित्व मालिकों का था। मालिक यह व्यवस्था करने के लिए बाध्य होता था। किन्तु दलित के लिए अपनी रोजी-रोटी और मकान की कोई सुरक्षित व्यवस्था सम्भव नहीं थी। दलित के सम्बन्ध में ऐसा कोई नियम नहीं है कि उसे सुरक्षित रूप से तब तक दाना-पानी मिल सके, जब तक उसे कोई काम नहीं मिल जाता। अम्बेडकर कहते हैं कि 'अछूतों को हिन्दू समाज व्यवस्था में कोई सुविधा प्राप्त नहीं है। उसके लिए सभ्य जीवन का कोई रास्ता नहीं खुला है। हिन्दुओं में से कोई भी अछूत को रोजी-रोटी और घर मुहैया कराने के लिए जिम्मेदार नहीं है और न उसे जीवित रखना किसी की जिम्मेदारी होती है।'

श्यौराज का बचपन गुलामी से भी बदतर इस नारकीय जीवन का साक्षी ही नहीं, भोक्ता भी है। जब **प्रेमपाल सिंह यादव** के खेतों में हल चलाते हुए उसका पैर कट जाता है तो खून बहते पैर की मरहम पट्टी और इलाज कराना तो दूर, उस दिन प्रेमपाल सिंह यादव की पत्नी उसे रोटी तक नहीं देती है। बेचैन लिखते हैं, "शाम को मैं लाठी के सहारे लँगड़ाता हुआ फिर अनौखिया 'बऊ' (प्रेमपाल सिंह की पत्नी) के पास गया, इस उम्मीद से कि वे मुझे खाना खिला देंगी। परन्तु बऊ ने उलटा इस बात का ताना सुना दिया कि "पाँउ काटि लाये, अब खेतु कौन जोतेगो? घर खाली पढ़े कहाँ ते खाउगे?" यदि मैं स्वतन्त्र काम कर रहा होता, तो एक दिन काम करने के बदले चार दिन रोटी खा सकता था। बऊ जानती थी कि मुझे रोज दाल-रोटी चाहिए। पर उसने मेरे आत्म-सम्मान को घायल करने वाला जो शब्द कहा था, उसे सुन कर मैं घर लौट आया था। मैं जिस दिन काम नहीं कर पाता, उस दिन रोटी देना उन्हें अच्छा नहीं लगता था, बल्कि उस दिन उनकी भाषा बदल जाती थी और व्यवहार बेहद रूखा हो जाता था।"

डॉ. अम्बेडकर ने आजादी से पहले के अछूतों के बारे में लिखा है, 'उनकी सबसे बड़ी संख्या गाँवों में रहती थी, जहाँ वे गाँव भर के सेवक और भूमिहीन मजदूर थे। उनकी जीविका सवर्णों पर निर्भर करती थी। संघर्ष करते हुए भी अछूतों को भुखमरी का सामना करना पड़ता था। उन्होंने यहाँ तक लिखा है कि उत्तर प्रदेश के बहुत से गाँवों में अछूत खेत मजदूरों को मजदूरी में **गोबराहा** दिया जाता था। गेहूँ की बालियों पर जब दाँय चला कर गेहूँ निकाला जाता था, तो बैल घूमते हुए कुछ गेहूँ खा लेते थे। जब वे गोबर करते थे, तो उसमें खाये हुए गेहूँ के दाने भी निकल

आते थे। उसी गोबर को 'गोबराहा' कहते थे, जो दायें चलाने वाले अछूत मजदूर को बतौर मजदूरी दिया जाता था।

लेकिन श्यौराज सिंह बेचैन ने आजादी के दो दशक बीत जाने के बाद तक की इस भयानक स्थिति में जीने के अपने मार्मिक अनुभवों का वर्णन किया है। वे एक जगह लिखते हैं कि विज्ञान, तकनीक और लोकशाही के इस युग में, बीसवीं सदी के उत्तरार्द्ध में हमारे परिवार सोलहवीं सदी का जीवन ढो रहे थे। अपने अन्धे बब्बा का जिक्र करते हुए बेचैन लिखते हैं कि गाँव में वे यादवों की हाथ-चक्की पीसा करते थे और चारा मशीन खींच कर कुट्टी काटते थे। जब वे चक्की पीस करते थे, तब उनके हाथ से छूने पर अन्न अछूत नहीं होता था, पीसने के बाद बतौर मेहनताना एक-दो रोटी का आटा भीख के अन्दाज में दूर से उनकी झोली में डाला जाता था या मुट्ठियों से सूखा अनाज कमीज के पल्लू में डाल दिया जाता था। कुछ कामों में इससे भी ज्यादा शर्मनाक मजदूरी दी जाती थी। उसके बारे में वे कहते हैं, "मैं और मेरे बब्बा धोवना लदोई (मैली) जैसे मामूली मेहनताने पर काम किया करते थे, मिलने वाला मेहनताना इतना कमतर होता था कि गुजारा करने के लिए लदोई खानी पड़ती थी। "गुड़ बनाते समय कड़ाह में खौलते हुए गन्ने के रस की सतह पर जो मैल तैरने लगता था, उसी को 'मैली' या 'लदोई' कहते थे। यदि इस लदोई में भी कुत्ता मुँह डाल जाता, तो मालिक लोग उसे फेंकते नहीं थे, वरन् उसी को मजदूरी में देने की कोशिश करते थे।

डॉ. बेचैन की आत्मकथा को पढ़ते हुए कई बार झुँझलाहट भी होती है कि यह कैसा दलित कैरेक्टर है, जिसमें कोई विद्रोह नहीं है, मान-सम्मान का अहसास तक नहीं, पेट का गड्ढा भरने के लिए कुछ भी करने को तैयार है। किसी ने कहा, स्कूल मत जाओ, खेत जोत आओ, बन्दा तैयार है, किसी ने कहा, गोबर उठा कर फेंक आओ, बन्दे ने हुक्म बजा दिया, मास्टर की साइकिल में पंचर हो गया तो उसे अपनी साइकिल दे दी, खुद 20 किमी पैदल स्कूल गये। उसने साइकिल वापस नहीं की, बन्दे ने माँगी भी नहीं। मेहनत-मजदूरी कर दस सेर गेहूँ जोड़े और प्रेमपाल सिंह की 'बऊ' के पास रख दिये। ज़रूरत पर माँगा तो एक दाना नहीं मिला और बन्दे ने उफ तक नहीं की। दिन भर खेतों में 'गुलमई' करने के बाद जाड़ों के लिए कपड़े माँगे, तो मालिक ने **भैंस की झूली** दे दी। बन्दे ने पलट कर यह नहीं पूछा कि क्या मैं भैंस हूँ? नौवीं कक्षा का छात्र, पास होने की खबर अपनी माँ को देने दूसरे गाँव पाली जाता है, तो माँ उसे चाचा के साथ ठाकुरों की हवेली से मरी गाय को उठाने के

लिए भेज देती है और बन्दा एकदम तैयार, जैसे वह इसी काम के लिए पाली आया था। स्कूल जाता है, तो बस्ते में 'राँपा' (छुरा) छिपा कर ले जाता है, ताकि रास्ते में कोई लबारा (भैंस का मृतक बच्चा) पड़ा मिल जाये, तो उसकी खाल निकाल सके और उसे बेच कर कुछ रुपये कमा सके। जिस हालात में बालक श्यौराज सिंह ने यह सब करके अपने को जिन्दा रखा, उसे देख कर उस पर रोना तो आता ही है, उस समाज व्यवस्था पर गुस्सा भी आता है, जिसमें प्रेमपाल सिंह यादव जैसे छद्म अध्यात्मवादी सम्पत्ति पर सम्पत्ति बनाते चले जाते हैं और उनके अध्यात्मवाद को गम्भीरता से लेने वाला 'सौराज' उनके खेतों में हाड़-तोड़ मेहनत करने के बाद भी पैसे-पैसे को मोहताज रहता है और उसे अपनी कापी-किताबों और अन्य जरूरतों को पूरा करने के लिए मरे जानवरों की खाल उतारने के गन्दे पेशे में उतरना पड़ता है। गाँवों की इस समाज व्यवस्था को सवर्ण आदर्श व्यवस्था मानते हैं। लेकिन ये वे लोग हैं, जिनकी आँखों का पानी तक उतर गया है और उनकी आत्मा तक मर गयी है। दलित इस व्यवस्था में मनुष्य ही नहीं हैं, पर प्रेमपाल सिंह यादव जैसे सवर्णों को भी मनुष्य कैसे माना जाये, जो सौराज को पढ़ाने के एवज में उसकी देह से सारा खून निचोड़ लेना चाहते थे और जाड़ों में ओड़ने-बिछाने के लिए भैंस की झूली देकर तो वह यही साबित करते थे कि उनका सारा अध्यात्मवाद मिथ्या है और उन्हें अपनी इस नीचता पर कुछ शर्म भी नहीं थी। कोई भी संवेदनशील मनुष्य ऐसा नहीं कर सकता और वह तो बिल्कुल भी नहीं, जो पूरी दुनिया को आर्य बनाना चाहता हो।

काल के क्रूर पंजों में दबे हुए एक बेबस बचपन की नियति क्या हो सकती थी? असमय ही मौत और सारी आकांक्षाओं का अन्त। पर पता नहीं, वह कौन-सी शक्ति थी, जिसने इस यन्त्रणा में भी श्यौराज की जिजीविषा को जीवित रखा और जिस मंजिल पर वह जाना चाहता था, उसकी जानिब बढ़ता चला गया। सचमुच यह जिजीविषा ही थी, जिसने उसे हिम्मत नहीं हारने दी और राह हार गयी, राही नहीं हारा। श्यौराज सिंह बेचैन आज, पीएच.डी. और डी.लिट. हैं, दिल्ली विश्वविद्यालय में वरिष्ठ प्रोफ़ेसर हैं, जाने-माने लेखक और पत्रकार हैं। शायद यह उन्होंने भी नहीं सोचा होगा कि खेतों में मजदूरी करने वाला, मृतक गाय-भैंसों की खाल उताने वाला और अपने अन्धे ताऊ के साथ मोची-गीरी करने वाला एक बालक राजधानी के विश्वविद्यालय में प्रोफेसर बनेगा और एक लेखक की हैसियत से सूरीनाम, बैकुवर (कनाडा), हालैंड, ग्रेट ब्रिटेन, पेरिस (फ्रांस), वेल्जियम, जोहानिसबर्ग (द. अफ्रीका), मॉरीशस आदि देशों की यात्राएँ भी करेगा। यह एक चमत्कार ही है,

जिसने उनके बचपन को रौंदने वाले हर शोषक को भी चमत्कृत कर दिया होगा। ढाई हजार साल पहले एक गुलाम बालक सेठ के घर से अपने कपड़े-लत्ते सब छोड़ कर नंगा भागा था, तब उसे अपनी नग्नता से कोई ग्लानि नहीं थी, बस गुलामी से मुक्ति की खुशी थी। वह बालक महान दार्शनिक मक्खलि गोशाल के नाम से प्रसिद्ध हुआ। वह इतना बड़ा मौलिक दार्शनिक हुआ कि महावीर और बुद्ध तक ने उसके सिद्धान्तों को अपने दर्शन में शामिल किया। मुक्ति की जिस जिजीविषा ने मक्खलि गोशाल को दार्शनिक बनाया, उसी जिजीविषा ने श्यौराज सिंह बेचैन को साहित्य का महान चिन्तक बनाया। उन्होंने अस्पृश्यता और निर्धनता के दोहरे शोषण को जीते हुए जो इतिहास बनाया, वह आज सचमुच गर्व करने योग्य है, पर एक अछूत और निर्धन के रूप में जो उन्होंने खोया है, क्या उसकी भरपाई सम्भव है?

—कँवल भारती

सी–260/6, आवास विकास कालोनी,

रामपुर–244901 (उ.प्र.)

यह ज़िन्दगी कष्टकर किन्तु काव्यात्मक है

इस किताब को पढ़ने से हमें अपने ही देश और समाज के एक ऐसे हिस्से की जानकारी मिलती है, जो हमारे लिए सामान्यत: अपरिचित और अनजान रह जाता है। हम अपने ही एक भाग को कुचलते रहते हैं, उसकी उपेक्षा और उसका तिरस्कार करते रहते हैं। इस किताब को पढ़कर सहृदय पाठक अधिक समझदार, अधिक देशभक्त और अधिक मानवीय हो सकता है।

प्रो. श्यौराज सिंह बेचैन की पुस्तक 'मेरा बचपन मेरे कन्धों पर' पढ़ते हुए मैं सोचने लगा कि यह प्रोफ़ेसर अन्य प्रोफ़ेसरों से कितना भिन्न है। इसने पद पर आने के पहले किस प्रकार के कितने विषम अनुभव प्राप्त किये हैं। इसका जीवन तो महाकाव्यात्मक है। कितनी कष्ट भरी ज़िन्दगी के अनुभव इसके पास हैं। ऐसा व्यक्ति जब साहित्य पर विचार करता होगा तो वह निगाह कितनी सन्तुलित और परिपक्व होती होगी।

दूसरी बात यह कि श्यौराज सिंह बेचैन की शैली इतनी समतल है कि जो हमें असाधारण विस्मय लगता है, वह उन्हें सामान्य और सहज। पशुओं की खाल कूटते समय, गाली, लाठी-डंडे खाते समय, अपमानित होते, भूखे रहते समय–सब कुछ इतना सामान्य, सहज, रोज़मर्रा मानो कुछ ख़ास बात नहीं है। उनका जीवन ऊबड़-खाबड़, विषम, कण्टकाकीर्ण है। करने का ढंग बिल्कुल सामान्य। यह शैली अभिधा की शक्ति प्रकट करती है। शोषण, पाखण्ड, धूर्तता, अभाव को निरन्तर झेलते रहने वाले व्यक्ति के लिए यह सब सामान्य हो गया है। उसी का अनुभव ऐसी सहजता में व्यक्त हो सकता है। ऐसी पुस्तकें हिन्दी लेखन की आन्तरिक दृढ़ता और शक्ति की सन्देशवाहिका हैं। आशा है कि उनकी आत्मकथा का बाक़ी हिस्सा भी शीघ्र पढ़ने को मिलेगा।

—विश्वनाथ त्रिपाठी

जो भुलाया न गया

यह बताना उचित होगा, 'मेरा बचपन मेरे कन्धों पर' की यात्रा में मेरा यात्री किन पड़ावों से गुज़रकर आगे बढ़ा। वह भारत का एक अछूत बालक है जिसके परिवार का पुश्तैनी-कार्य मरे पशुओं को उठाना, खाल काढ़ना, चमड़ा पकाना और देसी चाम की जूतियाँ बनाना था। पितामह त्रयी के पास क्रमशः साढ़े तीन, पौने दो और सवा दो बीघे ज़मीन थी, पर अधिकांश बंजर। 1971-73 में वह कसेरकलाँ (डिबाई) रेलवे क्रॉसिंग पर रोड के फ़ुटपाथ पर बैठकर बूट पॉलिश, जूता मरम्मत और साइकिल-टायर सिलने का काम करने लगा और ख़ाली समय में फ़ुटपाथी किताबें पढ़ता रहा। 1974-75 में अपने गाँव में कुओं का राज मिस्त्री बन गया। एक बार गाँव के स्कूल में बस्ती वालों के साथ मुफ़्त श्रमदान करने गया। काम करते हुए वह अपनी तुकबन्दी सुना रहा था, जिसे सुनकर अध्यापक प्रभावित हुए और स्कूल में प्रवेश लेने की सलाह दी।

होली के कार्यक्रम में कविता पेश करने को कहा तो श्रोताओं में से एक अध्यापक ने अगले दिन अपने घर बुलाया और कहा कि पढ़ना चाहते हो तो एक शर्त पर हम दाख़िला दिला देंगे, तुम ख़ाली समय व छुट्टियों में हमारे खेतों पर काम करोगे, पशुओं का चारा-पानी गोबर आदि उठाने का कार्य करोगे। श्यौराज ने माँ के मना करने पर भी शर्त मान ली, परन्तु एक साल तक तो अध्यापक ने उससे केवल काम लिया, कहीं कोई दाख़िला नहीं कराया।

अच्छा हुआ जो मैं भारत की अछूत क़ौमों के बीच पैदा हुआ। करोड़ों बहिष्कृत, अतृप्त और वंचित जीवन से सरोकारबद्ध होना मेरा सहज स्वभाव बना। यदि मेरा जन्म किसी मुख-प्रस्तुत (ORAL-DELIVERY) ब्राह्मण के घर होता तो मैं जात्याभिमान से ग्रस्त रहता। पर मैं बिना श्रम किये किसी मन्दिर का पुजारी बन जाता अथवा किसी मीडिया न्यूज़ रूम में बैठकर अपने दुराग्रहों से मिथकों को यथार्थ समाचार के रूप में फैलाता या किसी वि.वि. का कुलपति

बनकर नियुक्तियों और विविधता छोड़ मैं असमानता सूचक स्थापनाएँ कराता। मैं अपने ब्राह्मण सरनेम को घोषित कर साक्षात्कारों में, सेवाओं में, निजी क्षेत्रों में जाति का अनुचित लाभ उठाता। मैं ब्राह्मण होता तो मुझे मौक़ा होता, मैं सुधरता, तो सब सुधरते। मैं बौद्धिक वर्ग का नेता होता तो सब मेरा अनुकरण करते। मैं समता पसन्द करता। विषमता की दल-दल से आज़ाद होता।

अगर मेरा जन्म बाहु-प्रसूत क्षत्रियों में होता तो मैं वीरता और बलिष्ठता के मद में मदमाता। जनरक्षा के गुणों से शून्य होकर भी अपने जन्म पर ऐंठता, इतराता। दलितों, पिछड़ों और उनकी स्त्रियों का सम्मान नहीं कर पाता। उनके बराबरी के हक़ों के ख़िलाफ़ जातीय मुहिम चलाता।

यदि मैं पाँव-प्रसूत शूद्र (ओबीसी) घर में जन्म पाता तो ऊपर के वर्णों का सेवक बन, उनका हुक्म बजाता, अपने शम्बूक जैसे पुरखों का नाम तक ज़ुबान पर नहीं लाता और अपने डी.एन.ए. दलित की अस्पृश्यता का अन्त करने में कोई योगदान नहीं कर पाता। सबसे अच्छा यह हुआ कि मेरा जन्म 'रैदास' के निर्वर्ण सम्प्रदाय में नैसर्गिक-जैवकीय नियमानुसार अपने माता–पिता के संयोग से हुआ।

एक नज़र मुड़कर

मेरे जन्म से 14 साल पहले मेरे देश के संविधान का जन्म हुआ था। जिनके द्वारा इस चौदह साल के बच्चे 'संविधान' को पाँव पसारने का मौक़ा दिया जाना था। उसकी पीठ समाज की ओर और मुँह सत्ता की ओर कर दिया। जिससे वह राजनैतिक इस्तेमाल की वस्तु बनकर रह गया। ख़ूबसूरत जिल्द में बाँधकर ताक में रख दिया और स्वभाव संस्कारगत सामन्ती क़ायदों का क्रियान्वयन शुरू कर दिया। इसने अतीत के अँधेरे से हम जैसे असंख्य भारतीयों का अस्तित्व आच्छादित कर दिया। संविधान के अनुच्छेद 17 में अस्पृश्यता का अन्त किया गया। उस शरीरी-अशरीरी अस्पृश्यता से भी दिमाग़ में, संस्थाओं में, शिक्षा में, साहित्य में, सिनेमा में, मीडिया में, अवसरों के बँटवारे में और रोज़मर्रा के कामकाज में दिन-प्रतिदिन मानसिक अशरीरी अस्पृश्यता गहरी होती चली गयी। राजकीय संस्थाएँ निजी हो गयीं और वहाँ से दलित दुनिया जिसमें मैं शामिल था। वह 'बहिष्कृत भारत' इतर धर्मों में मुक्ति-मार्ग ढूँढ़ने को विवश हुआ। ऐसे में कितनी ज़िन्दगियाँ अपना मार्ग ही भूल गयीं। उन्हें कोई पहचान नहीं मिली। बस्तियाँ श्मशानों की भाँति चलते-फिरते मुर्दों से भर गयीं। अशिक्षा, दरिद्रता और अकुशलता ने उन्हें विकलांग बना दिया। उन्हीं में से एक मैं ज़िन्दगी ढूँढ़ने

निकल पड़ा। पर यहाँ ज़िन्दगी मिलती किसको है? कुछ हैं जो दूसरों के हिस्से की भी जिन्दगी जी लेते हैं और हम हैं 'बहिष्कृत भारत' जो ज़िन्दगी को ढूँढ़ने में कीड़े-मकोड़ों की मानिन्द रेंगते फिरते हैं।

ज़हन में कई शीर्षक थे पर अन्त में विचार आया और पूछ बैठा, 'भैया, तुम्हारा जीवन है कहाँ? जो तुम जिये? जीवन को कहीं से ढूँढ़ तो लो' सो मुझे लगा कि सफ़र शुरू किया जाये। पीछे मुड़कर देखता हूँ तथा स्वयं के सफ़र के पड़ावों पर सोचता हूँ तो निराश होता हूँ। गुज़री ज़िन्दगी एक करुण कहानी लगने लगती है। कभी-कभी लगता है जो सहा है, उसे कहा जाये, और कभी लगता है–अपना दुख फाकाकशी के दिन, ख़्वाबों-ख़यालों की लहरों में डूबते-उतरते कहाँ ले जायेंगे, मैं क्या पाना चाहूँगा? बहुत बार लगा कि वक़्त हवा के झोंके की तरह मेरी ज़िन्दगी रूपी कश्ती को जहाँ मैं चाहूँगा उधर ही ले जायेगा। नदी के बीचोबीच या इस अथवा उस किनारे पर। अब यह बेवज़न तिनका डूबेगा तो नहीं।

लेखक प्रायः पाठकों को हँसाते हैं, गुदगुदाते हैं और उनका मनोरंजन करते हैं। अफ़सोस कि 'मेरे पाठक मेरा बचपन पढ़ कर रोये हैं।' जो लिखा, मैं उससे पूर्णतः सन्तुष्ट नहीं। जो लिखना चाहा, अभी लिख ही नहीं पाया। पाठकों को इतना कम देकर सन्तोष कैसा? बेशक अच्छी कार्य योजनाएँ दिल-ओ-दिमाग में उथल-पुथल मचा रही हैं। इधर, साँसों का हिसाब, ज़िन्दगी की घड़ियाँ भी तो कम होती जा रही हैं। पर जो अंजाम तक पहुँची हैं, सही हैं। कहीं मिल सके ज़िन्दगी को तो ढूँढ़ लिया जाये। ढूँढ़ना कहाँ से शुरू करूँ? सफ़र का कौन-सा सिरा पकडूँ और किसे छोड़ता चलूँ? गुज़री ज़िन्दगी की हद में रहूँ या समसामयिक भी जोड़ता चलूँ।

जाने क्या बात है कि जब आत्मकथा पर काम करता हूँ और स्मृतियों में लौटता हूँ तो ऐसे दुख-सन्त्रासों से घिर जाता हूँ कि कभी लिखना रोक देता हूँ तो कभी अस्वस्थ हो बिस्तर पर चला जाता हूँ। प्रो. तपन बासू से मिलता हूँ तो उनका पहला सवाल यही होता है कि बचपन के बाद की आत्मकथा का क्या हुआ? इंग्लिश वर्ल्ड वेट कर रहा है। डॉ. राजेन्द्र बड़गूजर को मैं अपना काम दिखाता हूँ, वे मेरी हिम्मत बढ़ा देते हैं। डॉ. नितिन गायकवाड़ 'मेरा बचपन मेरे कन्धों पर' में रचनात्मक रुचि लेते हैं और वे मेरे संज्ञान में लाये बग़ैर 12 प्रतियाँ खरीदकर लाये और साहित्य के जानकारों को देकर प्रतिक्रिया संकलित करने

लगे। 'दलित बचपन : वेदना का विस्फोट' नाम से एक किताब की सामग्री तैयार कर लाये। एक दिन अचानक मेट्रो में मिले। ''सर, आत्मकथा का क्या हुआ?'' ''लिख दी है। टाइप भी करा दी है। पर न अभी मैं सन्तुष्ट हूँ, न साहस जुटा पा रहा हूँ। क़रीब सौ पेज प्रूफ़ लगने हैं और बीस-पच्चीस पेज जुड़ने हैं।'' ''सर, मैं यह कर दूँगा।'' वे घर आ जाते हैं। दरअसल यह मेरी निजी समस्या नहीं है, मैं सोचता हूँ कि जब सबको स्वराज मिल गया तब भी पच्चीस करोड़ का 'बहिष्कृत भारत' अधिकारों से वंचित और अस्पृश्य क्यों बना रहा?

''श्यौराज तेरी सारी आत्म-कहानी तेरी यादों की कहानी है, पर क्या तुझे याद नहीं है कि तेरे बहनोई गंगावासी का शव जिस कपड़े में लपेटकर इर्विन (एलएनजेपी) अस्पताल के शवगृह में रखा गया था, उसी कपड़े में उनका दाह संस्कार हुआ था। तू 'कफ़न' भी नहीं डाल सका था उनके शव पर''—डॉ. नत्थूलाल एम.बी.बी.एस.। मेरी गैरत को झकझोर देते हैं।

आत्मकथा के बारे में आम धारणा है, 'हर कथा काल्पनिक होती है फिर प्रामाणिकता का दावा क्यों?' आत्मकथा यानी स्वयं की यथार्थपरक कथा, कल्पना से पूर्णतया निर्लिप्त और मुक्त नहीं, तो फिर कहना क्यों कि जो लिखा गया है, वह सब कुछ यथावत घटित हुआ है। वह स्मृतियों का घड़ा जो विस्मृतियों के घट में समा नहीं पाया वह छलक गया। पुनःस्मरण की बड़ी से बड़ी चुम्बकीय चेष्टा, सब कुछ नहीं पकड़ पायी। भीतर-भीतर जो टूट गया वह छूट भी गया, वही नहीं, कुछ बाहर से भी जुड़ गया जो सायास जोड़ा नहीं था। पर लगा ऐसा घटित हुआ था। वही लिखा गया और ऐसा भी नहीं, कि जो सहा वह कहा नहीं और जो कहा वह सहा नहीं? इसलिए कि यह अर्जित ज्ञान से अधिक भोगे हुए अनुभवों की कहानी है।

दिसम्बर 2009, मैं दिल्ली विश्वविद्यालय में हिन्दी के अनारक्षित प्रोफ़ेसर पद के लिए साक्षात्कार दे रहा था, मेरे बायें डॉ. नामवर सिंह, प्रो. माधुरी छेड़ा (वी.सी. एसएनडीटी), प्रो. बी. गणेश, अलग-अलग कोने पर तत्कालीन विभागाध्यक्ष प्रो. सुधीश पचौरी और ठीक सामने कुलपति प्रो. दीपक पेंटल बैठे थे। साक्षात्कार समिति के समक्ष मेरी प्रस्तुति सबसे बाद में हुई थी, शाम क़रीब साढ़े आठ बजे। एक तो प्रवेश करते ही पुस्तकों-पत्रिकाओं से भरा सूटकेस मेरे हाथ से छूट गया और सब फ़र्श पर बिखर गयीं। हेड ने संकेत किया, कर्मचारी ने पुस्तकें समेटने में मदद की। बल्कि उठा-उठाकर समिति के समक्ष रख दीं। इस प्रकार बिना पूर्व योजना के मेरे रचनात्मक कार्य का प्रदर्शन सम्पन्न हो गया।

वे बोले—"आपको बहुत इन्तज़ार करना पड़ा।" मैंने कहा—"कोई बात नहीं सर, हज़ारों साल से पीछे रहने का अभ्यास है।" "अरे-अरे, ऐसा मत कहिए।" प्रो. पेंटल ने कहा और आत्मकथा की प्रति को हाथ में उठाकर पूछा—"डॉ. साहब आप यह बताइए, आपने इतना सब याद कैसे रखा?" मेरा जवाब था—"सर, मैंने कुछ भी याद नहीं रखा। जो भुलाया न गया, वह लिख दिया।"

तो मैं कह सकता हूँ, मेरी आत्मकथा मेरी जमा-जोड़ स्मृतियों का ख़ज़ाना है। जब मैं अतीत की यादों में लौटता हूँ या वे मुझे आकर घेरती हैं, बेचैन कर देती हैं। जीवन-जगत के बारे में हमारा ज्ञान बढ़ता है, हम दूसरों के जीवन को तुलनात्मक दृष्टि से देखते-समझते हैं कि 'हम भी आज़ाद हैं?' हम भी ज़िन्दगी से उसकी तुलना करते हैं, देश की स्वतन्त्रता से सन्दर्भित हो कम से कम आत्मनिर्भर, 'क्वॉलिटी लाइफ़' पाने के हक़दार हैं। अनुभव की कोख से सृजन की शक्ल में मेरी अभिव्यक्ति जन्म लेने लगती है, उसका आकार-प्रकार, कथा-आत्मकथा, कविता आदि विधाओं की शक्ल में प्रकट होने लगती है।

चेतन-अवचेतन में तात्कालिक देशकाल और परिस्थितियों का रंग-ढंग शामिल होने लगता है। इस कारण सब कुछ हू-ब-हू नहीं रह पाता, परन्तु उनकी केन्द्रीय घटनाएँ बनी रहती हैं और लिपट-चिपटकर जो परिवेश आता है वह कथा बन जाता है। स्वाभाविक चित्रण आत्मकथा को एक्सक्लूसिव बनाता है। साथ ही अपनी कमतरी, विवशताएँ और अपनी भूल-ग़लतियाँ नज़रन्दाज़ नहीं कर पाता। तो वह रचना सार्थक होती है।

सोचता रहा, आख़िर क्या मिली ज़िन्दगी? बचपन में जब सख़्त ज़रूरत थी तब असमय पिता चले गये। माँ की मजबूरी मुझे बाल बन्धक बनने को छोड़ गयी, जीविका और जिजीविषा ने मिलकर मेरे कन्धों पर ज़िम्मेदारी लाद दी और मैं समय से पहले जवान हो गया या कहें जवानी छोड़ सीधा वृद्ध-वय में दाख़िल हो गया। मेरे बाल-कुपोषण का असर मेरे शरीर के अवयवों, जोड़ों, दाँतों और आँखों पर आया। करोड़ों दलित बच्चों की भाँति मेरी औसत उम्र कम हो गयी। मेरे अध्ययन की दीवानगी ने मुझसे आत्मकथा लिखवा ली, मेरी शिक्षा सेवा ने इलाज के पैसे दिये। घातक बीमारियाँ और ज़रूरत से ज़्यादा सोचने से अधिक करने के क्रम में मुझे जवानी को खोना ही था। खुद्दारी से भरपूर मन में किसी से दया कृपा की अपेक्षा नहीं। ऐसे तमाम अनाथ बच्चों के बारे में सोचा जैविक पिता जिसके पालक नहीं उसका पिता देश क्यों नहीं हो सकता? नहीं हो

सकता तो उसका कैसा स्वाधीन होना हुआ? कैसा समृद्ध, 'महान' देश? बच्चे के मानवाधिकार का अपहरण किसने किया है? बापू, चाचा कहलाने वाले कोई सत्ता-सम्पन्न, ऐसे अनाथ बाल भारत के वे क्या लगते थे?

पर संविधान मेरे जैसे बच्चों के बचपन के प्रति पूरी तरह फ़िक्रमन्द था। अनुच्छेद 24 में चौदह वर्ष से कम उम्र के बच्चों को ऐसी फैक्ट्रियों में काम या अन्य श्रम करने से रोका गया, जिन्हें करने से बच्चों की शारीरिक क्षति होती है। माता-पिता या अभिभावक अपने 6 से 14 साल तक के बच्चों को शिक्षा के अवसर प्रदान करें।

पर वास्तविक सफ़र कैसा रहा? उपर्युक्त व्यवस्था के ठीक उलट मैं 14-15 साल तक स्कूल से बाहर रहा, नाम भी दर्ज हो गया तब भी अधिक समय बालश्रम करना या स्कूल छोड़ना पड़ा। विपन्नता और अविद्या ने कैसा कहर ढाया मैं बता ही चुका हूँ।

अनुभवजन्य स्थितिबोध ने मुझे झकझोरकर जगाया, उठ चलने को कहा, बहुत सो लिया, जो था वो सब तो पुरखों ने पहले ही खो दिया। जो भी जितना जीवन (वक़्त) शेष है, तेरे पास वह अब रुकने-थमने के लिए नहीं है, हालाँकि मुझसे मेरे भीतर का कवि कभी-कभी पूछता है कि बता, "सँवरती कहाँ है जिन्दगी, बचपन उजड़ जाने के बाद?" पर मैं देखता हूँ जिन बच्चों के बचपन हमने सुख-सुविधाओं से भर दिये। अपने सपने उनकी आँखों में उड़ेलकर निश्चित होने चले। उनके यहाँ तो हमारे दर्द भरे सफ़र का न कोई संज्ञान है, न ज़िक्र है, न फ़िक्र है। मानो दुनिया जो बन रही है, वो हमारे पूर्वानुमानों, चाहतों और चिन्ताओं से दूर है। सरवाइव करना है तो हमें उसे समझना है, उसमें ढलना है।

चन्दौसी प्रवास के दौरान मैं छात्रों, किसानों में सक्रिय था। सर्वाधिक दुर्दशा दलितों की थी। हर दलित मोहल्ला अशिक्षा, नशाखोरी, ग़रीबी और बेकारी से तबाह था। बाबा साहब की तस्वीरें घर-घर में टँगती जा रही थीं, परन्तु अशिक्षा, अज्ञानता के अँधेरे में डूबा जीवन स्तर ग़ुलामों के मानिन्द गिरता ही जा रहा था। इसलिए कि अधिकार चेतना का भारी अभाव था। ब्रिटिश कालीन ग़ुलामी में जैसे समाज का एक हिस्सा देवी-देवताओं से आज़ादी दिलाने की उम्मीद करता था, उसी तरह चुन्नी मौ. उर्फ़ बादी टोला के चमारों को लगता था कि बाबा साहब अवतार लेकर आयेंगे और हमारे दुख-दर्द दूर कर जायेंगे। हमें बच्चों को पढ़ाने-लिखाने की ज़रूरत नहीं है। हम स्वयं के प्रयासों से अपने दुख-दर्द दूर कर सकते हैं। ऐसा विश्वास तो हज़ारों में किसी एक-आध के ही पास था। तो क्या

करना चाहिए, क्या पढ़ना चाहिए? कहीं से राय मिली कि वकील बना जाये, तो हम चले क़ानून की पढ़ाई करने। पहले ही दिन चन्दौसी स्टेशन पर ऐसा दृश्य देखा कि आज तक डराता है। हुआ यह, एक यात्री अपनी पत्नी और बच्चों के साथ सफ़र कर रहा था। पानी ख़रीदने के लिए उसके पास पैसे नहीं थे। वह व्यक्ति रेलवे के नल से पानी लेने उतर गया। लौटा तब तक गाड़ी चल पड़ी थी। वह हड़बड़ाकर भागा, उसके एक हाथ में पानी का लोटा था सो वह ठीक से हत्था नहीं पकड़ पाया, फिसलकर पायदान से नीचे गिर गया। देखकर हमारी तो रूह काँप उठी, न जाने कितने टुकड़े हुए होंगे उसके? पत्नी, बच्चे चीख़ने लगे। किसी ने ज़ंजीर खींची। गार्ड ने संकेत किया। कुछ दूर चलकर गाड़ी रुकी। वह व्यक्ति एकदम सही सलामत उठा और भाग छूटा मानो जादूगर ने ज़िन्दा को मुर्दा कर फिर ज़िन्दा कर दिया हो।

दलित वकीलों को ग़ैर-दलित वकील शागिर्द बना स्वतन्त्र खड़े होने लायक नहीं बनने देते। नतीजा यह कि उनकी वकालत से चाय के भी पैसे नहीं निकल पाते थे, जबकि उच्च जात के कफ़न खसोट वकील, घाघ बने बैठे ख़ूब कमाते थे।

मेरे पूर्व शिक्षक 'प्रेमपाल सिंह यादव' ने मुझसे कहा, ''तुम कवि हो, तुम्हें विधि अध्ययन से कुछ नहीं मिलेगा। तुम्हें हिन्दी साहित्य में एम.ए. करना चाहिए और संस्कृत काव्यशास्त्र पढ़ लेना चाहिए।'' 'प्रेम' एम.ए. हिन्दी और संस्कृत में आचार्य थे। वे कठिन से कठिन श्लोक को गा-गाकर सरल और रोचक बना देते थे। मुझे उनकी सलाह रुचिसंगत लगी और मैंने हिन्दी एम.ए. में दाख़िला ले लिया।

मुझे पूरा विश्वास है आत्मकथा के इस द्वितीय भाग को पढ़ने के बाद पाठक पूछेंगे, 'इससे आगे क्या हुआ?' इसलिए कि बीते पन्द्रह सालों में 'मेरा बचपन मेरे कन्धों पर' के हज़ारों पाठकों ने समय-समय पर मुझसे यही प्रश्न किया है, 'बचपन से आगे क्या हुआ?' और अब नया प्रश्न कि भाई बताओ तो यहाँ तक कैसे पहुँचे? इस आशय के ढेरों पत्र प्रतिक्रियाएँ मुझे मिली हैं।

कुशल जूता कारीगर पिता राधेश्याम की मौत जब हुई तब बालक श्यौराज मात्र पाँच साल का था। नाना ने जिस व्यक्ति से माँ का पुनर्विवाह किया, उस व्यक्ति ने कहा 'बच्चे नहीं चाहिए, केवल उनकी माँ चाहिए।' बच्चों को दादा ले जायें तो माँ अकेली न रह सकेगी, फिर पुनर्विवाह! इस बार पिता ने चाहा

कि बच्चे माँ के साथ रह तो सकते हैं, परन्तु उन्हें अपने पेट के लिए बाल-श्रम करना पड़ेगा।

श्यौराज का स्कूल जाना रोकने के साथ ही किताबें और पट्टी फाड़कर आग लगा दी गयी। भट्ठा ठेकेदार से अग्रिम पैसे लेकर उसे और उसकी बहन को बेच दिया गया।

सन् 1968 में यह बालक अपने मौसी-मौसा के पास दिल्ली आ गया। यहाँ वह फ़र्श रगड़ाई के काम में हेल्पर बना। वह काम छूटा तो निकिल का काम करने लगा। तेज़ाब से उँगलियाँ कटने लगीं तो उसे छोड़कर अंडे उबालकर बेचने लगा। फ्लैट्स में अख़बार फेंकने का काम उससे ज़्यादा नहीं हो सका, क्योंकि वह बहुत ऊँचा नहीं फेंक पाता था।

आख़िर में आज़ादपुर सब्ज़ी मण्डी से नीबू लाकर गलियों में आवाज़ लगाकर बेचने लगा। उसी समय उसने सायं की पाली में स्कूल जाने का प्रयास किया, पर सफल नहीं हो सका।

उसके 28 साल तक की कुछ घटनाएँ प्रथम भाग में आ चुकी हैं। मसलन, 1969 में दिल्ली छोड़कर वह अपनी माँ के साथ दैनिक मज़दूर बनकर ऊधमसिंह नगर के बाजपुर (नैनीताल) में खेती के कामों में लगा रहा। 1970 के आरम्भ में उसने बहन के गाँव में जूता मरम्मत करने का काम सीखा। हालाँकि वह बूट पॉलिश तो अपनी ननिहाल, चन्दौसी में रहकर बरेली-आगरा ट्रेन में व शहर में कर चुका था।

यह घटनाक्रम किसी लम्बी कविता जैसा लगता है इसलिए कि जिस बालक को दिल्ली में नगरपालिका का स्कूल नसीब नहीं हुआ, क़रीब 27-28 साल बाद वह उसी दिल्ली के एक सरकारी स्कूल में शिक्षक बना, बल्कि दिल्ली विश्वविद्यालय के अन्तर्गत दिल्ली सरकार के डॉ. भीमराव अम्बेडकर कॉलेज में हिन्दी पत्रकारिता का प्राध्यापक बना और उच्च अध्ययन संस्थान राष्ट्रपति निवास, शिमला का तीन साल तक पहला दलित अध्येता रहने के बाद सन् 2010 में अनारक्षित पद पर दिल्ली विश्वविद्यालय के हिन्दी विभाग में प्रोफ़ेसर नियुक्त हो 2020 में, वरिष्ठ आचार्य एवं अध्यक्ष हिन्दी विभाग बना। बना यूँ कि—

एहसासे कमतरी रही
रहकर बड़ों के साथ
रिश्ता मगर बना रहा
अपनी जड़ों के साथ

बदायूँ : पुनि-पुनि पलायन

मैं अपने घर-गाँव नदरोली में था। यह सन् उन्नीस सौ अठहत्तर का समय था। दसवीं पास करने के बाद पढ़ाई फिर छूट गयी। मैं रोजी-रोटी की तलाश में इधर-उधर भागने-भटकने लगा। आगे पढ़ने की इच्छा तो बहुत थी पर घर में दो वक़्त की रोटी तक का इन्तज़ाम नहीं था। स्कूल-ड्रेस, पुस्तकें और शुल्कादि बाक़ी ख़र्चों की तो बात ही अलग थी। मेरी दुविधा यह थी कि शारीरिक श्रम करके पेट भरा जाये या पढ़ा जाये? मेरे पास समय-जीवन तो दो नहीं थे, एक ही था। उसे चाहे तो शारीरिक श्रम में लगाये-खपाये रहता या भूखे पेट पढ़ाई-लिखाई में। एक साथ दोनों को साधना सम्भव नहीं था। बाल कल्याण की अनेकानेक योजनाओं के बावजूद मेरी ही तरह मेरे देश में जो बच्चे श्रम करते हैं, वे श्रम ही करते रहते हैं, पढ़ते-लिखते नहीं हैं। और जो बच्चे पढ़ते-लिखते हैं वे केवल पढ़ते-लिखते ही रहते हैं, कोई शारीरिक श्रम नहीं करते हैं। इसलिए उनमें एक-दूसरे के प्रति न तो परस्पर सकारात्मक समझ पैदा होती है, न सहयोग और न ही सहानुभूति। गाँव में मेरे लिए पार्ट टाइम काम की व्यवस्था भी नहीं थी। मजूरी करने जाता तो पूरा दिन उसी में गुज़र जाता था। काम के आठ घंटों का क़ानून ग्रामीण भारत में आज तक लागू नहीं है। श्रम इतना कठोर और थकाने-पस्त कर देने वाला होता था इतना कि न पढ़ने-लिखने को समय बचता न सामर्थ्य। मास्टर प्रेमपाल सिंह यादव कहते थे, "एक-दो साल में चिरौरी स्कूल कक्षा दस से अपग्रेड होकर बारहवीं तक हो जायेगा। तब तुम्हारा दाख़िला भी वहीं हो जायेगा। तुम एक-दो साल स्कूल में प्रवेश के लिए और प्रतीक्षा कर लो। तब तक हमारे खेत-क्यार और ढोर-डांगरों की देख-भाल करो। वैसे भी तुम्हें जल्दी ही क्या है? कौन-सा तुम्हें पढ़-लिखकर कहीं शहर जाना है या कहीं नौकरी करनी है? जल्दी आटा-चक्की लगा देंगे, सो हिसाब-किताब करने लायक तो तुम पढ़ ही चुके हो।"

उस वर्ष एक महीना प्रेमपाल सिंह के दो मकानों की मरम्मत का काम मैंने और मेरे दोस्त काशिम अली ने मिलकर किया था और जून-जुलाई दो माह कुओं की चिनाई की। मैं इस काम में काफ़ी दक्ष हो गया था और 'कुआँ का राज-मिस्त्री' के नाम से मशहूर भी। कुएँ का काम मकान की चिनाई की तुलना में ज़्यादा जोखिम भरा होता था। इसलिए कि नौ इंच की गोलाकार दीवार पर बैठकर ही पूरा कुआँ बाँस की परकार के सहारे चिना जाता था और सीमेंट-मसाले पर रखी भीगी ईंट-मसाले पर पाँव साधे रखना 'नट' द्वारा रस्सी पर सधने जैसा होता था। ज़रा फ़िसलते ही समझो अन्दर या बाहर दोनों ओर के साठ-सत्तर फ़ुट गहरे गड्ढे में चले गये। इस ख़तरे को भाँपकर अधिसंख्य बड़े मिस्त्री कुआँ चिनना नहीं चाहते थे। अगर मैं मिस्त्री के साथ जाता था तो आधी पगार मिलती या फिर बेलदारी और बहुत से तो मुझे उम्र में सबसे छोटा होने के कारण मकानों की चिनाई का काम भी नहीं देते थे। उन्हें कुएँ के लिए जल्दी मिस्त्री नहीं मिलते थे और मुझे मकान का काम। हालाँकि मैं मजबूरी में ही ऐसा जोखिम भरा काम अपने ज़िम्मे लिया करता था।

कुओं का निर्माण जून-जुलाई की 'चिलचिलाती' तेज़ धूप में तो होता ही था। कुएँ खेतों और जंगलों में बनाये जाते थे जहाँ लू से बचने का कोई विकल्प नहीं होता था। साथ ही नंगे तलवों के नीचे भीगी और तपती ईंटें, सिर और पीठ से टपकता पसीना सिर से नीचे तक उतरता-नहलाता जाता था। काम की धुन में मैं अक्सर एक सप्ताह में कुआँ चिनकर तैयार कर देता था। महीने भर में मेरी त्वचा एकदम स्याह काली हो जाती थी। इस प्रकार मैंने डेढ़-दो महीनों में क़रीब आधा दर्जन कुएँ चिनकर तैयार कर दिये थे। जब बरसात शुरू हुई तो चिनाई का काम बन्द। कमाई से थोड़ा-बहुत क़र्ज़ और उधार निपटाया।

उन दिनों मौसेरे भाई डॉ. नत्थूलाल बी-5/48, सफ़दरजंग एनक्लेव, नयी दिल्ली में किराये के मकान में रहते थे। उन्होंने एम.बी.बी.एस. पूरा कर उसी वर्ष (बारह मई उन्नीस सौ उनासी को) शादी की थी। 'कहाँ से नये-नये कपड़े लायेगा? मज़दूर के हुलिया में वह कौन-सी शोभा बढ़ायेगा।' ऐसा सोचकर मुझे नहीं बुलाया गया था। शादी के बाद मुझे एक पत्र मिला, "श्यौराज, तुम अपनी भाभी से मिलने के लिए दिल्ली आ जाओ। वे भी तुम्हें देखना चाहती हैं, मैंने उन्हें बताया कि तुम किन हालातों में पढ़ रहे हो और यह भी कि तुम बहुत सुन्दर कविताएँ लिखते हो।"

पत्र पाकर मैं काफ़ी ऊर्जान्वित हुआ था। मिस्त्रीगिरी के पैसे मेरे पास आ चुके थे। मैं एक लाल रंग की पैंट, छींटदार कमीज़ और कपड़े के जूते ख़रीद कर

दिल्ली को रवाना हो गया था। पहुँचा तो वहाँ नानी भी मिलीं। भाई साहब ने उनकी आँखों का ऑपरेशन कराया था। गाँव से जब मैं महानगर में जाता तब मैं शरमाता था। बाथरूम में कच्छा पहनकर नहाता था और अक्सर हँसी का पात्र बन जाता था। भाभी जी ने मुझसे मेरे कविता लेखन के बारे में बात की, ''कैसे लिखते हो, किन विषयों पर लिखते हो? आगे पढ़ाई की क्या योजना है?'' मैंने कविता के नाम पर तुकबन्दी के साथ अपना परिचय दिया–

भाभी जी को जब मिली
इतनी निर्मल देह,
क्यों न सफ़ाई से रहे
इतना ज़्यादा नेह
है अति ज़्यादा नेह,
बड़ी तत्पर लगती हैं
सपनों में भी झाड़ू
से कुश्ती लड़ती हैं।
तिमिरमग्न हैं गाँव, वहाँ नहीं बिजली आती
इधर ख़ूब रोशन करती हैं शहर 'प्रभा' जी।

वे मेरी ठकुर सुहाती सुन प्रसन्न हुईं और इसी में वह राज़ छिपा था जिसे मौसी जी जानना चाहती थीं। वे प्रायः कहती थीं, ''प्रभा के घर और कोई दो दिन से ज़्यादा नहीं ठहर सकता, न सास न ससुर। पर श्यौराज में क्या बात है जो साल-दो साल में एक-आध सप्ताह ठहर ही जाता है दिल्ली जाकर।'' मैं कहता था–''आप एक-दो दिन को जाती हैं और शिकवे-शिकायतें ले बैठती हैं। मेरी राय में सास-बहुओं के फ़ैसलों में दख़ल देना छोड़कर उनकी तारीफ़ करें तो वे काफ़ी सुखी रह सकती हैं।'' हालाँकि अच्छी सासों के बारे में मेरी यह धारणा कई बहुएँ ग़लत साबित कर चुकी हैं। नानी ने एक आशंका मेरे कान में डाली थी कि ''बेटा, मुझे लगता है नत्थूलाल जोरू का गुलाम बन जायेगा!''

मैंने काम की बात की–''मेरे पास अब आगे स्कूली पढ़ाई करने के लिए कोई साधन नहीं है। मैं ख़ाली इच्छा रखने से तो शिक्षा नहीं पा सकता। मेरी तो जीवन-नैया ही डाँवाडोल है, सहारे-किनारे सब साथ छोड़ चुके हैं। माँ गाँव में नहीं, छोटा भाई दिल्ली रहता है। बब्बा अन्धे हैं और बूढ़े हो चुके हैं। वे यादवों की चक्कियाँ पीस-पीस कर मुश्किल से अपना पेट भर पाते हैं। सो, मैं चाहता हूँ

कि दसवीं के आधार पर मुझे दिन में कोई काम मिल जाये और पढ़ने के लिए रात्रि के स्कूल में कहीं दाख़िला।''

तो भाई साहब ने यह कहकर मुझे आश्वस्त किया कि ''मैं अपने दोस्तों से बात करूँगा। किसी सरकारी दफ़्तर में तुम्हें कोई छोटा-मोटा काम मिल जाये, पर फिलवक़्त तो तेरे खाने-कमाने और रहने का दिल्ली में कोई प्रबन्ध नहीं हो सकता। दसवीं पास को यहाँ कोई नौकरी नहीं है। मैं भीं पैसे से तो तेरी कोई मदद नहीं कर सकता। इसलिए तू अपने गाँव वापस जा। वहीं कहीं किसी स्कूल में दाख़िला लेने की कोशिश कर, किसी तरह थोड़ी और पढ़ाई कर।'' उस दिन शाम को मुझे भाई साहब और भाभी जी दोनों ने अपने साथ बिठाकर एक ग्रुप फ़ोटो खिंचवाया। अगले दिन रूसी अख़बार 'युवक' में काम कर रहे दिनेश वार्ष्णेय से मिलाया और कुछ रशियन लिट्रेचर उपलब्ध कराया। मैं बड़े चाव के साथ वह सब थैले में भरकर अपने गाँव नदरोली लौट आया। पर तब तक सत्रारम्भ हुए महीने भर से ज़्यादा वक़्त गुज़र चुका था।

बायें से डॉ. नत्थूलाल, एम.बी.बी.एस., श्रीमती प्रभा और लेखक

दाख़िले की शर्त : अस्तित्व दाँव पर

अब कहाँ होगा मेरा दाख़िला? अगर हो भी गया तो खाना, किताबें-कॉपियाँ, ड्रेस इत्यादि कहाँ से आयेंगी? सोचता हुआ प्रेमपाल सिंह यादव के घर पहुँचा, ''मास्साब, आप कहीं मेरा दाख़िला करा दें। अन्यथा मैं गाँव छोड़कर किसी शहर चला जाऊँगा। गाँव में रहूँगा तो आपके खेत-क्यार का काम भी कर दिया करूँगा।'' वे भी समझ गये कि श्यौराज को दाख़िला मिल गया, तो इससे बीते वर्षों की भाँति आगे भी काम लिया जा सकता है, अगर यह गाँव छोड़कर

चला गया तो हमें ऐसा दूसरा मुफ़्त में बेगार करने वाला नहीं मिलेगा। सो, उन्होंने कहा—

"देहगवाँ कॉलेज में प्रेमपाल सिंह गुप्ता प्रिंसिपल हैं, वहाँ जाओ या जुनावई भैया के पास जाओ।" उनके लिए उन्होंने एक पत्र लिखा। जगदीश जी वहाँ पी. टी.आई. थे और प्रेमपाल सिंह के चचेरे भाई थे। परिचित तो मुझसे भी थे, पर वे मुझे बाल-मज़दूर के रूप में ही देखते थे। वे गाँव के उन आर्य समाजी शिक्षकों में नहीं थे जो कम-से-कम अस्पृश्यता को बुरा मानते थे। प्रेमपाल सिंह के पास जाने से पहले उनके यहाँ भी मैं कई बार रहँट-दाँय हाँकने, जुताई, कटाई, निराई जैसे कृषि सम्बन्धी कई तरह के काम कर चुका था। इसलिए उनकी नज़र में मैं एक बाल-मज़दूर ही था, छात्र नहीं।

मैं विद्यालय पहुँचा और जाते ही पत्र जगदीश यादव को दिखाकर कहा, "मास्साब, मैं ग्यारहवीं में दाख़िला लेना चाहता हूँ। कृपया आप मुझे प्रिंसिपल साब के पास ले चलें।" उन्होंने पत्र पढ़ा और बोले—"जब मेरे पिता जी फ़सल कटवाने के लिए तुझे बुलाने जाते हैं तो तू मना कर देता है और प्रेमपाल की मुफ़्त बेगार करता है, तो उसी के पास जा, मैं तेरी मदद क्यों करूँ? तू गाँव में रहकर मजूरी कर। वैसे भी तू पढ़कर क्या करेगा? जब बिन पढ़ाई किये तेरी पूरी बिरादरी के बच्चे चैन से रह रहे हैं, तो तू क्यों तड़पड़ाता है पढ़ने को, तुझसे शान्त क्यों नहीं रहा जाता? वैसे भी तू तो विद्यार्थी से अधिक मज़दूर ही लगता है।"

"गुरु जी, ऐसा न कहें। मज़दूरी करता हूँ तो मज़दूर लगता हूँ, पढ़ने का मौक़ा देंगे तो पढ़ने वाला लगने लगूँगा।"

"बेगार मज़दूरी करते-करते दस पास हो गया, तेरे लिए इतना क्या कम है? जा, गाँव जा और कोई काम-धन्धा देख। पढ़ भी गया तो कहीं कोई मास्टर नहीं बन जायेगा। अपनी हदें और हालात देख। औकात में रह ज़मीन पर रेंगना सीख, ज़्यादा पंख मत पसार।"

मैं निराश होकर लौट रहा था। विद्यालय की परिधि के बाहर मेरे क़दम बहुत धीमे-धीमे गाँव की ओर उठ रहे थे, तभी मेरे गाँव के छात्र ओमवीर यादव ने मुझे आवाज़ दी—"श्यौराज रुक-रुक, यहाँ सभी अध्यापक प्रिंसिपल तुझे जानते हैं।"

"मुझे कैसे जानते हैं? मैं तो यहाँ कभी पढ़ा नहीं।" तो उसने बताया, "यहाँ हर क्लास में नदरोली के छात्र हैं। वे अध्यापकों को बताते हैं कि तू कविताएँ लिखता है और मज़दूरी करता है। इसलिए तू ख़ुद प्रिंसिपल साब से जाकर मिल। उन्हें बता कि तू दाख़िला लेना चाहता है।"

मैंने उसकी राय मानी और प्रिंसिपल रामनिवास शर्मा 'अधीर' की ओर लौटा। वे उस वक़्त बारहवीं क्लास में संस्कृत पढ़ा रहे थे। वे आशु कवि थे। मैं क्लास के बाहर जाकर खड़ा हो गया। ओमवीर ने उन्हें बताया—"गुरु जी, नदरोली वाला श्यौराज आया है।"

"कहाँ है?"

"बाहर खड़ा है।"

उन्होंने क्लास के बीच ही मुझे बुलाया और आने की वजह पूछी। मैंने अपनी मंशा ज़ाहिर की तो उन्होंने कहा—

"मैं तुम्हारे बारे में सुन चुका हूँ। तुम जैसे बच्चों को भी पढ़ने के अवसर मिलने चाहिए, परन्तु अब तो दाख़िला-प्रक्रिया बन्द हो चुकी है और ग्यारहवीं में तो 62 बच्चे हो चुके हैं। अब एक भी सीट बढ़ायी नहीं जा सकती। मुझे खेद है कि हम तुम्हें प्रवेश नहीं दे पायेंगे। हाँ, तुम प्राइवेट पढ़ो और परीक्षा देने हमारे विद्यालय में आ जाना। अगर किसी से गारंटी दिला सको तो हम पुस्तकालय से किताबें भी तुम्हें दिलवा देंगे।"

मुझे फिर एक झटका लगा, मैं दोहरी हताशा के साथ लौटने लगा। अभी खेल का मैदान पार भी नहीं कर पाया था कि तभी एक और छात्र मेरा पीछा करता आया "श्यौराज! श्यौराज! तुम्हें प्रिंसिपल साब बुला रहे हैं।"

"बुला रहे हैं, क्यों बुला रहे हैं?"

आशा-निराशा भरे अन्तर्द्वन्द्व के साथ मैं प्रिंसिपल साब के कक्ष में दाख़िल हुआ और अभिवादन कर पूछा, "जी गुरु जी, आपने मुझे बुलाया?" "हाँ श्यौराज, बुलाया, इसलिए कि मैंने तुम्हारे दाख़िले के बारे में सोचा है।" सुनते ही मेरी आँखों में चमक, मन में उम्मीद और होंठों पर हल्की-सी मुस्कुराहट तैर उठी। मैंने बड़ी उत्सुकता से पूछा, "क्या सोचा है गुरु जी आपने?"

"देखो श्यौराज, तुम विद्या के सचमुच प्यासे हो पर यह विद्यालय रूपी कुआँ किसी प्यासे के घर नहीं जाता, प्यासे को ख़ुद यहाँ चलकर आना होता है।"

"तो गुरु जी मैं आ गया क्या कुएँ में अब पानी नहीं रहा, सूख गया है?"

"नहीं, ऐसा नहीं है। असल में वक़्त आगे बढ़ गया है और तुम पीछे छूट गये हो। फिर भी दो दिन बाद 'स्वतन्त्रता दिवस' का कार्यक्रम है। उसमें छात्रों को अपनी-अपनी प्रतिभा-प्रदर्शन के अवसर दिये जाते हैं। वाद-विवाद प्रतियोगिताएँ आयोजित होती हैं और छात्र गीत, कविताएँ, प्रहसन आदि प्रस्तुत करते हैं। हम तुम्हें अस्थायी छात्र स्वीकार कर प्रतियोगिता में भाग लेने की

अनुमति देंगे। अगर तुम जीतोगे तो तुम्हें न केवल दाख़िला मिलेगा, बल्कि तुम 'छात्र-सभा' के अध्यक्ष भी चुन लिये जाओगे और अगर हार गये तो बाहर का रास्ता तो तुम्हारे लिए खुला ही है। बिना किसी शिकवे-शिकायत के किस्मत जहाँ ले जाये, चले जाना। यही एक चुनौतीपूर्ण शर्त अब तुम्हारे लिए अन्तिम विकल्प है, स्वीकार हो तो किस्मत आजमाकर देख लेना।''

मैं शर्त की बेचैनी लेकर अपने घर लौटा। अनौखिया यादव जब मेरी हिमायत करती थीं तो मेरी माँ बन जाया करती थीं। जब वे डाँटती थीं, तब जगदीश हों या प्रेमपाल सभी की बोलती बन्द हो जाती थी। हालाँकि वे मेरी पढ़ाई के पक्ष में केवल बोल रही थीं कि वे भी दाख़िले की शर्त पर ही मुझसे मुफ़्त सेवा ले सकें। बीते चार-पाँच साल वे मेरे द्वारा की गयी सेवाओं का स्वाद चख चुकी थीं। दाख़िले के मामले में असहयोग और हतोत्साहन के बारे में जानकर वे उनसे सख़्त लहजे में बोलीं—''जगदीश, तुमने जो अच्छो नांइ करों।''

मैं अपने पुश्तैनी घर लौटा, प्रतियोगिता में भाग लूँ या न लूँ, प्रवेश का प्रयास करूँ या पढ़ाई करने का इरादा छोड़ दूँ? इन सवालों से जूझता मेरा मन बेचैन था और अस्तित्व दाँव पर था। मेरा अन्तर्द्वन्द्व कोई बाँटने-जानने वाला नहीं था। न माता, न पिता, न भाई और न बहन। हाँ, नेत्रहीन गंगी बब्बा (पिता के चाचा) ज़रूर मेरी स्थिति को भाँप रहे थे, उन्होंने मुझे पास बिठाकर मेरा मन टटोला था—''का बात है बेटा...कछु परेशान है? दाखिला लेन कूँ गओ, सो का भओ? मिलो कै नांय? का काऊ नें उल्टी-सीधी कह दइ?''

''नांय बब्बा ऐसी कोई बात नांय है।''

''तो और कैसी बात है बेटा?''

''नांय मिलो दाख़िला।''

''चौं नांय मिलो?''

बब्बा ने मूँछों में फँसे मट्ठे को पोंछते हुए पूछा था।

''देर हो गयी।''

''कैसी देर? का स्कूल, मास्टर किताबें खत्म है गयीं जो अब दाखिला नांय मिल सकतु?''

''उम्मीद कम है बब्बा।''

''तू जगदीश मास्टर तें मिलो?''

''हाँ, कॉलेज में उनसे मिलो।''

''तो का कही उन ने?''

"मनें करि दई।"

"चों, मनैं चों करि दई?"

"मैंने उनकी बेगार जो नांय करी है भौत दिनन तें।"

"अरे, तो तू मेरी लठिया पकरि कैं जगदीश के बाप के ढिंग लै चल। कितनी सालन तें हम इन ऐरनु (यादवों) की गुलमई करि रये हैं, जब तें आँखें फूटी हैं इनकी बहुइनु की चाकी पीस रओ हूँ। अब जे मास्टर है गये, गोदनु में खिलाये हैं, अब जे कटी उँगरिया पै हू नांय मूतंगे। इतने मतलबी है जाँगे ऐर?"

"ऐरनु-गैरनु के हाथ में हूँ नांय है बब्बा।"

"तो किन के हाथनु में है?"

"मालिकनु के हाथ में है।"

"तो स्कूल के मालिक कौन होत हैं लल्ला?"

"वहाँ प्रिंसिपल की चलती है, मैं उनसे मिलके आओ हूँ।"

"कौन बिरादरी के हैं पैंसीपल साब?"

"ब्राह्मण हैं, बब्बा।"

"बामन?"

"हाँ..बब्बा वे ब्राह्मण हैं।"

"तो छोड़ि बेटा। जब ऐरनु ने नांय सुनी तो तेरी बामन का सुनंगे?"

ब्राह्मणों के प्रति अजीब पूर्वाग्रह थे उनके, जबकि शोषण उत्पीड़न करने की बात तो छोड़िए इस गाँव में कोई ब्राह्मण था ही नहीं। मात्र एक परिवार था ब्राह्मणों का, सो वह यादवों ने भगा दिया था। यह पूरा इलाका यादव बाहुल्य था। अध्यापक, आर्य समाजी, शिक्षित यादव भले इन्सान थे। परन्तु बड़ी संख्या में अपढ़-उजड्ड और दलितों, ब्राह्मणों तथा बनियों को गाँव से पलायन के लिए मजबूर करते थे। आज वाल्मीकि और जाटवों को बस्ती के अपने घरों पर यादवों का क़ब्ज़ा देकर 80 फ़ीसद तो शहरों को पलायन कर गये हैं। 20 फ़ीसद गाँव के बाहर घूरे/कूड़े के साथ रह रहे हैं।

सुभद्रा कुमारी चौहान की बुन्देले हर बोलों की कपोल कहानी पर आधरित कविता 'झाँसी की रानी' स्कूल के कोर्स में लगी थी सो...सो कण्ठस्थ कर ली थी। रानी द्वारा क़िले से पलायन करने के बाद रानी के भेष में ब्रिटिश फ़ौज से लोहा लेते-लेते शहीद हुई झलकारी बाई 'कोरी' का नाम तक नहीं सुना था। क्या चौहान को भी पता नहीं था। जबकि क़िला के शिलालेख पर कोरी की कहानी तो आज भी अंकित है।

''पढ़ाइवौ-लिखाइवौ इनई के हाथनु में है।''

"तौ तू पढ़न को मन मति करै। या तू एक काम करि, मेरी लठिया पकरि कें पैन्सीपल साब के घर लै चलि। मैं उनके पाइं पकरि कें तेरे दाख़िला की भीख मांगंगो।''

''क्या कहोगे?''

''कहँगो महाराज, हम अछूत चमारनु के बालक कूँ हूँ दुए आखर पढ़ाइ देउ। हम तो सब तरह से अन्धे हैं। शरीर तेंऊ और विद्या तेंऊ..., जा बालक कूँ ग्यान-ध्यान को थोड़ो उजीतो दिखाइ देउ। जातें जाकी जिन्दगी तो नर्क तें लिकरि जाये।''

''तुम्हारी ज़रूरत नांय है बब्बा।''

''तो किन की ज़रूरत है, पिरधान के घर चलूँ?''

''प्रधान की हू ज़रूरत नांय है।''

''तो और किन की ज़रूरत है?''

''मेरी जीत की ज़रूरत है!''

''कैसी जीत?''

''बोलन की शर्त लगायी है प्रिंसिपल साब ने।''

मैंने समझाया तो वे कहने लगे—

''तो काए की चिन्ता है बेटा? बुलबइया (वक्ता) तो तू है ही, जा और बोलि। इतने जोर तें बोलि कै सब तेरी बड़ाई करें। अच्छो है बेटा कोई धन-दौलत की शरत नांय है। अपने बंगाली बाबा की जलेबी (प्रसाद) और सैयद बाबा के पेड़ा बोल देउ, बेलोन वारी की जात बोल दे, तू जीतेगो ज़रूर।''

मेरे ज़हन में प्रिंसिपल शर्मा की शर्त रह-रहकर कौंधे जा रही थी। जीत मेरे लिए नयी ज़िन्दगी और हार मौत की ओर लौट जाने जैसा था। मेरे लिए विद्यालय की ओर जाने वाले सारे रास्ते बन्द थे। केवल एक शर्त की शक्ल में जीत ही एकमात्र विकल्प बचा था। जीत जीवन और हार सपने, सम्भावनाएँ। बतौर छात्र यह मेरे जीवन-मौत की शर्त थी। इस हकूके जंग में मेरी जानिब से कोई और नहीं लड़ सकता था। कोई उत्कोच अथवा कोई सिफ़ारिश चल नहीं सकती थी। धन दौलत की सत्ता, जाति की उच्चता जो मेरे पास थी भी नहीं।

पढ़ने-बढ़ने का फ़ैसला भी तो मेरा ही है। तैयारी के लिए सामग्री चाहिए, सूचनाएँ चाहिए। आज़ादी के दिन पर बोलना है, तो आज़ादी के संघर्ष के

इतिहास के बारे में भी तो कुछ बोलना चाहिए। मैं कवि तो बीच-बीच में कुछ स्वरचित कविताओं की बानगी भी होनी चाहिए, इत्यादि।

मैंने अपने भाषण की तैयारी की। विशेषकर रूसी साहित्य जो निःशुल्क ही मेरे घर आया करता था, की मदद ली। उसमें से मैंने सूचनाएँ संकलित कीं। रूस की बोल्शेविक क्रान्ति, अमेरिका में मार्टिन लूथर किंग और लिंकन का दास प्रथा के विरुद्ध किया संघर्ष अगास्तीनो नेटो (अंगोला के कवि, राष्ट्रपति) के बारे में, शहीद भगतसिंह का अछूत विषयक लेख और राष्ट्रीय नेताओं का ज़िक्र अपने भाषण में मैंने शामिल किया। डॉ. अम्बेडकर के बारे में गहतोली (अलीगढ़) में संघप्रिय गौतम का भाषण सुना था, परन्तु चाह कर भी मैंने उनका ज़िक्र नहीं किया था। क्योंकि ग़ैर दलित अध्यापक न तो अम्बेडकर का जिक्र करते थे, न ज़िक्र करने वाले को पसन्द करते थे और न उन्हें कोर्स में रखते थे। सो उनकी कोई बात नहीं की। उन दिनों मैं उर्दू के शायरों में फ़ैज़ अहमद 'फ़ैज़', अली सरदार जाफरी, साहिर लुधियानवी, कैफ़ी आज़मी और हिन्दी में हरिवंश राय 'बच्चन' जी को ख़ूब पढ़ता था। बाक़ी नेताओं में गांधी जी, नेहरू जी आदि के बारे में पाठ्यपुस्तकों में प्रचुर मात्रा में सामग्री उपलब्ध थी।

पन्द्रह अगस्त उन्नीस सौ उनासी का वह दिन अर्थात् मेरी अग्नि परीक्षा की घड़ी आ गयी थी। मैंने अपने लिखे हुए भाषण को हैडिंग्स में बाँटकर कण्ठस्थ किया था। सात मिनट के लिए मैंने दस मिनट की तैयारी की। अन्धे और निरक्षर बब्बा के सामने बोल-बोल कर ख़ूब अभ्यास किया। वे कान लगाकर सुनते और बीच-बीच में बोलते—"वाह! बेटा वाह! तू अब शरत नांय हारैगो।"

उन्होंने क्या समझा, क्या नहीं समझा, वे जानें पर 'तू जीतेगो' ऐसी आशा व्यक्त की और मेरी पीठ ठोंक दी। उतने से ही लगा था कि कोई मेरा अपना है जो मेरे साथ खड़ा है। सुबह जल्दी उठा और नहा-धोकर रोटी बनायी, खायी, बब्बा को खिलाई और विद्यालय की ओर भाग छूटा। विद्यालय क़रीब छह-सात किलोमीटर की दूरी पर था। विद्यालय में सफ़ाई थी। प्रांगण सजा हुआ था। बड़ी दिलचस्पी के साथ 15 अगस्त का कार्यक्रम आयोजित किया जा रहा था। मैं गणवेश (स्कूली पोशाक) में नहीं था और यहाँ एकदम नया था। मैं प्रिंसिपल रामनिवास शर्मा 'अधीर' के पास गया। उन्होंने वरिष्ठ कक्षाओं के छात्रों के बीच मुझे बैठने को कहा। उस वक़्त कॉलेज में छात्रों, शिक्षकों और कुछ अभिभावकों के अलावा कॉलेज के प्रबन्ध तन्त्र से जुड़े कुछ अन्य प्रतिष्ठित शख़्सियतें और शिक्षा विभाग की ओर से आये सरकारी अधिकारी भी विराजमान थे।

राष्ट्रगान के बाद बच्चों के गीत, कविताएँ, नाटक और भाषणों का दौर क़रीब डेढ़ घण्टे में पूरा हो गया। सीनियर कक्षाओं के छात्रों को केवल भाषण देने थे या काव्य पाठ करने थे। प्रतियोगिता आरम्भ हुई। बारहवीं कक्षा के छात्र और छात्र-सभा के तत्कालीन अध्यक्ष अलीजान के बाद मेरा नाम पुकारा गया। मैं उठकर मंच की ओर गया और नियत स्थान पर जाकर खड़ा हो गया। उद्घोषक का संकेत मिलते ही मैंने अपना भाषण 'परम आदरणीय प्रधानाचार्य जी, समादरणीय उप प्रधानाचार्य जी, उपस्थित महानुभाव तथा विद्यार्थी भाई-बहनो' के सम्बोधन के साथ शुरू किया। उस समय सदन में एकदम शान्ति थी। भाषण के बीच-बीच में उर्दू शायरों के कुछ मौक़े के शेर और कुछ विश्व विभूतियों के कथनों को मैंने कण्ठस्थ कर रखा था। 'युवक', 'सोवियत-दर्पण', 'युवावेदी', 'सुकवि विनोद' इत्यादि पत्र-पत्रिकाओं की सहायता से मैंने सूचनाप्रद भाषण तैयार किया था। यह ग्रामीण क्षेत्र के छात्रों और शिक्षकों के लिए तो नितान्त नया था।

तालियों की गड़गड़ाहट के साथ मेरा भाषण समाप्त हुआ। मैं छात्रों के बीच जाकर बैठ गया। मैंने देखा, सय्यद इमाम इतखार साहब और प्रेम गुप्ता निर्णायक मण्डल में से उठकर प्रिंसिपल के पास गये और उन्हें परिणाम पकड़ाकर वापस अपनी जगह आकर बैठ गये। कार्यक्रम का समापन करते हुए प्राचार्य शर्मा 'अधीर' ने छात्रों के प्रतिभा प्रदर्शन के लिए उनका उत्साहवर्धन किया। बाहर से आये अतिथियों के हाथों कुछ इनाम और कुछ प्रमाण-पत्र वितरित किये गये। अन्त में उन्होंने ऐलान किया, "अभी-अभी हुई वाद-विवाद प्रतियोगिता का परिणाम भी आ चुका है, इसमें श्यौराज सिंह ने चौंसठ और अलीजान ने चौवन अंक प्राप्त किये हैं। मैं प्रबन्धक जी की अनुमति से घोषणा करना चाहूँगा कि श्यौराज सिंह ने प्रतियोगिता जीतने के साथ-साथ प्रवेश पाने की शर्त भी जीत ली है। अतः विद्यालय अपने दिये गये वचन का पालन करते हुए इन्हें एक सीट की व्यवस्था कर आज से ही कक्षा ग्यारह में दाख़िला दे रहा है। इसी के साथ नियमानुसार ये 'छात्र-सभा' के अध्यक्ष भी बनाये जा रहे हैं। परम्परा के अनुसार पूर्व अध्यक्ष अलीजान पुष्प-हार भेंट कर इनका स्वागत करेंगे और इसी शुक्रवार से श्यौराज सिंह अपनी बाल-सभा के उपाध्यक्ष, महासचिव आदि टीम का गठन कर लेंगे। इनके भविष्य के लिए मंगल कामनाएँ।"

इस प्रकार मेरे लिए स्कूल का प्रवेश-द्वार तो खुल गया। लेकिन अगले ही दिन से मेरी दाल-रोटी का संकट और बढ़ गया। अनौखिया-प्रेमपाल तो तभी

खाना देंगे जब उनके खेत, घर और पशुओं का काम करूँ। लेकिन फिर मेरी पढ़ाई? खेतों पर जाऊँ तो विद्यालय कैसे जाऊँ? विद्यालय जाऊँ तो रोटी-कपड़े कहाँ से लाऊँ? इन्तज़ाम करूँ तो पढ़ने कब जाऊँ? वे जानते थे कि भूखा होगा तो काम पर लौटेगा ही। उन्हें ज़्यादा-से-ज़्यादा समय काम चाहिए था और मुझे शारीरिक श्रम से बचाकर पढ़ाई के लिए समय-शक्ति। अस्तित्व को बचाने वाला कोई तीसरा रास्ता नहीं था। पेट के भोजन के लिए श्रम और विद्यार्जन के लिए पढ़ाई इन दोनों को साधने के लिए मैं पुरज़ोर संघर्ष कर रहा था। यदि मुझे पढ़ाई से तत्काल वंचित रहना पड़ता? अगर मैं जीत नहीं पाता तो क्या करता?

राजगीरी से जो थोड़े-बहुत पैसे बचे थे, उनसे मैंने कुछ अन्न का प्रबन्ध किया था। ख़ुद ही हाथ-चक्की से गेहूँ पीसकर और रोटी बनाकर पढ़ने जाने लगा था। पर वह जल्दी समाप्त हो गया। ''काम कर जाया करो तो रोटी हमारे घर खा जाया करो'' अनौखिया यादव का अपना सीधा आदान-प्रदान का सिद्धान्त था। मैंने उनके उस फ़ैसले को पूरी तरह नहीं माना था कि मैं उनके द्वारा सुझाई गयी एक ग़रीब यादव की बेटी से शादी करूँ, अपनी बिरादरी में लौटकर ही न जाऊँ। प्रेमपाल की आटा चक्की चलाऊँ और खेतों पर काम करते-करते उन्हीं के घर का होकर रह जाऊँ।

माँ-बहन, ताऊ-ताई और मेरी जाति-बिरादरी के लोग मेरी पढ़ाई के प्रति आश्वस्त नहीं थे। कुछ ईर्ष्यावश और कुछ अज्ञानतावश पढ़ाई के प्रति मेरे समर्पण को मेरा पागलपन मान रहे थे, वे मेरे प्रति या तो उदासीन थे या असहयोग की भूमिका में थे। कई लोग मेरा उपहास उड़ा रहे थे, कोई मूर्ख कह रहा था, तो कोई पढ़ाई का दीवाना। हमउम्र तो मेरी पढ़ाई को मेरी लैला और मुझे उसका मजनूँ कह रहे थे। 'देखो-देखो अब यह मेहनत मजूरी करेगा या किताबें पढ़ेगा?' पर मैं था कि मुझे हर उपहास तस्लीम था। मैं शिक्षा रूपी लैला किसी भी तरह प्राप्त कर लेना चाहता था। रूखी-सूखी खाकर या भूखे पेट भी विद्यालय जाने को विवश था। पास होने-न-होने का द्वन्द्व और पेट भरने के लिए रोटी-दाल की दोहरी-तिहरी चिन्ताओं के साथ मैं विद्यार्थी जीवन के सफ़र पर चल पड़ा था। बेहतर जिजीविषा की जद्दोजहद किसी तरह मुफ़्त की बेगार और बँधुआ मज़दूरी से पीछा छूटे, इतनी ही महत्त्वाकांक्षा थी बस्स। किसी तरह पढ़ कर बड़ा आदमी बनने, महान लेखक कहलाने या किसी ऊँचे पद पर पहुँच जाने की मेरी किंचित भी कल्पना नहीं थी। मैं केवल गाँव की ग़रीबी, गुलामी और शोषण से निजात पाना चाहता था।

कुछ दिन बाद स्कूल-ड्रेस कम्पलसरी हो गयी थी, अतएव मुझे खाक़ी पैंट-शर्ट का इन्तज़ाम करना था। नयी ड्रेस ख़रीदने के लिए मेरे पास पैसे नहीं थे और विद्यालय के पी.टी.आई. जगदीश यादव की चेतावनी से मेरा मन भयाक्रान्त था। ''श्यौराज कान खोल के सुन ले, मैं नहीं जानता तू यहाँ 'बाल सभा का अध्यक्ष' है या गाँव में प्रेमपाल का मुफ़्त का गुलाम है। मैं पी.टी.आई. हूँ। कल से विद्यालय के गेट पर ड्रेस में मैं सबसे पहले तुझे ही देखूँगा, ड्रेस में होगा तब ही प्रवेश दूँगा। वरन बेंत मार-मार कर तेरी टाँगें ऐसी तोड़ूँगा कि वापस घर भी नहीं लौट पायेगा समझा! प्रिंसिपल शर्मा को खुश कर लिया है तो यह मत समझना कि मैं भी तेरी जात-औकात भूल जाऊँगा।''

ड्रेस ख़रीदने के लिए मेरी जेब में फूटी कौड़ी भी नहीं थी। उस शाम मैंने रोटी नहीं सेंकी थी। बब्बा गाँव के यादवों में काम के बदले अपना पेट भर आये थे। पर वे महसूस कर रहे थे कि श्यौराज ख़ामोश है, तो ज़रूर कोई बात है। घर में चूल्हा गर्म नहीं हो रहा है। पूछ बैठे—''लल्ला, का बात है? आज तैने रोटी नांय सेंकी, भूखो सोबैगो का? सवेरे पढ़न नांइ जाइगो का?''

''मेरी पढ़ाई जो होनी थी सो है गयी, मोइ स्कूल में कौन पढ़न देगो बब्बा?''

यह निराशा भाव सुनकर उन्होंने आवाज़ के अन्दाज़ से मेरा हाथ टटोलकर पकड़ा और मेरा सिर अपनी छाती से सटाकर रोते-सुबकते कहने लगे—

''जो जिन्दगी हम जी रहे हैं बेटा, मरिनु तें हू बुरी है। जो जिन्दगी नांय है, जेल है। तू पढ़ि अपने पंख पैदा कर और आजाद हवा में कहूँ दूर उड़ि जा। भगवान पहले जनम के करम की सजा देतु है, तो गरीब और अछूत-चमार बनाबतु है। का तू हम तें अच्छो जीनो नांय चाहतु?''

''चाहतू, तभी तो कोशिश कर रओ हूँ बब्बा। पर अब मेरे वश की बात नांय है। मैं मजूरी और पढ़ाई एक संग नांइ करि सकतु।''

''का भओ, काऊ ने मारो-पीटो का?''

''जगदीश मास्टर ने कह दिया है, ''ड्रेस में स्कूल नांय आओ तो टाँगें तोड़ दूंगा।''

''का कोई गलती करी है तैने?''

''कोई गलती नांय करी, मो पै स्कूल जान के लत्ता-कपड़ा नांय हैं?''

''तो का तू नंगो पढ़न जातु है?''

''नांय, पर स्कूल के कपड़े अलग होत हैं।''

बब्बा ने जैसे कभी रेल नहीं देखी थी, बस में नहीं चढ़े थे। वैसे ही कभी स्कूल

भी नहीं देखा था। स्कूल ड्रेस में कभी कोई छात्र भी नहीं देखा था। सो, उन्हें स्कूल ड्रेस का आभास भी नहीं था। मैं ड्रेस का इन्तज़ाम नहीं कर सका था, इसलिए अगले दिन पढ़ने जाने का इरादा ही छोड़ दिया था। ड्रेस ख़रीदने के लिए पैसों का इन्तज़ाम भी नहीं कर सका। प्रेमपाल जी से बात की तो उन्होंने कहा, ''बरसात के दिन हैं, मेरे खेत जोतो, धान लगाओ। प्राइवेट फार्म भरवा देंगे, स्कूल जाने का झंझट ही ख़त्म करो।''

जागन यादव की ड्रेस

मैं सप्ताह भर बेगार करता रहा, दो वक़्त रोटी के अलावा वहाँ से मुझे कुछ नहीं मिल सका। स्कूल की पढ़ाई रुक गयी। तब एक दिन शाम के वक़्त घर की देहरी पर बैठा-बैठा मैं कुछ सोच रहा था। तभी बब्बा ने कहा—''का बेटा, गाँव के काऊ बालक तें तू पुरानो सुतन्ना (पैंट) उधार नांय लै सकतु?''

बब्बा का इशारा मेरे दिमाग़ में युक्ति सूत्र बना, सो मैं गाँव के बारह पास कर गये यादवों के लड़कों की सूची बनाने लगा। इसलिए कि दलितों और मुसलमानों का कोई भी बच्चा इस कॉलेज में नहीं था। जयकिशन यादव का बेटा जागनसिंह मेरे ध्यान में आया। पूछा—''जागन, क्या तुम्हारे पास पुरानी खाकी पैंट है? तुम तो बारहवीं पास कर चुको हो।''

''पैंट तो है पर सूती है, टैरीकाट की नहीं है और दो साल पहनी हुई है।''

''दिखा यार, कैसी है?'' मेरे आग्रह पर उसने घर के किसी कोने में पड़ी उस पुरानी पैंट को खोजा और उठाकर ले आया। देखते ही मैंने कहा, ''तुम इसे मुझे दे दो।''

''क्यों'' उसने पूछा।

''तुम अपने गाँव के पी.टी.आई. को तो जानते ही हो, कितना मरखना (मारने वाला बैल) आदमी है।''

''हाँ, जानता हूँ। मुझे भी बहुत मारा-पीटा था उन्होंने, जब तक ड्रेस नहीं बनवा ली थी।''

''मैं नयी पैंट बनवा नहीं सकता और स्कूल में ड्रेस कम्पलसरी कर दी है।'' मैंने उससे वह पैंट ढाई रुपये उधार में ख़रीद ली। एक दिन काम के बदले घासी कुम्हार (दर्जी) से अपने नाप की करायी। उसे 'रथ' से धोया और बग़ैर इस्त्री किये अगले दिन पहनकर विद्यालय पहुँचा तो देखा कि जितने भी बच्चे लेट पहुँचे थे, सभी गेट के बाहर अलग पंक्ति में खड़े हैं। मैं भी उन्हीं में शामिल हो

गया। पी.टी.आई. के दण्डाभियान की बारिश शुरू हो चुकी थी। जब तक मेरी बारी आयी, तब तक गुरु जी थक चुके थे और खिसियाने भी लगे थे। पर मुझे देखकर उनके चेहरे पर क्रोध और भी तीव्र हो गया था—

"कितने दिन स्कूल नहीं आया? मुझे प्रेमपाल समझ रखा है क्या? जो खेत जोतने के बदले हाज़िरी दे देगा। कितना मना किया कि तेरे स्कूल में पढ़ने-लिखने के हालात नहीं हैं, पर तू माना नहीं। तेरा कोई बाप-दादा कह मरा था कि तू हर हाल में पढ़ना? हट, उधर दूर खड़ा हो और जल्दी कान पकड़, सौ दण्ड-बैठकें लगा।" मैं लगाने लगा। ब-मुश्किल पचास पूरी कर पाया था कि दबाव पड़ते ही पैंट दो-तीन जगहों से जवाब दे गयी। मेरे घुटने झाँकने लगे। अब क्या करूँ? मार खाकर भी तो क्लास में जाने लायक नहीं बचा था मैं।

"तो अब भी तू सोच रहा है? जो पैंट उतारि के घुटन्ना बनियान में घुसि जा क्लास में, तेरे बाप-दादा को स्कूल है।" उन्होंने व्यंग्य किया। मैं डरा-सहमा, निराश घर लौट आया। अब क्या किया जाये? प्रिंसिपल साहब ने चेताया था—'तुम कवि हो, अपने शब्दों से छात्रों में पढ़ाई के प्रति दिलचस्पी बढ़ा सकते हो'।...मेरे गाँव के झाँझन सिंह यादव का बेटा ओमी यादव मेरे साथ बाल सभा का सेक्रेट्री बना था। पर गाँव-व्यवस्था के अनुसार मुझे स्कूल में भी नीची जाति का सोचता था और स्वयं को ऊँची जात का। वह इस बात से परेशान रहता था कि चमार का बेटा यादव छात्रों का नेता क्यों बनाया गया है? उसके पिता जी ने उसे बहुत बार मेरे सामने ही उकसाया था, "अरे तुम इससे अच्छा भाषण दो, तुम भी तुकबन्दी करो और हम प्रिंसिपल शर्मा... साहब से कहेंगे कि चमार को हटाकर किसी अन्य जाति के छात्र को बाल सभा का अध्यक्ष बना दें।" एक दिन वह मेरे घर आया और बोला, "श्यौराज, तू तीन दिन से स्कूल नाय जाइ रआ है। प्रिंसिपल साहब ने क्लास में बोला है—"तुम लोग श्यौराज के घर जाओ और उसे लेकर आओ। शुक्रवार को बाल सभा होनी है। सभापति को उपस्थित होना चाहिए। पर तुझे तो पढ़ाई छोड़नी ही है, तो तू अभी छोड़ दे और मुझे बाल सभा का अध्यक्ष बनवा दे।"

नहीं 'मैं' अभी कपड़ों का इन्तज़ाम कर रहा हूँ। बाल सभा में नहीं जाऊँगा।"

मैंने पैंट की सिलाई की, जेबें उधेड़कर पैबन्द तो लगा लिये थे, पर लगा था कि ग़रीबी अभी ढकी नहीं जा सकी है, वस्त्रों के छिद्रों से झाँक रही है। सभापति के रूप में यदि इसी पोशाक में भाषण दिया तो टीचर्स और स्टूडेंट्स क्या कहेंगे? सप्ताह में एक दिन शुक्रवार को स्कूल ड्रेस में जाना प्रोटोकॉल था और वह दिन

हमारी 'बाल सभा' का दिन होता था। इस सबके बावजूद जाने वह कौन-सा जज़्बा था मेरे भीतर जो मुझे उस हाल में भी खींचकर स्कूल ले गया था।

बाल सभा चौथे घण्टे के बाद खुले प्रांगण में मुख्य मार्ग की ओर आरम्भ हुई। छात्रों के नाम से सचिव ने बारी-बारी उन्हें बुलाया। मैं नियमानुसार सभी छात्रों के बाद बोलने के लिए खड़ा हुआ। मैंने देखा कि मेरे ठीक सामने गड़रिया जाति का भारी-भरकम देह वाला एक छात्र बैठा है, वह मुझे ग़ौर से देख रहा है और मैं भी उसे पहचान रहा हूँ। सामने सड़क पर भाषण सुनने को खड़े कुछ गाँव वालों में उसका पिता भी खड़ा है। वह भी मुझे देख रहा है। सभा समापन के बाद उस लड़के ने मुझे बताया—''मैंने अपने बापू को खुद बुलाया था।''

''क्यों बुलाया था?''

''तुम्हारा भाषण सुनने के लिए।''

''क्यों, मेरे भाषण में ऐसा क्या था जो तुम गाँव से अपने पिता जी को लेकर आये?''

''तुमने हमारा कुआँ चिना था। सड़क के पास वह मौजूद है और उसमें मिस्त्री श्यौराज सिंह यानी तुम्हारा नाम आज भी सीमेंट के अक्षरों में कुएँ की दीवार पर गुदा हुआ है। मैंने तुम्हारे बारे में जब घर वालों को बताया तो उन्हें विश्वास नहीं हुआ कि वह बाल मिस्त्री ही 'बाल सभा' का अध्यक्ष है। इसलिए उन्हें साक्षात् दिखाने के लिए ले आया।''

वे मुझे रोड पर आते ही पूछने लगे, ''तुम चिनाई भी करते हो और पढ़ाई भी, यह सब कैसे करते हो?''

''बस कर लेता हूँ मजबूरी में।''

एक और प्रसंग याद आता है। ग्यारहवीं की गृह-परीक्षाएँ चल रही थीं। मैं कक्ष में बैठा परीक्षा दे रहा था। इतिहास-शिक्षक सैयद इमाम इतखार साहब की ड्यूटी थी। मैंने देखा कि मेरे सहपाठी शिक्षकों की नज़रें बचाकर नक़ल कर रहे हैं। मैंने सोचा, ये नियमित स्कूल आने वाले छात्र नक़ल करके पास हो जायेंगे, ज़्यादा अंक लायेंगे और मैं फेल हो जाऊँगा। तो मेरा क्या होगा? फेल होने की आशंका ने मन विचलित कर दिया, तो मैंने एक छोटी-सी पर्ची पर कुछ हेडिंग्स लिखीं, पर्ची मोड़कर मेज़ की दरार में छिपाकर रखी और उत्तर-पुस्तिका पर लिखने में जुट गया।

प्रिंसिपल शर्मा के साथ आया सर्च दस्ता तलाशी लेकर आगे बढ़ गया। उसके बाद सैयद साहब कक्ष के दरवाज़े पर खड़े होकर एक हाथ चौखट पर टेक

कर बराबर वाले कक्ष में ड्यूटी दे रहे शिक्षक गुप्ता जी से कहने लगे, "ज़माना बहुत बुरा आ गया। अब आदर्श स्टूडेंट्स ही नहीं आ रहे। किसी से कोई उम्मीद नहीं है। जिस स्टूडेंट पर सारे स्कूल की नज़र जमी रहती हों, जिसकी कोशिशों पर फ़ख्र होता हो, उसे भी अपने आप पर यक़ीन न हो, वह भी शॉर्टकट ढूँढ़ रहा हो, तो फिर किसी से क्या उम्मीद की जा सकती है?"

यह अप्रत्यक्ष सम्बोधन मेरे लिए ही था। मैं उनके पान चबाते हुए मुँह की ओर देखने लगा। मन में ग्लानि होने लगी। अतः मेज़ से पर्ची निकाली और उठकर उनके पास गया और बोला, "सर माफ़ कीजिए और यह लीजिए।"

उन्होंने पर्ची हाथ में लेते हुए मेरी पीठ पर हाथ रखा, "शाबाश बेटे। तुम अपने आप पर यक़ीन रखो। मेहनत में जुटे रहो, एक दिन तुम ज़रूर कामयाब होगे।"

मुझे याद है एक साल बाद जब मैं बारहवीं की परीक्षा दे रहा था। मेरे आगे एक ब्राह्मण छात्र की कुर्सी थी। अचानक धवल कुर्ता-पायजामा पहने एक नेता जैसा व्यक्ति आया और उसने ड्यूटी कर रहे शिक्षक से उत्तर पुस्तिका की द्वितीय प्रति ली और मेरे पास आकर कहा, "तू इस पर लिख।" उसने मेरी पहली कॉपी उठाकर आगे बढ़ा दी। मैं शिकायत करने को उठा तो कहा कि वे बड़े आदमी हैं। तुझे फेल करा देंगे। जब मैं रुआँसा हो गया तब मुझे कॉपी वापस दी गयी। पता चला कि जिस छात्र को शर्मा जी नक़ल कराने आये थे, हाल में उन्होंने अपनी बेटी की मँगनी उसी छात्र से की है। कुछ ग़ैर-दलित छात्रों को दबंग-शिक्षक चोरी-चोरी नक़ल कराते थे। एस.सी., एस.टी. छात्र भी दूध के धुले न थे, परन्तु उन्हें बचाने या उन तक नक़ल पहुँचाने वाला कोई नहीं होता था।

इस क्षेत्र में कभी कोई मन्त्री आता, कोई सांस्कृतिक समारोह होता तो उसमें विद्यालय से स्वागतार्थ यदि दो विद्यार्थी भी बुलाये जाते तो उनमें एक नाम मेरा अवश्य होता था। प्रिंसिपल शर्मा अक्सर उस आयोजन में शिरकत किया करते थे। वे बड़ा ही साहित्यिक संचालन किया करते थे। वे खुद आशु-कवि थे। सो हर मौक़े की कविता रचते-पढ़ते थे। उन्हें सुन्दर और नये-नये धवल वस्त्र धारण करने का शौक़ था।

मैं एक बार उनके घर गया था। उन्होंने अपनी पत्नी से कहा था, "ये बड़े होनहार छात्र हैं। **कविताएँ** लिखते हैं।" पर मैं उनकी ओर शंका-दृष्टि से देख रहा था। कारण, मेरे सहपाठियों ने बताया था कि वे प्रिंसिपल साहब को बच्चे

की तरह डाँटती रहती हैं, बल्कि अफ़वाह तो यह थी कि वह उन पर हाथ उठा देती थीं। बदक़िस्मती से अधीर साहब का एक पाँव अस्वस्थ था। वे डॉ. धर्मवीर की तरह कुछ लँगड़ाकर चलते थे। इधर के दिनों में जब भी डॉ. धर्मवीर मेरे घर आये, मुझे रामनिवास शर्मा 'अधीर' याद आये। वे मेरे बड़े आदरणीय शिक्षक थे, इसलिए वे मुझे प्रोत्साहित करते थे। मेरी घर-दशा जानकर तो वे मुझसे अधिक सहानुभूति रखने लगे थे। मेरी जीवन-यात्रा में ऐसे फिजिकली चैलेंज्ड लोगों के सान्निध्य-जनित अनेक अनुभव शामिल हैं।

उस वर्ष विद्यालय में स्थापना दिवस मनाया गया था। ज़िला विद्यालय-निरीक्षक सहित कई महत्त्वपूर्ण अतिथियों के आने का कार्यक्रम बना था। 'अधीर' साहब ने प्रार्थना सभा में पूर्व सूचना दी थी। उन्होंने विशेष तौर से मुझसे कहा था, "श्यौराज, छात्रों को सांस्कृतिक कार्यक्रमों के लिए तैयार करना तुम्हारी ज़िम्मेदारी है और उस मौक़े के लिए ख़ुद कोई नयी कविता भी तैयार कर।"

मैं नया क्या पेश कर सकता हूँ? बहुत सोचा, आख़िर मैंने 'मधुशाला' की तर्ज़ पर 'विद्यालय' शीर्षक से एक लम्बी कविता लिखी। महाकवि हरिवंश राय बच्चन ने जो गुण मधुशाला में गिनाये थे मैंने उससे कहीं अधिक गुण विद्यालय में गिना दिये थे। समारोह में पूरे उत्साह के साथ मैंने अपना काव्य पाठ किया था—

भेद बढ़ाते मन्दिर-मस्जिद,/मेल बढ़ाते विद्यालय।
ध्यान कराते मन्दिर-मस्जिद,/ज्ञान कराते विद्यालय।
धर्म-जाति से ऊपर उठकर/देश बनाते विद्यालय...।
रार बढ़ाते मन्दिर-मस्जिद/प्यार बढ़ाते विद्यालय।

अध्यापकों ने शाबाशी दी और दूसरे दिन जब अधीर साहब की प्रतिक्रिया जानने मैं उनके कार्यालय पहुँचा तो वे बोले, "बहुत ख़ूब! तुमने तो रंग जमा दिया। पर..."

"पर क्या सर?" मैंने जानना चाहा तो वे बोले, "बतर्ज लिखोगे तो मौलिक पहचान नहीं बना पाओगे। कुछ अपना सोचो, अपना लिखो।" उन्होंने तो एक वाक्य में मेरी हवा ही निकाल दी।

पर मुझे उनकी राय सही लगी और पन्द्रह-बीस पृष्ठों की लिखी वह लम्बी कविता फाड़कर मैंने उनके हाथों में रख दी। हालाँकि बाद में मुझे पश्चात्ताप हुआ। मैंने स्वयं ही अपनी कविता की भ्रूणहत्या कर दी बतर्ज ही सही पर बात तो अपनी ही की थी? यूँ तो स्वयं बच्चन जी ने भी उमर खय्याम की रुबाइयों से

प्रभाव लिया था और तुलसी से पूर्व मलिक मोहम्मद जायसी से चौपाइयाँ सीखी थीं। पर अब क्या? उन दिनों तो डायरी भी नहीं होती थी मेरे पास जिसमें रफ प्रति पड़ी मिल जाती। उन्होंने मुझे समसामयिक कवियों को पढ़ने का सुझाव दिया। 'सुकवि विनोद' नामक एक पत्रिका की प्रति देकर कहा, "इसका पता देखो, सम्पादक को पत्र लिखो। अपनी कविता और पत्रिका का शुल्क भेजो, इसे भी अपने घर मँगाया करो।" मैंने छपे कवियों को देखा। इन कवियों के पास शब्द-चयन की दृष्टि से कविता अच्छी थी, पर इनकी कविता में देश-समाज की कोई जाति-समस्या नहीं थी। प्रिंसिपल अधीर साहब जिधर आते-जाते उधर की ही बात किया करते थे। जैसे मथुरा से लौटे तो ब्रज की कविता–

कारे किशना से कारे बदरा,
रोके रहे रास्ता मोकूँ डरा डरा।

एक दिन बदायूँ से लौटे और हमने कहा गुरु जी कुछ तो कहिए। तो वे शुरू हो गये–

यूँ ही बदा, बदायूँ/आज बदा यूँ रोया।...

अधीर साहब के बाद एक पहलवाननुमा यादव प्रिंसिपल आये। वे संस्कृत के आचार्य थे। प्रार्थना-स्थल पर कई रटे हुए श्लोक सुनाया करते थे। भाषण देते-देते ताल ठोंकने लगते, मानो पहलवानी करने अखाड़े में कूद पड़े हैं। उसी क्रम में वे लट्ठमार कविता भी करने लगते। उनके मुखारविंद से व्यक्त हुई उनकी एक कविता थी–

जो तुझ को काँटा बोए,/उसको बो दे भाला।
वह भी साला याद करेगा/पड़ा किसी से पाला।।

मैं एक दिन पूर्व प्राचार्य के पास पढ़ाई सम्बन्धी समस्या लेकर गया। "गुरु जी मेरी अंग्रेज़ी कमज़ोर है, आप अंग्रेज़ी वाले गुरु जी से कहकर मुझे थोड़ा अतिरिक्त समय दिलवा दें तो मैं अपनी इंग्लिश सुधार सकता हूँ। पर इसके लिए मेरे पास देने को कुछ भी नहीं है।" उन्होंने मुझे अंग्रेज़ी शिक्षक के पास भेज दिया। मैंने समस्या दोहराई तो उन्होंने कहा, "क्यों पढ़ना चाहते हो? इस समस्या पर ज़रा चार पंक्तियाँ हो जायें।" मैंने तुरत-फुरत तुक गढ़ी–

भाग्य इंग्लिश से बँधा है,
जो नहीं इंग्लिश पढ़ा है,

लोग कहते हैं कि,
अनपढ़ है गधा है।

उन्होंने सुना, हँसे और टाल दिया–

''देखेंगे, अभी तुम जो पढ़ रहे हो वही पढ़ते रहो।''

मैं क़रीब 32 साल बाद सपरिवार इस विद्यालय को देखने गया। सत्यपाल सिंह यादव उस समय के एक ही शिक्षक मुझे मिले। मैंने प्रिंसिपल श्री लखपत सिंह यादव, शिक्षक और छात्रों से बातें कीं। पर जो आश्वस्त करने वाला तथ्य मैंने जाना वह था स्कूल में सात सौ छात्राओं की संख्या। वहाँ उनकी साइकिलें खड़ी थीं। वे झुण्डों में थीं। मेरे समय में एक भी लड़की स्कूल में नहीं दिखती थी पर इस बार मैं सोच रहा था कि ये पढ़-लिखकर जब बड़ी होंगी तब कितने परिवार सुधार देंगी। दुखद यह कि जिस अनुपात से यहाँ छात्राएँ उपस्थित थीं उनके लिए पर्याप्त शिक्षक/शिक्षिकाएँ नहीं थे। इसलिए उनकी ज्ञानमार्गी यात्रा मुझे आसान नहीं दिखाई दे रही थी।

आशु कवि अवस्थी

तेईस जनवरी सन् दो हज़ार, मैं सुबह उठा तो 'अमर उजाला' आँगन में पड़ा था। ख़बरें तो बहुत-सी थीं। किन्तु 'मूर्धन्य कवि ब्रजेन्द्र अवस्थी का निधन' शीर्षक पढ़कर मुझे याद आया जब मैं कक्षा 11 में पढ़ता था तब एक विराट कवि सम्मेलन हुआ था। मैं बाल सभा का अध्यक्ष हुआ करता था। कविताएँ लिखा ही करता था। 'अधीर' सा'ब ने कहा था, ''तुम कोई मौलिक कविता तैयार करो। मैं तुमसे पहली बार इस बड़े मंच पर पढ़वाऊँगा।''

रात के 10-11 बजे मदिरापान कर कविगण मंच पर चढ़े। छात्र कवि के रूप में मेरा नाम दे दिया गया था। ब्रजेन्द्र अवस्थी अध्यक्षता कर रहे थे और उर्मिलेश शंखधर संचालन। वे ओवर ड्रिंक्ड थे, बल्कि स्वामी पूर्णानन्द विद्यालय, चिरौरी से भी दो गुरु जी आये थे। धीरज सिंह तोमर तो पीकर मंच पर ही लड़खड़ा गये। वे वीर रस की कविता लिखकर लाये थे। 'कहाँ रखी है मुझे दिखा दो मेरे राणा की तलवार?', तलवार की आवृत्ति बार-बार कर रहे थे, जैसे कभी-कभी पुराने टेप पर सुई अटकने से गाना रिपीट होता रहता है। वे उछल-कूदकर मंचाशायी हो गये। उन्हें देखकर नीचे से गुरु जी-गुरु जी चिल्लाता उन्हें उठाने को लपका जबकि प्रेमपाल सिंह धार्मिक कविता 'प्रेम प्रभु और प्रभु प्रेम है' का पाठ कर बैठ चुके थे। मुझे बुलाया गया तो मैंने कविता पढ़ी– *'तू क्रान्ति वधू*

का है सुहाग रे, युवा जगत उठ अभय जाग,...सुख समृद्धि को जला न दे भूखे पेटों की प्रबल आग।'...

मुझे सम्मेलन के बाद देर रात गाँव लौटना था। अधीर साहब ने कहा, "तुम अभी मत जाओ। समापन के उपरान्त तुम्हारा परिचय कराना है। तुम मंचीय कवि बन सकते हो।" अधीर साहब ने मुझे डॉ. ब्रजेन्द्र अवस्थी और उर्मिलेश शंखधर के पास ले जाकर उनसे मिलाया और कहा, "अगर आपका आशीर्वादपूर्ण सान्निध्य मिल जाये। दो-चार कवि सम्मेलनों में आप सुनवा दें, तो यह बालक भी जम जायेगा।"

डॉ. शंखधर ने अधीर साहब से पूछा, "कहाँ रहता है यह विद्यार्थी?"

"यहाँ से पाँच-सात कि.मी. दूर यादवों का गाँव है नदरोली।"

"यह वहीं का रहने वाला है। तब तो यादव ही होगा?" बिना पलभर टाले बोले। चलते-चलते पी.टी.आई. जगदीश यादव ने मेरा असली परिचय भी करा दिया अर्थात् मेरी शक्ल में मेरी जात का परिचय।

"नहीं सर, यह हरिजन है।" इतना सुनने के बाद उनके भीतर का द्रोणाचार्य जाग उठा।

"ठीक है। इसे बाहर भेज दीजिए।" हाथ की बोतल पर नज़र गड़ाये हुए कवि उर्मिलेश ने कहा था। डॉ. ब्रजेन्द्र अवस्थी आशु कवि थे। दलित कवि बिहारी लाल 'हरित' की तरह हाथ में काग़ज़ लेकर नहीं पढ़ते थे या तो कण्ठस्थ को प्रस्तुत करते थे या तत्काल कविता गढ़ते थे। परन्तु उनका उद्देश्य मेरी समझ में नहीं आया।

एक बार बाबूराम इंटर कॉलेज, बबराला में भी मैंने अवस्थी को सुना था। पुलिस ने मुठभेड़ में चार बदमाशों को मारा था। अवस्थी जी ने अख़बार में छपी ख़बर पुलिस की रिपोर्ट को अपनी वीर रस की तुकबन्दी में सचमुच कविता का रूप दिया था। उसके बाद से आज तक उन ब्राह्मण ग्रन्थ महाकवियों से मेरा वास्ता नहीं पड़ा, यह अलग बात है कि उनके प्रभाव से बाहर रहकर मेरी सृजनशीलता का भला ही हुआ और मैं साहित्य व्यवस्था के लोकतान्त्रीकरण की दिशा में दलित चेतना के लिए थोड़ा-बहुत योगदान कर सका। लगभग तीस साल बाद मैंने श्री राधेश्याम की मार्फत बदायूँ की 'अम्बेडकर जन्मोत्सव समिति' को सलाह दी कि 'बाबा साहब अम्बेडकर के जन्मदिन पर हर वर्ष एक राष्ट्रीय स्तर का कवि सम्मेलन कराओ। देशभर से दलित कवियों को बुलाया करो।' यही हुआ। जब मैं प्रथम सम्मेलन में संचालन कर रहा था। मुझे पता चला उर्मिलेश

जी भी श्रोताओं में बैठे हैं, उनका नाम लिखी पर्ची भी आयी। वे स्थानीय हैं, कॉलेज में पढ़ाते हैं। अवस्थी जी के चेले हैं। रेडियो पर भी कविताएँ पढ़ते हैं, उन्हें भी बुला लिया जाये। हालाँकि मंच पर एक मिश्र कवि अपवाद छोड़कर ओम यादव, रूबिया खान, सामाजिक न्याय, लोकतन्त्र और अम्बेडकर विषयक कविताएँ पढ़ चुके थे।

मैंने कहा कवि सम्मेलनों के जाति वर्चस्व को लेकर 'दलित कवि सम्मेलन स्वायत्त क्यों होने चाहिए' विषय पर व्याख्यान भाषण भी दे डाला। उसी सभा में मेरे गाँव के गांधीवादी स्वतन्त्रता सेनानी शास्त्री रघुनाथ यादव भी उपस्थित थे।

अब जब 15 अप्रैल, 2005 को बदायूँ में सिविल सेवा से निवृत्त दलित अधिकारी दौलतराम और टी. प्रसाद की पहल पर अखिल भारतीय दलित कवि सम्मेलन हुआ तो हिन्दी प्रदेशों के क़रीब दो दर्जन कवि वहाँ पहुँचे थे। जयप्रकाश कर्दम, ओमप्रकाश वाल्मीकि जी भी उस सम्मेलन में शामिल हुए थे। सूरजपाल चौहान ने वाल्मीकि को यह कहकर भड़का दिया था कि 'सर आप तो सबसे वरिष्ठ हैं, आपको तो डबल मानदेय मिलना चाहिए।' वे आयोजकों से झें-झें करने लगे तो राधेश्याम ने पूछा "बेचैन जी, आपने हमें ऐसे लोगों के नाम क्यों प्रस्तावित किये थे?" व्यावसायिक कवियों का भी बड़ा जमावड़ा मंच पर हुआ था। मैं संचालन कर रहा था। इस बार भी डॉ. उर्मिलेश शंखधर श्रोताओं के बीच सुन रहे हैं, उन्हें मंच पर बुलाया जाये। मैंने आयोजकों की इजाज़त चाही तभी दलित कवियों के बीच से असहमति आयी–

"ये हज़ारों सालों से दलितों को सुना ही तो रहे हैं, सवर्ण कवि सुनते कब हैं? ज्ञान की गंगा में गोते लगा रहे हैं। पी रहे हैं, खा रहे हैं कि इन्हें अपच हो रही है। दूसरी ओर दलितों की ज्ञान-क्षुधा उन्हें मारे जा रही है। उनकी अनुभूति प्रसव वेदना की भाँति व्यक्त होने को व्याकुल हो रही है। अब धैर्य के साथ थोड़ा उन्हें भी सुनने दिया जाये। साहित्य व्यवस्था में सन्तुलन लाया जाये।" अच्छा लगा जब पता चला कि शंखधर जी पूरी रात श्रोताओं के बीच बैठे सुनते रहे। सुबह जब पण्डाल ख़ाली हो चुका था तब मैंने उन्हें जाकर अभिवादन किया। तब उन्होंने कहा था, "आप सही कह रहे थे, असन्तुलन हमीं ने पैदा किया है। दलितों के साहित्यिक-सांस्कृतिक नुक़सान की भरपाई करनी पड़ेगी हमें भी।" मैं दिल्ली तक यही सोचता हुआ लौटा कि क्या हम ग़लती तो नहीं कर रहे थे? बदले की भावना का शिकार तो नहीं हो रहे थे। उर्मिलेश को मंच पर न चढ़ने देकर क्या किया बदायूँ में?

अगले दिन मैं अपने गाँव पहुँचा, तो यादवों में यह चर्चा थी। रघुनाथ शास्त्री से मिला तो वे सख़्त नाराज़ थे। बोले, "मैंने तुम्हारा पूरा कवि सम्मेलन सुना था। तुमने कवि सम्मेलनों के औचित्य पर जो उद्घाटन भाषण दिया था, उसमें अम्बेडकर का नाम चार बार आया था और गांधी जी का केवल एक बार। क्या तुम नहीं जानते हो कि गांधी जी ने **हरिजनों** का कितना उद्धार किया था? 'पूना-पैक्ट' करके तुम्हें गले से लगाया था। सेवाओं में प्रतिनिधित्व दिलाया था। गांधी न होते तो पाकिस्तानी मुसलमानों की तरह तुम लोग भी अलग रह रहे होते। तब क्या राजकीय संस्थाओं में प्रतिनिधित्व पाते? यदि गांधी जी उनके नाम के लिए न अड़ जाते? तो क्या अम्बेडकर संविधान बनाकर आरक्षण दिला पाते, क्या अस्पृश्यता का अन्त हो पाता? अछूत कुलपति, जज, पत्रकार, नेता-अभिनेता बन पाते?"

मैं यदुनाथ-रघुनाथ बन्धुओं का बहुत सम्मान करता था। ये दोनों भाई स्वतन्त्रता सेनानी थे, गांधी जी के आह्वान पर जेल गये थे। बचपन में मैंने इनके सान्निध्य से बहुत कुछ सीखा था। ये शिक्षा, सादगी और अनुशासन के प्रतीक थे। मैं उनके साथ गांधी बनाम अम्बेडकर या आरक्षण व अस्पृश्यता बहस में नहीं जाना चाहता था। "मैंने गांधी जी और बाबा साहब डॉ. अम्बेडकर दोनों को नहीं देखा। पर आप मुझे दिखाई पड़ते तो आपकी कविता ज़रूर सुनता/सुनवाता। आप इस बात से क्यों दुखी होते रहे कि दलित कवि गांधी जी की जय-जयकार नहीं करते और डॉ. अम्बेडकर का स्तुतिगान करते हैं। यह कृतज्ञता का तकाज़ा है। वे ऐसा अवश्य करेंगे, क्योंकि उन्हें डॉ. अम्बेडकर ने मुक्ति का मार्ग दिखाया था। आप जैसे गांधीवादी हैं, वैसे हम नहीं हैं। पृथक् निर्वाचन के ख़िलाफ़ गांधी जी ने यरवदा कारागार में जो आमरण अनशन कर डॉ. अम्बेडकर को समझौता करने को मजबूर किया था आज उसी का परिणाम है कि दलित अपना सच्चा प्रतिनिधि नहीं चुन पाते हैं। ग़ैर-दलित उन्हें अक्षम और खुदगर्ज प्रतिनिधि चुन कर देते हैं। इसीलिए उनमें कुलपति, जज, सम्पादक आदि नहीं निकल पाते हैं। साहित्य अकादेमी, ज्ञानपीठ आदि के अध्यक्ष-सचिव नहीं चुने जाते। मैं मानता हूँ कि बाबा साहब अम्बेडकर के भक्त ज़्यादा हैं, अनुयायी कम हैं। पर ग़ैर-दलित कवियों ने कब रैदास, कबीर और अछूतानन्द को अपना कवि समझा?"

सिलसिला जारी था। 15 अप्रैल, 2018 के आयोजन में दूर-दूर से कवि और कवयित्रियाँ पधारे थे। प्रो. कालीचरण स्नेही के साथ न्यूज़र्सी (अमेरिका) से आये कवि रामबाबू गौतम ने भी काव्यपाठ किया था। ध्यान देने की बात यह रही कि

तीन हज़ार कुर्सियों पर सुबह पाँच बजे तक श्रोता बैठे सुनते रहे, परन्तु अख़बारों में तीन लाइनें भी नहीं छपीं थीं, जबकि ब्राह्मण, कायस्थ और वैश्य तीन कवियों की गोष्ठी की ख़बर अख़बार में छपी थी। बदायूँ से प्रेरित होकर 29 अप्रैल, 2018 को गुन्नौर में भी अम्बेडकर जयन्ती को कवि सम्मेलन के रूप में मनाया गया था। तत्कालीन सपा-बसपा समझौते के कारण दोनों दलों ने साहित्यिक मंच को राजनीतिक अखाड़ा बना दिया था। मैंने अपनी अध्यक्षीय टिप्पणी में केवल इतना पूछा था कि "हमारे गाँवों में सरकारी स्कूल मर चुके हैं। सपा-बसपा दोनों ने प्राथमिक स्कूलों की ओर ध्यान क्यों नहीं दिया? यदि शिक्षा ही नहीं होगी तो बहुजनों को स्वतन्त्रता और समानता कैसे मिल पायेगी?''

मंगो की मौत

माँ के बुलावे पर मैं चन्दौसी से गाँव जा रहा था। सोचा था अम्मा मेरे पढ़ने के फ़ैसले से काफ़ी दुखी है। मैंने मजूरी छोड़ी, राजगिरी छोड़ी, 'पाली' मुकीमपुर (अलीगढ़) छोड़ा, नदरोली छोड़ा परन्तु किताबें नहीं छोड़ीं। व्यर्थ ही पढ़ाई में वक़्त बर्बाद किया। ग्रेजुएट होकर भी मैं नौकरी नहीं पा सका। इसलिए माँ की सोच में मेरे अध्ययन की व्यर्थता काफ़ी बढ़ चुकी थी। मुझे याद है कि जब माँ के ज़िद करने पर भी मैंने शादी करने से इनकार कर दिया था तो उन्होंने चाची, ताइयों और भाई-वृन्दों के बीच कहा था–

''तू पैदा तो हीजड़ा नांइ भयो, अब जवान है के नामर्द कैसे है गओ?'' मेरे लिए इससे बड़ी गाली और क्या हो सकती थी? कैसी बेचैन करने वाली चुनौती खड़ी थी मेरे सामने। यानी या तो मैं इस गाली के अपमान को सहूँ या शादी करूँ। बस्ती के हमउम्र लड़कों की तरह बाल-बच्चे पैदा करूँ और अपनी मर्दानगी साबित करूँ। पर मैं जानता था कि शादी ज़िम्मेदारी है। बिना रोटी-कपड़ों का इन्तज़ाम किये मैं यह भार उठाने को तैयार नहीं था, जबकि विवाह की कल्पना दूसरों की तरह मेरे भी मन को गुदगुदाती थी। मैंने 'ना' की तो उन्होंने छोटे भाई की शादी तय कर दी। उनकी बड़ी बेटी 'किसनियाँ' रूपसिंह के घर में पहले ही ब्याही जा चुकी थी। बड़े ग़रीब आदमी थे वे। उनका गाँव झुग्गियों की शक्ल में पाठकपुर रेलवे स्टेशन के पास सड़क से सटा हुआ था। नाम था 'चमारों की मड़इया'। उस वक़्त उनकी छोटी बेटी 'मंगो' बीमार थी। उन्होंने मुझसे कुछ पैसे माँगे थे यानी चील के घोंसले में मांस की तलाश की थी। उसी दिन मेरी जेब में छात्रवृत्ति के तीस रुपये आये थे, उनमें से बीस रुपये मैंने उन्हें दिये थे। ''बेटी

को डॉक्टर को दिखाओ।'' इतना कहकर मैं चन्दौसी चला गया था। बाद में परेशान करने वाली बात पता चली कि वे मंगो को डॉक्टर के पास नहीं ले गये थे। उन पैसे से दाल, आटा ले आये थे। शायद दवा से ज़्यादा परिवार के लिए रोटी आवश्यक थी। खेद कि मंगो की जान बच नहीं पायी थी। मुझे बहुत बुरा लगा वह सब जानकर।

उसी मंगो के पिता रामसिंह ने 'जलधारा' की शादी की एवज़ में अम्माँ ने भाई की कमाई, बँटाई पर प्रधान रामस्वरूप यादव की भैंस बेचने से मिले पैसे और ढाई सौ रुपये में खेत के टुकड़े को रेहन रख, सब मिलाकर एक हज़ार रुपये दिये थे। मेरी पढ़ाई के ख़र्चे के लिए किसी के पास कोई पैसा नहीं था, कोई हमदर्दी भी नहीं थी। अम्माँ ने मुझे मध्यस्थ बनाकर वे रुपये मेरे हाथों रामसिंह को दिये थे। यह अहसास कराते हुए कि "तू बड़ो है, तू शादी करतो तो हम पहले तुझी पर खर्च करते।" जबकि मेरी पढ़ाई के लिए एक-एक पैसा दुर्लभ था। हमारे यहाँ ग़रीब चमारों में शिक्षा के प्रति उदासीनता दिखाना, कोई निवेश न करना और ग़रीबी में भी शादी के लिए क़र्ज़ करना बर्बादी के प्रमुख कारण थे।

ज्ञान, भूख, जान और जोखिम

यह सन् 1986 का समय था। परीक्षाएँ चल रही थीं, कुछ पेपर अभी होने बाक़ी थे। अम्माँ, भाई और सगे-सम्बन्धी मेरी पढ़ाई के प्रति असहयोगी और उदासीन थे। इस कारण मैंने ज़िद की थी—'चाहे भूखों मर जाऊँ पर किसी सम्बन्धी से एक पैसा नहीं माँगूँगा।' इस प्रण-पालन का मैंने पूरा प्रयास किया था। मैं घर वालों से कुछ माँगता नहीं था तो उन्हें देने के लिए भी मेरे पास कुछ नहीं था और उनके पास न पढ़ने की सलाह देने के अलावा मेरे लिए कुछ नहीं था। परीक्षाओं के बीच कई दिनों का अन्तराल था। मैं अपनी कक्षा के साथी नत्थू पाल के पास गया। पाल कॉलेज परिसर से जुड़े रेलवे क्वार्टर में रहकर सिविल सेवा की तैयारी कर रहा था। मैंने उससे पूछा था—

"क्या तुम गाँव चलोगे?" दोनों एक ही रेलवे स्टेशन (बबराला) पर उतरते थे। बरेली-आगरा रूट की इस रेल से रिश्ता पुराना था। यहाँ आकर यादों में बचपन लौट आता था। बचपन के क्रिया-कलाप याद आते थे। मैं पाल को बता रहा था कि एक मलिन-सी थैली में पॉलिश की डिब्बी और ब्रश डालकर मैं अपने इसी रूट पर आने-जाने वाली रेलों में बूट-पालिश किया करता था। जोड़ीदार फूलसिंह रात को चिराग की 'लौ' से ताख पर जमा हुई कालिख

छुड़ाकर उसमें थोड़ा-सा तेल डालकर नकली पॉलिश तैयार करना सिखाता था। पर इससे जूतों पर चमक नहीं आती थी। जो ग्राहक दस पैसे जोड़ा बूट पॉलिश कराते थे अथवा जिन्हें ज़्यादा चमक की दरकार नहीं होती थी, उन्हें हम यही पॉलिश करते थे और जो पन्द्रह पैसे जोड़ा कराते थे, उन्हें असली कम्पनी की पॉलिश करते थे। यह वैसा ही था, जैसा शहर के बनिये दाल में कंकड़ या हल्दी-मिर्च और मसालों में गधों की लीद मिलाया करते थे। उन दिनों बाल सुलभ शरारतें भी हम किया करते थे, जब गाड़ी खड़ी रहती तो चढ़ते या उतरते नहीं थे। गाड़ी चल पड़ी, स्पीड पकड़ी तभी हम भागकर उतरते या चढ़ते थे। हर दिन यही क्रम चलता रहता था। दौड़कर चढ़ने-उतरने में हमें खेल सरीखा आनन्द आता था। शाम को हम अपने चेहरों पर जूतों की धूल-मिट्टी, पॉलिश की कालिख से मुँह-हाथ-कपड़े सब कालेकर लौटते थे।

हम दोनों चन्दौसी स्टेशन से 'बबराला' स्टेशन पर रेल में बिना टिकट चढ़े। चारों ओर देखते कि डिब्बे में कहीं कोई टी.सी. तो नहीं चढ़ा है? उन दिनों अख़बारों में अक्सर छपता रहता था कि 'कल अमुक स्टेशन पर बिना टिकट छात्रों को पकड़ा गया।' गाड़ी 'बहजोई' स्टेशन पर रुकी थी। मैं उतरकर टी.सी. को देखने लगा तो 'पाल' ने व्यंग्य किया, ''यार, वैसे तो तुम बड़े क्रान्तिकारी बनते हो, पर एक मामूली टिकट चेकर के डर से तुम्हारी पिण्डली काँपती है!'' मैं बैठ गया। मेरे हाथ में एक छोटी 'छतरी' थी, जो मुझे छोटे भाई से मिली थी और एक-दो कोर्स की किताबें थीं। मैं सिलेटी पैंट और चौकोरी छींट की हाफ बाजू शर्ट पहने खड़ा था। यह शर्ट डॉ. नत्थूलाल ने अपने लिए बनवाई थी, परन्तु उसमें कट लग गया था, इसलिए उन्होंने वह मुझे दे दी। मैंने उसे रीफिट करा लिया था। कालर थोड़ा बड़ा था, बाक़ी फिट थी। बहजोई से गाड़ी छूटी और एक ओर से टी.सी. आता हुआ दिखाई पड़ा। देखते ही गाड़ी की बढ़ती गति के साथ-साथ मेरे दिल की धड़कनें बढ़ने लगीं। 'टी.सी. पैसे लेकर छोड़ देता है वरन् जेल भेज देता है? पर मेरे पास पैसे होते तो टिकट ही ले लेता।' मुझे लगा कि वह आगे कहीं रेलगाड़ी रुकवायेगा और समान्तर चल रही सड़क पर कहीं छापा मारने वाला काफ़िला भी इसके साथ होगा, वह गाड़ी में चढ़ जायेगा और मैं मजिस्ट्रेट चेकिंग में जेल चला गया तो परीक्षा नहीं दे पाऊँगा। मेरा एम.ए. करने का सपना अधूरा ही रह जायेगा। ऐसे द्वन्द्वात्मक विचार मेरे दिल-ओ-दिमाग़ में तूफ़ान उठा रहे थे। पाल को मैंने इशारे से कहा, परन्तु उसके चेहरे पर डर का कोई भाव नहीं आया। वह टस-से-मस नहीं हुआ। पता नहीं उसमें ऐसा साहस

कहाँ से आया था? शायद उसने अपना टिकट ख़रीद रखा था। मैं खिसककर प्रसाधन घर की ओर गया। क्या करूँ, कहाँ छिपूँ? कहीं नहीं भागूँ? क्या होगा पकड़ा गया तो? अख़बार में भी छप जायेगा। कॉलेज में 'वागीश्वरी परिषद्' का अध्यक्ष, ऑल इंडिया स्टूडेंट फेडरेशन (ए.आई.एस.एफ.) की ज़िला कमेटी का पूर्व प्रेसिडेंट हर सभा, हर जलसा-जुलूस में अगुआ रहने वाला। बिना टिकट पकड़ा गया, सपने बिखर जायेंगे, हक़ीक़त होश बिगाड़ देगी। छात्र जीवन का तो मानो अन्त ही हो जायेगा।

गदरी बाबा पृथ्वी सिंह आज़ाद की रेल यात्रा पढ़-सुन चुका था। जून, 1981 के दिल्ली के 'अजय भवन' स्कूल में उनसे साक्षात् मुलाक़ात भी हुई थी। वे अंग्रेज़ों से बचकर ट्रेन से कूद पड़े थे और हाथों में हथकड़ियों सहित पैदल ही पड़ोसी देश पहुँच गये थे। तो क्या मैं रेल से नहीं कूद सकता? इतना साहस नहीं तो मैं क्रान्तिकारी कैसे बनूँगा? पर वे तो देश के लिए जोखिम लेते थे। मैं किस कारण कूद रहा हूँ? मरना हो तो शेरों की तरह अपने देश के लिए मरना चाहिए। खुद के लिए कुत्ते की मौत क्यों? गाड़ी फाटक से पार हो चुकी थी, कुछ ही क्षणों में शहर से बाहर हो जायेगी। जिऊँगा तो एम.ए. करूँगा, मर भी गया तो मेरा कौन है? जो रोयेगा? माँ के लिए फालतू हूँ। कोई लड़की बेरोज़गार-दरिद्र से शादी नहीं कर सकती। ज़िदगी का वह मुश्किलों से भरा सफ़र था और दिल जज़्बातों से लबालब–वह उम्र थी मेरी। साहिर ने सही ही लिखा था–

हम में क्या है जो हमें कोई हसीना चाहे,
सिर्फ़ ज़ज्बात हैं, ज़ज्बात में क्या रखा है?

मर ही जाऊँगा, ऐसा भी क्यों मान लूँ? हो सकता है थोड़ी-बहुत चोट लगे और मैं ज़िन्दा बच निकलूँ और एम.ए. के इम्तिहान दे सकूँ।

आख़िर मैंने पूरी ताक़त और हिम्मत के साथ उस चलती ट्रेन से पश्चिम की ओर छलाँग लगायी और नीचे ट्रैक के साथ नुकीले पत्थरों पर जा गिरा। पत्थर मेरे सिर में, पीठ में, कन्धों और पैरों पर कई जगह गड़ गये। शर्ट बुरी तरह फट गयी। हाथ से छूटकर छाता, किताबें दूर जाकर गिरे। पैंट भी कई जगह से फट गयी। पत्थर गड़ने से पीठ घायल हो गयी। शरीर से इतना ख़ून बहा कि सिर से एड़ी तक कपड़े तरबतर हो गये। रेलवे ट्रैक के पास सिरकियाँ बेचने और लोहा पीटने वालों की झुग्गी-झोंपड़ियाँ थीं। महिलाओं ने मुझे गिरते हुए देखा था। वह 'मर गया, मर गया' चिल्लातीं, शोर मचाती-भागती हुई मेरे पास आयी। 'आओ रे!,

उठाओ रे!' रेल चली गयी, पाल भी चला गया। मैं गर्म शरीर के साथ एक बार तो उठकर खड़ा हो गया पर महिलाओं द्वारा पकड़कर ट्रैक से दूर लाने के बाद मैं बैठा, गिरा और बेहोश हो गया। औरतों ने उठाया और मेरे मुँह में पानी डाला। सिर में नुकीले पत्थर घुसने से चक्कर आने लगा। जो ज़ख़्म खुले नहीं थे, उनमें भी दर्द बढ़ने लगा। उनके पुरुषों को लगा मैं कोई झपट-मार उठाईगीर हूँ। कोई क़ीमती सामान चुराकर कूदा हूँ। इसलिए वे पूछ रहे थे—''माल कहाँ है? क्या तुमने अटैची पहले फेंक दी थी? गाड़ी में ही छूट गयी या तुम रकम लेकर कूदे थे? क्या तुमने कहीं कोई ज़ेवर चुरा कर फेंक दिया है? नया-नया उठाईगीर लगे है। इसे तो गाड़ी से कूदना भी नहीं आता, ये चोरी के पेशे में क्या कमाये-खायेगा बेचारा! इसे तो यह काम आता ही नहीं।'' इत्यादि बोले जा रही थीं। गले में पानी उतरने के बाद मैंने कहा—''किताबें, पेन और छाते के अलावा मेरे पास और कुछ नहीं था।''

''तो मूए कूदा ही क्यों? मरना था क्या?''

''मैं बग़ैर टिकट था।'' मैंने कराहते हुए जवाब दिया।

''धत्त तेरे की, बस्स इतने के लिए मौत की छलाँग लगा दी तूने? तू तो बिना टिकट ऊपर जा रहा था।'' जान जोखिम में डालना सभी को मूर्खतापूर्ण लगा। वे मुझे सरकारी अस्पताल तक लेकर गयी थीं। परन्तु डॉक्टर ने कहा, ''ये चोटें रेल से कूदने में लगी हैं? या चोरी करने पर किसी ने मारा है? रेल से कोई क्यों कूदेगा? यह पुलिस केस है, इसलिए आप पुलिस के साथ अस्पताल में आयें, तब तक दवा नहीं दी जा सकती है।'' इस तरह डॉक्टर ने पल्ला झाड़ लिया।

वे महिलाएँ तो पुलिस के नाम से ही डर गयीं। फिर भी उन्होंने मेरे सिर पर कपड़ा बाँध दिया और भीगा वस्त्र लेकर ख़ून पोंछ दिया। अब ज़ख़्मों में दर्द बढ़ रहा था और मेरी हालत बिगड़ती जा रही थी। खड़ा होना भी मुश्किल हो रहा था, चल पाना तो दूर था। मेरी पैंट बुरी तरह फट गयी थी। उन लोगों ने एक अंगोछा जैसा कपड़ा पैंट के ऊपर से बाँध दिया था। ''अब हम तेरी क्या मदद करें, तुझे कहाँ छोड़ें?''

''आप लोग जाइए, मैं चला जाऊँगा।'' मैंने उनका शुक्रिया अदा किया। वे मुझे मेरे हाल पर छोड़कर अपनी झुग्गियों की ओर चली गयीं।

स्थानीय मित्रों और परिचितों के एक-दो नाम मेरे ज़ेहन में आये, परन्तु बिना टिकट होने के कारण रेल से कूदने पर मैं घायल हुआ हूँ; यह जानकर वे मुझे उपहास की नज़र से देखेंगे? इस कारण किसी भी परिचित के घर जाने की

हिम्मत नहीं हो रही थी। मुझे प्राथमिक उपचार की तत्काल ज़रूरत थी। ऐसे में कुसुम का घर याद आया। वैसे भी यह कुनबा क़स्बे के बाहर ही बसा हुआ था। कुसुम वाल्मीकि परिवार की लड़की थी। उसके माता-पिता अपने बेटे के साथ मुझे बाहर ही मिल गये। पर वे मुझे पहचान नहीं पाये। 'कुसुम' ने चन्दौसी के भरतिया कॉलेज से बी.ए. किया था। रजत रानी 'मीनू', पुष्पा, भावना दूबे, ममता सक्सेना, मीना, सरिता आदि एक ही क्लास की छात्राएँ थीं; वे सभी मुझे जानती थीं, परन्तु मुन्नालाल मौर्य कुसुम से शादी करना चाहता था। प्रस्ताव लेकर 5 अगस्त, 1985 को राधेश्याम, मैं और मुन्नालाल कुसुम के घर जा चुके थे। कुसुम के पिता को ग़ैर-वाल्मीकि सें विवाह का प्रस्ताव मंजूर नहीं था। हमें उनके घर गोश्त के साथ खाना खिलाया गया था।

मेरे सिर के बाल ख़ून से चिपक गये थे। उसकी माँ ने गर्म पानी करके एक नर्स जैसे सेवा भाव से ख़ून के धब्बों को धोया था। अज्ञानतावश कुसुम ने जल्दी-जल्दी मेरे ज़ख़्मों में शरीर पर लगाने वाला पाउडर भर दिया था। जिससे ज़ख़्म और हरे हो गये थे, मेरी फटी शर्ट-पैंट थैले में रखकर कुसुम के भाई की एक पुरानी पैंट-शर्ट मुझे पहना दी गयी थी और इसी हालत में रात को ही मुझे मौसी 'सुखदेई' के पास चन्दौसी पहुँचा दिया गया था। शरीर पर कहीं ज़ख़्म खुले थे, तो कहीं नीले दाग उभरे थे। देखकर मौसी को बहुत दुख हुआ। वह पूछने लगीं, "किसने मारा? तू तो गाँव गया था। यह क्या हाल कर लाया?"

तंगदस्ती के चलते मौसा-मौसी मेरी दवा-दारू के लिए मदद करने की स्थिति में नहीं थे। बन्द चोटों पर मौसी ने हल्दी पोती और गर्म दूध में हल्दी मिलाकर पिलाया। ऐसे वक़्त में मुझे याद आये डॉ. मिश्रीलाल कॉमरेड नेपाली। चन्दौसी के कबीर मोहल्ले में आम रास्ते पर उनका 'प्राथमिक चिकित्सालय' था। मैं अपने मित्र 'रामकिशोर' के साथ डॉ. नेपाली से मिला था। लोग उन्हें कॉमरेड नेपाली कहते थे। हालाँकि वे मात्र 'फर्स्ट एड' का प्रमाण-पत्र प्राप्त थे, परन्तु वे अनुभवी थे। उन्होंने इंजेक्शन लगाया और दस दिन नियमित मरहम पट्टियाँ कीं और कोई फ़ीस नहीं माँगी।

जब तक मैं चारपाई पर रहा मेरे खाने का संकट गहराता रहा। दर्द कम होने के साथ-साथ मैं इम्तहान की तैयारी भी करता रहा। जैसे-तैसे एम.ए. की परीक्षा सम्पन्न हुई, जब अपेक्षित परिणाम नहीं आया तो प्राचार्य बीरेन्द्र सिंह ने चिन्ता ज़ाहिर करते हुए कहा—"श्यौराज, तुम्हारी तो प्रथम श्रेणी आनी चाहिए थी।"

अगर द्वितीय वर्ष में तिरेसठ फ़ीसदी अंक नहीं आये होते तो मैं उच्च शिक्षा की ओर नहीं बढ़ पाता। रहीम की इस सलाह के मुताबिक मैंने किसी को अपनी परिस्थिति नहीं बतायी।

रहिमन निज मन की व्यथा, मन ही राखौ गोय,
सुन इठलै हैं लोग सब, बाँटि न लैहै कोइ।

मैंने समान स्थिति की एक ख़बर पढ़ी—"झाँसी, एक स्त्री ने टिकट लड़के को दे दिया था और अपनी चाँदी की चूड़ियाँ उतारकर लड़की को पहना दीं। जब गाड़ी पुल से गुज़र रही थी, तो वह 'बेतवा' में कूद पड़ी। ओरछा स्टेशन पर गाड़ी रुकी और इस दुर्घटना की रिपोर्ट अधिकारियों से की गयी। स्त्री नदी में से जीवित निकाल ली गयी। उसने अपने एक बयान में कहा कि उसके पास सिर्फ़ एक टिकट था और गाड़ी में चलते हुए पुलिस के सिपाही ने इस बात पर उसे धमकी दी थी कि चल तुझे झाँसी स्टेशन पर देखूँगा।('हिन्दुस्तान', 27.4.1940)

बदायूँ के विराट कवि सम्मेलन में भी मैं गया था। 14 अप्रैल, 2019 को मुरादाबाद की अम्बेडकर जयन्ती का मैं मुख्य अतिथि था। गाड़ी ड्राइव कर 'मीनू' जब मुझे साहिबाबाद रेलवे स्टेशन छोड़ने गयीं तब बाहर से मैंने हिन्दी तथा अंग्रेज़ी के कुछ अख़बार ख़रीदे, यह सोचकर कि 'बाबा साहब डॉ. अम्बेडकर' पर सभी पत्रों में कुछ न कुछ छपा होगा। ट्रेन में इन्हें पढ़ लूँगा। देखा तो केवल 'अमर उजाला' में मेरा लेख—'आज और अधिक प्रासंगिक हैं अम्बेडकर' छपा था। और कहीं कुछ नहीं। 15 अप्रैल की शाम बदायूँ पहुँचा। राधेश्याम ने बताया कि दैनिक अख़बारों के कुछ रिपोर्टर तुमसे बात करना चाहते हैं। मैंने कहा, "करा दो।" तो एक संवाददाता का फ़ोन आया, "क्योंकि कवि सम्मेलन तो सुबह पाँच-छह बजे तक चलता है और अख़बार 12 बजे छपने चला जाता है। अतः हम अग्रिम ही आपका मन्तव्य लेना चाहते हैं।" उन्होंने कहा। "ठीक है आइए। मैं 'माया होटल' में ठहरा हूँ।" कोई पत्रकार नहीं आया। कवि सम्मेलन का आगाज़ करते हुए बतौर अध्यक्ष मैंने पाँच-सात मिनट दलित कविता के दबे हुए लोकतान्त्रिक स्वर के महत्त्व पर प्रकाश डालते हुए कहा—तरक़्क़ी पसन्द या प्रगतिशील काव्यधारा में दलितों के सवाल नहीं उठे? इसलिए कि वहाँ दलित कवियों को अवसर नहीं थे। धनी मुसलमान और सवर्ण हिन्दू थे, इसलिए हिन्दू-मुस्लिम एकता की बात की गयी। धार्मिक-साम्प्रदायिकता का विरोध किया

गया। जातिभेद, जातिघृणा और जातिहिंसा भी साम्प्रदायिकता है। इसका कोई विरोध नहीं हुआ। हिन्दी साहित्य व्यवस्था में, अशरीरी मानसिक अस्पृश्यता गहरी होती चली गयी। कथित प्रगतिशीलों ने यही प्रतिनिधि रागालाप किया—

तू हिन्दू बनेगा न मुसलमान बनेगा।
इन्सान की औलाद है इन्सान बनेगा।।

यानी हिन्दू और मुसलमान ही विमर्श के केन्द्र में हैं। वही इन्सान बनेंगे। बाक़ी अनपढ़-असभ्य, साहित्य-संगीत-कलाविहीन जानवर बनाये जायेंगे। अगर वहाँ मेरे जैसा दलित कवि होता तो ज़रूर कहता—

ना तू ब्राह्मण बनेगा ना अछूत बनेगा।
तू भारती है भारती का पूत बनेगा।।
इन्सानियत की क़द्र करे, जान से बढ़कर!
पैग़ाम-ए-समानता का अग्रदूत बनेगा।।

कवि सम्मेलन रात भर चला। उमेश कुमार निराला ने यहाँ पहली बार काव्य पाठ किया। जब उन्होंने बताया मेरी पीएच.डी. का विषय 'हिन्दी दलित साहित्य के सन्दर्भ में श्यौराज सिंह बेचैन के सम्पूर्ण साहित्य का विश्लेषणात्मक अध्ययन' है तो श्रोताओं ने तालियों से उनका स्वागत किया। कवि ओम यादव ने अम्बेडकर के सन्देश का काव्य रूप पेश किया, परन्तु सुबह किसी भी अख़बार में कोई ख़बर नहीं थी, जबकि इसके उलट ब्राह्मण, बनिया, कायस्थ तीन कवियों की एक घरेलू गोष्ठी को सचित्र छापकर पूर्वाग्रही मीडिया ने अपना चरित्र दिखा दिया था।

आधी रात का रोना—ब्रज का होना

मेरे भीतर एक लेखक निर्माण होने का मेरा समय ब्रज क्षेत्र में बीता। पाली मुकीमपुर (अलीगढ़), डिबाई (बुलन्दशहर), मथुरा, बदायूँ आदि में ब्रज की पहेलियाँ, लोकोक्तियाँ मुझे प्रभावित करती स्मृतियों का हिस्सा बनती रहीं। जैसे—

ऐरन की चोरी करी, करयो सूई कौ दान।
कोठे चढ़ि कै देखते मेरा कितनी दूरि विमान।।

यानी बड़ी चीज़ों की चोरी करते हैं और तुच्छ चीज़ों के दान करते हैं और मरने के दिन आते देख ऊँचे चढ़कर देखते हैं कि स्वर्ग ले जाने वाला

विमान कितनी दूर है। अर्थात् ऐसे भ्रष्टाचारियों को जन्नत नसीब नहीं हो सकती। देह चित्रण करती पुरुषवादी एक लोकोक्ति इस प्रकार हुआ करती थी–

बिना कुचन की कामिनी, बिना मूँछ के ज्वान।
जे दोऊँ ऐसे लगैं, ज्यों बिना सुपारी पान।।

ब्रज के गीत जातियों के गीत भी थे। दलित जातियों के गीतों में उनके देवी-देवता अलग होते हैं। उसी तरह जातियों के गीत भी अलग-अलग हैं– जैसे धोबियों के गीत–*'ठाड़ौ रहियौ रे बबुरिया की ओट, जियरवा बैरी तोई तें लाग्यौ।'*

कुम्हारों के गीत–*बारे कूँ ब्याहि दई मैं बाबुल बारे कूँ।*

अहीरों के गीत–*बन में भये रे, लरिका बन में भये।*

'चमर-खटिकों' के गीतों को ब्रज में बहर कहते थे–

रोइ रहे रे, रोइ रहे, मोहबे के नर नारि, ऊदल की सुनिकें बीमारी।

ये सब गीत लोक-जुबान पर रहते थे, इनमें जोड़ने-तोड़ने की प्रक्रिया चलती रहती थी। ब्रज में जातियों के अलग-अलग राग-रंग हैं। यह विविधता है। यहाँ वाल्मीकि मेहतर का गीत, 'कुरसी' है। भिखारियों, फेरी वालों का गीत–'सरमन', 'भैरों लावनी' है तो खेती करने वाले चमारों का 'गोबरी' और 'सिड़रिया' गीत है। इसमें वेदना मिश्रित गेयता थी। इसे मैं एकल भी गाता था और समूह में भी।

'आधी रात सिड़रिया रोबे,'
रोबे जार-बेजार
रैनि आधी पै रे।'...

मैं यह आज तक नहीं जान पाया कि ये 'सिड़रिया' नामक करुण रस के महाकवि खटिकों-चमारों के पूर्वज क्यों आधी रात को बुरी तरह रोते थे! इन्हें किसने सताया था? गीत चमारों का है तो ज़रूर कोई उन्हीं का पूर्वज रहा होगा जिसे आधी रात को लूटा-पीटा गया होगा। आधी रात का रोना कोई सामान्य त्रासदी तो नहीं रही होगी। यह रूपक क्या है? दुख, सन्ताप, शोक, विवशता और विपन्नता-बहिष्कार की मार?

बड़े बेआबरू होके

बारहवीं की परीक्षाएँ चल रही थीं। सेंटर बबराला इंटर कॉलेज में था। कुछ छात्र महीने भर के लिए किराये पर कमरे लेकर परीक्षाएँ दे रहे थे। वे छुट्टियों में भी वहाँ ठहरकर तैयारी किया करते थे। मेरा सहपाठी हेमराज भी बबराला में रह रहा था, जबकि मैं अपने घर से पैदल ही आया–जाया करता था। परीक्षा वाले दिन मैं अँधेरे उठता और दस-पन्द्रह कि.मी. चलकर परीक्षा केन्द्र पर पहुँचता था।

मेरी परेशानी देखकर हेमराज ने कहा, ''श्यौराज, तू चाहे तो पेपर से पहले रात को मेरे पास आकर ठहर जाया कर। हम दो लड़के हैं, किशन यादव और मैं। दोनों आधा-आधा किराया देते हैं। इसलिए पार्टनर को पूछना पड़ेगा।'' संयोग से पेपर के बाद यादव भी मिल गया और दोनों ने कहा, ''हाँ, ठहर जा। एक-दो दिन का क्या किराया होगा? हम आपस में एडजेस्ट कर लेंगे। तेरे पास नहीं है तो कोई बात नहीं।''

उस रात हम पढ़ते-पढ़ते छत पर चले गये। एक तो गर्मी के कारण नींद नहीं आ रही थी। दूसरा वहाँ फूहड़-संगीत हमें डिस्टर्ब कर रहा था। हमने छत से नीचे झाँककर देखा तो महिलाएँ 'खोरिया-नृत्य' कर रही थीं। यह नृत्य बारात जाने के बाद हो रहा था। खोरिया में अश्लीलता आम बात थी। यह बस्ती वैसे तो वैश्यों और यादवों की बस्ती थी। पास-पड़ोस में बनिया, ब्राह्मण और कायस्थों के घर भी थे...दलितों को छोड़कर सभी जातियों की महिलाएँ इस नृत्य-गान में शामिल थीं। हम छत पर औंधे मुँह लेटे खोरिया देख रहे थे। मस्ती में भरी एक युवती हाथ नचा-नचाकर, कमर मटका-मटकाकर गा रही थी और सब दोहरा रही थीं–

जोवना री कै लाल ही लाल
जोवना री कै...लाल ही लाल
मेरे पिता के भैंसें बहुत थीं
भैंसिनु तें भैसा मिलें
तो मेरो री जीया ललचाइ
जोवना री कै लाल ही लाल।

इसी तरह नाचती हुई दूसरी युवती आगे आयी और गाने लगी-

जोवना री कै लाल ही लाल
मेरे पिता के घुड़ियाँ बहुत थीं

घोड़िन तें घोड़ा मिलें
तो...मेरो री जिया ललचाइ
जोवना री कै लाल ही लाल

दूसरी हटी तो तीसरी आगे बढ़ी और गाने लगी–

जोवना री कै लाल ही लाल
मेरे पिता के हथिनी बहुत थीं
हथिनिनु तें हथिया मिलें
तो मेरो री जिया ललचाइ।
जोवना री कै लाल ही लाल।

मैंने हेमराज से कहा, "हम यहाँ से हट जाते हैं।" मेरा इतना कहना था कि किशन ने ऊँची आवाज़ में मुँह खोला और नितान्त शरारत भरा वाक्य बोला–

"अरी ओ चाचियो! एकाध जानवर उनकी मादाओं के लिए भी छोड़ोगी या अपनों जीया ललचाई-ललचाई कें सब आप से मिलाई लोगी?"

उसका इतना कहना था कि मूँगली-डण्डे लेकर दो-तीन युवतियाँ जो मकान मालकिन के परिवार से थीं, गाली देती हुई छत पर चढ़ आयीं।

"नाशपीटे हो! तुम्हारे माँ-बहनें नांइ हैं का? जो तुम औरतिनु को नांच देखत हो, तुम्हें शर्म-गैरत नांइ आयी?" किशन ने सुना और यह कहते हुए भाग खड़ा हुआ कि, "चाची शर्म ही तो आ रही थी, सुन-सुन के कि तुम गा क्या रही थीं?"

...रह गया हेमराज और मैं। मैंने कहा कि वह तो भाग गया। हमने कुछ नहीं देखा है और कुछ नहीं सुना है। तो वे बोलीं–

"बदमाशो, तुम यहाँ कर का रहे हो? कछु नांय देखि रहे और कछु नांय सुन रहे तो? कान पकड़ो, उठक-बैठक लगाओ और कहो कै माता-बहनो माफ कर दो और आज अभी यह कमरा ख़ाली करो। आने दो उस यादव के बच्चा कूँ, उबा की तो हम ऐसी ख़बर लेंगी कि छठी को दूध याद आ जाये।" इस तरह सुबह-सुबह मुँह अँधेरे 'बड़े बे-आबरू होकर के उस कमरे से हम निकले।'

वेदराम भारती और अशोक मेरे साथ बी.ए. में पढ़ते थे। अशोक नौकरी पा गया पर वेद नहीं। वेद गाता बहुत अच्छा था। वह फ़िल्मी गानों की तर्ज़ पर बाबा साहब डॉ. अम्बेडकर की स्तुतियाँ भी बनाया करता था, परन्तु वह मौलिक विचार नहीं रख पाता था। वेद की अंग्रेज़ी काफ़ी अच्छी थी, मैंने

बी.ए. में अंग्रेज़ी उसी के कहने पर ली थी कि वह मुझे पढ़ा देगा, परन्तु वह बी.ए. करते-करते पढ़ाई छोड़कर घर बैठ गया। नौकरी नहीं मिली तो जूतों के काम में लग गया। बस्ती के अन्दर उसकी एक कच्ची मिट्टी की कुठरिया थी। गर्मियों के दिनों में मैं कई बार वहाँ जाकर बैठा करता था और वेदराम के गाने सुना करता था।

मैं यहाँ बैठकर उस लड़की के दीदार भर की प्रतीक्षा किया करता था, जिसके पिता के प्रस्ताव के बावजूद हालातों की प्रतिकूलता ने असफलता दी। शायद वह इधर से गुज़रे, शायद उससे कोई बात करने का मौक़ा मिले। यहाँ पढ़-लिखकर भी लड़के-लड़कियाँ परस्पर बात नहीं कर पाते थे। प्रेम या मित्रता करने की तो कल्पना भी नहीं कर सकते थे। मैं यहाँ दर्जनों बार आया पर कभी ऐसा नहीं हुआ कि उससे कोई बात हुई हो या कभी दीदार हुआ हो। वह कभी उधर से गुज़रती ही नहीं थी। उसकी कभी आवाज़ भी नहीं सुनी थी। कौन थी वह, क्यों इन्तज़ार करता था मैं? वेद सब जानता था। मैं 'अम्बेडकर जयन्ती' पर प्रायः हर साल भाषण देने जाता था। क़रीब बीस साल बाद इस मौक़े पर पूर्व राज्यपाल माता प्रसाद जी और सांसद 'सत्या बहन' भी मेरे साथ मंच साझा कर रही थीं। वेद आयोजकों से आग्रह कर मंच पर चढ़ गया और मेरी कौली भर कर बच्चों की तरह रोना शुरू कर दिया। माइक पकड़ कर बोला—"देखो, श्यौराज कहाँ-से-कहाँ पहुँच गया। शहर में चीफ़ गेस्ट बनकर जयन्ती में आया है और मैं कहाँ रह गया, जबकि यह मेरा क्लासफेलो था।" वह रोने छाती पीटने लगा। स्थानीय स्त्री-बच्चे और दूर गाँव से आये हज़ारों दर्शक यह दृश्य देख रहे थे। मेरे लिए वेद का यह रूप नया और अप्रत्याशित था। मैं उसकी असफलताओं से जन्मी हताशा और क्षोभ को समझ सकता था। पर उसके लिए मैं कर भी क्या सकता था? मुझे जो बात अखरी थी वह यह कि बाबा साहब के जन्मदिन की ख़ुशी में उसने गाढ़ी

चन्दौसी : 14 अप्रैल, डॉ. अम्बेडकर जयन्ती के अवसर पर मा. राज्यपाल माता प्रसाद के साथ मंच पर लेखक

कमाई ख़र्च कर उस वक़्त भी दारू पी रखी थी। दो साल बाद मुझे ख़ुशख़बरी मिली कि वेद ने एक दलित विधवा से विवाह कर लिया है।

वह मेरे व्याख्यान को झटका दे गया था। सांसद सत्या बहन का भाषण हो चुका था और माननीय राज्यपाल माता प्रसाद जी तो उठे और माइक पर जाकर बोले, ''बाबा साहब पर डॉ. श्यौराज सिंह बेचैन जी ने पीएच.डी. की है। आज मैं बोलूँगा नहीं केवल, इन्हें ही सुनूँगा।''

DELHI, SUNDAY, APRIL 12, 2015

THE HINDU

'What a long long way...'

With Ambedkar Day just two days away, Dalit writer Sheoraj Singh talks to PROF. TAPAN BASU about his displaced childhood and the milestones he has crossed.

Sheoraj Singh 'Bechain' lives with his wife wife and two children in one of Delhi's satellite-towns. This couple, both teachers at Dehi University, places an unmistakeable premium on the value of education. Singh is Professor at the Department of Hindi. A library-cum-study occupies a central location in their home, with the entire set of Babasaheb Ambedkar's Writings and Speeches(in Hindi) holding pride of place in a bookshelf against the wall opposite the door.

As they escort me through their residence to the sitting room, Singh says, with obvious pride, "With my back ground as a mason's assistant and, then, a skilled mason, I didn't need anybody to design my house. I designed it myself. In fact I would help the labourers to lay the bricks, and help them to get the wall measurements correct.

His story — as narrated in his autobiography, Mera Bachapan Mere Kandhon Par(My Childhood on my Shoulders), — is that of a self-made man. Having lost his father at the tender age of five as a result of an unfortunate drinking episode, Singh(Sauraj, as he was then called) and his two siblings — children of a landless, 'untouchable' chamar family — were forced to accompany their widowed mother- twice, in quick succession, to new parental homes as she was married off by her scheming father to two different men, one after the other. From then on, as Sheoraj recounts, "it was as if a hurricane had swept through our lives."

Bhikari Lal, the second stepfather, took an instant dislike to his wife's children and tried to sell Singh and his sister to labour contractors at brick-kilns. "After our rescue from being bonded labour, we were taken back to the village of my father by our paternal grandfather, where we were put to work as farm hands."

During this period, his sister, Maya, was married off at the age of 11-12 to a man almost 15 years her senior. And Singh alone was left with his grandfather. He had inde-finite hours of work, and was only paid sub-sistance wages which, sometimes, took the shape of a meal a day. At the age of eight, he came to Rajouri Garden in Delhi to live with his aunt and uncle. Here he undertook many kinds of jobs to earn his living, including doing odd jobs at roadside restaurants, hawking lemons and delivering newspapers. At the initiative of a philanthropically-disposed Sikh couple, he was able to start a career as a student.

"How did you manage to remember the many experiences that you have put down in your autobiography?" I ask him in wonder. "I put down not the experiences that I could remember, but those which I could not forget," he smiled at me, sadly. "What a long, long way I have had to travel to reach where I stand today."

At the end of my visit, he sang lines from a song for me, in the manner of folk-singers from his region in Uttar Pradesh: "At the end of my travels, I remember my pauses the houses I dwelt in and the people with whom I stayed./ My strength, most of all, I have derived from those who were wretched like myself./ Both friends and foes, distant or near, everybody I encountered revealed a human self, despite differences from each other in caste and creed./For centuries I, mute and long-suffering, have been spoken about, misrepresented, by people who do not know me./ Of what avail is it to listen to half-truths? Let those who want to hear the real story hear it from me./ The story of my childhood, which is the story of millions of children, I dedicate to those who might be their saviours."

अलीगढ़ : मोह-ममता की सूरजमुखी

मैं जानता हूँ मेरी माँ कि तुम अब कहीं नहीं हो। न धरती पर और न आसमान में। न स्वर्ग में, न नर्क में। न तुम्हें निर्वाण मिला होगा, न कैवल्य। न तुम्हें जन्नत मिली होगी न जिल्लत। सच में तुम्हारा कहीं कोई अस्तित्व शेष नहीं है। सिवाय मेरी स्मृतियों के। यहाँ तुम्हारी सीरत-सूरत, रोना-हँसना सब कुछ तो ज़िन्दा है। मुझे जन्म देकर बचपन में दर-दर भटकते देखती तुम्हारी आँखें अभी भी अपलक हैं। बन्द नहीं हुई हैं। मैंने तुम्हें मरते वक़्त नहीं देखा था। मेरे हाथों नहीं किया गया था तुम्हारा अन्तिम क्रिया-कर्म। तुम मुझसे ज़िन्दा बिछड़ी थीं, सो पाँच साल की उम्र से लेकर पच्चीस का होने तक तुम मिलती-बिछड़ती ही तो रही थीं। आज भी न जाने क्यों लगता है कि तुम कभी भी, कहीं भी आ मिलोगी और कहोगी—'बेटा, तू पढ़ा...बढ़ा...तेरा विश्वास, तेरी मेहनत-लगन कुछ तो फलीभूत हुई। तू सच्चे रास्ते पर था। मैं माँ होकर भी तेरा यह वर्तमान नहीं देख पा रही थी उस वक़्त।' नहीं, यह कोई अपराध-बोध का प्रश्न नहीं है। मैं स्मृतियों में घर किये बैठी माँ के मन में झाँक सकता हूँ। मैं उसकी मंशा समझ सकता हूँ। इसलिए शिकायत नहीं कर रहा हूँ।

वैधव्य दिन से ही अम्मा धर्मसंकट में थी। माया, श्यौराज और रामभरोसे तीन बच्चे मेरे पिता से थे। तेज, भूरा और मनोरमा भिकारी लाल से। अतः उसकी ममता दो हिस्सों में बँटी हुई थी। वह पाली मुकीमपुर (अलीगढ़) से नदरोली (बदायूँ) इस उम्मीद से लौटकर आयी थी कि श्यौराज बारहवीं पास कर कहीं कोई नौकरी तलाश कर चुका होगा और अब आगे पढ़ना छोड़ चुका होगा। वह सम्भव नहीं हुआ। पर माँ ने यह नहीं सोचा था कि उसका बेटा उसे भूखा मरता छोड़ ख़ुद ख़ाली पेट, ख़ाली हाथ (जंग पर जा रहे सिपाही की मानिन्द) पढ़ाई की लड़ाई पर चला जायेगा। वहाँ से वह शहीद होने का सन्देशा भिजवायेगा या जीत का परचम फहरायेगा?

मैं मन बना रहा था, गाँव में मुझ जैसे दलित को ग्रेजुएट होने का मतलब बड़ी बात थी। ग्रेजुएट बाबा साहब की तरह सूट-बूट, कोट-टाई पहन सकता है।

वह बाबूजी बन सकता है और तब वह किसी की बेगार नहीं करता। सरकार उसे नौकरी देती है, समाज उसे पहचान देता है। पर घर में एक पैसा नहीं, कपड़े नहीं, गेहूँ-चावल, दाल कुछ भी नहीं। मैं अपनी अदम्य इच्छा-शक्ति के दम पर पढ़ने निकल पड़ा। बिल्कुल उसी तरह जैसे कोई सैनिक युद्ध में एक मोर्चा फतह कर अगले मोर्चे की ओर क़दम बढ़ाता है। जैसे कोई दीवाना, संन्यासी या पागल भाग खड़ा होता है। सरकारी शिक्षा संविधान संगत सस्ती थी। उसकी गुणवत्ता बची हुई थी। लेकिन 'टका ऊँट' वाली कहावत की भाँति सस्ती शिक्षा मेरी क्रय क्षमता से बाहर थी। माँ को मेरी पढ़ाई से कोई उम्मीद नहीं थी। वह इस जुगाड़ में लगी रहती थी कि किसी तरह इसका ब्याह हो जाये, तो यह घर-गाँव के खूँटे से बँध जाये। सो, आये-मिले रिश्तों को हाँ करती रहती थी और मेरी ना सुनकर दुखी होती थी। वह भिकारीलाल के घर नहीं जाना चाहती थी, क्योंकि वे बात-बेबात उसे लाठी-डण्डों से मारते थे। पर नदरोली, 'श्यौराज पढ़ने जायेगा तो कमाकर कौन लायेगा?' पढ़ाई के दिनों में मेरी मदद करने वाला कोई था नहीं, उलटे माँ को मुझसे अपेक्षा थी। बाल मज़दूर के रूप में मैं उसके लिए एक आय का साधन था। जब पढ़ने में लग गया तो वह साधनहीन हो गयी और मैं बिना किसी सहारे पढ़ने-बढ़ने की हसरत लेकर घर से निकल पड़ा। मेरे निर्णय से दुखी होकर अम्मा और रामभरोसे पाली चले गये।

प्रेमपाल सिंह यादव के घर-बेगार के कार्यों से पढ़ाई के लिए वक़्त निकाल पाना असम्भव था। राजवीर यादव ने बताया था, "मौसा-मौसी नहीं चाहते श्यौराज बारहवीं पास करे। वे जानते हैं कि जो लड़का पढ़ाई के लिए अपना घर-परिवार और जाति-बिरादरी छोड़ सकता है, तो वह हमारा घर क्या गाँव भी छोड़ सकता है। इसलिए वे आटा चक्की लगाकर तुझे हमेशा के लिए घर पर रखना चाहते हैं।" उन्होंने कुछ धार्मिक पुराण, गीता, महाभारत आदि पुस्तकें घर पर रख छोड़ी थीं।

'जनसत्ता' में राँची से 'भूख से दलित महिला की मौत' ख़बर छपी थी। केवरा गाँव में भूख से तड़पकर एक दलित महिला की मौत हो गयी, जिससे उसके सारे नन्हे-नन्हे छह बच्चे अनाथ हो गये। कुछ महीने पहले ही पति की मृत्यु टी.बी. से हो गयी।...**घर में लम्बे समय से खाने को कुछ भी नहीं था।** पढ़ कर मुझे लगा कि यह मेरी माँ की मौत है। मैं...देर तक सोचता रहा।

क्या यह क़ानून का काम है कि भूख से मरने वालों की ख़बरें दबा दी जायें? सबको आज़ादी देने, गरिमापूर्ण जीवन जीने की व्यवस्था करने का वायदा

करने वाले शासकों से सवाल न किये जायें कि वे कमाकर लाने की इच्छा रखने वालों को न काम दे सकें, न भोजन। उनकी तिल-तिल होती आत्महत्याओं के लिए उत्तरदायी कौन है? उनकी बेमौत मरती पीढ़ियों की क्षति-पूर्ति कौन करेगा?

श्रम की शर्त पर प्रेमपाल सिंह के घर के दरवाज़े मेरे लिए आधी रात भी खुले थे, खाना खाना है, तो उनके घर-खेत पर काम करने जाना है। रोटी और श्रम की सीधी अदला-बदली थी। एक तरफ़ एक-दो वक़्त का खाना और दूसरी तरफ़ पूरे दिन का काम। पर ऐसा नहीं था एक दिन के कमाने पर दो दिन खाना मिल जाये। स्कूल जाऊँ तो पेट ख़ाली, खेतों पर काम करूँ तो दिमाग़ ख़ाली और भूख की मानिन्द पढ़ाई छूटने की छटपटाहट। किताब मेरे आगे से हटे तो ऐसा लगे मानो किसी हिंसक पशु ने अभी-अभी जन्मे दुधमुँहे बच्चे के आगे से उसकी माँ को उठा लिया है।

आज फिर माँ की मौत का कथन याद आया तो आँखों में आँसू उतर आये। "जा घर में ब्याह कर आयी, एक दिन मेरी अर्थी हू जाई घर तें निकलेगी।" हालाँकि मेरे पिता की मौत के बाद माँ से यह घर छूटा। परन्तु उसकी मौत लौट कर उसी घर में हुई, जिस घर में वह पहली बार ब्याहकर आयी थी। संकट काल में वह दिल्ली, बाजपुर तथा चन्दौसी तक हमें साथ लेकर मेहनत-मजूरी करने गयी थी। बच्चों के लिए 'पाली' भी रही। परन्तु इस अभाव भरे उजड़े हुए घर से उसका लगाव बना ही रहा। वह कहती कि "मोइ इतनो ही सन्तोष सही कै जा घर में ब्याह के आयी, मरि के आख़िरी बेरि यहीं से जाऊँ।"

उसकी मौत प्राकृतिक मौत नहीं थी। उसको दो वक़्त भरपेट रोटी न मिल पाने का संकट था। पाली-मुकीमपुर में उसके तीन बच्चे थे परन्तु भिकारीलाल न तो अपनी बेटी की परवरिश करना चाहते थे और न अम्मा को दो वक़्त का खाना देना चाहते थे, जबकि अपने दोनों बेटों के लिए वे जान छिड़कते थे। वे उनके वारिस थे और माँ अवांछित बोझ!

भूख से मरी थी माँ

अम्मा से भिकारी के झगड़े का एक मुद्दा मेरा पढ़ाई जारी रखना था। मैं उनके साये से दूर था फिर भी उन्हें मेरे पढ़ने की सूचना सता रही थी। वे बात-बात पर ताने मारा करते थे—'तेरो सौराज पढ़ि गयौ, उवा की नौकरी लगि जावेगी, तू यहाँ से अपने बेटा के घर जा।' इधर दसवीं पास होते ही अम्मा को भी लगने लगा कि सौराज को अब कोई छोटी-मोटी नौकरी ज़रूर मिल जायेगी। तब भर पेट दाल-रोटी मिलेगी। इस कारण वह मेरी ओर उम्मीद से देख रही

थी। सुमित्रा मौसी के बड़े बेटे श्रीराम ने पी.ए.सी. में नौकरी प्राप्त कर ली थी। अम्मा पूछती थी—''जब 'श्रीराम' सिपाई बनि गओ तो तू दस पास करके कछु क्यों नांय बनि सकतु?''

दूसरा हमारा पड़ोसी रामसिंह लेखपाल बन गया था। गाँव में और भी कई बच्चे दसवीं-बारहवीं तक पढ़कर छोटी-छोटी नौकरियाँ पा चुके थे परन्तु पुलिस में भर्ती होने के लिए अपेक्षित शारीरिक क्षमता मुझमें नहीं थी। लेखपाली भी रुचिकर नहीं थी। मेरे करने योग्य कोई काम नहीं मिल रहा था। मेरा मन और आगे पढ़ने को कर रहा था। अम्मा को लग रहा था कि मैं जानबूझ कर नौकरी नहीं करना चाहता। नौकरी की ज़रूरत का एहसास कराने के लिए वह पाली जाने का निर्णय छोड़ नदरोली में ही रहने लगी और मुझ पर मजूरी करने का दबाव बनाने लगी। अब मुझे अम्मा का पेट भरने के लिए पढ़ाई छोड़कर गाँव में मज़दूरी करने जाना था। सो, दो-तीन माह मज़दूरी करने के बाद मैंने अम्मा को समझाया—''तुम मोइ बारहवीं तक और पढ़ने देउ, तब तक तुम रामभरोसे के पास रहो या भिकारी के दिए दुख बर्दाश्त करो। मैं पढ़ाई करते पूरे वक़्त मजूरी कैसे करूँगा? गाँव में मज़दूरी मिलती ही कितनी है? मैं अपना और तुम्हारा पेट कैसे भरूँगा? प्रेमपाल के घर काम के बदले मैं ख़ुद तो रोटी खा सकता हूँ परन्तु तुम्हारे भरण-पोषण की ज़िम्मेदारी नहीं निभा सकता।''

मेरे ज़हन में हमेशा सवाल कौंधते हैं—क्या अम्मा को केवल भूख ने मारा, या उसे मेरे मजूरी ना करने के निर्णय ने मारा? क्या 'रतन सिंह' की नीम हकीमी ने मारा? क्या सरकारों की उन नीतियों ने अम्मा को नहीं मारा जिनके चलते दलितों की शिक्षा, रोज़गार आदि की व्यवस्था नहीं की गयी! दलितों को ग़रीबी रेखा से बाहर निकालने के बजाय गहरी गुलामी रेखा के नीचे नहीं पहुँचा दिया गया? एक बात बराबर मन को कचोटती, परेशान करती थी और अक्सर एकान्त में मुझे रुला जाती थी, वह बात यह कि **अम्मा की मौत मेरी अनुपस्थिति में हुई। मौत भूख से हुई थी।** उसे बुख़ार आया था, दवा कुछ खाकर लेनी थी और घर में अन्न का एक दाना भी नहीं था। वह खाती तो क्या खाती? घर पर भाई भी नहीं था। केवल भूख ही भूख थी। रोटी दो-दो दिन तक नहीं। वह भी मिली तो रूखी, नमक-चटनी भर। साग-सब्ज़ी नहीं। कुनैन की गोली मलेरिया में ख़ाली पेट नहीं खायी जाती। उसे दवा तो दया में मिल गयी रतन सिंह की ओर से पर खाना कहाँ से आता? उसकी ख़ुद्दार प्रवृत्ति भीख तो माँग नहीं सकती थी और काम गाँव में था नहीं। शरीर में श्रम के लिए शक्ति भी नहीं बची थी

और मैं तो महीनों घर नहीं लौट पाता था। भाई की पत्नी ने साफ़ कह दिया था–"बड़ा भी तो तुम्हारा ही बेटा है, वह क्यों नहीं पालता? हम ही क्यों पालें? उसे पढ़ने का नशा है तो तुम उसी के साथ कॉलेज क्यों नहीं चली जातीं?" उन्हें भी लगता था कि मैं पढ़ाई के बजाय कमाई करने की क्यों नहीं सोचता?

मेरी माँ का दाह-संस्कार मेरे पीछे गाँव की बंगरियाँ (श्मशान) में कर दिया गया। मुझे मौत की ख़बर देने कोई नहीं गया। मैं चन्दौसी में था। बस्ती का कोई व्यक्ति मुझे बुलाने नहीं आया। भाई ने भी मुझे ख़बर देना ज़रूरी नहीं समझा? क्योंकि अम्मा की मौत का कारण वे मेरे पढ़ाई करने के फ़ैसले को ही मानते थे। श्यौराज यदि पढ़ने नहीं जाता तो माँ का पेट भरता, उसे ज़िन्दा रख पाता।

डॉ. अम्बेडकर और गांधी के पूना समझौते में रवीन्द्रनाथ टैगोर तक शामिल थे। इतना वायदा तो निभाना ही था कि आज़ाद भारत में कुछ ग़ैर-दलित लोगों को इतना प्रचुर भोजन होगा, वे अपच से मरेंगे और दलित भूख से मरेंगे। क्या कहना उचित नहीं होगा कि मेरी माँ की मौत गांधी जी के 'पूना पैक्ट' का ही परिणाम थी?

ख़याल रखता तो गाँव में रहता, मेहनत-मज़दूरी करता और माँ का पेट भरता। पढ़ने का दीवाना क्यों बन गया था? दसवीं कर नौकरी कर लेने का आश्वासन देते-देते बी.एड. तक तो पढ़ ही चुका था, जानबूझ कर नौकरी नहीं कर रहा था; गाँव भर में फ़ैली ऐसी ग़लतफ़हमी मुझे किसी का प्रिय नहीं बना सकती थी। मैं अनपढ़ भाई, माँ और बहन को भी नहीं समझा सकता था। मुझे अपने गुज़ारे लायक भी रोज़गार नहीं मिल पा रहा था। मैं सोच रहा था कि पढ़ता रहूँगा तो देर-सवेर कहीं कोई नौकरी भी पा जाऊँगा। तब अम्मा को भी अपने पास रखूँगा। आज जब मैं अपने परिवार के अशिक्षित लोगों के बारे में लिख रहा हूँ तो यह भी पढ़ रहा हूँ कि दुनिया के सर्वाधिक अशिक्षित लोग तो भारत में ही हैं और वे सब दलित-आदिवासी हैं यानी समृद्ध और विश्व गुरु भारत में एक अनपढ़ भारत भी है। क्या यह डॉ. अम्बेडकर का 'अस्पृश्य भारत' ही मेरा भारत नहीं है? उनके पत्र 'बहिष्कृत-तिरस्कृत' के सौ साल समीप आते मुझे और अधिक बेचैन कर रहे हैं।

अम्मा के जीवित रहते मुझे नौकरी नहीं मिली। अब अम्मा के साथ गुज़रे दिनों की केवल यादें हैं। 'श्यौराज कुछ नहीं कमाता है। पहले आर्य समाजियों के और अब न जाने किन कॉमरेडों के चक्कर में रहता है। न जाने किस क्रान्ति के दिवास्वप्न देखता रहता है।' ऐसी धारणा मेरी बिरादरी, मेरे रिश्तेदारों और मेरे भाई के मन में बन गयी थी। यह कोई नहीं जानता कि मैंने नौकरी के लिए

कितने और क्या-क्या प्रयास किये थे। न यह समझा गया कि मैं अपनी माँ को कितना चाहता था। मैं मजबूरी में उसको अपने साथ नहीं रख पा रहा था। पढ़ाई में ही मुझे अपनी मुक्ति की युक्ति दिखती थी। उसे छोड़कर मैं पुनः गाँव में मज़दूर बनने नहीं आ रहा था। पर किसी ने मेरे दिल में नहीं झाँका। मुझे याद है मैं गाँव गया था तो अम्मा ने कमीज़ उघाड़कर मुझे पीठ से जा मिला अपना ख़ाली पेट दिखाते हुए कहा था, "बेटा जो ख़ाली रहतु है, रोटी कहाँ से खायें। गाँव में काम नांय। तू पढ़नो-बढ़नो छोड़ सके तो हम पहले की तरह फिर गाँव से बाहर कहूँ दिल्ली-पंजाब दो रोटी कमान कू चलें। अब मेरी देह में मजूरी करन कूं दम नांय है।" उस जानलेवा फाकाकशी की भयंकरता की याद आज भी विचलित कर जाती है। मैं सोचता आज़ादी ने हमें उपेक्षा, तिरस्कार, भूख और मौतें ही क्यों दीं? रोशनी बाँटने वालों ने हमारी जिन्दगियाँ अँधेरों से क्यों भर दीं? क्या हम अपने देश के नागरिक नहीं हैं? क्या हमारे पुरखों ने सेवाएँ, शहादतें नहीं दीं?

मनोरमा को पढ़ाने-लिखाने का सपना वह नहीं देखती थी। पढ़ाने-बढ़ाने की कल्पना नितान्त मेरी थी। पर वह माँ थीं तो बेटी के सिर पर सच्चा साया था उसका। ममता का कवच थी वह। पिता भिकारीलाल ने लड़की होने के कारण उसे अपने पास नहीं रखा। बेटी के जन्म पर अम्मा को कितना सताया था यह वर्णनातीत है। माँ को भूख, ग़रीबी में तिल-तिल कर मरती मनोरमा की आँखों ने प्रत्यक्ष देखा। वह उसके बुरे दिनों की साक्षी थी।

मैंने कहा था, "पढ़ जायेगी तो इसकी शादी की राह भी आसान हो जायेगी। छोटी-मोटी नौकरी के लायक भी बन जायेगी।" दाख़िला दिलाने में मुझे मुश्किल पेश नहीं आयी थी। 'पाली-मुकीमपुर' के स्कूल में, मैं स्वयं उँगली पकड़कर ले गया था उसे। तेजसिंह मेरे साथ गया था। शिक्षक मुझे जानते थे। मैंने स्कूल में उसका नाम मनोरमा लिखाया था। माँ को समझाया तो उसने मान लिया—"नाम में का धरो है बेटा, पढ़ि जाइगी तो राजमाला न सही, मनोरमा ही सही।"

अम्मा की मौत के बाद मनोरमा का स्कूल जाना रुक गया। रामभरोसे की पत्नी कहती, "पढ़े तो बड़े भाई के पास जा।" उसके परिवार के साथ अम्मा के अन्तिम दिनों की एक तस्वीर देखी थी। उस ग्रुप फ़ोटो में मनोरमा अपने हाथों में एक गुड़िया पकड़े हुई थी। वह फ़ोटो मुझे बता रही थी कि अभी इसकी अवस्था गुड़िया से खेलने की है। ऐसे में उसे माँ छोड़कर जा चुकी थी।

पिता भिकारी के लिए उसका पढ़ना-लिखना तो वाहियात काम था। मेरी नज़र में उसकी शिक्षा ही सब कुछ थी। मैं उसे गाँव से अपने साथ बिलारी

(मुरादाबाद) ले आया। उन दिनों मैं 'भारतीय किसान यूनियन' के दफ़्तर का प्रभार सँभालता था। कभी हाथ से खाना बनाता था या आयोजन स्थलों पर खाता था। अस्थायी ठिकाना था मेरा। न पूरा पैसा, न पूरा खाना। ऐसे में मैं उसका दाख़िला कहाँ कराता? पर यह अहसास मुझे खाये जा रहा था कि समय रहते यह बच्ची नहीं पढ़ सकी तो इसका भविष्य भी बड़ी बहन माया या अम्मा की तरह अन्धकारमय हो जायेगा।

मेरे रहते वह निरक्षर न रह जाये, यही मेरी चिन्ता का सबब था। मैं ऐलानियाँ तौर पर लड़कों से ज़्यादा लड़कियों का पढ़ना ज़रूरी समझता था। यह मेरी भावना भी थी, विचार भी और सबक भी था। बहन कायस्थ, बनिया और ब्राह्मण बहनों की तरह शिक्षित होती तो उसके दुख-दर्द काफ़ी कम हो सकते थे। मेरे अनुभवों के कानों में मनोरमा के लिए आसन्न संकट की आहटें सुनाई पड़ रही थीं। जब-तब उसके समाचार मिलते रहे कि अब वह कपड़ों पर इस्त्री करती है, कि अब वह मज़दूरी करती है।

स्कूल और किताबों से नफ़रत करने वालों को ग़ुलामी के गर्त में जाने से कौन बचा सकता है? मैं एक माह बाद मनोरमा को अपने पास ले तो आया पर वह स्कूल कैसे जाये? उसे कहाँ पढ़ाया जाये? मैं तो खुद दूसरों के घरों, संस्थाओं में अपना समय दे रहा था और वे संस्थाएँ मुझे छत दे रही थीं। माँ नहीं तो किसी के पास उसको बैठाकर समझाने के लिए समय नहीं, साधन नहीं। पैसा नहीं। हमारे 'सहजीवन की घोषणा' 1990 में एक सांस्कृतिक कार्यक्रम हुआ था। डॉ. मीनाक्षी 'सखी' के नेतृत्व में कई महिलाओं ने भी भाग लिया था। समूहगान में मनोरमा भी शामिल थी। मैं उसे समझा रहा था कि तुम किसी तरह पढ़ाई कर लो। जो संकट हम पर हैं वे ख़त्म हो जायेंगे परन्तु उसने अपना मन पढ़ाई में नहीं लगाया। जाने क्या संगति मिली उसे, वह पाली से आती तो उसका रूप-रंग-ढंग बिगड़ा होता, बीमार सी नज़र आती। हमारे पास रहते-रहते उसकी सेहत सुधर जाती। अनियमितता के कारण मैंने उसका दाख़िला दिल्ली के ओपन स्कूल में कराया था। एक बार कर्मशील भारती ने नाटकों का आयोजन कराया था। एक बार विजेता बच्चों को मेरे हाथों से इनाम वितरित कराये गये थे। सांस्कृतिक कार्यक्रम में छात्राओं के साथ रजत और मनोरमा ने भी मंच पर गीत गाये थे। मैंने उनकी तस्वीरें ली थीं।

दिल्ली में वह नहीं पढ़ी। मैंने तेजसिंह से बात की। उसने मनोरमा का प्राइवेट फार्म भरवा दिया और वह पास हो गयी। जब हम बड़ी बहन की बेटी

'जिन्नत' की शादी में डूंगर मिर्जापुर गये तो वहाँ मनोरमा भी मौजूद थी। इस मौक़े पर 'हर भजन' ने मुझसे कहा—"भातई है, दस हज़ार थाली में रख।"

मैं बमुश्किल चौबीस सौ माहवार टीचिंग पगार पाता था। कहाँ से रखता? उसमें से आठ सौ किराये के मकान के जाते थे, बाक़ी दिल्ली के ख़र्चे अलग थे। ऊपर से मैं साहित्य और शोध पर ख़र्च कर रहा था। मेरा और 'मीनू' का शोध कार्य भी बिना छात्रवृत्तियों के ही चल रहा था। फिर भी हम अपनी सामर्थ्य के अनुसार कपड़े और बर्तन दो-ढाई हज़ार का भात लेकर गये थे। पर उसे बहनोई ने लात मार दी। उन्होंने सरेआम कंगाल कहकर अपमान किया था। आग्रह यह कि शान दिखाओ और क्षमता से अधिक ख़र्च करो। मेरे लिए यह आघात लगा। खुशी के बजाय मैं अवसाद में चला गया। मुझे वहाँ तेज़ बुख़ार आ गया। वहाँ प्राथमिक उपचार की भी कोई व्यवस्था न थी। हालाँकि स्थानीय युवा डॉ. वी.के. शर्मा ने इंजेक्शन लगा दिया था। मैं चारपाई पर पड़ा था और महिलाएँ व्यंग्य-बाणों की वर्षा कर रही थीं। ख़ासकर बहन की जेठानी बल्ले सिंह की पत्नी ने तो ज़्यादा ही शोर मचाया था, "दिल्ली सरकार में मुलाजिम है 10 हज़ार भी भांजी की शादी में भात नहीं दे सके है तो क्या देवे है यू कँगला?" मैं सोच रहा था कि बहन कुछ कहे, परन्तु दिल्ली में रहने का मतलब उसे भी ख़ज़ाने में रहना लगा।

मनोरमा ने कहा—"मुझे मेरे भैया-भाभी ने कभी भी पेटभर खाना नहीं दिया।" यह सफ़ेद झूठ था। इसलिए कि उन दिनों जे.एन.यू. में मीनू पढ़ने जाती थीं और मैं भी शोध कार्य से तीन मूर्ति, गांधी समाधि या जे.एन.यू. लाइब्रेरी जाया करता था। तब रसोई मनोरमा के हाथों में रहती थी। ऐसे में उसे पेट भर खाना खाने से कौन रोकता और क्यों रोकता? दूसरे, उसने कहा—"मैं तो दस पास हूँ, जहाँ चाहूँगी नौकरी कर लूँगी। मैं अब किसी पर डिपेंड नहीं हूँ।" मुझे उसका यह दावा भी झूठा और खोखला लगा। हम जानते थे कि हाई स्कूल तो क्या एम.ए., बी.एड. करने के बाद भी नौकरी पाना आसान नहीं था। आख़िर मैंने उस पर हाथ उठा दिया, जबकि तेज ज्वर से मेरा शरीर तप रहा था। "तू मेरे सामने ही झूठ बोल रही है, तो पीछे क्या-क्या बोलती होगी?" पर मनोरमा का झूठ मुझे गुस्सा दिला रहा था। मीनू ने मुझे पकड़कर खाट पर लिटा दिया था।

उसी वक़्त उसी हालत में हम दिल्ली लौटे, क़रीब बीस साल तक मैंने उधर मुड़कर नहीं देखा। बहन के बच्चों की शादियाँ हुईं। न मुझे बुलाया गया, न मैं गया। दो-तीन बार बहन ज़रूर आयी। उसे दो-तीन कपड़े बनवा दिये, सन् 2003 में जब वह आयी, तब घर पर **डॉ. धर्मवीर** ठहरे हुए थे। 'मीनू' बहन के

लिए साड़ी लायीं तो उसे पसन्द नहीं आयी। धर्मवीर बोले, "इन्हें साथ लेकर जाओ।" मैं दुकान पर गया और ख़रीदवा लाया। जून 2010 में हम 'रेनू' (मीनू की बहन) के बेटे के जन्मदिन के बहाने 'सम्भल' गये थे। वापसी में बहन के घर भी एक-दो घण्टे रुके। उसका बेटा संजीव बी.ए. विद इंग्लिश पास हुआ था, इसलिए मैं उसे चमड़े का काम छोड़कर बी.एड. या अंग्रेज़ी में एम.ए. करने की आग्रहपूर्वक सलाह दे रहा था। वह 'चकूनी' से मुर्गा ले आया, बनवाया और खिलाया। हमारा ड्राइवर ब्राह्मण था, उसने पानी भी पीने से मना कर दिया। बहन ने मुझसे पूछा, "आटा-दाल देकर ड्राइवर का खाना ब्राह्मणों के घर बनवा दिया जाये तो खा लेगा क्या?" उन्हें मैंने कहा—"नहीं, उसे रास्ते में कहीं होटल पर खिला देंगे।" जबकि वह नॉनवेज था। उसने दलित के घर खाना खाने से मना कर दिया था। मैंने कहा—"ज़्यादा छुआछूत दिखाओगे तो मैं दो दिन के पैसे देकर तुम्हें गाड़ी से उतार दूँगा। मुझे कार चलानी आती है।"

मनोरमा ने जो लड़का पसन्द किया वह शायद साक्षर भर था और डेली ड्रिंकर था। दिल्ली में वह कबाड़ी का काम करता था। उसने भी मुझसे आठ हज़ार रुपये की माँग की थी। वह रामभरोसे के साथ मेरे पास आया था। उस दिन मैं जे.एन.यू. में हिन्दी लेक्चरर पद के लिए साक्षात्कार देने जा रहा था। सहायक प्रोफ़ेसर का एक पद एस.सी. के लिए आरक्षित हुआ था। साक्षात्कार समिति में डॉ. मैनेजर पाण्डेय प्रमुख थे, उन्होंने डॉ. गोबिन्द प्रसाद का चयन कराया था।

वे दोनों बाबूराम ताऊ की मौत का समाचार लेकर आये थे। चूँकि दोनों हमप्याला थे। सो, दारू की बोतल भी साथ लेकर आये थे। मुझे बुरा लगा, "तुम लोग ऐसे वक़्त पर भी दारू लिए घूमते हो, तुम्हारा क्या होगा?" तो उनका जवाब था—"ये दुख, ये गम दारू ही तो भुलायेगी। सोचा था सुनकर आपको भी दुख होगा, तो आपको भी एक प्याला पिला देंगे।"

मनोरमा की पसन्द के पति से मेरा यह पहला परिचय था। दारू और चिकन के साथ वह एक बार फिर आया। तब हम जनसत्ता सोसायटी, वसुन्धरा में पत्रकार अरिहरन के मकान में रहते थे। उस रात मैं दिल्ली के 'केरल भवन' में डॉ. धर्मवीर के साथ ठहरा हुआ था। कबीर की रचनाओं को प्रक्षिप्तकारों-मिलावटखोरों से कैसे बचाया जाये, इस विषय पर हम देर रात तक चर्चा करते रहे थे। घर पर उन दोनों ने चिकन बनवाया, खाया-पीया और उसके बाद मीनू से लड़े। मैं घर लौटा तो मुझे बहुत बुरा लगा।

मनोरमा के पति ने पन्द्रह हज़ार माँगे, यह कहकर कि मैं दुकान खोलूँगा। बिना माँग-मतलब के ये कभी मिलने नहीं आये, सन् दो हज़ार में एक दिन मनोरमा आयी और बोली, ''मेरा बेटा छत से गिर गया है। उसे गम्भीर चोट लगी है। इलाज के लिए पैसे नहीं हैं, एक हज़ार रुपये दे दो। मैं वापस कर जाऊँगी।'' मुझे झटका लगा, ''बेटा कैसे गिर गया, तुमने देख-भाल क्यों नहीं की?'' हमने उसे दो हज़ार रुपये दिये। देने ही थे। ऐसे वक़्त पर काम न आये तो क्या भाई, क्या इन्सान?

सन्नू की सहायता और सिखों पर संकट

वह 1984 का समय रहा होगा। अम्मा बीमार थी। उसके इलाज के लिए मेरे पास कोई पैसा नहीं था। ऐसे में कलावती बुआ की बेटी चन्द्रवती के पास वह सी-52, सुल्तानपुरी, दिल्ली आयी। चन्द्रवती के पति 'सन्नू' डी.टी.सी. में ड्राइवर थे। उनका सी.जी.एच.एस का फैमिली कार्ड बना हुआ था। सन्नू ने अम्मा की तबीयत ज़्यादा ख़राब देखी तो वे रिक्शा में बैठाकर उन्हें डिस्पेंसरी लेकर गये। मैं पीछे-पीछे पैदल वहाँ पहुँचा। सन्नू ने अपनी माँ के स्थान पर मेरी माँ का इलाज कराना चाहा। डॉक्टर ने माँ से पूछा, ''आपका नाम?''

''सूरजमुखी।''

''पर कार्ड में तो 'भगवानदेवी' लिखा है।''

सन्नू ने कहा, ''डॉक्टर साहब, ये मेरी माँ के समान हैं। ये मेरी मामी सास हैं।''

डॉक्टर ने कहा, ''कार्ड आपकी माँ का है। माँ समान का नहीं। इसलिए आप इनका इलाज यहाँ नहीं करा सकते।''

डॉक्टर ने माँ की हालत देखी और कहा, "ले ही आये हो, तो मैं दवाई लिख दे रहा हूँ, बाज़ार से ख़रीद लेना, लेकिन फ्यूचर में इन्हें यहाँ मत लाना।"

डिस्पेंसरी से इन्हें कोई दवा नहीं दी जा सकती।

सन्नू अम्मा का हाथ पकड़कर उठे और मुझे साथ ले जाने का इशारा किया।

डॉक्टर ने मेरी ओर देखकर पूछा, ''ये कौन हैं?''

''इनका बेटा है।''

''इधर सुनो।'' मुझे पास बुलाकर वे बोले, ''ये तुम्हारी माता जी हैं?''

''जी, डॉक्टर साहब।''

''तो इन्हें कुछ अच्छा खिलाते-पिलाते क्यों नहीं हो? इन्हें भर पेट खाना, फल,

सब्ज़ी, दूध, पनीर, अण्डा, मांस खिलाइए। जूस पिलाइए, ये दुरुस्त हो जायेंगी वरना इन्हें टी.बी. होने की आशंका है। सेवा करो माँ की, ड्यूटी बनती है तुम्हारी। इन पर सौ-दो सौ ख़र्च किया करो।''

''जी ज़रूर।'' बोलता हुआ मैं अम्मा का हाथ पकड़कर बाहर निकला।

माँ की बीमारी और भाई साहब डॉ. नत्थूलाल के मकान मालिक से झगड़े और डी.टी.सी. में नौकरी पाने की इच्छा से मैं बार-बार दिल्ली आता-जाता था।

इस बार मैंने जो देखा-जाना वह बहुत ही डरावना दृश्य था, यहाँ अम्मा सन्नू के पास ठहरी हुई थी। शाहदरा, त्रिलोकपुरी का इलाक़ा हिंसक घटनाओं की गिरफ़्त में था। मैं जैसे ही उसके पास पहुँचा, सन्नू के रेडियो पर अंगरक्षकों द्वारा प्रधानमन्त्री इन्दिरा गांधी की हत्या की ख़बर आ चुकी थी। सुनते ही उसने अपनी छाती पर हाथ मारा, "हाय राम जो का भयो? अब हमारी गरीबी कौन हटाबैगो?" अम्मा को यह बड़ी भारी खुशफ़हमी थी और वह उसकी मौत तक बनी रही, इन्दिरा गांधी एक-न-एक दिन हमारी अछूत क़ौम की ग़रीबी ज़रूर हटा देंगी।

सुबह जब मैं अम्मा को लेकर निकलने वाला था दंगों-हमलों का खुला नाच होने लगा। आगे पीछे सामने हर गली में हथियार-बन्द सेना के जवान गश्त करने लगे, डरने लगे कौन किसको मार रहा है? सरदारों को। जिस सिर पर केश उसी के सिर पर मौत, टायरों के जलने का धुआँ। भीड़ दरवाज़े तोड़ती खोज रही है, 'तुमने अपने घर में कोई सिख तो नहीं छिपा रखा है?'

रास्ते बन्द। कर्फ़्यू लगा था। पुलिस भी बदहवास-सी इधर-से-उधर दौड़ रही थी। एक जलजला-सा, विनाशकारी तूफ़ान-सा आया और रास्ते रक्त-रंजित कर चला गया। पूरी कॉलोनी भय, आतंक और मातम के साये में डूब गयी, ''बेटा मैं भूखी-प्यासी यहीं पड़ी रहूँगी। तू बी कहूँ मत जा, कल-परसों तक ये आग बुझ जावेगी, तब तू सोच समझ के निकरिये। सब मिलके ऊपर वाले से सिखों के परिवारों की जान बचे दुआ करो। पढ़ाई तें जान बड़ी है। ज़िन्दा रहेगो तबी तो पढ़ि पावैगो। इन सब ने इन्दिरा की हत्या करि दई, रखवारे हत्यारे बन गये? बहुत बुरो करो और बदले में जो बेकसूर सिखनु की हत्या, जो तौ और हू बुरो करो। इन सब ने तो इन्दिरा नांय मारी।

बेकुसूरवार लोग, छोटे-मोटे कारोबारी, ताला-चाभी बनाने वाले, गाड़ियों की मरम्मत करने वाले, पेट्रोल-टायर डालकर जला दिये। महिलाओं के साथ अनाचार हो रहा था, ख़बरों के साथ डर फैलता जा रहा था। मैं बाहर निकलने

का साहस नहीं जुटा पा रहा था और किसी असहाय की जान बचाने की स्थिति में भी नहीं था।

नूरपुर : भावना नहीं रही

2 अक्टूबर, 2007 को मुशर्रफ अली का फ़ोन आया, ''श्यौराज, अपने नरेन्द्र शर्मा की बेटी भावना गुज़र गयी।'' मुझे झटका लगा। याद आया राकेश रफीक ने कहा, ''कुछ दिन के लिए तुम मनोरमा को नरेन्द्र के घर 'नूरपुर' छोड़ दो और तुम सांगठनिक कार्य करते रहो। यहाँ उनकी बेटियों के साथ कुछ पढ़ेगी भी।''

ऐसे में मेरे ब्राह्मण मित्र नरेन्द्र शर्मा के घर मनोरमा को छोड़ा तब हम सब 'वैज्ञानिक विचार केन्द्र' से जुड़े साथी थे। एक-दो सप्ताह वहाँ ठहराना भी उसका स्थायी समाधान नहीं था। ये साथी सब सवर्ण थे, पर प्रकटतः जात्याभिमानी नहीं थे। रोशन ख़याल, तरक़्क़ी-पसन्द, जाति-भेद एवं धर्म-भेद के विरुद्ध तथा सांस्कृतिक वैविध्य और समानता के लिए काम कर रहे थे। 28 मई, 1988 को रूप कँवर के ज़िन्दा सती होने की ख़बर आयी। हम गोष्ठी कर रहे थे। मैंने कविता लिखी थी।

25 मई, 1988 को 75 रुपये का 'अमर उजाला' से मनीऑर्डर आया। कुछ दिन पूर्व, 'रजबपुर में क्या हुआ' शीर्षक से मेरी फुल पेज स्टोरी छपी थी। ये रुपये उसी का मानदेय था। मनोरमा को 30 मई, 1988 को नूरपुर ले जाना है। मैंने उसके लिए उन 75 रुपये के मानदेय में से चालीस रुपये की फिराक, दस रुपये में चप्पलें लीं, दस रुपये में दो कच्छे-बनियान। नरेन्द्र से मेरा परिचय राकेश की मार्फ़त ही हुआ था। उन्होंने किसानों में से किसान नेता चौ. हरपाल सिंह, चौ. अशोक सिरोही तथा मुसलमानों में से आसिफ अली, मुशर्रफ अली; हिन्दुओं में से सुनील शर्मा तथा दलितों में से मैं और राधेश्याम एवं अति पिछड़ों में से मुन्नालाल मौर्य जोड़ लिये थे। नरेन्द्र शर्मा की पत्नी ने आश्वस्त किया था, श्यौराज के पास जब तक वैकल्पिक व्यवस्था होगी, मनोरमा मेरी चारों बेटियों के साथ रहेगी। मैं संगठन के कामों में व्यस्त रहा पर हमेशा मेरे ध्यान में मनोरमा की पढ़ाई की चिन्ता बनी रही।

मीनू जब जे.एन.यू. में एम.फिल. में थीं, तब हमारे अलावा कोई भी मनोरमा को पढ़ाने-बढ़ाने के पक्ष में नहीं था। हमने दिल्ली ओपन स्कूल में उसका दाख़िला कराया था। कक्षाएँ शनिवार-रविवार को लगा करती थीं। पर वह पढ़ाई छोड़ घण्टों बातूनी सहेलियों के घर वक़्त बर्बाद किया करती थी। जे.एन.यू. कैंपस में मीनू के क्लासमेट सत्यप्रकाश गुप्ता की बहन भी ओपन

से ही पढ़ रही थी। मनोरमा उससे कन्नी काटती थी। अपने रंग को लेकर भी गुमान करती थी कि 'मैं गोरी हूँ और मेरी भाभी काली है।' हम दोनों ने उसे स्कूल-केन्द्र जाकर देखा तो वह अनुपस्थित थी। हम जे.एन.यू. में उसकी सहेली के घर पहुँचे तो दोनों ख़ाली बैठी बतियाती मिलीं।

सन् 2013 में मैं सपरिवार पाली मुकीमपुर गया था। चाहा कि एक बार मनोरमा का घर ही देख आऊँ पर उसके दुर्व्यवहार को याद कर मेरे पाँव उस ओर नहीं पड़े। तीन कि.मी. की दूरी गाड़ी से बमुश्किल दस मिनट में उसके घर पहुँच सकता था, उसने कभी भी पढ़ने-लिखने का महत्त्व नहीं समझा। हमसे क्या सीखा? मेरी माँ पढ़ी-लिखी नहीं थी तो उसने दुख-ही-दुख भोगे थे। कामना करता हूँ कि मनोरमा की बच्चियाँ वैसे दुखों से बचें, इसलिए पढ़ें।

मेरे सामाजिक-साहित्यिक कार्यों का दायरा बड़ा था। मैं अपने मित्रों से कहा करता था कि मुझे किसी तरह बहन को पढ़ाना है और तब उसका ब्याह करना है। बिना दहेज के भी रिश्ते थे। मुनिरका का एक लड़का तो सरकारी नौकरी में भी था और अच्छा चित्रकार था। उसने बाबा साहब डॉ. अम्बेडकर का एक बड़ा-सा चित्र बनाकर हमें भेंट किया था। उसने अपनी माँ से कहलवाया था कि "मनोरमा को हमें देना।"

बिलारी : अस्पताल के लिए भूख हड़ताल पर 'अम्बेडकर युवक संघ'
बायें से लेखक, मा. लटूरी सिंह, डॉ. रामेश्वर दयाल और रामचन्द्र शर्मा

बिलारी गया, अम्बेडकर युवक संघ के अध्यक्ष मा. लटूरी सिंह की पत्नी ने पूछा "आपकी बहन, क्या कहीं नौकरी करती है?" वैसे ही प्रश्न राज भारती और डॉ. शान्ति यादव ने भी किये। किसको क्या जवाब दूँ? 'मीनू' कहती हैं—"यदि एक स्वस्थ रिश्ता होता तो लड़की आती-जाती, कुछ करती, सीखती। मन को सन्तोष होता। पर मनोरमा को मनोरमा ही ले डूबी।"

उसे पढ़ाने की मेरी कोशिश गाँव से ही शुरू हुई थी। पहली बार मैंने उसका दाख़िला कराया था, पर परिवार में मेरे अलावा उसे कोई पढ़ाना ही नहीं चाहता था। मुझे अपनी पिछली पीढ़ियों की दुर्गति का मूल कारण 'अशिक्षा' लग रही थी। माँ और बहन के जीवन मेरे लिए सबक थे, पर मेरे पास अपनी पढ़ाई के लिए न पैसा था, न कोई मददगार। मैं वक़्त की रफ़्तार और मनोरमा की उम्र की बढ़वार को रोक नहीं सकता था कि पहले मैं अपने पैरों पर खड़ा हो जाऊँ, फिर जाकर मनोरमा को पढ़ाऊँ। घर से निकला था तो अध्यापकों से उसे पढ़ाने की प्रार्थना कर जाता था। मास्टर मोहकम सिंह यादव तो मेरे घर आकर कहते थे, "मनोरमा पढ़। देख तू श्यौराज की बहन है।" जब गाँव लौटा तो उसे परीक्षा दिलाई। पढ़ना गाँव में ही सम्भव हो गया होता, परन्तु माँ और भाई की नज़र में तो लड़की को पढ़ाना मेरे ही दिमाग़ का फितूर था जो माली हालत ख़राब होने पर भी उसे पढ़ाना चाहता था। मैं कह रहा था कि "लड़कियाँ नहीं पढ़ेंगी तो हमारी सामाजिक गुलामी की इतिश्री नहीं होगी।"

उस वक़्त मुझे तीस रुपया छात्रवृत्ति मिली थी। उसमें से दस रुपये उधार के दिये और गाँव जाकर ग्यारह रुपये मैंने मास्टर पानसिंह यादव को मनोरमा की ट्यूशन फ़ीस अग्रिम देकर चन्दौसी पढ़ने चला गया था। मैं आश्वस्त था कि मनोरमा मन लगाकर पढ़ रही होगी। पढ़ लेगी तो अपनी ज़िन्दगी सँवार लेगी।

एक माह बाद जब लौटकर आया तो मैंने पाया मनोरमा गाँव के बाहर करकवाई (अस्थायी नदी) में मछली-केकड़े पकड़ रही थी। घर पहुँचने पर मैंने पानसिंह यादव से पूछा, "मैं ट्यूशन क़ी फ़ीस देकर गया था, तो आपने उसे पढ़ाया क्यों नहीं?"

उन्होंने बताया, "मनोरमा को पढ़ने से रोका तुम्हारी माँ ने और तुम्हारे भाई ने।"

मैंने फ़ीस के ग्यारह रुपये अग्रिम दिये थे। रामभरोसे से पूछा तो उसने बताया, "मैंने उन रुपयों की बीड़ी एक महीने में ज़्यादा पी ली?"

"और मनोरमा की पढ़ाई?"

"अब जा गाँव में कोई लड़की कू पढ़ाबत है का? तुम्हारे दिमाग में ही हर वक़्त पढ़ाई-पढ़ाई को भूत चढ़ो रहत है? सिगरो गाम तुम्हें पढ़िबे के मारे सिर्री-बावरो कहतु है। का पढ़िवे के अलावा कोई काम नांय है दुनिया में? लड़का तक पढ़त नांय जाति-बिरादरी में, जो लड़की है कें पढ़ेगी का?"

"हाँ, मेरे जीते-जी तो यह पढ़ेगी।"

"पढ़ेगी तो संग लै जाउ और पढ़ाओ! गाँव में क्यों छोड़ जात हो? गाँव में तो बिना पढ़ी-लिखी छोरियाँ घर-घर हैं। का कमी हैं उनके जो छोटी जात की छोरी पढ़ि कें करैगी? काउ दिन हाथ पीरे कर कराइ के अपने घर चली जायेगी। जब जाके बाप हू नें नाँय पढ़ाई तो तुम काहे कूँ हाथ धोके पीछे पड़े रहत हो? पढ़ि गयी तो शादी कूँ लड़का हूँ नाँय मिलैगो।"

करकवाई के किनारे थोड़े पानी में बिल बने होते थे। गठिया बाय के दर्द में लाभकारी बताये जाने के कारण हम काँटा लगाकर, बाँस की छड़ अलग बाँध देते थे और किनारे-किनारे बिलों में हाथ डाल-डालकर केकड़ा निकाला करते थे। यह शिकार की कला थी केकड़ों को पकड़ने के लिए। दो सावधानियाँ बरतनी पड़तीं थीं। एक—उसके काँटेदार तेज चिमटे को ऊपर से दबा लेना होता था ताकि वह खुले नहीं। खुली तो उँगली, अँगूठा चिमटी में दब जाते थे। लेकिन पकड़ते-पकड़ते तरीक़ा भी आ जाता था। दूसरी सावधानी—कई दफा बिल में केकड़े की जगह साँप बैठा रहता था। पानी के साँप से ज़हर का ख़तरा तो नहीं था, परन्तु उसका नाम, उसकी सूरत सब होती तो साँप की ही थी। साँप पर उँगलियाँ पड़ते ही वह बेहद चिकना महसूस होता था। उसका अहसास मुझे आज भी है। मैं पढ़ाई के लिए गाँव से निकला और मजूर से मिस्त्री होकर कमाने लगा। फिर भी न तो मजूरों के बीच बैठकर हुक़्क़ा पिया और न बीड़ी फूँकने की ज़रूरत रही। सब पिया और छोड़ता चला गया। पढ़ने, सुधरने-सँवरने की इच्छाशक्ति ने हानिकारक आदतों का गुलाम नहीं बनने दिया।

मैं जैसे ही गाँव से शहर जाता अम्मा मनोरमा का स्कूल छुड़ाकर केकड़े, मछलियाँ पकड़ने भेज देती। चमारों-चूहड़ों की कभी कोई लड़की पढ़ाई नहीं गयी। मनोरमा अकेली स्कूल जाती थी। इस कारण भी अम्मा को सभी की सुननी पड़ती थी जैसे ही उसे पता चलता श्यौराज आ रहा है तो कहती, "जल्दी-जल्दी पढ़, नहीं तो नाराज होइगो।" और वह मुझे दिखाने के लिए उसे तुरत-फुरत ऐसे तैयार करती जैसे वह नाट्य प्रस्तुति कर रही हो। जो किताब सामने होती उसी को पढ़ने लग जाती। पर उसका हुलिया उसकी सारी सच्चाई बयान कर देता था।

पढ़ाई छोड़ अंशकालिक काम ढूँढ़ने में भी मेरा वक़्त जाया होता था और उसमें मुझे कोई सफलता नहीं मिलती थी। चन्दौसी में दो-दो दिन भूखा पढ़ते रहने से मुझे 'भूखा रोग' हो गया था जिसके लिए 'नेरोबिन' नामक दवा के इंजेक्शनों की ज़रूरत पड़ती। उनके लिए भी पैसे नहीं होते थे।

मैं आगे और पढ़ने की मंशा ज़ाहिर करता तो अम्मा और निराश होती—"तू जो का कह रओ है? पहले दस पास कर लूँ, फिर बारह पास कर लूँ। अब तो नौकरी ढूँढ़, पढ़ाई छोड़।"

मैंने कहा, "पढ़ाई छोड़ने से नौकरी नहीं मिलती है। मिलेगी तो पढ़ते-पढ़ते ही मिलेगी, घर बैठकर नहीं। तुम मुझे पढ़ाई के लिए कहीं से क़र्ज़ दिलाओ।"

टोड़ी ताऊ, दयाराम और नारायण मेरी ज़िम्मेदारी लेकर अन्धे मुंशी जी यानी श्यामलाल यादव से तीन रुपया सैकड़ा मासिक ब्याज पर सौ-दो सौ क़र्ज़ दिला दिया करते थे। इस बार वे कहने लगे, "फ़सल बिके तब पैसा होगा और तभी कर्ज़ मिलेगा।"

मैं अम्मा से कह रहा था, "कहीं से किराये को पैसे मिले।" खाइगो कहाँ ते?"

"सब देखी जाइगी...।"

"तेरे बाप की छोड़ी घर में कोई चीज़ तो बेचन कूँ है नांय। तो तू ऐसो करि मोइ पेंठ में ठाड़ी करि कें नीलामी बोलि दै, बेच दे अपनी माँ कूँ, कै खरीदारो मेरी माँ कूँ खरीदो और मोइ पैसा दै देउ, मैं पढ़ंगो, फीस दिंगो और किताबें खरीदंगो। मोइ माँ से ज्यादा बड़ी चीज है मेरी पढ़ाई।"

अम्मा ऐसा बोलकर मेरे जमीर को झकझोरती, ग़ैरत को ललकारती और मैं भीतर-भीतर टूट-सा जाता था। उसके शब्द मेरे सीने में नश्तर की तरह उतर जाते थे। मैं पूरी बस्ती को अम्मा के समर्थन में और अपने पढ़ने के फ़ैसले के विरोध में खड़ा पाता। लोग कहते—"जब तेरे पेट कूँ दानों नांइ है तो पढ़िवो-बढ़िवो काहे को? काऊ को काम करि और 'मैंतारी' (माँ) कूँ रोटी का इन्तजाम करि।"

'पढ़े तो श्यौराज जाने।' गोया उसे मेरे लिए ही पढ़ना है। वह जब चार साल की थी उसके पिता ने अम्मा के साथ उसे भी घर-बदर कर दिया था। माँ कहती, "तू पढ़ानो चाहतु है तो जाको खर्चा दे, लत्ता-कपड़ा, किताबें, फीस, डरेस और फिर दो रोटी का इन्तजाम करि दे, तो पढ़ि लेगी। नांय तो जाइ तू अपने संग लै जा, पढ़ानी है तो पढ़ा ले।" माँ के प्रश्न जायज़ थे पर मैं यह सब कहाँ से करता? कैसे करता? मैं खुद एक वित्त-विहीन विद्यार्थी था।

उन्नाव

उन दिनों की मेरी डायरी के फटे-पुराने पन्नों ने मुझे बताया कि मैं ज़िन्दगी को ढूँढ़ता हुआ एक दिसम्बर 1989 को उन्नाव पहुँचा था। इसका मतलब था 29

की रात मैं पुलिस लाइन शाहजहाँपुर में शान्ति यादव के पास जाकर ठहरा था। मैं आसफपुर से आश्वस्त होकर नहीं आया था। जब नींद नहीं आयी तो रात क़रीब दो बजे रेलवे स्टेशन पर जा बैठा। चाय पीकर, कुछ पढ़ रहा था। दो पैंतालीस पर आयी नौचन्दी (ट्रेन) में चढ़ा था।

अल-सुबह मैं पहली बार 'उन्नाव' पहुँचा। स्टेशन से क़रीब पाँच सौ क़दम चला, मैंने सामने एक बड़ा-सा बोर्ड देखा, उस पर **जिलाधिकारी** का नाम बड़े-बड़े अक्षरों में लिखा हुआ था। मैं जान चुका था कि ये 'मीनू' के मझले मामाजी हैं। विवाह प्रस्ताव के साथ उनसे मिलने का मुझमें रत्तीभर भी साहस नहीं था। कोई वजह भी नहीं थी, बल्कि मुझे तो डर था कि कहीं 'मीनू' से मिलने की चाहत में मामाजी से मुलाक़ात न हो जाये। पर मैं उनके बंगले की ओर जाऊँगा ही क्यों? वैसे भी ब्रिटिशकाल से ही डी.एम., सी.एम. जनसामान्य से कहाँ मिलते हैं? मीनू के पिताश्री ने नाराज़गी में भी इतना तो बता ही दिया था कि "तुम क्या हो स्कूल टीचर? वह भी हो भी या नहीं मेरी बेटी तो 'सिविल सेवा' की तैयारी कर रही है। उन्नाव में अपने मामाजी के पास रहकर। वहीं किसी विद्यालय में पढ़ाती है।" मैं ज़िन्दगी को ढूँढ़ते-पूछते संयोग से उसी विद्यालय परिसर में पहुँचा था। वहाँ अचानक मेरी मुलाक़ात रामचरण वर्मा नामक अध्यापक से हो गयी। मैंने उन्हें अपनी डायरी में संस्कृत टीजीटी लिखा था। रजत बताती हैं कि वे हिन्दी पढ़ाते थे। वर्मा जी मुझे अपने घर ले गये थे। वहाँ मैंने स्नान कर, नाश्ता किया। उनके साथ मैंने कपड़ों के जूते ख़रीदे। परन्तु उन्होंने मेरे पुराने जूते फेंकने नहीं दिये। कहा, मैं घर के आसपास इन्हें पहन लूँगा। क्या वे अध्यापक मुझसे अधिक विपन्न थे?

रजत से मैंने विद्यालय के अन्दर मुलाक़ात की। वे बात नहीं करना चाह रही थीं। मैंने कहा, "मैं प्रिंसिपल के कार्यालय में बुलवाकर बात करूँगा।"

"क्यों घेरे हो?"

"शादी करनी है या नहीं?"

"तुम मुझे ब्लैकमेल करने आये हो। तुम शान्ति दीदी के साथ मेरे पापा से लड़े थे। इसलिए मैं तुमसे शादी नहीं करूँगी। मुझसे कोई बात मत करो। अगर करनी है तो पहले जाकर मेरे पापा से माफ़ी माँगो और तमीज से पेश आना सीखो। अभी यहाँ से उठो और बाहर का रास्ता पकड़ो।"

कैफ़ी आज़मी की नज़्म की तरह—"मैं यह सोचकर उसके दर से उठा था कि वह रोक लेगी मना लेगी मुझको।"

जितनी देर में पाँच सौ क़दम चलते हैं, मैं दस क़दम भी नहीं चल पाया था। क्या मुझे ही 'मीनू' की चाहत थी, मीनू को मेरी चाहत नहीं थी? क्या मैं ही मीनू से मिलने को बेताब था, मीनू मुझसे मिलने को बेचैन नहीं थी? ये प्रश्न मेरे गले की हड्डी बने रहे और अब कहती हैं—''स्कूल जाते-आते उन्नाव की सड़कों पर मुझे अक्सर लगता रहता था कि किसी दिन तुम मेरे सामने आ खड़े होंगे।'' उन्नाव यात्रा से कोई प्रयोजन सिद्ध नहीं हुआ।

कुछ दिन बाद चन्दौसी में पिताजी मिले, पता नहीं उन्हें मुझसे किसने मिलवाया, **''अब आप शादी से मना क्यों कर रहे हैं? मेरी बेटी आप ही से शादी करना चाहती है।** वह परेशान है, कल रेलवे लाइन की ओर चली गयी थी।''

मैं उलझन में था कि कहीं कुछ ऐसा न हो जाये कि कोई मिले और मैं छोड़कर आगे बढ़ जाऊँ। असल में मैं महसूस कर रहा था कि महिलाओं में जागृति होनी चाहिए। मेरे जीवन में ऐसी लड़की आनी चाहिए जो सोशल वर्क में मेरे साथ हो। मेरे समाज की ऐसी कोई लड़की मेरे सम्पर्क में नहीं थी। माता-पिता के सपोर्ट के बग़ैर किसी को तैयार कर पाना सम्भव नहीं था। यहाँ लड़कियों के स्कूल-कॉलेज अलग थे। लड़के-लड़कियों में परस्पर दोस्ती करना तो दूर, संवाद भी नहीं होते थे। किताबी रटन्त वाली शिक्षा में कई लड़कियाँ थीं, परन्तु सामाजिक, साहित्यिक किसी क्षेत्र में नहीं थीं। ग्रेजुएशन करती हर लड़की का सपना सरकारी नौकरी वाला पति पाने का था। अधिसंख्य को 'हाउस वाइफ' बनने की इच्छा थी। अच्छी पढ़ी-लिखी लड़कियाँ भी नौकरी करने या किसी स्वतन्त्र व्यवसाय में जाने की कल्पना नहीं करती थीं। उनकी शिक्षा उन्हें कोई पहचान नहीं दे पाती थी। वे भी पतियों के पद से जानी जाती थीं। उनका भी स्वतन्त्र व्यक्तित्व निर्माण होना चाहिए; यह भाव उनके संस्कारों और स्वभावों में नहीं था। इसलिए अनुसूचित जातियों में एक तो स्त्री शिक्षा का अभाव था, दूसरे जो स्त्रियाँ शिक्षित थीं उनके ज्ञान की कोई सामाजिक उपयोगिता नहीं थी। इस तरह स्त्रियों की प्रतिभाओं का समाज में कोई महत्त्व नहीं था। कदाचित् वे अपने बच्चों को अनपढ़ों की अपेक्षा बेहतर वातावरण देती होंगी।

सहजीवन की घोषणा के मंच पर
मीनू और श्यौराज

रजत रानी 'मीनू' के साथ मेरे 'सहजीवन की घोषणा' **2 जुलाई, 1990** को चन्दौसी में अमृतलाल-किशनलाल की धर्मशाला में सम्पन्न हुई थी। 'वैज्ञानिक विचार केन्द्र' की ओर से निमन्त्रण कार्ड में अनेक नयी बातें छापी गयीं। मसलन कृपया कोई परम्परागत उपहार न लायें, कोई भेंट न दें। हमारी इस वैज्ञानिक पद्धति की शादी में न बैंडबाजा, न दारू-डांस था, न जुलूस जैसा सड़क प्रदर्शन हुआ, न कार, टी.वी., फ्रिज़, बेड, बर्तन, सोफ़ा, अलमारी, न ही रिश्तेदारों के कपड़े, न पण्डित, न सप्तपदी, न सात जन्मों का संकल्प लिया गया। लोग सादे समारोह में इकट्ठा हुए। मंच पर हमने सभी के सामने घोषणा की 'आज से हम पति-पत्नी के रूप में समानता और स्वतन्त्रता पर आधारित जीवन बितायेंगे।' उस अवसर पर 'वैज्ञानिक विचार केन्द्र', 'भारतीय किसान यूनियन' और 'सामाजिक परिवर्तन केन्द्र' के साथियों ने स्वलिखित दो नाटकों की प्रस्तुति की थी। शायर 'नाज' ने अपनी शायरी प्रस्तुत की। कवि **राकेश शर्मा** ने **''चलना तो मैं भी सिखा दूँगा तुमको, मुझे मेरी बैसाखियाँ दीजिएगा।''** कविता पाठ किया। नाट्य प्रस्तुति के सामूहिक गान में मनोरमा शामिल थी। मेरे कॉलेज के प्राचार्य वीरेन्द्र सिंह, भगवानदास शर्मा, शान्ति यादव, भाकियू के राष्ट्रीय नेता चौ. हरपाल सिंह, अशोक सिरोही, मुन्ना सिंह, स्थानीय कांग्रेस, सपा, बसपा, भाजपा, माकपा, भाकपा आदि के प्रतिनिधि मौजूद थे। मुशर्रफ अली, राकेश 'रफीक' और विजय आलम ने भाषण दिये थे। सुनील शर्मा मेरी ओर से आयोजन और अतिथियों के भोजन आदि का हिसाब-किताब सँभाल रहे थे। मीनू के बड़े मामा जी वरिष्ठ आई.ए.एस. श्री एस.आर. आर्य, दिल्ली से सपरिवार आये थे।

चन्दौसी 2 जुलाई, 1990 : चौ. मुन्ना, चौ. देवेन्द्र गांधी और मुशर्रफ अली नाटक में भूमिकाएँ निभाते हुए

उपस्थित : भाकियू नेता चौ. हरपाल सिंह। पत्रकार साहित्यकार, शिक्षक और महिला मण्डल

मीनू की मामी जी को सौतेली माँ निर्मला जी ने कहा था, "लड़की बिगड़ गयी है, अपनी मर्ज़ी से शादी कर रही है। लड़का निहायत ग़रीब और आवारा है, न उसका कहीं घर है, न सम्पत्ति; बिल्कुल नाकारा-निठल्ला और सोशल वर्कर है।" कहकर हमारी छवि पर प्रचुर मात्रा में कीचड़ डाल दिया था। छोटे मामा मदन पाल आर्य उस समय एस.डी.एम. थे। उन्होंने मंच पर आकर कहा था, ''इन्हें हम क्या सिखायें, ये तो ख़ुद ही आदर्श सिखा रहे हैं। कहने वाली और सुने जाने वाली बातों को करके दिखा रहे हैं। नयी पद्धति से ऐसे आदर्श विवाह तो कहानियों या फ़िल्मों में देखा-सुना करते थे, देख आज रहे हैं। इन्होंने फ़िज़ूल ख़र्ची, लोभ, लालच तथा दिखावे से अलग सादगीपूर्ण प्रयास किया है।''

मैं हिन्दी का अध्यापक या लेखक यानी करेला वह भी नीम चढ़ा। किसी का आदर्श नहीं। शेड्यूल्ड कास्ट के युवा-युवती कुछ भी बनना चाहते थे, पर हिन्दी अध्यापक नहीं। जो बने थे उनकी कोई क़द्र नहीं, लेखकों का तो अधिकारियों जैसा कोई रोब-दाब नहीं था। लेखन में इधर-उधर, जो ऊपर-नीचे की कोई कमाई नहीं, जो लोग लेखक बनना पसन्द करें। आदर्श थे अधिकारी, आई.ए.एस, पी.सी.एस., आई.पी.एस., इंजीनियर, डॉक्टर या फिर एम.एल.ए., एम.पी. नेता लोग और ये कोई सादगीपूर्ण विवाह करते-कराते नहीं थे। ये सबसे ज़्यादा दिखावा करते थे। सामान्य लोग इनकी नक़ल करते थे। 'मीनू' के बड़े मामा अपवाद थे। उनकी शादी मात्र एक रुपया का शगुन लेकर की गयी थी।

वह तर्काधारित वैज्ञानिक दृष्टि का सांस्कृतिक सुधार थम गया। विवाह-संस्था में वित्तीय बुराइयाँ पहाड़-सा आकार लेती जा रही हैं। हमने राई जैसे सुधार की कोशिशें कीं। पर यह प्रयोग अपेक्षित रूप से आगे नहीं बढ़ा।

1984-85 में जब मैं बिलारी आया, वहाँ सांस्कृतिक आन्दोलन चल रहा था। नेतृत्व ख़ासकर राकेश 'रफीक' कर रहे थे, मैं उन दिनों चन्दौसी में पूर्णकालिक सामाजिक कार्यकर्ता था। ये लोग जाति उच्छेदक अन्तरजातीय विवाहों की बातें भी कर रहे थे और कुछ ऐसे विवाह हुए भी थे। बनिया, ब्राह्मण, कायस्थ आदि तत्सम जातियों में ही हुए, दलितों—ग़ैर-दलितों के बीच नहीं हुए। बिलारी के युवाओं ने मेरे पहुँचने से पूर्व 'स्त्री-पुरुष सम्बन्ध' शीर्षक से एक पुस्तिका प्रकाशित की थी। इसमें स्त्री-पुरुष सम्बन्धों को जाति धर्म के बजाय वैज्ञानिक दृष्टि से देखने का प्रयास था। यह युवा-युवतियों के बीच बहस-विमर्श का निचोड़

थी। एक वैज्ञानिक वैचारिकी विकसित की जा रही थी। बहसें हो रही थीं, पर्चे छप रहे थे; बल्कि उस मौक़े पर भी निमन्त्रण पत्र के साथ क़रीब डेढ़ हज़ार शब्दों में सारी बातें समझायी जाती थीं। वैज्ञानिक पद्धति के तार्किक क्रियाकलाप सामने रखे जाते थे। **विजय आलम और कविता सक्सेना का सहजीवन** कार्यक्रम पहला आयोजन था।

दुखद बात यह है कि आज जब मैं लिखने बैठा हूँ तब विजय और कविता दोनों ही दुनिया में नहीं हैं। मेरी आँखों ने उन्हें अन्तिम विदाई दी। वे दोनों ही संगठन में सबसे कम उम्र सदस्य थे। विजय मुरादाबाद जनपद का सबसे सक्रिय पत्रकार था। वह मेरे लिखे को भी बड़ा महत्त्व देता था। विजय ने 'अमर उजाला' में 'उभरती प्रतिभा' नामक स्तम्भ शुरू किया था। 24 नवम्बर, 1992 की किस्त–''समाज में व्याप्त उत्पीड़न से बेचैन हैं कवि बेचैन'' छपी थी। मुझे बिना तारीख़ के पत्र के साथ सुरेश रस्तोगी द्वारा तैयार एक साप्ताहिक अख़बार की रिपोर्ट भेजी थी। शीर्षक था–**सहजीवन की घोषणा के लिए युवक और युवतियाँ आगे आयें।**

बिलारी से पहली बार 'वैज्ञानिक विचार केन्द्र' की ओर से एक नये सांस्कृतिक आन्दोलन का आरम्भ हुआ 'सहजीवन की घोषणा'। आमतौर पर विवाह बिना पण्डित, बिना सप्तपदी के सम्पन्न नहीं होता है, लेकिन इस घोषणा में कोई पण्डित या मौलवी उपस्थित नहीं था। विजय आलम और कविता ने केवल इतना कहा, ''मैं अमुक के साथ स्वतन्त्रता और समानता के आधार पर सहजीवन की घोषणा करता/करती हूँ।''

बिना दहेज और बिना शान-ओ-शौक़त से यह समारोह सम्पन्न हुआ। इस अवसर पर एक 'औरत' नाटक में दहेज की बढ़ती हुई माँग और औरत को जलाकर मारने का दृश्य दिखाया गया। कलाकारों में मीनाक्षी, प्रभा, दिनेश 'दिनकर', विचित्र विशाल, प्रदीप, प्रशान्त, मनोज आनन्द, काशी रज़ा, रजनीश आलम, प्रदीप कुमार, राजवीर सिंह आदि ने भाग लिया। राकेश 'रफीक' ने कहा, ''युवा रूढ़िवादी, अन्धविश्वासी कुप्रथाओं को त्यागकर नये समाज की रचना करें और समता तथा स्वतन्त्रता पर आधारित सामाजिक मूल्यों के अनुरूप विवाह के नये स्वरूप 'सहजीवन' को विकल्प के रूप में प्रस्तुत करें।'' उसके बाद जयपाल यादव और सविता यादव के बीच सहजीवन की घोषणा हुई।

आयोजन हिन्दू कॉलेज, मुरादाबाद में सम्पन्न हुआ था। हमने सामूहिक विमर्श से एक नया नाटक तैयार किया था। बाहरी धर्मशाला में रिहर्सल चल रहा

था। एक दृश्य में मुझे मालिक बनना था और राकेश 'रफीक' को मेरा नौकर। परन्तु जब प्रस्तुति की गयी तब मैं नौकर के रोल में ज़मीन पर उकड़ूँ बैठ गया और राकेश मालिक की भूमिका में, समीक्षा की गयी। मैंने कहा, **"भाई नाटक भी असल ज़िन्दगी से निकलता है। मुझे कभी मालिक बनने का अवसर नहीं मिला और राकेश को कभी नौकर बनने की मजबूरी पेश नहीं आयी।** तो यह नाटक में भी नहीं हो सका।"

जिस समय मैं यह लिख रहा हूँ, जयपाल मेरे पड़ोस नोएडा में एस.डी.एम. के पद से रिटायर हुए हैं। उस मौक़े के लिए मैंने एक समूह गान लिखा था— 'नौजवान नया 'जहाँ' बनायेंगे।' और एक नज़्म—'औरत की गुलामी' शीर्षक से लिखी थी तथा एकल पाठ भी किया था।

नौजवाँ नया 'जहाँ' बनायेंगे।
नौजवाँ नया 'जहाँ' बनायेंगे।
ख़ुशहाली हर किसी को हो
उजाली हर किसी को हो।
जो आसमान की रही
वो रोशनी ज़मीं की हो।
हमीं 'शमाँ' जलायेंगे-जलायेंगे।
नौजवाँ नया 'जहाँ' बनायेंगे नौजवाँ।

जात-पाँत का तनाव
ऊँच-नीच, भेदभाव
पेट के सवाल का
जो दे नहीं सके जवाब
ऐसी रहनुमाई अब न चाहेंगे
नौजवाँ नया जहाँ बनायेंगे।

ये जो साम्प्रदायिकता की आग है
भाल पर दरिद्रता का दाग है।
जिसके ख़ून ने वसन्त ला दिया
ज़िन्दगी उसे 'ख़िजाँ' का बाग है

'यूँ' कैसे बाग़वाओं को सराहेंगे
नौजवाँ नया जहाँ बनायेंगे।

मर्द-औरतों में फ़र्क़ है अभी
ज़मीं पे बेबसी का नर्क है अभी
दहेज कोढ़ है अभी समाज में
बराबरी कहाँ है इस स्वराज में
क़दम हमारे पर न लड़खड़ायेंगे
नौजवाँ नया जहाँ बनायेंगे।

जिनके वास्ते शहादतें हुईं
वे सच्चाइयाँ, कहावतें हुईं
जब भी हो गयी सितम की इन्तहा,
जानते हैं सब बग़ावतें हुईं
हम भी मिलके मुक्ति-गीत गायेंगे
नौजवाँ नया जहाँ बनायेंगे।

पी गये थे आँसुओं के साथ रात
कह नहीं सके थे दिल की बात रात,
हम सुबह के वास्ते ही आये हैं
हम सुबह ज़रूर ले के आयेंगे
नौजवाँ नया 'जहाँ' बनायेंगे।

औरत की गुलामी

किसी आँख में लहू है
किसी आँख में पानी है।
औरत की गुलामी भी
एक लम्बी कहानी है।
पैदा हुई थी जिस दिन
घर शोक में डूबा था।
बेटे की तरह उसका
उत्सव नहीं मना था।
बन्दिश भरा है बचपन
बोझिल-सी जवानी है।
औरत की गुलामी भी
एक लम्बी कहानी है।
तालीम में कमतर है
बाहरी हवा ज़हर है।
बेटा कहीं भी जाये
उस पर कड़ी नज़र है।
उसे जान गँवा कर भी
हर रस्म निभानी है।
औरत की गुलामी भी
एक लम्बी कहानी है।
कभी अग्नि परीक्षा में
औरत ही तो बैठी थी
होती थी जब सती तो
औरत ही तो होती थी
उसी जुल्म की बकाया
पर्दा भी निशानी है।
औरत की गुलामी भी
एक लम्बी कहानी है।
क़ानून समाजों के
एकतरफ़ा नसीहत है।
जिसे दिल ने नहीं चाहा
वही प्यार मुसीबत है।
दौलत-पसन्द दुनिया
मतलब की दीवानी है।
औरत की गुलामी भी
एक लम्बी कहानी है।
अब वक़्त है, वो अपने
आयाम ख़ुद बनाये

तालीम हो या सर्विस
अपने हकूक पाये।
मिलजुल के विषमता
की, दीवार गिरानी है।
औरत की गुलामी भी
एक लम्बी कहानी है।
ससुराल सताये फिर
मुमकिन ही नहीं होगा।
स्टोव जलाये फिर
मुमकिन ही नहीं होगा।
दिन-चैन के आयेंगे
ग़म-ए-रात तो जानी है।
औरत की गुलामी भी
एक लम्बी कहानी है।

25-अशोक रोड, अम्बेडकर प्रतिष्ठान में प्रकाशित शोध प्रबन्ध का लोकार्पण करते पत्रकार रामशरण जोशी और अध्यक्षता करते 'हंस' के सम्पादक राजेन्द्र यादव।

बिलारी : 8 जून 1985 को राकेश 'रफीक' और मीनाक्षी के बीच सह-जीवन की घोषणा सम्पन्न हुई थी। मैं उसमें शामिल हुआ था। **1982 में सुनील शर्मा और रजनीश मुझसे मिलने चन्दौसी के चुन्नी मोहल्ले में आया करते थे।**

2016 में महामहिम **राष्ट्रपति प्रणब मुखर्जी** के हाथों से
राष्ट्रीय सुब्रह्मण्यम भारती सम्मान प्राप्त करते हुए लेखक।

उन दिनों वे प्रगतिशील युवा थे। 'सव्यसाची' की जनवादी पुस्तिकाएँ पढ़वाया करते थे। उम्र से बच्चे, अनुभव में कच्चे, परन्तु धारदार किताबी ज्ञान-तार्किकता के दम पर ये बड़े-बड़े प्रोफ़ेसरों के कान काटते थे। व्यवस्था के वकीलों की बोलती बन्द कर देते थे। पर अन्ततः वर्णवादी यथास्थिति की भेंट चढ़े। दिसम्बर, 1989 से जून, 1990 तक 'बेर सराय' (जे.एन.यू.) के किराये के कमरे में मैं सुनील ज्योत्सना के साथ रहता था। उन दिनों एक अशफ़ाक नामक युवक जो टेलरिंग करता था, हमारे साथ रहता था। कमरा छोटा था। हस्तलिखित 'दृष्टिकोण' पेपर तैयार कर उसे वितरित किया जाता था।

मुझे **विजय आलम** ने बताया था कि पत्रकार विनीत नारायण की मध्यस्थता से सुनील-ज्योत्स्ना की कोर्ट मैरिज हो चुकी है। विनीत की पत्नी जे.एन.यू. में रशियन भाषा पढ़ाती थीं। पिता हिन्दू कॉलेज (मुरादाबाद) में प्राचार्य थे। विजय वहाँ लाइब्रेरी में सेवारत थे। विजय के साथ मैं एक बार वसन्त कुंज़ स्थित

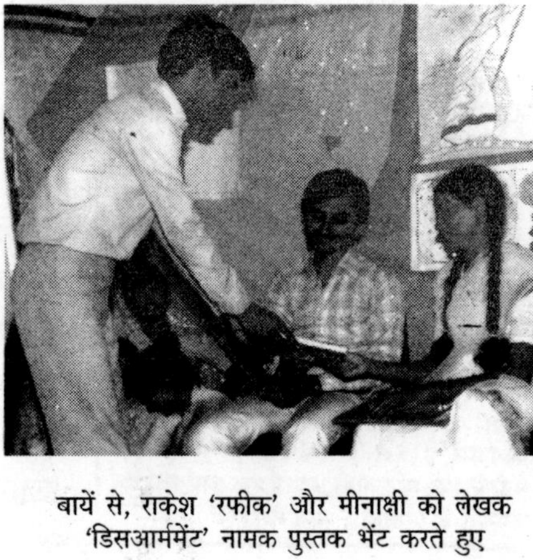

बायें से, राकेश 'रफीक' और मीनाक्षी को लेखक
'डिसआर्ममेंट' नामक पुस्तक भेंट करते हुए

उनके निवास पर गया था। सुनील के माता-पिता मोटा दहेज लेने की योजना बना रहे थे। वे स्कूल टीचर थे, पर प्रॉपर्टी डीलिंग जैसे कुछ अतिरिक्त कमाई का धन्धा भी किया करते थे। वे 'हिन्दू संगठनों' से जुड़े थे। वे 'वैज्ञानिक विचार केन्द्र' की 'सहजीवन घोषणा' से सहमत नहीं थे। वे यह सोचकर कि बेटा सी.ए. बन जायेगा, पढ़ाई पर ख़ासा निवेश कर रहे थे। परन्तु सुनील सी.ए. की परीक्षा पास नहीं कर पा रहे थे। उन दिनों उनके साथ मेरा खाना, रहना, सोना आदि बिना भेदभाव के था।

1989 में सुनील शर्मा और ज्योत्स्ना शर्मा के सहजीवन का कार्यक्रम चन्दौसी में सम्पन्न हुआ था। उसमें एक नाटक खेला गया था। मैं एक ऐसी बेटी के पिता की भूमिका अदा कर रहा था जो तथाकथित उच्च कुल को छोड़ निम्न जाति में विवाह कर जात्याभिमानी पिता के अहं को चोट पहुँचा रही थी। मुझे बेटी को चाँटे मारकर उसे गोद में उठाकर ले जाना था। लेकिन मैं संकोच कर गया था। बेटी की भूमिका में डॉ. मीनाक्षी नाराज़ हुई, "तुमने मुझे न चाँटा मारा, न उठाकर ले गये। इससे रोल कमज़ोर कर दिया।"

कुछ दिन उपरान्त सुनील के पिता ने अपने ब्राह्मणी कर्मकाण्डों के अनुसार पुनः विवाह कार्यक्रम किया और दहेज-लगेज ट्रक में भरवाकर मँगवा लिया था और इस तरह तार्किकता वैज्ञानिकता की ऐसी-तैसी कर ब्राह्मणवादी कल्चर हावी हो गया।

सहजीवन की घोषणा का पांचवां उत्सव आज

मुरादाबाद, १ जुलाई। वैज्ञानिक विचार केन्द्र परम्परागत विवाह के विकल्पस्वरूप सहजीवन की घोषणा का पांचवां उत्सव चंदौसी में कल २ जुलाई को आयोजित कर रहा है।

इस कार्यक्रम में जनवादी कवि श्योराज सिंह 'बेचैन' एवं सामाजिक कार्यकर्त्री रजत रानी 'मीनू' अपने 'सहजीवन' की घोषणा करेंगे। कार्यक्रम में देश के विभिन्न हिस्सों से आये साहित्यिक, बुद्धिजीवी, सामाजिक कार्यकर्ता एवं संगठनों के प्रतिनिधि भाग लेंगे।

अमर उजाला, 2 जुलाई, 1990, मुरादाबाद

हमारे आयोजन में मीनू के पापाजी चिन्ता कर रहे थे 'हमारे वी.आई.पी. कहाँ ठहरेंगे?' वे होटल में कमरे बुक कराने मेरे साथ कई बार गये। पर एक भी कमरा उन्होंने बुक नहीं किया था। मेरे साथियों के बीच मीनू के पिताजी ने आधा यानी दस हज़ार ख़र्चा साझा करना तय किया था, परन्तु वे छह हज़ार देकर रुक गये। सुनील शर्मा मेरी ओर से इन्तज़ामात सँभाल रहे थे, परन्तु उन्हें पूरे पैसे नहीं मिले, इसलिए

'सहजीवनकी घोषणा' की अवधारणाका उद्देश्य प्राचीन रुढ़ियों तथा परम्पराओंको तोड़नाःविजय

सहजीवनकी घोषणा का पंचम उत्सव

मुरादाबाद, वैज्ञानिक विचार केन्द्र की ओर से परम्परागत विवाहों के विकल्प स्वरुप सहजीवन की घोषणा का पांचवा उत्सव चन्दौसी में आयोजित किया गया। इस अवसर पर जनवादी कवि श्योराज सिंह बेचैन तथ सामाजिक कार्यकत्री रजतरानी मीनू ने उपस्थित जनसमुदाय को साक्षी मानकर समानता स्वतंत्रता पर आधारित जीवन मूल्यों के अनुरुप पारिवारिक जीवन की शुरुआत की घोषणा की।

उत्सव के आरम्भ में युवा गीतकार कान्ति शेखर सारंग ने हम लोग है ऐसे दीवाने दुनिया को बदलकर मानेगे। गीत प्रस्तुत करके परिवर्तन के प्रति अपने भावों का परिचय दिया। आयोजक संस्था की ओर से सह जीवा की घोषणा कि वैज्ञानिक प्रगति के इस युग में हम ... रुपी सहजीवन की घोषणा के कदम की सफलता के लिये सभी वर्गों का सहयोग जरुरी है।

श्रमिक नेता मुशर्रफ अली ने उत्सव में बोलते हुए कहा कि अन्याय को मूक बनकर देखते रहना भी एक प्रकार से उसको स्वीकृति देने के समान ही है। आज दहेज के बढ़ते दानव ने हजारों बेकसूर महिलाओं को अपने उत्पीड़न का शिकार बनाया है। अगर समाज के जागरुक तबकों ने अब भी आंख नहीं खोली तो स्थिति अत्यन्त भयावह हो जायेगी। श्री अली ने समाज परिवर्तन की अगुआई के लिए युवाओं का आह्वान किया।

छात्र युवा संघर्ष वाहिनी महाराष्ट्र की पूर्व प्रान्तीय संयोजिका डा. मीनाक्षी सखी ने अपने उद्बोधन में मौजूदा सामाजिक जीवन में महिलाओं को घुटन और उपेक्षा के सिवाय कुछ भी नहीं मिला है।

उत्सव में अपना बहुचर्चित गीत प्रस्तुत करते हुए जनपद मुरादाबाद में ...

'बेचैन' व मीनू ने नया जीवन प्रारम्भ किया

नाटक नया मदारी में राकेश, रफीक, विजय आलम, देवेन्द्र, गांधी, अमित कुमार, मुन्ना, मुशर्रफ अली व सुभाष चन्द्र शर्मा राधेश्याम ने अपने चरित्रों को बखूबी निभाया।

इसके पश्चात श्योराज सिंह बेचैन व रजत रानी मीनू ने अलग-अलग घोषणा पढ़कर सहजीवन को अपन शुभ कामनायें देते हुए रजत रानी के पिता नत्थूलाल आर्य तथा शिक्षिका कमलेश सक्सेना व श्योराज सिंह के शिक्षक प्रेमपाल सिंह आर्य ने इस विकल्प को अनुकरणीय बताया।

भारतीय किसान यूनियन के जिला संयोजक चौ. हरपाल सिंह सीतापुर के परगनाधिकारी मदन लाल आर्य एस. एस. डिग्री कालेज चन्दौसी के प्राचार्य डा. वीरेन्द्र सिंह दलित संगठन के अगुआ सिद्ध गोपाल

सह जीवन की घोषणा

नव भारत 8-7-90

मुरादाबाद, ... जुलाई (निस)। परम्परागत विवाहों के विकल्प स्वरूप सहजीवन की घोषणा का पांचवां उत्सव चन्दौसी में सम्पन्न हुआ। जिसमें जनवादी कवि श्योराज सिंह बेचैन व रजत रानी 'मीनू' ने उपस्थित जनसमूह को ... मानकर समानता, स्वतंत्रता पर आधारित जीवन मूल्यों के अनुरूप पारिवारिक जीवन की शुरुआत की घोषणा की ...

कवि व समाज सेविका एक सूत्र में बंधे

स्वतंत्र भारत

मुरादाबाद ३ जुलाई (वि)। वैज्ञानिक विचार केन्द्र की ओर से परम्परागत विवाहों के विकल्पस्वरूप सहजीवन की घोषणा का पांचवा उत्सव चन्दौसी में आयोजित किया गया। इस अवसर पर जनवादी कवि श्योराज सिंह बेचैन तथा समाज सेविका रजत रानी 'मीनू' ने उपस्थित जनसमुदायको साक्षी मानकर समता, स्वतन्त्रता पर आधारित जीवन मूल्यों के अनुरूप पारिवारिक जीवन की शुरूआत की ... रूढ़िवादी परम्पराओं को तोड़ डालना चाहते है जो मानवीय मूल्यों के स्वस्थ विकास में बाधक है। श्री आलम ने आगे कहा कि वर्तमान में समाज में प्रचलित विवाह पद्धतियाँ आउट डेटिड हो चुकी है। अतः यह आवश्यक है कि बैण्डबाजा, घोड़ा, जयमाला और फेरों आदि के बाह्य आडम्बरों से बचने के लिये इसका विकल्प प्रस्तुत किया जाये किन्तु विकल्प रूपी सहजीवन की घोषणा के कदम की सफलता के लिये सभी वर्गों का सहयोग जरूरी है।

उनका क्रुद्ध होना स्वाभाविक था। यह उनकी ओर से पद्धति के प्रति उदासीनता और निहित विरोध का तरीक़ा था। इधर, कार्यक्रम के बीच बिजली चली गयी और जनरेटर का तुरन्त प्रबन्ध नहीं हो सका। गर्मी से सभी परेशान थे। चूँकि **'अमर उजाला'** में ख़बर छप चुकी थी कि **आज श्यौराज सिंह 'बेचैन' और रजतरानी 'मीनू' सहजीवन की घोषणा करेंगे**। सो, ख़बर पढ़-सुनकर बहुत सारे रिक्शा पुलर, राजमिस्त्री, मोची आदि बिना बुलाये पहुँच गये और खाने पर टूट पड़े। व्यवस्था में अफरातफरी मच गयी। गाँव से आये प्रेमपाल सिंह यादव और स्वतन्त्रता सेनानी रघुनाथ शास्त्री पूरा खाना नहीं खा सके। मीनू के बड़े मामा श्री एस.आर. आर्य (आई.ए.एस.) पकवान से परहेज रखते थे, इस कारण मामी जी अपना घर का खाना साथ लेकर आयी थीं। मीनू की मम्मी अपनी सौतेली बेटी

का विवाह कर बला टाल देना चाहती थीं। उसके लिए यह सुनहरा अवसर था। मीनू की ननिहाल में रखे दिवंगत माँ के ज़ेवर हड़प लेने के उद्देश्य से 'मीनू' को बदनाम किया, छवि ख़राब की गयी। असहयोग था तो आयोजन ख़राब होना ही था। पर पापा जी ने कहा, "मीनू ने मेरी नाक कटवा दी।" ठीक दो दिन बाद पत्र लिखा जिसमें इसे 'गुण्डा कार्यक्रम' की संज्ञा दी।

इससे वे जो प्रयोजन साधना चाहती थीं, उसके लिए मीनू और मेरे किरदार का कुरूपीकरण करना ज़रूरी था। अन्यथा मीनू के मझले मामा श्री राधेश्याम जी 'मीनू' की माता जी की अमानत तीस साल तक सँभालने के बाद निर्मला जी को कैसे सौंप देते? मीनू की माँ श्रीमती धनदेवी को जब 25 साल की उम्र में अपनी मृत्यु नज़दीक आती दिखी, तब उन्हें अपनी पहली और आख़िरी सन्तान रजत रानी 'मीनू' की चिन्ता हुई। सो, अपने ज़ेवर-बर्तन भाई-भाभी को यह कहकर सौंप दिये कि "मेरी ओर से तुम यह नेक काम मेरी बेटी के हक़ में कर देना, 'मीनू' की शादी के मौक़े पर यह अमानत उसे सुरक्षित सौंप देना।" निर्मला जी ने निन्दा की 'मीनू' बिगड़ गयी है। वह आवारा लड़के से शादी करने को राजी हुई है। उन्होंने सूई की नोक बराबर भी 'मीनू' को न देकर, सारा ज़ेवर अपने नाम का बनवाकर पहन लिया और मीनू, श्यौराज के विरुद्ध कुप्रचार किया। उस प्रभाव में सगे-सम्बन्धी हमारे विरुद्ध हो गये। मैं मीनू को रिक्शे पर चन्दौसी स्टेशन लेकर गया था।

लेखक बतौर विशेष संवाददाता, रेलवे अधिकारी और क्षेत्रीय नेताओं के साथ

इस रूट पर कोयला इंजन की विदाई के बाद जब पहली डीजल ट्रेन चली थी, मैं प्रेस वार्ता में 'अमर उजाला' का विशेष संवाददाता था। अधिकारियों के आयोजन की शानदार कवरेज हुई थी। जब मैं मीनू के साथ ट्रेन पर पहुँचा, तब टी.सी. ने पहचानकर चेयरकार में दो सीटें दिल्ली तक रिज़र्व कर दीं। उसने कहा कि एक सीट मेरी है और दूसरी के पैसे मैं खुद भर दूँगा, आप आराम से सफ़र करें। अगले दिन हम बरेली-दिल्ली एक्सप्रेस से दिल्ली पहुँचे।

मैं मुरादाबाद से शान्ति यादव का टाइपराइटर उठा लाया। उससे मीनू ने एक तो अपने लघु शोध-प्रबन्ध 'नौवें दशक की हिन्दी दलित कविता पर

डॉ. अम्बेडकर का प्रभाव' टाइप किया। दूसरा, कौशल्या बैसन्त्री का 'दोहरा अभिशाप' (आत्मकथा) की पाण्डुलिपि टंकित की। वी.पी. सिंह सरकार ने बाबा साहब को भारत रत्न दिया था। दिल्ली दूरदर्शन ने बाबा साहब के बारे में चर्चा करने के लिए मुझे बुलाया था। मैंने कौशल्या बैसन्त्री और डॉ. धर्मवीर का साक्षात्कार किया था। उसे देखकर चन्द्रभान प्रसाद ने मुझसे सम्पर्क किया था। उन्होंने बताया, "चर्चा सुनने के लिए हम काफ़ी पहले टी.वी सेट खोलकर बैठ गये थे।" डॉ. शम्भूनाथ सिंह से प्रतिपक्ष के अम्बेडकर विशेषांक के लिए मेरी मार्फत उनसे एक लेख लिखवाया था। डॉ. धर्मवीर भी मेरे साथ ही सुजाता (बेटी) के घर पर उनसे मिले थे। उन्होंने पाण्डुलिपि मस्तराम कपूर को दिखाने की सलाह दी थी और बोले थे कि मैं उनसे इसे देखने की गुज़ारिश करूँगा। पति डॉ. देवेन्द्र बैसन्त्री से उनका झगड़ा बढ़ गया था, तो वे कुछ दिन अलग रहना चाहती थीं। हमने उन्हें जे.एन.यू. में अपने पास रहने को कहा, लेकिन उनके लिए वहाँ अंग्रेजी टॉयलेट नहीं था। उनके घुटनों में दर्द होता था।

श्यौराज कूँ तो मैं जिन्दौ जराइ देतो

पाली में पढ़े-लिखे सवर्ण मेरे अख़बारी लेखन के पाठक-छात्र और शिक्षक मुझे अभिवादन कर रहे थे। उसी शाम 'मीनू' के सामने भिकारीलाल ने कहा था–**"मोइ गे सल होती कै याइ गैर जात के बालक-बड़े हूँ नमस्ते करंगे तो मैं याइ जिन्दौ जराइ देतौ।"** तब तो मीनू बुरी तरह डर गयी।

"यहाँ तो अब रात काटना भी ख़तरे से ख़ाली नहीं है। ये तो कभी भी कुछ भी कर गुज़रेंगे। आपके प्रति इन्हें इतना गुस्सा क्यों है?"

"ये मेरी माँ से जीवन भर लड़ते रहे हैं। श्यौराज को पढ़ने नहीं दूँगा। अब ये हार से परेशान हैं। माँ तो भूख से मर गयी, ये जलन में जलकर मर रहे हैं।"

हम रात को वहीं रुके और अगले दिन वापस लौट रहे थे तो भिकारीलाल बदले हुए थे। ऐसा उनके साथ प्रायः होता था। वे रजत से कह रहे थे, "बऊ, इन बालकनु को ख्याल राखिये। सुनत हैं, तेरे मामा डिप्टी कलट्टर हैं।"

माँ की मौत का ज़िम्मा मेरी पढ़ाई पर

माँ थी कि संकट काल चुप रहकर बिता लेने के बजाय भिकारी को चिढ़ाती, "तू देखिए, एक दिन सौराज की नौकरी लगैगी, तब मैं दोनों छाक तीमन तें भर पेट खाऊँगी।"

और वे कहते, "तो मैं उबाकौ टेंटुआ दबाइ कें मारिआउंगौ, तब तू का करैगी?" इस तरह वे दोनों मेरे वजूद को लेकर लड़ते-झगड़ते रहते थे।

'नया मदारी' पूंजीवादियों पर करारी चोट

अमर उजाला, २६ अगस्त सन् १९९०

सहजीवन उत्सव में नाटक और काव्यपाठ

वैज्ञानिक विचार केंद्र का सहजीवन कार्यक्रम

चन्दौसी, २८ जून (निसं)। स्थानीय वैज्ञानिक विचार केन्द्र के तत्वावधान में परम्परागत विवाहों के विकल्प स्वरूप सहजीवन की घोषणा का दूसरा अभूतपूर्व कार्यक्रम अमृतलाल किशन लाल की धर्मशाला में दो जुलाई शाम छः बजे से आयोजित किया जा रहा है।

वैज्ञानिक विचार केन्द्र के अध्यक्ष ... की एक लिखित विज्ञप्ति के अनुसार सहजीवन की घोषणा श्योराज

इस अभूतपूर्व आयोजन में अवैज्ञानिक संस्कारों का विरोध किया जायेगा। फेरे, हवन, मण्डप तथा सिंदूर, कन्यादान, घुड़चढ़ी तथा बारात को सजाने के ढोल- तमाशे तथा दहेज का पूर्ण बहिष्कार किया जा रहा है।

केन्द्र ने एक प्रपत्र छपवाकर कार्यक्रम की रूपरेखा को हजारों लोगों

जागरण, बरेली १ जुलाई १९९०

घोषणा

मुरादाबाद, ३० जून। वैज्ञानिक विचार केन्द्र के अध्यक्ष राकेश रफीक की विज्ञप्ति के अनुसार श्योराज सिंह बेचैन एवं रजत रानी 'मीनू' के सहजीवन की घोषणा परम्परागत विवाहों के विकल्प के रूप में की जायेगी।

इस अवसर पर २ जुलाई शाम ६ बजे से चन्दौसी में सेठ अमृतलाल किशन लाल जी की धर्मशाला (सीता

अम्मा ने अपनी पीठ से मिला ख़ाली पेट दिखाकर मेरे जमीर को झकझोरा था। **मैं मर जाऊँगी तो भूखों ही मर जाऊँगी।** मैंने गाँव छोड़ा, नहीं कमाया तो मैंने ही तुम्हें नहीं बचाया। तुम्हारी मौत का इल्जाम मेरी पढ़ाई पर आया। तुम्हें रोटी-कपड़े, तुम्हारे क़र्ज़ का फ़र्ज़ मुझसे कुछ भी पूरा नहीं हो सका। मैं जानता हूँ मेरी माँ कि तुम मेरी स्मृतियों के अलावा दुनिया में कहीं नहीं हो।

माँ उम्मीद कर रही थी कि मैं पढ़ाई छोड़ मज़दूरी करूँ और उसके पेट के लिए दो रोटी का इन्तज़ाम करूँ। मैं डर रहा था कि यदि माँ के मन की करूँगा तो तालीम से दूर और शोषणग्रस्त श्रमिक बनकर रह जाऊँगा। दिनभर देह धुन कर मैं ज़िन्दों में तो क्या मुर्दों में भी नहीं गिना जाऊँगा। पढ़-लिखकर रोज़गार पा गया तो माँ को भी दाल-रोटी दे सकूँगा। लेकिन सभी मतैक्य थे कि 'माँ की ज़िम्मेदारी श्यौराज के सिर होगी तो वह पढ़ने की धुन छोड़ देगा।' मैं ख़ाली पेट पैदल ही गाँव छोड़कर निकल पड़ा था। मैं पढ़ूँगा तो जानलेवा हालातों से निजात पा सकूँगा। मेरे इस अन्तिम फ़ैसले पर माँ ने कहा, "मेरे लेखे आज से श्यौराज मर गओ है।" मैं माँ-परिवार के लिए मर चुका था, तो ज़िन्दा किसके लिए था? मैं था भी तो लाश ही के मानिंद। घर से मानो मैं अपनी लाश अपने कन्धों पर उठाकर चल पड़ा था।

ज़िन्दगी ढूँढ़ रहे मेरे जैसे मुर्दा मुसाफ़िर का भी कोई सफ़र, कहीं कोई मंज़िल होती है क्या? उस बेमुरव्वत, ख़ुदगर्ज़ और कमबख़्त कपूत को माँ की मृत देह का दीदार कराने की ज़रूरत क्या थी? माँ की भूख और मौत की क़ीमत पर भी कोई बेटा पढ़ने जाता है क्या? ममता का क़र्ज़ कोई ऐसे भी नहीं चुकाता है क्या? आज भी मेरे ज़हन में माँ की वह तस्वीर, वह खुला पेट बदस्तूर क़ायम है। पेट पर हाथ रखकर उसने कहा था, 'बेटा, पेट में नौ महीना अपनों खून-पसीना पिवाइ के कोख में पालो हो तू।' उसने मुझे अपने ख़ून से पाला और मैं उसको रोटियाँ नहीं दे सका, इतना बड़ा गुनहगार! मैं नहीं जानता कहीं ख़ुदा है और देख रहा है तो वह मुझे मेरे कसूर की क्या सज़ा देगा? क्या माँ के मुँह से कोई बद्‌दुआ निकली होगी, अपने इस गुस्ताख-नाशुक्रे बेटे के लिए?

एस.एम. कॉलेज की ओर

यह लगभग 1979 का समय था, दयाराम भगत जी ने अपनी साली के बेटे हेमराज को गाँव बुलाकर मेरा परिचय कराया। वह नाटे क़द का देहाती रंग-ढंग का सीधा और सरल स्वभाव का लड़का था। उन्हीं ने कहा था कि चन्दौसी जाकर दोनों बी.ए. में दाख़िला ले लो और संग-संग रहो। नौकरी पाने के लिए ग्रेज्युएट होना चाहिए। अलीगढ़ की तुलना में चन्दौसी हमारे क़रीब थी और मेरी ननिहाल भी थी।

मेरी समस्या थी पढ़ाई का ख़र्च, गाँव में कमाते हुए पढ़ा हूँ, तो शहर में क्या काम मिलेगा? रामसिंह दलितों में पहला स्नातक था। उसने बताया, एस.सी. होने के नाते तुझे वजीफ़ा मिल जायेगा। हालाँकि वजीफ़े के बारे में मेरा अनुभव ख़राब था। मात्र तीस या चालीस पैसे रोज़ के, उसे भी क्लर्क लोग जो सवर्ण ही नहीं दलित-ओबीसी भी हुआ करते थे, वे समय पर कभी भी वजीफ़ा नहीं देते थे। ग़ैरदलित यदि अदना-सा भी कर्मचारी होता तो कहता, "चमार-चूहड़े तो वजीफ़े के लिए ही पढ़ते हैं। ये सरकार के दामाद हैं।" ब्राह्मण-बनियों से ज़्यादा तो ओबीसी बन्दे अनुसूचित जातियों पर आरक्षण विषयक व्यंग्य किया करते थे। कोई इसे ख़ैरात तो कोई भीख बताता था। मानसिक और शारीरिक हमलेकरते थे। बिना घूस दिये वजीफ़ा नहीं मिलता था। पहले आय प्रमाण-पत्र लगाओ, हर जगह क्लर्कों को खिलाओ। बँटते-बँटते जो बचे 'ऊँट के मुँह में जीरा' से काम चलाओ। अन्यथा कहीं जाओ...। ग़ैरदलित नेताओं और बुद्धिजीवियों ने बच्चों को यह बताया ही नहीं था कि आरक्षण तो शताब्दियों से होती रही क्षति की पूर्ति

करने का संवैधानिक उपक्रम है। इसलिए सरकारी नौकरी, शिक्षा-सुविधा दलितों के अधिकार के बजाय सब सवर्णों की बपौती समझते थे। गाँव-बस्ती का कहना था कि 'जब श्यौराज की माँ गाँव आ गयी है तो इसे मेहनत-मजूरी कर उसका पेट भरते रहना चाहिए। शहर जाकर पढ़ने को पैसे नहीं हैं, तो जा क्यों रहा है?'

हेमराज की माँ ने कहा—''बेटा, हमारो अकेलो बालक है। वैसे जा के लाक खेती क्यारी है। हमें ज्यादा की कोई ख्वाहिश नांय है पर भैना (बहन) कह रही कै 'श्यौराज के संग चन्दौसी जाइकें ऊँची पढ़ाई पढ़ि आवै तो कोई सरकारी नौकरी मिल जाइगी।' जो कबऊ शहर-गाँव नांय गओ है तू अपनी ज़िम्मेदारी पे लै जाइ सकै तो लै जा।''

मैंने कहा, ''हेमराज खुद अपनी ज़िम्मेदारी से पढ़ेगा। हम एक-दूसरे की मदद करेंगे। पहले दाख़िला लें, फिर शहर में ठहरने का ठिकाना देखेंगे।''

जल्दी हम दोनों चन्दौसी पहुँचे और हमने एस.एम. डिग्री कॉलेज में बी.ए. प्रथम वर्ष में फॉर्म भर कर फ़ीस जमा की। हमें कॉलेज में जाते ही पता चल गया कि यहाँ रामकली छात्रावास तो कॉलेज परिसर में ही है। इसी तरह के और भी अच्छे-अच्छे छात्रावास हैं। परन्तु ये अनुसूचित जातियों के छात्रों के लिए नहीं हैं, किराया देने में समर्थ हो उसके लिए भी नहीं हैं। ये सुविधाएँ केवल ऊँची जाति के छात्रों के लिए हैं। ऊँची जाति से मतलब ब्राह्मण, राजपूत ही नहीं यादव, जाट, लोध, गुर्जर, शूद्र जातियों के छात्र भी थे। इस मामले में पूरा भेदभाव था। साधन-समानता की यहाँ कोई सम्भावना नहीं थी। अछूतों के लिए शहर के हाशिये पर रेलवे फाटक की ओर एक 'अम्बेडकर छात्रावास' है जो समाज कल्याण विभाग की सहायता से संचालित है। उसमें कोई ग़ैर-अनुसूचित जाति का छात्र नहीं रहता है। अम्बेडकर छात्रावास वैसे ही अछूत था, जैसे राष्ट्रीय नेताओं में डॉ. अम्बेडकर अछूत थे। दलितों के मोहल्ले अछूत थे। हम उसे देखने गये। ग़ैर-दलित छात्रावास और दलित छात्रावास में तुलनात्मक दृष्टि से गहरी विषमता थी। दोनों में अन्तर था कितना? ज़मीन और आसमान जितना, पतझर और बहार जितना, गन्दगी और सफ़ाई जितना, ग़रीबी और अमीरी जितना, अछूत और सछूत जितना या कहें कि आज़ाद और गुलामों जितना। हम जी.एम. से मिले, कमरे देखे, सूअरों के बाड़े जैसे एक-एक में दस-दस बच्चे। एक कमरे का वह कोना जिसमें बरसात का पानी टपक रहा था और उस कोने का फ़र्श भी ग़ायब था। आँगन की ईंटें और दीवारों का प्लास्टर उखड़ रहा था। दो-तीन छात्रों के लिए एक तख़्त मिलता था, परन्तु हमारे लिए वह भी नहीं था। हम

से कहा गया, "अपनी खाट और खाने, पीने, पहनने, ओढ़ने का सामान ख़ुद लेकर आओ।"

हम उन शहरी लड़कों से पहनावे से स्वयं को पिछड़े हुए महसूस कर रहे थे। वे भी हमें अपनी फ़ैशनी पोशाक और फ़िल्मी शैली के रहन-सहन की तुलना में गये-गुज़रे समझ रहे थे। हमें सलाह दी गयी कि अच्छा यह है कि छात्रावासी होने का आवेदन भर कर जी.एम. को दे दो और शहर में कहीं रहने का इन्तज़ाम कर लो, ताकि छात्रवृत्ति और हॉस्टल ऐड पाने के लिए उन्हें 'ज़िला समाज कल्याण-विभाग' मुरादाबाद भेजा जा सके। उसके लिए जी.एम. को वजीफ़े का आधा पैसा देना होगा। इसलिए कि उन्हें क्लर्कों और अधिकारियों को पैसे खिलाने पड़ते हैं। विभाग की राशि से मिले तख़्तों पर शहरी छात्रों का क़ब्ज़ा था। छात्रों की ज़रूरत की तुलना में सुविधाएँ न्यूनतम थीं। 'एक अनार सौ बीमार' वाली कहावत यहाँ चरितार्थ होती थी। 'हरिजन' नाम से चलने वाले समाज कल्याण विभाग के भ्रष्ट कर्मचारियों/अधिकारियों से मिलकर छात्रावास की सहायता को दारू, सिनेमा, फैशन और आवारगी के पानी में बहाने वाले हमारे सीनियर्स/तथाकथित छात्र नेता थे। कॉलेज की छात्र राजनीति में वे प्रत्यक्ष व परोक्ष रूप से शामिल रहते थे। इस सब के अतिरिक्त पढ़ाई के लिए चन्दौसी में रहने-ठहरने का कोई विकल्प नहीं था।

यह सब देख हम दोनों अपने-अपने घर लौटे। मैं अपनी एकमात्र चारपाई के पाये और पाटियाँ बाँध, सिर पर रखकर दिल में ग्रेज्युएशन करने की हसरत लेकर पन्द्रह कि.मी. पैदल चलकर आया था। हेमराज कनस्तर और कुछ बर्तन अपने साथ लेकर आया था। हम गाँव से दस-दस सेर अनाज का इन्तज़ाम कर के आये थे। मुझे याद है कि यह दस सेर अनाज भी मैंने मास्टर बलबीर सिंह यादव से क़र्ज़ लिया था। यह ध्यातव्य है, दो माह बाद, जब मैं दस सेर गेहूँ वापस देने गया तो उन्होंने वापस कर दिये, जबकि मैंने उनकी बेगार भी नहीं की थी।

हमें सोने के लिए तख़्त नहीं मिला था और फ़र्श पर सीलन भरे गड्ढे हो रहे थे। उस पर हम सो नहीं सकते थे। बड़े-बड़े चूहे इधर-से-उधर गश्त लगा रहे थे। क़ैदियों की कोठरियों से बुरी हालत में जो कमरे पड़े थे, वे हमारे लिए थे। ग़ैर-दलित छात्रावासों में तो ऐसी कोई समस्या नहीं थी। तीन-तीन साल के फेल हुए छात्र अलग कोर्स में वजीफ़ा के लिए दाख़िला ले लेते थे। नौकरी नहीं मिलती तो डबल-ट्रिपल एम.ए. करते रहते थे। इन्हीं निकम्मों की वजह से अध्ययनशील छात्र बदनाम होते थे कि एससी, एसटी तो वजीफ़ों के लिए प्रवेश लेते हैं, पढ़ने

के लिए नहीं। सबसे बड़े दलित छात्र नेता जयपाल सिंह ने तो शायद ग्रेज्युएशन भी नहीं किया था। बेरोज़गारी में हॉस्टल क़ब्ज़ाये पड़े थे। दिमाग़ी कसरत से ज़्यादा वे शारीरिक व्यायाम करते। सीधे और सरल स्वभाव के छात्रों से तेल मालिश कराते और इस्त्री किये हुए कुरता-पाजामा पहन 'लक्ष्मी', 'अप्सरा' या 'अजन्ता' टाकीज में फ़िल्म देखने निकल जाते। मैं जब इस छात्रावास में आया था, तब यह सी.पी.एम. के छात्र संघ एस.एफ.आई. की राजनीति का गढ़ था। विनोद कुमार दत्ता नामक शिक्षक एस.एफ.आई. नेता चन्द्रपाल सिंह आज़ाद और जयपाल सिंह ने सभी छात्रों को एस.एफ.आई. सदस्य बना दिया था। जयपाल सिंह में एक गुण था—जब भी कोई दलित छात्र का उत्पीड़न करता तो वे चार-छह छात्रों को साथ लेकर थाने पहुँच जाते थे। क़द-काठी से लम्बे-चौड़े, व्यावहारिक वार्तालाप में सभ्य, शालीन थे। कमरों पर क़ब्ज़ा जमाये बैठे छात्रों का हमारे प्रति अच्छा रवैया नहीं था। छात्रवृत्तियों में दलाली खाने वाले आई.ए.एस., पी.सी.एस. की प्रतियोगी परीक्षाओं में लगे रहने वाले एक से बढ़कर एक भ्रष्ट और धूर्त थे। ये सीधे-सरल छात्रों की मानो रोज़ ही रैगिंग किया करते थे। अफ़सोस, स्मृति पर ज़ोर देकर भी मैं यहाँ के एक-दो भी अच्छे छात्रों का नाम याद नहीं कर पा रहा हूँ।

साथ ही ये या तो छात्र संघ के चुनाव लड़ते या किसी को समर्थन देकर लड़ाते, हॉस्टल के दलित छात्रों के मतों की गारंटी कर अपनी हैसियत बनाते थे। ज्ञान के लिए पढ़ना है या पढ़-लिखकर समाज की कोई सेवा करनी है; ऐसी इच्छा किसी में नहीं थी। ये सीधे-सरल और अध्ययनशील छात्रों को छात्रावास छोड़ने को मजबूर कर देते थे। जो पढ़ाई छोड़ जाते उनकी उपस्थिति छात्रावास में दिखाते और एड खाते। चन्दौसी का 'अम्बेडकर छात्रावास', मुरादाबाद का 'बाबूराम छात्रावास' और बरेली का 'सुभाष छात्रावास' एक ही नकारात्मक राजनीति के शिकार थे। पर उनमें से मुझे एक भी ऐसा छात्र नेता याद नहीं आता जो भ्रष्ट और दलाल न रहा हो। हालाँकि इनकी दलाली तुच्छ कोटि की ही होती थी। थोड़े भरे पेट दलित छात्र भी मेरे जैसों की उपेक्षा करते थे। इस पर भी मैं कॉलेज परिसर में बने ग़ैर-दलित छात्रों के छात्रावास देखता तो मुझे गुलाम और आज़ाद का भेद स्पष्ट दिखाई देता। वहाँ तो दलित के लिए इतनी भी जगह नहीं थी। उच्च शिक्षा के बहुस्तरीय भेदभावों के सर्वाधिक शिकार मेरे जैसे ग़रीब छात्र होते थे, जिन्हें स्थिति-बोध कराने की ज़रूरत थी। मुझे फ़ैज़ की नज़्म याद आती—

कोई इनको एहसासे जिल्लत करा दो/
कोई इनकी सोयी हुई दुम हिला दो।

एस.एम. कॉलेज का शिक्षा सत्र पाँच-छह माह पीछे चल रहा था। इस कारण दाख़िला होने के बाद भी पढ़ाई शुरू नहीं हुई थी। मेरे पास खाद्य सामग्री का इन्तज़ाम नहीं था। मेरे उस समय के संकट के बारे में मेरे क़रीबी शिक्षक डॉ. मूलचन्द गौतम ने एक संस्मरण में यह बात कही है—"मेरा बचपन मेरे कन्धों पर आने पर मुझे एक तरह से अपराध-बोध ने घेर लिया कि मैं क्यों ऐसे छात्र की कुछ मदद नहीं कर सका।"

—"श्यौराज पत्रकारिता, रिपोर्टिंग के दबाव में लिखते-लिखते लेखक बन गया।"

भारतीय जीवन बीमा निगम में उप-सचिव रहे श्री ब्रह्म सिंह बार-बार कहते हैं—"हमारी संस्था आर्थिक संकट में रहकर पढ़ रहे दलित छात्रों की मदद किया करती थी, परन्तु आप तो कभी हमें मिले ही नहीं। आपका नाम आता था छात्रनेता के रूप में पर मुझे तो नेता शब्द से ही घृणा थी।"

इसी तरह भाई साहब डॉ. नत्थूलाल ने कहा, "मैं परेशानी में तो था पर इतना भी नहीं था कि श्यौराज की पढ़ाई के वक़्त सौ-पचास रुपये से मदद नहीं कर पाता। वह मुझसे इंस्पायर होता रहा पर मैंने उसके लिए कुछ नहीं किया।"

मेरे शोध निर्देशक व 'अमर उजाला' में साहित्य सम्पादक रहे **डॉ. वीरेन डंगवाल** ने भी लिखा, "श्यौराज बरेली मेरे घर आता था, भूखा होता था, तब भी बताता नहीं था। वरन् एक वक़्त खाना तो उसे मैं भी खिला सकता था।"

पता चलता तो यही बात मेरी अंग्रेज़ी ट्यूटर शुभ्रा सक्सेना ने भी कही होती और मेरी अंग्रेज़ी ट्यूशन न छूट गयी होती। पर मैं वैसा बना होता तो ऐसा कैसे बनता, जैसा आज बना हूँ? **खुद्दारी मारी होती, तो क़लमकारी कैसे ज़िन्दा रहती**?

भूखा रहने के कारण मैं कक्षाओं में नियमित नहीं जा पाता था। एक दिन क्लास में जब अर्थशास्त्र के शिक्षक डॉ. गोयल ने प्रति व्यक्ति आय का फॉर्मूला समझाया था तो मैं उनसे जिरहकर बैठा था, "प्रति व्यक्ति आय एक समान तो समाजवाद में ही सम्भव है। आप यह काल्पनिक समानता क्यों रटा रहे हैं? बिरला-टाटा की आय सड़क पर बैठे 'मोची' की आय के बराबर कैसे हो सकती है? यह आपके तराजू में खोट है। अगर नहीं है तो उनके जीवन स्तर में अन्तर क्यों हैं?"

मेरे पास सिवाय देह की साँसों और आँखों में सपनों के कुछ भी नहीं था। सच में मेरे पास ज़िन्दगी नहीं थी। मैं ज़िन्दगी ढूँढ़ने निकला था। मैंने कुछ रशियन साहित्य पढ़ लिया था। उससे अभिप्रेरित मन में क्रान्तिकारी उत्साह की कोई कमी नहीं थी। गोर्की का 'मेरा बचपन', 'माँ' और 'जीवन की राहों पर', निकोलाई आस्त्रोवस्की की 'अग्निदीक्षा' आदि मेरी प्रिय पुस्तकें थीं। मेरे पास अपनी रज़ाई नहीं थी, मैंने अब तक का जीवन दूसरों के वस्त्रों में ही बिताया था। पुराने कपड़ों को भरकर बनायी 'कथरी' की वहाँ ज़रूरत नहीं थी। मैंने हेमराज को अपनी तंगदस्ती का राज़ बता दिया था तो उसने कहा—

"यार चिन्ता छोड़। सर्दी के तीन-चार महीने होते हैं, सो तू मेरे साथ मेरी रज़ाई में सो जाया करना। खाट तू ले चल, रज़ाई मैं ले चलता हूँ। हम मिलजुलकर वक़्त काट लेंगे। किसी तरह हम बी.ए. पास कर जायें।" अतः हम दोनों ने एक-एक कनस्तर में दाल-गेहूँ भरे और पढ़ाई करने निकल पड़े।

छात्रावास में हमें अलग तरह का वातावरण मिला। शहरी छात्रों ने हमें हिकारत से देखा। गाँव के गँवार आये हैं। उनका उपेक्षा भाव रैगिंग जैसा ही था। 'ओ, ये सिर पर चारपाई रखकर आया है। वह भी पुरानी।' वे कमरों की मरम्मत के लिए मिलने वाले पैसे का शतांश भी उनमें नहीं लगाते थे। बाहर सड़क ऊँची थी और कमरे नीचे, सो बाहर का गन्दा पानी कमरों में जाता था। शौचालय में न फ्लश था और न ही वह सीवर से सम्बद्ध था। हमें शौच के लिए मुँह अँधेरे रेलवे-लाइन पार खुले में भागना पड़ता था। पर दादा लोग हाथ-सफ़ाई वाले शौचालय का प्रयोग करते थे। रहने लायक कमरों पर उन दबंग छात्र नेताओं का क़ब्ज़ा था, जिन्हें विद्यार्जन में कोई रुचि नहीं थी। वे वहाँ छात्रवृत्ति और हॉस्टल-एड में दलाली खाने के लिए जमे हुए थे, जबकि शहर में ग़ैर-दलित छात्रों के लिए साफ़-सुथरे, स्पेशियस और कॉलेज की प्राइम लोकेशन में हॉस्टल बने थे। मेरी तो हैसियत ही क्या थी? पर सवर्ण हिन्दुओं के छात्रावासों में कोई आर्थिक रूप से समृद्ध दलित छात्र भी नहीं रह सकता था। यह जाति-भेद का एक ज्वलन्त नमूना था।

दलित छात्रावास की हालत सूअरों के बाड़े जैसी ही थी। मात्र एक-दो कमरे अच्छे रहते थे। उन पर पाँच-पाँच, छह-छह साल जी.एम. का क़ब्ज़ा रहता। सात-आठ साल जयपाल सिंह, उसके बाद उनके भाई विजयपाल सिंह और फिर कुछ समय यादराम के फुफेरे भाई बदनसिंह का क़ब्ज़ा रहा। हॉस्टल में वे अक्सर दारू-पार्टियाँ किया करते थे। कॉलेज में चुनाव लड़ने के तुरन्त बाद चन्दौसी की

आरक्षित विधानसभा सीट पर नज़र रखते थे। पर कोई भी विधायक छात्रावास की दशा सुधारने में रुचि नहीं लेता था। चुनाव के समय छात्रों को प्रचार कार्य के लिए याद किया जाता था। एम.ए. करते-करते यादराम ने तो दो बार विधायकी के लिए भाग्य आजमाया था। अन्य दलित नेताओं की तरह इनका भी सपना अपनी व्यक्तिगत श्रीवृद्धि करना था। दलित समस्या क्या होती है? डॉ. अम्बेडकर क्या चाहते थे? दलित नेता की ज़िम्मेदारी क्या है? इन सवालों से दलित नेताओं का दूर-दूर तक कोई वास्ता नहीं था। दलित-प्रतिनिधि होने का इनमें एक भी गुण नहीं था। बस नेता बनने की महत्त्वाकांक्षा भर थी। कोई वैचारिक प्रतिबद्धता भी नहीं थी, जिस भी दल से टिकट मिलता उसी से लड़ने को उतावले रहते। मुड़कर देखता हूँ तो मन विषाद से भर जाता है। यह सोच कर कि हज़ारों साल से कोई प्रबुद्ध, त्यागी, समर्थ नेता क्यों नहीं इन अभागे अछूतों को बाबा साहब के बाद मिला? दुखद यह कि जिन छात्रावासों से दलित नायक निकलते थे, उनसे नालायक ही निकले।

यहाँ उन दलित छात्र नेताओं का क़ब्ज़ा था जिनके अभिभावकों ने या तो पहली पीढ़ी में ही आरक्षित नौकरियाँ हासिल कर ली थीं या जिनकी गाँव में थोड़ी-बहुत ज़मीन बची रह गयी थी। विधान सभा सीट आरक्षित रहने के कारण आधे छात्र तो भविष्य में चुनाव लड़ने की सोचते थे और आधे दो-चार प्रतियोगी पत्रिकाएँ रट कर अफ़सर बन ज़्यादा-से-ज़्यादा पैसा कमाना चाहते थे। ज्ञान की भूख लिये तो कोई बिरला ही आता था और जो आता उसका भरपूर असहयोग किया जाता। शहर के वही बच्चे छात्रावास में रहते जिनकी जूता कारीगरी मुनाफ़ा देने वाली होती। पढ़ने वालों के मन में नहीं था कि वापस समाज के ऋण से मुक्त भी होना है।

ये छात्र नेता गाँव से जाने वाले शान्त और अध्ययनशील छात्रों का उपहास उड़ाते थे। मेरे जैसों को छात्रावास छोड़ना पड़ता। सो मुझे भी अन्यत्र जगह तलाश करनी पड़ी। पलायन की उस आख़िरी रात, मैं छात्रों से बातें कर रहा था। मैं सोवियत, क्यूबा, चीन आदि देशों में हुए क्रान्तिकारी बदलावों के बारे में बता रहा था। बराबर के कमरे में मेरी वार्ता रेवाराम ने सुनी। वे राजनीति शास्त्र में एम.ए. कर रहे थे और एस.एफ.आई. में थे। वहाँ के तमाम दलित छात्र एस.एफ.आई. से ही सम्बद्ध थे। उन दिनों छात्रनेता चन्द्रपाल सिंह आज़ाद ने एस.एफ.आई. का प्रशिक्षण शिविर लगाया था। रेवाराम ने जयपाल सिंह और चन्द्रपाल सिंह को मेरे बारे में बताया, "श्यौराज रशियन साहित्य के बारे में काफ़ी कुछ जानता है।"

मेरे इस परिचय का थोड़ा प्रभाव यह पड़ा कि रेवाराम मेरे नज़दीक आ गया। जबकि जयपाल सिंह पठन-पाठन करने वाले छात्रों को कम, दादागीरी करने और राजनीति में रुचि लेने वाले नेताओं को ज़्यादा पसन्द करते थे। क्योंकि वे स्वयं अख़बार की ख़बरों के अलावा कुछ पढ़ते-लिखते नहीं थे। उन दिनों वे सी.पी.एम. के आह्वान पर नौजवानों की एक रैली लेकर लखनऊ गये थे।

दलित छात्र बड़ी-बड़ी माँगों को लेकर आन्दोलन करते थे। समाजवादी देशों की प्रगति पर ख़ुशियाँ ज़ाहिर करते थे। परन्तु यहाँ छात्रावास में क्या सड़ रहा है? छतों-दीवारों और शौचालय की हालत खस्ता क्यों थी? हमारे देश में दलितों की दुर्दशा क्यों हो रही है? इस पर कोई बात नहीं करता था। सवर्ण कॉमरेडों के लिए दलित उत्पीड़न और अशिक्षा, अस्पृश्यता आदि सब समस्याएँ साम्राज्यवाद की देन थीं, ब्राह्मणवाद की एक भी नहीं?

'रानी रामकली' जैसे सुविधा-सम्पन्न छात्रावासों में केवल ऊँची जातियों के ग़ैर-दलित छात्र रहते थे। कॉमरेड लोग दलित छात्रों को उन छात्रावासों में कमरे मिलें, यह आवासीय भेदभाव दूर हो; इसके लिए आन्दोलन करने की कभी कल्पना भी नहीं करते थे। कभी किसी ने नहीं कहा कि दलित और ग़ैर-दलित छात्रों के बीच का अन्तर ख़त्म करना है। दलित छात्रों को सामान्य में और ग़ैर-दलित छात्रों को अम्बेडकर छात्रावास में कमरे दिये जायें। अगर शिक्षा में जाति-भेद की समस्या बनाये नहीं रखनी है तो यह करना चाहिए। सुविधा-असुविधा के साझा आदान-प्रदान के बग़ैर बदलाव कहाँ से आयेगा?

छात्रावासों में भेदभाव क्यों? रहन-सहन के साधनों में जातिगत भेद क्यों? इसके विरुद्ध हमें लड़ाई लड़नी चाहिए थी। अदृश्य-अमूर्त क्रान्तियों में भ्रान्तियाँ क्यों? हमें जिस कमरे की चाबी दी गयी, उसकी छत के लेंटर से सरिये झाँक रहे थे। बारिश में पानी कमरे के बाहर कम अन्दर अधिक टपकता था। फ़र्श की ईंटें उखड़ी पड़ी थीं। चूँकि मैं राजगीरी जानता था। सो, मरम्मत करने में जुट गया। ईंटें कम पड़ीं तो जयपाल सिंह ने कहा, "सामने रेलवे लाइन की ओर ईंटें पड़ी हैं, उन्हें उठा लाओ और बिछा लो।" मैं सुबह-सुबह ईंटें ढोने में लग गया। तभी अप्रत्याशित रूप से वहाँ गाँव से मेरा मित्र फूलसिंह मुझसे मिलने आ गया। उसको अन्दाज़ा था कि मैं आराम से पढ़ रहा होऊँगा। पर जब उसने छात्रावास में आकर पूछा तो किसी ने बता दिया कि "श्यौराज तो रेलवे ट्रैक की ओर से ईंटें ढो रहा है।" "क्यों ढो रहा है?" "कमरे के कीचड़ में बिछायेगा।" सुनते ही वह बोला, "नेता जी, यह कौन-सी पढ़ाई पढ़ रहे हो शहर आकर?"

मैं गाँव के आयोजनों में भाषण देता था, इसलिए वह मुझे नेता और मज़ाक़ में नेतड़ा बोलता था। पर वह मुझे बेहद प्यार करता था। उसने दोहराया–"क्या यही तुम्हारी पढ़ाई है भाई? ईंट-मिट्टी की पढ़ाई तो तुम गाँव में ही पढ़ चुके हो। यहाँ तो कुछ किताबें पढ़ने आये थे।"

"ठीक-ठाक कमरा कोई ख़ाली नहीं है।" मैंने कहा।

"तो तुम्हें यह काम किसने सौंपा है?"

"जयपाल सिंह नेता जी ने।" "ये कौन नेता हैं भाई?"

"ये हमारे छात्र नेता हैं।"

"फेंक दो ईंटें, मैं देखतूं कौन हमारे नेता से ईंटें ढुब्बावैगो। ऐसी-तैसी छात्र नेता की। हमारे श्यौराज सिंह जैसा नेता है क्या यहाँ कोई?"

रामलीला में 'फूलसिंह' 'रावण' की भूमिका में

फूलसिंह छह फुटा लम्बा-तगड़ा, गोरा-घुँघराले बालों वाला ख़ूबसूरत नौजवान था। क़द-काठी में वह जयपाल से भी इक्कीस था। वह उनके सामने तनकर खड़ा हुआ तो वे डर गये, उन्होंने अलग बुलाकर मुझसे पूछा–"ये कौन हैं?"

"हमारे भाई लगते हैं, गाँव से हैं। थोड़े गुस्सैल हैं। पर इनका हाथ बहुत उठता है, कइयों की अक्ल ठिकाने लगा चुके हैं।"

मैंने फूलसिंह के परिचय में भारी शब्द जोड़ दिये तो जयपाल सिंह तुरन्त उठे और कहने लगे–"भाई साहब, आइए। आप बैठिए, मैं चाय मँगाता हूँ। ये तो यूँ ही ईंटें ढोने लगे। हम इन्हें किसी अच्छे कमरे में शिफ्ट करा देंगे।..."

ग़रीबी में फूलसिंह की पढ़ाई तथा शादी भी नहीं हो पा रही थी। मैं सोचता था सरकारों ने आज़ादी के बाद दलित के साथ थोड़ा भी शैक्षिक न्याय किया होता, उसको शिक्षा ही दे दी होती तो फूलसिंह देश की सैन्य सेवा में टॉप पोजीशन पर जाने लायक था। वह कलाकार भी था। शारीरिक रूप से बलिष्ठ और बनावट में भीमकाय था। **रामलीला में रावण के पाठ में वह रंग जमा देता था। क़रीब 25 साल बाद राजेन्द्र यादव के आग्रह पर मैंने 'हंस' में उसी पर 'रावण' शीर्षक से एक कहानी लिखी थी**, जो इलाहाबाद विश्वविद्यालय में एम. ए. के तथा ऑक्सफोर्ड के पाठ्यक्रम में शामिल हुई। प्रो. तपन बासू ने अंग्रेज़ी में इसका बहुत सुन्दर अनुवाद किया था।

छात्रावास छूट गया। स्कॉलरशिप तुच्छ राशि होती थी और ये परीक्षाएँ निकलने के साल-साल भर बाद तक नहीं मिल पाती थी। उसमें भी होस्टल के जी.एम. से लेकर कार्यालय के क्लर्क, अफ़सर सब के सब हिस्सा माँगते थे। मैं नहीं देता था तो मुझसे कार्यालय के महीनों चक्कर लगवाये जाते थे। इस कारण अध्ययन का तारतम्य टूटता रहता था। पढ़ इसलिए रहा था कि बेहद दिलचस्पी थी पढ़ाई में। जाति-हिन्दू चाहे मनुवादी होते या मार्क्सवादी हिन्दू, वे अनेक बार आरक्षण का विरोध करते थे। मैं एक कॉमरेड के शब्द यथावत् रख रहा हूँ, "मान लेता हूँ मेरे बाप ने दलित उत्पीड़न किया, मेरे दादा ने बलात्कार किया, मेरे परदादा ने दलित की ज़मीन और आवास छीनकर उन्हें गाँव से भगा दिया। माना मेरी क़ौम ने दलित को स्कूल में पढ़ने-लिखने नहीं दिया, मैला उठवाया, मरे हुए पशुओं का मांस खाने को मजबूर किया। पर वे तो सब मर-खप गये, इसके लिए मैं कहाँ दोषी हूँ? मैं कैसे अन्यायी या उत्पीड़क हूँ? मैं आरक्षण का समर्थन क्यों करूँगा। जिसका गुनाह था उनके साथ चला गया, क्या उसे इतिहास की क़ब्र खोदकर निकालोगे?" वह हावी था और मैं ख़ामोश खड़ा-खड़ा उसका वक्तव्य सुन रहा था। उसके बाद वह मेरे पास आकर बैठ गया। मैंने पूछा, "वो जो फैक्ट्री तुम चलाना चाहते हो, क्या तुम्हारे पिता से तुम्हें विरासत में नहीं मिली? तुम्हारी पत्नी जिस स्कूल में मैनेजर बनी है, वह सरकारी सस्ती ज़मीन जिसमें दलित का भी हिस्सा है, तुम्हें विरासत में नहीं मिली है? ये गाड़ियाँ, ये भवन तुमने अपने पूर्वजों से ही तो प्राप्त किये हैं, तो अछूतों का कर्जा कोई और उतारेगा क्या? हज़ारों साल से दलितों को अमानवीय दशा में रखकर उनकी बौद्धिक, आर्थिक, सामाजिक क्षति की गयी, तो क्षतिपूर्ति कोई और करेगा क्या? पिछली सदियों का हिसाब तो तुम देने से रहे; संविधान प्रदत्त समता, स्वतन्त्रता और बन्धुता तो स्थापित करो। अब तो अश्वेतों की दास प्रथा के लिए चर्च ने माफ़ी माँग ली। अमेरिकन-अफ्रीकी श्वेत-संस्थाओं ने अफर्मेटिव एक्शन के साथ डायवर्सिटी लागू कर दी।"

यह बात और भी दुखद थी कि दलित छात्रों के लिए तो यह छात्रावास था परन्तु कॉलेज में आने वाली दलित छात्राओं के लिए ऐसे बदहाल छात्रावास भी दूर-दूर तक नसीब नहीं थे। इस कारण बाहरी दलित लड़कियाँ तो कॉलेज की पढ़ाई कर ही नहीं पाती थीं। नतीजा यह कि लड़कियों की शिक्षा न होने के कारण दलित समाज ग़ैर-दलित समाज के मुक़ाबले दिन दूने रात चौगुने पतन के गर्त में जा रहा था। इसलिए दलित सामाजिक तौर पर वर्ण-तन्त्र पर निर्भर होता

चला गया। जो प्रभावी पदों पर ग्रामीण परिवारों से आकर आई.ए.एस., आई.पी.एस., पी.सी.एस., एम.एल.ए. या एम.पी. बन जाते हैं तो उन्हें ग़ैर-दलित स्त्रियाँ गपच लेतीं और जो कनिष्ठ सेवाओं में जाते या बेरोज़गार रह जाते, अशिक्षित दलित लड़कियाँ उनके गले बाँध दी जातीं। समाज या सम्बन्धी मिलना चाहता है तो **नेता–साहब सब समय बाथरूम में हैं।** बस्स इतना ही योगदान कर पाती हैं। नौकरी मिल जाती तो वे दया पवार और डॉ. तुलसीराम की तरह गाँव वाली बीवी को गाँव में ही छोड़ आते थे। पी.सी.एस. रहे वंशीधर जाटव की पहल पर सामाजिक सहयोग से बरेली और बदायूँ में **जयभीम छात्रावास** बने हैं। स्थानीय तौर पर चन्दौसी में दलित नेता एक ढूँढ़ो हज़ार मिलते थे। पर कोई भी दलित बालिका की शिक्षा का प्रश्न नहीं उठाता था, जबकि ग़ैर-दलित लड़के-लड़कियों को कोई आवासीय अभाव नहीं था। साधनों की ग़ैर-बराबरी और सुविधाओं का असन्तुलन जाति-भेद के परिणाम थे। विकल्प के अभाव में कुछ दिन मैं अम्बेडकर छात्रावास में रहा था। एक दिन चुन्नी मौ. आया तो देखा घर के बाहर अर्थी पर नाना का शव रखा है। **धेवता अर्थी उठाता है तो नाना नर्क में चला जाता है।** कहने वालों ने मुझे उनकी अर्थी से दूर कर दिया। मैं श्मशान तक पीछे-पीछे गया। मेरे साथ दो विद्यार्थी मित्र भी थे। अर्थी मेरे स्पर्श से मुक्त रही तो नाना किस स्वर्ग में गये होंगे? मैं सोचने लगा? स्वर्ग पर दबंगों का क़ब्ज़ा रहता है। अपनी जवानी के दिनों में नाना भी काफ़ी दबंग रहे। वह समय उनके स्वर्ग में रहने का समय रहा होगा। दारू-मीट और बैठकी जाति पंचायत के सुप्रीम जज नाना ही होते थे। क़ौम के मुखिया के तौर पर शादी-विवाहों, तलाक़ और पुनर्विवाहों के मामले जाति-पंचायत में निपटाते थे नाना।

परन्तु ज़िन्दगी के आख़िरी दिनों में ग़ैर-ज़िम्मेदार बेटे की आवारगी और उम्र की ढलान में क़ौम की लीडरशिप तो उनसे जाती रही। ख़र्चा-पानी चला पाना मुश्किल हो गया। उनकी आय का कोई तय साधन नहीं बचा था। आख़िर में काम आते हैं जाति-पेशे, सो बेचारे अम्बेडकर छात्रावास के पास मुरादाबाद-बदायूँ रेलवे क्रॉसिंग पर जूता मरम्मत करने बैठ गये थे। मैं विद्यार्थियों के साथ उधर से गुज़रता तो देखकर दुखी होता था। वे इतना कम कमाते थे कि गुज़ारा मुश्किल था। वे छह बेटियों के पिता थे। सो एक-न-एक बच्चों के साथ आती-जाती रहती थी। नाना उनके बच्चों को अच्छा खिलाने की कोशिश करते पर कहाँ से? ऐसी स्थिति में वे सायं को काम से लौटते वक़्त छँटी हुई सब्ज़ी और बकरा या मुर्गा का भी छटोन लेकर आते थे, चूँकि वे फ्रेश 'मीट' की क़ीमत चुकाने में समर्थ

नहीं थे। उनका बुढ़ापा बहुत कष्टों और अभावों में बीता था। कभी कोई वृद्धा पेंशन नाना-नानी को नहीं मिली थी।

गुज़र गये तो नानी के लिए उतना सहारा भी नहीं बचा। तब बड़ी मौसी जिसे नानी-नाना ने सभी छोटी बहनों से सहमति पत्र लिखवाकर एक छोटा-सा कमरा जो दूसरी गली में था, दे दिया था। सो बेटी होने के नाते और मकान पाने की वजह से वह नानी को एक रोटी सुबह, एक शाम दो रोटी और सब्ज़ी पहुँचाती थीं।

जयपाल सिंह का छोटा भाई विजयपाल भी यहाँ पढ़ता था। छात्रों से हॉस्टल एड हड़पने के मामले में वह भी उन्हीं के नक़्शे-क़दम था। क़रीब तीन दशक बाद साहित्य और मीडिया में मेरा नाम चर्चित हुआ। तब बरेली में राजेन्द्र पाल के ज़रिये उसने मुझसे मिलना चाहा, तब वह बतौर दारोगा तैनात था। परन्तु मेरे ज़हन में छात्रजीवन की छवियाँ उभर आयीं और उससे मिलने की कोई दिली-इच्छा नहीं जागी, जबकि मैं पूरे 10 दिन बरेली में रहा, बल्कि कुम्भनदास की पंक्ति, **जिनको मुख देखत दुख उपजे** याद आयीं। मेरे प्रवास पर युवा पत्रकार भेजकर **डॉ. वीरेन डंगवाल** ने 'अमर उजाला' के लिए मेरा एक साक्षात्कार कराया था।

जहाँ कभी **डॉ. नगेन्द्र, भारत भूषण अग्रवाल, डॉ. कुँवर बेचैन, दुष्यन्त कुमार** छात्र रहे थे मैं भी उसी एस.एम. कॉलेज का छात्र होना गौरवान्वित महसूस करता था। हमारे शिक्षकों में डॉ. पुत्तूलाल शर्मा, इन्दु भट्ट और ख़ासकर डॉ. मूलचन्द गौतम की मुझ पर बराबर नज़र रही। इसलिए कि वे स्वयं क्रिएटिव शिक्षक थे। कोई नयी साहित्यिक पत्रिका ख़ासकर 'हंस' उनके हाथों में दिखती थी, जो 1986 में राजेन्द्र यादव के सम्पादन में नयी-नयी आरम्भ हुई थी। गौतम जी मुझे अक्सर किसी भी कार्यक्रम में बुलवाना नहीं भूलते थे। 'कविताएँ सुनाओ, भाषण दो' इत्यादि। मेरी हार्दिक इच्छा थी कि संस्कृत और अंग्रेज़ी विषयों के साथ बी.ए. करूँ। मैं संस्कृत आचार्य मथुरा प्रसाद काला के कुछ ही लेक्चर अटैंड कर पाया था। जे.पी. तिवारी यहाँ हिन्दी माध्यम से अंग्रेज़ी पढ़ाते थे। एक दिन उन्होंने कवि बनने की प्रक्रिया पर प्रकाश डाला, **''देखो भाई, अगर बड़ा लेखक, कवि बनने का इतिहास आप जानना चाहते हैं या बनना चाहते हैं तो मैं इतना ही कहूँगा कि जिसके भी पिछवाड़े पर उसकी पत्नी या प्रेयसी ने कसकर लात लगा दी, समझो वही महान कवि बन गया।** हमारे यहाँ गोस्वामी तुलसीदास, कालिदास सभी पत्नियों के लतियाये हुए कवि हैं।''

तिवारी जी का यह वाक्य कई दिनों तक ज़हन में कौंधता रहा। तब तक मेरा ध्यान दलित सन्तों की जीवन शैली की ओर नहीं गया था। वे कैसा ज़िम्मेदार गृहस्थ जीवन जी रहे थे? गुरु रैदास की पत्नी नौना चमारी थी। कबीर, मक्खली सभी गृहस्थ थे। उन दिनों कॉलेज में एक 'वागीश्वरी परिषद्' साहित्यिक संस्था बनी थी। तय हुआ था कि जिस विद्यार्थी ने एम.ए. पूर्वार्द्ध में सर्वाधिक अंक प्राप्त किये होंगे उसको अध्यक्ष बनाया जायेगा। हमारी क्लास में सर्वाधिक अंक मंजु गौतम के थे। पर मंजु ने कहा, "मेरी ओर से इस पद के लिए श्यौराज उपयुक्त पात्र हैं, साहित्यिक गतिविधियों में वे अधिक सक्रिय हैं।" सो सर्वसहमति से मुझे अध्यक्ष बना दिया गया। पहली सभा को प्राचार्य वीरेन्द्र सिंह ने सम्बोधित किया और मुझसे पूछा, "तुम्हारी प्रथम श्रेणी क्यों नहीं आयी?" मैंने किन परिस्थितियों में परीक्षा दी, बता नहीं सका। हाँ, आश्वस्त ज़रूर किया कि अगली बार पूरी कोशिश होगी। हुई भी पर 63 फ़ीसदी अंक लाकर भी पहले साल की कमी के कारण प्रथम श्रेणी नहीं बन पायी।

नेता-कुनेता

मैं 1985 में बरेली से बी.एड. करके चन्दौसी लौटा था। विधानसभा चुनाव का समय था। मामा का चचेरा भतीजा **यादराम** इमरजेंसी में बनी **बाबू जगजीवन राम** की पार्टी **कांग्रेस जे** से एम.एल.ए. का चुनाव लड़ रहा था, परन्तु मेरी नज़र में वह दलितों का निहायत अयोग्य और सर्वाधिक कुपात्र उम्मीदवार था। उसका समाज की किसी समस्या से वास्ता नहीं था। रात तो रात, दिन में भी दारू पिये रहता था। हालाँकि राजनीतिशास्त्र में एम.ए. था, पर उसकी सोच नितान्त व्यक्तिवादी थी, तब भी वह धन बल से टिकट पा जाता था।

यादराम-बन्धु ने जूतों की 'कंचन-फैक्ट्री' लगाकर स्वजाति कारीगरों का भरपूर शोषण कर ख़ासा धन जमा कर लिया था, जिसे वे चुनाव में ख़र्च कर रहे थे। बस्ती के जूता कारीगर महिला और बच्चों सहित उनकी फैक्ट्री के लिए सस्ते में काम किया करते थे। उन्हीं के अतिरिक्त मुनाफ़े से अपने आप को चुनाव के लिए तैयार कर रहा था। जैसे आजकल कुछ दलित करोड़पति आरक्षण देने वाले होने का दावा कर रहे हैं। पर इनके कामगार दलित ही होते हैं, क्योंकि यह तो जग ज़ाहिर है कि **बड़ी मछली छोटी मछली को खाती है।** मगरमच्छ को नहीं खा पाती। सो, यदि दलित पूँजीपति हैं तो दलित सर्वहारा उनसे कहीं अधिक संख्या में हो रहे हैं। दलितों में सच्चे नेता का अभाव 'पूना पैक्ट' के साथ ही

होना तय हो गया था। परन्तु गाँव की कहावत 'सूनी सार से मरखना बैल भला' के अनुसार कु-नेताओं से काम चलाया जा रहा था। चुनाव-दर-चुनाव नतीजे बुरे और चौंका देने वाले आ रहे थे।

एक बार **अम्बेडकर जयन्ती** के अवसर पर केन्द्रीय समाज कल्याण मन्त्री गुलाब सहरा को चन्दौसी बुलाया गया। मैं उस सभा का संचालन कर रहा था। यादराम ने अपने माल का विज्ञापन करने के लिए जल्दबाज़ी में बैनर बनवाकर मंच पर टाँग दिये, जिन पर लिखा था 'कंचन चप्पल मन्त्री जी का स्वागत करती है।' इससे पहले कि उस पर मेरी नज़र पड़ती मन्त्री जी ने ही उसे देख लिया। "यह क्या?" फिर तो हंगामा ही मच गया। मीडिया को ख़ास ख़बर मिल गयी थी। यह एक नमूना था यादराम की पात्रता का। पर ऐसा नहीं था कि दलितों को जो मिले, वे नेता बहुत लायक थे।

यादराम के बड़े भाई श्रवण कुमार वकील थे। इनसे मेरा विचारधारात्मक अलगाव था। ये लोग ख़ुद को पूँजीपति समझते थे और मानते थे कि जिस समाजवादी समानता की बात हम लोग करते हैं, वह क्रान्ति इन्हीं के ख़िलाफ़ आने वाली है। ये समझते थे कि मैं पूँजीवाद के ख़िलाफ़ हूँ, तो उनके भी ख़िलाफ़ हूँ। इन्होंने अपनी नौवीं क्लास की छात्रा 'गीता' बहन, जो मात्र सोलह साल की थी, की शादी एक पी.सी.एस. अफ़सर से की थी। तब मैंने कहा था कि यह कुमेल शादी भी ऐसे व्यक्ति से कर रहे हैं जिनके घर में पहले से पत्नी मौजूद है। उस शादी समारोह में नर्तकियों का नृत्य हुआ था और मुझे दावत तक नहीं दी गयी थी क्योंकि मैं दलितों की ऐसी प्रदर्शनप्रियता पसन्द नहीं करता था। उन अफ़सर से एक बार तब मेरा वास्ता पड़ा था, जब वे चन्दौसी नगर पालिका के ई.ओ. बने थे। तब मैं 'अमर उजाला' का विशेष संवाददाता था। मैंने नगर पालिका का कार्य विवरण कवर किया था। किस्तवार स्टोरी छपी थी। दुखद यह कि साहब जल्दी दुनिया से चले गये। कुमेल विवाह के कारण बहन **गीता** कम उम्र में ही विधवा हो गयीं।

अमरनाथ के मार्फत **डॉ. धर्मवीर** के साथ गीता के पुनर्विवाह का प्रस्ताव आया था। मुझसे दोनों पक्षों ने बात की। मैं समझ रहा था कि गीता के लालची भाइयों को अफ़सर धर्मवीर चाहिए। जिनके प्रभाव का इस्तेमाल अपनी कमाई के लिए करें। मैंने उन्हें कहा, 'वे आपके मतलब के नहीं हैं।' डॉ. धर्मवीर ने मुझसे पूछा तो मैंने उन्हें उनकी मंशा बतायी, तो वे एकदम पीछे हट गये। पहली बार 'गीता' का फ़ोन आया, उसने केवल अपने बच्चे की पढ़ाई के बारे

में बात की। पर वह फ़ोन पर देर तक रुकी रही। शायद मुझी से कुछ सुनना चाह रही थी।

बाबूजी

मैं बताना यह चाह रहा हूँ कि जब एस.एम. कॉलेज के मैदान में यादराम की चुनावी सभा हुई, तो उसे बाबू जगजीवन राम जी सम्बोधित करने आ रहे थे। बाबूजी के पोस्टरों से शहर की तमाम दीवारें पटी पड़ी थीं। झण्डे और बैनरों से स्टेशन और मुख्य मार्ग भरे पड़े थे। 'कंचन चप्पल' की फैक्ट्री के सभी कर्मचारी चुनाव प्रचार में लगे थे। वे इन्दिरा गांधी के इमर्जेंसी काल में कांग्रेस से निकलकर 'कांग्रेस जे' बना चुके थे। एस.एम. कॉलेज के पीछे स्टेशन के सामने के मैदान में यह चुनावी सभा आयोजित थी, संचालन मुझे सौंपा गया था। बाबूजी को देखने-सुनने को उमड़ी भीड़ उनकी बेताबी से प्रतीक्षा कर रही थी। मैं भी मन-ही-मन प्रसन्न था कि आज बाबूजी को क़रीब से देखने का अवसर मिलेगा। मैंने उन्हें रेडियो पर सुना था। बड़ा प्रभावी स्वर था बाबूजी का। अन्तराल लम्बा हो रहा था। 'रास्ते में हैं, बस आने ही वाले हैं', 'आ चुके हैं' जैसे भीड़ को तमाम आश्वासन दिये जा रहे थे, वे मुरादाबाद तक हैलीकॉप्टर से आये हैं। वहाँ से कार से आ रहे हैं, जितना कोई वक्ता बोलता उससे ज़्यादा देर मुझे माइक सँभालना पड़ रहा था। मैंने अपने-पराये शेरों, गीतों और कविताओं से लोगों को अनवरत बाँधे रखने का प्रयास किया।

सभा-समापन के बाद मैं लखपत सिंह बिजली वालों के घर आया। इनके ऊपर वाले कमरों में राधेश्याम लेखपाल और टेलीफ़ोन ऑपरेटर बाबू हेमराज जी रहते थे। लखपत की पत्नी मेरा संचालन देख-सुनकर आयी थीं। शाम के वक़्त उन्होंने मुझे अपने भूतल भवन में बुलाया, "हमें पता चला है कि अभी आपकी शादी नहीं हुई है।"

"जी, नहीं हुई है।"

"तो कैसी लड़की चाहते हैं आप?"

"अभी तो मैं रोज़गार चाहता हूँ। इसलिए बी.एड. किया है। कोई छोटी-मोटी नौकरी मिल जाये, तब शादी भी की जायेगी। अख़बार तो रिपोर्टिंग का कुछ ख़ास दे नहीं रहा और यह कोई स्थायी काम भी नहीं है। जब अपनी रोटी का कोई ज़रिया नहीं है तब मैं बीवी को क्या खिलाऊँगा?"

"पंजाब में मेरी बहन की बेटी है और मैं सोचती हूँ कि वह आपके मैच

की है। आप चाहें तो उसे देख आयें, नहीं तो यहीं बुला देंगे। पसन्द आये तो शादी कर लेना।"

"आप केवल मेरी पसन्द की ही बात कर रही हैं, लड़की की भी तो पसन्द का ध्यान रखना चाहिए।"

"इसलिए कि आप दहेज विरोधी हैं। आपके विचार बहुत अच्छे हैं और आप लिखते-बोलते भी अच्छा हैं।"

''यह तो आप सोचती हैं, उसे क्या पता है?"

''ज़रूरत नहीं, हम जैसा बतायेंगे, वह वैसा ही करेगी। वैसे लड़की डॉक्टरी सीख रही है, अभी भी कुछ कमाती है, अभी-अभी सिंगापुर से काम सीख कर आयी है। यह उसकी तस्वीर है। जब तक आपकी नौकरी नहीं लगती है, वह कमायेगी। आप अगर सामाजिक काम करते रहना चाहोगे तो भी वह आप को सहयोग ही करेगी, रुकावट नहीं बनेगी।''

''पर कमाने वाली लड़की बेरोज़गार लड़के से शादी क्यों करेगी?''

''यह इधर यूपी की लड़कियाँ ऐसा सोचती हैं। पंजाब में ऐसा नहीं है। वैसे आप सरकारी नौकरी ही तो नहीं करते हैं नाकारा तो नहीं हैं। नौकरियाँ तो बहुत करते हैं, सामाजिक कार्य भी तो कोई करे। हमारे बहन-बहनोई आप जैसा ही दामाद चाहते हैं।''

शादी के बाद शायद मैं ज़्यादा काम कर सकूँगा। इसलिए मैंने लड़की से मिलने के लिए अपनी रज़ामन्दी दे दी। मुझे लड़की से बात करनी थी और ख़ुद ही निर्णय करना था। मेरी तरफ़ से मैं ही था।

पंजाब : भाग नहीं तो...

अगले दिन लखपत सिंह मुझे अपने साथ लेकर लुधियाना पहुँचे। वहाँ मैं पहली बार गया था। रेलवे स्टेशन के सामने शहीद भगत सिंह, राजगुरु और सुखदेव तीनों की आदमकद प्रतिमाएँ देखकर मन प्रसन्न हो गया था। पर और अच्छा लगता यदि वहाँ कहीं ऊधम सिंह की भी प्रतिमा दिखाई देती। स्टेशन से लखपत सिंह मुझे अपनी साली के घर ले गये। वहाँ पहुँचते ही मेरी आवभगत की गयी। मुझसे कहा गया कि ''आज ही गुरुद्वारे में तुम दोनों की शादी कर दी जायेगी। उसके बाद आप चाहें तो यहाँ ससुराल में लड़की के साथ रहें या लड़की को अपने साथ ले जायें, आप दोनों की मर्ज़ी।''

मुझे यहाँ जो लड़की दिखाई गयी वह चन्दौसी में दिखाई गयी तस्वीर वाली लड़की से एकदम अलग थी। इससे मुझे शक हुआ। दाल में कुछ काला है।

मैंने उठकर पास के बच्चों से पूछताछ की तो पता चला कि उनकी एक बेटी तो सिंगापुर में है और यह दूसरी बेटी है। लड़की यह भी बुरी नहीं थी। यदि मुझे विश्वास में लिया होता तो मैं इससे ही शादी कर लेता, पर मुझसे सच क्यों छिपाया गया? झूठ और शक ने मुझे भीतर-भीतर विचलित कर दिया। मुझे लगा मेरे साथ धोखा हो रहा है।

स्वादिष्ट मटन, लज़ीज़ खाना, खाते हुए मैं देख रहा था कि सादगी के साथ सामने स्थित गुरुद्वारे में मेरे विवाह-समारोह की तैयारी चल रही थी। क्या करूँ, क्या न करूँ? दिमाग़ में उधेड़बुन चल रही थी। कुछ बोलूँ तो क्या ये लोग सुनेंगे? मैं किससे परामर्श लूँ? मेरे साथ तो मेरा कोई बाराती भी नहीं है। मैंने अपने दिल से बात की। मैं यहाँ आ क्यों गया? बहुत सोचा? लखपत सिंह की पत्नी की बातों पर विश्वास क्यों किया? आख़िर मैं इस अंजाम पर पहुँचा कि जितना जल्दी हो और जैसे भी हो, यहाँ से दबे पाँव भाग जाना चाहिए। पर अब मुझे भागने कौन देगा? पर भागने के अलावा मेरे पास और कोई विकल्प नहीं था। मुझे लग रहा था कि यदि आज नहीं भागा तो यह फन्दा ताज़िन्दगी घुट-घुट कर मारेगा।

मैं अपने कपड़ों का ब्रीफकेस छोड़कर यूँ ही गली-मोहल्ले में घूमने निकला, कोई-न-कोई बच्चा मेरे साथ लगा ही रहा था। मैंने उन्हें चकमा दिया। एक-दो बार गुरुद्वारे तक गया, वापस आया और फिर दुबारा घूमता हुआ गली से रोड तक गया, फिर लौट आया। लोगों को लगा मैं यूँ ही शहर देख रहा हूँ। आख़िर मैं उनकी नज़र बचाकर पतले रास्ते से स्टेशन की ओर निकल भागा। टिकट के लिए विंडो पर कौन खड़ा हो? कोई देखेगा तो समझ जायेगा। मैं किसी भी दिशा में जाने को तैयार था। संयोग से गाड़ी स्टेशन से छूट ही रही थी, भागकर उसमें चढ़ गया और सोचने लगा कि अब अगर बिना टिकट पकड़ा गया तो दस-बीस दिनों की सज़ा होगी, ज़िन्दगी भर की उस सज़ा से तो बच जाऊँगा। ख़ैर, मैं सही सलामत चन्दौसी लौट आया था। यह संयोग था कि सुबह-सुबह मैं लखपत के मकान की सीढ़ियाँ उतर रहा था। सूरज की किरणें मेरे चेहरे पर पड़ रही थीं। उनकी पत्नी सीढ़ियाँ चढ़ रही थी। जब हम एक-दूसरे के मुखातिब हुए तो कुछ नहीं बोले।

मलखान सिंह यादव पर किताब

कॉमरेड मुकर्रम अली के साथ उनकी बेटी दिल्ली में अध्यापिका बनने के बाद ईद का प्रसाद लेकर मेरे घर वसुन्धरा आयी। 'चाचा जी मेरी रुकी हुई पढ़ाई आपने शुरू कराई, मेरी ज़िन्दगी में यह रोशनी आयी।' हाई स्कूल करने से पहले

ही उसने पढ़ाई छोड़ दी थी। मैं उनके गाँव गया। मुझे बताया गया कि दो-तीन साल से वह घर बैठी है, अब दाख़िला नहीं हो रहा। शान्ति यादव के भतीजे तेजपाल सिंह यादव के ससुर रजपुरा कॉलेज के प्रबन्धक थे, गुन्नौर तहसील में वकालत करते थे। मुझसे वाक़िफ़ थे। मैं तेजपाल की शादी में उनसे मिला था। उन्होंने आश्वासन दिया कि लड़की को लेकर आओ, देखें नम्बर कैसे हैं। मैं मुकर्रम अली के पास आया। उनकी पत्नी को तालीम की अहमियत के बारे में समझाया। उन्होंने कहा—"भाई जान, लड़की को आप अपने साथ ले जाओ। अगर दाख़िला हो जाये तो करा दो।"

मैंने उसे रजपुरा कॉलेज में दाख़िला दिलाया। मुकर्रम अली शाम को आये तो उनकी ख़ुशी का ठिकाना न था। लगभग तीस साल बाद मुकर्रम बेटी के साथ ईद पर गोश्त लेकर आये। बता रहे थे कि आजकल यह नौकरी कर रही है और तुम्हारी शुक्रगुज़ार है। "मैंने कुछ नहीं किया, कोई दाख़िले से ही केवल नहीं पढ़ जाता। पढ़ने से पढ़ता है, तुम अपनी मेहनत से पढ़ीं तो पढ़ गयीं। मनोरमा ने नहीं पढ़ना चाहा तो नहीं पढ़ी। मदद तो उसी की हो पाती है जो स्वयं अपनी मदद करता है।" उन दिनों में मलखानसिंह यादव और मुकर्रम अली मेरे घर गये थे। कॉमरेड मेरे घर रूखी-सूखी खाकर टूटी खाट पर रात बिताकर भी गर्व महसूस करते थे। पास-पड़ोस की जातियों पर अलग असर पड़ता। श्यौराज आर्य समाज से निकलकर कॉमरेडों के साथ हो गया है।

अब निर्वर्णीय अथवा एक वर्णीय समाज बनाने वाला आर्य समाज नहीं बचा था। वह साम्प्रदायिक जैसा हो रहा था। आर्य प्रचारक-उपदेशक प्रकारान्तर से हक़ीक़तराय जैसी कहानियों की मार्फ़त मुसलमानों से नफ़रत करना सिखाते थे। दलितों से अस्पृश्यता करनी तो उन्होंने छोड़ी ही नहीं थी। यह अकारण नहीं है, बल्कि उस साम्प्रदायिक विचार-बीज का ही नतीजा है कि अब मैं लिख रहा हूँ। एक यादव युवती और मुस्लिम युवक के प्रेम प्रसंग की सज़ा बतौर मेरे गाँव के मुसलमानों के घरों में आग लगाकर दी गयी। हिन्दू वाहिनी ने उन्हें तबाह किया। कुछ मुस्लिम टीचरों को मेरी बस्ती की शिक्षिका रुकमा ने छिपाकर बचाया। घर ख़ाली हो गये। परिवार पलायन कर गये। मामला ऑनर किलिंग का था। पर क़ानून हाथ में लेना उचित न था।

कॉमरेड मुकर्रम अली जब भी चन्दौसी आते तो मुझसे ज़रूर मिलते। उन्होंने बताया कि तुम्हारी भाभीजान बीमार चल रही हैं। वक़्त निकालकर मिलने आ जाओ। बेटी पढ़ रही है। मैं उन दिनों एल.एल.बी. करने के उद्देश्य से कुछ क़ानून

की किताबें पढ़ रहा था। इस कारण मुकर्रम अली के गाँव जल्दी नहीं जा पाता था। जाता तो साग-गोश्त या दाल-गोश्त ज़रूर बनाया जाता। मैं उनके घर में बैठकर खाता था। कई दिन बाद तक भाभी जी का सालन याद आता। वे बड़ा लज़ीज नॉनवेज बनाती थीं। छप्पर के नीचे कॉमरेड चारपाई बिछा लेते, चूल्हे से निकलती गर्म-गर्म रोटियाँ आतीं। गर्म-गर्म सालन, हम दोनों एक साथ बैठकर खाते।

कॉमरेड मलखान सिंह बदायूँ ज़िले के जुझारू किसान नेता थे। वे भाकपा की किसान सभा में काम कर रहे थे। 1983-84 में मैं उनके किसान-स्कूल में बतौर शिक्षक शामिल हुआ था। कॉमरेड यादव की अकस्मात मृत्यु हो गयी, तो उनके साथियों ने उनके क्रिया-कलापों को लेकर बतौर स्मृति एक पुस्तक छापने का निर्णय लिया, लिखने का ज़िम्मा मुझे सौंपा गया। कुछ पैसे अग्रिम दिये, मैंने उनके कार्य क्षेत्र का दौरा किया। सूचनाएँ एकत्र कीं। किताब छप गयी पर राजेश प्रिंटिंग प्रेस, चन्दौसी ने केवल दो नमूना प्रतियाँ दीं। एक इसे सँभालकर देखने को दी, दूसरी मुझसे शाहदरा में खो गयी। आज मेरे पास एक भी प्रति नहीं है।

मार्च 2011 में सूर्यजीत सिंह उर्फ़ पप्पू ने फ़ोन पर एक युवक से बात करायी और बताया कि यह प्रिंटिंग प्रेस के मालिक दलित हैं। बसपा से चुनाव प्रत्याशी हैं, आपसे बात करना चाहते हैं। आप अख़बारों में हमेशा लिखते रहते हैं, एकाध बार इनका भी ज़िक्र कर दें तो इनका समर्थन बढ़ जायेगा। जिन्होंने किताबें छीनकर मेरा अपमान किया था।

मलखान सिंह यादव मुझे कई सभाओं में लेकर गये थे। दहगवाँ के सम्मेलन में तो मुझे एक टीचर की भूमिका अदा करनी पड़ी थी। मैंने बाकायदा किसानों की कक्षाएँ ली थीं। उनका कार्य क्षेत्र दहगवाँ गुन्नौर बिसौली तक था। उनका कार्य विशेष रूप से किसानों को संगठित करने का था। उन पर किताब तैयार कर मैं परामर्श के उद्देश्य से **मदन दीक्षित** के पास गया। उन्होंने कहा–

"कॉमरेड यादव कोई इंटेलेक्चुअल व्यक्ति नहीं थे। वे एक कार्यकर्ता भर थे। किताबें तो बड़े बौद्धिक नेताओं पर लिखी जाती हैं, यह तुमने क्या सोच कर पाण्डुलिपि तैयार की है। अगर लिखना ही है तो किसानों की वैचारिकी पर लिखो। इस तरह कार्यकर्ताओं पर किताबें लिखने लगोगे तो पाठकों को क्या सिखाओगे?"

मैं जानता हूँ कि उनका कार्यक्षेत्र सीमित था। उनका अध्ययन भी कम था, लेकिन वे जनपद के किसान और मज़दूरों में कुलवक़्त काम कर रहे थे, उनके

लिए महत्त्वपूर्ण थे। मैंने चाहा था कि दीक्षित जी उस किताब की भूमिका लिखें, परन्तु वे तो उस योजना के ही ख़िलाफ़ थे।

अब सवाल आया किताब के प्रकाशन-ख़र्चे का। तो मैंने कहा यह किताब बिना लाभ-हानि के लागत मूल्य पर ही वितरित होनी चाहिए। सो, **मुकर्रम अली** ने चन्दा जोड़कर पैसे देने का वायदा किया। इसी राजेश प्रिंटिंग प्रेस में मैटर दिया गया था। कुछ पैसे अग्रिम दिये गये। किसानों के धरने-प्रदर्शन की कुछ तस्वीरों के फरमे बनवाये गये। उस ज़माने में तस्वीर छापना मुश्किल था। लकड़ी के फरमे पर लोहे की प्लेट चढ़ायी जाती थी।

जब किताब छपी तब मैं मुकर्रम के साथ चन्दे के लिए किसानों के बीच नहीं जा सका, वे ख़ुद भी अस्वस्थ हो गये। मैंने प्रिंटिंग प्रेस के मालिक से कहा—"तुम हमें 200 प्रतियाँ दे दो, किसानों को किताब देकर चन्दा लेना आसान हो जायेगा।" परन्तु उसने नहीं दीं। उसने भगवानदास शर्मा की मध्यस्थता भी स्वीकार नहीं की, बल्कि मेरे हाथ से प्रतियाँ छीनकर रख लीं। "पहले पूरे पैसे लाइए, तब ले जाइए।" मुझे बाद में पता चला कि अग्रिम राशि के पैसे भी **मुकर्रम अली** ने अपनी भैंस बेचकर दिये थे। उनकी भैंस बिकने का मुझे बेहद अफ़सोस हुआ, बल्कि मुझे अपराध-बोध-सा हुआ कि मेरी सम्बद्धता में मेरे एक किसान साथी का पशु-धन बिक गया। कई साल बाद उन्होंने बताया कि "उस भैंस का सौदा तो मैं पहले ही कर चुका था, क्योंकि वह तो मुझे निकालनी ही थी और किताब के लिए किसानों ने चन्दा दे दिया था।" तब कहीं जाकर मेरे दिल का बोझ हल्का हुआ।

मिर्ज़ापुर का मुशायरा और 'मास्को' स्कूल

एक बार मैं आसफ़ अली रोड पर बने नौजवान सभा और ए.आई.एस.एफ. के दिल्ली दफ़्तर में गया था। मेरे पास कुछ लेटर पैड थे जिन पर रामकृपाल शर्मा (महासचिव भाकपा) तमाम संगठनों के फ़र्ज़ी सचिव बने हुए थे। वे कॉमरेड दूल्हा ख़ाँ को पीछे धकियाकर ऐसा किया करते थे। अतुल कुमार अंजान नौजवान सभा ए.आई.एस.एफ. के राष्ट्रीय अध्यक्ष थे और मैं छोटे स्तर पर ज़िला कमेटी मुरादाबाद का अध्यक्ष था। कॉमरेड अंजान सोवियत रूस से लौटकर आये थे। कसा हुआ सूट पहने 'लेनिन स्टाइल' में सुसज्जित बैठे थे। मैंने उनसे कहा, "कॉमरेड, आप मुरादाबाद के बारे में कुछ कीजिए।" मेरे नाम से कॉमरेड ने ख़बर छपवा ली और मेरे स्थान पर अपनी बेटी को पार्टी स्कूल के लिए ख़त भिजवा दिया।

रामकृपाल शर्मा की बेटी मंजु शर्मा उपाध्यक्ष थी और मैं अध्यक्ष। पार्टी की ओर से कोई सूचना आयी हुई थी, 'ज़िला प्रतिनिधियों को मास्को में पार्टी स्कूल में पढ़ने जाना है।' इसके लिए पहली शर्त 'अजय भवन' दिल्ली में एक माह स्कूल में मैं पढ़ चुका था। मैं ज़िला कमेटी का अध्यक्ष था तो नियमतः यह अवसर मेरे लिए था। मिर्ज़ापुर से लौटते हुए मैंने देखा कि मेरे ही नाम से एक दैनिक अख़बार में ख़बर छपी है, "श्यौराज सिंह बेचैन ने बताया है कि उन्होंने ए.आई.एस.एफ. की ज़िला कमेटी के अध्यक्ष पद से त्याग-पत्र दे दिया है और मंजु शर्मा को अध्यक्ष मनोनीत कर दिया है।"

यह नवम्बर 1983 का समय था। मेरा डाक का पता उन दिनों कॉ. भगवानदास शर्मा का घर था। अमरीश राय उत्तर प्रदेश ए.आई.एस.एफ. के राज्य महासचिव थे। मैं मुरादाबाद ज़िला कमेटी का अध्यक्ष था। उपाध्यक्ष थीं कॉ. रामकृपाल शर्मा की पुत्री मंजु शर्मा और बीना गुप्ता।

बीना हमारी टीम में सर्वाधिक पढ़ी-लिख़ी थीं। वे अंग्रेज़ी और उर्दू दो विषयों में एम.ए. थीं। बीना ने कैफ़ी आज़मी की एक नज़्म पढ़ी–उन्वान था 'औरत'। वह नज़्म मेरे ज़हन पर छा गयी। इससे मेरे स्त्री विषयक जज़्बातों को हौसला मिला। मेरी सोच पर उस नज़्म का गहरा असर पड़ा। फिर मैं 'आवारा सिज्दे' ख़रीद लाया। कॉ. शर्मा ने बताया कि तुम्हारे लिए मिर्ज़ापुर राज्य सम्मेलन में शामिल होने का निमन्त्रण पत्र आया है। तुम स्टेट काउंसिल के सदस्य चुन कर लौटोगे। तुम्हें हम अग्रिम बधाई देना चाहते हैं। कॉमरेड काफ़ी उत्साहित थे। बड़े नेता की तरह तहसील के कई साथियों की उपस्थिति में फूलों का हार पहना कर मुझे ट्रेन में बैठाया। वह आयोजन जनवरी 1984 में **शहीद कॉलेज** में सम्पन्न हुआ था। वहाँ मेरी 1981 के 'अजय भवन' स्कूल के कई साथियों से मुलाक़ात हुई। मेरे साथ जो संकट रहता था, वह जेब ख़र्च और दो वक़्त खाने का था। मेरे पास कुछ पैसे रहे होंगे, सो वे रेल किराये में ख़र्च हो गये। मुशायरे में मेरे प्रिय शायर आ रहे थे। कैफ़ी आज़मी, अली सरदार जाफरी जैसी नामचीन अदवी हस्तियों को पास से देखने-सुनने के लिए मैं अतिरिक्त उत्साहित था।

ख़ास मुशायरे से पहले नये कवि शायरों को सुनने-सुनाने का भी कार्यक्रम था। सो, मुझे भी अपनी कविताएँ सुनाने और वाहवाही पाने का मौक़ा मिला। जब कैफ़ी आज़मी को कुर्सी सहित उठाकर मंच पर ले जाया जा रहा था, तो मैंने भी लपककर अपना हाथ लगा दिया था। उस वक़्त प्रेस फ़ोटोग्राफ़रों और

संवाददाताओं का समूह घेरे हुए था। वे अस्वस्थता की इस हालत में भी अपनी कला और बेबाक शायरी की वजह से आकर्षण का केन्द्र बने हुए थे।

कैफ़ी साहब को लकवा मार जाने से उनका भारी भरकम चेहरा कुछ टेढ़ा हो गया था। शायद वे पायरिया जैसी किसी और बीमारी से भी ग्रस्त थे। वे पढ़ते वक़्त भी हाथ में रूमाल पकड़े थे, जिससे थोड़ी-थोड़ी देर में मुँह पोंछते रहते थे। मंच पर उन्हें कुर्सी पर बीचोबीच बैठाया गया था और उनके नीचे इर्द-गिर्द शायरों, शायराओं और कुछ हिन्दी कवियों की पूरी बारात बैठी थी। मुशायरा रात भर चला, उन्हें अन्त में बुलवाया गया!

मैं सोच रहा था कि कैफ़ी जैसे शायर फ़िल्म में जिनके गीत आते हैं, सकण्ठ तरन्नुम में गायेंगे। पर ऐसा नहीं था तरन्नुम क्या उन्होंने तो सुर-लय भी नहीं पढ़ा। उन्होंने अपने कुर्ते की जेब से काग़ज़ निकाला और बोले, ‘‘मैं कुछ कतरनें अर्ज करूँगा।” उनकी कतरनों में इन्दिरा गांधी से मुताल्लिक तानाशाही और उनके बेटे की अराजकता पर करारे तंज़ थे। वे मुझे काफ़ी दिनों तक याद रहे।

मैं उनका एक फ़िल्मी गीत अक्सर गाता रहता था, ‘‘मैं यह सोच कर उसके दर से उठा था कि वह रोक लेगी मना लेगी मुझको।”

स्टूडेंट फेडरेशन में वोटिंग द्वारा राज्य काउंसिल मेम्बर का चुनाव होना था। ‘मत’ द्वारा हार-जीत का फ़ैसला होना था। रामकृपाल शर्मा ने सक्सेना नामक व्यक्ति को सदस्य बनाकर मुरादाबाद भेज दिया। पर भगवानदास शर्मा की तरह मुझे भी लग रहा था कि काम तो मैं ही कर रहा हूँ। इसलिए मुझे ‘राज्य काउंसिल’ में लिया ही जाना है। मैं और अधिक ज़िम्मेदारी लेने के लिए अपने आपको तैयार कर रहा था। परन्तु जब वोट पड़े, नतीजा आया तो मैं अल्पमत में था। कॉमरेड ब्राह्मण और कॉमरेड कायस्थ ने मिलकर कॉमरेड दलित को बाहर का रास्ता दिखा दिया था।

लौटते वक़्त मेरे पास किराया भी नहीं बचा था। मुझे याद है कि मैं बिना टिकट डरता हुआ नरोत्तम माल बाबू के घर बरेली गया था। मैं शाम की ट्रेन से चन्दौसी पहुँचा। मेरी ट्रेन की सूचना सक्सेना ने कॉ. शर्मा को अग्रिम दे दी थी। सो मैं चन्दौसी रेल से उतरा तो देखा ए.आई.एस.एफ., नौजवान सभा और किसान सभा के सदस्य फूल मालाएँ लिए मेरे स्वागत के लिए प्लेटफार्म पर खड़े थे।

मैं जैसे ही कम्पार्टमेंट से बाहर आया कॉ. ‘बेचैन’ ज़िन्दाबाद, ज़िन्दाबाद के नारे लगे और फटाफट चार-पाँच मालाएँ मेरी गर्दन में डाल दीं। मैं अजीब

पसोपेश में मुझे न तो कुछ कहने, बताने का मौक़ा दिया न सँभलने का। मैं बाहर से सम्मानित और भतीर से स्वयं को शर्मसार हुआ महसूस कर रहा था। मैंने शर्मा के कानों में कहा, ''कॉमरेड मैं हार कर आया हूँ। मुझे नहीं चुना गया है।"

यह संयोग ही है कि मैं अपने बेटे को जनवरी 2024 में यह सन्देश लिख रहा हूँ कि मेरे बेटे ने पुतिन निवास सहित अपनी तस्वीरें पोस्ट की हैं। ''बेटा! मैं तुम्हारी आँखों से मास्को देख रहा हूँ। आज से 40 साल पहले मुझे मास्को स्कूल में जाना था। मेरा अवसर छीनकर मंजु शर्मा को दे दिया गया था। अन्तर इतना है कि तब मेरी कल्पना में समाजवादी रूस था और अब तुम्हारे सामने खुली अर्थव्यवस्था वाला उदारवादी रूस है और यह दुखद कि इस समय रूस और युक्रेन युद्ध चल रहा है।''

मैं जिला कार्यालय नटराज होटल मुरादाबाद पहुँचा था। संयोग से मेरा सामना कॉ. रामकृपाल शर्मा से हो गया। इससे पहले मैं मुँह खोलता शर्मा जी ने मिठाई की अपनी दुकान से जलेबी का ऑर्डर दिया, लो बेचैन जी लो, जलेबी खाओ, बल्कि यह सोचकर मुँह मीठा करो कि तुम्हारी प्यारी छोटी बहन मंजु शर्मा मास्को जाने वाली है।

मास्को में पार्टी स्कूल लगा था। नियमानुसार प्रेसिडेंट ही स्कूल के लिए जा सकता है। मंजु अब बड़ी हो गयी है। उसका ग्रेज्युएशन पूरा हो रहा है। इसीलिए हमने चाहा कि मंजु ज़िला कमेटी की प्रेसिडेंट बने।

''परन्तु प्रेसिडेंट तो मैं हूँ।"

"हाँ, हो तो तुम्हीं और रहोगे भी तुम्ही, एक बार मंजु मास्को से लौट आये तब तुम फिर प्रेसिडेंट बन जाना। अभी उसको यह मौक़ा दो। फॉरेन रिटर्न होकर मास्को स्कूल का सर्टिफ़िकेट पाकर फॉरेनरिटर्न होने से अच्छे घर में शादी हो जायेगी।''

मेरा मोह भंग हो गया और फिर मैंने राज्य महासचिव अमरीश राय को 'त्याग-पत्र' भेज दिया और तथाकथित कम्युनिस्टों की इस ब्राह्मणवादी क्रान्तिकारिता से तोबा कर ली—ये वर्ण भेद के लाभार्थी सवर्ण जाति छोड़ नहीं सकते और फिर क्रान्ति तो दूर सांस्कृतिक सुधार में भी योगदान नहीं कर सकते। बाकी गाल बजाने से सामाजिक यथास्थिति तो बदलने से रही।

चन्दौसी : पेंशन वृद्धाओं की और हमला हम पर

अचानक आज दिनांक 29 मार्च, 1986 के दैनिक 'पंजाब केसरी' में छपी ख़बर की कतरन मेरे हाथ पड़ गयी। नज़र डाली तो एक घटना की स्मृति ताज़ा हो आयी। चन्दौसी और उसके आसपास के गाँव की विधवाएँ अपनी पेंशन के लिए समाज कल्याण विभाग, डाक विभाग और अन्य सरकारी दफ़्तरों के चक्कर काट रही थीं। कर्मचारी उन्हें सुविधाशुल्क न देने के कारण दुत्कार-फटकार कर भगा रहे थे।

'वैज्ञानिक विचार केन्द्र' और 'सामाजिक परिवर्तन केन्द्र' नाम की संस्थाएँ बिलारी में सक्रिय थीं। चन्दौसी में हम उन्हीं की शाखा के सदस्य थे। मीटिंग में विधवा पेंशन का मामला उठाया गया था। चन्दौसी से सटे 'पतरउवा गाँव' के एम.ए. पास कार्यकर्ता प्रेमपाल ने बताया कि पेंशन देने वाले विभाग गाँव की विधवाओं से रिश्वत माँगते हैं, उनकी ओर से उल्टी-सीधी रिपोर्ट लगाकर सहायता वापस कर देते हैं या बन्द करा देते हैं। आध-बँटाई करना तो वे अपना जन्मसिद्ध अधिकार समझते हैं। संगठनों ने हमें पेंशनरों की मीटिंग करने, प्रशासन पर दबाव डालने और शहर में चर्चा करने का आदेश दिया।

राधेश्याम चन्दौसी में किराये के मकान में रह रहे थे और प्रेमपाल अपने गाँव में था। इसलिए हम चन्दौसी में सामाजिक कार्य कर पा रहे थे। हमारे साथ सुनील शर्मा, सतीश वाल्मीकि, मदन लाल शाक्य समेत और कई युवा छात्र जुड़े थे।

प्रेमपाल ने 'पतरउवा गाँव' में विधवाओं की नुक्कड़ सभा कराई थी। उस सभा में मैं और राधेश्याम भी पहुँचे थे। हमने यह ज़िम्मेदारी ली थी कि हम विधवाओं को पेंशन दिलाकर रहेंगे। हम सभी पोस्ट ऑफ़िस गये, समाज कल्याण अधिकारी से भी मिले, परन्तु बिना घूस-कटौती किये पेंशन मिलना आरम्भ नहीं हुआ। वृद्धाओं ने बताया, "बिना सुविधा शुल्क लिए कोई नहीं सुनता है।"

शिकायतों, फरियादों का कोई असर नहीं हो रहा है। क्लर्क हों या अधिकारी तक सब को रिश्वत रूपी ख़ून मुँह लगा है। कई तो धमकी देते हैं कि 'नेतागर्दी कराओगी तो सूची से अपना नाम ही कटवा लोगी। जो मिलता है, वह भी नहीं मिलेगा।' हमने तय किया कि पहले रिश्वतखोरी के विरुद्ध जनजागरण, धरना, प्रदर्शन और दीवारों पर नारे लिखे जायें। संगठन के निर्देशानुसार मैं, राधेश्याम और प्रेमपाल चन्दौसी मुख्य डाकघर के बाहर इकट्ठा हुए। वॉल-राइटिंग करने के उद्देश्य से फटे-पुराने कपड़े पहने। रात में शहर सो रहा है। हमें देखने वाला कौन है? इस नेक मंशा से हमने चन्दौसी रेलवे स्टेशन, रोडवेज, अस्पताल और आम रास्तों पर भ्रष्टाचार के विरोध में तुकान्त नारे लिखे—

गूँगो-बहरो सब सुन लो, विधवाओं की पेंशन दो,
भ्रष्टाचारी होश में आओ, विधवाओं के हक़ ना खाओ
वृद्धों का हक़ भीख नहीं है, घूस-दलाली ठीक नहीं है।

आधी रात गुज़र जाने के बाद जब मुख्य डाक घर पहुँचे, तब तक हम काफ़ी थक चुके थे, परन्तु डाक घर में नारे लिखे बग़ैर वापस लौट जाना तो कुछ न कर पाने जैसा था, क्योंकि पेंशन तो यहीं से मिलती थी। समाज-कल्याण विभाग के तार यहीं से जुड़े थे। द्वार पर ताला पड़ा था। अन्दर की बाउंड्री में लिखना जोखिम भरा था। प्रेमपाल ने कहा, "अगर आज रात हम नहीं लिख पाये तो कल दिन में कोई लिखने नहीं देगा। शहर में लिखे नारों का असर डाक घर में बैठे दलालों पर भी पड़ेगा। अधिकारी, कर्मचारी अपने धन्धे में खलल क्यों बर्दाश्त करेंगे?" पेंशन पाने वाली अधिसंख्य विधवाएँ प्रेमपाल के गाँव की थीं।

हमें लगा ऑफ़िस परिसर में कोई नहीं है। राधेश्याम ने अपने कन्धे पर चढ़ा-चढ़ाकर हमें परिधि के अन्दर उतार दिया और ख़ुद भी अन्दर आ गये। हम लिखाई में जुट गये। तभी न जाने किस अँधेरे कोने से उठकर चौकीदार आ गया। "कौन हो रे?" उसने कड़क आवाज़ में प्रश्न किया। मैंने आगे बढ़कर उसे समझाया "हम कोई चोर-वोर नहीं हैं। तुम जानते हो कि पिछले काफ़ी दिनों से विधवाएँ पेंशन के लिए गुहार लगा रही हैं, धरना दे रही हैं। उनको पेंशन दिलाने के लिए हम दीवार पर नारे लिखेंगे और कोई नुक़सान नहीं करेंगे।"

चौकीदार कुछ देर शान्त खड़ा देखता रहा, हमें लगा कि वह हमारा समर्थन कर रहा है। हम दीवारों पर लिखने में व्यस्त हो गये। चौकीदार को न जाने क्या

सूझी कि उसने हम निहत्थों पर दना-दन लाठियों की बरसात कर दी। प्रेमपाल चौकीदार की लाठी के वार खाकर भाग गया। उसके बाद मैं गेट पर चढ़ा तो उसने मेरी पीठ पर भी लाठियाँ बजा दीं। हम तीनों के सिर की चोटें खुल गयीं। ख़ून बहकर कपड़ों के रंग में मिल गया। सबसे कम चोट लगी प्रेमपाल को और सबसे अधिक राधेश्याम को। शर्मसार होने की बात यह थी कि उस एक आदमी ने हम तीनों को घायल कर दिया था।

हम लोग सीधे कोतवाली पहुँचे। वहीं से बिलारी फ़ोन किया। राकेश 'रफीक' और कुमार प्रदीप 20-22 किलोमीटर की दूरी स्कूटर से तय कर के आये। होना क्या था? चौकीदार तो अपनी ड्यूटी कर रहा था। डाक घर परिसर में हमने ही अनधिकृत प्रवेश किया था, राधेश्याम अधिक चोटिल हुए थे, उनका बुरा हाल था, परन्तु उन्होंने अपना नाम रिपोर्ट में दर्ज नहीं कराया था, अख़बार में ख़बर छपी। अगले दिन जब मौसी ने सिर पर पट्टी बन्धी देखी तो पूछ बैठी, "अब कौन-सी किरानती कर आओ श्यौराज?" उसे पेंशन प्रकरण बताया तो कहने लगी—"विधवा की, बूढ़ों की, अनपढ़नु की, किसानन की, सबकी फिकर तोइ ही करनी है? शहर में इतने लड़के-लड़कियाँ हैं, उन्हें तो सबकी फिकरि नाइ है। तू खुद अपनी रोटी-रोजी की फिकरि कब करैगो? तेरो कौन बैठो है? कहीं कछु हारी-बीमारी है जाये तो दबा-गोली तक कूँ चार पैसा नाइ हैं और तू है कै सबकी बला अपने सिर लै लेतु है तू, कै आ बैल मोइ मारि। तेने ठेका लओ है पेंशन दिलावन को? खाये अघाएनु की होड़ कत्तु है तू। दूसरी औरतनु के पेट की तोइ बहुत चिन्ता है, अपने गाँव लौट जा और अपनी माँ की भूख शान्त कर, कोई काम-धन्धों कर, चार पैसा कमा के माँ के हाथ पै रख; वो घुट-घुट के मर रई है।"

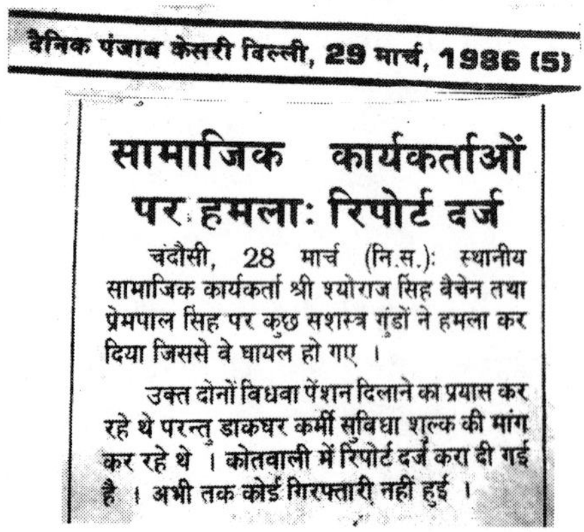
दैनिक पंजाब केसरी दिल्ली, 29 मार्च, 1986 (5)

सामाजिक कार्यकर्ताओं पर हमला: रिपोर्ट दर्ज

चंदौसी, 28 मार्च (नि.स.): स्थानीय सामाजिक कार्यकर्ता श्री श्योराज सिंह बेचैन तथा प्रेमपाल सिंह पर कुछ सशस्त्र गुंडों ने हमला कर दिया जिससे वे घायल हो गए ।

उक्त दोनों विधवा पेंशन दिलाने का प्रयास कर रहे थे परन्तु डाकघर कर्मी सुविधा शुल्क की मांग कर रहे थे । कोतवाली में रिपोर्ट दर्ज करा दी गई है । अभी तक कोई गिरफ्तारी नहीं हुई ।

दिल्ली में फर्स्टएड की परीक्षा पास करते ही, मैं डी.टी.सी. बस कंडक्टर के रूप में अपना करियर शुरू करने के बारे में सोचने लगा। मैंने एक फ़िल्मी शायर

का इंटरव्यू सुना था। उसमें उसने कहा था, 'मैं कंडक्टरी करते हुए शायरी करता था', मैं भी सोचने लगा, 'मैं सवारियों के सम्पर्क में रहूँगा, उनसे मुझे लिखने की प्रेरणा मिलेगी। मैं भी सवारी और शायरी दोनों सँभाल लूँगा।

मैं रोज़गार दफ़्तर आर.के. पुरम पहुँचा और मैंने कहा, ''मुझे **अनुकम्पा वाली नौकरी चाहिए**।'' उसके लिए आवेदन फार्म दीजिए।

उसने पूछा—''पिता जी कहाँ पोस्टेड थे?"

''कहीं नहीं?"

''तो करते क्या थे?''

''कुछ नहीं, बल्कि वे हैं ही नहीं।''

''नहीं हैं तो ठीक है, दिवंगत के बच्चों को ही अनुकम्पा की नौकरी मिलती है। पर ज़िन्दा थे तब तो नौकरी करते होंगे?"

''जी नहीं, वे जूता कारीगर थे। मैं पाँच वर्ष का था, तभी उनकी मृत्यु हो गयी थी।"

''अरे तो भाई तुम तो अनुकम्पा के पात्र ही नहीं हो सकते, हटो खिड़की छोड़ो, अपने घर का रास्ता लो।" अधिकारी की भाषा में तल्खी थी।

''साहब यह क्या बात हुई? जब नौकरी वाले के मरने पर अनुकम्पा की जा सकती है, तो जिसके बाप को नौकरी भी नहीं दी गयी थी, बल्कि उसको ज़िन्दगी भी नहीं मिली। ऐसे पिता के बच्चे को अनुकम्पा पर नौकरी क्यों नहीं दी जा सकती?''

''अरे भाई हटो हमारा वक़्त बर्बाद मत करो। जवाब चाहिए तो प्रधानमन्त्री के पास जाओ। वे अनुकम्पा पर नौकरी दे देंगी और वे तुम्हारी ग़रीबी भी हटा देंगी।''

नयनी

यूँ तो चुम्बकीय गुणों से भरा उसका नाम आज भी मेरी जुबाँ पर है। वह नाम ख़ास था, भावुक उम्र के लगाव के साथ। उसका नख-शिख तक हुलिया, बाप्र और वाणी से लेकर विचार तक पूरा व्यक्तित्व सादगीपूर्ण था और बाकियों से कुछ अलग था। उसके बारे में लिखना बहुत दिनों से स्थगित ज़रूर रहा, परन्तु वह प्रसंग स्मृति-पटल से कभी च्युत नहीं हुआ। हाँ जब-तब मौखिक कहता रहा

हूँ। एक दिन कथाकार राजेन्द्र यादव के साथ उन्हीं की गाड़ी में एक गोष्ठी के लिए 'गांधी शान्ति प्रतिष्ठान' जाते हुए यह सुनाया, तो कहने लगे–

"अरे यार, तुम्हारे साथ तो कुछ ज़्यादा ही गुज़र गयी है, तुम यह सब लिखते क्यों नहीं हो?" अब लिखना है तो नाम नहीं लेना है। सम्बोधन के लिए 'नयनी' रख ले रहा हूँ। इसलिए कि मैंने उसकी आँखों में अनिश्चय, द्वन्द्व और आँसू देखे थे। वह समय 1982 से 1985 किसी साये की तरह मुझे घेरे रहा। कैसी विडम्बना है कि बात तब नाम से ही शुरू होती थी और अब वह नाम ही लेना छोड़ दिया। कॉमरेड रेवाराम मेरे क़रीबी मित्र थे। हमें चन्दौसी के 'अम्बेडकर छात्रावास' में मिले काफ़ी समय बीत चुका था। वे जीवन का लक्ष्य राजनीति करना बना चुके थे। हालाँकि उन्होंने स्वीकारा था, "मैथ और अंग्रेज़ी में वीक होने के कारण प्रतियोगी परीक्षा पास नहीं कर सकता। सरकारी नौकरी पा नहीं सकता। इसलिए राजनीति ही सही।" 'छात्र संघ' का चुनाव भी वह लड़ चुके थे। प्रगतिशील साहित्य अध्ययन में वे 'सव्यसाची' की पुस्तिकाओं तक ही सीमित थे। उम्र में मुझसे बड़े थे। मैं उनसे सुख-दुख की बातें साझा कर लिया करता था। 21 अप्रैल, 1982 को मैं उनकी शादी में गया था। उपहार स्वरूप मैंने अपनी एक लम्बी 'कलैंडर कविता' छपवाकर वितरित की थी। मैं और वे जिस ट्रैक्टर पर बैठे थे, वह ग़लत ड्राइविंग के कारण पेड़ से टकराकर उलटा टँग गया था। 'दूल्हे के साथ दुर्घटना हुई है।' ऐसा शोर मचा तो लगा पूरा गाँव उस बाग़ की ओर उमड़ा आ रहा था। मैं दूल्हे के साथ उलटकर ज़मीन पर जा गिरा था। गनीमत थी कि किसी को भी गम्भीर चोट नहीं आयी थी। अगले दिन मैंने अपनी एक और कविता में उस घटना का वर्णन किया था। उन्हें ससुराल अच्छी मिली थी। उनकी पत्नी तब नौवीं की छात्रा थीं। आगे चलकर वे शिक्षिका बनीं और शिक्षक नेता भी। पर रेवाराम कुछ नहीं कर पाये, राजनीति करने का उन्हें शौक़ था। यों उन्होंने पत्नी के नाना को भी एम.एल.ए. का चुनाव लड़वा दिया और एक बार पत्नी को भी।

चन्दौसी में उन्होंने ससुराल के मकान पर क़ब्ज़ा किया। वे चाहते थे कि श्यौराज की शादी उनकी साली से हो, परन्तु न तो मेरा उनसे कोई मेल था, न शादी करने के मेरे हालात। अतः उस प्रस्ताव के कोई मायने ही नहीं थे। सन् 1983 या 84 की बात है। दिल्ली में चौधरी अजीत सिंह की पार्टी की कोई रैली थी। रेवाराम चन्दौसी विधानसभा की आरक्षित सीट के लिए किसी भी पार्टी से टिकट पाने की कोशिश कर रहे थे। बसपा तब प्रभाव में नहीं थी, भाजपा या

कांग्रेस का टिकट पाना आसान नहीं था। उन्होंने आग्रह किया, ''तुम मेरे साथ रैली में चलो।'' हमारी चर्चा का विषय था, 'हमारी बिरादरी में लड़कियाँ कम पढ़ी-लिखी क्यों हैं?' अध्ययन न करते देख कोफ़्त होती है। चन्दौसी में उन दिनों कितने कम लड़के-लड़कियाँ थे, जिन्हें मैं सुशिक्षित कह पाता?

लड़कों की तुलना में लड़कियों की पढ़ाई का रिकॉर्ड अच्छा होता था। वे सभ्य, सुशील और शालीन भी अधिक होती थीं। पर शादी का उद्देश्य अधिकारी नहीं तो सरकारी क्लर्क ही मिल जाये बस। फिर वे अपनी बौद्धिक प्रतिभा के पंखों पर ताला डाल देती थीं। ऐसी अनेक प्रतिभाशाली लड़कियाँ जो समाज में योगदान कर सकती थीं, परन्तु वे सरकारी कर्मचारियों की बीवी बनीं और घर, बच्चे या विवाह-पार्टियों तक सजतीं-सँवरतीं, प्रदर्शन की वस्तु बनकर रह गयीं। न तो कोई सामाजिक योगदान कर पायीं और न उनकी अपनी कोई पहचान बन पायी।

रेवाराम मुझे अपने साथ लेकर गये। हम बस की पिछली सीट पर बैठे बतियाते जा रहे थे। युवा वय का स्वाभाविक तकाजा था, सो हमारी बातें ब्याह-शादी के बारे में थीं। यकायक उन्होंने बाबू भीम चन्द बौद्ध की बेटी के नाम के साथ विशेषण जोड़ा—''वह अच्छी लड़की है और एस.सी. में तो शहर की सबसे सुन्दर-सुशील है, पर उसके पिता के पास दहेज के लिए कोई पैसा नहीं है। अगर लड़की नौकरी कर रही होती तब तो मैं भी उससे शादी करने का प्रयास करता।'' रेवाराम को उसके सही नाम का पता नहीं था। वे उसे 'मनोरमा' समझते थे। हाँ, मैंने 'नाम ही लेना छोड़ दिया।' यूँ भी उस नाम से कोई प्रयोजन सिद्ध नहीं होता। पर उस बेनाम को अभी तक भुलाया नहीं जा सका। मैंने कहा, ''उस सबसे अच्छी लड़की के पिता ने मुझसे कहा है, यदि तुम कुछ काम-धन्धा तलाश लो तो मैं अपनी बेटी की शादी तुम्हारे साथ कर दूँगा।'' पर क्या किया जाये मेरे पास तो कोई आय का साधन है नहीं। मैं उनके इस प्रस्ताव से खुश होऊँ या अपने हालातों के लिए रोऊँ?

हम वार्तालाप करते-करते दिल्ली पहुँच गये, जैसा कि तय था मैं बस से आनन्द विहार उतरकर डॉ. नत्थूलाल के निवास पर गया और रेवाराम रैली में चले गये। लगभग एक सप्ताह बाद मैं चन्दौसी लौटा और अपनी नानी के घर चला गया। मेरे पड़ोस की 'सुरेखा' कॉलेज में नयनी की सहपाठिनी थी। उसने मुझसे कहा कि तुम्हें 'बाबूजी ने बुलाया है।' सो मैं गया। जाते ही उसकी माँ ने मेरे हाथ पर नीले रंग का एक अन्तर्देशीय पत्र रख दिया। इस पत्र में मेरी

आर्थिक और पारिवारिक पृष्ठभूमि के साथ मेरा परिचय दिया गया था। इस पत्र में बताया गया था, "श्यौराज तो चन्दौसी के दलित छात्रों में सबसे ग़रीब छात्र है, एकदम लावारिस। गाँव में उसकी ज़मीन नहीं है, शहर में घर नहीं है, सिर पर पिता का साया नहीं और माँ का पुनर्विवाह हो चुका है। वह तो कवि भर है। सो, क्या कोई लड़की इनकी कविताएँ चूल्हे पर पकाकर खायेगी? ख़ुद को दो वक़्त की रोटी के लाले पड़े हैं। कुपोषण के कारण श्यौराज के घुटनों में दर्द रहता है, बचपन से बँधुआ मज़दूर रहा है। इसका ऐसा अतीत है, वर्तमान भी बदतर है तो भविष्य का क्या भरोसा? अभी भी इसे 'गठिया-बाय' का रोग है। इलाज, दवा और नौकरी के लिए इसके पास कोई पैसा नहीं। बस बोल सकता है, बिना पैसे तो चुनाव भी नहीं लड़ सकता। क्या कोई पिता गँवार और बेरोज़गार के साथ जानबूझ कर अपनी बेटी को कुएँ में धकेलेगा? इसका क्या है? न जाने कब बीमारी बढ़ जाये और यह मर जाये। क्या कोई अपनी बेटी को विधवा देखना चाहेगा? मैं तो इन्सानी फ़र्ज़ समझकर आपको समझा रहा हूँ। अन्यथा मेरा और कोई निहित स्वार्थ नहीं है। आपका एक शुभ चिन्तक...।"

रात-दिन साथ रहने वाले अपने मित्र की लिखावट मैं देखते ही पहचान गया था। यह पत्र मेरे दलित-मित्र रेवाराम ने लिखा था। अब मैं क्या कहता? "बातें सब सच हैं, मेरे हालात ख़राब हैं। मेरा अतीत भी अच्छा नहीं रहा, मुझे विरासत में विपन्नता और बदहाली मिली है। आप मेरे साथ अपनी बेटी की शादी करने की कल्पना भी मत कीजिएगा।" इतना बोलकर मैं उठा तो उन्होंने वह पत्र मेरे हाथों पर रख दिया। "लो इसे भी लेते जाओ।"

दो दिन बाद मैं रेवाराम की ससुराल प्रदत्त घर गया। उनकी पत्नी पुष्पा जाटव और साला-साली मिले। वे मुझे छत पर ले गये। धूप में चारपाई डाल दी गयी। चाय पीते हुए मैंने वह पत्र उन्हें दिखाया। वे दुखी हुईं, परन्तु आश्वस्त करने लगीं, "आप चिन्ता छोड़िए। आपकी शादी तो मैं कराऊँगी, आप तो नौकरी यानी ज़िन्दगी ढूँढ़िए लड़की तो बिना ढूँढ़े ही मिल जायेगी।" मैं वहाँ से उठ आया।

कहीं से चार पैसे कमाये जायें और पढ़ाई-लिखाई जारी रखी जाये, यह सोचकर मैंने एल.एल.बी. में दाख़िला ले लिया था। चुन्नी मोहल्ले के बाहर खेतों की ओर एक बन्द कुआँ था। बस्ती के पास कूड़े-कचरे के साथ वहाँ 'चमार-भंगियों' की बस्तियों के जुड़ाव पर दलितों की एक निर्माणाधीन सार्वजनिक चौपाल थी। मुझे इसमें निःशुल्क रहने के लिए आज्ञा दे दी गयी थी, क्योंकि शहर

में किराये का कोई कमरा लेने के लिए मेरे पास पैसे नहीं थे। इस बैठक का फ़र्श टूटा हुआ था, किवाड़ें थीं नहीं, दीवारों पर पलस्तर नहीं था। खिड़कियों के पल्ले, बिजली का कनेक्शन नहीं था, पानी का नल, बाथरूम कुछ भी नहीं था, पीछे तीनों ओर खुले मैदान में महिला-पुरुष शौच जाते-आते स्पष्ट दिखायी पड़ते थे। कीचड़, बदबू, सीलन, मक्खी-मच्छर मुझे सबका आक्रमण झेलना पड़ता था। यह किसी भी जेल की कोठरी से बदतर था। कोई भी देश किसी क़ैदी को भी जितनी मूलभूत सुविधाएँ उपलब्ध कराता है। यहाँ उतनी भी नहीं थीं। मेरा बीमार होना स्वाभाविक था। बिना किराया दिये मुफ़्त में तो मुझ जैसे दलित विद्यार्थी को ऐसा ही आवास मिल सकता था। मैं वहाँ खाना नहीं बना सकता था। कुत्ते-बिल्ली को वहाँ आने से रोक नहीं सकता था। मैं अपनी चारपाई, कनस्तर और किताबों के साथ यहाँ ठहर गया था। यद्यपि मेरे शुभचिन्तक राकेश, रफीक ने पत्र लिखा था, "श्यौराज तुम अपनी नानी का मकान मत छोड़ो, बिजली, पानी का बिल, डाक से आने वाले पत्र, पुस्तकें आदि सँभालकर रखो, वोटर लिस्ट में नाम दर्ज करा लो और राशन कार्ड बनवा लो। इन सबके आधार पर तुम स्वयं को उस घर का निवासी साबित कर मकान पर क़ब्ज़ा कर सकते हो।"

पानी, बिजली कनेक्शन उस घर में था नहीं, जो बिल आते। बाकी सबूत मैंने जुटाये नहीं। बेघरी दूर कर लेने के उन आसान सुझावों पर मैं अमल नहीं कर पाया। नतीजा मैं घर की तलाश में जगह-जगह भटकता रहा। मैं सोच रहा था कि एल.एल.बी. कर लूँ तो कुछ कमाने लायक हो जाऊँगा। यद्यपि मेरी दिलचस्पी साहित्य में अधिक थी। संकट पूर्ववत था। पढ़ो तो खाना नहीं, खाने को कमाने जाओ तो पढ़ाई नहीं। दोनों एक साथ सध जायें, इसकी कोई व्यवस्था नहीं। बिरादरी में कुछ समर्थ परिवार थे, उनके पास अतिरिक्त कमरे भी थे। यादराम बन्धु चाहते तो महीने दो-महीने के लिए जगह दे सकते थे। जबकि वे काफ़ी सम्पन्न थे और कहने को मेरे नाना के सगे भतीजे के बच्चे थे।

यहाँ एक दिन बसपा नेत्री बहन 'मायावती' आयी थीं। उन दिनों उनकी आम दलितों से दूरियाँ नहीं थीं। तब तक उन्होंने मुख्यमन्त्री के रूप में सत्ता का स्वाद भी नहीं चखा था। उन दिनों वे दलित बस्तियों में घर-घर जाती थीं। वहाँ भी बड़ी संख्या में बस्ती की महिलाएँ उन्हें सुनने के लिए जमा हुई थीं। बस्ती वालों की ओर से मुझे उनके स्वागत में दो शब्द बोलने को कहा गया था। तब से पूर्व मैंने मायावती से मिलना तो दूर क़रीब से देखा भी नहीं था। वहाँ के आयोजक चाहते थे, मैं मंच पर आऊँ। पर मैं तेज़ बुख़ार में जल रहा था। इस

कमरे में मक्खी-मच्छरों के काटने से मलेरिया से संक्रमित हो चुका था। दवा-गोली और खाने तक के लिए मेरे पास पैसे नहीं थे। मायावती मेरे ठीक सामने कुएँ की जगत पर खड़ी होकर महिलाओं की भारी भीड़ को सम्बोधित कर रही थीं। वहाँ कोई आम मंच नहीं था, वह एक नुक्कड़ सभा थी। आवाज़ सीधे मेरे कानों में आ रही थी। मैं बुख़ार की कँपकँपी रोककर, चादर ओढ़कर भीड़ के एक कोने में सुनने जा बैठा था। उस दृश्य का ज़िक्र चेतन भगत के सेवन 'आरसीआरए' टीवी शो में आया था। पी.एल. पुनिया, उदितराज का विरोध, विवेक कुमार की टिप्पणी के बीच मेरे भी एक-दो वाक्य आये थे।

नौकरी के लिए जहाँ भी जगह निकलती, मैं अपनी अर्ज़ी भेज देता था। हालाँकि माँगी गयी मामूली फ़ीस और डाक ख़र्च के लिए भी मेरे पास पैसे नहीं होते थे। उन दिनों भी नयनी के पिता मुझसे मिलने आया करते थे। अगर मैं वहाँ नहीं मिलता तो वे मुझे तलाश किया करते थे। वे आग्रह किया करते थे कि किसी तरह मैं कोई नौकरी प्राप्त करूँ। कहीं कोई रिक्ति होती तो विज्ञापन की कटिंग दे जाते।

मैं नयनी की ख़ामोशी से परेशान था, क्योंकि उससे कभी कोई बात नहीं हुई थी, मुलाक़ात तो घर के बाहर किसी कार्यक्रम में भी नहीं। लड़कियों का कॉलेज अलग था। घर में बहुत हुआ तो परिवार के बीच चाय दे देती थी। मैं चाहता था कि वह अपना मनोगत स्पष्ट करे, वह क्या सोचती है? सो एक दिन मैं पत्र लिखने बैठ गया। यह पत्र लगभग पचास पृष्ठों में पूरा हुआ। मुझे अपने विचार, सोच और आत्मकथ्य भी लिखना पड़ा था। माली हालत और भविष्य की सोच के बारे में खुलकर लिखा। मैं प्रगतिशील विचारों के प्रभाव में था, सो ज़ाहिर है कुछ तो विचारधारात्मक बातें भी पत्र में लिखीं। अब इसे भेजा कैसे जाये? मेरा एक मित्र एम.ए. कर रहा था और उस वक़्त उसने किसी बैंक की प्रतियोगी परीक्षा पास की थी। वह कॉलेज गया था तो मुझे अपने कमरे की चाबी दे गया था; जब तक वह लौटा तब तक मेरा पत्र पूरा हो चुका था।

उसने पूछा—"क्या लिखा है?"

"एक लड़की को नितान्त व्यक्तिगत लिखा है।"

"क्या प्रेम पत्र?"

"शायद।"

"अवश्य, क्या मैं पढ़ सकता हूँ?"

"पढ़ सकते हो, सलाह दे सकते हो; बशर्ते उसकी पहचान न जानना चाहो तो।"

"ठीक है, दीजिए।"

मैंने पत्र उसे पकड़ाया। वह देखते ही बोला, "अरे यार यह तूने पत्र लिखा है या किताब लिखी है?"

"जो समझो, पढ़ो और राय दो।"

पढ़ा और बोला—"यार यह तो बहुत सीरियस मैटर है। अगर किसी लड़की के लिए लिखा है, तो यह उसे पढ़ाने लायक बिल्कुल नहीं है। लड़कियों के दिल बड़े नाज़ुक होते हैं। यह तो पत्थर को भी पिघला देने वाला है। मैं कहता हूँ यह प्रेम-पत्र तो बिल्कुल नहीं है। यह तो वेदना-पत्र है। लगता है तुम्हें प्रेम-पत्र लिखना ही नहीं आता, बल्कि मैं तो हैरान हूँ कि तेरी राइटिंग में इतनी करुणा कहाँ से आयी है? मेरी राय में यह सब मत लिख।"

"तो क्या लिखूँ?" मैंने सवाल किया तो उसने किसी मँजे हुए लिखाड़ी की तरह कहा, "लिखने से पहले तुम्हें कुछ देशी-विदेशी प्रेम-साहित्य पढ़ लेना चाहिए।"

"इसके लिए न तो मेरे पास समय है और न ही मैं कोई प्रोफेशनल पत्र लेखक हूँ। मुझे तो दिल की बात कहनी थी सो कह दी।"

"तो इससे तुम्हारा कोई प्रयोजन पूरा नहीं होगा। मेरी मानो तो इसे थोड़ा दिलचस्प और सरस बनाओ। रुलाने के लिए नहीं, गुदगुदाने के लिए लिखो। तुमने तो इसमें समाजवादी देशों में स्त्री की स्थिति पर ज़्यादा ज़ोर दिया है, मेरे ख़याल से तुम इसे हल्का करो, बल्कि इसे अलग रख दो, थोड़ा संक्षिप्त लिखो। आख़िर तुम कवि हो, कुछ साहित्यिक लिखो। इतना रियलिस्टिक क्यों? कुछ कला का सहारा लो, कल्पना करो। कुछ नदियों, झरनों, पहाड़ों और बहारों की बातें करो।"

मैंने अगले दिन एक और पत्र लिखा। अपने कवि-हृदय का भी थोड़ा सहारा लिया। बीच-बीच में कविताएँ लिखकर पत्र को सरस, सहज और दिलचस्प बनाने का प्रयास किया। फिर भी यह संक्षिप्त नहीं रह पाया, मैंने इसे 40 पृष्ठों में समेटा। इसे नयनी तक पहुँचाने के लिए मुझे बाबूजी को 'अम्बेडकर युवक संघ' की बैठक की सूचना देने का एक बहाना मिल गया। मैं स्वयं उसके घर गया। संयोग से उसी ने दरवाज़ा खोला। मैंने मीटिंग की सूचना के साथ-साथ वह पत्र भी उसे पकड़ा दिया और बिना कुछ कहे-सुने दबे पाँव वापस आ गया।

अब मुझे पत्रोत्तर की प्रतीक्षा थी। सो, चार-पाँच दिन इन्तज़ार करने के बाद किसी बहाने से उसके घर गया, तो उसने कॉपी के दो पृष्ठ मेरे हाथों में थमा दिये, परन्तु उन पन्नों पर गिरे उसके आँसुओं ने मेरा हृदय विदीर्ण कर दिया। मैं

पढ़कर अन्तर्द्वन्द्व में फँस गया। जवाब बिल्कुल ही अपेक्षा के अनुकूल नहीं था। स्पष्टता भी नहीं थी। एक ओर तो उसने शिकायत व्यक्त की थी कि मैं उसके घर क्यों नहीं आता और यह भी कि मुझे अन्दाज़ा नहीं कि उसने मेरी कितनी प्रतीक्षा की है? (रेवाराम के पत्र के बाद मैंने उधर जाना छोड़ दिया था।) दूसरा, उसे मेरे विचारों से ग़लतफ़हमी थी कि मार्क्स के अनुसार हम स्त्री को वैसा नहीं समझते जैसा आम हिन्दू या बौद्धों में स्त्री की जो छवि थी, उसकी उपेक्षा करते हैं। क्योंकि वह सबसे पहले बौद्ध परिवार की लड़की थी। उसने लिखा था—

''मार्क्स के अनुसार आप लोग स्त्री को औरत ही क्यों समझते हैं? उसकी भूमिका अन्य रूपों में भी तो होती है। मैं आप जैसे पवित्र व्यक्ति के लायक नहीं हूँ। मेरे जैसी लड़की को तो मर जाना चाहिए। चूँकि मैं पवित्र नहीं हूँ। मैं आपको अपना भाई ही मान सकती हूँ। आप नहीं जानते कि मैं आपकी कितनी प्रतीक्षा करती हूँ।'' अन्त में 'आपकी अभागिन बहन' लिखा था। पर उसके कहने का जो आशय मैं समझा वह शायद यह था कि स्त्री भोग्या मात्र नहीं है। मेरे विचारों में तो स्त्री का भोग्या रूप कहीं था ही नहीं। मैंने तो उससे ऐसा कभी कोई व्यवहार किया ही नहीं था। ऐसा विचार उसके ज़हन में आया कैसे? क्या शादी कर उसे भोग्या बनाया जाता है? मैं मज़मून पढ़कर परेशान था, वह अपने आपको अपवित्र क्यों मान रही थी?

इस लड़की से मेरा क्या रिश्ता हो सकता है? एक तो यह मुझे देखने को तरसती है। दूसरे यह मुझे अपना भाई भी मानती है। इसके पिता ने शादी की बात की है। मुझे क्या मानकर चलना चाहिए, मैं जानता था कि इसके अन्दर एक आत्मग्लानि की ग्रन्थि है। इसने जो किया नहीं उसके लिए उसे अपराध-बोध है? इसे मैं उससे डिस्कस करके भी दूर कर सकता हूँ। ज़रूरत मनोवैज्ञानिक ट्रीटमेंट की थी। परन्तु वार्तालाप तो क्या उसके साथ सम्बोधन-संवाद तक का कोई अवसर नहीं था। पढ़े-लिखे दलितों में भी बच्चों के लिए खुला वातावरण नहीं था। हालाँकि यह घर अम्बेडकरवादी बौद्ध परिवार कहलाता था। उसके पिता कई बार 'चीवर' धारण कर चुके थे। मैं क्या करूँ, मुझे मेरे बी.ए. के सहपाठी और उसके प्राइमरी स्कूल के क्लास-फैलो वेद भारती द्वारा बताया गया पूरा वाक़या स्मरण था। ''यह बहुत शालीन और पढ़ने-लिखने वाली लड़की है। कम बोलती है, सहमी-सहमी रहती है। जानते हो क्यों?''

''नहीं, मैं कैसे जान सकता हूँ? मैं तो यहाँ का हूँ नहीं। तुम जानते हो, तुम बताओ।''

उसने बताया था, "जब वह स्कूल जाती बच्ची थी। मीठे स्वर में बुद्ध वन्दना गाती थी, तो इसके चचेरे भाई ने इसके साथ ज़्यादती की थी। उसे ब्लीडिंग हो गयी थी, अस्पताल ले जायी गयी थी। इज़्ज़त और बदनामी के डर से घर की बात, घर की चारदीवारी में दबा दी गयी थी। अतः यह ख़ुद को अपवित्र माने बैठी है और शादी के प्रश्न पर या तो ना बोलती है या ख़ामोश हो जाती है। इसी कारण सोचती है कि यदि तुमको पता चलेगा तो तुम उससे घृणा करने लगोगे।"

इस ग्लानि को मन से निकाल देने के लिए वक़्त और माहौल चाहिए था। बौद्ध बाबू से मैं कह चुका था कि मुझे उससे बात करने दीजिए। मुझे पक्का विश्वास है, वह ठीक हो जायेगी। वे तैयार थे, परन्तु उसकी माँ का कहना था कि मैं साथ बैठूँगी। जब भी बात करने का अवसर मिला तो वे साथ बैठ जाती थीं। ऐसे में, मैं उसके साथ निहायत संवेदनशील मुद्दे पर बातें कैसे कर सकता था? मैं कैसे कहता कि मेरी नज़र में तुम पूरी तरह सच्चरित्र-पवित्र और सबकी तरह सामान्य हो। बलात्कार से तुम्हारी शुचिता, नारीत्व समाप्त नहीं हो गया है।

अतः मैंने उसके दो पन्नों के जवाब में क़रीब बावन पृष्ठों का एक और पत्र लिखा। परन्तु उसमें एक बार भी मैंने उसके व्यक्तिगत जीवन के हादसे का ज़िक्र नहीं किया और मैं बार-बार उसके घर जाकर, उसके मन से सारे ग्लानि भाव निकाल बाहर करने का असफल प्रयास करता रहा।

लड़की को भगाकर ले जा

मार्च 1984 में यह पत्र भी मैं ख़ुद देने गया। संयोग से दरवाज़ा उसी ने खोला। मैंने जैसे ही वह पत्र उसे पकड़ाया तो वह रोने लगी। मैं भी भावुक हो गया। पर इससे पहले कि अन्दर से उसकी माता जी आयें, इस मुलाक़ात का कुछ भी अर्थ-अनर्थ लगायें, एक भी शब्द बिना कहे मैं झट से बैठक से बाहर हो गया। यह मुलाक़ात मुश्किल से एक-आधा मिनट की ही रही होगी।

होली का अवकाश था। मैं अपने गाँव नदरोली चला गया। त्योहारों के वक़्त मैं अपनी पढ़ाई में और अधिक जुट जाया करता था। बाल मज़दूरी के समय से ही पढ़ने के लिए थोड़ा अवकाश ढूँढ़ता रहता था। त्योहारों पर लोग अपने काम रोक दिया करते थे। शहर गये मज़दूर भी गाँव लौट आया करते थे, सो मैं भी पढ़ने में जुट गया था। असल में मुझे चाँदपुर बिजनौर के 'गुलाब राय डिग्री कॉलेज' में लिपिक पद की नौकरी के लिए बुलावा पत्र मिला था। सो, मैं सोच रहा था कि किसी तरह यह नौकरी मुझे मिल जाये, भूख का समाधान हो जाये, तो मैं अपना ब्याह कर लूँ।

'मैं साक्षात्कार के लिए ऐसा क्या पढ़कर जाऊँ कि मेरा चयन हो जाये?' यह प्रश्न मुझे घेरे था। दूसरा 'नयनी' के पत्र को दिये जवाब के बारे में सोच रहा था कि मेरे पत्र से उसके मन पर क्या प्रभाव पड़ा होगा? खुद उसका यह पत्र मुझे और अधिक कहने को प्रेरित कर रहा था। शायद मैं अभी पूरी तरह उसे समझा नहीं पाया था और शायद मैं भी उसे समझ नहीं पाया हूँ। इस द्वन्द्व को लेकर मैं फिर एक-एक पंक्ति को प्रश्न की तरह काग़ज़ पर उतारकर उसके जवाब में व्याख्या-दर-व्याख्या करने बैठ गया था। साक्षात्कार की तिथि होली के तुरन्त बाद की थी। मैं अपने भाई द्वारा दिये गये छोटे से सूटकेस में कपड़े और कुछ किताबें रखकर चाँदपुर को रवाना हो गया था। स्टेशन पर उतरकर कॉलेज का पता पूछा था। एक व्यक्ति ने कहा—"बैठो, मैं उधर ही जाऊँगा। बता दूँगा। मैं जानता हूँ तुम इंटरव्यू देने आये हो?"

"जी, आया तो इंटरव्यू देने ही हूँ पर आपको कैसे पता?"

तो वे कहने लगे, "सुनना बुरा लगेगा पर अच्छा तो यही हो कि तुम यहीं से वापस अपने घर लौट जाओ।"

"क्यों, वापस क्यों लौट जाऊँ?" मैंने सवाल किया, तो वह कहने लगा, "सिलेक्शन तो समझो वहाँ पहले ही हो चुका है, ये निजी संस्थाएँ सरकारी नियमों की खानापूर्ति के लिए औपचारिकता वश विज्ञापन दिया करती हैं, ये लोग अपने ही लोगों को नौकरियाँ देते हैं। घर-परिवार, नाते-रिश्तेदार और सबसे बढ़कर अपनी जाति में ही इन्हें मेरिट और क़ाबिलियत मिलती है। सो, लगता नहीं कि तुम सिलेक्ट होगे। बेमतलब में इंटरव्यू देकर अपना मन छोटा करोगे? यहाँ तुम्हें नौकरी तो नहीं ही मिलेगी, इतनी बात साफ़ है।"

उस व्यक्ति की कर्णकटु बातें सुनकर मैं हैरत में था। वह मुझे परीक्षा से पहले ही परिणाम बता रहा था। उन दिनों ऐसे ही हालात थे। संस्थाएँ ग़ैर-दलितों के स्वामित्व में थीं और वे न तो स्वेच्छा से किसी दलित को नौकरी देती थीं और न आरक्षित पदों को भरती थीं। दलित जन्म से ही योग्य नहीं होते, ऐसा पूर्वाग्रह हवा में ज़हर की तरह फैला हुआ था, जबकि योग्य पात्र को नौकरी में आने से रोक देने के लिए वे पूरा पक्षपात, भाई-भतीजावाद चला रहे थे। इसलिए किसी भी ग़ैर-सरकारी संस्था में मुझे कोई भी रोज़गार मिलना सम्भव नहीं लग रहा था। पर जब घर से सौ-सवा सौ कि.मी. आ गया हूँ, तो साक्षात्कार देकर जाऊँगा। क्या पता उस व्यक्ति को कोई व्यक्तिगत निहितार्थ हो? वैसे भी लम्बे इन्तज़ार के बाद यह मौक़ा आया था। मैं कॉलेज गया, मेरा साक्षात्कार भी हुआ।

यूँ ही इधर-उधर की बातें पूछकर मुझे वापस भेज दिया गया। पूर्व आभास था, मुझे नहीं लिया जायेगा। इस इलाक़े में एक कॉमरेड रहते थे, शायद बाबूराम एडवोकेट। भगवानदास शर्मा ने उनका पता दिया था। मैं उनसे मिलकर चन्दौसी लौट रहा था। किराया ख़त्म, खाने को रोटी नहीं, चाय-पानी की तो बात ही नहीं। मैं सवेरे-सवेरे चन्दौसी रेलवे स्टेशन पर उतरा। बाहर निकलते ही मुझे भीम चन्द बौद्ध के बड़े भाई मिले। मैंने उन्हें 'जय भीम' कहा, तो वे मेरे पास आकर बोले—"क्या तुम्हें पता है, बाबूजी की बेटी बीमार है?"

"नहीं, मुझे पता नहीं, क्या हुआ?"

"होली पर उसकी सहेली सुरेखा ने उसके मुँह में गुलाल भर दिया था, सो उसकी तबीयत ख़राब हो गयी थी। ज़रा जाकर देख लो।"

सामने कई जाने-पहचाने रिक्शा पुलर खड़े थे। एक को लेकर मैं सीधा बाबूजी के घर पहुँचा। मैंने बैठक के दरवाज़े पर दस्तक दी, मेरी आवाज़ सुनकर बाबूजी की छोटी बेटी, जो शायद सात-आठ साल की रही होगी। उसका गोल-गोल चन्दा-सा चेहरा और काले-काले घुँघराले बाल मुझे किवाड़ों के छिद्रों से स्पष्ट दिखाई पड़े; वह दरवाज़े तक आयी, छिद्रों से झाँका, पहचानकर किवाड़ खोले बग़ैर वापस चली गयी और अपनी माँ को भेजा। वे जैसे ही आयीं, मैं दोनों किवाड़ों के बीच में था। मेरे दायें हाथ में सूटकेस था और बायाँ हाथ दरवाज़े से टिका था। उन्होंने किवाड़ खोले, इससे पहले कि मेरा मुँह खुलता, उन्होंने **एक पुरज़ोर तमाचा मेरे गाल पर जड़ दिया।** सामने खड़ी पड़ोस की दो महिलाएँ यह नज़ारा देख रही थीं। मैं प्रहार का जवाब दूँगा, इस डर से 'नयनी' की 'माँ' ने तेज़ आवाज़ में कहा—"इस सूटकेस में क्या अफ़ीम लेकर आया है?..."

परन्तु मैंने कोई प्रत्युत्तर नहीं दिया। मैं अपना पिटा हुआ मुँह लेकर वापस नानी के घर लौटा और कुठरिया में घुसकर बच्चों की तरह फूट-फूटकर रोने लगा। रोता हुआ देख नानी पुराने पलंग से उतरकर मेरे पास आयी और हाथ पकड़कर अपने क़रीब ले गयी। उसने अपनी धोती के पल्लू से मेरा मुँह पोंछा और मेरा सिर गोद में रखकर कहने लगी—"बेटा, मैं तेरो दुख समझती हूँ। तेरी मेहनत, तेरी मुश्किलिनु और तेरी मजबूरिन सब जानति हूँ। मैं तोइ सलाह दिऊँगी कै तू वा लरिकी के ढिंग जा और हिम्मत करि के वाको **हाथ पकरि और बाइ लेके शहर से कहूँ दूर भाग जा।**" मैं चकित था, नानी की यह अप्रत्याशित सलाह सुनकर।

"नानी, यह तुम क्या कह रही हो? लड़की ने मुझे भाई कहा है। मैं उसे कैसे लेकर भाग सकता हूँ। वह भी मेरे साथ क्यों भागेगी? शादी करने को कहती तो मैं इसी शहर में रहते हुए शादी करता, कोर्ट मैरिज कर लेता। शादी की तो कोई बात ही नहीं है। यह तो यूँ ही भावुकता और भावनाओं का रिश्ता बनकर रह गया है।"

नानी बताने लगी—"बेटा, तूने अपने मामा की हालत देखी है? दिन-रात दारू पीये है, रिक्शा खींचतो है, पढ़ाई छोड़ बैठा स्कूल टैम में यह एक ऊँची जात की लड़की को ले आया था। बोला, 'मैं इससे शादी करूँगा।' तेरे नाना ने इसे इतना मारा कि जाकी पेशाब निकर गयी, होश उड़ गये। फिर तो कसम खा बैठा, 'ज़िन्दगी भर न तो एक आखर पढ़ूँगा और न ही किसी औरत का मुँह देखूँगा।' अब यह साधुओं-सन्तों और तान्त्रिकों के चक्कर में पड़ा रहता है। शादी कर ली होती तो आज तेरी मामी होती, ममेरे भाई-बहन होते। अब इसका कोई नहीं है, सिवाय दारू और भिखमंगे साधु-महात्माओं के। मैं तेरी मौसी की रोटी पर जी रही हूँ। उसी में से कभी-कभी एक टुकड़ा तुझे भी दे देती हूँ। यह कोई ज़िन्दगी है? मेरे पाँव तो श्मशान की ओर हैं, पर तेरे मामा का क्या होगा?"

अब मुझे क्या करना चाहिए? यूँ नानी की मार्फ़त मेरे गले में उतरने वाले निवाले पर ज़िन्दा बेरोज़गार, बेघर-बार, शादी भी कर लेता तो लड़की को खिलाता क्या? रखता कहाँ? मैं अपनी बर्बादी का साझीदार उसे क्यों बनाता? हाँ, रेवाराम की तरह कमाकर खिलाने या मायके से ख़र्चा चलाने वाली लड़की तो नहीं थी वह। यूँ भी हमारे समाज में ग़रीब की शादी ग़रीब से और अमीर की शादी अमीरों से ही होती है। यही तो दस्तूर है हमारे समाज का। दहेज-लगेज देकर अमीरों के भरे घरों को और भरा जाता है। ग़रीब का बेटा तो बहू भी ख़रीदकर लाता है। मौसा जी अपने बेटे जंगीलाल के लिए पश्चिम बंगाल से पाँच हज़ार में ख़रीदकर लाये थे। वह भी विकलांग। हाल ही में उसकी मृत्यु के समय उसका वज़न मात्र दस किलो था।

मदन दीक्षित

किससे सलाह लूँ? मैं डॉ. भगवानदास शर्मा के घर गया, वे नहीं मिले। अरविन्द सक्सेना के घर गया, वे भी नहीं मिले। हाँ, मदन दीक्षित एडवोकेट अपने अध्ययन कक्ष में बैठे मिले। मैंने उन्हें पत्र दिखाया। उन्होंने कहा, "पत्र का मज़मून पढ़कर पता चलता है कि तुम्हें अलग रास्ता चुनना चाहिए। आप कहीं कुछ नौकरी की सोचिए

जनाब, लड़की का ख़याल दिल से निकाल दीजिए, क्योंकि तुम्हारे लिए उसके दिल में कोई जगह नहीं है। अगर इकतरफ़ा जज़्बाती लगाव है तो उससे निजात पाइए, वह आपकी मंज़िल नहीं है। आप अपने रास्ते पर जाइए, बल्कि आप कहीं दिल्ली में ठिकाना ढूँढ़िए। कोई छोटा-मोटा काम-धन्धा कीजिए, चार पैसे कमाइए। वहाँ आपके पढ़ने-लिखने का शौक़ भी किसी मतलब का हो पायेगा। मेरा यह नेक मशविरा है कि चन्दौसी छोड़िए और दिल्ली का रुख कीजिए।''

मैं सब तरफ़ से निराश होकर वापस नानी के पास आया। उसने बताया, ''बौद्ध का भाई लाठी लेकर तुझे मारने आया था।''

''तुमने क्या कहा?''

''मैंने कह दिया भाग यहाँ से, तेरा दिमाग़ ख़राब तो नहीं है?''

अब मेरे लिए एक ही सलाहकार बचे थे डॉ. नत्थूलाल और वे दूर दिल्ली में थे। अतः मैंने उसी वक़्त दिल्ली जाने की योजना बनायी। मेरे पास न किराया था, न तत्काल कोई रेलगाड़ी। सो, मैं चन्दौसी के 'ट्रक स्टैंड' पर पहुँचा। एक ट्रक दिल्ली जा रहा था। मैंने ड्राइवर से अनुनय-विनय की और उसे बताया, ''मेरे पास पैसे नहीं हैं, पर मुझे दिल्ली पहुँचना है।'' ट्रक पूरी तरह ठसा-ठस भरा हुआ है। ''पीछे कोने में थोड़ी-सी जगह है पर दिल्ली दूर है, वहाँ तक बैठे-बैठे तो तू परेशान हो जायेगा। ऊपर से कोई सामान सिर पर गिर गया तो तेरा काम तमाम हो जायेगा।''

''जो होगा, देखा जायेगा। कृपया मुझे बैठने दीजिए, मैं बे-आराम ही दिल्ली तक चला जाऊँगा।''

''ठीक है, चलना ही चाहता है तो पीछे बैठ जा।'' ट्रक बहुत तेज़ चला, शायद उसे भी जल्दी दिल्ली पहुँचना था। मैं एक कोने में सिमटा बैठा रहा। कभी थोड़ा इधर खिसकता, तो कभी उधर। गड्ढे में पहिया गिरता, ट्रक हिलता तो लगता सामान मेरे ऊपर गिरने वाला है। न पीने को बूँद भर पानी, न पूरे दिन रोटी का एक निवाला। पूरी असुविधाओं के साथ ट्रक ने पाँच-छह घण्टे में मुझे दिल्ली उतार दिया। भाई साहब डॉ. नत्थूलाल आनन्द विहार के डी. ब्लॉक में रहते थे, मैं सीधा उनके घर गया। वे डिस्पेंसरी से आ चुके थे। मैंने पहुँचते ही उन्हें वजह बतानी चाही, परन्तु मैं बता कम और रो अधिक रहा था। भाभी जी ने मुझे चुप कराया, समझाया, खाना खिलाया और दोनों ने बैठकर सारी व्यथा-कथा सुनी। अन्त में सलाह दी, ''तुम्हें किसी भी तरह उस लड़की से मिलना चाहिए।

शादी हो अथवा न हो, पर यदि तुम उससे मिलकर बात करोगे, तो वह स्वस्थ ज़रूर हो जायेगी। जाकर उसके पिता से बात करो। समझदार इन्सान हैं। बात करा देंगे।'' भाई साहब उन्हें भली-भाँति जानते थे।

मैं उसकी अस्वस्थता का कारण अपने पत्र-व्यवहार को मान रहा था। इस कारण मैं अपने अपराध-बोध से ज़्यादा परेशान था। ख़ैर, उन्होंने खाना खिलाया। चन्दौसी तक का किराया दिया और उसी वक़्त रात की गाड़ी से वापस कर दिया। सुबह नानी के पास पहुँचकर पता चला कि बौद्ध जी तो ख़ुद मुझे तलाश कर रहे थे। मैं बस्ती से गुज़रा तो उनके बेटे ने मुझे देखते ही कहा, ''भाई साहब, पिता जी आपसे मिलना चाहते हैं।''

मैंने कहा, ''मैं तुम्हारे घर नहीं आऊँगा, उन्हें मिलना है तो मैं बुद्ध-विहार में उनका इन्तज़ार करूँगा।''

वह भागा-भागा घर की ओर गया। पीछे से साइकिल पर बौद्ध जी आते दिखाई पड़े। मैं ठहर गया।

उन्होंने कहा, ''चलो, कहीं एकान्त में बैठकर कुछ ज़रूरी बातें करते हैं।''

मैंने कहा, ''आप एस.एम. कॉलेज के ग्राउंड में चलिए, उधर ही कहीं बैठेंगे। आप साइकिल से चलिए, मैं पैदल आ रहा हूँ।''

मैंने देखा बौद्ध जी भी पैदल-पैदल साइकिल के साथ पीछे-पीछे आ रहे हैं। कॉलेज में छुट्टी के चलते ख़ामोशी थी। वृक्ष मेरी तरह उदास मुँह लटकाये खड़े थे। छात्र-छात्राओं की चहल-पहल के बिना कॉलेज सूना था। छुट्टियाँ क्या हुई मानो सारे बाग की बहार ही छुट्टी पर चली गयी हो और वृक्ष विधुर हुए से खड़े रह गये हों। मैं उन्हीं के साये में जा खड़ा हुआ। साइकिल खड़ी कर बौद्ध जी मेरे पास आये और दुखी स्वर में बोले—''तुम्हें ऐसा क्या लिखा था 'नयनी' ने?''

आप स्वयं पढ़ लीजिए, मैंने वह पत्र उनके हाथों पर रखा। वे पढ़कर गम्भीर हो गये। कहने लगे—''मेरा भाई कमीना है, तुमसे लड़ने जा पहुँचा। मेरी बीवी मूर्ख है जो उसने तुम पर हाथ उठाया। एक दिन ज़रूर पछतायेगी। तुमने धैर्य दिखाया, किसी को कुछ नहीं कहा। इसके लिए मैं उन दोनों की ओर से क्षमा प्रार्थी हूँ।''

पुत्री के प्रति एक स्नेही पिता की स्वाभाविक परेशानी उनके चेहरे पर उतर आयी थी। उनका कारुणिक स्वर सुनकर मैंने कहा, ''मुझे इस सबकी ज़रूरत नहीं है। मैं डॉ. साहब के पास दिल्ली गया था, आप उन्हें जानते हैं, उनसे मिले हैं। उनकी सलाह के मुताबिक मेरा 'नयनी' से मिलना ज़रूरी है। आप

किसी तरह मुझे उससे मिला दीजिए। मुझे विश्वास है वह स्वस्थ हो जायेगी। उसे किसी डॉक्टर और किसी दवा की ज़रूरत नहीं होगी।''

मैंने गुज़ारिश की तो वे बोले, ''अब तो उसके मामा उसे बरेली ले जा चुके हैं, वे वहीं उसका इलाज करा रहे हैं। वे आपसे मिलना पसन्द नहीं करेंगे। हालाँकि पढ़े-लिखे हैं। परन्तु इतने सुलझे हुए भी नहीं हैं। कह रहे थे, कहीं इतने लम्बे-लम्बे पत्र लिखे जाते हैं लड़कियों को? यह लड़का पत्र लिखता है या किताब लिखता है? वह इतना नहीं जानता कि लड़कियाँ कितनी भावुक होती हैं?''

माली हालत तो बौद्ध जी की भी ख़राब थी। लम्बा परिवार, आमदनी कम और छोटी-सी सरकारी नौकरी। बीमारी लम्बे समय से पकड़े हुए थी उन्हें। नम्रता, सादगी और उनका मितभाषी होना मुझे प्रभावित किये था। बौद्ध जी चाहकर भी अपनी बेटी से मेरी मुलाक़ात नहीं करा सके। अपनी लाख कोशिशों के बावजूद भी 'नयनी' से मेरा मिलना नहीं हो सका। मैं छात्र नेता जयपाल सिंह को साथ लेकर बरेली स्थित मामा के घर गया। वहाँ मैंने गुज़ारिश की, ''आप मेरी 'नयनी' से मुलाक़ात करायें।''

उन्होंने कहा, ''उसकी तबीयत ठीक नहीं है, वह तुमसे नहीं मिल सकती।''

इस बीच बौद्ध जी की पत्नी को पड़ोस की जिन औरतों ने मेरे गाल पर तमाचा मारते हुए देखा था, वे कहती हैं कि ''इस औरत ने एक सच्चे-अच्छे लड़के पर जो हाथ उठाया, उसकी ऐसी बददुआ लगी कि उसी हाथ को 'लकवा' मार गया। अब वह हाथ ख़ुद की मदद के लिए भी नहीं उठेगा। श्यौराज का श्राप लग गया इसे।'' जबकि मैं न तो शाप में विश्वास रखता हूँ और न ही वरदान में। न मेरी कामना किसी प्रकार के पक्षाघात जैसा कोई अकल्याण होने की थी। मैं तो सभी को सुखी देखना चाहता था। पर यह अफ़वाह महिलाओं के कानों-कान नानी की गली तक जा पहुँची। तब मुझे बिल्कुल अच्छा नहीं लगा था, जब मुझे बग़ैर बताये हरिश्चन्द्र नेता जी के घर उन्हें मुझसे माफ़ी माँगने के लिए लाया गया था। मेरी नज़र में वे हाथ उठाकर भी माँ के रूप में ग़लत नहीं थीं। 'नयनी' के साथ घटित हुए इस हादसे को मैं कभी भी जुबान पर नहीं लाया। पत्र में भी मैंने उसका ज़िक्र नहीं किया था, मैं बलात्कारिता को किसी भी प्रकार से अपवित्र नहीं मानता था। मेरी दृष्टि में दोषी तो बलात्कारी था। इस केस में तो नाबालिग बच्ची के साथ बुरा किया गया था। परन्तु अक्षत-यौना की धारणा रखने वालों के लिए भले ही वह अपवित्र, अक्षम्य और अग्राह्य हो, परन्तु मेरी दृष्टि में वह एकदम पवित्र

और निष्कलंक थी, बल्कि अतिरिक्त सहानुभूति पाने की हक़दार थी। मेरा तो यह सब जानकर ही उसके प्रति लगाव बढ़ा था। बौद्ध बन्धुओं का परिवार लम्बा था। इस परिवार में चचेरी-ततेरी क़रीब आधा दर्जन लड़कियाँ स्नातक और स्नातकोत्तर थीं। परन्तु परिवार में एक ब्राह्मण मूल के बौद्ध भिक्षु आते थे। वे इनकी शादियों के बारे में कहते थे, ''मेरा सम्बन्ध यू.के., यू.एस.ए., कनाडा और जापान के बौद्ध उपासकों से है। वहाँ बड़े-बड़े ओहदों पर बौद्ध परिवारों के युवा बैठे हैं। उनमें तुम्हारी शादियाँ करा दूँगा।'' इस लालच के बदले भिक्षु ख़ूब खीर-पूड़ियाँ उड़ाते थे, कपड़े धुलवाते थे, नये चीवर ग्रहण करते, सेवा कराते थे। दलितों में पुरोहितों की भाँति पूजे जाते थे। वे बुद्ध विहार के बजाय घरों में ज़्यादा वक़्त बिताते थे। उनके आश्वासन का असर 'नयनी' के परिवार पर भी था।

मैं चन्दौसी बिलारी के ग़ैरदलित युवाओं के साथ 'सामाजिक परिवर्तन केन्द्र', 'वैज्ञानिक विचार केन्द्र', 'किसान यूनियन' आदि में, दूसरी ओर दलितों के हर आयोजन में सक्रिय था। अम्बेडकर और वाल्मीकि जयन्तियों पर मेरे भाषण होते थे। हर बस्ती के स्त्री-पुरुष, बच्चे मुझे सुना करते थे। मेरे सिर पर नौकरी-पढ़ाई के संघर्ष के साथ-साथ सामाजिक कार्यों का जुनून सवार था, परन्तु स्थायी रूप से कोई छोटी-मोटी सहायक संस्था नहीं थी। यहाँ तक कि भाकियू में भी पूर्वकालिक कार्यकर्ता को दो वक़्त की रोटी देने का इन्तज़ाम नहीं था। कहा जा रहा था या तो एल.एल.बी. हो जाओ तो तहसील पर बैठो या बी.एड. कर लो तो कहीं टीचर बन जाओ। ख़ाली कला स्नातक को कोई नहीं पूछता है। पर जाने क्यों दलितों की दब्बू-झेंपू लड़कियों में भी मैं बोल्डनेस-जीवन्तता ढूँढ़ रहा था। मैंने एक कविता लिखी थी—

चाहे जितनी/लिखी-पढ़ी हो।
चाहे जितनी/सुन्दरतम हो।
दब्बू है तो/क्या है नारी?
अपने जीवन/के बारे में—
ग़ैरों के निर्णय ढोती जो।
नहीं फ़ैसले ले पाती जो—
केवल क़िस्मत को रोती जो
ठीक नहीं अर्जित-लाचारी।
दब्बू है तो क्या है नारी?

उसी दौरान मैं बदरपुर वाली मौसी के गाँव गया था। वापस लौटते वक़्त मौसेरे भाई **श्रीराम** मेरे साथ थे। वे पी.ए.सी. मुरादाबाद की बटालियन 23 में तैनात थे। वे पुलिस की वर्दी में थे और मैं सादा पैंट-शर्ट में। हम दोनों 'राजघाट नरौरा' रेलवे स्टेशन पर खड़े अलीगढ़ से चन्दौसी की ओर जाने वाली गाड़ी का इन्तज़ार कर रहे थे। गाड़ी तीन घण्टे लेट थी। हमें एक मालगाड़ी आती हुई दिखाई दी। वह रुकी तो नहीं, पर उसकी गति काफ़ी धीमी हो गयी थी। श्रीराम ने कहा, "पीछे गार्ड का डिब्बा होगा। अगर गाड़ी धीमी रहती है तो मैं उसे इशारा कर गाड़ी में चढ़ जाऊँगा। तू भी मेरे साथ चढ़ जाना।" गाड़ी काफ़ी लम्बी थी और धीरे-धीरे आगे बढ़ रही थी। हम चढ़ जाने को तत्पर थे।

जैसे ही आख़िर में गार्ड का केबिन हमारे सामने आया, श्रीराम चढ़ गये, परन्तु जिस वक़्त वे चढ़ रहे थे, मेरी ओर उनकी पीठ थी और मैंने जैसे ही केबिन का हत्था पकड़कर एक पाँव **प्लेटफॉर्म** से ऊपर उठाया कि *तभी गार्ड ने पूरी ताक़त से मेरी छाती पर लात मारी। यह हमला मेरे लिए अप्रत्याशित और जानलेवा था।* सो, मैं पीठ के बल चारों हाथ-पाँव चित उल्टा चक्कर खाता हुआ प्लेटफॉर्म पर गिर पड़ा। गनीमत यह हुई कि मेरा सिर पीछे रखी किसी यात्री के कपड़ों की पोटली पर जा लगा। यदि पथरीले फ़र्श से लगा होता तो मेरी ज़िन्दगी, जिसे ढूँढ़ने चला था मैं, समाप्त हो गयी होती। श्रीराम ने जब तक मुड़कर देखा गाड़ी गति पकड़ चुकी थी। मुँह गाड़ी की ओर होने के कारण उन्होंने मुझे प्लेटफॉर्म पर गिरा हुआ तो देखा। परन्तु मुझे गार्ड ने लतियाकर गिराया है, वह दृश्य वे नहीं देख पाये थे। पर गार्ड **हरी झण्डी** और ज़ोर से हिलाता गया और गाड़ी की गति बढ़ती चली गयी। मुझे न चढ़ने देने का कारण गार्ड ने उन्हें खुद ही बताया तो वे उससे उलझते-कहते दिखे कि गाड़ी रोक दो। मैं उठा। घुटनों और कुहनियों में कुछ खरोंचें आयी थीं, परन्तु जैसी आशंका थी, कोई गम्भीर चोट नहीं लगी थी। अब मैंने प्रतीक्षालय में बैठकर अगली ट्रेन का इन्तज़ार किया। वह आयी मैं चढ़ा और चन्दौसी, सुखदेई मौसी के घर पहुँचा, तो मैंने देखा, श्रीराम तो वहीं रुके हुए हैं। उनका अनुमान था, श्यौराज अगली गाड़ी से यहीं आयेगा।

उन्होंने सवाल किया—"तू चढ़ा क्यों नहीं था?"

तब मैंने बताया—"आप देख नहीं पाये, मुझे तो गार्ड ने ही लतियाकर गिरा दिया था। जान बच गयी, यही बहुत समझो।"

“अरे, यह क्या बात करता है तू?”

“सच बात करता हूँ।”

“उसने ऐसा क्यों किया?”

“क्या तुम्हें उसने कुछ नहीं बताया?”

“बताया था, वह कह रहा था, इस लड़के ने हमारी भतीजी को उल्टा सीधा पत्र लिखकर बीमार कर दिया था। मैं जब भी इसे देखता हूँ, मुझे इस पर गुस्सा आता है। मन करता है, इसकी बोटी-बोटी काटकर कुत्तों को खिला दूँ।” “पर बात ऐसी नहीं है। जुर्म तो इन लोगों ने किया है, इनके बेटों ने किया है।”

इस तरह मैंने सारी कहानी ‘श्रीराम’ को सुनाई। मैंने बताया, “ये बौद्ध बाबू जी के बड़े भाई थे। रेलवे ड्रेस में होने के कारण मैं दूर से इन्हें पहचान नहीं पाया था, वरना मैं गाड़ी में चढ़ने की सोचता ही नहीं। पहचाना तब था जब मेरे हाथों में केबिन का हत्था था और मेरी छाती पर उनकी लात।”

“अरे! वह कमीना गार्ड तो तुम्हें जान से मार देता। कहाँ रहता है यह गार्ड का बच्चा? घर देखा है उसका?”

“हाँ, देखा है।”

“तो चल, अभी निबटते हैं उससे। इरादतन हत्या करने का केस बनेगा उस कसाईजादे पर।”

“नहीं, यह ‘नयनी’ का परिवार है। मैं उस परिवार के किसी भी सदस्य के ख़िलाफ़ कुछ नहीं करूँगा।” और फिर कविता—

हम किसी के हो गये हैं, कोई हम को चाहे है।
इतनी खुशफ़हमी में पूरी ज़िन्दगी कट जाये है।।

मैं प्रायः वक्तव्यों में भी अपनी कविताओं का उपयोग किया करता था मसलन—

आपकी आँखों में ये कुछ ख्वाब हैं, कुछ नींद है।
तुम भी जागोगे कभी, मुझको बड़ी उम्मीद है।।

बबराला में पहली बार बाबा साहब डॉ. भीमराव अम्बेडकर की प्रतिमा स्थापित हुई। जैसा कि प्रायः होता था अम्बेडकर को ग़ैर-दलितों के बीच जगह नहीं मिला करती थी। दलित ख़ासकर जाटव ही अपनी जगहों में प्रतिमाएँ लगाते थे। केवल वही वर्ण-अत्याचारों से लड़ने की प्रेरणा लेते। कई बार तो घूरे और

कूड़े की जगहों पर प्रतिमाएँ लगानी पड़ती थीं। चूँकि वही चमारों की जगहें होती थीं तो दलित अपनी छोटी-सी संकुचित जगह में ही लगा लेते थे। रेलवे डाक सेवा अधिकारी चुन्नीलाल की पहल पर बबराला में पहली बार अम्बेडकर जयन्ती मनायी गयी थी। यह असली तिथि से दस-बारह दिन बाद मनायी गयी थी, इसलिए डॉ. अम्बेडकर पर बोलने वाले सारे वक्ता चन्दौसी और मुरादाबाद में हुआ करते थे और वे ग्रामीण क्षेत्रों के लिए प्रायः दुर्लभ होते थे। राजबहादुर केन्द्रीय अध्यक्ष हुआ करते थे। बी.पी. मौर्या की शैली में वे बहुत उत्तेजक भाषण दिया करते थे। परन्तु उनका व्यक्तिगत जीवन अच्छा नहीं था। इन्होंने दारूबाज़ी में अपनी सेहत और घर की हालत अत्यन्त ख़राब कर रखी थी। वे 14 अप्रैल को मुख्यालय पर ही उपलब्ध होते थे। छोटे शहरों के लिए बाद में जाया करते थे। 14 अप्रैल, 2019 को अम्बेडकर जयन्ती पर मैं बतौर मुख्य अतिथि मुरादाबाद पहुँचा था। मैंने आयोजक से अध्यक्ष की सेहत के बारे में पूछा, तब पता चला कि **दौलतसिंह** और **हरचरन** ने उन्हें दारू पीने की लत लगायी, ख़ुद का लीवर तथा किडनी गँवायी। मास्टर कुन्दनलाल, सिद्ध गोपाल सागर, आर.पी. पुजारी, त्रिलोकचन्द प्रेस वाले आदि वक्ता चन्दौसी के थे। एक-दो को छोड़कर सब छोटे-बड़े सरकारी कर्मचारी थे। मैं भी इन्हीं के साथ आयोजनों में जाया करता था और कुछ नया बोलता था। मैं बाबा साहब की केवल जीवनी दोहराकर नहीं निकल सकता था, जबकि ये लोग एक ही भाषण की बारम्बारता करते रहते थे। कोई उन्हें 'सुपरमैन' तो कोई उन्हें 'अवतार' बताता था। ये लोग डॉ. अम्बेडकर का लेखन और दलित साहित्य कम ही पढ़ पाते थे। उसी तरह लिख भी नहीं पाते थे। दलितों के घरों में 'बुद्ध' और अम्बेडकर के चित्र और मूर्तियाँ रखने का चलन बढ़ रहा था। मैं उसमें 'किताबों को भी जगह दो।' अपनी राय जोड़ देता था। बेशक तब तक कोलम्बिया (अमेरिका) 'सिंबल ऑफ़ नॉलेज' खिताब नहीं दे पाया था, परन्तु बाबा साहब का ज्ञान उच्च कोटि का था। राष्ट्रोत्थान की दृष्टि से उनकी उपलब्धियाँ अनमोल थीं, प्रदेय निराला था। परन्तु अब दलितों की शिक्षा-स्वास्थ्य, रोटी-रोज़ी, क्वालिटी लाइफ़ एक सपना थी। और ये बाबा साहब को मानवेतर प्राणी जैसा चित्रित करते थे। ये कहते थे कि "हमारे बाबा साहब चौबीस घण्टे जागते रहते थे।" एक ही कहानी सभी जगह सुनाते, "एक बार एक पत्रकार ने नेहरू जी से समय माँगा तो उन्होंने कहा, 'सुबह दस बजे के बाद मिलिए।' श्री जिन्ना से समय माँगा तो उन्होंने कहा, 'ठीक है, ढाई बजे मिलिए।'

गांधी जी से समय माँगा तो कहा, 'सायं पाँच से छह मिलिए।' परन्तु बाबा साहब से समय माँगा तो उन्होंने कहा, 'मैं तो चौबीस घण्टे जागता ही रहता हूँ, रात के बारह बजे भी मिलना चाहें तो मिलियेगा।' " मैं इस स्थिति का विश्लेषण वस्तुस्थिति के हिसाब से करता था, मैं जानता था कि स्वतन्त्रता पूर्व भारत की वर्ण-पत्रकारिता में दलित का मत/विचार हाशिये पर भी नहीं था। वे हाशिये से भी बाहर थे। भारतीय मीडिया डॉ. अम्बेडकर को कोई जगह ही नहीं दे रहा था। इसलिए बाबा साहब ने कहा, "पत्रकार महोदय, जब फुर्सत हो, जब जमीर जागे तब आ जाना। हम तुम्हारे लिए जागते रहेंगे। समय का समायोजन कर लेंगे।" इसमें पत्रकार का सवाल, "बाबा साहब इतना अधिक जागते क्यों हैं, आराम क्यों नहीं करते?" इस पर बाबा साहब का यह कहना, "नेहरू, गांधी और जिन्ना की कौमें जाग चुकी हैं। आज़ादी/अधिकार पा रही हैं। इसलिए उनके नेता चैन से सो सकते हैं। पर **मेरी दलित कौमें सो रही हैं।** इसलिए मैं जाग रहा हूँ।"

बाबा साहब ने मार्च, 1927 के 'बहिष्कृत भारत' में लिखा, "सन् 1919 में जब हम 'मूकनायक' निकालने की तैयारी कर रह थे, हमने 'केसरी' के सम्पादक से निवेदन किया था कि वे अपने सौजन्य से 'मूकनायक' का विज्ञापन छापें। उनकी ओर से हिकारत के साथ इनकार कर दिया गया। पैसे लेकर भी विज्ञापन नहीं छापा, बल्कि कोई प्रतिक्रिया तक नहीं दी थी।" तिलक उस समय जीवित थे। यह घटना दलितों के प्रति मीडिया का रुख स्पष्ट करती है। चमार जाति में जन्मे डॉ. अम्बेडकर के आत्मीय मित्र **दत्तोपवार ने छत्रपति शाहू महाराज और डॉ. अम्बेडकर की मीटिंग करायी थी। महाराज ने 1919 में 'मूकनायक' के लिए ढाई हज़ार की सहायता दी थी।**

कुन्दनलाल भारती अम्बेडकर जयन्ती पर स्टार वक्ता हुआ करते थे। उन्होंने 'गुलामी' शीर्षक से एक पुस्तक लिखी थी। उन्होंने कहा था, "लेखक बनने की प्रेरणा मुझे बाबा साहब अम्बेडकर से मिली है और शीर्षक 'फुले' की 'गुलामगिरी' से।" परन्तु किताब चली नहीं, इसलिए कि वे असली सामाजिक गुलामों की समस्या पर बात ही नहीं कर सके। उन्होंने दलित नेता और अफ़सरों की स्तुतियाँ और उनके शुभ सन्देश संकलित किये। किताब देखकर मुझे बड़ी निराशा हुई, क्योंकि वे विषय के साथ न्याय नहीं कर सके और ऐसे अन्यायी दलित लेखन से सामाजिक चेतना की उर्वरा भूमि में ऐसा किताबी खरपतवार पैदा होना चिन्ताजनक था।

बदायूँ, मुरादाबाद, अलीगढ़, बुलन्दशहर आदि सभी जनपदों में अम्बेडकर की प्रतिमा स्थापन और जयन्तियाँ मनाने के सारे काम दलितों की केवल एक 'चमार' जाति ही कर रही थी। बाक़ी दलित, पिछड़ी, यादव, जाट, लोध और वैश्य-कायस्थ जातियाँ डॉ. अम्बेडकर चमारों का नेता ही समझती थीं। वाल्मीकि समाज के लोग तक डॉ. अम्बेडकर को छोड़ वाल्मीकि जयन्ती मनाते थे। खटिक तो सूर्यवंशी क्षत्रिय हो गये थे और पासी, दुसाध दूर थे। राजनीतिक लाभ की नज़र से सजे हुए मंचों पर कुछ ब्राह्मण, कायस्थ और बनिया भी आ बैठते थे। वे चौदह अप्रैल को भी 'गांधी जयन्ती' मना-मना कर चले जाते थे। उनका मानना था कि डॉ. अम्बेडकर के बजाय गांधी जी ने 'हरिजन' नाम देकर 'पूना पैक्ट' कराकर दलितों पर भारी उपकार किया है। इधर उ.प्र. में दलित-पिछड़ी जातियाँ संगठित हो रही थीं। उसमें मा. कांशीराम कालीन बसपा का बड़ा योगदान था, परन्तु यह राजनीतिक स्वरूप का योगदान था। सांस्कृतिक, साहित्यिक और सामाजिक स्वरूप का नहीं था। इसलिए सुधार-टिकाऊ कम था, क्योंकि इन्होंने अपने साहित्य, संगीत, कला, मीडिया को बनाये रखने की ओर विशेष ध्यान नहीं दिया था। उत्तर प्रदेश में सपा-बसपा की सरकारें ढाई दशकों से अधिक सत्ता में रहीं। गाँव में सरकारी स्कूलों की बदहाली कम नहीं हुई। बहुजन के लिए ज्ञान के सरकारी रास्ते बन्द हो गये।

महू (Mhow)—14 अप्रैल, 2002 को डॉ. श्यौराज सिंह बेचैन को नेशनल अम्बेडकर स्मृति सम्मान देते हुए म.प्र. के मुख्यमन्त्री मा. दिग्विजय सिंह, कल्याण मन्त्री विजय लक्ष्मी साधो, डी.जी. प्रो. नन्दूराम, फ़िल्म निर्माता डॉ. जब्बार पटेल एवं श्रीमान बेरवा जी।

15 अप्रैल, 2002 को इन्दौर एयरपोर्ट से मैं अपने परिवार के साथ दिल्ली के लिए एयर इंडिया के विमान में चढ़ा था। उसी विमान में मान्यवर कांशीराम के साथ सांसद 'राजन' भी चढ़े थे। मान्यवर की सीट आगे थी। मैं अपनी सीट से उठकर उनके पास गया। मेरी बेटी भी मेरे साथ आ गयी। मैंने बतौर

शिष्टाचार अभिवादन किया और उनके स्वास्थ्य के बारे में पूछा। इसलिए कि आज ही उनकी तबीयत ख़राब होने का समाचार पढ़ा था। बातचीत शुरू हुई। पूछने लगे, "यहाँ क्यों आये?"

मैंने बताया, "मुझे 'महू' संस्थान की ओर से 'बाबा साहब अम्बेडकर सम्मान' मिला है। उसे लेने आया था।"

"बाबा साहब पर तुमने क्या काम किया है?"

"मैंने बाबा साहब की पत्रकारिता पर शोध किया है और जब्बार पटेल ने बाबा साहब 'अम्बेडकर' फ़िल्म बनायी है।"

"हाँ, मुझे पता है।"

सो, दोनों का एक साथ ही सम्मान समारोह सम्पन्न हुआ था। मैंने उन्हें नहीं बताया कि संस्थान के महानिदेशक प्रो. नन्दूराम ने मेरा परिचय देने में काफ़ी उदासीनता दर्शायी। वे मेरे कार्यों को एक शोध छात्र और सामाजिक कार्यकर्ता के रूप में कमतर आँकते थे। तब डॉ. तुलसीराम नन्दूराम पर सख़्त नाराज़ हुए थे। मान्यवर बोले–

"मैं चार-पाँच दिनों में मायावती को यू.पी. की सी.एम. बनाने वाला हूँ।"

मैंने कहा, "सी.एम. क्या, आप पी.एम. भी बनायें हमें तो खुशी ही होगी, परन्तु आपने देश की कई भाषाओं में दैनिक अख़बार निकालने की घोषणा की थी उसका क्या हुआ?"

"हमने भाजपा के साथ समझौता किया है, आडवाणी जी कहते हैं, यह राजनीतिक समझौता है, सांस्कृतिक-सामाजिक नहीं। अख़बार सांस्कृतिक टकराव पैदा करेगा। इसलिए हमने प्रकाशन रोक दिया है।"

"मतलब सी.एम. छोटी चीज़ है, अख़बार बड़ी चीज़ जब आपने 'बहुजन संगठक' का अन्त कर दिया तो संगठन कैसे बचेगा?" मैंने कहा।

बबराला मेरा जन्म क्षेत्र है। मेरे गाँव के कई बनिये यहाँ रहते थे। उस रात भी अतिथियों के साथ भोजन करने के बाद मुझे एक व्यक्ति अपने घर ले गया। उनकी पत्नी ने चाय की प्याली पकड़ाते हुए पूछा, "आपकी शादी क्यों नहीं हुई?"

मैंने कहा, "मेरे पास कोई रोज़गार नहीं है, ऐसे में शादी कैसे सम्भव है?"

उन्होंने कहा, "देखो, ये मेरे पति हैं। नाम मात्र के लिए कमाते हैं और मैं घर पर ही सिलाई मशीन पर इतना कमाती हूँ कि बच्चे अच्छे स्कूल में पढ़ते हैं। घर आराम से चलता है। मुझे पहचानते हो? मैं भाग्यवती की बड़ी बहन हूँ और

मेरी बहन मुझसे ज़्यादा पढ़ी है और ज़्यादा अच्छी टेलर है। आपको याद हो न हो, एक बार आपके मौसा जी आपको लेकर हमारे घर आये थे।''

मुझे याद आया, मौसा जी बिना मेरी सहमति के अपने मन से वह रिश्ता कराना चाहते थे। वे तो लड़की वालों को मुझे दिखाने भी धोखे से ले गये थे।

''वे मेरी छोटी बहन से आपका रिश्ता कराना चाहते थे। आपने तपाक से मना कर दिया था। हमें बहुत बुरा लगा था। ख़ैर, अब उसका तो रिश्ता भी हो गया है। आप अपने रोज़गार के इन्तज़ार में रहेंगे तो कुँवारे ही रह जायेंगे। ऐसे ही लड़कियाँ नकारते रहे तो किसी की बद्दुआ लग जायेगी। **बोलते अच्छा हैं, मैंने आपको सुना है। पर बोलने से ज़िन्दगी नहीं चलती। अभी भी अक्ल आ गयी हो तो मैं तुम्हारी शादी करा सकती हूँ। एक लड़की है मेरी पहचान में।''**

''मेरी शादी की इतनी ही फ़िक्र है तो छोड़ो अपने पति को, भाग चलो मेरे साथ। मैं भी दर्जी बन जाऊँगा।''

''हाँ हाँ, ले जाओ भैया। यह भी बहुत बोलती है।'' उसके पति ने मज़ाक़िया अन्दाज़ में कहा।

भारतीय दलित साहित्य अकादमी समारोह की अध्यक्षता करते हुए मा. अटल बिहारी वाजपेयी जी, लेखक को नेशनल अम्बेडकर अवार्ड भेंट करते हुए मा. गवर्नर माता प्रसाद एवं भादसाअ के अध्यक्ष डॉ. सोहन पाल सुमनाक्षर

मैं उस घर से उठकर अपने मित्र सुभाष गुप्ता उर्फ़ 'गांधी जी' के घर चला गया था। सुभाष यहाँ एक निजी स्कूल के प्रबन्धक थे। उनकी पत्नी प्राचार्या थीं। मैं जब भी बबराला जाता, रात को सुभाष के घर ठहरता था। बिना मिले निकल जाता तो वे नाराज़ होते थे। शहर के सभी मोहल्लों में कुल कितनी लड़कियाँ ग्रेजुएशन कर रही हैं? गाँव की लड़कियाँ क्यों नहीं पढ़ पा रही हैं? कितनी अम्बेडकर जयन्तियों पर दिखती हैं, कितनी 'भरतिया कॉलेज' में पढ़ती हैं, कितनी बुद्ध विहार पर वन्दना करती हैं, उनके हिसाब-किताब के साथ रेवाराम

पहले ही अपनी डायरी में पूरा बायोडाटा रखते थे। उन्होंने अपने पड़ोस की एक और लड़की के बारे में मुझे बताया था। यह एक शिक्षक की बेटी थी। सुना था कि एम.ए. कर रही है, इतना कम बोलती थी कि सन्देह होता था कि उसके मुँह में ज़ुबान भी है या नहीं। शायद सारा बोलना शादी के बाद के लिए ही सँभाल कर रखा हुआ है। अब स्मृति पटल से नाम उतर भी रहा हो तो क्या फ़र्क़ पड़ता है कि उसका नाम कितना सुन्दर और अर्थपूर्ण था।

वह चौदह अप्रैल सन् 1981 की शाम थी। कैथल गेट चन्दौसी में बाबा साहब अम्बेडकर की जयन्ती सभा चल रही थी। बाबू भीमचन्द बौद्ध उस सभा की अध्यक्षता कर रहे थे। मैं दर्शकों के बीच बैठा था। मेरे साथ दो-तीन छात्र थे। रेवाराम ने मेरे नाम की पर्ची मंच पर जाकर दी थी—"कृपया दो मिनट श्यौराज सिंह को भी दें।" संचालक ने मुझे मंच पर बुलाते हुए कहा—"एस.एम. कॉलेज के छात्र श्यौराज सिंह से गुज़ारिश है कि वे इस मौक़े पर बाबा साहब के बारे में केवल दो मिनट में अपनी बात रखें।"

मैं मंच पर गया और केवल तीन बातें मैंने कहीं। "एक तो हम जो कुछ मंच पर बोलते हैं, उस पर अमल करें। दूसरा, छात्रों में भावी बाबा साहब को पहचानने की कोशिश करें। तीसरे, महिलाओं को सामाजिक कार्यों में बराबर अवसर दें। उन्हें आयोजन समितियों में भी पदाधिकारी बनायें।" मैं इतना बोला और माइक छोड़कर, फ़र्श पर बिछी दरी पर बैठ गया।

अध्यक्ष ने देखा, "अरे भाई! इतना भी कम बोलने को नहीं कहा था। कुछ और कहो। हमने तो समय इसलिए तय किया था कि लोग माइक पकड़ने के बाद छोड़ना ही भूल जाते हैं और सब सुनी-सुनाई बातें ही दोहराते हैं। न कुछ पढ़कर आते हैं, न कुछ लिखकर दिखाते हैं।"

मैंने कहा, "आज तो मैं इतना ही बोलूँगा, शेष फिर कभी।"

उसके बाद 1982-83 में एक और अवसर आया। चुन्नी मोहल्ला बुद्ध विहार के सामने नगर पालिका का एक सरकारी स्कूल था। यहाँ बुद्ध जयन्ती या अम्बेडकर जयन्ती की तैयारी के लिए एक सभा हुई थी। सभी पदाधिकारी और अम्बेडकर-प्रेमी स्कूल में मौजूद थे। कई वक्ता बोल चुके थे। मुझे बैठा देखकर मास्टर कुन्दन लाल ने कहा था, "श्यौराज सिंह छात्र कवि हैं। आप सब चाहें तो मैं उन्हें बोलने को दावत दूँ?"

"क्यों नहीं, ज़रूर।" समर्थन में कई आवाज़ें आयीं।

"मैंने एक गीतात्मक कविता लिखी है, आप अनुमति दें तो प्रस्तुत करूँ?"

"अवश्य, स्वागत है।" और मैं सुनाने लगा।

बड़ी उदास रात है, न मेल है न प्यार है।
जलाओ दीप साथियो कि घोर अन्धकार है।।
सिसक रहा है चाँद और तड़प रही है चाँदनी।
गली-गली दरिद्रता सुना रही है रागनी।।
ज़िन्दगी ग़रीब की अमीर का शिकार है।। जलाओ दीप।
कहाँ स्वतन्त्रता, कहाँ समाजवाद की लहर।।
देश तेरी धमनियों में भर दिया गया है ज़हर।
कली-कली उदास बागवाँ ये क्या बहार है? जलाओ दीप...
जाति, नस्ल, मजहबों के नाम पर लड़ाइयाँ।
बेकसूरवार लोग सह रहे तन्हाइयाँ।।
मन्दिरों और मस्जिदों की आड़ में प्रहार है। जलाओ दीप...
नींद की गिरफ्त में चली गयीं जवानियाँ।।
क्रान्तिकारिता की शेष रह गयीं कहानियाँ।
हुकूमतों को जुल्म का वही नशा सवार है।।
जलाओ दीप साथियों कि घोर अन्धकार है।...

मैंने वाह-वाह के स्वर और तालियों की गड़गड़ाहट से अन्दाज़ा लगाया कि मेरे गीत ने सभा को प्रभावित किया है। कुछ माह बाद यह पूरी कविता सर्वेश बाबू ने उस समय के सर्वाधिक सर्कुलेशन वाले साप्ताहिक 'चन्दौसी टाइम्स' के स्वतन्त्रता दिवस विशेषांक 15 अगस्त, 1983 के अंक में प्रथम पृष्ठ पर प्रकाशित की थी। कॉमरेड मदन दीक्षित ने अपने चैम्बर में बुलाकर मेरी कई कविताएँ सुनी थीं। 'हम एक रहेंगे' शीर्षक कविता में उन्होंने कुछ सुधार करने का सुझाव दिया था। ख़ासकर उर्दू अल्फाज़ों के सही इस्तेमाल का। दीक्षित जी ने इस कविता को पढ़कर भरी सभा में मेरी पीठ थपथपाई थी।

चन्दौसी में मेरे नाना का घर भी अभावों का ही घर था। न यहाँ हैंडपम्प था, न रसोईघर था और न शौचालय। इसलिए मैं हर दिन की भाँति कॉलेज जाने के इरादे से सार्वजनिक कुएँ पर नहाने गया था। मैंने दूर से बौद्ध बाबू को अपनी ओर आता देखा। एक हल्की धारीदार शर्ट तथा स्लेटी पैंट पहने निकला था। गली के बाहर पचास कदम ही निकला होऊँगा कि वे मेरे सामने। मैंने 'जय भीम' किया।

पूछा—"कहिए, आप कैसे आये हैं?"

बोले—"आपको अपने घर बुलाने आया हूँ।"

"क्यों?"

"बरेली से हमारे साले साहब आये हैं। रात जब आप स्कूल की सभा में अपनी कविता सुना रहे थे, उस भीड़ में वे भी खड़े आपको सुन रहे थे। उन्होंने भेजा है कि मैं आपको अपने घर बुलाकर लाऊँ।"

"क्यों? क्या काम है?"

"यूँ ही, आप हमारे साथ एक कप चाय पियेंगे और बाबा साहब के मिशन को लेकर कुछ बातचीत करेंगे बस।"

"तो चलिए, मैं उनसे मिलकर ही कॉलेज जाऊँगा।"

वे आगे-आगे और मैं उनके पीछे-पीछे उनके घर पहुँचा। कमरा साफ़-सुथरा था। दीवार पर बाबा साहब डॉ. अम्बेडकर और भगवान बुद्ध के कई नये चित्र टँगे थे। सामने एक अलमारी थी। उसमें कुछ दलित लेखकों की किताबें, पोस्टर, हस्तपत्र और कुछ पत्रिकाएँ रखी थीं। रैदास, कबीर यहाँ से पूरी तरह ग़ायब थे। मैंने बाबूजी के साले साहब और उनकी पत्नी को करबद्ध 'जय भीम' कहा। उन्होंने कुर्सी पर बैठने का इशारा किया। मैंने उनकी ओर देखा, उम्र में वे पैंतालीस-पचास के बीच रहे होंगे। माथे पर से सिर के कुछ बाल उड़ गये थे। इतनी जल्दी चाय, बिस्कुट और नमकीन से मेज़ सजी! शायद मेरे पहुँचने का पूर्व निश्चय था। इस घर में यह मेरा पहला प्रवेश था। यहाँ मेरा अप्रत्याशित स्वागत क्यों हुआ था?

उन्होंने पूछा—"पढ़ाई के बाद क्या करने का इरादा है?"

मैंने कहा था, "ख़ाली बी.ए. करने वाले को नौकरी कहाँ मिलती है? पढ़ने का शौक़ है, हो सका तो आगे और पढ़ूँगा। कुछ कमाकर पढ़ना चाहता हूँ। अभी तो एल.एल.बी. करने की सोच रहा हूँ।"

"घर में कौन-कौन हैं?"

"माँ है, बहन और भाई है।"

"गाँव में ही रहने का इरादा है या शहर में सेटल्ड होना चाहोगे?"

"इरादा रखने या चाहने मात्र से क्या होता है? गाँव में रोज़गार नहीं है, इस कारण वहाँ गुज़ारा सम्भव नहीं है। जहाँ रोटी-रोजी खींच कर ले जायेगी वहीं जाऊँगा। जल्दी जा सकूँ, इसी कोशिश में हूँ।"

"आप कुछ ऐसा क्यों नहीं करते जिससे तुरन्त कुछ आय भी होने लगे और आपकी पढ़ाई-लिखाई भी चलती रहे। मतलब कोई साइड जॉब।"

"हाँ, कर सकता हूँ। पर बग़ैर जमा पूँजी के कोई काम नहीं होता।"

"लगता है आप साहित्य में दिलचस्पी रखते हैं?"

"जी हाँ, साहित्य से काफ़ी लगाव है मुझे।"

"तो कुछ किताबें ख़रीदने बेचने का ही काम कर लीजिएगा। कुछ तो कमाने का ज़रिया होना चाहिए, पढ़ने के साथ-साथ।" "यह सब भी धन से ही होता है और धन मेरे पास बिल्कुल नहीं है।"

मेरे इस तरह के **स्टेट-फॉरवर्ड** जवाब उन्हें अपेक्षा के अनुकूल नहीं लग रहे थे। उनकी ऐसी बातें और ऐसे सवालात अकारण तो नहीं थे। मैं समझ सकता था परन्तु आर्थिक दृष्टि से मेरे पास कुछ भी नहीं था। न घर, न रोज़गार, न ज़मीन-जायदाद और न कोई व्यवसाय। ऐसे में उनकी जो मंशा थी, उसे समझते हुए भी इस दिशा में आगे बढ़ने के लिए मेरे पास कोई रास्ता नहीं था। इसलिए दोनों ही ओर से बातें खोली नहीं गयीं। उद्देश्य अव्यक्त रहा। बस महसूस किया गया। आभास तो मुझे भी हुआ कि उनकी मंशा क्या है और तब तो स्पष्ट ही हो गया जब 'नयनी' चाय की ट्रे लेकर आयी। वह पढ़ाई में ज़िम्मेदार और अच्छी लड़की बतायी गयी। यह वही लड़की थी जिसे रेवाराम ने शहर की सबसे सुन्दर लड़की बताया था। उस लड़की में मेरी दिलचस्पी केवल उसकी सुन्दरता के कारण नहीं हुई, बल्कि उसकी पढ़ाई भी लगाव का कारण बनी। बाबूजी ने बताया कि 'नयनी' ने अंग्रेज़ी विषय के साथ बी.ए. किया है। मुझे लगा कि वह यदि मेरे साथ होगी तो मुझे मेरी अंग्रेज़ी सुधारने में मदद मिलेगी।

एक बार हमारी परीक्षाएँ चल रही थीं। मैं नानी के घर से निकला तो हल्की बूँदा-बाँदी हो रही थी। जिन छात्रों के पास छाते थे, वे सुरक्षित चले जा रहे थे। मेरे पास छाता नहीं था। मैं सोच रहा था कि भागकर परीक्षा भवन में पहुँच जाऊँगा। उसी समय लड़कियाँ दिखीं, वे भी परीक्षा देने जा रही थीं। वे छातों में थीं। मुझसे सुरेखा ने कहा, तुम नयनी के छाते में क्यों नहीं चले जाते? वह तुम्हें बचा लेगी। नयनी सुन रही थी। पर मैं सामाजिक मर्यादाएँ जानता था। 'नयनी' भी मेरे साथ नहीं चल सकती थी। पर सुरेखा के कथन से मुझे लगा कि 'नयनी' और 'सुरेखा' की बातों के बीच में मेरा ज़िक्र ज़रूर आया होगा, वरन् वह ऐसा वाक्य कैसे बोल पाती?

इस बीच यदा-कदा बाबूजी से मुलाक़ातें होती रहीं। प्रादेशिक पत्र-पत्रिकाओं में मेरी कविताएँ छपने लगी थीं। वे पढ़ते थे। वे पोस्ट ऑफ़िस में थे, इस कारण मेरे पास आने वाले ख़ासकर रशियन लिट्रेचर से वे वाक़िफ़ होते रहे। जब मैं चन्दौसी से बाहर होता तो कई बार वे मेरी किताबें अपने घर ले जाते थे। मेरी

बहुत-सी किताबें डाक द्वारा उन्हीं के पते पर आती थीं। आने पर पहुँचवाते। मैं 'अम्बेडकर युवक संघ' और 'मेमोरियल कमेटी' के कार्यक्रमों में शामिल होता रहा। वाल्मीकि समाज में से पहले केवल एक व्यक्ति आते थे, जिन्हें हम चौहान जी कहते थे। एक बार मैं वाल्मीकि जयन्ती की झाँकियों के साथ ट्रक पर खड़े होकर शहर भर में वाल्मीकि समाज के नारे बोलता गया। बाद में अम्बेडकर युवक संघ की मीटिंग में मुझसे सफ़ाई माँगी गयी। कहा गया कि इससे बुद्ध धर्म के ख़िलाफ़ हिन्दुत्व का प्रचार होता है। वे शम्बूक शूद्र को भूलकर राम की पूजाकरते हैं और 'अम्बेडकर जयन्ती' में रुचि नहीं दिखाते, वे अम्बेडकर को केवल चमारों के नेता समझते हैं। पर ये तमाम शूद्र जातियाँ यादव, जाट, लोधी, गुर्जर भी तो 'शम्बूक' की सन्तानें हैं। वे कब अपने पुरखे की बात करती हैं? रही बात अस्पृश्य-बहिष्कृत जातियों की सो न तो वे 'राम' के क्षत्रिय वर्ण से हैं और न 'शम्बूक' के शूद्र वर्ण से? श्यौराज को तो स्वयं को 'भंगी' ही मान लेना चाहिए। इसलिए वाल्मीकि संजय बस्ती और कैथल गेट की वाल्मीकि बस्ती में बाबूराम वाल्मीकि और सतीश वाल्मीकि की मदद से हम निःशुल्क रात्रि कक्षाएँ चलाते थे। कॉ. शर्मा ने कक्षा का उद्घाटन मदन दीक्षित से कराया था। उसमें मेरे साथ राधेश्याम भी पढ़ाने जाते थे। मैं दलित संस्थाओं से कभी कोई पद और पैसा नहीं माँगता था, जिस तरह दिल्ली में दस 'लेखक संघ' तो पन्द्रह अध्यक्ष हैं। पदों की मारा-मारी होती थी। इस कारण मुझे सब संस्थाएँ बुलाया करती थीं। मुझसे सभाओं का संचालन कराया जाने लगा और मैं युवा वाल्मीकियों को ज़्यादा से ज़्यादा जोड़ने लगा।

इतने दिनों से यहाँ कबीर, रैदास को लेकर कोई कार्यक्रम नहीं होता था। प्रतिमाओं की स्थापना को लेकर जो चले, उनमें अम्बेडकर की दो प्रतिमाएँ शहर में लगीं। उधर यही दिन थे जब मैं 'ऑल इंडिया स्टूडेंट फेडरेशन' (ए.आई.एस.एफ.) की ज़िला कमेटी (मुरादाबाद) का अध्यक्ष हुआ करता था। अख़बारों में मेरी साहित्यिक-सांस्कृतिक सक्रियता के समाचार बराबर आते रहते थे। परन्तु जेब ख़र्च, दो वक़्त की रोटी के लिए भी मुझे खुद ही इन्तज़ाम करना था। सच में मैं विपन्नता छिपाये हुए आगे बढ़ने की कोशिश कर ही रहा था। साथीगण आश्वस्त थे कि एक दिन समाजवादी क्रान्ति तो होगी ही और जल्द ही पूरी व्यवस्था बदल जायेगी। मुफ़्त, समान शिक्षा और रोज़गार की गारंटी तो सरकार कर देगी। सबके लिए लड़ना है केवल अपने लिए नहीं। करियरिस्ट होना खुदगर्ज होना है। कॉमरेड शर्मा तो इस पढ़ाई-लिखाई को भी बुर्जबाज़ी क्रियाकलाप मानते थे। पूरी

शिक्षा व्यवस्था बुर्जुआ है। यह परिवर्तन को रोकती है। वे ऐसे क्रान्तिकारियों के नाम गिनाते थे जिन्होंने डिग्रियाँ कम लीं और ज्ञान अधिक। पर मैं कहीं स्कूल में रोज़गार तलाशता तो कम-से-कम बी.एड. तो माँगा ही जाता था।

सन् 1983-84 का समय था। बौद्ध बाबू बीमार हो गये। उनका एक भतीजा दिल्ली में रहता था। उसके मार्फ़त इलाज कराने गये। मुझे अपने साथ चलने को कहा। वे मुझे अपने भतीजे के घर लेकर गये। रात्रि को हम वहीं ठहरे। सुबह उठते ही बोले, "श्यौराज जी, आज मैं आपको मन की बात बताना चाहता हूँ। एक साल पहले जब हमारे साले साहब के आग्रह पर आपको घर बुलाया गया था तब हमने सोचा था—आप अगर कोई छोटा-मोटा रोज़गार प्राप्त कर लें, रोज़ी-रोटी की दृष्टि से आत्मनिर्भर हो जायें, तो हम बौद्ध रीति से अपनी बेटी की शादी आपके साथ कर दें। पर हम सब आपकी बेरोज़गारी को लेकर दुविधा में हैं।"

बाबूजी का प्रस्ताव, जिसका मुझे आभास हो रहा था; सुनकर मुझे एक ओर तो खुशी हो रही थी, क्योंकि उनकी बेटी ग्रेज्युएट थी और एक अम्बेडकरवादी परिवार में पली-बढ़ी थी। दूसरी ओर जो शर्त की तरह था 'रोज़गार', उसे प्राप्त करना बहुत टेढ़ी खीर थी। नौकरी कैसे मिलेगी? कब मिलेगी? मिलेगी भी या नहीं। मेरे खुद के लिए रोटी नहीं, शादी करके उसे क्या खिलाऊँगा? हालाँकि मैं सोचता था कि अगर मेरी तरह वह भी सामाजिक कार्यों में आगे आये तो हम मिलजुलकर रोटी की समस्या का भी हल निकाल सकते हैं। हाँ, किसी भी परम्परागत घरेलू 'बहू' का गुज़ारा मैं नहीं कर सकता था। परन्तु इतनी आज़ादी कौन दे कि बिना निश्चित भविष्य देखे लड़की मेरे साथ चल पड़े। ऐसा तो प्रेम के आवेश में और भावातिरेक में ही होता है पर मेरी तो कभी 10 मिनट भी बात नहीं हुई, घर गये तो चाय हो गयी। जिस कॉलेज में वह पढ़ती थी, वह लड़कियों का कॉलेज था। मेरा उससे कोई वास्ता नहीं था। हाँ, एक बार बी.एड. की छात्राओं की हड़ताल को समर्थन दिया था। हड़ताल के मौक़े पर कॉलेज में प्रशिक्षु-शिक्षिकाओं ने बुलाया था। तब बौद्ध जी की एक भतीजी उन आन्दोलनकारियों का नेतृत्व कर रही थी। मेरे छात्र संगठन ने हड़ताल में हिस्सा लिया था। मेरे समर्थन का समाचार दैनिक 'जनयुग' में छपा था।

बाबूजी मेरे साथ डॉ. नत्थूलाल के निवास पर गये। उन्होंने उन्हें कुछ दवाइयाँ और जाँचें बतायीं, खाने रहने के तरीक़ों में सुधार करने के सुझाव दिये और हम वापस चन्दौसी लौट आये। महीने-बीस दिनों में अब कहीं भी बाबूजी मिलते तो

पूछते, "कहीं कोई आवेदन किया क्या? कहीं नौकरी तलाश रहे हो क्या? रोज़गार समाचार देखते हो?"

एक दिन हरिश्चन्द्र नेता जी के घर के पास मिले तो कहने लगे, "नयनी ने एम.ए. करने के लिए आवेदन कर दिया है। वह इंग्लिश लिट्रेचर पढ़ना चाहती थी, पर उसके मामा ने कहा इकोनॉमिक्स में करने से बैंक में जॉब पा सकती हो। बाद में 'सिविल सेवा' ट्राई कर सकती हो।"

राधेश्याम : रेवाराम का विस्तार

बरेली से बी.एड. करने के बाद 1986 में एम.ए. प्रथम वर्ष के दौरान मैं राधेश्याम लेखपाल से टकराया। उन्होंने अपने एक परिचित की बेटी से मेरे सहजीवन की घोषणा की बात चलायी। लड़की के निवास पर रहकर बी.ए. की परीक्षा दी थी। जब मेरे सामने प्रस्ताव आया तो मैंने कहा, "मैं लड़की से बात करना चाहूँगा। उसकी अपेक्षाएँ जानना चाहूँगा और अपनी स्थिति बताना चाहूँगा।" राधेश्याम मुझे अपने साथ लेकर गये। लड़की के पिता ने मुझे लड़की के पास थोड़ा अलग पर नज़र के रडार में बिठाते हुए कहा, "कीजिए बात और तय कीजिए शादी।"

"क्या कहीं ऐसे भी बात होगी?" तो वे थोड़ी दूर हटकर पताई पर बैठ गये। जैसे गड़ेरिया अपनी भेड़ों पर नज़र रखता है, उसी तरह कभी उसकी माता तो कभी पिता कान लगाये आसपास चक्कर लगाने लगे।

मैंने कहा, "आपको मेरे घर की हालत पता नहीं, मैं परिवार की ओर से बहुत कमज़ोर हूँ। नौकरी पाने के लिए प्रयास कर रहा हूँ।"

इस पर लड़की ने कहा, "जानती हूँ, आपके विचार काफ़ी प्रगतिशील हैं, आप स्त्री-पुरुष समानता के पक्षधर हैं। इसलिए मैं बता देना चाहती हूँ कि मैं किसी को पहले से प्रेम करती हूँ। मैं चाहूँगी कि आप मुझे शादी के बाद भी मेरे प्रेमी से मिलने से न रोकें, बाक़ी मैं आपके भावों-अभावों की परवाह नहीं करूँगी। मैं आपका पूरा साथ दूँगी।"

ऐसी आशंका का मुझे पूर्व आभास हो चुका था। लड़की के प्रति मेरा कोई पूर्व लगाव भी नहीं था। प्रस्ताव अप्रत्याशित नहीं था। इसलिए सुनकर विचलित नहीं हुआ।

"तुम जिससे प्रेम करती हो, उससे शादी क्यों नहीं कर लेतीं?" मैंने पूछा।

"वे शादीशुदा हैं।"

"तो आप मुझे भँवर में क्यों डालना चाहती हैं? मेरी प्रगतिशीलता का ऐसा अर्थ क्यों ले रही हैं? मेरे पास धन-दौलत नहीं। एक सहयोग के दम पर ही तो

मैं किसी को जीवन साथी बना सकता हूँ। सो, तुम हो कि पहले ही किसी से आबद्ध हो।''

''आप सच की क़द्र करते हुए मेरे साथ सहजीवन की घोषणा कीजिए।''

मैंने कहा, ''मैं तुम्हारी स्पष्टवादिता की क़द्र कर सकता हूँ और इतना कर सकता हूँ कि तुम्हारे अतीत की ओर कभी नहीं देखूँगा। कोई राय क़ायम नहीं करूँगा, परन्तु मैं भविष्य के लिए तुम्हारा पूर्व प्रेम सुरक्षित कर देने की गारंटी करने को तैयार नहीं हूँ। तुम्हें वायदा करना होगा कि अतीत भुलाकर मेरे साथ नया जीवन आरम्भ करोगी।''

''यह मुझसे नहीं हो सकेगा। **मैं उन्हें एकदम नहीं छोड़ पाऊँगी।**''

''तब मेरा रास्ता अलग होगा। तुम मेरी, यही पहली और आख़िरी मुलाक़ात समझो।'' इतना बोलकर मैं उठा और उसके माता-पिता को अभिवादन कर चल पड़ा। वे दूर सड़क तक मेरे साथ आये।

''कब आयें हम, क्या निर्णय लिया?'' उन्होंने अनेक प्रश्न किये।

मैंने कहा–''अपनी बेटी से ही पूछ लीजिएगा। मेरी मुलाक़ात पूरी हो चुकी है।''

मैं लिंक रोड पर देर तक कोई वाहन नहीं आया तो अपनी आदत के मुताबिक़ थैले से गोर्की की किताब 'जीवन की राहों पर' निकालकर पढ़ने लगा। देखा राधेश्याम आ गये और ताँगा भी, हम दोनों उसमें सवार हो गये। आसफ़पुर रेलवे स्टेशन पहुँचे तो पता चला ट्रेन दो घण्टा लेट है।

राधेश्याम बोले, ''यहाँ बैठे-बैठे ऊब जायेंगे। देखो, वह सामने बिजली घर है वहाँ आर्य साहब रहते हैं, चलो वहीं चलते हैं। चाय पीकर आयेंगे, तब तक ट्रेन आने का समय हो जायेगा।''

''ठीक है, चलो।''

वे बाहर ही मिल गये। पेड़ के नीचे चारपाई पड़ी थी। उन्होंने बैठने को कहा और हम बैठ गये। चाय आने तक राधेश्याम ने परिचय कराया। जब हम चलने लगे तो आर्य जी की बेटी बैलबॉटम-शर्ट पहने दरवाज़े पर आकर खड़ी हुई। नमस्ते हुई और हम वापस स्टेशन की ओर मुख़ातिब हुए। राधेश्याम ने बताया, ''ये 'मीनू' हैं। आर्य जी की बड़ी बेटी। रंग रूप में अपने पापा पर गयी हैं। ये भी चन्दौसी 'बी.एम.जी.' में पढ़ रही हैं।''

अगले दिन मैं जब राधेश्याम के निवास पर था। तब मनीता के माता-पिता और बहनों ने अचानक धावा बोला। उस योजना में मिस्टर श्याम स्वयं शामिल थे।

वे कह रहे थे, ''यूँ ही बोल दिया होगा उसने, जानती नहीं, कैसे बात की जाती है। वह शादी तो तुम्हीं से करेगी और ताउम्र तुम्हारी ही होकर रहेगी?'' वग़ैरह-वग़ैरह।

मैंने कहा, ''मुझे मुआफ़ किया जाये, **मैं किसी के पाँव पर पाँव नहीं रख सकता।''**

मुझे सामूहिक रूप से समझाया गया—''इस लड़की ने आपके धैर्य की परीक्षा ली थी। आप घबराएँ नहीं। लड़की आपको कोई कष्ट नहीं देगी। आप चाहें तो हमसे गारंटी ले लें।''

मेरी डायरी में इस बाबत यह एक पर्ची चस्पाँ है जिस पर लिखा है—''मैं कु. 'मनीता'...(बदला हुआ नाम) गाँव...ज़िला बदायूँ, श्री श्यौराज सिंह, नदरोली, बदायूँ के साथ कोर्ट मैरिज करने को तैयार हूँ, जिसमें मैं पुरानी कुरीतियों का बहिष्कार करूँगी और सुहाग चिह्नों, आडम्बरों, दहेज आदि परम्पराओं का जो अवैज्ञानिक सिद्ध होती हैं, पूर्णरूपेण समाप्त करने की प्रतिज्ञा करूँगी। कु. मनीता 3-6-86।''

यह मध्यस्थता कर रहे श्री राधेश्याम की हस्तलिपि में है। मैं जानता हूँ कि लड़कियों की शादियों में दिक़्क़तें आती हैं। इसलिए मुझे उसका वह झूठ, ''मैंने खुद श्यौराज को रिजेक्ट कर दिया था।'' जो उसने रजत रानी 'मीनू' को बोला था और रजत का भाव ''देखो, तुम्हें मैंने स्वीकार कर लिया, वरन् तुम किस खेत की मूली थे। क्या मेरे जैसी तुम्हें कहीं मिलने वाली थी?''

यह 1986 का समय था। मैं रजत के लिए एम.ए. हिन्दी और बी.एड. का आवेदन लेकर उनके घर जा रहा था। राधेश्याम लेखपाल ने पूछा, ''यह क्या कर रहे हो?"

मैंने कहा, ''अपने समाज की सभी स्नातक छात्र-छात्राओं को कहो कि वे और आगे पढ़ें।" मैं आसफ़पुर गया और रजत के पिताजी को साथ बैठा कर 'मीनू' से एम.ए. हिन्दी और बी.एड. के आवेदन पत्र भरवाये। एम.ए. का आवेदन मैं अपने साथ ले आया और एस.एम. कॉलेज में जमा कर दिया। बी.एड. का वे स्वयं बरेली जाकर जमा कर आयीं।

इस प्रसंग में ध्यातव्य यह है कि राधेश्याम ने भी चुपचाप आवेदन किया और मीनू के साथ बी.एड. में दाख़िला ले लिया और अगले दिन बोले, ''मैंने तुम्हारे लिए 'लेसन-प्लान' निकलवा लिये हैं।"

"कोई बात नहीं, हमारे टीचर जैसी पाठ-योजना सुझायेंगे वैसी हम बना लेंगे, आप मेरे लिए कोई अतिरिक्त कष्ट न करें।"

“इसमें कष्ट की कोई बात नहीं है। मैंने तो एडमिशन में भी तुम्हारी मदद करनी चाही।”

“मैं खुद अपनी मदद कर सकती हूँ।”

“हाँ-हाँ पर मुझे तुम्हें तुम्हारे भविष्य और जीवन के बारे में कुछ विशेष समझाना है।”

“तो ज़रूर और अभी समझाइए।”

“श्यौराज के बारे में तुम्हें ज़्यादा पता नहीं है?”

“ऐसा क्या बताना है, क्या श्यौराज की कोई शादी हो चुकी है?”

“अरे नहीं, उससे कौन शादी करेगी? अक्ल पर पत्थर पड़े हैं क्या? अन्धी, लूली-लँगड़ी तो क्या किसी भिखमंगे की बेटी भी नहीं कबूल करेगी उसे।”

“तो और क्या बताना चाहते हैं आप?”

“बताना यह है कि उसके पास गाँव में मकान तक नहीं है, किसी महादलित की पारिवारिक पृष्ठभूमि ऐसी नहीं होगी जैसी श्यौराज की है। और कहाँ तुम्हारा परिवार तुम्हारे दो सौ बीघा ज़मीन है। उसके पास दो बीघा भी नहीं है। तुम्हारे दो मामा आई.ए.एस., एक पी.सी.एस. हैं। उसका मामा रिक्शा-पुलर, शराबी-जुआरी है। कहीं कोई मेल है क्या? 'कहाँ राजा भोज और कहाँ गंगू तेली'! कोई रोज़ी-रोटी का साधन नहीं है। शरीर से भी स्वस्थ नहीं है उसके जोड़-जोड़ में **गठिया-बाय** का दर्द होता है। बुरी बीमारी है उसे। ऊपर से माली हालत एकदम फ़क़ीराना। उसके पास है ही क्या? थोड़ी बहुत कविताएँ लिख लेता है, सो, उसके कलम-काग़ज़ के लिए भी पैसे चाहिए। क्या कविता कहानी से किसी का पेट भरता है?”

पर आप मुझे यह सब क्यों बता रहे हैं?”

“बता रहे हैं, क्या तुम नहीं जानती हो? तुम्हारे पापा श्यौराज से तुम्हारी शादी करने का मन बना रहे हैं।”

“तो घुटनों में दर्द तो मेरे भी होता है और माँ तो मेरी भी गुज़र चुकी हैं। रही बात माली हालत की सो श्यौराज ने मेरे पापा से तो कोई क़र्ज़ा नहीं लिया है, जो उन्हें चुकाने की चिन्ता हो। कुछ नहीं है तब भी दहेज के लालची नहीं हैं।”

“हूँ, जिसके पास खुद का धन नहीं होता उसे दहेज कौन देता है?”

राधेश्याम को लगा कि उनके मन्त्र का कोई ख़ास असर हो नहीं रहा है। कोई प्रयोजन नहीं सध रहा है। तो अगले ही दिन वे बी.एड. छोड़कर चले गये और फिर वापस पढ़ने नहीं लौटे, परन्तु उन्होंने अपना मिशन नहीं छोड़ा। वे

रजत के घर पहुँचे, रात्रि विश्राम किया और पापाजी की नींद उड़ा देने वाली बातें कहीं। संयोग से रजत घर पर मौजूद थीं और वे उनके सुभाषित सुन रही थीं।

"आर्य जी आप तो श्यौराज का बैकग्राउंड जानते ही होंगे, मेरा मतलब जानकारी कर ही चुके होंगे?"

"हाँ, पर कोई ऐसी ख़ास बात जिसे बताने के लिए आपने कष्ट किया है?"

"जी, अवश्य, बताना चाहता हूँ कि श्यौराज मुफ़्त का सोशल वर्क करता रहता है और बस यूँ ही निरुद्‌देय पढ़ता-लिखता रहता है, है तो बिल्कुल कंगाल, न घर है, न जर है, न रोटी है, न रोज़ी है। रिश्ते के लिहाज से सोच लो। कोई आँखों देखी मक्खी नहीं निगल सकता। कविता-कहानियों से तो आपकी बेटी का पेट भरने से रहा। समझाना मेरा फ़र्ज़ था सो चला आया। वैसे आप स्वयं पढ़े-लिखे हैं, अनुभवी और समझदार हैं।"

राधेश्याम जो कमियाँ गिना रहे थे। वे रजत की माँ (मौसी) के लिए मानो 'शोले' फ़िल्म के 'जय' (अमिताभ बच्चन) बने बसन्ती की मौसी को 'वीरू' (धर्मेन्द्र) की ख़ूबिया गिना रहे थे। उनके लिए ख़ूबियाँ लग रही थीं। ये मौसी तो सौतेली माँ भी थीं, सो बेटी के लिए ऐसा सुपात्र 'वर' और कहाँ ढूँढ़ सकती थीं। ये सब बातें मेरे कानों में आयीं। पूछा गया, "यह सब सच है क्या?"

मैंने कहा, "सौ फीसद सच है। मेरे पास कोई ज़मीन-जायदाद नहीं है। माता-पिता भी नहीं हैं। फिर भी मुझे किसी से एक पैसा नहीं चाहिए। मैं कमा-खा सकता हूँ। मुझे अपनी मेहनत पर भरोसा है। बड़ा पद न सही, दिल्ली सरकार के स्कूल में मैं अध्यापक हो गया हूँ।" राधेश्याम मेरी ज़िन्दगी के रास्ते में रेवाराम से चार क़दम आगे दिखाई दे रहे थे।

एक बार छात्रवृत्ति के कुछ पैसे मिले तो मैंने लाला 'विशन लाल' बजाज से एक सफारी सूट का कपड़ा ख़रीदा था। मैंने बार-बार कहा था कि "सेठ जी, कपड़े में शिकायत न आये, मेरे पास न तो दूसरा सूट है और न ख़रीदने के लिए पैसे हैं।" लाला ने गारंटी दी। मैंने सिलवाकर पहना और दो दिन बाद धोया तो कपड़ा लटक गया। मेरे तो हाथों से तोते उड़ गये। मैं दुकान पर गया तो लाला कहने लगा—"देखिए, कपड़ा मेरे घर पर तो बनता नहीं है, मैं भी ख़रीद कर ही लाता हूँ। सिलाई नहीं की होती तो मैं इसे किसी और को बेच देता, अब यह मेरे किसी काम का नहीं है। मैं इसे वापस लेकर क्या करूँगा?"

मैंने कहा—"आपने गारंटी दी थी, कपड़े में कोई शिकायत नहीं आयेगी। पर यह तो पहले दिन ही सिकुड़ गया।"

"अरे भाई, यहाँ आदमी की ज़िन्दगी का भरोसा नहीं, कपड़े के लिए अमरता चाहते हैं आप। जाइए, अपना काम देखिए और हमें काम करने दीजिए।"

मैं अपने मित्र मोहम्मद अशफ़ाक एडवोकेट के पास गया। उनका घर इसी लोकेलिटी में था और हर कोई उनसे परिचित था। वे सामाजिक गतिविधियों में शामिल रहते थे, प्रभावी वक्ता थे। अम्बेडकर जयन्ती समारोह में भी शिरकत करते थे और छात्र यूनियन के नेता भी रहे थे। वे तुरन्त मेरे साथ आये, बोले, "सेठ जी, ये सामाजिक कार्यकर्ता हैं, इनके पास और पैसे नहीं हैं। आप यह कपड़ा वापस कर पैसे लौटा दो या दूसरा कपड़ा दे दो।" सेठ ने एक दूसरे सूट का कपड़ा तुरन्त निकाला और दे दिया। मैंने अशफ़ाक भाई का शुक्रिया अदा किया। वे मुझे अपने घर ले गये। नॉनवेज बिरयानी खिलाकर वापस भेज दिया।

चन्दौसी में ब्राह्मण वामपन्थियों का ज़ोर था। उन दिनों दलित आन्दोलन केवल चमारों द्वारा मनाई जाने वाली बाबा साहब की जयन्तियों तक सीमित था। कायस्थ, बनिया, ब्राह्मण, जाट, अहीर तो डॉ. अम्बेडकर के नाम से भी दूरी रखते थे। अनुसूचित जातियों में से धोबी, पासी, वाल्मीकि, खटिक आदि भी सहयोग नहीं करते थे। पर चन्दौसी में चमारों की संख्या चार हज़ार से अधिक थी। बौद्ध विहार चमारों की बस्तियों में ही होते थे। उनमें हिन्दू मन्दिरों में होने वाले भजन-कीर्तन की तरह बुद्ध वन्दना होती रहती थी। दलित साहित्य चर्चा में नहीं था। जीवन से जुड़ी समस्याओं पर कहीं कोई बात नहीं होती थी। शिक्षा प्रसार का काम बौद्ध-भिक्षु भी नहीं करते थे। वे भी सवर्ण पुजारियों की भाँति परजीवी हो गये थे। वाल्मीकि बस्तियों में, वाल्मीकि मन्दिर बनाये जा रहे थे। अम्बेडकर जयन्ती की तैयारियाँ फ़रवरी-मार्च से शुरू होकर अप्रैल में पूरी हो जाती थीं। मैं इन गतिविधियों में पूरी तरह सक्रिय रहता था। वाल्मीकि जयन्ती का जुलूस केवल वाल्मीकि निकालते थे, उनमें चमार, लुहार, पासी, मौर्य, धोबी, खटिक प्रायः नहीं जाते थे। चमार अम्बेडकर जयन्ती मनाते थे, उसमें वाल्मीकि प्रायः नहीं आते थे। अम्बेडकर की प्रतिमाएँ कोई तोड़ देता तो चमार ही सड़कों पर आते। ऐसा लगता मानो चमारों के अलावा अम्बेडकर से किसी का कोई लेना-देना नहीं है। मुझे यह अलगाव पसन्द नहीं था। चुनाव के दिनों में कोई भी गैर-दलित प्रभावी नेता सजे-संजाये मंच पर भाषण और चन्दा भी दे जाता था। **अम्बेडकर सब जातियों के हैं।** हमें ऐसा समझाता। चुनाव पास होता था तो रिज़र्व सीट के लिए भावी नेता न तो कोई सामाजिक कार्य करते थे, न बाबा साहब की रचनाएँ पढ़ते थे। वे नये दलित साहित्य उभार के दिन थे। एक बार मैंने वाल्मीकि

जयन्ती जुलूस का संचालन किया था, तो जाटव लोग चकित थे। वामपन्थियों की नजर में सरनेम **वाल्मीकि लिख लेने से भंगी ब्राह्मण नहीं हो गये थे और बुद्ध वन्दना करने से चमार क्षत्रिय नहीं बन गये थे।** शहरी सवर्णों की नज़र में वे सब अछूत थे। उनकी बस्तियाँ बाहर थीं। उनके पेशे मलिन थे। उच्च-वर्णीय हिन्दुओं के हिसाब से दलित समस्या या तो मुस्लिम शासकों की देन थी या 'फूट डालो और राज-करो' की अंग्रेज़ नीति।

डॉ. नत्थूलाल ने बचपन में ही न जाने किस अनुभव से यह बात मेरे ज़हन में डाली थी कि 'कॉमरेड अच्छे लोग होते हैं, इनके बीच तू पढ़ भी सकता है और कुछ कर भी सकता है। तुझे छुआछूत और हिकारत का कोई दंश नहीं झेलना पड़ेगा।' उनकी ओर से दिलाया गया विश्वास दशकों तक गहरा होता गया। मैं 1980-1981 से ही कॉमरेड भगवानदास शर्मा के सम्पर्क में आ गया था। मेरी कॉलेज की पढ़ाई के बाद अवकाश का सारा समय कॉमरेड शर्मा के साथ पार्टी-कार्य करते बीतता था। उन्होंने ही मुझे 'आल इंडिया स्टूडेंट फेडरेशन' (ए.आई.एस.एफ.) में काम करने को कहा था। साथ ही वे मुझे 'नौजवान सभा', 'किसान सभा' इत्यादि में भी सक्रिय रखे हुए थे।

इन दिनों (1981-84) मैं गीत और कविताएँ ख़ूब लिखा करता था। हर सभा-संगोष्ठी में प्रस्तुत करता था। छात्र-नेता से अधिक मेरी पहचान नवोदित कवि के रूप में बनी थी। क्रान्तिकारी गीतों के लिए तो कॉमरेड दाद देते थे, मेरा उत्साह बढ़ाते थे, परन्तु कोई प्रेम गीत लिख दिया तो वे निराश हो जाया करते थे। कविता में प्रेम की बात करना क्रान्ति के ख़िलाफ़ बात करने जैसा था। 'चन्दौसी टाइम्स', 'रंगीला टाइम्स', 'कीमियाई जीवन', 'अम्बेडकर उजाला' (अमरोहा) आदि में मेरी रचनाएँ अनवरत छपा करती थीं। दैनिक 'अमर उजाला' में भी मेरे लेख-कविताएँ छपने लगे थे। 'नयी फ़सल' के संकलन में अधिसंख्य कविताएँ उन्हीं दिनों की हैं।

15 जनवरी, 1988 के साप्ताहिक दिनमान में मेरी एक सचित्र कविता छपी थी। उस विशेषांक का अतिथि सम्पादन श्री हेमवतीनन्दन बहुगुणा ने किया था। बुक स्टॉल पर देखते ही मेरी बांछें खिल उठी थीं। परन्तु पत्रिका ख़रीदने के लिए मेरे पास पैसे नहीं थे। कल तक सभी प्रतियाँ बिक जायेंगी। यह जानकर मैं परेशान हुआ। मैंने विक्रेता से उधार देने का निवेदन किया, पर वह नहीं माना। उसका तर्क था, जब आज नक़द बिक रही है, तो मैं कल को उधार क्यों दूँ? कोई चीज़ जमानत के तौर पर रख दे तो एक के बजाय दो ले जा। मेरे पास

कुछ नहीं था, न घड़ी, न अँगूठी, न और कोई अन्य चीज़। हाँ, थैले में शैक्षिक प्रमाण पत्र ज़रूर थे। उसने कहा—'इन्हें मेरे पास रख दे और पत्रिका ले जा। जब तेरे पास पैसे हो जायें, तब वापस ले जाना।' मैं देर तक सोचता रहा, इस शर्त पर लूँ या न लूँ? आख़िर दसवीं का मूल प्रमाणपत्र देकर मैंने पत्रिका ले तो ली, पर मेरा दिल इस बात के लिए धक-धक करने लगा कि यह कहीं इधर-उधर न कर दे। पता नहीं कब जेब में पैसे आयेंगे जो प्रमाणपत्र की क़ैद छुड़ायेंगे। मैं पार्क में डॉ. अम्बेडकर की प्रतिमा के इर्द-गिर्द घूम रहा था। संयोग से मेरा एक मित्र 'नूरनबी' आ गया। पूछने लगा तो मैंने उसे अपनी कविता पढ़वा दी। इस पत्रिका की क़ीमत मेरे पास नहीं थी। इसके लिए मेरा प्रमाणपत्र विक्रेता की क़ैद में पड़ा है। वह मेरा हाथ पकड़कर उसके पास ले गया और बोला—अरे भइये कितनी ख़ुशी की बात है बेचैन साहब की शायरी साया हुई, मगर तुमने 'रिसाल' के बदले इनका सर्टिफ़िकेट ही रख लिया? शायर की ज़ुबान की भी कुछ क़ीमत समझते हो या नहीं? चलिए छोड़िए, अपने पैसे लीजिए और इनका काग़ज़ वापस कीजिए।

कॉ. शर्मा बगुला के पंखों सी धवल धोती-कुर्ता, कभी-कभी पैंट-शर्ट पहनते थे। लम्बी-लम्बी मूँछें, साँवला चेहरा प्रभावी और प्रखर वक्ता। जब चाहे घण्टों किसानों-मज़दूरों, दलितों तथा हिन्दू-मुस्लिम साम्प्रदायिकता पर धारावाहिक भाषण देने में समर्थ थे। परन्तु ब्राह्मण-अछूत का भेद साम्राज्यवाद की देन बताते थे। 'भगतपुर' और 'बकैनिया' से लेकर बिलारी तक हर गाँव में सदस्य हुआ करते थे। हम प्रायः साइकिल की सवारी किया करते थे। जिन दिनों हर पार्टी नेता भ्रष्टाचार कर रहा था, घूस-दलाली में लिप्त था, कॉ. शर्मा बेहद ईमानदार व्यक्ति थे, बल्कि वे अपने वेतन का एक हिस्सा पार्टी पर ख़र्च कर देते थे। टीजीटी का वेतन ही कितना था?

मदन दीक्षित स्थानीय कोर्ट में वकालत किया करते थे। खुर्जा गेट पर उनके मकान में अध्ययन कक्ष था, जिसमें किताबें भरी हुई थीं। हिन्दी तथा अंग्रेज़ी के अलावा वे उर्दू भी जानते थे। पतरउआ गाँव की ओर उनकी ज़मीनें और बाग़ था। उनकी मेज़ पर 'लोक लहर', 'मुक्ति संघर्ष', 'न्यू एज' आदि पठनीय सामग्री पड़ी रहती थीं। ये मैं उन्हीं से लेकर पढ़ता था। वे बताया करते थे कि जब दोनों भाइयों (मदन और कृष्ण दीक्षित) ने चमारों-भंगियों के घरों में खाना खा लिया था, तो पहली बार घर वालों ने उनके बरतन अलग रखवा दिये थे। इस कारण कि हमने छुआछूत के ख़िलाफ़ काम किया था। हम दलितों की समस्याएँ, ज़रूरतें

और इच्छा-अनिच्छाएँ सब जानते हैं। इसलिए हम दलित साहित्य भी लिख सकते हैं। 'मोरी की ईंट', 'बाहर दरवाज़ा' की पाण्डुलिपि वे मुझे पढ़वाते थे। मैंने डॉ. बी.आर. अम्बेडकर कॉलेज में बतौर सम्पादक 'समय सरोकार' में 'मोरी की ईंट' का एक अंश सचित्र प्रकाशित भी किया था।

फ़िल्म निर्माता नागराज मंजुले एवं गार्गी कुलकर्णी को आत्मकथा भेंट करते हुए लेखक

तत्कालीन लोकसभा स्पीकर मा. मीरा कुमार को आत्मकथा भेंट करते लेखक

प्रख्यात दलित आलोचक कंवल भारती को आत्मकथा भेंट करते हुए लेखक

'लल्लन टॉप' के सम्पादक सौरभ द्विवेदी को आत्मकथा भेंट करते डी.यू. के शोध छात्र अक्षय और अनुज

डीयू-कुलपति प्रो. योगेश सिंह को अंग्रेज़ी संस्करण भेंट करते शोध छात्र अनुज कुमार

प्रसिद्ध साहित्यकार सुधीर विद्यार्थी को आत्मकथा भेंट करते हुए लेखक

कॉमरेड : जाति-भेद समस्या नहीं है...

भला हो उन हमारे परनाना का, जिन्होंने 'बादी टोला' यानी 'बदबू टोला' को अपना 'चुन्नी' नाम दिया। वे चन्दौसी 'नगर पालिका' में पहले साक्षर दलित प्रतिनिधि थे। बादी टोला का दरवाज़ा शहर से बाहर था। शहर में बदबू वाले लोग केवल ब्राह्मण, बनियों और कायस्थों की सेवार्थ प्रवेश किया करते थे। 'बादी टोला' दो हिस्सों को मिलाकर बना था। एक हिस्से में वाल्मीकि रहते थे। दूसरे हिस्से में चमार। ये पड़ोस गाँव से पशुओं की खालें उतारकर लाते थे। उन्हें रंगते यानी बदबू दूर कर सार्वजनिक उपयोग के लायक बनाते थे। इसलिए इन्हें 'रंगइया चमार' भी कहा जाता था। परन्तु कच्ची खालों की बदबू शहर के वैश्यों, ब्राह्मणों, कायस्थों को बर्दाश्त नहीं होती थी।

कम्युनिस्ट आन्दोलन के दौरान कुछ ऊँची जातियों के कॉमरेड कैडर निर्माण करने के उद्‌देश्य से इन 'बहिष्कृत-बस्तियों' की ओर उन्मुख हुए। इनमें मदन दीक्षित, कृष्ण दीक्षित और दूल्हा खाँ आदि प्रमुख थे। कालान्तर में इन्हीं बस्तियों के अपने उन्हीं अनुभवों पर आधारित मदन दीक्षित ने 'मोरी की ईंट' और 'बाहर दरवाज़ा' दो उपन्यास लिखे। 'मोरी की ईंट' में उन्होंने ब्राह्मण पात्र से वाल्मीकि महिला के अवैध बच्चा पैदा कर सवर्ण क्रान्तिकारिता का नमूना पेश किया।

'चुन्नी' दलित को बुरा लगता था कि लोग उनकी बस्ती को 'बदबू टोला' कहते हैं। उन्होंने अंग्रेज़ अधिकारियों से यह नाम बदलने की गुहार लगायी। कोई नाम नहीं सूझा। "यह मेरा मोहल्ला है, मेरा नाम चुन्नी है, यही रख दीजिए।" और चल पड़ा। मोहल्ला खुर्जा गेट जहाँ ब्राह्मण, बनिया और कायस्थों के बीच मदन दीक्षित एडवोकेट का निवास था। शहर के बाहर का एरिया चुन्नी मोहल्ला और वाल्मीकि संजय बस्ती थी, जिसमें भंगी, चमार, धोबी, कुम्हार, मौर्य बस्तियाँ थीं। ये दोनों जुड़वाँ बच्चों की तरह एक-दूसरे से जुड़ी थीं। फिर भी परस्पर एक-दूसरे को छोटा-बड़ा समझती थीं। 'बुद्ध' और अम्बेडकर से

सम्बन्धित आयोजन केवल चमार ही किया करते थे। यहीं मैं मुन्नालाल मौर्य के साथ गुलाब देवी, जो उन दिनों कांग्रेसी कार्यकर्ता थीं, बाद में भाजपा में मन्त्री बनीं, से मिला था। जब कॉ. दुबे की बेटी भावना दुबे ने एक मुस्लिम युवक से प्रेम विवाह किया तो गुलाब देवी ने उसकी पिटाई की थी। शायद ही कभी इन बस्तियों की बदहाली पर उनका ध्यान गया हो। एक-दो अपवाद छोड़कर इनमें अधिसंख्य का जीवन स्तर बहुत ही निम्न था। चमारों के पास न रहने को पूरी जगह थी, न रोज़गार, न शिक्षा, न स्वास्थ्य। महिलाएँ रबड़ जलाकर खाना पकाती थीं। बच्चे स्कूल जाने के बजाय सुबह उठते ही ब्रश-डिब्बी थैले में डालकर बूट पॉलिश करने निकल पड़ते थे। वाल्मीकि बच्चों के लिए वही झाड़ू लगाना तथा मल-मूत्र साफ़ करने का पुश्तैनी पेशा था। मैं इन्हीं अपने विपन्न भंगी-चमारों के बीच रह रहा था, जी रहा था। मेरी नानी, मौसी सब यहीं थीं। अंग्रेज़ी राज जाने और स्वराज आने का कोई सकारात्मक असर इन पर नहीं था। शिक्षा, व्यवसाय और सेवाओं पर काबिज़ हो केवल बनिये, ब्राह्मण और कायस्थ राज कर रहे थे। कॉमरेड शर्मा जातिविहीन समाज बनाने पर समाजवादी क्रान्ति घटित करने के प्रति अतिरिक्त आश्वस्त थे। सेंट्रल व स्टेट कमेटी तक के नेताओं को वे कहीं किसी होटल में नहीं, बल्कि अपनी बैठक में ठहराते थे। पण्डिताइन खाँटी घरेलू महिला थीं। उनकी रसोई पर दबाव पड़ता था। वह उनके लिए खाना बनाती रहती थीं। रसोई में हाथ बँटाने का कल्चर तो कॉमरेडों में था नहीं। मुझे उनके घर की स्थिति का आभास हो जाता था। उनका मन ख़राब होना स्वाभाविक था। सो, वे चिड़चिड़ा जाती थीं।

एक बार हम 'किसान सभा' के प्रचार अभियान पर निकले थे। 'नगली' के नत्थू सिंह प्रधान हमारे साथ थे। वे दलित थे। कहा जाता है, उन्हें ग्राम-प्रधान बनाने में कॉमरेड दूल्हा ख़ाँ का विशेष योगदान था। नत्थू सिंह दूल्हा ख़ाँ के न केवल सम्पर्क में थे, अपितु भूमि-संघर्ष के दौरान हिरावल दस्ता में थे। कॉमरेड शर्मा देर रात तक अध्ययन किया करते थे। बल्कि उन्होंने डिग्री कॉलेज में हिन्दी के प्रवक्ता बनने के लिए प्रथम श्रेणी लाने का ऐलान कर, अध्ययन में रात-दिन एक कर दिये थे, परन्तु पहली साल में मात्र उत्तीर्णांक आने से निराश होकर एम.ए. करने का इरादा छोड़ बैठे थे। उनके पास पार्टी साहित्य बड़ी मात्रा में जमा था, किन्तु उन्हें अपने लिखे पर भरोसा नहीं था। एक पत्र भी लिखते तो सीधे मदन दीक्षित के घर जाते थे, उन्हें पढ़वाते, उनसे सुझाव लेते और तब ही कहीं भेज पाते थे। दीक्षित जी बड़े स्वाध्यायी और अनुभवी वकील थे। उनके छोटे भाई कृष्ण कुमार दीक्षित 'अजय

भवन' दिल्ली से प्रकाशित होने वाले 'मुक्ति संघर्ष' के सम्पादक थे। कॉमरेड शर्मा से मेरा परिचय अनुभव की दृष्टि से सार्थक रहा। हम एक-दूसरे के काफ़ी सहयोगी रहे। कॉमरेड शर्मा मुझे तथाकथित क्रान्तिकारी साहित्य पढ़वाते थे, अध्यापन के साथ-साथ किसानों-नौजवानों में काम कर रहे थे। मैंने उनके साथ दर्जनों गाँवों की पैदल यात्राएँ की थीं। वे वर्षों हमदर्द की तरह रहे। पर वे वर्ग संघर्ष स्वीकार करते थे और वर्ण-भेद को समाप्त करने के नाम से ऐसे बिदकते थे जैसे लाल वस्त्र देखकर साँड़ बिदकता है। उनका मानना था कि जाति-वर्ग के भेदभाव तो क्रान्ति अपने आप समाप्त कर देगी। हम कोई जाति भेद मानते ही नहीं। एक हद तक वे सही थे, अस्पृश्यता उनके यहाँ थी नहीं। भंगी, चमार किसी के भी घर खा सकते थे। अपनी थाली में खिला सकते थे। डॉ. अतीकुर्रहमान के बेटे को तो उन्होंने अपने बेटे की तरह घर पर रखकर पढ़ाया पाला था। शुरू में उन्होंने काफ़ी संघर्ष किया। ईमानदारी भी दिखाई। सपा में उनका राजनीतिक पतन हुआ। मण्डल के बाद क्रान्तिकारी आवाज़ के उतार में साथियों की मार्फ़त ऐसे आरोप मेरे कानों में आये जो मेरे लिए दुखद थे। सपा में जाकर वे अपने सिद्धान्तों के ख़िलाफ़ घोर जातिवादी ब्राह्मण हो गये। बसपा पर साम्प्रदायिक दल (भाजपा) से समझौते के विरोध के नाम पर वे सपा के यादवों द्वारा दलितों ख़ासकर जाटवों पर गाँव-गाँव हमले शुरू हुए तो भगवानदास दबंग अजगर के अगुआ बन गये, बल्कि सपा के जिलाध्यक्ष बन् खुद सशस्त्र सुरक्षा गार्डों के साथ चलने लगे, जबकि उत्तर प्रदेश की बहुजन राजनीति के सर्वाधिक लाभार्थी ब्राह्मण होते थे। सरकार सपा की होती या बसपा की वे मलाईदार मन्त्रालय क़ब्ज़ा लेते थे।

उनके साथ का वह समय साक्षी है, उस वक़्त के कॉमरेड शर्मा एक आदर्श चरित्र थे। दूल्हा ख़ाँ के साये में रहते उन्हें सम्मान मिला और उनका दलित विरोधी ब्राह्मणत्व भी नियन्त्रित रहा। 'ख़ाँ' नहीं रहे तो कॉमरेड शर्मा भी ब्राह्मणवादी चरित्र में लौट आये। 'मुशर्रफ अली' ने बताया था—"भगवानदास ने बेटी की शादी के निमन्त्रण कार्ड पर सपा के राज्यस्तरीय ब्राह्मण-नेताओं के नाम आयोजक रूप में छपवाकर धन उगाही की थी।"

शहरिया की पदयात्रा

कोऑपरेटिव में किसानों के ख़िलाफ़ हुई धाँधलियों के विरुद्ध हम गाँव-गाँव पद यात्रा करते हुए शहरिया गाँव पहुँचे थे। वहाँ कथित उच्च जातियों के किसानों के यहाँ दावत का आयोजन हो रहा था। कॉमरेड शर्मा का भाषण सुनकर किसानों

ने कहा था, बिलारी तहसील पर होने वाली सभा के लिए हम अपने गाँव से दो-दो ट्रैक्टर लेकर आयेंगे और चन्दा जमा कर आपकी पूरी मदद करेंगे। दावत चल रही थी। सो, उन्होंने हमें भी खाना-खाने के लिए पंगत में बैठाया। थालियों में खाना परोसा गया। मैं, कॉ. शर्मा और नत्थू सिंह प्रधान; तीनों एक पंक्ति में बैठे गर्म-गर्म पूड़ियाँ, आलू, काशीफल, दही-बूरा बड़े चाव से खा रहे थे। उसी वक़्त एक यादव और जाट किसान ने नत्थूसिंह को पहचाना, "अरे! यह प्रधान तो नगलिया का चमार है। यह हमारी चौपाल में बैठकर खाना खायेगा?...और ये दोनों भी छोटी जाति के ही होंगे। **यह काला मुच्छड़ तो सौ फ़ीसद भंगी ही होगा।**" कॉमरेड शर्मा को उसने भंगी कहा। उनका रंग साँवला था, मूँछें लम्बी थीं। खादी का सफ़ेद कुरता-धोती उनका पहनावा था। ये तो ब्राह्मण हैं, ये अछूत नहीं हैं। हमने सफ़ाई पेश करने का प्रयास किया, परन्तु किसानों का क्रोध कम नहीं हुआ। हमें खाने के आसन से अपमान के साथ उठना पड़ा।

"तुम लोग, अभी तुरन्त गाँव से बाहर निकल जाओ।" हम भोजन के स्थान से उठा दिये गये। शर्मा ने भी उन्हें समझाया, "देखो भाई मैं कॉमरेड हूँ, कोई चमार-भंगी नहीं हूँ। ब्राह्मण हूँ पर जहाँ पर मेरे साथियों का अपमान होता हो, वहाँ मैं हरगिज खाना नहीं खाऊँगा। यह जाति भेद गाँव की तरक़्क़ी और 'किसान एकता' के लिए अच्छा नहीं है।"

"देखा कॉमरेड, हमारे यहाँ किसी हद तक जाति की कोई समस्या नहीं है?" वहाँ से हम बकैनिया में मौसा देवीदास जी यहाँ पहुँचे। यह मेरे गाँव का है। वहाँ उनके भतीजे गुलाब दर्ज़ी से मुलाक़ात हुई। भाभी और बेटी हमें खाना खिला रहे थे कि तभी तेज़ आँधी-तूफ़ान आ गया, उसे थमने तक हम वहीं रुके रहे।

मैंने 1983-84 में सीजीओ कॉम्पलेक्स (जे.एल.एन. स्टेडियम), दिल्ली में रेडियो कर्मचारी पद के लिए एक साक्षात्कार दिया था। तब मुझसे सामान्य ज्ञान के तौर पर चन्दौसी के रीजनल रेलवे ट्रेनिंग स्कूल के बारे में पूछा गया था। मैस यूनियन के साथियों के पास मैं कॉ. शर्मा के साथ मिलने जाया करता था। यदा कदा मैस के साथियों के साथ खाना भी खा लिया करता था। **कॉ. चन्द्रपाल** मैस यूनियन के सचिव हुआ करते थे। यूनियन साथियों की सेवा सम्बन्धी केस में कॉमरेड उनकी कितनी और क्या मदद कर पाये, मुझे पता नहीं।

मामा अमरसिंह–'ख़लीफ़ा'

मामा की देह बड़ी आकर्षक थी। उनकी शारीरिक संरचना नाना-नानी जैसी, लम्बी-चौड़ी क़द-काठी थी। उनका चेहरा चौड़ा, मूँछें बड़ी और पहनावा हमेशा ही

एक छींट का या पट्टे का धवल कुर्ता होता था। वे मुस्लिम पठान की तरह रहते थे। उसके अलावा मैंने उन्हें कभी अन्य किसी पोशाक में नहीं देखा। चन्दौसी में 'अप्सरा टॉकीज', 'लक्ष्मी टॉकीज', 'अजन्ता टॉकीज' और रेलवे स्टेशन मामा के रिक्शा खींचने के ख़ास स्थान थे। उनकी गाढ़ी कमाई हिन्दू बाबाओं के प्रति आस्था सेवा में निकल जाती थी। वे हर नयी फ़िल्म देखते थे। कई अभिनेताओं से अपनी तुलना करते थे। पर स्त्री जाति से ऐसी विरक्ति थी कि कभी उन्हें कोई अभिनेत्री अच्छी लगी हो, उन्हें तारीफ़ करते कभी नहीं सुना। देवानन्द उनके ज़हन पर हावी थे। शिक्षा से उन्हें गहरी विरक्ति थी।

मामा की दृष्टि में सबसे वाहियात काम पढ़ना-लिखना था। शायद ही ऐसी कोई शाम हो जब वे दारू पीकर न आये हों। उनके पीने से मुझे क्या परेशानी होती, अगर वे चुपचाप आकर आराम करते, परन्तु वे लगातार बोलते, गालियाँ देते रहते। पढ़ने में पूरा डिस्टर्बेंस क्रिएट करते थे, बल्कि उनकी माँग होती, "अगर तूने कहीं से भी खाना बनाया-खाया है तो मेरे लिए बनाकर क्यों नहीं रखा?" चन्दौसी में रहते सबसे बड़ा संकट था मेरा किसी तरह की आय का कोई ज़रिया न होना। मुझसे अपना ख़र्चा भी निकालना मुश्किल हो रहा था, फिर मैं मामा का पेट कैसे भरता?

मामा अमरसिंह ख़लीफ़ा

खाना तो दूर चाय-नाश्ता भी नसीब नहीं था। अक्सर ख़ाली पेट कॉलेज की ओर भागता था। कक्षाएँ समाप्त होते ही चुन्नी मोहल्ला की ओर वापस होता था। मेरा आना-जाना पैदल ही होता था, जबकि मेरे साथी छात्र-छात्राएँ रिक्शे, साइकिल या मोटरसाइकिलों से आते-जाते थे। पेट की आग खाना माँगती। विद्या की भूख थोड़ी शान्त जगह चाहती, जहाँ सुकून से बैठ कर पढ़-लिख सकूँ। सड़क के दोनों ओर कहीं कड़ाही में दूध खौल रहा है, कहीं चाट-पकौड़े बिक रहे हैं, कहीं होटल पर खाना खुला है, परन्तु जेब में एक पैसा नहीं तो मेरे लिए तो कुछ भी नहीं है। सब कुछ अनुपलब्ध के समान था। मेरे साथी मुझे कई बार बुलाते "श्यौराज आओ चाट खाते हैं। कुछ मीठा खा लो आदि।" मैं जानता था दोस्ती में अदला-बदली होती है। एक बार खा लिया, तो

अगली बार खिलाना भी होगा। जेब में पैसे न आज हैं, न कल होंगे। पेट में खाना नहीं हैं, भूखा हूँ, यह किसी को बता नहीं सकता था। अपनी खुद्दारी, अपना आत्मसम्मान सुरक्षित रखना था। यदि नहीं रखा होता तो मैं आज यहाँ नहीं होता। नानी के घर में एक-दो दिन को भी खाद्य-सामग्री नहीं रहती थी। यदि मैं रखता भी तो मामा नहीं रखने देता। वह ख़ुद खाता और ज़्यादा देखता तो परजीवी साधु-सड़ेलों को पकड़ लाता था। "ये नागा हैं, ये ठड़े-सरी बाबा हैं। भभूत ही लपेटते हैं, इन्हें सुल्फा-चिलम बनाओ, नाश्ता कराओ। शिव-भोले के पुजारी हैं, भाँग-धतूरा पीते हैं। सेवा करो तो आशीर्वाद देते हैं।"

बचपन में अम्मा के साथ जब मैं चन्दौसी के रेलवे स्टेशन के बाहर आता था तो मैं अक्सर रिक्शे वालों में मामा को ढूँढ़ा करता था। कभी-कभी मामा हमें अपने रिक्शे से नानी के घर छोड़ आते थे। वरना हम पैदल ही चल पड़ते थे। उन दिनों भी वे कभी-कभार पीते तो थे, परन्तु उन्हें पीने की लत नहीं थी। जैसे-जैसे उम्र बढ़ती गयी, लत भी बढ़ती गयी। उन्हें जितना पढ़ना-लिखना फ़िजूल लगता था, उसके ठीक उलट उतना ही प्रमुख हिन्दू-बाबाओं के प्रति श्रद्धा, सेवा और समर्पण ज़रूरी था। वे बाबाओं के लिए सुल्फा, भाँग और यहाँ तक कि शराब का भी इन्तज़ाम किया करते थे। बस्ती से बाहर बम्पुलस (नगर पालिका का सार्वजनिक शौचालय) से थोड़ा आगे मरघट के पास एक बाग़ था। एक दिन मैंने देखा कि वहीं नल के पास पेड़ों के बीच खड़ेश्वरी महाराज खड़े हैं। मामा उनके लिए नशे का इन्तज़ाम कर रहे हैं। वे खड़े-खड़े दारू गटक रहे हैं, मैं कुछ बोलता हूँ, तो डाँट कर भगा देते हैं। एक बार बाबा को दारू पीते किसी और ने देख लिया और बस्ती में उन्हें भोजन देने से मना कर दिया। मामा ने घर आते ही मेरे गाल पर चाँटा रसीद कर दिया, "बाबा का राज़ तूने ही खोला होगा।"

गुस्सा शान्त होते ही कहा, "तू भी बाबा की सेवा कर लिया कर, मैं तुझे किसी बड़े बाबा का चेला बनवा दूँगा। आराम से तेरे खाने-पीने का इन्तज़ाम हो जायेगा। शहर के धनी घरों की बहुएँ बैठे-बिठाये खीर-पूड़ी पहुँचायेंगी। इन किताबों में आँखें फोड़ने से कुछ हासिल नहीं होगा। मेरा कहा मान, तू भी बाबा का चेला बनकर कहीं निकल जा। बैठ कर खायेगा, मौज करेगा। लोग ख़ूब अच्छा खिलाते-पिलाते हैं। पाँव छूते हैं, सम्मान देते हैं। साधु बाबा रेलों-बसों में बिना टिकट यात्राएँ करते हैं।"

मामा एक दिन अपने साथ दो-तीन बाबाओं को घर ले आये और बोले, "चला जा इनके संग, 10-15 दिन में कमाना-खाना सिखा देंगे तुझे।" केवल पेट पालने के लिए जिया जाये तो विकल्प अच्छा था। बचपन में मेरे शिक्षक प्रेमपाल

सिंह यादव ने यह कहकर मेरा घर छुड़वाया था कि 'भविष्य में हम जनसेवा के लिए सन्त बनेंगे', परन्तु मैं जैसे-जैसे वैज्ञानिक दृष्टिकोण और तार्किक विचारों को अपनाता गया, उतना ही अधिक दुनियादार होता चला गया। मेरे लिए कोई और दुनिया, मोक्ष, कैवल्य, निर्वाण आदि सब काल्पनिक और अविश्वसनीय होते चले गये। नतीजा यह हुआ कि मामा ने मुझे 'गंगुर्रा' वाले मौसा जी द्वारा ख़रीद लिये गये नाना के घर से लात मारकर बाहर निकाल दिया।

उन दिनों तेजसिंह को पाली से मेरे पास भेजा गया था कि श्यौराज की सोहबत में जाकर कुछ पढ़ाई कर ले। हाई स्कूल तक वह मेरी सलाह से और मेरा भाई होने के नाते मेरे पुराने स्कूल चिरौरी से पढ़कर आया था। चन्दौसी में रहकर वह बारहवीं करना चाहता था। उसके लिए श्री भिकारी लाल ने दो किलो घी और कनस्तर भर आटा दिया था। परन्तु उसने रामकुमार की पत्नी से कहा, "भाभी जी, दादा (पिता) ने कहा है कि इसे श्यौराज पर ख़र्च मत करना, वो तेरा सौतेला भाई है।"

उन्होंने उसे डाँटा, इसलिए कि रामकुमार स्वयं अपनी माँ के पुनर्विवाह के समय साथ आये थे, परन्तु न तो घर-ज़मीन के बँटवारे में उन्हें सौतेला समझा गया था और न उनकी शिक्षा में कोई कमी रखी गयी, आख़िर रेलवे में बतौर गार्ड सर्विस में थे। शाम को उन्होंने मुझे बताया कि तुम्हारा भाई ऐसी-ऐसी बातें कर रहा था। उस दिन के बाद मैंने तेजसिंह से कहा कि तुम केवल अपना ख़र्चा उठाओ।

फिर भी तेजसिंह ने 'बूढ़ी माता' वाले मोहल्ले में एक कमरा किराये पर लिया तो मुझे भी रात गुज़ार लेने के लिए कह दिया। पर वह घर किसी बनिये या ब्राह्मण का था। चुन्नी मोहल्ले के बच्चे जो हमारे पास आते-जाते थे, उनके बारे में ये लोग भी जानते थे और उनके हाव-भाव-पहनावे बोलते थे कि वे 'चूड़े-चमारों' के बच्चे हैं। तो उनका कहना था कि तुम्हें चमारों में ही जाकर रहना चाहिए। तुम उच्च हिन्दुओं के घरों में किरायेदार नहीं रह सकते। उन्होंने जाति ज़ाहिर होने के तीन-चार घण्टों के दौरान हमसे कमरा ख़ाली करा लिया था, बल्कि तुरन्त ही हमारा सामान, जो बहुत कम था, घर से बाहर रखवाकर ताला लगा दिया था। एक माह का एडवांस दिया किराया भी वापस नहीं किया था। चन्दौसी में अब हम कहाँ रहते! तेजसिंह प्राइवेट पढ़ने के इरादे से अपने गाँव 'पाली' वापस चला गया और मैं फिर अपने मित्रों के पास या गाँव के किसानों-मजूरों की शरण में चला गया।

कॉमरेड दत्ता और कॉमरेड शर्मा दोनों नरौली इंटर कॉलेज में अध्यापक थे।

दत्ता साइंस पीजीटी थे और भगवानदास टीजीटी। दत्ता ट्यूशन कर कमाई पर अधिक समय ख़र्च करते थे। ख़ाली समय में ये दोनों दलित छात्रों को बरगलाया करते थे। इन्हें ब्राह्मण का नेतृत्व चाहिए था, सो एक सी.पी.आई में तो दूसरा सी.पी.एम में। आपसी सम्बन्धों में कोई मधुरता नहीं। वी.के. दत्ता 'जनवादी लेखक संघ' के नेता थे, जबकि लेखन के नाम पर उनकी हस्तलिपि ही अच्छी थी। सो, वे नारे-पोस्टर अच्छे लिखा करते थे। इसी दम पर वे 'जलेस' के सचिव हुआ करते थे। कॉमरेड शर्मा सी.पी.आई. में थे। ये दोनों वैचारिक रूप से मार्क्सवादी थे, जातिविहीन समाज बनाने के लिए स्वयं को समर्पित क्रान्तिकारी मानते थे। दत्ता की तुलना में शर्मा का आर्थिक चरित्र अच्छा था। परन्तु यदि इन दोनों के जात्याभिमान के प्रतीक ब्राह्मण सूचक 'सरनेम' छीन लिये जाते तो दोनों आत्महत्या कर लेते'। कहते, ''ऐसी सामाजिक क्रान्ति भाड़ में जाये जो हमसे हमारा ब्राह्मणत्व छीनना चाहे।''

राकेश के नेतृत्व वाले ग्रुप ने जाति सूचक सरनेम हटा दिये थे। उन्होंने सक्सेना हटाकर 'रफीक' लगाया। प्रदीप कुमार शर्मा ख़ाली 'कुमार प्रदीप' हो गये थे। विजय बहादुर सक्सेना 'विजय आलम' हो गये थे। ये हिन्दू-मुस्लिम साम्प्रदायिकता की दृष्टि से उठाये गये क़दम थे, परन्तु जातिभेदवादी वर्ण-निर्वर्ण वाले भेदभाव पर कोई असर नहीं था। वे मुस्लिम सरनेम जोड़ सकते थे। दलित का **भंगी-चमार अथवा माँग-महार माला, मदगा नहीं जोड़ सकते थे यानी हिन्दू-मुसलमान मिश्रित पहचान बना सकते थे। दलित के साथ नहीं बना सकते।**

मैंने तथाकथित प्रगतिशीलता पर सोचा। वहाँ हिन्दू-मुस्लिम भाईचारे की अच्छी कोशिश हुई है। साहित्य के इतिहास में तरक़्क़ी पसन्द लेखकों की मुहिम काफ़ी असरदार रही है। गीत-संगीत के माध्यम से सांस्कृतिक चेतना जगाई गयी। भाईचारे को प्रोत्साहन मिला। 'तू हिन्दू बनेगा न मुसलमान बनेगा, इन्सान की औलाद है, इन्सान बनेगा।' ऐसी गंगा-जमुनी तहज़ीब भी हिन्दू-मुसलमानों तक सीमित रही। तीस करोड़ 'बहिष्कृत-भारत' से तो इनका कोई वास्ता ही नहीं रहा।

यह साझा भाव हिन्दू-मुस्लिम लेखकों की साझा मुहिम के कारण आया था। दलित वहाँ भी अछूत था। शैलेन्द्र जैसा शायर वहाँ अपनी जातीय पहचान चमार के साथ नहीं था। इसलिए उन हिन्दू-मुस्लिम कवियों ने दलित बहिष्कार के साथ इन्सान बनने की बात कही। यदि उन ग़ैर-दलित कवियों में कोई मेरे जैसा दलित कवि समानता का वातावरण बना रहा होता तो ज़रूर कहता—

न तू ब्राह्मण बनेगा, न तू अछूत बनेगा,
तू भारती है, भारती का पूत बनेगा।।
तोड़ेगा सामाजिक, गुलामियों की बेड़ियाँ
समता-स्वतन्त्रता का, अग्रदूत बनेगा।।

कीचड़ में मार्क्स और अम्बेडकर–जिन दिनों मैं चुन्नी मोहल्ले में गंगुर्रा वाली मौसी को दे दिये नाना के घर में रह रहा था, तब मामा अमरसिंह इसके साथ वाले कमरे में रहते थे। मौसी के कमरे की चिनाई मैंने स्वयं की थी। तब मेरे साथ के ग्रेजुएशन के छात्र-छात्राएँ जो इस मोहल्ले में थे, चकित होते थे कि देखो श्यौराज कैसे राजमिस्त्री का काम कर रहा है!

मैं गाँव से कनस्तर में दस-पन्द्रह किलो आटा लेकर आया था। इस कमरे में चूल्हा था। मैं सुबह शौच को जाता तो बाग़ की ओर से जलावन लकड़ियाँ बीन लाता था, चुन्नी मोहल्ला शहर के बाहर उसी तरह बसा था, जिस तरह गाँव के बाहर बहिष्कृत जातियों को दक्षिण में बसाया जाता है। यहाँ भी दलितों को शहरों के स्लम्स में रहने के लिए मजबूर किया जाता था। जब मैं खाना बनाता था तो मामा के लिए भी बना लेता था। एक बार जब आटा ख़त्म हो गया तो उन्होंने कहा, “कहीं से आटा ला और मेरे लिए रोटी बना।”

मैंने कहा, “मैं कहाँ से लाऊँ? मेरे पास पैसे नहीं हैं, मैं तो विद्यार्थी हूँ। आपकी आय का ज़रिया तो रिक्शा है, लेकिन मेरी आय का कोई ज़रिया नहीं है।”

“तो चल मैं तुझे रिक्शा चलाना सिखाता हूँ।”

“मैं कैसे चलाऊँगा मेरे तो घुटनों में गठियाबाय का दर्द रहता है।”

“तो तुझे पढ़ने के लिए समय और भूख के लिए खाना तो चाहिए। पर आयेगा कहाँ से? तो तू पढ़ना छोड़ और कहीं कोई दूसरा काम कर या इस घर से कहीं दूर चला जा। क्या तेरा बाप कह मरा था कि रोटी-कपड़े मिलें न मिलें, तुझे पढ़ते रहना है?”

मामा कठोर स्वर में बोला तो मैंने कहा–“मैं कहीं चला जाऊँगा, मुझे थोड़ा वक़्त दो।” पर मामा का समाधान नहीं हुआ। मौसी-मौसा गाँव में थे। घर ख़ाली था। फिर भी उन्हें अन्देशा हुआ कि पढ़ने वाला लड़का है। नानी-नाना का घर होने के नाते कहीं ख़रीदे हुए घर में अपना नाम न डलवा ले। इसलिए वे भी मुझे घर से निकाल देना चाहते थे। मौसा जी द्वारा मामा को उकसाने का यह सबसे आसान बहाना था।

मैं भूखे पेट बाहर निकला। "कहाँ रहूँगा? किराये पर भी यहाँ कौन मुझे घर देगा और देगा भी तो मैं किराया कहाँ से दूँगा? 'अम्बेडकर छात्रावास' में रह नहीं सकता। वहाँ दलित छात्र ही असहयोग करते हैं। माहौल ख़राब है। वहाँ पढ़ाई नहीं हो सकती।" मेरी ज़ेब में पैसे नहीं थे। देर रात वापस लौटा तो देखा घर के बाहर नाली के आसपास मेरी सारी कॉपी-किताबें फेंकी हुई पड़ी हैं। किसने फेंकी हैं? किसी से जानने-पूछने की ज़रूरत नहीं थी। मामा नशे में धुत्त बैठे गालियाँ बक रहे थे, "यहाँ पढ़ने को रहेगा और मेरे लिए खाने का इन्तज़ाम नहीं करेगा। भाग जा यहाँ से। उठा ले जा अपनी किताबों-कॉपियों को, नहीं तो मैं इन्हें कूड़े में फेंक दूँगा।"

मैंने देखा, किताबों की शक्ल में नाली में कहीं मार्क्स पड़े थे, कहीं गांधी जी, कहीं **मिखाइल गोर्बाचेव**, कहीं **गोर्की**, कहीं **स्तालिन**, कहीं **लेनिन**, तो कहीं **अम्बेडकर**, कहीं **फुले**, कहीं **ख़ून के छींटे इतिहास के पन्नों पर** पड़े हुए थे। कहीं 'मधुशाला' के रूप में **हरिवंशराय बच्चन**, कहीं 'भागो नहीं दुनिया को बदलो' में **राहुल**, कहीं **कबीर, रैदास**, तो कहीं **साहिर**, कहीं **कैफ़ी आज़मी** और कहीं **निराला**, कहीं **मुक्तिबोध** और कहीं **सत्यार्थ प्रकाश** के रूप में दयानन्द सरस्वती पड़े थे। किताबों की शक्ल में जिन्हें मैं वर्षों सीने से लगाये रहा, उनकी ऐसी दुर्दशा? आदत तो ऐसी थी कि सोता भी था तो कोई न कोई किताब छाती पर रखकर पढ़ते-पढ़ते ही नींद आती थी। वैसे भी सौ-दो सौ किताबों के अलावा मेरे पास और कुछ था भी नहीं। एक सर्वहारा के पास इतनी सारी किताबें कहाँ से आ गयी थीं? इसमें सोवियत साहित्य पिछले पाँच-छह सालों में निःशुल्क ही मेरे पास आया करता था। दूसरा हरि बुक डिपो पुरानी किताबों का भी केन्द्र था। मैं दुख भरी आँखों से बिखरी किताबों का नज़ारा देख रहा था। क्या करूँ, अब ये किताबें कहाँ ले जाऊँ? किताबों में कोर्स की तो थीं ही, साथ ही ढेर सारा रशियन लिट्रेचर भी था।

बराबर में रामकुमार (गाडी) का मकान था। ननिहाल के रिश्ते से मैं उनका अंकल था, परन्तु उम्र में वे मुझसे बड़े थे। मैं उन्हें भाई साहब और उनकी पत्नी को भाभी जी कहता था। वे इंग्लिश में एम.ए. थीं। किताबों की क़ीमत समझती थीं। वे मेरी अध्ययनशीलता का बड़ा सम्मान करती थीं। अतः उनकी बैठक के एक कोने में किताबें रख देने की प्रार्थना की। उन्होंने रखवा लीं और मैं मदद के लिए कॉमरेड भगवानदास शर्मा के घर गया। उन्हें किताबों की कथा बतायी

तो वे उसी वक़्त मेरे साथ-साथ चले आये। हालाँकि यह आधी रात के बाद का वक़्त था। उस समय सारी बस्ती, सारा शहर सोया हुआ था।

शर्मा रिक्शा में कुछ किताबें उठवाकर अपने घर ले गये और कुछ उसी खुली बैठक में रख दी गयीं। आकर्षक रशियन काग़ज़ की कई किताबें बच्चे उठा ले गये। मैं क्या करता? पठनीय सामग्री बचा पाने की मुश्किल मेरे साथ शुरू से ही रही। यहाँ तक कि मेरे शैक्षिक दस्तावेज़ भी कहीं सुरक्षित रखने की जगह नहीं थी। गाँव में भी मेरे छोटे भाई की पत्नी ने एक बार मेरी किताबें रद्‌दी में यह कहकर बेच दी थीं कि इनसे पीछा छूटेगा तो ये कुछ काम-धन्धा करेंगे। यहाँ तक कि मेरे नाम आये ढेर सारे पत्र भी उसने रद्‌दी कहकर निकाल दिये थे। भगवानदास के यहाँ भी हर कोने में किताबें भरी रहती थीं। फिर भी उन्होंने बैठक में बनी स्लेप पर कुछ किताबें रख दीं। कॉ. शर्मा तब तक मेरी मुसीबत में साथ थे, जब तक मैं केवल वर्ग संघर्ष की बात करता था, किन्तु जब मैं दलित चेतना के साथ अस्पृश्यता का प्रश्न उठाने लगा, दलितों के प्रति होने वाले जाति-उत्पीड़न पर बोलने लगा तो मेरे दोस्त ही दुश्मन बनने लगे। यह अजीब था कि **सवर्ण-कॉमरेड दलितों को जगायें तो क्रान्तिकारी कहलायें और दलित ख़ुद दलितों को जगाने लगें तो वह प्रतिक्रियावादी और संकीर्ण जातिवादी कहलायें**। यह स्थिति केवल भगवानदास शर्मा की ही नहीं थी बल्कि बिलारी के राकेश 'रफीक', मुशर्रफ़ अली की भी थे। कॉमरेड शर्मा ने तो चन्दौसी में हुई एक आम सभा में मुझे बोलने तक नहीं दिया था कि ये अब जातियों का आन्दोलन चलाते हैं, उन्हें क्रान्तिकारी वर्ग संघर्ष से क्या लेना-देना?

मैं तेरी मेहमान

गाँव में रामभरोसे के विवाह का आयोजन था। मैं चन्दौसी से शाम को घर पहुँचा तो घर में बहन माया, बुआएँ और मौसियाँ मौजूद थीं। अम्मा ने बताया, "तेरी गंगुर्रावाली मौसी ने रामसिंह (बेटा) को एक बऊ खरीद ली है।" "क्या मतलब?"

"ख़रीदी है?"

"हाँ...बऊ बाहर की है, तीन हज़ार रुपया लेकरके उसे किसी ने रामसिंह के संग भेज दिया है।"

"कहाँ है?"

"छत पर बैठी है, तेरी मौसी संग लायी है।"

"तो विधिवत् ब्याह करना चाहिए। तहसील में जाकर मैरिज-रजिस्ट्रार से शादी का प्रमाण-पत्र लेना चाहिए।" मैं इस तरह की बातें कर रहा था। तभी मौसी मेरे पास आयी और कहने लगी—"बेटा, करि तो लई है पर बऊ लड़का कूँ पसन्द नांय कत्ति है। कहत है यह तो कुछ भी पढ़ा-लिखा नहीं है, गँवार है। इसका रहन-सहन गँवारों का है। मुझे पसन्द नहीं है। अब जा बहू के रहन के लक्षण तो नांइ है बेटा। मोइ तो डरू है कहूँ घर के बर्तन-भांडे लैकें रात-बेरात काऊ के संग भाग न जाये। तू मेरी सुन बेटा। तू पढ़ि रहो है, तोइ पसन्दि करि लेगी। तू जाइ अपने घर रख लै और रामसिंह कूँ कहूँ गाँव की अनपढ़ जाके जोड़ की लड़की तें ब्याह करायी दै।"

मैं सुनकर हैरान था। मौसी कैसा बोझा मेरे कन्धों पर डालने आयी है।

"मौसी, यह तुम क्या कह रही हो? बिना सोचे-समझे किसी स्त्री को मेरे गले बाँधना चाहती हो। मेरी पढ़ाई ने तो अभी मेरी रोटी का भी इन्तज़ाम नहीं किया है। मैं किसी और का बोझा अपनी पीठ पर कैसे उठा सकता हूँ?" मौसी ने सुना ज़रूर पर, मुझे लगा उसका समाधान नहीं हुआ है।

उसने अम्मा को राजी कर लिया और यह सब उस कथित बहू ने भी सुन लिया। मौसी ने उसे दबे स्वर में बताया, "तू मेरे बेटे को पसन्द नांय करे है, जा कूँ पसन्द कर ले जो पढ़-लिख रओ है।"

रात को जब सब सोने लगे तो घर में से हल्की-हल्की सीटी का स्वर मुझे सुनाई दिया। मौसी ने छत पर से उतरकर मुझसे कहा—"बेटा, बहू रातभर सीटी बजाती रही है।"

"क्यों बजाती रही है आपने पूछा?"

"कह रही है, मैं इसी घर में रहूँगी। तुझे बुलाकर बता देना चाहती है। मेरे संग चलि, मैं तेरी बात कराऊँगी।"

मैं मौसी के साथ घर के अन्दर आ गया। बहू बोली—"मैं गंगुर्रा वापस नहीं जाऊँगी। मैं पढ़ी-लिखी हूँ, मैं किसी अनपढ़-गँवार के साथ नहीं रहूँगी। माँ जी कह रही हैं तुम पढ़-लिख रहे हो, इसलिए मुझे पसन्द हो। मुझे इसी घर में तुम्हारे साथ रहना है। इन्होंने मुझे ख़रीदा है। पर, मैं तुम्हारे साथ मुफ़्त में रहूँगी।"

मैं समझ रहा था 'मुसीबत मुफ़्त आये या पैसे पर, होती वह मुसीबत ही है।'

"मैंने तुम्हें कभी देखा नहीं, जाना नहीं, चाहा नहीं। तुम बिना मेरी मर्ज़ी के मेरी पत्नी बनकर मेरे घर में कैसे रह सकती हो! भाई की शादी के बाद यहाँ कोई नहीं रहेगा। मैं तो ख़ुद पढ़ाई के लिए शहर जाऊँगा, तुम यहाँ क्या

खाओगी? मेरी तो तुमसे यही पहली और आख़िरी मुलाक़ात है। तुम मेरे गले क्यों पड़ रही हो?"

मैंने देखा अम्मा, मौसी, बुआ सब उसे उकसाकर मेरी घेराबन्दी कर समझाने लगीं—"बेटा, जो रामसिंह कूँ छोड़ि जाइगी तू रख ले। घर बैठे लक्ष्मी आ गयी है। आख़िर देर-सबेर ब्याह तो तू करेगो ही।"

मुझे गुस्सा आया—"आप समझतीं नहीं, मुझे ख़ुद का पेट भरने को दाने नहीं। जाने कैसे-कैसे पढ़ाई कर रहा हूँ। तुम क्यों मेरे गले पड़ रही हो? घर आये मुझे घण्टा भर भी नहीं हुआ है और तुम सब मेरे सपनों की हत्या करने पर आमादा हो रही हो? क्या दुश्मनी है तुम्हारी मेरे साथ?"

मैंने ऐसा कहा तो वह बोली—"अगर तुम इनकार करोगे तो मैं तुम्हें सबक सिखा दूँगी। तुम्हारी माँ, मौसी, बुआ, बहन सब मेरे फेवर में हैं।"

घर छोटा होने के कारण उसकी ये बातें सब सुन रही थीं। मेरे इस तरह के शब्दों से वे रुकीं और मैंने गाँव में रुकने की योजना रद्द कर दी। सुबह होने का इन्तज़ार छोड़कर थैला उठाया और चल पड़ा। पर आधी रात जाता कहाँ? इसलिए गाँव के बाहर बने फूलसिंह के घर का दरवाज़ा खटखटाया। सारा वाक़या भूरी मौसी को बताया और वहीं छत पर रात काटी। मुँह-अँधेरे गाँव से चन्दौसी को भाग आया इतना बोल कर—

"जा रहा हूँ, समय मिला तो बारात में मिलूँगा। पर घर नहीं आऊँगा।"

कुछ साल बाद मौसी के इस बेटे की दूसरी शादी 'पथरा' गाँव से हुई। मैं भी बारात में गया था। "उस बहू का क्या हुआ? कहाँ गयी वह?" मैंने रामसिंह से पूछा तो उसने बताया, "उसे गंगा पार छोड़ दिया, मतलब किसी और को बेच दिया।"

"छोड़ दिया! बेच दिया! क्या वह जानवर थी?"

मैंने प्रश्न किया तो वह उसकी कहानी सुनाने लगा—"मेरे बहनोई को पता चला कि यह बहू बहुत वाचाल है। उसका चाल-चलन ख़राब था। रंग अच्छा था, ढंग बुरा था। जो भी चमकता चेहरा देखती, उसी के पीछे भागती थी, तो उसे एक विधुर आदमी को सौंप देने के लिए हम चाचा, बहनोई चार-पाँच लोग उसे साथ लेकर गये। गंगा में सभी ने स्नान किया। वह घुटनों तक गंगाजल में घुसकर बोली—"मेरी देह बेचने ले जा रहे हो, मुझे दबी-ढकी घूँघट वाली बहू बनाकर, पर तुममें ऐसा कौन है, जिसने मेरी देह देखने की इच्छा नहीं की है? तो लो सब मिलकर एक साथ देखो मुझे।" और उसने अपनी साड़ी, ब्लाउज सब

गंगा की धारा में फेंक दिये और बदहवास-सी पागल की तरह मादर जाद नंगी खड़ी हो गयी और ज़ोर-ज़ोर से चीख़ने लगी—"तुम सब मर्द हो, औरत को नंगा देखना चाहते हो। सो, मुझे सब देखो, जी भरकर देखो। मैं अभी डूबकर मरूँगी। तुम मेरी लाश भी देखकर जाना।"

उसका यह रूप देखकर हमारे तो होश फाख्ता हो गये। चाचा और पड़ोसी तो वापस भाग खड़े हुए—"अरे! कोई देखेगा तो क्या कहेगा? इसे नंगी कहाँ ले जायेंगे? सँभालो इसे सँभालो, देखो कपड़े बहे जा रहे हैं इसके कपड़े, पकड़कर लाओ।" उसका ख़रीदार भागा-भागा गया और उसके साड़ी, ब्लाउज उठाकर लाया। उसके हाथ जोड़े, मिन्नतें कीं "भागवान भूत-सी खड़ी मत हो, वहीं पानी में बदन छिपाकर बैठ जा।" जाने कैसे मानी, उसके गीले कपड़े निचोड़कर रखे और वह आदमी जो नये कपड़े लाया था, उन्हें पहनाकर उसे ले गया। उसके बाद वह स्त्री उसके साथ गयी, पर साथ रही या नहीं रही—कोई ख़बर नहीं।

बरेली छात्रावास

यह संयोग की बात है कि बरेली के सुभाष छात्रावास में जिस छात्र ने मेरे साथ रूम साझा किया था, वह ओमकार आज मेरा फुफेरा साढू भाई है। उस पर अपनी पत्नी सन्तोष की दहेज हत्या का आरोप है। उन्होंने इसे आत्महत्या बताया। जिस समय छात्रावास के एक रूम में हम तीन छात्र थे। तब उसने मुझे काफ़ी परेशान किया था—"मैं तो ज़मीन-जायदाद वाला हूँ, मेरे पास इतने ड्रेस हैं, इतना पैसा है। तेरे पास क्या है? दो जोड़े कपड़े भी नहीं, तू मेरे साथ कैसे रह सकता है?" वग़ैरह-वग़ैरह। इसी व्यक्ति के कारण मुझे छात्रावास छोड़ना पड़ा था। मुझे रजत ने बताया कि इनके घर में तो मेरी बुआ की बेटी सन्तोष थी। उन्होंने आई.टी.आई. जैसा कुछ किया था। "मैं तो इंजीनियर बनूँगा। तू क्या बनेगा? बी.एड. कर टीचर? परन्तु इंजीनियर नौकरी नहीं लगी, तो ससुराल से माँग करने लगा। सन्तोष दुखी रहने लगी। हालाँकि ज़मीन थी। सन्तोष जलकर मर गयी या जलाकर मार दी गयी, उसकी चचेरी बहन कमला उनकी पत्नी बन गयी बाद में उनकी नौकरी भी लग गयी। हाँ, सन्तोष की बेटी आज 35 साल की हो चुकी है। नौकरी करती है। कहती है, "मैंने माँ को मरते देखा था, मैं शादी नहीं करूँगी।" रजत के पिता के निवास पर श्रीमती सन्तोष से पहली और आख़िरी दुआ-सलाम हुई थी।

अनुसूचित जाति के छात्रों के लिए समाज कल्याण विभाग द्वारा संचालित छात्रावासों में मैस की व्यवस्था नहीं थी। न चन्दौसी में, न बरेली में और न मुरादाबाद में। इससे दलित छात्रों में यूनिफॉर्मिटी और कलेक्टिविटी कॉर्पोरेशन की भावना नहीं थी। जो दलित छात्र अपने घर-परिवारों की ओर से सुपोषित थे वे घी, चावल, दालें आदि लाते थे, लेकिन मेरे जैसा कहाँ से लाता? जो लाते, वे दिखाते। सम्पन्नता की धौंस जमाते। ओमकार सिंह ऐसा ही मेरा एक रूम मेट था। जितना वह खाता-पीता था, झूठा-लफ़्फ़ाज और शेखीबाज़ भी नम्बर वन था। उसने मुझे छात्रावास में चार दिन भी रहना दूभर कर दिया था, जबकि वह स्वयं कोई ब्राह्मण, राजपूत या किसी ग़ैर-दलित जाति का नहीं था।

मेरे जैसे ज़रूरतमन्द छात्र को समय पर छात्रवृत्ति न मिलना ज़िन्दगी न मिलने जैसा था। छात्रवृत्ति संवैधानिक अधिकार की शक्ल में हासिल हो तो प्राप्तकर्ता के लिए गर्व का विषय होती है। अमल में आने के बाद हमारे देश में अधिकारहीन दलितों के हालात ग़ैर-दलितों की तुलना में बद से बदतर हो रहे हैं। संविधान में सामाजिक समानता लाने के उद्देश्य से आरक्षण के रूप में प्रतिनिधित्व देने की व्यवस्था की गयी थी, उसे रियायत, भीख, दया और दान के रूप में प्रचारित किया गया और कुछ भूमि-भवनों के स्वामी दबंगों ने आरक्षण माँगा तो वह भीख नहीं हिस्सेदारी और हक़ हो गया! कालान्तर में कुछ ऐसी छात्रवृत्तियाँ दी जाती हैं, जो प्राथमिक वेतन के समान हैं, बल्कि यूजीसी की जे. आर.एफ. और उसी के समान 'नेशनल फेलोशिप' मिलने लगी। मैंने और रजत ने अपने शोध कार्य बिना स्कॉलरशिप के ही पूरे किये थे। आज जब मैं यह लिख रहा हूँ दलित छात्र **रोहित वेमूला** की आत्महत्या का समाचार सुनकर दुखी हो रहा हूँ। मैं हैदराबाद यूनिवर्सिटी में उस जगह को देखने गया जहाँ हॉस्टल से बाहर वेमूला एक सामान्य-सा टैंट लगाकर रहता था, जहाँ उसने आत्महत्या की वहाँ उसकी छोटी-सी प्रतिमा स्थापित कर दी गयी है। उसे छात्रवृत्ति नहीं मिली थी। वह 40 हज़ार का क़र्ज़दार था। उसे स्कॉलरशिप मिल रही होती तो वह आत्महत्या नहीं करता। **प्रो. कालीचरण 'स्नेही'** ने 'मेरा बचपन मेरे कन्धों पर' को (साहित्य वार्ता में) 'प्रेरणा का पावर हाउस' लिखा था। उन्होंने कहा "यदि रोहित वेमूला ने श्यौराज सिंह की आत्मकथा पढ़ ली होती तो वह आत्महत्या नहीं करता।" मैंने आत्महत्या नहीं की, पर किसको पढ़कर? उन दिनों दलित छात्रों के साथ धोखा होता था, परन्तु मुझे एस.सी. छात्रों के स्कूल-कॉलेज के दिनों की छात्रवृत्तियों के बारे में अपना अनुभव दर्ज करना हो तो मैं क्या करूँगा?

यह बेहद दुर्भाग्यपूर्ण रहा कि आज़ादी मिलने के क़रीब 75 साल बाद दलित छात्रों को यह सहायता न तो सम्मानजनक तरीक़े से मिल पायी और न उनकी पढ़ाई-लिखाई में गुणवत्ता आयी, जो उन्हें उच्च स्तरीय (कुलपति, प्रिंसिपल, जज, सम्पादक आदि) पदों पर प्रतिनिधित्व दिला पाती। बल्कि प्राइवेट संस्थाएँ तो छात्रवृत्ति देती ही नहीं हैं। शिक्षा प्रतिभा को ज्ञान की स्पर्धा के बजाय चन्द वर्चस्व वालों के लिए व्यवसाय में बदल रही है, जो देश की ज्ञान व्यवस्था को विश्व पटल पर स्तरीय नहीं बना पा रहे हैं। वे राष्ट्र को क्षति पहुँचा रहे हैं। छात्रवृत्ति राशि भिखारियों जैसी तुच्छतर यानी 40 पैसे रोज़ की या उससे एक-दो पैसे कम-ज़्यादा। स्कूल के क्लर्क, टीचर, प्रधानाचार्य एवं अ.जा. विभाग के आला अधिकारी से लेकर अदना कर्मचारी तक ज़रूरतमन्द दलित छात्रों का मज़ाक़ उड़ाते थे। इसलिए कि 'पूना पैक्ट' के उपरान्त स्वराजवादी हिन्दुओं ने अपने साहित्य में, भाषणों में और पाठ्य पुस्तकों में कहीं भी यह नहीं समझाया कि आरक्षण अछूतों की सदियों के शोषण-सेवाओं का भुगतान है, ऋण अदायगी है, क्षतिपूर्ति का ज़रिया है। राष्ट्र की एकता और मज़बूती का मार्ग है। हमारा नैतिक दायित्व है। वे घूस लेकर छात्रवृत्तियाँ देते थे। समाज कल्याण विभाग में नौकरी करने वालों के रातोरात भवन खड़े हो जाते थे। वे दलित छात्रों का ही हिस्सा मारते थे। जो ग़ैर-दलितों के शब्दों में "सरकार के दामाद थे, वजीफ़ा के लिए पढ़ते हैं। इन्हें तो मुफ़्त में मिल रहा है।" वग़ैरह-वग़ैरह दलित छात्रों को व्यंग्य-बाण झेलने पड़ते थे।

दलित विरोध के लिए ब्राह्मण तो हर क्षेत्र में स्थायी रूप से बदनाम थे ही, परन्तु मेरे क्षेत्र में क्लर्क, टीचर वग़ैरह अधिसंख्य पिछड़ी (शूद्र) जातियों के होते थे। शायद ही कभी कोई ब्राह्मण रहा हो। दलित उत्पीड़न में इधर ब्राह्मण-ठाकुर नहीं थे, बल्कि भूमि-भवनों की सम्पन्नता के कारण गाँव में उनकी दबंगई चलती थी। यादव, लोध, जाट, गुर्जर आदि शूद्र जातियाँ दलित उत्पीड़न कर रही थीं। अनुसूचित जाति कल्याण कार्यालयों में उन दिनों कई कर्मचारी ख़ुद शेड्यूल्ड कास्ट के होते थे। वे जाति से हिकारत तो नहीं कर सकते थे, परन्तु वे भी ग़ैर-दलितों की तरह भ्रष्ट ज़रूर होते थे। उनकी असंवेदनशीलता और अकर्मण्यता की वजह मुझे लगती थी कि कुछ ठीक-ठाक खाते-पीते घरों के लड़के आरक्षण का लाभ लेकर नौकरियों में आ गये थे। जिनके दिलों में कमज़ोर सजातियों के प्रति कोई हमदर्दी नहीं थी। मुझे यह भी लगता था कि ऐसा सरकार के संज्ञान में है, क्योंकि जो जितना बड़ा अधिकारी वो उतना बड़ा

दलित शिक्षा का विरोधी था। उसकी कहीं शिकायत नहीं हो सकती थी। सरकार कहाँ है? किसको चिट्ठी लिखें और किसके आगे रोना रोयें? दोषी कोई एक सरकार नहीं, यह भेदभावपूर्ण समाज व्यवस्था का प्रश्न था। समाज में लोकतन्त्र नहीं, जाति-भेद और विषमता आधारित व्यवस्था, दलित छात्र हो या नागरिक उसे उसके अधिकार नहीं दिये जाते। नतीजा, देश में अशिक्षा, ग़रीबी और बेरोज़गारी कायम है। दलित क्वालिटी लाइफ़ का सपना भी नहीं देख सकता। स्वराज सवर्ण समृद्धों का राज हो गया। यह राष्ट्र की उन्नति के मार्ग में अवरोध था। इससे हम देश को अमेरिका, जापान जैसा अशिक्षा और ग़रीबीमुक्त देश नहीं बना सके।

भीख से तुच्छ वजीफ़ा और हिस्सेदार

कैसी मुसीबत थी, काम करो तो पढ़ने का मौक़ा नहीं, क्लास (कॉलेज) अटैंड करो तो कमाने का मौक़ा नहीं। काम के साथ पढ़ाई की व्यवस्था होती तो मेरे जैसा वित्तविहीन छात्र स्वाध्याय की अदम्य इच्छा के चलते कितना ज्ञानार्जित कर पाता। जीवन का एक हिस्सा अध्ययनहीन कार्यों में चला गया। पढ़ने की हसरत धरी-की-धरी रह गयी।

मैंने जब दसवीं पास की, तब तक वजीफ़े के एक पैसे की शक्ल नहीं देखी थी। पर सवर्ण हिन्दुओं ने यही कहा कि सरकार 'हरिजनों' (अ.जा.) सम्बन्धी कार्यालयों को यही नाम दिया था गांधी जी के अनुयायियों ने जबकि डॉ. अम्बेडकर के अनुसार 'हरिजन' का मतलब देव-दासियों की अवैध सन्तानों से था। इन्हें वजीफ़े देकर, फ़ीस माफ़ कर उन्हें मुख्यधारा में ला रही है। 'वर्ण-हिन्दू' स्वराज में दलित समानता के समर्थक नहीं थे। वे समाज को वर्ण भेदी धर्म-शास्त्रों से संचालित कर रहे थे। दलित छात्र प्राथमिक स्कूल से लेकर कॉलेज-यूनिवर्सिटी तक की पढ़ाई में उनकी दलित विरोधी मानसिकता के शिकार होते थे। 'पूना पैक्ट' में किये गये वायदे और विधिक सुधारों को ठण्डे बस्ते में डाल सरकारें सो गयीं। व्यवहार में वर्ण-धर्म मूलक कायदे लागू होते रहे थे। डॉ. अम्बेडकर ने बहिष्कार वाली प्रवृत्ति को भाँप कर **पृथक् निर्वाचन** की माँग की थी। गांधी जी ने आमरण अनशन कर भावनात्मक ब्लैक-मेलिंग की थी। गांधी समर्थक ब्राह्मण, वैश्य, कायस्थ आदि दबंग हिन्दुओं ने डरा-धमकाकर डॉ. अम्बेडकर को मजबूर किया। संयुक्तता में ही संस्थाओं में भागीदारी देने का वचन दिया, पर अब दलितों को शिक्षा सेवा में अघोषित बहिष्कार की स्थितियाँ पैदा कर दी गयी थीं। डॉ. अम्बेडकर ने सौ साल पूर्व जिन अनुसूचित जातियों को **बहिष्कृत भारत**

कहा था, वे आज निजी स्वामित्व वाली संस्थाओं से, विश्वविद्यालयों से, मीडिया से, सिनेमा से, व्यापार से बहिष्कृत ही हैं। **यह दुखद संयोग है कि हम 2027 में बाबा साहब के 'बहिष्कृत भारत' अख़बार का शताब्दी वर्ष मनाने जा रहे हैं और स्वयं को बहिष्कृत हुआ पा रहे हैं।**

उन दिनों वजीफ़ा एक तो दस महीनों का ही मिलता था। दूसरा, क्लर्क से लेकर डाकखाने तक में उसकी बन्दर बाँट होती थी। इसके लिए जाति प्रमाण-पत्र के अलावा आय प्रमाण-पत्र देने होते थे। ये प्रमाण-पत्र लेखपाल की रिपोर्ट, प्रधान की सिफ़ारिश, तहसील के क्लर्क और अधिकारियों को पैसे दिये बग़ैर नहीं बनते थे। जब आय प्रमाण-पत्र माँगने जायें तब तो और मुसीबत। क्लर्क जानता था कि कितनी आय सीमा में वजीफ़ा मिलेगा। वह जब तक जेब गर्म नहीं करा लेता था, सही आय लिखकर ही नहीं देता था। मेरे लिए यह सब करने में पढ़ाई के लिए निकाले गये समय की और मानहानि बराबर तकलीफ़ थी। मैं मन-ही-मन सरकार को कोसता रहता था।

इन सबसे बचकर जो वजीफ़ा राशि मिलती वह हर दिन के हिसाब से वर्ष के तीन सौ पैंसठ दिनों में बाँटने पर प्रतिदिन चालीस-पचास पैसे रोज़ की बैठती थी। जेब ख़र्च वालों को तो सही था पर जिसे रोटी-कपड़े का भी इन्तज़ाम करना हो उसके लिए यह मदद 'ऊँट के मुँह में जीरा' के समान थी, जबकि सवर्ण इससे सौ गुना पैसे रोज़ कहीं भी जेब ख़र्च में उड़ा देते थे। भिखारी को 'भीख जैसा वजीफ़ा' था सरकार का। क़ानून कल्याणकारी था पर समाज का असहयोग अकल्याण करने में लगा था। दलित विरोधी शोषक तत्त्व ग़रीब दलितों को संविधान प्रदत्त राहत को अधिकार कहने के बजाय चैरिटी कहा करते थे। इन्हें खाने को बचा हुआ खाना दे दो, पहनने को उतरन दे दो। इस तरह की परम्परागत धारणाएँ असंवैधानिक मान-मर्दन करने और आत्मसम्मान को आहत करने वाली होती थीं, जबकि संविधान प्रदत्त अधिकार-बोध मानव-गरिमा देने वाला था।

समाज कल्याण विभाग के पास ही पुलिस परिसर था। श्रीराम की मार्फ़त मैं एक पुलिस अधिकारी से मिला था, जिन्होंने मुझे बताया था कि एक लड़के ने जेल में रहकर बहुत अच्छी पढ़ाई की। मैंने पूछा, "उसके खाने-रहने, पहनने-ओढ़ने का ख़र्चा कौन वहन करता था?" तो उन्होंने बताया था, "जेल में सुबह नाश्ता, दोपहर लंच और शाम को डिनर, जो पढ़ते हैं उन्हें पढ़ने-लिखने को पूरा समय और पुस्तकें, कॉपियाँ सब मिलती हैं।" उनकी बातें सुनकर मैं अपनी

तुलना क़ैदियों से करने लगा था। मैं पढ़ना चाहता हूँ। ख़ूब मेहनत-मज़दूरी करता हूँ, लेकिन न तो भर पेट खाना मिलता है और न पढ़ने को वक़्त। मज़दूरी करूँ तो पढ़ूँ कब और पढ़ूँ तो खाऊँ क्या? खाने के लिए काम करूँ तो पढ़ने के लिए समय कहाँ से लाऊँ? मुझसे अच्छे तो क़ैदी हैं। गांधी-नेहरू के स्वराज ने अछूतों को कैसी ज़िन्दगी दी है?

मैंने पूछा, "क्या कहीं जेल से बाहर पढ़ने का समय नहीं मिल सकता? पार्ट-टाइम काम और पार्ट-टाइम पढ़ाई, यह भी नहीं हो सकता क्या?"

"नहीं हो सकता। यह तो पढ़ने वाले के माता-पिता करते हैं या वह खुद करें जो पढ़ना चाहते हैं।"

"जिसके माता-पिता ही न हों और उन्होंने कोई विरासत की प्रॉपर्टी भी नहीं छोड़ी हो तो वे क्या करें?"

"वो चाहे जो करें, जीयें या मरें। किसी की कोई ज़िम्मेदारी नहीं।"

मैंने कुछ देर सोचा और फिर उस पुलिस अधिकारी से पूछा, "तो क्या आप मुझे जेल में नहीं रखवा सकते?"

उसने हतप्रभ होकर मेरी ओर देखा कि मैं यह क्या कह रहा हूँ? सब लोग जेल से आज़ादी चाहते हैं और यह आज़ादी से जेल चाहता है।

"क्या तुम जानते हो कि तुम क्या कह रहे हो?"

"जी, जानता हूँ। मैं जेल में रहने की बात कर रहा हूँ। आप बतायें कि क्या आप मुझे जेल में रखवा सकते हैं?"

"जेल में रहना चाहते हो?"

"जी हाँ, आप कुछ मदद करेंगे ताकि में जेल में रहकर 'डिस्कवरी ऑफ इंडिया' की तरह 'डिस्कवरी ऑफ़ जस्टिस' लिख सकूँ।"

"बिल्कुल नहीं करेंगे। जेल में रहने के लिए तो तुम्हें पहले कोई क्राइम करना पड़ेगा। मतलब कोई मर्डर, डाका, चोरी-लूट वग़ैरह।"

"ये तो मुझसे नहीं हो सकेगा।"

"छोटी-मोटी चोरी, लूटमारी भी नहीं?"

"छोटी चोरी क्यों?"

"इसलिए कि बड़े चोर तो पकड़े नहीं जाते। सम्मान से जीते हैं। अपराध करते हैं और बड़े से बड़े वकीलों को ख़रीदकर बचाव में खड़े कर लेते हैं, क्योंकि चोरी का एक हिस्सा पुलिस, वकीलों, धर्म और मीडिया को प्रशस्ति में देते रहते हैं।"

पाली के पथ में

मैंने एक दिन पाली-मुकीमपुर जाने का फ़ैसला किया। ट्रेन स्टेशन पर काफ़ी विलम्ब से पहुँची। अतरौली तक का आख़िरी ताँगा मिला। आगे दस-बारह किलोमीटर रास्ता ऊबड़-खाबड़ था। मेरे पास थैले में कुछ किताबें-कॉपियाँ भरी थीं। अतरौली में न तो किसी होटल या धर्मशाला में ठहरने के लिए मेरे पास पैसे थे और न कोई परिचित था। साहस उन दिनों अतिरिक्त हुआ करता था। सो मैं चल पड़ा। रास्ते में कोई गाँव-क़स्बा नहीं था, बल्कि एक घनी बगिया हुआ करती थी। उस जंगल और पाली के पास जाकर ट्यूबवेल और उसके पहले एक प्याऊ हुआ करती थी। वहाँ एक जीर्ण-शीर्ण पुलिया थी। मैं तक़रीबन आठ किलोमीटर रास्ता तय कर चुका था। गन्तव्य अब अधिक दूर नहीं था। रात के ढाई-तीन बजे पुलिया के नीचे से तीन-चार लोग निकलकर मेरे आगे-पीछे खड़े हो गये। उन्होंने कड़क आवाज़ में कहा—"रख दे जो कुछ तेरे पास है।"

"मेरे पास तो कुछ किताबें हैं, ये आपके काम की नहीं हैं।" मैंने कहा, फिर भी मैंने थैला, पैंट-शर्ट और जूते-मोजे चुपचाप उतारकर दे दिये। उस कँपकँपा देने वाली सर्दी में मैं कच्छा-बनियान में खड़ा हो गया।

"जा, अपनी जान की ख़ैर मना और भाग जा।"

मैं कुछ क़दम ही चला था कि आवाज़ आयी, "ओ लड़के! ज़रा ठहर, यह तो बता, तू किसके घर जा रहा है?"

मैंने जानबूझ कर डालचन्द का नाम लिया। उनका नाम सुनकर उन्होंने मुझे बुलाया और मेरे कपड़े, किताबें सब वापस दे दिये, बल्कि मेरे साथ एक आदमी को यह कहकर भेजा, "इस लड़के को डालचन्द के घर तक सुरक्षित छोड़कर आना।" वह मुझे बस्ती के बाहर छोड़कर चला गया।

लोग अभी जागे नहीं थे, उसे आते-जाते किसी ने नहीं देखा। अम्मा को बताया तो वह अनजानी आशंका से दुखी हो समझाने लगी, "ऐसे रात-बेरात मत आये कर बेटा, कोई मारे-पीटे?" डालचन्द के कानों में बात गयी।

"वे बोले अच्छा मैं जानतूँ वे कौन हैं।"

चन्दौसी : चाय की दुकान

यह 1986-87 का समय था। मैं अंशकालिक काम तलाश रहा था। चन्दौसी रेलवे स्टेशन के पास क़रीब पचास दुकानें सरकार ने बनायी थीं, जिनमें सात-आठ अनुसूचित जाति के लिए आरक्षित थीं। राधेश्याम के साले **देवराज** की भी एक

दुकान ड्रॉ में निकली थी। वह काफ़ी दिनों से ख़ाली पड़ी थी। उसकी मदद से मेरे लिए केतली, कप-प्लेट तथा चाय-चीनी का इन्तज़ाम कर दिया गया और मैं उस दुकान में चायवाला बनकर बैठ गया था। वे खुद भी पास आकर बैठने लगे। मेरे कॉलेज के छात्र-छात्राएँ भी चाय पीने आने लगे। गर्ल्स कॉलेज की कई लड़कियाँ चाय को लेकर मेरा मज़ाक़ उड़ातीं। कभी-कभी मीनू (बाद में पत्नी), पुष्पा, सरिता, मीना, भावना दुबे, कविता सक्सेना आदि छात्राओं की टोली भी चाय पीने आयी थी। मैंने उन सब के कप-प्लेट धोये, जो मेरा काम था, पर जाने क्यों मेरे दलित शुभचिन्तकों को यह अच्छा नहीं लगा।

एक बार इन दुकानों की छत पर 'अम्बेडकर संघ' की मीटिंग्स हुईं। अगले दिन सात-आठ लोग मेरी दुकान पर आ गये। मैं अपने ग्राहकों के कप-प्लेट धो रहा था। राधेश्याम पास बैठे थे। वे लोग कहने लगे—"आप अम्बेडकर मिशन में कितना काम करते हैं, कितना अच्छा भाषण देते हैं, गीत-कविताएँ लिखते हैं। आप तो नेता हैं। आप यहाँ कप-प्लेट धोते हैं, यह हमें अच्छा नहीं लगता। आप हमारी क़ौम के सम्मान के प्रतीक हैं वग़ैरह-वग़ैरह।"

मैंने उन्हें समझाया—"भाइयो, मुझे ख़र्चे के लिए पैसे की आवश्यकता है। मैं किसी से क़र्ज़ा लेकर पढ़ूँ उससे अच्छा है, खुद कुछ कमा सकूँ। अतः आप मुझे मेरा काम करने दें। मैं कोई नेता-वेता नहीं हूँ। मैं एक साधारण छात्र हूँ। काम करने में मुझे कोई बुराई का अनुभव नहीं होता। मैंने बचपन से ही अनेक काम किये हैं। देखिए, मेरी दुकान में किताबें हैं। मैं पढ़ता भी रहता हूँ और काम भी करता रहता हूँ। कृपया मेरे काम को मान-अपमान से मत जोड़िए।"

राधेश्याम के मन में मेरी शादी कराने की योजना चल रही थी। जब मैंने रिश्ता अस्वीकार कर दिया, तब उन्हें इस बात में कोई दिलचस्पी नहीं रही कि मेरा ख़र्चा कैसे चले और मेरी चाय की दुकान खुले या बन्द हो, फिर एक दिन तो अजीब ही हुआ, एक ओबीसी युवा ने काले रंग से दुकान के शटर पर लिख दिया **चमार की चाय।**

चन्दौसी के स्थानीय दलितों में ग़रीबी बहुत थी। आरक्षण से सरकारी सेवा प्राप्त करने वालों की तो संख्या हज़ारों में एक थी। अशिक्षा-अज्ञानतावश उनमें दुर्व्यसन भी बहुत थे। वे शहर के बनिया-ब्राह्मणों के लिए कठोर श्रम करते थे, परन्तु अपनी हाड़तोड़ कमाई के पैसे दारू-स्प्रिट पीने, जुआ खेलने और लॉटरी लगाने में बर्बाद किया करते थे। यहाँ बाबा साहब के प्रति पूजा-पाठ

जैसा भक्तिभाव था, वे उनके नाम पर कहीं भी इकट्ठा हो जाते थे, परन्तु उनकी वैज्ञानिक दृष्टि सम्पन्न शिक्षाओं पर ध्यान नहीं था। बच्चों में पढ़ाई का प्रतिशत नितान्त कम था। यहाँ दलित चेतना लाने वाले अधिसंख्य बाहरी थे। पता चला था 70-80 के दशक में कोई **'राजपाल'** नामक सरकारी कर्मचारी वहाँ आये थे। उन्होंने घर-घर जाकर **'दलित साहित्य'** पढ़ने-पढ़ाने का अभियान शुरू किया था। रेलवे में अधिकारी सिद्ध गोपाल सागर दिल्ली से थे। वामपन्थी मित्र ग़ैर-दलित जातियों से थे। अम्बेडकर की रचनाएँ उनके बीच भी नदारद थीं। शायद इसी रुझान के कारण देश भर के ग़ैर-दलित लेखकों और बुद्धिजीवियों पर डॉ. अम्बेडकर को छोड़कर गांधी, मार्क्स, मनु इत्यादि सभी का प्रभाव दिखाई पड़ता था।

बिलारी

एक शाम साथियों के बीच मेरे लिए चिन्ता प्रकट की जा रही थी, "श्यौराज की शादी तो होनी ही चाहिए। श्यौराज की पत्नी को यदि मीनाक्षी, कविता सक्सेना, सविता यादव और ज्योत्स्ना शर्मा अपनी बची हुई एक-एक साड़ी भी दे दिया करेंगी तो वे ही उसके लिए पर्याप्त होंगी। श्यौराज तो फुलटाइम सामाजिक कार्य करेगा ही। श्यौराज के बच्चों के लिए कभी विजय आलम के, कभी राकेश के, कभी मुशर्रफ, कभी प्रदीप शर्मा, कभी सुनील शर्मा के बच्चों के कपड़े दे दिया करेंगे।"

मुझे याद नहीं आ रहा है कि मेरे ग़ैर-दलित साथियों में ऐसी दरियादिली सबसे पहले किस क्रान्तिकारी ने दिखाई थी, परन्तु उस मीटिंग में राकेश, मुशर्रफ, सुनील, मीनाक्षी, विजय, प्रदीप आदि शुभचिन्तक मौजूद थे। ये उनकी सीमाएँ थीं। उनके बीच की बहसें, व्यावहारिक गतिविधियाँ, स्टडी सर्किल, विषय और विचार मेरे लिए अनौपचारिक प्रशिक्षण के साधन थे। उनका ऐसा सोचना निराधार नहीं था। मेरी विपन्नता से वे बख़ूबी परिचित थे। एक बार जब राकेश ने अपने नाना के जूते और शायद उन्हीं की पुरानी पैंट मुझे दी तो मैं निश्चित तौर पर उनकी उतरन पहनने पर मजबूर था। गांधी जी भी पृथक् निर्वाचन का विरोध कर 'बहिष्कृत भारत' (दलितों) को स्वतन्त्र भारत में ग़ैर-दलितों की दया-कृपा पर इसी तरह निर्भर रखना चाहते थे। वे बुरा नहीं बल्कि मेरे लिए अच्छा सोच रहे थे। मुझे नौकरी मिलेगी और मैं आत्मनिर्भर हो पाऊँगा, उनकी कल्पना में नहीं था। वे सचेतन सुधरे हुए आधुनिक थे, परन्तु अवचेतन में स्वभाव

और संस्कारों में समाहित मनुस्मृति संवैधानिक मूल्यों में सेंध लगा रही थी। यह मेरी मेहनत से की गयी पढ़ाई का ही चमत्कार था कि मैं शिक्षक बना। मेरा भविष्य जो वर्तमान में बदल गया। राकेश की टीम के युवा बहुत अच्छे लोग थे। वे पढ़-लिखकर सामाजिक कार्य कर रहे थे। अपनी सुख, सुविधाएँ त्याग रहे थे। वर्गविहीन समाज की बातें कर रहे थे। एक तरह से वे आदर्श थे, परन्तु मैं सम्पत्ति संग, सम्मान हारा अस्पृश्य भी था।

बिलारी के जागरूक दलितों ने 'अम्बेडकर युवक संघ' की शाखा स्थापित कर ली थी। राकेश 'रफीक' ने लिखा था, *"बिलारी में पहली बार अम्बेडकर जयन्ती का आयोजन मैंने कराया था। इसलिए कुछ लोगों ने कयास लगाया कि मीनाक्षी दलित है।" पर किया किसने? क्या ब्राह्मण, कायस्थ, वैश्यों और जाटों ने या दलितों ने?* सन् 1986 में डॉ. रामेश्वर दयाल के बाद मा. लटूरी सिंह की अध्यक्षता में 'अम्बेडकर युवक संघ' की मीटिंग हुई। टीम गठित कर मुझे संगठन का प्रचार मन्त्री बनाया गया था। दलित बालिकाओं की अशिक्षा, शादियों में बढ़ता दिखावा, दहेज की माँग और ख़ास कर ग्रामीण महिलाओं में पर्दा-प्रथा के चलन पर चिन्ता व्यक्त की गयी थी। डॉ. दयाल के सुझाव मुझे आज भी याद हैं, उन्होंने कहा था, "हम अम्बेडकरवादी साहित्य लघु पुस्तिकाओं के रूप में सरल भाषा में कम लागत-मूल्य पर छापकर गाँव-गाँव में वितरित करें।"

'अम्बेडकर युवक संघ' की शाखाएँ निर्माण कर कई गाँवों में बाबा साहब की मूर्तियाँ **अम्बेडकरी संगठनों** द्वारा लगवायी गयी थीं। डॉ. रामेश्वर दयाल और डॉ. रामस्वरूप लोगों को जोड़ते रहते थे। आरम्भिक दिनों में बिलारी क्षेत्र की कुछ ग़ैर-दलित दबंग जातियाँ अम्बेडकर जयन्तियों का विरोध किया करती थीं। राकेश 'रफीक' तथा कुमार प्रदीप अम्बेडकरवादी दलितों के बीच आकर बैठ जाते थे। चूँकि ये स्वयं भी दबंग जातियों से ही थे। सो, इनके आने से अम्बेडकरवादी दलितों को बल मिल जाता था और ग़ैर-दलितों की आक्रामक जाति-घृणा में थोड़ी नरमी आ जाती थी, परन्तु इनके लिए भी गांधी, जे.पी., मार्क्स, भगतसिंह इत्यादि तो क्रान्तिकारी थे और पूरे देश के नेता थे। परन्तु डॉ. अम्बेडकर अछूत थे और अछूतों के ही नेता थे। ये कायस्थ, ब्राह्मण, बनिये और जाट युवा इतने प्रगतिशील और उदार हुए कि 'चलो चमारों को अम्बेडकर की जयन्ती मनाने दें', लेकिन ख़ुद अम्बेडकर से दूर थे। आज आदिवासी विदुषी **सरिता भारत** ने चिन्ता व्यक्त की, "मुझे एक शोध पत्र लिखना था। मैंने राकेश सर से डॉ. अम्बेडकर, फुले व दलित साहित्य पर पुस्तकें देखनी चाहीं परन्तु उनकी लाइब्रेरी में डॉ. अम्बेडकर की एक

भी किताब नहीं मिली।'' तथापि मुझे लगता है कि उन जैसा सक्रिय और समर्थ नेता अछूत जाति में जन्म लेता और सामाजिक लोकतन्त्र के लिए काम करता तो अभूतपूर्व जागृति आयी होती, राकेश में कई गुण थे। वे प्रभावी संगठनकर्ता थे, भ्रष्ट, लालची और दब्बू नहीं थे।

राकेश की तुलना में मेरी पारिवारिक स्थिति में ज़मीन-आसमान का अन्तर था। जिस 'पूना पैक्ट' में राकेश 'रफीक' को कोई दोष नहीं दिखाई देता, उनकी और मेरी स्थितियाँ उसी का परिणाम थीं। डॉ. अम्बेडकर को डरा-धमकाकर ब्लैकमेल कर जो **पूना समझौता** हुआ, उनसे वैश्यों-कायस्थों को वह सब मिला, जो दलित हकों की हत्या कराकर हुआ। उनकी माता जी, नानी-नाना, मामा आदि सब सम्पन्न और सरकारी ब्रिटिश काल से ही सेवाओं में राजघरानों के नज़दीक रहे थे। दलितों के साथ अशिक्षा, ग़रीबी, अछूतपन आज़ादी के बाद भी क़ायम थे, जबकि कायस्थों ने शिक्षा, सेवा, कला और मीडिया में प्रवेश कर अपने शूद्रत्व को समूल नष्ट कर दिया था। वे बनिया, ब्राह्मणों की तत्सम जातियाँ बन चुकी थीं। उन्हें शिक्षा सुलभ थीं और मेरे नानी-नाना अनपढ़ मज़दूर थे। माँ अपढ़ और ग़रीब; एक वक़्त की रोटी के लिए तड़पती मर गयी थी। मैं आर्थिक रूप से सर्वहारा सामाजिक रूप से अछूत था। पूना पैक्ट के मुताबिक गांधी जी के स्वराज की परिणति सवर्णराज में हो चुकी थी और दलित नेतृत्व अघोषित दास हो गया था।

बिलारी में कई आला दर्जे के शायर हुआ करते थे। मैं क्या करूँ, मुझे हिन्दी के हवाई कवियों से बड़ी कोफ्त होती थी, जबकि उर्दू के तरक़्क़ी पसन्द जमीनी शायरों के शेर सीधे सीने में उतरते थे। मन करता था कि मैं भी उन जैसा शायर बनूँ। मोहसिन हाशमी, गुलाब नवी 'दर्द', अमीर हुसैन ग़ाज़ी आदि की शायरी बड़े दिलकश अन्दाज़ में चल रही थी। ऐसे शायरों के ख़ज़ाने मुझे राकेश 'रफीक' के मार्फ़त ही हासिल हुए थे। मुश्ताक आदि बिलारी के कई उर्दू शायर मेरे मित्र बन गये थे। उन्हीं में थे जनाब **बहार हुसैन 'बहार'**। बहार ज़मीनी शायरी के साथ-साथ सोशल वर्क भी किया करते थे।

वह 1983-84 का समय था। उत्तर प्रदेश में बसपा का ज़मीनी आधार तैयार हो रहा था। मा. कांशीराम शहरों-क़स्बों में छोटी-छोटी सभाएँ आयोजित कर रहे थे। उनके अख़बार 'बहुजन संगठक', 'ऑर्गनाइजर' समाज प्रबोधक का कार्य कर रहे थे। उस समय बहार हुसैन मुझे पहली बार बसपा की सभा में मुरादाबाद लेकर गये। वहाँ मैंने नेताओं को सुना। खुद हुसैन ने भी ज़ोरदार तकरीर की।

मुल्क के 'आईने' में जितना यक़ीन एस.सी., एस.टी. और ओबीसी रखते हैं उतना ही यक़ीन अकलीयत के लोग रखते हैं। मैं कुछ नहीं बोला। बिलारी में एक मुशायरा हुआ। बहार साहब मुझे लेकर गये थे। साप्ताहिक 'कलयुगी-क्रान्ति' में उसकी लम्बी रिपोर्ट छपी थी।

इस बार 15 अप्रैल, 2016 को मेरा इरादा था कि अम्बेडकर जयन्ती कार्यक्रम के दिन बहार हुसैन के परिवार से मिलूँ। राकेश 'रफीक' ने कहा, "आ जाओ, वैसे तो मुझे दिल्ली जाना है, पर तुम आ रहे हो तो एक दिन और रुक जाऊँगा।" 15 की रात 12 बजे सबके बाद मेरे बोलने की बारी आयी। मुख्य अतिथि को बाद में बोलना होता है। सो रात को ही 'अम्बेडकर युवक संघ' के कार्यकर्ता मुझे चन्दौसी ले गये। 16 को वे मुझे कार से ही फिर बिलारी वापस लेकर आये। राकेश यहाँ कुन्दरकी के पास एक शायरी के आयोजन में ले गये। मैंने ख़ासकर शायर मुश्ताक से उनकी शायरी पर बात की।

झुकाव इस्लाम की ओर

20 जुलाई, 1989, मैं 'केन्द्रीय विद्यालय', दिल्ली में पी.जी.टी. हिन्दी के लिए साक्षात्कार देने के बाद वापस लौट रहा था, तब मेरे मन में तेजसिंह से मिलने का विचार आया। वह क़रीबी रिश्ते की एक लड़की के साथ 'लव मैरिज' कर दिल्ली आ गया था। उसे कुछ दिन जेल में भी रहना पड़ा था। उसका पता मुझे यहाँ के मज़दूरों से मिला था। उसने यहीं थ्री व्हीलर चलाना सीख लिया था। वह आते-जाते गाँव के मज़दूरों को मिल जाता था। मुझे उसकी शक्ल भी न देखने की हिदायत थी।

मैंने देखा उस पर 'धर्म परिवर्तन' करने का भूत सवार था। ईसाई तो वह पहले ही बनना चाहता पर इस्लाम जाति बिरादरी की ओर से नीचा देखना पड़े, उससे पहले उसे जान से मार देना चाहिए। लड़की का भाई पुलिस में सशस्त्र सैनिक था।

मेरी माँ जो बेहद अहिंसा प्रिय, उदार और कष्टों में जीवन यापन करने वाली महिला थी। मुझे पूरी रात बैठाकर समझाया, "यह रोज़ा-नमाज़, मुल्ला-क़ाज़ी इनकी बातें क्यों हैं तेरी ज़ुबान पर?

मैंने पूछा तो बोला, "कलमा पढ़ो और साथ खाओ।"

मुझे गाँव के मुस्लिम दोस्तों ने समझाया—"इस्लाम कुबूल कर लो। इस्लाम में चचेरी, ममेरी, फुफेरी, मौसेरी बहन-भाइयों में निकाह करना जायज होता है। इसलिए हम मुसलमान होने जा रहे हैं।"

बेशक हमारा घर यादवों और मुस्लिम (तेलियों) से घिरा था। मास्टर शरीफ की बीवी माँ से कहा करती थी, "मुखी बहन, तुम लोग मुसलमान बन जाओ तो तुम्हारी छुआछूत जैसी तमाम दुश्वारियाँ दूर हो जायें। दूर के रिश्ते से परेशान बैठी हैं। हमारे धर्म में देखो। मेरे ये सगी फूफी के बेटे हैं।" नहीं, शादी के लिए ये इस्लाम ग्रहण करें, मैं इसकी नौबत नहीं आने दूँगा।

गोकुलपुरी की ओर वे दोनों मुझे एक पुलिसकर्मी के निर्माणाधीन मकान में मिले। उन्होंने बताया कि उन्हें किन परिस्थितियों में प्रेम हुआ और किन हालातों में उन्हें कोर्ट-मैरिज कर भागना पड़ा। ये लोग ज़मीन पर ही सोते थे। पर्याप्त बर्तन-भांडे तथा कपड़े-लत्ते भी नहीं थे। मेरे पहुँचते ही 'तेज' भागा-भागा गया और चिकन लेकर आया। 'रेनू' ने खाना बनाया। 'तेज' ज़मीन पर बिछाने के लिए मालिक के कमरे से पुराना 'रोज़गार-समाचारपत्र' लाया। खाना खाते हुए मेरी नज़र **दिल्ली प्रशासन** के टी.जी.टी., पी.जी.टी. भर्ती विज्ञापन—प्रारूप पर पड़ी। **राजीव गांधी जी के प्रधानमन्त्री काल में** अनुसूचित जातियों, अ.ज.जा. के लिए **बैक-लॉग** विशेष भर्ती अभियान के तहत हर विभाग में रिक्तियाँ निकाली गयी थीं। अन्तिम तिथि 22 जुलाई, 1989 थी। मैंने अख़बार उठाया और तेजसिंह को बताया, "मुझे यह आवेदन करना है।" अन्तिम तिथि के बीच एक ही दिन शेष था। आवेदन दो प्रतियों में माँगा गया था। अतः मैं तुरन्त शाहदरा लौटा। के.वी.एस. में साक्षात्कार देने आने की वजह से मेरे सभी शैक्षिक दस्तावेज़ मूल रूप में मेरे साथ थे। दो-दो छाया प्रतियाँ कराकर मैंने डॉ. नत्थूलाल को फ़ोन किया।

उन्होंने पूछा, "तुम कहाँ हो?"

"शाहदरा में।"

कागज़ों को प्रमाणित कराने के लिए उन्होंने अपने किसी स्थानीय राजपत्रित अधिकारी मित्र के पास भेजा। सो जैसे-तैसे कर उसी दिन आवेदन पंजीकृत डाक से भेजकर रात की पैसेंजर ट्रेन से चन्दौसी लौटा।

मैं अपना स्थानीय पता सुनील शर्मा को दे गया था। वे अपनी होने वाली पत्नी ज्योत्स्ना के साथ जे.एन.यू. ओल्ड कैम्पस के सामने 'बेर सराय' में रहते थे। कुछ माह बाद मुझे पुराना सचिवालय दिल्ली बुलाया गया। यह पत्र और साक्षात्कार के बाद मेरा नियुक्ति पत्र भी उसी पते पर पहुँचा। उसने मुन्ना लाल मौर्य के पते पर चन्दौसी को रिएड्रेस कर दिया। मैं किसान यूनियन में काम कर रहा था। मौर्य ने मुझे बुलाकर, पैसेंजर गाड़ी का टिकट देकर दिल्ली भेज दिया।

चन्दौसी के मेरे कई साथी मुझे रेल में बैठाने आये। "जाओ, अब तुम देश की राजधानी में जाकर अपनी क़लम के झण्डे गाड़ो।"

मैं शिक्षा निदेशालय डिफेंस कॉलोनी पहुँचा। पत्र दिखाकर अन्दर गया। वहाँ सम्बन्धित लिपिक महोदया ने अंग्रेज़ी में G.B.S.S.S.A.D. कॉलोनी, सात अक्षर एक पर्ची पर लिखकर कहा–"लीजिए जाइए, ज्वाइन कीजिए। आपके डॉक्यूमेंट्स स्कूल में भेजे जा चुके हैं।"

मैं तत्काल उन अक्षरों का मतलब नहीं समझ पाया और न ही मेरी किसी से पूछने की हिम्मत हुई। इस डर से कि अगर निदेशालय से सम्बन्धित व्यक्ति से इसके विषय में पूछा तो कहीं अयोग्य कहकर **मेरी नौकरी न छीन लें**। मैंने उन अक्षरों की फुल फॉर्म किसी से नहीं पूछी और बाहर आ गया, बल्कि उस दिन कार्यभार ग्रहण करने गया ही नहीं। रात भर नींद नहीं आयी और अगले दिन सवेरे-सवेरे उसी इलाक़े में पहुँच गया। वहाँ एक स्थानीय छात्र से पूछा तो उसने मुझ पढ़ाने आने वाले को पढ़ाया, "जी से गवर्नमेंट, बी से ब्वॉय, एस से सीनियर, फिर एस से सेकेंडरी और फिर एस से स्कूल, ए से ए ब्लाक, डी से डिफेंस कॉलोनी यानी आप जहाँ खड़े हैं, यहीं ठीक सामने इसी स्कूल में आपको जाना है।"

स्कूल में 'बालिकाओं की पाली' चल रही थी। एक शिक्षिका से बात की तो उन्होंने बताया कि आपकी नियुक्ति द्वितीय पाली में हुई है। वह 12:40 बजे से आरम्भ होती है। आप उसी वक़्त आइए। मैं प्रिंसिपल बी.के.श्रीवास्तव से मिला और इस तरह एक दिन विलम्ब से मैंने कार्यभार ग्रहण कर लिया।

बरेली बी.एड.

1984-85 में मैं अम्मा को यह समझा पाने में असफल था कि मैं अपनी मर्ज़ी से बेरोज़गार नहीं हूँ। बी.ए. करने के बाद भी मुझे कोई नौकरी नहीं मिल पा रही थी। एल.एल.बी. में दाख़िला तो ले लिया था, पर सुनने को मिल रहा था कि दलितों की वकालत नहीं चलने दी जाती है। वे कोर्ट-कचहरियों में बैठे-बैठे मक्खियाँ मारते रहते हैं, चाय के पैसे भी नहीं कमा पाते। उच्चवर्णीय घाघ यहाँ भी सारी जगह घेरे बैठे होते हैं। रहने-खाने का कोई इन्तज़ाम अभी भी नहीं हो पाया था। इसलिए आगे पढ़ने से पहले कहीं रोज़गार तलाश रहा था।

मेरे गाँव के मज़दूर राजमिस्त्री देहात में काम न मिलने पर शाहदरा जाते थे। मैंने छोटे भाई को राजगीरी सिखायी थी, अब वह मेरा गुरु हो गया था। मेरा

ध्यान पढ़ाई की ओर जाने के कारण राजगीरी का अभ्यास छूट गया था। मैं नये तरीक़े से काम नहीं कर पा रहा था। भाई को मेरे काम में नुक्स दिख रहे थे। ऐसे समय में मेरी सेहत भी साथ नहीं दे रही थी। मुझे 'गठिया बाय' के दर्द से मुक्ति नहीं मिल पा रही थी। ''भैया, तुमसे अब जे काम नांय होइगो। तुम्हारे हाथ के काम में सफाई नांय रही। तुम एक-दो दिन की अपनी मजूरी लो और वापस गाँव चले जाओ। तुम्हारा तो ध्यान पढ़ाई में है, सो, अपनी पढ़ाई के खर्चे का इन्तजाम कहीं और करो।''

'मुल्ला की दौड़ मस्जिद तक' मैं पुनः डॉ. नत्थूलाल के पास गया। वे 'बिहारी कॉलोनी' में जयन्त के मकान में रह रहे थे और नवीन शाहदरा की सीजीएचएस डिस्पेंसरी में चिकित्साधिकारी थे। मैंने उनसे पूछा, ''आप बतायें, मैं क्या करूँ?'' तो वे बोले, "अभी और पढ़।'' उन दिनों डी.यू. में 'गाइडेंस सेंटर' हुआ करता था। वे मुझे वहाँ लेकर गये। सलाह मिली, ''या तो कोई टीचर ट्रेनिंग करो'' या ''डी.यू. से सोशल वर्क में एम.ए. कर लो, तो नौकरी मिल सकती है।''

खाने-ख़र्चे का प्रबन्ध करना मेरे लिए सम्भव नहीं था। इसलिए अच्छी सलाह पर भी अमल नहीं किया जा सका। हालाँकि मैंने रघुनाथ शास्त्री की बेटी वेदवती की सलाह से रोज़गार दफ़्तर में अपना नाम दर्ज करा दिया था। वेद-दम्पति संस्कृत शिक्षक थे। वेद के पति श्यौराज सिंह (संयोग से मेरे नाम राशि) साथ-साथ आर्य समाज का प्रचार, हवन-विवाह आदि कराते थे। शास्त्री जी का प्रधानमन्त्री 'इन्दिरा गांधी' की कोठी पर पूजा-हवन करने के लिए आना-जाना था। मैं गाँव में वेदवती के पिता रघुनाथ शास्त्री के साथ बैठकर घण्टों स्वतन्त्रता आन्दोलन की कहानियाँ सुना करता था। दिल्ली में अंग्रेज़ी अख़बार में एक विज्ञापन छपा था। भाई साहब ने कहा, ''श्यौराज, तुम फर्स्ट-एड की ट्रेनिंग कर लो और डीटीसी में कंडक्टर बन जाओ। तुम्हारा ख़र्चा भी चल जायेगा। बाक़ी तुम घर पर पढ़ते रह सकते हो। दिल्ली में पढ़ने वालों के लिए रात्रि-कक्षाएँ और कई ओपन स्कूल हैं।''

मैं **'सुजान सिंह पार्क'** गया और दाख़िला ले लिया और ट्रेनिंग पर जाने लगा। वहाँ डॉक्टर हमें पढ़ाते थे कि दुर्घटना होने पर तत्काल कैसे बचाव किया जाये? आग लगने पर क्या किया जाये? पानी में डूबने के बाद पीड़ित को मुँह से साँस कैसे दी जाये... आदि। भाई साहब सीजीएचएस जाते तो रात की ड्यूटी पर मुझे साथ ले जाते, मरीज़ों को देखते और मुझे इलाज के बारे में बताते।

परन्तु फाइनल टेस्ट के दिन मैं बुख़ार और उल्टियाँ होने से वहाँ नहीं जा सका। तब भाई साहब ने स्वास्थ्य सचिव को एक पत्र लिखा। मुझे टेस्ट के लिए एक और अवसर दिया जाये। मैं पत्र लेकर गया और मुझे पुराने बैच में ही शामिल मानकर मेरा टेस्ट लिया, मैं पास हो गया। अब मैं डी.टी.सी. में कंडक्टर बन सकूँगा। मैंने क़ैदियों की तरह नाम लिखी पट्टी हाथ में लेकर फोटो खिंचायी, जिसे 'प्राथमिक चिकित्सा सहायक के प्रमाण-पत्र पर चस्पाँ कर मुझे दे दिया गया। भाई साहब ने कहा, "चाहो तो तुम कुछ दिन मेरे साथ और सीखो, फिर गाँव में 'फर्स्ट-एड' देने का काम कर सकते हो। यह ग़ैर-क़ानूनी नहीं है।"

संयोग ही था कि उसी दिन गाँव से तेजसिंह आ पहुँचा, "मैं नदरोली गया था। अम्मा ने तुम्हारे लिए एक चिट्ठी दी है।" अम्मा ने इस बार समय से पत्र भिजवा दिया, इसलिए कि एक साल पहले अलीगढ़ के एक बैंक से आया मेरा बुलावा पत्र माँ ने यह सोच कर रख दिया था कि "श्यौराज आवेगो, तब देख लेगो।" मैं गाँव पहुँचा तब तक तिथि निकल चुकी थी। तब मेरे साथ माँ को भी दुख हुआ था। मैंने वह चिट्ठी खोलकर पढ़ी। "श्री श्यौराज सिंह, बी.एड. के लिए चयनित हैं। आकर शुल्क जमा कर दाख़िला लें।" सूचना तो सुखद थी, परन्तु मेरे पास न तो फ़ीस के लिए पैसे थे और न बरेली में जाकर रहने-खाने का कोई इन्तज़ाम। भाई साहब डॉ. नत्थूलाल ने मुझे बरेली तक का किराया दिया था। उससे अधिक न तो मैं अपेक्षा करता था और न ही मेरा कोई हक़ बनता था। परन्तु आज भाई साहब ने अजीब बात आरोपित की "तूने अपनी भाभी से टाई-कोट और मोटरसाइकिल की माँग की थी।" बरेली का सुभाष छात्रावास का माहौल अच्छा नहीं था। गाँव के ग़रीब घरों से आने वाले छात्रों के साथ ये थोड़े खाते-पीते घरों से आने वाले छात्र प्यार से पेश नहीं आते थे। रैगिंग जैसा व्यवहार करते थे। छात्रावास के पूर्व दलित जी.एम. उम्मेद सिंह की चाकू भोंककर हत्या कर दी गयी थी। उनका फ़ोटो छात्रावास के प्रवेश कक्ष में टँगा था। जी. एम. छात्र तीन-तीन साल तक एक ही क्लास में थे और छात्रवृत्तियों की दलाली में शामिल रहते थे। क्षति यह हुई कि वहाँ मेरी एक डायरी चोरी हो गयी। 1981 से 1985 के बीच जो कविताएँ, गीत, संस्मरण आदि मैंने लिखे थे, वे उसी डायरी में थे। बी.एड. करते ही टीचिंग मिल जायेगी, इसकी तो कोई गारंटी नहीं थी, इसलिए सोचा कि टाइप सीख लूँ तो रोटी-रोज़ी कमाने का कुछ ज़रिया निकल आयेगा। सो, मैंने सुबह बी.एड. में दाख़िला लिया और सायं को पास ही हिन्दी और अंग्रेज़ी में टाइपिंग सीखने के लिए तीस-तीस रुपये जमा कर दिये। दो-चार

दिन पढ़ाई हुई, परिचय हुआ। प्रशिक्षु साथियों ने एक सांस्कृतिक संस्था बनायी। मुझे उसका सचिव बना दिया गया। सुभाष छात्रावास में केवल दलित छात्र रहते थे, मानो छात्रावास भी अछूतों की अलग बस्ती हो। मैं उसमें शामिल हो गया।

विभाग ने आवेदन भरवाने के लिए प्रमाण-पत्रों की प्रतियाँ माँगीं। मैं कार्यालय में जमा करके बाहर आकर बैठ गया। एक छात्रा अपने ओरिजनल डॉक्यूमेंट्स के साथ मुझे फ़ाइल थमाकर बोली, "मैं अभी आयी, कृपया आप देखकर कार्यालय में जमा कर देना।" वह जब तक लौटकर आयी, मैं फ़ाइल पकड़े खड़ा रहा। वह अपने काग़ज़ मुझे थमाकर क्यों गयी? यह बात मेरी समझ में तब आयी, जब उसने मुझे बताया कि वह हाई स्कूल से बी.ए. तक प्रथम श्रेणी पाती रही है। वह देखने में भोली और सरल स्वभाव की लड़की थी। साधारण कपड़े पहनती थी। उसका रुझान संस्कृत में अधिक था। वह मेरे हॉस्टल के पास की कॉलोनी में रहती थी। आते-जाते अक्सर रास्ते में मुलाक़ात हो जाती थी, कुछ दूर साथ चलती थी। उसकी सूरत पर अपार मासूमियत छायी रहती थी। उसके साथ मेरा वार्तालाप-पत्र-व्यवहार शुरू हुआ। मैं उसकी ओर से कुछ ज़्यादा ही आश्वस्त होने लगा। परिचय मित्रता की ओर बढ़ रहा था।

उसी बीच भाई साहब का पत्र आ गया, ''श्यौराज, तुम छुट्टी लेकर तुरन्त दिल्ली आ जाओ, मकान मालिक से झगड़ा हो गया है और मैं अकेला हूँ।''...मैं तुरन्त दिल्ली को रवाना हो गया।

भाई साहब ने बताया, ''मैं अस्पताल चला जाता हूँ, तब मकान मालिक कुछ लोगों को बुलाकर तेरी भाभी को डराता-धमकाता है। मैंने कोर्ट में केस डाल दिया है, परन्तु तेरी भाभी डरती रहती है।''

मैंने कहा, ''इस डर का मुकाबला हमें करना ही है।''

दरअसल, भाई साहब वैज्ञानिक दृष्टिकोण के व्यक्ति थे। वे किराये पर मकान लेते थे। चूँकि जाति मानते नहीं थे, इसलिए मकान मालिक से पूछते भी नहीं थे और उसको बताते भी नहीं थे। मालिक भी कल्पना नहीं करते थे कि ब्राह्मणों, बनियों, कायस्थों आदि स्पृश्य हिन्दुओं के अलावा भी कोई एम.बी.बी. एस. डॉक्टर आ सकता है। गांधी जी के स्वराज में जब मौसा जी या कोई गाँव से आता-जाता तब उनके हुलिये से मकान मालिक अन्दाज़ा लगाते, जाति पूछने लगते, 'डॉक्टर एससी है', यह सुनते ही मकान ख़ाली करने का दबाव बनाने लगते। कई तो खान-पान की आज़ादी छीनते। लहसुन-प्याज नहीं खा सकते, हमारे घर में, मटन-चिकन नहीं बना सकते...आदि पाबन्दियाँ लगाने लगते। भाई

साहब एग्रीमेंट के अनुसार कोर्ट में केस डाल देते। अपना मकान मिलने तक उनसे कई मकान मालिकों ने दुर्व्यवहार किये, कई लड़ाइयाँ हुईं, कई केस लड़े।

शाहदरा में गाँव के फूलसिंह के साथ जाटव, मुसलमान और कुछ यादव राजगीरी और बेलदारी करते थे। फूलसिंह मन से काफ़ी सीधा और डरपोक था, परन्तु वह क़द काठी से रौबीला लगता था। मैंने उससे कहा, "तू दो-चार लड़के लेकर मेरे साथ चल, मैं तुम्हें भाई साहब के घर चाय पिलाकर लाता हूँ।" जब हम वहाँ पहुँचे तब मालिक ऑफ़िस को निकल रहा था। बीवी दरवाज़े पर खड़ी थी। फूलसिंह मूँछें ऐंठता हुआ आँखें चढ़ाकर बाँस खटखटाता हुआ आगे बढ़ा, "जी डॉक्टर साहब! अजी हमारे लायक कोई काम-धाम हो तो बतायें साहब।"

इसी तरह फूलसिंह अपने साथ बदल-बदलकर दो-तीन दिन तक कुछ लड़के लाया और मैं वहाँ उन्हें ख़ुद चाय बनाकर पिलाता रहा। ऐसा करने के बाद मकान मालिक के लोगों का आना-जाना और इस बहाने दबंगई दर्शाना एकदम रुक गया। तब तक तारीख़ आ गयी। मैं भाई साहब के साथ शाहदरा एस.डी.एम. कोर्ट गया। इस तरह दिल्ली में मेरे क़रीब दो सप्ताह गुज़र गये।

मैं वापस बरेली आ गया। मैंने संकोचवश उनसे पैसे की कोई माँग नहीं की और उन्होंने स्वतः समझा नहीं। यहाँ मेरी टाइपिंग फ़ीस वापस नहीं की गयी और न ही आगे के लिए समायोजित की गयी। पढ़ाई का काफ़ी नुक़सान हो गया। प्रीति से प्रेम-भाव का कनेक्शन भी कट गया। उस दिन एक अन्य प्रशिक्षु से मिलने गयी, तो मुझे अच्छा नहीं लगा और मैंने उससे बात करनी बन्द कर दी। इसलिए नहीं कि वह ठाकुर था। अपितु वह मुझे देह भाषा से दबंगई और जात्याभिमान दर्शाता था। दलितों को नीची जात कहता था। मैं उसकी इस वर्ण श्रेष्ठता को नहीं मानता था। मेरी दृष्टि में दलित और ग़ैर-दलित जातियाँ परस्पर ऊँची-नीची नहीं अलग-अलग जातियाँ हैं। हमारे बीच नोक-झोंक और झगड़ा भी हुआ था। 'प्रीति' पिछड़ी जाति से थी और मेरी अनुपस्थिति में उसके जाल में जा चुकी थी। परीक्षा के दिन सामूहिक फ़ोटो खिंचे। वह मेरे पास थी, निचली सीढ़ी पर, परन्तु जब उस लड़के ने देखा तो चिढ़ गया। तब बहाना बनाया क्वालिटी का और फिर उसके कहने पर दूसरा ग्रुप फ़ोटो हुआ। तब उसे अपने साथ खड़ा किया। शायद उसने वही फ़ोटो अपने पास रखा हो। 1985 में बिछड़ने के बाद आज तक उससे कहीं कोई मुलाक़ात नहीं हुई। कौन जाने वह कहाँ होगी? कितने बच्चों की माँ होगी? क्या करती होगी? हाँ 'मीनू' के मार्फ़त मुझे एक ख़बर मिली थी कि उसने संस्कृत में एम.ए. कर लिया था।

अब उसके कुछ पत्र मेरे संकलन में थे। उन्हें नष्ट करने का मन नहीं हुआ। जो आज भी बीते वक़्त के आईने में प्रतिबिम्बित हो जाते हैं। ''आपके पहले पत्र की कविताओं ने मन पर बहुत अच्छा प्रभाव डाला, फिर भी मेरा मन न जाने क्यों दुखी होता रहा। मैं आपको दुखी करना नहीं चाहती थी, जब मैंने आपका पत्र पढ़ा तो न जाने मुझे क्या हो गया? मेरे दिमाग़ में वही बातें घूमती रहीं।...मैं नहीं जानती कि आपकी क़लम से निकले शब्दों में ऐसा जादुई असर क्यों है?

''आप तो यथा नाम तथा गुण बेचैन रहते हैं और ग़लतियाँ कर बैठते हैं। 'ब्लैक बोर्ड' पर तारीख़ की जगह मेरा नाम लिख देते हैं, छात्र हँसने लगते हैं। यह बात मेरे मन को दुखी करती है। मैं आपकी तरह न तो बुद्धिमान कवयित्री हूँ और न ही सुन्दर। आपके अनुसार तो 'हर लड़की सुन्दर ही है, जो साहित्य में रुचि रखती हो।' मतलब लड़की-बड़की नहीं, आपके लिए तो साहित्य ही सुन्दर है। इसलिए आप मुझे चाह कर क्या करेंगे? ओह यह आपने क्या लिख दिया—**तेरे बिना क्या करना जी के। पीके री! पीके।**

''आपके क्रियाकलापों से तो लगता है कि आपको स्त्रियों के प्रति अपार सहानुभूति है। इसकी कोई ख़ास वजह? आप इतना सीरियस क्यों हैं? प्रभाव है कि 'घर में पूछते हैं कि उदास क्यों रहती है? कह देती हूँ मेरे सिर में दर्द हो रहा है।' मुझे हर वक़्त आपकी दर्द भरी कविताएँ याद आती हैं, वे मुझे भी सीरियस बनाती हैं। आप मुझे बिल्कुल बिसार दें। वैसे भी हमारे रास्ते एक नहीं हैं। बहुत बार सोचा, क्लास में आपके अलावा सबसे बात करूँ, पर आपके ख़यालात हैं कि सबको छोड़कर आपकी ओर खींच लेते हैं। आप अपना ध्यान पढ़ाई-लिखाई में लगाये रखिए। आप जीवन में व्यस्त और रचनात्मक लगते हैं। आपका मस्तिष्क स्वस्थ रहेगा, तभी आप सही सार्थक काम कर पायेंगे।'' प्रीति मेरी सलाहकार और प्रशंसक बन रही थी। लिख रही थी, ''कहाँ एक कवि और कहाँ मैं! एक सामान्य टीचिंग ट्रेनी। मैंने जब आपके जन्मदिन की बधाई दी, आपको पसन्द नहीं आयी। क्षमा करें, साहित्य और समाज के बारे में मेरा ज्ञान बहुत ही सीमित और पुराने ढर्रे का है। मुझे लिखना आता ही कहाँ है? ग़लतियों के लिए माफ़ी चाहने वाली आपकी सहपाठी पी.के.। पुनश्च : एक बात जो मैं आपसे पूछना चाहती हूँ, **आपने अभी तक किसी को मन से चाहा है या नहीं**? यह बात आप मुझे बिल्कुल सही-सही बताइएगा।''

मैंने पत्रोत्तर दिया। उसने लिखा, ''कल कॉलेज में मन बिल्कुल नहीं लगा। मैं आपसे बातें करना चाहती थी, लेकिन ममता के साथ घर आ गयी। जैसा कि

आप मुझे ख़ुश देखना चाहते हैं, तो कॉलेज में औरों की अपेक्षा मुझसे अधिक मिलिए, बातचीत कीजिए अपने मन को भी ख़ुश रखिए। हर समय परेशान क्यों लगते हैं?" बताइए तो क्या ग़म है जिसको छिपा रहे हैं? यह वक़्त तो बीत जायेगा। हमारी आदतें, व्यवहार और स्मृतियाँ बनी रह जायेंगी।

"उस दिन मैं कुसुम को आपका पत्र दिखाने ला रही थी, यह आपकी ग़लत धारणा थी। मैं इतना ज्ञान रखती हूँ कि क्या बात सहेली को बताने लायक है और क्या नहीं। ममता तक को पता नहीं कि मैं आपकी ओर आकर्षित हूँ। उसने कहा था कि 'बेचैन साहब तो अपनी नमकीन प्रीति को देते जा रहे हैं और आपने इसे ग़लत समझा।'

आप मुझसे कॉपी-किताब जो चाहे माँग सकते हैं। मैं अपनी हर वस्तु देने को तैयार हूँ। आपने हिन्दी की कॉपी लेने को कहा है, लेकिन मैंने जो साहित्यकार चुने हैं, आपने वे नहीं चुने हैं। फिर भी लेना है तो मैं देने को तैयार हूँ। ममता और कुसुम कहती हैं कि, 'तू कहाँ खायी-खोयी रहती है? क्या तुझ पर किसी ने कुछ कर दिया है?' 'मैं उन्हें डाँट देती हूँ, इसे अन्यथा न लें। मुझे लगता है, आपको तो प्रशिक्षुओं में नहीं प्रशिक्षकों की पंक्ति में खड़ा होना चाहिए था। आप हमें अच्छा पढ़ा सकते हैं।"

उन दिनों एक लम्बी-चौड़ी पुरानी डायरी मेरे पास हुआ करती थी। उसमें मैं नये-नये गीत, कविताएँ लिखा करता था। वह डायरी 'सुभाष छात्रावास' में ही मुझसे गुम हुई या पढ़ने को माँगते रहते किसी छात्र ने ही रख ली। गोया मेरा ख़ज़ाना खो गया। **बहुत याद आयी वह लड़की, वह डायरी और वे दिन।**

जबकि **बात बड़ी सादा सी थी, मैं तो कोई कृष्ण नहीं था पर लड़की राधा सी थी।**

उन दिनों के मेरे काग़ज़-पत्रों में कुछ रफ-सी जीर्ण-शीर्ण पृष्ठों पर लिखी कविताएँ मिली हैं। मैंने बी.एड. प्रशिक्षित शिक्षकों की विदाई समारोह के मौक़े पर लिखी थीं। इनमें गुरुओं की महिमा का बखान किया था—

कितनी व्यथाएँ, वेदनाएँ दे गये ये दिन
मैं ही जानता हूँ, क्यों वहन करता हूँ मैं
सरल सुगम पथ, सब अपनाएँ जब
कठिन पथों का क्यों चयन करता हूँ मैं?
मोह से विरक्त हो, चले गये पथिक दूर

क्यों लगाव-घाव को, सहन करता हूँ मैं
जाना है सुदूर सिन्धु पार या क्षितिज पार
पंखहीन होके भी उड़ान भरता हूँ मैं
जीवन-सफ़र में मिली है जो तनिक छाँव
देने वाले नीड़ को नमन करता हूँ मैं।
गुरु प्रदत्त ज्ञान को न व्यर्थ गँवाऊँगा मैं
जीऊँगा वतन को, वचन भरता हूँ मैं
स्वप्नहीन सुप्त प्रायः बोध ने जगाये हम
लघुता के नीर से नयन भरता हूँ मैं।
जब ना रहूँगा यहाँ, गूँजते रहेंगे गीत
गीतों में समर्पण भाव भरता हूँ मैं।
उर में सुधार की जलाये जो रखी मशाल
आशा के प्रकाश में क़दम धरता हूँ मैं
शान्ति भावना से जो गा रहा हूँ प्रेम-राग
स्वार्थ, द्वेष वैर का दहन करता हूँ मैं

दो

छात्र जहाँ शिक्षक बनते हैं
जीवन-स्वप्न सुमन खिलते हैं
मन्दिर-मस्जिद से बढ़कर
दिद्यालय उपवन बनते हैं।
बी.एड. विभागाध्यक्ष—
शर्मा सर के भारीपन से
हम सब अनुशासन प्रिय थे।
गुरु-माताओं की वाणी से
ज्ञान-सुधा के झरने झरते
सह प्रयास हम रहे निभाते
गुरु-शिष्य वाली परिपाटी
धन्य हुए हम ट्रेनिंग पाकर
मिले यहाँ दो-दो त्रिपाठी।

यह परिवार ज्ञानार्जनरत
लगता हम अपने घर हैं
क्यों न भाल गर्वोन्नत होवें
खोटे नहीं 'खरे' सर हैं।
वी.पी. सिंह जी और जुनेजा से
उत्तम सुविभाग हुआ है
रंग-बिरंगे फूल खिले सब
परिसर बागे-बहार हुआ है।

अगले दिन 17 मार्च, 1985 को दैनिक 'अमर उजाला' ने यह ख़बर प्रकाशित की—"बरेली कॉलेज में बी.एड. के छात्र-छात्राओं का विदाई समारोह सम्पन्न हुआ, जिसमें सांस्कृतिक कार्यक्रम का मुख्य आतिथ्य श्रीमती ऊषा गुप्ता (परीक्षक) ने किया। प्रवक्ता श्रीमती एम. डी. सक्सेना की अध्यक्षता में आयोजित इस समारोह में प्रशिक्षु छात्र-छात्राओं ने नाटक, गीत, ग़ज़ल और कविताएँ प्रस्तुत कीं। संचालन श्यौराज सिंह 'बेचैन' ने किया। विभागाध्यक्ष डॉ. के.एल. शर्मा ने आशीर्वचन दिये।"

बी.एड. ग्रुप, मध्य में लेखक

अमर उजाला 17 मार्च, 1985

बी.एड. के विद्यार्थियों का विदाई समारोह

बरेली, १६ मार्च। बरेली कालिज के बी.एड. के छात्र-छात्राओं का विदाई समारोह आज सम्पन्न हुआ जिसमें आयोजित सांस्कृतिक कार्यक्रम का श्रीमती उषा गुप्ता (परीक्षक) ने किया।

प्रवक्ता श्रीमती एम.डी. सक्सेना की अध्यक्षता में आयोजित इस समारोह में छात्र-छात्राओं ने नाटक, गीत, गजल व कविताएं प्रस्तुत कीं। संचालन श्योराज सिंह [illegible] ने किया। विभागाध्यक्ष के.एल. शर्मा ने आशीर्वचन प्रदान किये।

चन्दौसी : काव्य संगोष्ठी

उन दिनों मैं साहित्यिक गतिविधियों में लगातार शिरकत किया करता था। उनकी ख़बरें 'अमर उजाला' और स्थानीय पत्रों में छपा करती थीं। यहीं एक गोष्ठी का नमूना दे रहा हूँ।

9 सितम्बर, 1985 को एस.एम. डिग्री कॉलेज में एक काव्य संगोष्ठी का आयोजन सम्पन्न हुआ। सर्वप्रथम दक्षिण अफ़्रीका में शहीद हुए कवि बेंजामिन मोलोइस को श्रद्धांजलि अर्पित कर एक प्रस्ताव पारित किया गया, जिसमें कहा गया, "कवियों की यह सभा दक्षिण अफ़्रीका की रंगभेदी दमनकारी नीति को प्रश्रय देने वाली बोथा सरकार का विरोध करती है। इन नीतियों के कारण सरकार ने **क्रान्तिकारी कवि बेंजामिन मोलोइस को फाँसी दी है।"**

मोलाइसे को फांसी की निन्दा अमर उजाला। बरेली 30-10-85

मुरादाबाद, २९ अक्टूबर। दक्षिण अफ्रीका की रंगभेदी सरकार द्वारा क्रान्तिकारी कवि मोलोइज बेंजामिन मोलाइसे को फांसी दिये जाने की सोशल साइंस स्टडी सर्किल ने निन्दा की है।

संगठन के कुमार आनन्द, मनोज आनन्द, श्योराज सिंह, राजबीर, विजय आलम, रजनीश अमलम, सुभाष, सुनील कुमार ने शोक प्रस्ताव पारित कर दिवंगत कवि को श्रद्धांजलि अर्पित की।

गोष्ठी में अर्थशास्त्र-विभागाध्यक्ष डॉ. राजीव गोयल मुख्य अतिथि थे। पारित प्रस्ताव पर हस्ताक्षरों का क्रम था– 1. डॉ. मूलचन्द गौतम, 2. राजीव गोविल, 3. जितेन्द्र कुमार शर्मा, 4. विनोद गोस्वामी, 5. धर्मपाल सिंह, 6. राकेश कुमार, 7. प्रेमसिंह, 8. रामकिशोर जावेद, 9. श्यौराज सिंह 'बेचैन' और 10. प्रेम सिंह सँभली। काव्य संगोष्ठी में राजेश कुमार, आर.एस. देहाती, प्रेम सिंह 'प्रेम', जितेन्द्र सिंह आदि ने भी कविताओं का पाठ किया। उस गोष्ठी के कुछ नोट्स मेरे रिकॉर्ड में मिले हैं। उनके अनुसार प्रेमपाल सिंह 'सँभली' की कविता है–

सत्ता की राजनीति धोखाधड़ी है।
हर किसी की आँख कुर्सी से लड़ी है?
सो गया कोई भूखा, उन्हें क्या पड़ी है।
राजनेता कह रहे यह ग़रीबी मिटाने की घड़ी है।

और मेरी पंक्तियाँ–

इक्कीसवीं सदी में प्रवेश करने वाले,
हम लोग हैं अजूबे, हम लोग हैं निराले।
सपने हैं कि उड़ने को बेताब हो रहे हैं,
खाना नहीं उदर में, मुँह पर पड़े हैं ताले।

प्रेमपाल सिंह, शमशाद, जितेन्द्र सिंह, मुन्नालाल ने छोटी-छोटी कविताएँ सुनाईं। डॉ. राजीव गोयल ने कविताओं के बारे में अपनी समीक्षात्मक राय रखी। यह एक बचकानी तुकबन्दी किसने की थी–

यह प्यार प्यार प्यार
इससे बच कर रहो यार
इसकी मार कर देगी बेकार
लैला-मजनूँ का प्यार
हीर-राँझा का प्यार
लौ-पतंगे का प्यार
ज़िन्दगी प्रेमियों की ख्वार।

डॉ. मूलचन्द गौतम

डॉ. मूलचन्द गौतम साहित्यिक सुरुचि सपन्न शिक्षक थे। उन्हीं की प्रेरणा से कॉलेज में साहित्यिक गतिविधियाँ सम्भव हो पाती थीं। नेपथ्य में रहकर भी सूत्रधार वही थे। उन्होंने कवियों की वैचारिक भावभूमि को परिपक्व बताया और कहा कि "कविता होती क्या है? कविता लिखने के लिए संवेदना ही आधार होती है। सामाजिक, वैचारिक और सांस्कृतिक परिवर्तन लाने में कविता की विशेष भूमिका होती है।" हास्य कविताएँ कोई सार्थक सन्देश नहीं देतीं, वे चाटुकारिता करने के लिए होती हैं और वर्तमान के बजाय अतीतोन्मुखी होती हैं।

अतिशयोक्तिपूर्ण कविताओं के बारे में डॉ. गौतम ने कहा, "ये कविताएँ भले ही सम्माननीय रही हैं, लेकिन आज के चेतनशील प्राणियों में इनका कोई सम्मान नहीं है। कविता मरेगी नहीं, क्योंकि कविता सृष्टि के साथ जुड़ी हुई है।" इसी कड़ी में आपने बेंजामिन मोलोइस की तारीफ़ की। राधेश्याम व रामकिशोर की कविताओं को घृणित व वाहियात बतलाया और कइयों की कविताओं को तो कविताएँ ही मानने से इनकार कर दिया। उन्होंने कहा, "हर व्यक्ति कवि नहीं बन सकता। कवि से कुछ अपेक्षाएँ होती हैं। कुछ लोगों को कवि बनने का शौक़ ही नहीं, बल्कि अपने को कवि कहलाने का भी शौक़ होता है। सहृदय होना और संवेदना का भार सहन करना कोई आसान काम नहीं है, अपितु इसके लिए बड़ी-बड़ी यातनाएँ सहनी पड़ती हैं, बड़ा श्रम और त्याग करना पड़ता है। कवि के भीतर एक और मनुष्य होता है, जो उसकी संवेदना पर सवार हो उसे चाबुक मारता रहता है और उसे क़लम के माध्यम से बाँधता रहता है। अगर कोई कविता का असम्मान करता है तो उसे बुरा लगता है। आज कविता के

विद्यार्थी का मानसिक स्तर गिर गया है। वह अपने कोर्स से बाहर अध्ययन करना तो दूर अपनी पाठ्य पुस्तकों तक का अध्ययन भी पूरी तरह नहीं करता। कविता की तलवार को पकड़ने के लिए विशेष ज़ेहन होना चाहिए। कहीं ऐसा न हो कि वह कविता की तलवार से अपना ही गला काट बैठे। कविता सूक्ष्म हथियार है... ।"

एस.एम. कॉलेज मौलिक कविता प्रतियोगिता में प्रथम पुरस्कार प्राप्त करते हुए लेखक

मैंने बतौर संचालक अन्त में अपनी कुछ कविताओं और चन्द शब्दों के साथ काव्य गोष्ठी सम्पन्न करने की घोषणा की।

आर.के. जावेद का पत्र

"प्रिय कमल कुमारी, मैंने एक पत्र 7 अगस्त, 1985 को लिखा था। मैं तुम से कहीं एकपक्षीय प्यार तो नहीं कर रहा हूँ? LOVE चार अक्षरों से मिलकर बना है, L for lack of wisdom, O for ocean of tears, V for valley of death and E for end of life. अर्थात् प्यार में बुद्धि-विवेक का अभाव होता है, आँसुओं का दरिया मौत की धारा होती है और अन्त में जीवन का नाश होता है। आदमी का प्यार उसकी ज़िन्दगी का एक हिस्सा होता है और औरत का प्यार उसका समूचा वजूद होता है।" लव गुरु के अन्दाज़ में उसने आगे लिखा, "प्रिय के.के. तुमने मेरी ज़िन्दगी को काफ़ी क़रीब से देखा है और मैं समझता हूँ कि तुम मुझसे अच्छी तरह से परिचित हो, तुम मेरे साथ मिलकर एक दोस्त की तरह पढ़ो, अधिक सोचो और कम बोलो। कर्महीन व्यक्ति कल्पनाओं के सागर में डुबकी लगा लेने से तरक़्क़ी नहीं कर सकते, नारी पर अन्धविश्वास, रीतिरिवाज व परम्पराओं के अनेक अंकुश लगे हुए हैं। जैसे-जैसे अंकुश हटते जा रहे हैं, वैसे-वैसे वह अपनी योग्यता और क्षमता का सही परिचय दे रही है। 'सौन्दर्य प्रदर्शन नारी के विकास में बाधक है'। नारी अधिक समय सौन्दर्य के रख-रखाव पर ख़र्च कर देती है।

"मैं तुम्हारी वजह से राधेश्याम की तरफ़ ज़्यादा आता-जाता हूँ। तुम्हारे पापा ने उनसे कहा था कि 'इस लड़के को आवारा मत बनाना।' **मुझे तुम्हें सिखाना होगा कि औरत प्यार को साफ़ समझती है। यह उसके लिए आत्मा का समूचा दान है। प्रिय, तुम मेरे पत्रों का जवाब देना।** मैं उसका आलिंगन करने को तरसूँगा। मैं तुमसे फ़ोटो की भीख माँग रहा हूँ।"

वह प्रेमी कम उपदेशक अधिक था। स्त्री को कम अक्ल भी मान रहा था। काव्य संगोष्ठी के लिए भी कुछ पंक्तियाँ लिखकर लाया था, "भाई साहब, इन्हें ज़रा आप भी देख लें।" मैंने उसके जज्बातों को छुए-छेड़े बग़ैर कुछ तुक और कुछ शब्द बदलकर इसे दुरुस्त करने का प्रयास किया था। मैंने कहा, "मेरी डायरियाँ ले जा कुछ कविताएँ पढ़, फिर लिख, मैंने भी कुछ उर्दू शायरों से प्रभावित हो इश्क़ आशिक़ी की कविताएँ लिखी हैं। जिनकी बिनाह पर कॉमरेड शर्मा क्रान्तिकारी के पतन की घोषणा करते हैं।" मैंने देखा उसने मेरी ये पंक्तियाँ इस्तेमाल की हैं—

तेरा जिस्म
मुजस्सिम गुलाब है,
क्या कीजे?
दहकती आँच बेहिसाब है,
क्या कीजे?
बड़ी-बड़ी हिरणी जैसी,
दो पागल आँखें
चेहरा खुली किताब है
क्या कीजे?
तेरे दिल के आईने में,
जो अक्स-सा ठहरा है
वो कोई और ही
जनाब है क्या कीजे?
ये तेरे अंग-अंग में है इतर सी ख़ुशबू
छुईमुई तेरा मिज़ाज़ है—
क्या कीजे?
ठहरना चाहे है तेरे क़रीब,
शामों को,
मुतास्सिर तुमसे आफताब है
क्या कीजे?
हमीं हैं आपके पीछे
जिगर-जले मजनूँ

है नहीं आपको हमसे लगाव
क्या कीजे?

ओमप्रकाश वाल्मीकि और शरण कुमार लिंबाले ने कहा था, "हमने प्रेम-रोमांस की कविताएँ फाड़कर फेंक दीं।" जबकि धर्मवीर कहते थे, "दलित कवि भी पूरा मनुष्य है। वह भी प्रेम-रोमांस के दौर से गुज़रता है। उसका मूल्यांकन अलग होना चाहिए। साहित्य को नष्ट नहीं करना चाहिए।"

चन्दौसी में रह रहे एक अधिकारी से मेरा दूर का रिश्ता निकल आया था। उनकी बड़ी बेटी की पढ़ाई के रास्ते में आये दो बैरियर मुझे याद आते हैं। कॉलेज जाते-आते दलित बस्तियों के नाले पर कुछ मनचले बैठे हुए मिलते थे। वे उन पर फ़ब्तियाँ कसते थे। इससे लड़की परेशान हो पढ़ाई छोड़कर घर बैठ जाती थीं। उसके पैरेंट ने मुझे बताया।

मैंने कहा, "घर बैठने से बात नहीं बनेगी। तुम तुरन्त मेरे साथ चलो।"

उसकी माँ बोली, "कहाँ ले जा रहे हो? मुझ पर विश्वास करो।"

वह उठी और मेरे साथ चल पड़ी। मैं घर-परिवार से परिचित था और लड़कों को वह पहचानती थी।

मैंने जाते ही प्रश्न किया, "क्या तुम इस लड़की को पसन्द करते हो? तुम इससे शादी करना चाहते हो, बताओ अगर हाँ तो मैं मध्यस्थता करूँगा।"

देखते ही उसका चेहरा फक्क पड़ गया, उसने उत्तर नहीं दिया और झेंपकर बग़लें झाँकने लगा।

"नहीं-नहीं, भाई साहब माफ़ कीजिए! आइन्दा कभी कुछ नहीं बोलूँगा।"

"बोलो, पर लड़कियों से अदब से बोलो।" ख़ैर, उस दिन के बाद लड़का सही रास्ते पर आ गया। उसका गुट भी टूट गया और लड़की ने जम कर पढ़ाई की।

जावेद, कबीर मोहल्ले में रहता था। उसके पिता फड़याई बाज़ार में नंगे बदन अफ़्रीकी गुलामों की तरह गल्ला गाड़ी खींचते थे। सेहत से भी वह मरियल-सा था। परन्तु के.के. पर एकतरफ़ा जान छिड़कने लगा था। उसने एक दिन चार पन्नों का पत्र लिखा और चुपके से लड़की को पकड़ा दिया।

पढ़कर बोली, "शाम को पापा को आने दे, तब तेरा मजनूँपना ठण्डा कराऊँगी कुत्ते..."

फिर क्या था, उसका गुब्बारा फूट गया।

"मुझे बचा लो, मैं मर जाऊँगा। मैंने ग़लती से के.के. को एकतरफ़ा प्रेम-पत्र लिख दिया।"

"तो मैं क्या कर सकता हूँ। हाथी के मुँह से गन्ना वापस आता है क्या? जो हुआ सो हो गया। जाओ और माफ़ी माँग लो।"

"नहीं, मुझमें इतनी हिम्मत नहीं है। मुझे तुम बचा लो, नहीं तो उसके पापा के आने से पहले ही सल्फास खा लूँगा।"

'जावेद' बेहद ग़रीब दलित परिवार का बच्चा था। उसका करुण क्रन्दन हमसे देखा नहीं जा रहा था।

राधेश्याम ने कहा, "श्यौराज, तुम कुछ करो। इससे ग़लती हुई है। हम सबसे भी गलतियाँ तो होती ही हैं।"

के.के. के घर में मेरा बेरोक-टोक आना-जाना था।

मैंने कहा, "तुम उसी कॉपी-काग़ज़ पर उतने ही बड़े एक और पत्र में वही लिखो जो तुम अभी बोल रहे हो।"

उसने लिखा–"मेरी प्रातः वन्दनीय बहन, सादर चरण स्पर्श। मैं सोचता हूँ, ईश्वर ने मुझे तुम्हारी माँ की कोख से जन्म क्यों नहीं दिया। पर मन से, विचार से मैं तुम्हें अपनी परम पवित्र बहन ही मानता हूँ। मैं धन्य होऊँगा, यदि तुम रक्षाबन्धन पर इस नाचीज़ की कलाई पर राखी का एक धागा बाँध दोगी। मैं तुम्हारे चरणों की धूल को माथे का चन्दन मान लूँगा। वैसे मैं क्या हूँ, मैं तुम्हारे घर का कुत्ता भी नहीं कहला सकता। वह भी टुकड़ा खाता है तो वफ़ादारी करता है। मुझे तो तुम्हारी मम्मी ने एक दिन चाय भी पिलायी थी...।"

पत्र पूरा कर वह बोला, "उसमें तो मैंने कविता भी लिखी है। कविता के बग़ैर यह कुछ डिफरेंट नहीं लगेगा क्या?"

"बेचैन जी, इस कालिदास को एक कविता डिक्टेट कर दो।" राधेश्याम जी बोले।

"चल जल्दी कविता भी लिख।" मैं मज़ाक़िया अन्दाज़ में बोल रहा था और वह लिख रहा था–

मैं ठहरा
कमबख़्त, कमीना
मुझे नहीं आता है जीना।
सीखूँगा अब, बालाओं की
इज़्ज़त करना।
और हमेशा, बुरे ख़यालों से भी डरना।
सिर झुकाता हूँ हाथ जोड़ता हूँ
मैं तेरी चप्पल से चिपकी धूल जितना हूँ

कहने को एम.ए. तक पढ़ा हूँ
पर अक्ल के मामले में देसी गधा हूँ।

"चल ले, बस इतनी कविताई काफ़ी है।"

राधेश्याम ने कहा, "यह कुछ ज़्यादा नहीं हो गया?"

जावेद ने पत्र लिफ़ाफ़े में पूर्ववत् रख दिया था। जब शाम को के.के. के पापा ऑफ़िस से आये, मैं घर में गया। आले में घड़ी के नीचे रखे पहले लिफ़ाफ़े को उठाकर मैंने चुपके से नया लिफ़ाफ़ा रख दिया। इससे पहले कि वे चाय-पानी पीते, उन्हें उदासी लदा बेटी का चेहरा दिखा, "क्या बात है?"

माँ यह कहते हुए उठीं कि "लो, ख़ुद ही पढ़ लो।"

बाबूजी ने लिफ़ाफ़ा हाथ में लिया बोले, "पढ़ लूँगा। पत्र ही तो है। बम तो नहीं है, जो फट पड़ेगा। तुम चाय बनाओ।"

इतना बोलकर वे अन्दर जाकर सोफ़ा पर बैठ गये और पत्र पढ़ने लगे। पढ़ते-पढ़ते उनके चेहरे के हाव-भाव उभर रहे थे। बेटियाँ अप्रत्याशित प्रसन्नता देख हतप्रभ थीं। मैं पास जाकर खड़ा हो गया था। बाबूजी ने मुझे पत्र पकड़ाते हुए कहा, "श्यौराज बेटा तू देख, इसमें ऐसा क्या लिखा है, जिससे परेशान हुआ जाये। अब किसी ने अपने इतने पाकीज़ा जज़्बात ज़ाहिर कर दिये तो इसके लिए उसे शुक्रिया कहना चाहिए या उसके सिर पर जूते मारे जायें?"

मैं पत्र पढ़ने का अभिनय करने लगा। "तो क्या करें, बुरा तो नहीं है। पर पसन्द नहीं है तो पत्र को फाड़िए और फेंकिए। ज़रूरी तो नहीं कि सभी को सबके जज़्बात पसन्द आयें। आप कहें तो मैं फाड़ दूँ।"

"हाँ, हाँ फाड़ो, फेंको...।" के.के. जब तक कुछ कह पाती। मैंने उस पत्र के टुकड़े छत से पिछवाड़े फेंक दिये और जब लौटा तब टुकड़े उठाकर ले आया। मैं नहीं जानता उन असली-नकली पत्रों का अब कोई मतलब है या नहीं? पर मेरे संग्रह में सुरक्षित हैं।

यह संयोग था कि 7 सितम्बर, 2013 को मैं वह प्रसंग लिखा रहा था। मेरे बचपन के मित्र लटूरी पहलवान अपने बेटे के साथ मेरे घर पधारे, उनकी मौजूदगी में ही किशोर यानी जावेद का फ़ोन आया।

"क्या आप इग्नू में प्रोफ़ेसर हैं?"

मैंने बताया, "नहीं, मैं दिल्ली विश्वविद्यालय में हूँ।"

"मैं बेटी के लिए कुछ मदद चाहता था।"

उसने एक नयी बात कही, "आपकी पत्नी के पिताजी मेरे लिए शादी का प्रस्ताव लेकर आये थे और भी कई लोग थे। ये ख़ुद भी आयी थीं और आप भी वहाँ मौजूद थे।"

मुझे ऐसा कोई प्रसंग याद नहीं था। मीनू से पूछा तो उन्हें यह झूठ लगा। ख़ैर, मैंने उसे उसके पत्रों की याद दिलायी।

दिनांक 30 दिसम्बर, 1983 'युगबन्धु' की एक ख़बर का सार उद्धृत कर रहा हूँ, शीर्षक है, 'स्टूडेंट फेडरेशन की सभा सम्पन्न', सभा कु. मंजु शर्मा के निवास पर हुई। उसमें विद्यार्थियों को परेशान करने वाली समस्याओं के समाधान पर विचार किया गया। शिक्षा जगत में अशान्ति और निराशा, कॉलेज परिसर में पुलिस-हस्तक्षेप, अध्ययन का वातावरण दूषित; ग़रीब विद्यार्थियों को शिक्षा पर होने वाले व्यय का भार वहन नहीं कर पाना; शिक्षा सोद्देश्य और वैज्ञानिक हो; रुचिकर और प्रेरणादायी हो, सबको, समान, मुफ़्त और गुणकारी हो; ताकि विद्यार्थी समाज के प्रति उदासीन न हों। हमारा ज्ञान कोरा किताबी न हो। शिक्षा व्यावहारिक, यथार्थवादी और रोज़गारोन्मुखी होनी चाहिए, जो विद्यार्थियों को जीवन में काम आये। इस सभा में बीना गुप्ता, सीमा अग्रवाल, पत्रकार फरीद अहमद आदि भी उपस्थित थे। अन्त में स्टूडेंट फेडरेशन के पदाधिकारियों और कार्यकारिणी का चुनाव सम्पन्न हुआ। 'श्यौराज सिंह 'बेचैन' अध्यक्ष, ब्रह्म कुमार सक्सेना, कुमारी मंजु, कु. अर्चना उपाध्यक्ष, राजीव सक्सेना महामन्त्री, एजाज अहमद, कु. मंजु, अग्रवाल मन्त्री और श्री आशमा कोषाध्यक्ष चुने गये'। श्यौराज सिंह बेचैन की कविता—

फूल हैं लेकिन चमन से दूर हैं,
हैं सितारे पर गगन से दूर हैं,
देश की चीज़ों के हिस्सेदार हम,
फिर क्यों लगता है वतन से दूर हैं?

के साथ ही सभा समापन की घोषणा की गयी।

वे मेरी गोद में सो गये और इतिहास हो गये

मैंने अपनी युवावस्था का एक दशक दिया और उन संगठनों-साथियों ने प्रत्यक्ष-अप्रत्यक्ष मुझे चुनौतियों का मुक़ाबला करने लायक बना दिया। मैं उनसे असहमति और उनकी जाति और वर्ण विषयक यथास्थितिवाद का आलोचक होकर भी उनका ऋणी रहूँगा।

दलित को यथास्थिति में रखा जाये, अन्यथा वह बदला लेगा। मार्क्सवादी सवर्णों की ऐसी भ्रामक सोच मनुवादी सवर्णों की सोच से अलग नहीं थी। परिणाम में दोनों एक ही थे। नेतृत्व दलित मूल के कॉमरेड को नहीं देना है। यूँ भी कम्युनिस्ट नेतृत्व नीचे से ऊपर तक ब्राह्मणों, कायस्थों, वैश्यों की दंबगई से दबा था।

1980 में मेरे चन्दौसी पहुँचने से पूर्व बिलारी क्षेत्र में भाकपा के बैनर तले दूल्हा ख़ाँ के नेतृत्व में भूमिहीनों में भूमि वितरण का ज़ोरदार और अभूतपूर्व आन्दोलन चल चुका था। पास गाँव 'जनैटा' के कॉमरेड ख़ाँ व्यवस्था परिवर्तन के प्रति अतिरिक्त आश्वस्त थे, जबकि इस जनपद के ब्राह्मण-बनिया कॉमरेड किताबी-कार्यालयी क्रान्तिकारी थे। वे जिस भाकपा में थे, उसी पार्टी के नेता उनकी भारी उपेक्षा कर रहे थे। असली नेता दूल्हा ख़ाँ को लतियाकर फर्ज़ी कॉमरेड रामकृपाल शर्मा तो फर्ज़ी सदस्यता दर्शा कर ज़िला सचिव बने बैठे थे। हालाँकि दूल्हा ख़ाँ ज़मींदार ख़ानदान में जन्मे थे। भूमि वितरण का आन्दोलन उनके वर्ग के विरुद्ध था। परन्तु आज़ाद भारत की सत्ता साझीदारी के समर्थक थे। दूल्हा ख़ाँ से मेरा पहला परिचय डॉ. नत्थूलाल ने 1980 में उनके गाँव जनैटा ले जाकर कराया था।

उसके बाद मैं भगवानदास शर्मा के साथ दूल्हा ख़ाँ के घर जनैटा अक्सर आया-जाया करता था। दूल्हा 'सोवियत-क्रान्ति' से बेहद प्रभावित थे और भारत में भी जल्दी क्रान्ति होगी, इस मुग़ालते के शिकार थे। जाति सवर्णता के प्रतिक्रियावाद का उन्हें अन्दाज़ा ही नहीं था। मैं बी.ए. प्रथम वर्ष में था, परन्तु कॉमरेड शर्मा के अनुसार यूनिवर्सिटी, कॉलेजों की शिक्षा बुर्जुआई थी, क्रान्तिकारी चेतना की धार को भोथरा कर समझौतापरस्त बनाने वाली थी। क्रान्तिकारियों के लिए सार्थक शिक्षा दिल्ली के पार्टी स्कूल में या मास्को जाकर सीखनी होती थी। परन्तु मेरे लिए दूल्हा ख़ाँ की सलाह मुख़्तलिफ थी। उनके मुताबिक़, "यह पढ़ाई ज़रूर की जाये। एक कॉमरेड को आम स्टूडेंट की अपेक्षा अधिक अध्ययनशील और व्यावहारिक होना चाहिए।"

जब मैंने संस्कृत में शास्त्री के पहले साल की परीक्षा पास की, तो वे मुझे शास्त्री कहने लगे। "नाम के आगे शास्त्री ज़रूर लिखो—ये जो संस्कृत और संस्कृति विरोधी होने का आरोप लगाकर दलित को पण्डित बनने से रोका जाता है, संस्कृत पढ़कर वेद-पुराणों का अध्ययन कर उनका जवाब दो।" दूल्हा ख़ाँ स्वयं संस्कृत, अंग्रेज़ी और उर्दू के प्रकाण्ड पण्डित थे। देश में सफल-असफल, सच्चे-झूठे कितने क्रान्तिकारी हुए होंगे, जो अस्पृश्यता के भुक्तभोगी नहीं रहे।

मेरे जैसे को यादों में बसाये रखने की क्या वजहें हैं? वे बिना याद किये भी स्मृति हैं, तो क्यों हैं?

मैं 1982-1983 में दूल्हा ख़ाँ के साथ अलीगढ़ मेडिकल कॉलेज भेजा गया था। उन्होंने मुझे अजय सरल, प्रेम सरल, कॉमरेड मेहरा, डॉ. सौभाग्यवती, टीकाराम डिग्री कॉलेज, किताब घर वालों से मिलाया था। डॉक्टरों ने उनकी कई जाँचें कीं थीं। रिपोर्ट के लिए हमें 'पार्टी दफ़्तर' में रुकना पड़ा।

सर्दी का मौसम था, इसलिए रात्रि को ओढ़ने-बिछाने के लिए कॉ. ख़ाँ ने अपने घर जनैटा में बिस्तर तैयार किया। मैं उसे उठाकर लाया। एक-एक जोड़ी कपड़ों के अलावा कॉमरेड ने थैले में ढेर सारा साहित्य भर लिया, मानो हम इलाज कराने नहीं पढ़ाई-लिखाई करने जा रहे हों। इनमें हिन्दी, उर्दू और अंग्रेज़ी क्री रशियन किताबें अधिक थीं। हम चन्दौसी से पैसेंजर गाड़ी में बैठे थे, तो दूल्हा बोले—"शास्त्री जी, तुम ऊपर वाली बर्थ पर चले जाओ। कुछ पढ़ना हो तो मेरे थैले से निकालकर पढ़ लो। मैं नीचे आराम करूँगा।" मैंने थैले से उनकी दवा निकालकर दी और ऊपर की सीट पर चला गया। बमुश्किल एक घण्टा बीता होगा कॉमरेड उठे और मुझे नीचे बुलाया।

उनके भाई ग्राम प्रधान थे। उनसे वे गांधी जी की 'मद्य-निषेध' पत्रिका लेकर आये थे। जिस पर गांधी जी की तस्वीर छपी थी, "लो, इसे पढ़ो और विचार करो।" तब तक मैं गांधी जी के बारे में डॉ. भीमराव अम्बेडकर का लिखा थोड़ा-बहुत साहित्य पढ़ चुका था। 'उनका ट्रस्टीशिप सिद्धान्त, मशीनों का विरोध, वर्ण-व्यवस्था का समर्थन, माँ का पेशा बेटी को और पिता का पेशा बेटों को करने का आग्रह और दलितों को पृथक् निर्वाचन के विरुद्ध अनशन अम्बेडकर को ब्लैक मेल कर, डरा-धमकाकर 'पूना पैक्ट' कराकर गांधी जी ने दलितों को सच्चा नेतृत्व मिलने की सम्भावना समाप्त की। इतना ही नहीं उन्हें हिन्दुओं से अलग भी नहीं होने दिया था। ऐसी कुछ बातें थीं, जिनको लेकर मैंने कॉमरेड ख़ाँ के साथ चर्चा की थी, जैसे भगतसिंह की फाँसी रुकवाने के मामले में गांधी जी ने कोई पहल क्यों नहीं की? क्यों ट्रस्टीशिप का सिद्धान्त ईजाद कर गांधी ने सम्पत्ति के निजी स्वामित्व को बढ़ावा दिया, इत्यादि?' पर मैं चकित था कि वे गांधी जी की भूरि-भूरि प्रशंसा कर रहे थे। उन्होंने मेरे प्रश्न अनुत्तरित छोड़ दिये और अंग्रेज़ी में छपी एक किताब 'हिस्ट्री ऑफ़ रेवेल्यूशन' खोलकर पढ़ने बैठ गये। कहने लगे—"उनके व्यक्तिगत त्याग, उद्देश्य के प्रति निष्ठा, आज़ादी के लिए कुर्बानी, रहन-सहन में सादगी आदि गांधी जी से काफ़ी कुछ सीखा जा

सकता है चूँकि सुविधाभोगी वैष्णव हिन्दुओं-राजनेताओं की तुलना में गांधी का जीवन पारदर्शी था।''

गांधी जी के समर्थक हैं, तब तो अम्बेडकर विरोधी होंगे ही। ऐसा सोचकर मैंने उनका मन टटोला तो कहने लगे, ''कम्युनिस्ट जो इकोनॉमिकल और सोशल इनइक्वेलिटी ख़त्म करने की लड़ाई लड़ रहे हैं, वे दलितों-मज़दूरों के लिए डॉ. अम्बेडकर का काम कर रहे हैं। ग़रीबी हटेगी, तालीम मुफ़्त और कम्पलसरी होगी, रोटी, रोज़ी, दवा और मकान की गारंटी होगी तो अनटचेबिलिटी ख़ुद-ब-ख़ुद ख़त्म हो जायेगी।" बनिया, ब्राह्मण और कायस्थ कॉमरेड अम्बेडकर को सत्ता का आदमी, अंग्रेज़ों का पिट्ठू और यहाँ तक कि उनका दलाल भी कहते थे। काल मार्क्स ने धर्म को अफ़ीम कहा था और डॉ. अम्बेडकर ने बौद्ध धर्म अपनाया-वर्ण को ही वर्ग बताया। इसलिए कॉमरेड उन्हें अतार्किक और अवैज्ञानिक विचारों का व्यक्ति मानते थे।

दूल्हा ख़ाँ का तर्क अलग था—''डॉ. अम्बेडकर बराबरी पसन्द थे, उनका ख़्वाब तो क्रान्तिकारी कम्युनिस्ट ही पूरा करेंगे। हम उन्हीं का काम कर रहे हैं।''

''तो क्या आपने डॉ. अम्बेडकर से मुलाक़ात की थी?''

''नहीं, मैं पार्टी लाइन से बाहर नहीं जा सकता था।''

चुन्नी मोहल्ले में डॉ. नत्थूलाल के आने पर कॉमरेड का आना-जाना होता था। विपन्नता, अशिक्षा और अन्धविश्वासों के अँधेरे में डूबी इन दलित बस्तियों में हर घर महिलाएँ डॉ. अम्बेडकर की तस्वीर पूजती थीं। महिलाएँ रबड़ जलाकर खाना बनाती थीं, स्प्रिट पीती थीं, छोटे-छोटे बच्चों को स्कूल भेजने के बजाय सेठों-लालाओं की गुलामी करने भेजती थीं। खाना खिलाते हुए मौसी कह रही थी—

''कॉमरेड, मेरे जा बहनौत कू कछु काम धन्धो सीखन देऊ। तुम्हारी क्रान्ति तो आने से रही।''

वे बोले—''आप देखना एक दिन। क्रान्ति होगी। हमारे मुल्क में अन्न-धन, रोटी-कपड़ों की कोई कमी नहीं है। भूमिचोरों, जमाखोरों-मिलावटखोरों ने ग़ैर-बराबरी पैदा कर सोशल बैलेंस बिगाड़ रखा है।''

जितना समय भोजन का सिलसिला चला उससे अधिक समय कॉमरेड का लेक्चर चला। औरतों की आज़ादी को लेकर भी उनकी एकल तक़रीर हुई। वे औरत-मर्द की बराबरी के पुरजोर हिमायती थे, उनकी नज़र में पूजा-नमाज़ वाहियात थी। वे औरत की सार्वजनिक सेवा को किसी भी स्तर पर कम नहीं मानते थे। बल्कि वे फ़ैसले लेने के मामले में उन्हें मर्दों के बराबर रखना चाहते थे।

कॉमरेड ख़ाँ के कार्यों पर बीते दशकों में मैंने कई विधाओं में लिखा। कविताओं की शक्ल में भी और संस्मरण के रूप में भी। डॉ. वीरेन डंगवाल को एक लेख भी दिया था। एक बार मीनू और मैं इन्द्रापुरम में डंगवाल जी से मिले। तब उन्होंने बताया था कि 'वह लेख **समकालीन नजरिया** में छपा था।' पर उसकी प्रति मुझे या तो भेजी नहीं गयी या मेरा सही पता-ठिकाना नहीं होने के कारण मुझे मिली नहीं। जब प्रो. सुभाष धूलिया 'नवभारत टाइम्स' के सम्पादक थे, तब एक संस्मरण लिखकर उनके घर पुष्प विहार देकर आया था। पर वह वहाँ छपा नहीं।

कॉमरेड ख़ाँ नास्तिक थे। वे रोज़ा नहीं रखते थे, नमाज़ नहीं पढ़ते थे, ज़मींदारी से बेदख़ल कर दिये गये थे। जिन दिनों वे बीमार थे उनकी बहन ने कहा था—"दूल्हा तू ख़ुदा से दुआ माँग कि तेरी तबीयत दुरुस्त हो जाये।" तो वे बोले, "अगर तुझे ऐसा लगता है ख़ुदा है तो तू ही कर के देख ले।" उनके विचारधारात्मक विरोधी भी उनका सम्मान करते थे। वे एक सच्चे स्वतन्त्रता सेनानी थे।

ज़िले में हिन्दू-मुस्लिम साम्प्रदायिकता के उभार को वे वाम शक्तियों की हार मान रहे थे। साम्प्रदायिक हिंसा देखकर उन्हें दिलीतौर पर कष्ट पहुँच रहा था। उनका खाना-पीना कम हो गया था। केवल सोचते रहते थे। डॉक्टरों ने कहा इन्हें पानी पिलाते रहना चाहिए। 6 सितम्बर, 1983 की सुबह कॉ. भगवानदास शर्मा मेरे पास चुन्नी मोहल्ले आये। मैंने पूछा, "कॉमरेड (दूल्हा ख़ाँ) का स्वास्थ्य कैसा है?"

उन्होंने कहा, "चिन्ताजनक है।"

हम तुरन्त उनके घर पहुँचे। वे हमारे साथ आने को तैयार नहीं हुए।

दूल्हा ज़मीन के बँटवारे हेतु भूमि आन्दोलन में कूदे थे। परिवार नाख़ुश था। वे सफ़ाईकर्मी बहिष्कृत जातियों में भी काम कर चुके थे। जो न मुस्लिम ज़मींदारों को पसन्द था, न धनी हिन्दुओं को। भूमि-भवनों के असन्तुलित वितरण के ख़िलाफ़ कॉ. ख़ाँ ने भौतिक क्रान्ति का बीजारोपण किया था। वह 8 सितम्बर, 1983 की रात थी। कॉमरेड शर्मा ने मुझे बताया—"दूल्हा ख़ाँ की तबीयत ज़्यादा ख़राब है, उन्हें तुरन्त चन्दौसी लाकर डॉक्टर को दिखाना होगा।"

हम चारपाई सहित उन्हें जनैटा से लेकर आये। कॉमरेड ख़ाँ का बेटा 'पुत्तन' भी हमारे साथ आया। रात के बारह बज चुके थे। डॉ. मदान को उसी वक़्त

बुलाया गया। उन्होंने दवा के साथ-साथ लगातार पानी पिलाते रहने को कहा। कॉमरेड शर्मा की बैठक में दूल्हा ख़ाँ को सुलाया गया। उन्होंने सौ रुपये पुत्तन को दिये और ग्लूकोज की बोतल मँगायी। रात के दो बजे हम थक चुके थे। कॉ. शर्मा सोने चले गये। दो घण्टे हुए होंगे, मैं चम्मच से बार-बार उनके मुँह में पानी डाल रहा था। अचानक उन्होंने पानी लेना बन्द कर दिया। मैंने कॉ. शर्मा को जगाया। वे हड़बड़ाकर उठे, ''इन्हें इस वक़्त किस डॉक्टर के पास ले जायें?''

''गली में रिक्शे खड़े होंगे, किसी को बुलाओ श्यौराज।'' चारपाई सहित रिक्शे पर कॉमरेड को लिटाकर लेकर गये। सट्टा बाज़ार में डॉक्टर मदान की क्लीनिक में बेंच पर उतारा। एक तरफ़ मेरी गोद में कॉमरेड का सिर रखा। दूसरी ओर पुत्तन ने उनके पैरों को साधा। कॉमरेड शर्मा डॉक्टर के निवास की ओर सौ क़दम ही बढ़े होंगे, कॉ. ख़ाँ की साँसें थम गयीं।

मेरी गोद में उनकी गर्दन एक ओर लटक गयी। मेरे मुँह से निकला ''कॉमरेड तो गये।'' पुत्तन की आँखें आँसुओं से भर गयीं। कॉ. शर्मा लौट आये। उन्होंने मेरी गोद में से लेकर दूल्हा ख़ाँ का सिर बेंच पर खिसकाते हुए कहा, ''श्यौराज, तुम जाओ, कॉमरेड मदन दीक्षित और अरविन्द सक्सेना को बुलाकर लाओ।'' मैं भागा-भागा गया। दीक्षित जी सुबह-सुबह किसी केस की स्टडी कर रहे थे। मुवक्किल उन्हें घेरे बैठे थे। मैंने उनके पास जाकर कहा—''कॉमरेड दूल्हा ख़ाँ गुज़र गये, डॉक्टर मदान की क्लीनिक पर उनका शव रखा है, आप चलिए।''

कॉमरेड का शव चन्दौसी के सरकारी अस्पताल के प्रांगण में ले जाकर रख दिया गया था। दीक्षित जी अभी तक नहीं आये थे। कॉ. शर्मा ने मुझे पुनः आदेश दिया, "उन्हें जल्दी लेकर आओ और तुरन्त गाँव-देहात में दूल्हा ख़ाँ के देहान्त की ख़बर पहुँचाओ।"

कॉ. दूल्हा खाँ एडवोकेट

उन्होंने मुझे अपनी साइकिल दे दी। गाँव-देहात की ओर निकलने से पहले मैं दीक्षित जी के घर गया। मैंने नाराज़गी के साथ कहा, ''वहाँ अस्पताल में आपके एक साथी की लाश रखी है और आप कमाई के धन्धे में लगे हुए हैं, यही क्रान्तिकारी प्रतिबद्धता है पार्टी के प्रति आपकी?'' तो वे विचलित से हुए। कॉ. 'ख़ाँ' के प्रति उनके मन में सम्मान था। उनकी बीमारी में इलाज

के लिए पैसे इकट्ठा करने के लिए भेजा जाता था, तो मदन दीक्षित और संभल वाले कॉमरेड राधाकृष्ण गुप्ता से मुझे सौ-पचास रुपये चन्दा ज़रूर मिल जाया करता था। मैं भरतपुर, वकैनिया, भरकऊ आदि उन गाँवों में जहाँ किसान सभा की शाखाएँ थीं, उनके इन्तकाल की ख़बर बाँटता चला गया। 'साथियो, कॉमरेड दूल्हा ख़ाँ गुज़र गये हैं। उनका शव...'

मौत की ख़बर में कुछ खाया-पीया नहीं जाता, किसी ने मुझसे खाने-पीने को पूछा भी नहीं। न नाश्ता, न लंच, पूरी तरह ख़ाली पेट दो-ढाई बजे अस्पताल के प्रांगण में लौटा। पता चला कि उनका शव गाँव जनैटा ले जाया गया था। मैं कुछ खाने की तलाश में चुन्नी मोहल्ले मौसी के पास गया—"मौसी एकाध रोटी हो तो मुझे दे दो। मैंने कल रात से अभी तक कुछ खाया नहीं है।"

मैंने मौसी को दूल्हा ख़ाँ की मौत की सूचना दी, उन्हें दुख हुआ। "तूने सवेरे से साइकिल खींची है। अब तक एक निवाला नहीं खाया? कॉमरेड मर गये। बिना खाये-पिये काम करेगा तो तू भी जियेगो कैसे?" कहते हुए मौसी ने सुबह की बची एक रोटी पर सब्ज़ी रखकर मुझे दे दी।

मेरी ड्यूटी पूरी हो गयी थी और सामर्थ्य जवाब दे गयी थी। अन्तिम क्रियाकर्म के मौक़े पर दीक्षित जी, क्षेत्रीय विधायक, सांसद और विभिन्न दलों के नेता-कार्यकर्ता और पत्रकार पहुँचे थे। मैं नहीं जा सका। अख़बारों में समाचार छपे थे। लोगों ने वहाँ वायदा किया, दूल्हा ख़ाँ के नाम पर एक बड़ा पुस्तकालय और स्कूल खोला जायेगा। अच्छा लगा, गत वर्ष जनैटा जाकर मीनू के साथ कॉ. 'दूल्हा खाँ' स्मारक विद्यालय देख पाया।

कॉमरेड शर्मा, दीक्षित जी और दलित प्रधान नत्थू सिंह की ज़ुबान पर उनका खान-पान, वेश-भूषा, जीवन-शैली की चर्चा थी। वे खद्दर की बिना कॉलर की पूरी आस्तीनों की कमीज़, कम चौड़ी मोहरी का पायजामा, सिर पर गांधी टोपी, साँवले रंग की घोड़ी पर बैठकर स्कूल जाया करते थे। मुसलमान होकर हिन्दी-संस्कृत विषय पढ़ते थे। बकौल दीक्षित जी वे 'पण्डित दूल्हा ख़ाँ' थे। जब भाषा (संस्कृत) का ब्राह्मणीकरण हो रहा हो, तब दूल्हा ख़ाँ की भाषायी अभिरुचि निश्चित ही ध्यानाकर्षक रही होगी। सम्भव है कि मुग़लिया शासनकाल में ज़मींदारी हासिल करने के लिए ब्राह्मण या क्षत्रिय पूर्वजों ने इस्लाम क़बूल कर लिया हो।

1982-83 में जब मैंने 'फूलन की बारहमासी' छपवाई थी, तब दूल्हा ख़ाँ ने अपने हाथ से लिख दिया 'लेखक श्यौराज सिंह शास्त्री'। वे मुझे 'शास्त्री जी',

सम्बोधित करने लगे थे। अलीगढ़ गया तो मेडिकल में वे अपनी बीमारी और दवा-दारू की बात कम, 'समाजवादी क्रान्ति' की बात ज़्यादा कर रहे थे। वे युवा डॉक्टरों से उनकी पढ़ाई, उनके ख़यालातों के बारे में बातें कर रहे थे। वे कहते, "जी, सुना है अब्बा से आपका नाम।" नियत तारीख़ को मैंने उनका चेकअप कराया और दवा ली थी। अलीगढ़ उनका कार्य क्षेत्र था--उनकी लोकप्रियता का जीवित इतिहास। वे मुझे 'किताब घर' वालों के पास ले गये—"उन्होंने इंटर-रिलीजन मैरिज की है", बताया तो मुझे ज़्यादा उत्सुकता हुई। उसके बाद वे मुझे इतिहासकार प्रो. इरफ़ान हबीब के निवास पर लेकर गये। वे घर में नहीं थे। उनकी बेटी ने कॉमरेड से शिकायत की, "मेरी एक रचना...एक युवा कॉमरेड ने मैगजीन में अपने नाम से छाप ली है।" बाद दोपहर को वे मुझे वाल्मीकि बस्ती में ले गये, जहाँ गन्दगी उगलती नालियों पर कीचड़ में लोटते सूअर, स्कूल से दूर नंग-धड़ंग बच्चे घूम रहे थे। महिलाएँ झाडू और टोकरा लिये जा रही थीं। वहाँ कॉमरेड का गर्मजोशी से स्वागत हुआ। उन्हें देखने के लिए लोग घरों से बाहर निकल आये। देखकर असीम आदर के साथ कहने लगे, "अरे! कॉमरेड दूल्हा ख़ाँ....कैसे हैं!"

स्वच्छकार बुजुर्ग बताने लगे, 1945-46 का समय रहा होगा, देश के दरवाज़े पर आज़ादी दस्तक दे रही थी। मैंने उनसे प्रश्न किया था कि "सफ़ाईकर्मियों ने सी.पी.आई. और 1957 में बनी आर.पी.आई. में भागीदारी की थी? 'शेड्यूल कास्ट फेडरेशन' भी क्या उनके लिए एक विकल्प नहीं था?"

"मैंने 1947 में ही 'मेहतर संघ' भी बना दिया था दूल्हा ख़ाँ का नेतृत्व और मेहतरों की नगर व्यापी हड़ताल।" उस संघ की कुछ महिला सदस्य वहाँ मौजूद थीं। आज़ादी के बाद भी मेहतरों को सफ़ाई-कर्म से मुक्ति नहीं मिली थी। नीतियाँ-योजनाएँ सन्दिग्ध थीं। सिर पर मैला ढोने की प्रथा मानव अपमान की हदें पार कर रही थी। मैंने उन महिलाओं के नाम की सूची बनायी, जो कह रही थीं कि "मेरी तो तब शादी ही हुई थी। कॉमरेड ने मुझे आन्दोलन में उतार दिया था।" तो कोई कह रही थी कि "मैं तो बहुत छोटी थी, मेरी तो बारात आने वाली थी।"

ये अछूत जातियाँ सी.पी.आई. का 'मेहतर संघ' बना सकीं; आज तक अपना 'दलित संघ' या 'अम्बेडकर संघ' क्यों नहीं बना सकीं? अध्ययन से पता चला कि मेहतरों में अम्बेडकरी चेतना ही नहीं थी। मेहतरों में कोई अम्बेडकरवादी

नहीं था। अलीगढ़ में ख़ासकर चमारों ने आर.पी.आई. के बाद ही अम्बेडकर का विचार ग़ैर-चमार अछूतों में फैलाया।

दूल्हा ख़ाँ ने जोखिम भरा रास्ता चुना था। उन्होंने मुरादाबाद में वकालत की थी। वे भूमिहीनों, किसानों-दलितों के केस बिना फ़ीस लिये लड़ते थे। 'कफ़न-खसोट' वकीलों को ऐसा हमपेशा कैसे प्रिय होता? 'पूना पैक्ट' के बाद से ही डॉ. अम्बेडकर के नेतृत्व में 'बहिष्कृत भारत' भी स्वतन्त्रता आन्दोलन में कूद पड़ा था, जिसे देख ब्रिटिश साम्राज्य की चूलें हिलीं। ज़ाहिर है सफ़ाईकर्मी दलितों की आज़ाद भारत में भी 'सीवर-मौतें' हो रही हैं। 'सिर पर मैला ढोने की प्रथा' जारी है। कॉमरेड क्रान्ति के प्रति इतना आश्वस्त कैसे थे? क्या इसलिए, वे वर्ण भेदी हिन्दू क़ौम में नहीं जन्मे थे। बेशक ज़मींदार के बेटे थे। कॉ. खाँ के नेतृत्व में सफ़ाईकर्मियों के दम पर कम्युनिस्ट पार्टी का लाल झण्डा नगर निगम कार्यालय पर टाँग दिया गया था और यह कई दिन टँगा रहा था। इसलिए कि इन दलितों को मुग़ालता था कि कम्युनिस्टों के नेतृत्व में उन्हें मुफ़लिसी से निजात, सम्मानित पेशा चुनने की आज़ादी सामाजिक बराबरी और ब्राह्मण, बनियों और कायस्थों जैसी क्वालिटी लाइफ मिल जायेगी।

मैंने इस आन्दोलन की कहानी तो दूल्हा ख़ाँ की ज़ुबानी सुनी ही थी, पर इस यात्रा की उपलब्धि थी मुझे उन दलित वीरांगनाओं से मिलना, जो अपने हीरो के लिए जान न्योछावर करने को तैयार थीं। पर क्या कभी सी.पी.आई. की नीति में वाल्मीकि और ब्राह्मण को बराबर करने की बात नज़र आयी है?

दूल्हा ख़ाँ अंग्रेज़ी पुलिस को चकमा देकर भूमिगत हो जाया करते थे। टीकाराम डिग्री कॉलेज की प्राध्यापिका डॉ. सौभाग्यवती ने मुझे बताया था, "एक बार दूल्हा को बुर्का पहनाकर बचाया गया था।"

सौभाग्यवती ने अन्तर-धर्म शादी की थी। उनका नाम भी बदला हुआ था। उनसे एक और बात का पता चला, भाई साहब डॉ. नत्थूलाल की पत्नी 'प्रभा' उनकी छात्रा रही थीं। पर उनके बारे में राय अच्छी नहीं थी, "प्रभा एक घमण्डी टाइप की छात्रा थी, जो अपनी टीचर का अभिवादन तक नहीं करती थी...।"

इस बारे में भाभी जी से मैंने कभी पूछा नहीं, परन्तु चालीस साल बाद हाल ही में भाई साहब ने बताया, "टीचर कहती थी, प्रभा तू एस.सी. स्टूडेंट्स की लीडरी करती है, तू इन्दिरा गांधी बनेगी क्या?"

मेरे बारे में उन्होंने कहा था, "कॉमरेड इस लड़के की आँखों से मुझे लगता है यह एक क्रान्तिकारी लेखक बनेगा।"

सफ़ाई बस्ती में एक महिला आगे बढ़कर आयी और उसने दूल्हा ख़ाँ से गर्मजोशी के साथ हाथ मिलाया—"शास्त्री जी, देखो यही हैं, इन्हीं ने उस कम्बख्त अंग्रेज़ दरोगा को सबक सिखाया था।"

"सिखाती क्यों नहीं! मुआ हमारे कॉमरेड को गिरफ़्तार करने की धमकी दे, मूँछें ताने पिस्तौल चमका रहा था। हम ततइया की तरह उससे लिपट गयीं, किसी ने उसकी मूँछें खींचीं तो किसी ने कॉलर। **मैंने तो उसकी पिस्तौल ही छीन ली थी।** फिर तो अंग्रेज़ दारोग़ा के होश उड़ गये। हाथ जोड़ता हूँ, पिस्तौल दे दो, नहीं तो मेरी नौकरी चली जायेगी।"

वीरता और विडम्बना भरे इस तरह के अनेक क़िस्से दूल्हा ख़ाँ की शख़्सियत के साथ जुड़े हुए थे। एक दलित महिला जो विधवा थी। दूल्हा ख़ाँ आन्दोलन के कारण जेल में थे। एक बार उन्होंने इस महिला कॉमरेड को जेल से अपना हाल-हवाल लिखा।

डाकिये ने पड़ोस की महिलाओं को पत्र पढ़कर सुनाया। उसने कहा कि अमुक महिला को बता देना कि यह पत्र "तुम्हारे 'दूल्हा' का है।" औरतों में बात फैली तो कहने लगीं, "मरी कहती है विधवा है और इसका दूल्हा जेल में ज़िन्दा बैठा है।"

अछूतों का इस्तेमाल चाहे कम्युनिस्टों ने किया या गांधीवादियों ने अथवा हिन्दू संगठनों ने, पर कोई उनके अधिकार उन्हें नहीं दिला सका। मुझे याद है उस वक़्त महिला कॉमरेड ने मसूर की दाल से हमें खाना खिलाया। खाते समय दूल्हा ख़ाँ ने मुझसे कहा, "डॉ. अम्बेडकर इनके पास नहीं आ पाये, परन्तु वे उनकी निजात का जो ख्वाब देखते थे, वह ख़्वाब कम्युनिस्ट ही पूरा कर सकते हैं। डॉ. अम्बेडकर यदि कम्युनिस्टों के साथ आते तो क्रान्ति के ख्वाब कब के पूरे हो जाते।"

मैंने पूछा, "कम्युनिस्टों को डॉ. अम्बेडकर के साथ क्यों नहीं जाना चाहिए था? क्या अम्बेडकर में भारत का मार्क्स, लेनिन और बुद्ध नहीं मिल सकते थे?"

वे गम्भीर हो गये थे। मैं सोच रहा था कि कितनी वृद्धाएँ हैं जो तब एकदम जवान रही होंगी। कितनी युवा हैं जो तब बच्ची रही होंगी, कितनी बेटियाँ शादी के बाद बाहर चली गयी होंगी। उन सबकी यादों में बदलाव की उम्मीद रही होगी। पर बदला कुछ नहीं है। दलितों के हक़ में तो कम्युनिस्ट पार्टियों की आश्वस्ति से भी मोहभंग हुआ। 'ब्राह्मणवाद' के रहते 'पूँजीवाद' का कोई क्या बिगाड़ सकता था?

एस.एम. कॉलेज, शोचनीय प्रश्न था, इस संस्था के किसी भी विभाग में अभी तक कोई अनुसूचित जाति का अध्यापक नहीं आया था। पिछले दो-तीन वर्ष से क्लर्क स्टाफ में एक-दो को नौकरी मिली थी, लेकिन उनके साथ जो दुर्व्यवहार हुआ उसी का परिणाम बाद में आन्दोलन के रूप में फूटा था।

सुरेश नामक लिपिक को यहाँ के 'नवल किशोर महिला महाविद्यालय' से निकाल दिया गया था। उन्हीं दिनों 'सूरज सिंह' नामक एक दलित लिपिक को स्पृश्य हिन्दुओं ने मार-पीट कर बाहर कर दिया था। डॉ. वीरेन्द्र सिंह नये-नये प्राचार्य बने थे। मैं एम.ए. प्रथम वर्ष का छात्र था। हिन्दी विभाग ने उनका स्वागत समारोह किया। मैंने भी एक 'ठकुर-सुहाती' कविता सुनाई थी—''मानवों में वीर और वीरन में इन्द्र आप...।'' यह कविता हिन्दी की लिजलिजी, चारणों-भाटों की परम्परा में लिखी गयी थी। यह मेरी सबसे घटिया कविताओं में से एक थी। प्राचार्य ने मेरे हाथों से सभी को मिठाइयाँ और कोका कोला पिलवाया। शायद दर्शाने के लिए कि हम अस्पृश्यता नहीं मानते हैं।

तदोपरान्त मैंने माँग की—''सर्वप्रथम तो हमारे पुस्तकालय की ग़रीबी दूर की जाये और हमें अध्ययन हेतु पर्याप्त पुस्तकें प्रदान की जायें।''

लेकिन जब कुछ दादा टाइप छात्रों को यह छूट दे दी गयी तो वे पुस्तकालय से ज़रूरत से ज़्यादा पुस्तकें निकाल ले गये। मेरे जैसे ज़रूरतमन्द छात्र देखते रह गये। प्राचार्य ने कॉलेज का सदा से खुला रहने वाला द्वार बन्द करा दिया। विद्यार्थियों ने आन्दोलन किया। प्राचार्य ने परिसर को पी.ए.सी. की छावनी में तब्दील कर दिया। अनुसूचित जातियों के कई छात्रों के लिए आरक्षण के बावजूद प्रवेश नहीं दिया। विश्वविद्यालय की प्रवेश-नीति में दोष बताकर सीटें ख़ाली छोड़ दी जातीं। प्रवेश-नीति में कुछ दिन बाद लचीलापन आया, तब तक बहुत से छात्र जहाँ-तहाँ जा चुके थे।

बेइज़्ज़त हुए लिपिक सूरज सिंह ने **अम्बेडकर युवक संघ, शोषित समाज संघर्ष समिति** आदि सामाजिक संस्थाओं में जाकर शिकायत की, ''कॉलेज में मेरे साथ भेदभाव हो रहा है, मुझे मारा-पीटा गया है।'' प्राचार्य को संविधान विरोधी मानकर, अनुसूचित जातियों के लोग संघर्षरत हुए। हालाँकि उनका गुस्सा समूची जाति व्यवस्था के प्रति था। अफ़सोस यह है कि उन दिनों सरकार दक्षिण अफ़्रीका की रंगभेदी सरकार के विरोध में तो आवाज़ उठा रही थी,

लेकिन आज़ादी के बाद भी दलितों के साथ ऊँच-नीच, छुआछूत बदस्तूर जारी थी।

16 अगस्त, 1986 को मोहल्ला सैमर टोला में वाल्मीकि समाज की एक भारी सभा हुई। इसमें सवर्ण-अवर्ण विभिन्न राजनीतिक विचारों के लोग उपस्थित थे। **उमेश सक्सेना** और गोल्ड मेडलिस्ट **संजीब त्यागी** को कॉलेज में दाख़िले के लिए कोर्ट से परमिशन लानी पड़ी थी। मीटिंग में छात्र **जीतन वाल्मीकि** ने मुझसे कहा, ''भाई साहब हम किसी सवर्ण को आन्दोलन में शामिल नहीं करेंगे, अपनी लड़ाई खुद लड़ेंगे।'' लड़ाई अवर्ण या सवर्ण की न होकर कर्मचारियों के सम्मान और स्वाभिमान की थी। डी.के. गुप्ता ने आरोप लगाया, ''श्यौराज सिंह के तो प्राचार्य के साथ बहुत अच्छे सम्बन्ध हैं, उन्होंने प्रतियोगिताएँ जीती हैं।'' पर सूरज की छवि छात्रों के बीच अच्छी नहीं थी। लोग कहते हैं कि वह स्वार्थी, झूठा, मतलबी है। वह दलित संस्थाओं को पाँच पैसे का चन्दा तक नहीं देता है।

17 अगस्त, 1987 को हम एक प्रतिनिधिमण्डल लेकर डी.एम. आर. चन्द्रा की कोठी पर मुरादाबाद पहुँचे। पुलिस अधीक्षक देहात से भी इस बारे में वार्ता की। 18-19 अगस्त को 'अमर उजाला' में समाचार छपे। इस क्षेत्र के दलित **विधायक फूलकुँवर** से भेंट हुई। वे कहने लगे, "हम क्या बोलें? जब हम मौजूद हैं, तब हमें आकर बताया क्यों नहीं जाता? विधानसभा में चुनकर हमें भेजा है या श्यौराज सिंह बेचैन को?''

मैं भी पूछ बैठा, ''आप जनता के प्रतिनिधि हैं, जनता सड़क पर है। आपका चुनाव क्षेत्र है, आप जनता के बीच क्यों नहीं हैं?''

पूर्व सांसद जीराज मौर्य, यादराम, जयपाल सिंह, प्रेम सिंह, कुँवर सिंह, त्रिलोक चन्द, हरिश्चन्द ठेकेदार, हरचरण सागर, अखिल भारतीय अम्बेडकर युवक संघ केन्द्रीय मन्त्री, 'ओम प्रकाश पिप्पल', 'सुरेश' आदि हम पुलिस अधीक्षक के बंगले पर पहुँचे तो देखा कि वहाँ विधायक फूलकुँवर विराजमान हैं। हमने प्राचार्य को चार्जशीट देने की माँग की, तो विधायक जी धीरे से खिसक गये। हमने भी ज्ञापन दिया, आश्वासन लिया और लौट आये।

13 सितम्बर को सभी मोहल्लों की एक संयुक्त सभा में आन्दोलन की रूपरेखा तैयार की गयी। पहले चरण में अनशन पर बैठने वालों के नाम लिखे गये। विभिन्न कार्य जैसे टैंट लगाने, हैंडबिल छापने-बाँटने की व्यवस्था करना आदि कार्य सौंपे गये। 15 सितम्बर को प्रशासन को सूचित कर अनशन की स्वीकृति प्राप्त प्रातः 10 बजे कॉलेज के गेट पर मैंने उपस्थित जनता को

सम्बोधित किया। जयपाल सिंह नेता जी मेरे साथ खड़े रहे। पुलिस हस्तक्षेप शुरू हुआ। धमकियाँ दी गयीं। 'अनशन कॉलेज का गेट छोड़कर शहर में अन्यत्र कहीं भी किया जाये।' आसपास के दुकानदारों से आपत्ति-पत्र लिखवा लिये गये, लेकिन हम सब अड़े रहे। देखते-देखते चार-पाँच सौ लोग उपस्थित हो गये, तो हमने पुलिस से कहा—"हम लोकतान्त्रिक तरीक़े से शान्तिपूर्वक, पूर्व घोषित व स्वीकृत स्थान पर अनशन कर रहे हैं। इसमें आपका हस्तक्षेप जायज़ नहीं है। हम यहाँ से नहीं हटेंगे।" कोतवाल त्यागी ने दमनात्मक कार्रवाई करने की धमकी दी—

"बेचैन जी आन्दोलन नहीं रुकवाओगे तो कोतवाली में बन्द कर दिये जाओगे।" त्यागी से मेरी काफ़ी झड़प हुई। पुलिस आगे बढ़ी तो सम्भल गेट की महिलाएँ हमारे साथ खड़ी हो गयीं, जिनमें राजबहादुर एडवोकेट की पत्नी सबसे आगे थीं।

"हम भी कोतवाली चल रही हैं। चलो हमें भी बन्द करो।" छात्र भी चल पड़े तो पुलिस ने रोककर कहा—"अच्छा! तो लोगों को गेट से थोड़ा-सा हटा लो और अनशन करना है तो करो।"

भीड़ एक 'जनसभा' में तब्दील हो गयी। मैं संचालन कर रहा था। कॉमरेड भगवानदास शर्मा सहित कई स्थानीय नेताओं ने सभा को सम्बोधित किया था। अचानक बारिश शुरू हो गयी, अनशनकारी भीगने लगे। हम शामियाना ठीक करते रहे और भीगते हुए डटे रहे। क़रीब ढाई-तीन बजे कांग्रेस के नव मनोनीत ज़िला अध्यक्ष विजेन्द्र सिंह यादव आये। हमने उन्हें ज्ञापन की एक प्रति पकड़ाई। उनके साथ 'अमर उजाला' के संवाददाता रंजन रघुवंशी भी थे। जब आन्दोलन गाँव-देहात तक फैलने लगा, अख़बारों में ख़बरें पढ़कर, दलितों ने छुआछूत के ख़िलाफ़ धावा बोलना आरम्भ किया है तो कॉ. शर्मा, वर्मा, सक्सेना आदि ने साथ छोड़ दिया। वे इसे जातिवादी आन्दोलन कहते थे।

"अस्पृश्यता को मुद्दा मत बनाओ। यह प्रतिक्रियावादी है, तुम इसे छोड़ दो।"

मैंने उनसे कहा—"कॉमरेड भी तो दलितों को जगाने, संगठित करने के लिए काम कर रहे हैं। अब ये अछूत ही छुआछूत के ख़िलाफ़ ख़ुद उठ खड़े हुए हैं तो इन्हें सहयोग क्यों नहीं?"

बहरहाल, चन्दौसी के वामपन्थियों ने देखा कि यहाँ तो दलित ही दलितों का नेतृत्व कर रहे हैं, तो मेरे ख़िलाफ़ भी अफ़वाहें शुरू कर दी गयीं। भाकपा के

कॉ. शर्मा इस पर जाति संघर्ष को बढ़ावा देने के आरोप लगाने लगे। मैंने जानना चाहा, "अगर दलितों के नेतृत्व में दलित आन्दोलन हो तो यह प्रतिक्रियावादी है और ग़ैर-दलित कॉमरेडों के नेतृत्व में हो तो वह क्रान्तिकारी कैसे हो जाता है?"

अस्पृश्यता के ख़िलाफ़ चेतना फैलाने वाला चन्दौसी का यह दलित आन्दोलन अभूतपूर्व था। कहा जाता है, यहाँ सन् 1962 में ऐसा एक मशाल जुलूस निकला था। उसके बाद दलितों ने अम्बेडकर जयन्ती की झाँकियाँ वग़ैरह निकालने के अलावा किसी भी हक़-हकूक के लिए कोई आन्दोलन नहीं किया था। 15 सितम्बर, 1987 को डॉ. राममधु, रामकिशन, राजेन्द्र कुमार भारती, शैलेश कुमार, राजबहादुर आदि क्रमिक भूख हड़ताल पर बैठे थे। युवाओं की टीम ने नगर में एक जुलूस निकालने की तैयारी में नुक्कड़ सभाओं द्वारा जन सम्पर्क शुरू कर दिया था। मैं घर-घर और बस्ती-बस्ती गया।

16 सितम्बर, 1987 को एक जुलूस **शोषित समाज संघर्ष समिति** के बैनर तले चुन्नी मोहल्ला, सम्भल गेट, कैथल गेट सभी आम रास्तों से होता हुआ एस.एम. कॉलेज पहुँचा। जुलूस को हमने सम्बोधित किया। मदन, प्रेमचन्द, रामकिशोर, बंटी लाल, सूर्य प्रकाश, सुरेन्द्र कुमार आदि अनशन पर बैठे।

अब आन्दोलन दलितों के घर-घर पहुँच गया था। लोग गाँव-गाँव में समाचार-पत्र पहुँचा रहे थे। रात को हम सब मोहल्लों में जाकर नारे लगाते थे। 17 सितम्बर, 1987 को पवन कुमार, अशोक कुमार और भीमसैन 'शोषित समाज संघर्ष समिति' के नेता **बाबूलाल वाल्मीकि** एवं **सतीश वाल्मीकि** भी अनशन पर बैठ गये।

'अमर उजाला' और 'विश्व मानव' में समाचार छपे। हम इसे दलित आन्दोलन कह रहे थे और अख़बार **हरिजन आन्दोलन** लिख रहे थे। ग़ैर-दलित पत्रकारों को 'हरिजन' शब्द बहुत प्रिय था। वे इसे हमारी पहचान पर बलात चस्पाँ कर रहे थे, 'प्राचार्य की हरिजन विरोधी नीति की आलोचना' शीर्षक से समाचार छापे जा रहे थे। लोक कवि 'अस्पृश्यता' और 'जाति भेद' पर अपने गीत सुना रहे थे। कभी कोई कबीर को गाता, कोई **रैदास की कथा** सुनाता और कोई बाबा साहब डॉ. अम्बेडकर के साथ शिक्षकों द्वारा बरती गयी छुआछूत को बड़े रोचक ढंग से पेश कर रहा था।

18 सितम्बर, 1987 को मनोज प्रकाश, विजय राजौर, अनिल कुमार, विष्णु और गुरुरतन (गुड्डू) अनशन पर बैठे। अब आन्दोलन केवल शहरी दलितों-अछूतों तक सीमित नहीं रह गया था। अब यह पास-पड़ोस के गाँव तक

फैल चुका था। प्राचार्य और सूरज गौण हो गये थे, असन्तोष उस अस्पृश्यता के ख़िलाफ़ था, संविधान के अनुच्छेद-17 में, जिसका अन्त कर दिया गया था। शहर से जुड़े गाँव-देहात के दलित स्त्री-पुरुष धरना-प्रदर्शन में शामिल होने लगे थे। ग़लत नीतियों के शिकार हर जाति-वर्ग के छात्र-नौजवान इसका समर्थन कर रहे थे।

बतौर एक छात्र-कवि मैं यहाँ 'जनवादी लेखक संघ' से भी जुड़ा था, जबकि 'जलेस' के सचिव बी.के. दत्ता सुनील शर्मा, बिलारी से राकेश 'रफीक' और कुमार प्रदीप भी नज़र नहीं आ रहे थे। आन्दोलन में व्यापक समर्थन पाने के लिए जाति-धर्म की संकीर्णताओं से ऊपर जाने वाली विचारधारा पर मैंने एक हस्तपत्र की ड्राफ्टिंग की।

आम जनता से अपील

''भाइयो और बहनो, सूरज सिंह अ.जा. के लिपिक हैं। उनका आरोप है कि वे एस.एम. महाविद्यालय में प्राचार्य डॉ. वीरेन्द्र सिंह के अलोकतान्त्रिक, तानाशाहीपूर्ण रवैये का शिकार हो रहे हैं। सूरज सिंह के साथ छुआछूत और सामाजिक बहिष्कार भी किया, पानी पीने पर भी प्रतिबन्ध लगाया और उन्हें जातिसूचक शब्दों से सम्बोधित कर 01 अप्रैल, 1987 को पीटकर कार्यालय से बाहर निकाला। इसकी एफ.आई.आर. लिखवायी गयी, लेकिन पुलिस प्रशासन ने कोई कार्रवाई नहीं की। ऐसे में प्राचार्य को, अहसास कराने की ज़रूरत है कि विद्यालय उनकी व्यक्तिगत सम्पत्ति नहीं है। अस्तु, उन्हें अनुसूचित जाति-विरोधी नीति का परित्याग करना ही होगा। कॉलेज प्रशासन द्वारा पुन्नी यादव, जयपाल, राजाराम, सुरेश चन्द्र आदि को पहले ही बलि का बकरा बनाया जा चुका है। अंकों की ऊँची सीमा तय कर अ.जा. के छात्रों को उच्च शिक्षा ग्रहण करने से रोका है। अतः 15 सितम्बर, 1987 से कॉलेज गेट पर क्रमिक भूख हड़ताल शुरू होगी। छात्रों, अभिभावकों, बुद्धिजीवियों और सामाजिक कार्यकर्ताओं से अपील है कि 'सामाजिक न्याय' और 'मानवाधिकार' की लड़ाई में जाति-धर्म का भेद भूलकर शामिल हों। अपीलकर्ता, डॉ. अम्बेडकर युवक संघ, डॉ. आ. छात्रावास, उ.प्र. अ. जाति विकास परिषद्, अ. जाति छात्र संघ।''

पर्चे की पाण्डुलिपि में से 'शोषित समाज संघर्ष समिति', 'जनवादी लेखक संघ' और श्यौराज सिंह बेचैन को हटाकर वकील राजबहादुर के नाम से पर्चा

जारी किया गया और 18 सितम्बर, 1987 को होने वाला समझौता टाल दिया गया। मेरी कुछ कविताओं की कतरनें वितरित की गयीं—

क़दम-क़दम पर जातिभेद,
न कोई चिन्ता न कोई खेद।
संविधान का सबक नहीं,
खुद रटाये गीता-वेद।

अस्पृश्यता की आग

छुआछूत से बड़ा जुल्म
क्या और करेगा जालिम तू?
संविधान की सत्ता से
यदि नहीं डरेगा जालिम तू
जैसी करनी वैसी भरनी
यहीं भरेगा जालिम तू
तू सम्मान नहीं पायेगा
मानवता की बस्ती में
कुत्ते की ना सही, बता किस
मौत मरेगा जालिम तू।।

अस्पृश्यता दास प्रथा से भी अधिक अमानवीय और असभ्यता बोधक है। अछूत से मुफ़्त सेवा ली जाती है, बिना किसी अपराध के उसे दण्डित किया जाता है, जबकि दास को श्रम का मूल्य दिया जाता है। आज़ादी के बाद क़ानून अमल में आने के बाद शिक्षा संस्थाओं में, कला-साहित्य में अशरीरी-दिमाग़ी अस्पृश्यता बढ़ी है। कुछ पेशेवर नेताओं के न आने से कोई फ़र्क़ नहीं पड़ा, भुक्त भोगी जनता मौजूद थी ही। वही इस आन्दोलन की मुख्य शक्ति भी थी। हमने अपनी टीम के साथ रात-रात भर नारे तैयार किये, दीवारों पर लिखे—*'छुआछूत अब बन्द करो, कॉलेज में मत गन्द भरो', 'अछूत-ब्राह्मण एक समान, अब स्वतन्त्र है हिन्दुस्तान', 'युग बदला, बदलो व्यवहार, नहीं चलेंगे सड़े विचार।'* पूरा प्रकरण अस्पृश्यता से सम्बद्ध था। दलित जातियाँ आज भी अस्पृश्यता की शिकार हैं। इस अनैतिक और अमानवीय प्रथा के रुकने का न कोई उपाय है और न आसार है। राजस्थान तो एक श्मशान जैसा बनता जा रहा है, जहाँ ग़ैर-दलित मुर्दे दफ़नाये जाते हैं, लेकिन दलित मुर्दे को जलाया भी नहीं जाता। भेदभाव

आज भी बेचैन कर रहे हैं। हमारे देश के संविधान में प्रदत्त मूल अधिकारों के अनुच्छेद-17 में 'अस्पृश्यता का अन्त' किया गया है। इसका प्रयोग किसी भी रूप में आचरण निषिद्ध किया जाता है। 'अस्पृश्यता' से उपजी किसी निर्योग्यता को लागू करना अपराध होगा जो विधि के अनुसार दण्डनीय होगा। राष्ट्रपति आज भी अपील कर रहे हैं कि *''देश से छुआछूत दूर करें नागरिक''* (प्रणब मुखर्जी, जनसत्ता, 5 सितम्बर, 2014)।

बाबा साहब डॉ. अम्बेडकर ने कहा था, ''तिलक कहते हैं–'स्वराज मेरा जन्मसिद्ध अधिकार है।' मैं कहता हूँ, 'अस्पृश्यता, समाप्त करना मेरा जन्मसिद्ध अधिकार है।'' यह दबंग हिन्दुओं की दरियादिली है, जो कथित छोटी जातियों के लोगों के साथ खानपान में साथ हैं; यह साथ वोट लेने के लिए ज़रूरी है। रोटी-बेटी-बेटों के रिश्तों के मामले में 'जाति-भेद' की लक्ष्मण रेखा को किंचित् लाँघे बिना, स्वयं को सुधरे हुए नागरिक मान रहे हैं। जाति उत्पीड़न की पीड़ा उनकी समस्या नहीं है, वहाँ वे शिकारी वर्ण हैं, शिकार नहीं हैं। भारतीय कम्युनिस्ट सामाजिक प्रगति के कार्यों में हमेशा पीछे नज़र आते हैं।

संघर्ष समिति का दिनांक 19 सितम्बर, 87 को भी अनशन जारी था। सुरेश चन्द, रेवाराम, प्रेस कर्मचारी यूनियन के सचिव गुडविन मसीह, प्रेमपाल, राज बहादुर आदि क्रमिक भूख हड़ताल पर बैठ गये थे। दैनिक 'अमर उजाला', 'हिन्दुस्तान', 'पंजाब केसरी' में समाचार छपे। 'नवभारत टाइम्स' ने लिखा, ''चन्दौसी में दलित विरोधी प्राचार्य के विरोध में 'शोषित समाज संघर्ष समिति' की ओर से एक विराट जुलूस निकाला गया। स्टेशन, रोडवेज और दलित बस्तियों तक दीवारें नारों से रँगी हुई थीं। वक्ताओं ने प्राचार्य द्वारा अपनायी गयी दलित विरोधी नीति और सौतेले व्यवहार की भर्त्सना की। 'हिन्दुस्तान' में छपा, किसी भी आकस्मिक स्थिति से निपटने के लिए प्रशासन ने दो ट्रक (हालाँकि यह चार ट्रक थी) पी.ए.सी. मँगा ली है।''

रंजन रघुवंशी दलित विरोधी संवाददाता थे। वे सच्चे समाचार नहीं दे रहे थे। सभा में उनकी 'हाय-हाय' हो चुकी थी। उन पर आरोप था कि प्राचार्य से जातिगत रिश्ता होने के कारण वे प्रायोजित समाचार दे रहे हैं। असल में वे चन्दौसी में मौजूद होते हुए भी अनशन स्थल पर नहीं आते थे। तब मैंने मुरादाबाद में **उमेश 'कैरे'** से दूरभाष पर बात की। वे सच्चे और निष्पक्ष पत्रकार थे। इसलिए उन्होंने युवा पत्रकारों का एक दल चन्दौसी भेजा। जिसमें पारस अमरोही, राजू और 'नवभारत टाइम्स' के **अरविन्द मिश्र 'नारद'** भी शामिल थे।

रघुवंशी तब भी नदारद थे। लेकिन जब मुख्यालय से आये पत्रकारों ने साक्षात्कार लेने के लिए प्राचार्य के भवन में प्रवेश किया तो रघुवंशी वहाँ विराजमान थे। 20 सितम्बर को चन्दौसी में दलितों के आन्दोलन की हवा काफ़ी गर्म हो गयी थी। लोगों से रात में जनसम्पर्क किया जा चुका था। प्रातः आठ बजे से चुन्नी मोहल्ला से लोग झण्डे, बैनर और पट्टे पर लिखी हुई तख्तियाँ लेकर दो-दो टोलियों में लाउडस्पीकरों पर नारे लगाते हुए नगर के मुख्य मार्गों पर निकल पड़े थे। पुलिस बल का पूरा प्रबन्ध था। कॉलेज के मालिक मैनेजर श्री साहू सुरेश

एस.एम. कॉलेज गेट पर अस्पृश्यता विरोधी धरना प्रदर्शन को सम्बोधित करते हुए लेखक। साथ में राजबहादुर, सतीश वाल्मीकि और जयपाल सिंह नेता जी

के दरवाज़े पर पहुँचकर भीड़ उत्तेजित हो उठी। सौ डेढ़-सौ युवा साहू जी के दरवाज़े की ओर दौड़े। मैं जुलूस में सबसे आगे की टोली में था, फ़ौरन लौटा और आवाज़ देकर भीड़ को रोका। ‘‘साहू जी की शान में एक भी अपशब्द नहीं, इसलिए कि आन्दोलन दलितों की गरिमा बचाने के लिए हो रहा है, किसी के सम्मान को ठेस पहुँचाने के लिए नहीं।’’ जुलूस कॉलेज के गेट पर पहुँचकर सभा में तब्दील हो गया था। पुलिस बल का भारी लाव-लश्कर देखकर वर्मा जी पीछे खिसक गये और मुझे आगे धकिया दिया। मैंने इसे सम्बोधित किया। भीड़ में मीडिया आ गयी, तो जयपाल, यादराम मेरे अगल-बगल आकर खड़े हो गये। आज़ादी के बाद हो रही दलितों की सामाजिक दुर्दशा का बखान किया।

कॉलेज शहर के बीच रेलवे स्टेशन के रास्ते पर था। आने-जाने वाले भी सभा में सुनने बैठ जाया करते थे। वापस लौटकर गाँव में ख़बर फैलाते थे। उन्हीं में से कुछ लोग कोई लोक कथा, कहानी, गीत, कविताएँ आदि-आदि सुनाया करते थे। ‘‘छुआछूत के ख़िलाफ़ लड़ना सच्चे स्वराज के लिए लड़ना है।’’ मैं अपने हर वक्तव्य में दोहराता।

21 सितम्बर, 1987 को अख़बार में भारी भीड़ की फ़ोटो छपी। ख़बर का शीर्षक था—'छुआछूत का आरोप सभा में लिपिक को दोष मुक्त करने की माँग।' सूरज अपना पक्ष नहीं रख पाया। पत्रकार-दल वापस चला गया। समाचार छपा—"प्राचार्य ने उलटकर आरोप लगाया, उनके विरुद्ध वही छात्र आन्दोलन छेड़े हुए हैं, जिन्हें रुहेलखण्ड विश्वविद्यालय के नियमों के आधार पर महाविद्यालय में प्रवेश की अनुमति नहीं दी जा सकी।" सूरज सिंह द्वारा लिखाई गयी रिपोर्ट को तथ्यों के परे बताया।

मैंने खण्डन किया, "अनशनकारी और आन्दोलनकारियों में ऐसे लोग बड़ी संख्या में शामिल हैं, जिन्होंने कॉलेज में प्रवेश पाने के लिए कोई अर्ज़ी नहीं दी है। आम महिलाएँ, बच्चे, वृद्ध इस आन्दोलन में शामिल हैं। उनमें एक-दो छात्र यदि ऐसे भी हैं, तो यह नहीं कहा जा सकता कि वही छात्र आन्दोलन कर रहे हैं जिन्हें प्रवेश नहीं दिया गया।"

सांसद हाफिज़ सिद्दीक़ी हमारे साथ खड़े थे। उन्होंने पुरज़ोर सिफ़ारिश की, "आन्दोलनकारियों की समस्याओं का समाधान तुरन्त किया जाये।"

21 सितम्बर, 1987 को ही दैनिक 'नवभारत टाइम्स' में मेरे भाषण का एक संक्षिप्त अंश छपा। पत्र ने शीर्षक दिया—**हरिजनों को न्याय नहीं मिल रहा**। वह यहाँ उद्धृत है—

"मुरादाबाद, 20 सितम्बर, देश में आज़ादी मिलने के चालीस वर्ष बाद भी हरिजनों 'दलितों' को न्याय व बराबरी का दर्जा नहीं मिल रहा है। डॉ. बी. आर. अम्बेडकर से गांधी जी पूना समझौता और नेहरू जी के किये गये वायदे कि अगले पाच वर्षों में छूत-अछूत और ऊँच-नीच, जाति भेद समाप्त कर दिया जायेगा। इसी आश्वासन पर बाबा साहब ने दलितों को पृथक् निर्वाचन की माँग मजबूरन वापस ली और 'पूना समझौता' किया था। वे वायदे पूरे नहीं किये गये, जिससे दलित उत्पीड़न अभी भी जारी है। चन्दौसी में प्राचार्य के विरुद्ध दलित-उत्पीड़न के मामले को लेकर चलाये जा रहे आन्दोलन के अनशन स्थल पर जनवादी कवि श्यौराज सिंह 'बेचैन' ने इस प्रकार की बातें कहीं। ज्ञातव्य है कि चन्दौसी के एस.एम. कॉलेज के प्राचार्य एवं मुख्य लिपिक सूरज सिंह के साथ की गयी मारपीट व अभद्र व्यवहार के विरोध में जनान्दोलन चलाया जा रहा है।"

अख़बार हमें 'हरिजन' ही सम्बोधित कर रहे थे। हम प्रेस विज्ञप्ति भी देते तो 'दलित' या 'अनुसूचित जाति' लिखते। वे काट कर 'हरिजन' शब्द छाप दिया करते थे। वर्ण भेदी हिन्दू पत्रकारों का दलितों के प्रति ऐसा ही माइंड सेट बना हुआ था।

20 सितम्बर, 1987 को ब्रजेश कुमार, महीलाल, जे.एस. जिम्मी, त्रिवेणी सहाय, शास्त्री महेश चन्द्र, बंगाली बाबू, सन्तोष कुमार, नीरज कुमार, विनोद कुमार, शिव, राकेश कुमार तथा हरी बाबू, राजाराम, रमेश गौतम, तेज पाल सागर, ओम प्रकाश सागर, सुरेश राम आज़ाद, रामचन्दर आदि अनशन पर बैठे थे।

नेतृत्वकारी टीम के सामने मशाल जुलूस निकालने का प्रस्ताव आया था। तब कई स्थानीय दलित नेता प्रस्ताव सुनकर चौंके, क्योंकि चन्दौसी के इतिहास में दलित समाज ने कभी मशाल जुलूस नहीं निकाला था। साथियों ने कहा, "कोई गड़बड़ी या अप्रिय घटना घटित हो गयी, तो कौन ज़िम्मेदार होगा? तुम तो फक्कड़ हो। न कोई नौकरी की ज़िम्मेदारी है, न घर-गृहस्थी की कोई चिन्ता। पर हम तो... ।" संवैधानिक अधिकारों की दुहाई देते हुए छात्रों-युवाओं को विश्वास में लेकर 21 सितम्बर, 1987 की रात को मशाल जुलूस निकालने की घोषणा की। "जो चलें, सो तैयारी करें। जो असहमत हैं, वे अपने घर बैठें।" प्रशासन की पी.ए.सी. की गाड़ियाँ तथा बड़ी संख्या में पुलिस बल, हमारे आगे-पीछे गश्त लगा रहा था। प्रेमचन्द नामक एक दलित नेता पुलिस का मुखबिर हुआ करता था। उसने मुझे उठा लाने के लिए पुलिस भेजी। मैंने अपना निवास स्थान बदल दिया। ठिकाने पर मिले मामा अमर सिंह, जिन्हें पूछताछ कर छोड़ दिया।

दलित नेता यादराम, लेखक और राजबहादुर एडवोकेट आदि

रात साढ़े सात बजे लोग निश्चित स्थान पर मशालों से लैस हो गये। प्रशासन को भनक लग गयी। एस.डी.एम. ने एक-दो दलित नेता को जुलूस स्थगित कराने को राज़ी कर लिया। मैं छात्र था, छात्र की तरह ही रहता था। कुछ लोग अपने आप को नेता मानते थे, चुनाव लड़ते-हारते, खादी के सफ़ेद

कुर्ते-पाजामे पहनते थे। लेकिन मैं बस्ती-बस्ती, घर-घर जाता था। पर इस स्थगन कमेटी से बाहर था। मैंने इस बीच थोड़ा चन्दा जमा करके बाबा साहब अम्बेडकर के 'महाड सत्याग्रह' और 'काला राम' मन्दिर प्रवेश को लेकर दिये गये भाषण की कुछ फ़ोटो कॉपियाँ करायीं। बाबा साहब ने बहिष्कृत जातियों की सभा की तुलना 'फ़्रांस की क्रान्ति' से की थी। पर्चे पढ़े-लिखों में बाँट दिये। अस्पृश्यता के विरुद्ध संवैधानिक हक़ों से वंचितों के लिए समतापूर्ण मानवाधिकार, शिक्षा और सम्मान ध्येय की दृष्टि से कम नहीं था।

यादराम ने कहा, "श्यौराज, तुम यहाँ जमा लोगों से बात करो और कुछ देर रुके रहने को कहो।" मैं जुलूस को स्थगित करने के पक्ष में नहीं था। जब तक कि सर्वसम्मति से निर्णय होता, जलती मशालें लेकर 'दलित उत्पीड़न बन्द करो, भेदभाव का अन्त करो' के नारे लगाते हुए सैकड़ों की संख्या में जलती मशालें लेकर युवा, बच्चे और महिलाएँ पंक्तिबद्ध हो निकल पड़े। वे लोग 300-400 क़दम आगे जा चुके थे। एस.डी.एम. महोदय भी पुलिस दल-बल के साथ आ धमके। उन्होंने लाउडस्पीकर पर धमकियों से आतंकित किया और जुलूस को वापस कराने की ज़िद की। हमने कहा, "आप या तो शान्तिपूर्वक जुलूस निकलने दें, अन्यथा आप अपनी ड्यूटी करें। लाठी चार्ज करें, गिरफ़्तारी करायें? जो चाहे करायें, हमारे लोग पीछे नहीं हटेंगे। आख़िर छुआछूत से मुक्ति पाना, स्वराज पाने के समान है और ऐसा ही स्वराज हमारा अधिकार है।"

मैंने पुलिया के नुक्कड़ पर खड़े होकर कहा, "साथी लोग आगे बढ़ें, याद रखें अस्पृश्यता के ख़िलाफ़ बाबा साहब अम्बेडकर ने कालाराम मन्दिर प्रवेश और चावदार तालाब आन्दोलन किया था।" एक आवाज़ के साथ वे चल पड़े। ग़ज़ब का उत्साह और पूरा अनुशासन था उनमें। चन्दौसी और पास के गाँवों से आये दलितों में ऐसा उत्साह मैंने पहली बार देखा था। 'बैठ जाओ' तो सब सड़क पर बैठ गये, 'चलो आगे बढ़ो' तो सब एक साथ बढ़ चले। गोलघर पहुँचते-पहुँचते कुछ मशालें बुझ चुकी थीं। पुलिसकर्मियों ने छीनने का प्रयास किया, तो उन्हें डाँट दिया। 'हमारे किसी भी साथी को हाथ न लगायें, अन्यथा जनता और पुलिस का आमना-सामना होगा।' अचानक नगर भर की बत्तियाँ बुझा दी गयीं, लाठीचार्ज, अँधेरा, असामाजिक तत्त्वों द्वारा दलित महिलाओं से छेड़छाड़, महिलाओं की दिलेरी, पुलिस की धमकियों की बारिश हो रही थी, कुछ लोग उनसे भयाक्रान्त "डरना नहीं है। हम आगे हैं, गोली लगेगी तो पहले हम मरेंगे और लौटना है तो हमारी लाशें लेकर लौटें।"

जुलूस नगर के मुख्य मार्गों से होता हुआ कॉलेज के गेट पर पहुँचा। महिलाओं और बच्चों की संख्या अधिक थी। पहले महिलाएँ स्वयं नेतृत्व सँभालने के लिए आगे आयीं, फिर तो होड़ लगी; "हम भी अपने बीवी-बच्चों को लायेंगे, हम भी लायेंगे।" मैंने **पत्रकार उमेश कैरे** (मुरादाबाद) को 22 सितम्बर, 1987 को जो समाचार दिया था, वह 'अमर उजाला' में प्रमुखता से छपा था। हमने चुन्नी मोहल्ला से शुरू कर सम्भल गेट, मौ. घटिया, कैथल गेट और 'हनुमान गढ़ी' में नुक्कड़ सभाएँ कीं और महिलाओं को उत्साहित किया।

मुरादाबाद के डी.एम. आर. चन्द्रा

अन्ततः कॉलेज प्रशासन को झुकना पड़ा। **डी.एम. आर. चन्द्रा** ने कॉलेज प्रबन्धक सुरेश साहू, प्राचार्य और आन्दोलनकारी तीनों पक्षों को ज़िला मुख्यालय पर मुरादाबाद बुलाया। सबसे अलग-अलग बातें कीं। मैंने देखा डी.एम. रंगीन चश्मा चढ़ाये सिगार फूँक रहे थे। उनके दखल और आश्वासन के बाद आन्दोलन थम गया।

यह मेरे छात्र जीवन का कोई एक मात्र आन्दोलन नहीं था, जिसे दर्ज करना ज़रूरी लगा। मैं स्वयं बस भाड़ा विरोधी हड़ताल, दलित बस्तियों में दारू की दुकानें खोलने का विरोध, कन्या विद्यालय बन्द कर देने का विरोध, विधवाओं के लिए पेंशन, किसानों के लिए खाद, नियमित बिजली देने आदि के लिए चलाये गये आन्दोलन में सक्रिय रहा था। परन्तु 'काला राम मन्दिर प्रवेश' और 'चावदार तालाब' आन्दोलन से प्रेरित यह आन्दोलन छोटा पर अस्पृश्यता विरोधी था। सरोकारों की दृष्टि से काफ़ी महत्त्वपूर्ण था।

वाल्मीकि दूल्हा

यह 1982-83 का समय रहा होगा। मैं एस.एम. कॉलेज में पढ़ रहा था। नरौली के पास देवापुर गाँव के छात्रों ने बताया कि हमारे गाँव के ठाकुर लोध-जाट आदि (ओबीसी) वाल्मीकि की बारात नहीं चढ़ने देंगे। कॉ. भगवानदास शर्मा ने कॉ. इन्द्रपाल को मेरे पास भेजा। हमने ए.आई.एस.एफ. और नौजवान सभा के साथियों की अर्जेंट मीटिंग कॉल की। रेवाराम भी अपने परिचितों को लेकर आये। कॉ. शर्मा संग हम लोग ट्रक में भरकर पुलिस को साथ लेकर 'देवापुर' गाँव पहुँचे। वे लोग छतों पर चढ़कर हमारे ऊपर पथराव करने लगे। दुखद बात यह कि सवर्ण औरतें भी छतों से पथराव कर रही थीं। वे बारात रोकने से बाज नहीं आये। कॉमरेड शर्मा ने उस प्रसंग में नेतृत्वकारी भूमिका निभायी,

जबकि सी.पी.एम्. के बी.के. दत्ता ऐन वक़्त पर कन्नी काट गये, जबकि शर्मा की तुलना में वे स्वयं को बड़ा क्रान्तिकारी साबित करते थे। कॉमरेड शर्मा उन्हें कोई भाव नहीं देते थे। जनता का इससे कोई लेना-देना नहीं था। यह दो ब्राह्मणों के अहं की आपसी नूरा-कुश्ती चलती रहती थी।

चार दशक बीत गये, लेकिन दलित की बारात आज भी नहीं चढ़ने दी जा रही है। एटा/राजा का रामपुरा से ख़बर आ रही है–'अनुसूचित जाति के युवक की संगीनों के साये में हुई घुड़चढ़ी' (अमर उजाला 16 जनवरी, 023) पालमपुर, गुजरात से–'अच्छे कपड़े और चश्मा पहनने पर दलित युवक को पीटा, सात पर केस' (अमर उजाला 2 जून, 023) दबंगों ने उसकी माँ को भी घायल कर दिया। कासगंज में जिस जाटव दूल्हा की बारात पहली बार चढ़ी, उसके लिए भारी पुलिस बल की व्यवस्था करनी पड़ी। जिसे आदर-स्वीकार्यता नहीं मिली हो ऐसी बारात का चढ़ना भी क्या चढ़ना हुआ!

मुड़कर देखूँ अतीत या वर्तमान,
दलित के हक़ में बदला नहीं हिन्दुस्तान।
इस 2022वें साल
पहला दूल्हा घोड़ी चढ़ा श्रीराम मेघवाल।।
था, बूँदी जनपद चाँदी गाँव
मध्य प्रदेश के सागर में
लोध समुदाय का गनयारी गाँव
घोड़ी से उतारा दलित दूल्हा
घायल कर दिये पाँव
रायगढ़ ज़िले में एक दलित दूल्हा को
घोड़ी पर चढ़ने से रोकने के आरोप में
ग्यारह गिरफ़्तार।।

नदरोली : सिर्री है गओ है श्यौराज

मेरे पास पढ़ने का कोई अवकाश नहीं था। न कोई वक़्त मुकर्रर था और न निश्चित पाठ्यक्रम। पढ़ने में दिलचस्पी बहुत थी, चूँकि बचपन बालश्रम, बेगार में बीत रहा था। स्कूल में दाख़िला भी बड़े होने पर हुआ। स्कूली पढ़ाई में पिछड़ जाने का बोध था। प्रेमपाल सिंह यादव का निराला व्यक्तित्व था। वे मुस्लिमों

और जाटवों के बीच क़ी गली से गुज़रकर अपने घर आया-जाया करते थे। जिस तरह वोट माँगते वक़्त सियासी लोग उदार और विनम्र हो जाया करते हैं। वे रास्ते भर ही 'सलाम चाची', 'नमस्ते दादी'...मेरी माँ को वे प्रायः 'पाँव लागूं दादी' बोलते गुज़रते थे। पड़ोस की एक मुस्लिम महिला मुझे गाते-गुनगुनाते देख यादव जी से कहती—"मास्टर, जा तुम्हारौ चेला सौराज कू का हो गयौ है? हर वक्त कुछ-न-कुछ गातो-बुदबुदातो रहतु है, का जो सिर्री तौ नांय है गओ है.?

मैं शौच को जंगल जाता था तो किताब साथ ले जाता था। किसी की मौत में, शादी में, गंगा स्नान में, मेले में, कहीं भी जाता किताब ले जाना नहीं भूलता। यदि कभी भूल जाता तो लौट जाता था। इस धुन को देखकर रमचन्दी कमेंट करते, "अरे, जो सिर्री ही (पागल) है गओ है, जंगल कूँ जातु है, तबऊ किताब संग लै कें जातु है। अरे बिना जंगल झाड़े (शौच) तें फारिग भये बिना कोई विद्या कूँ हाथ लगावत है का? सरस्वती ऐसे पास आवैं है?"

चन्दौसी में चार-पाँच हज़ार चमार हैं पर बमुश्किल चालीस लोग ही सरकारी नौकरी में रहे होंगे। शहर में बनिया मिलावट में लूट रहे थे, नेता सियासती ढंगों से शिकार कर रहे थे। चमारों और वाल्मीकियों के बच्चों के लिए प्राथमिक शिक्षा भी नहीं थी, बाल-मज़दूर के रूप में वे सेहत के प्रति हानिकारक कामों में लगे रहते थे फिर भी अधिसंख्य दरिद्र थे। सरकारी योजनाओं से कोई स्वतन्त्रता-मूलक सुधार हुआ नहीं था। जूते बनाने वाले दूसरों के लिए काम करते थे। उनके छोटे-छोटे घर होते थे। न कोई बैंक बैलैंस, न बच्चे और वृद्धों के पोषण की कोई व्यवस्था, अशिक्षा ने उन्हें स्प्रिटिये-दारूबाज बना दिया था। ग़रीबी की ब्राह्मणवादी कारा में क़ैद इन लोगों के पास क्वालिटी लाइफ जैसी कोई चीज़ नहीं थी। पर सारे दलित अपना वोट एक साथ देते थे। जब तक कांग्रेस आरक्षण देने, ग़रीबी हटाने और निजीकरण की ओर न जाने का काम कर रही थी, तब तक भंगी-चमार कांग्रेस के वोट बैंक होते थे।

'आरक्षण' लुभावना शब्द था। इसे दिलाने के नाम पर वोट लूटे जा सकते थे, पर यदि यह मिल रहा होता तो क्या पचहत्तर साल की आज़ादी में दलित रोटी, कपड़ा और मकान की न्यूनतम मूलभूत आवश्यकता पूरी न कर पाते? आरक्षण से जिन्हें आंशिक लाभ हुआ वह आज़ादी का हज़ारवाँ हिस्सा रहा और धर्म द्वारा, निजीकरण द्वारा, विरासत द्वारा अघोषित आरक्षण पाने वाले ब्राह्मण, क्षत्रिय, वैश्य, कायस्थ आबादी के शत-प्रतिशत लाभान्वित हुए। 'पूना पैक्ट' गांधी जी द्वारा दलितों के प्रति धोखा था। डॉ. अम्बेडकर को ब्लैकमेल किया

अनशन करके। इस पर भी वामपन्थी सवर्ण इसे जाति के दायरे में रखकर विरोध करते थे। वे बात-बात पर नुक्कड़ सभाएँ करते, धरने देते, रैलियाँ निकालते। परन्तु कभी किसी भी सरकारी अथवा ग़ैर-सरकारी संस्थाओं में दलितों की भागीदारी की न माँग करते और न माँग का समर्थन करते। वे कहते हैं कि "आर्थिक आधार पर आरक्षण करो। पर कुलपतियों में, स्कूल प्रबन्धकों में, अख़बार, टी.वी. चैनलों के मालिकों में, फ़िल्मों आदि में ग़रीब दलितों की भागीदारी कराओ। अगर आर्थिक रूप से ज़्यादा ही विपन्न को आरक्षण देना है, तो दलितों के पास आओ।"

उनके लिए जाति समस्या नहीं थी, क्योंकि जाति उनके वर्चस्व की निशानी थी। दलित के लिए अस्तित्व की कहानी। वे वर्ण भेद के लाभार्थी थे। दीक्षित जी मुझे बता रहे थे, "यहाँ (खुर्जा गेट) पर एक दरवाज़ा हुआ करता था। बाहर की ओर दलित जातियों के लोग रहते थे।" मैं समझ सकता था, इसलिए कि मेरा सम्बन्ध इन बाहर किये गये लोगों से ही था। बाहर यानी 'बहिष्कृत'। इनमें जिन जातियों की संख्या ख़ास थी—उनमें प्रथम चमारों की, दूसरे भंगियों बाकी यहाँ मुराब, धोबी, कुम्हार आदि बड़ी संख्या में थे। चमार चमड़े का काम करते। मेहतर सफ़ाई का। खुर्जा गेट तक पक्के रास्ते, स्कूल-कॉलेज, अस्पताल, स्टेशन; सभ्यता का दायरा यहीं तक था। बहिष्कृतों के लिए दरवाज़े से बाहर थे गन्दे नाले, कच्चे कीचड़ भरे छोटे-छोटे घर। उनके लिए न स्कूल, न अस्पताल, न सड़कें। क्योंकि वे अछूत थे। मदन दीक्षित के खेत-बाग़ इधर ज़रूर थे। वे इन्हीं के बीच से सुबह साइकिल पर जाते थे। वे इन अछूत जातियों को देखकर तथा इन्हें जान 'मोरी की ईंट', 'बाहर दरवाज़ा' जैसे उपन्यास लिख रहे थे। ये उनके लिए सहानुभूति के पात्र थे। किताब की विषयवस्तु की दृष्टि से कच्चा माल थे, परन्तु ये दलित बस्तियाँ अभिव्यक्ति की दृष्टि से मूक थीं। इनके **नायक मूक** थे। अपनी कहानी खुद नहीं कह पा रही थीं। अविद्या और अज्ञानता के अन्धकार में डूबी अपना वजूद ही भूल चुकी थीं। मेरे नानी-नाना, माँ-मौसियाँ इसी अघोषित कारा के क़ैदी थे।

कॉमरेड शर्मा अपने हर साथी के संकट में साथ खड़े थे, क्योंकि मैं वही कर रहा था जो वे कह रहे थे। तब मैं भी क्रान्तिकारी था, परन्तु जब मैं दलितों को संगठित होने, जातिभेद के ख़िलाफ़ उठ खड़े होने को कहने लगा और ख़ासकर दलित साहित्य लिखने लगा तो प्रतिक्रियावादी-जातिवादी संकीर्ण हो गया। पूँजीवाद तो जाये, पर साथ ही ब्राह्मणवाद भी जाना चाहिए; यह उन्हें पसन्द नहीं

था। उनकी नज़र में मैं जातिवादी हो गया। पुस्तक मेले में आये एक वामपन्थी ब्राह्मण सम्पादक ने अपनी पत्रिका का तथाकथित 'दलित साहित्य विशेषांक' निकाला। मुशर्रफ़ अली ने फ़ोन कर हमें पुस्तक मेले में बुलाया। अंक देखते ही मेरे मुँह से निकला, "यह उद्भावना का दुर्भावना अंक है।" कॉ. भगवानदास शर्मा आते ही बोले, "अब तुम्हारे दलित शब्द पर तो बैन लग गया है।" कॉमरेड की कामना थी कि दलित साहित्य लिखना रोका जाये। मैंने कहा, "मेरा 'अमर उजाला' के सभी 21 संस्करण में लेख दलित शब्द के इस्तेमाल को लेकर आया है, आपने देखा होगा और अभी दो किताबें अनामिका प्रकाशन से छपी हैं।" 'मीनू' ने थैले से निकालकर अपनी ताज़ा पुस्तक **भारतीय सहित्य में दलित स्त्री** उनके हाथों पर रखी, तो कॉमरेड ऐसे देख रहे थे, मानो उनके हाथों पर उनके ब्राह्मणवाद के अन्त का घोषणा-पत्र रख दिया हो।

वलेंतीना बार्नाबेई, पीएच. डी. स्कॉलर, इटली

रामबाबू गौतम : न्यूजर्सी अमेरिका

मुशर्रफ़ अली का मुरादाबाद रेलवे अस्पताल में 1987 में 'मेजर ऑपरेशन' हुआ था। मैं सप्ताह भर तीमारदार बन उनके बेड के पास फ़र्श पर सोता रहा था। 2018 में जब मेरी आत्मकथा का अंग्रेज़ी संस्करण My childhood on my shoulder's, Oxford University Press से छपा, तब मुशर्रफ़ ने कुप्रचार किया कि श्यौराज को अमेरिका से डॉलरों में धन मिला है, जबकि ऑक्सफोर्ड यूनिवर्सिटी प्रेस, अमेरिकी प्रकाशन नहीं है।

दूल्हा ख़ाँ : औचित्य का प्रश्न और दलित

दूल्हा ख़ाँ की जीवनी लिखना मेरा उद्देश्य नहीं है। वैसे भी उनका पूरा कार्यकाल मेरे अनुभव का हिस्सा नहीं रहा, बल्कि जब मैं उनके सम्पर्क में आया, तब वह क्रान्ति कामी योद्धा थक चुका था।

कॉ. ख़ाँ ने भूमिचोरों के क़ब्ज़ों से भूमि निकलवाकर भूमिहीनों में वितरण कराने का आन्दोलन चलाया था। उसमें कई जानें गयी थीं। नगलिया जट के कॉमरेड नत्थूसिंह प्रधान जैसे संगठन का आधार दलितों और भूमिहीन-किसानों में था। मेरे दिल-ओ-दिमाग़ में दूल्हा ख़ाँ एक आदर्श क्रान्तिकारी की छवि बनी।

उन्होंने दलितों में जैसा कार्य किया वैसा किसी भी स्पृश्य हिन्दू पृष्ठभूमि से आये हिन्दू कॉमरेड ने नहीं किया।

लेखक, कॉ. दूल्हा ख़ाँ के साथ

डॉ. बी.आर. अम्बेडकर ने कहा था, ''ब्राह्मणों ने कोई वोल्टेयर पैदा नहीं किया'', परन्तु कॉ. खाँ अपवाद थे। ज़मींदार पृष्ठभूमि से आये वे भारत के वोल्टेयर थे, जिन्होंने अपने परिवार की ज़मींदारी को संविधान के अनुसार नकार दिया था। 'आख़िर हिन्दुस्तान में अंग्रेज़ों के रहने का औचित्य क्या था?' दूल्हा ख़ाँ ने उन्नीस सौ चालीस के दौरान बरेली में अंग्रेज़ कमिश्नर से साक्षात्कार के दौरान प्रति-प्रश्न किया था। यह उनका डिप्टी कलेक्टर के पद को ठोकर मारना था। परिणाम सवाल में ही छिपा था। अंग्रेज़ों को जाना चाहिए, जबकि फुले द्वारा प्रशंसित अंग्रेज़ शासन को लेकर अम्बेडकर ने कहा था कि ''अंग्रेज़ों का कुसूर यह है कि वे भारत में देर से आये और जल्दी जा रहे हैं।'' उन्हें डर था कि आज़ादी मिलते ही दलितों पर स्पृश्य हिन्दुओं के अत्याचार बढ़ जायेंगे। इसीलिए उन्होंने 'मूकनायक' में कहा था कि ''स्वराज दो तो ऐसा दो, जिसमें दलितों का भी राज हो। वरना अंग्रेज़ी राज में दलित ब्राह्मणवादी तत्त्व की बातें नहीं सह रहे हैं, उन्हें सवर्ण राज में उनकी लातें सहनी पड़ेंगी। यदि अस्पृश्यता और जातिभेद समाप्त नहीं किया गया तो 'स्वराज' हमारे ऊपर ग़ैर-दलितों का राज होगा।'' क्या दूल्हा ख़ाँ भी ऐसा स्वराज हो यह नहीं चाह रहे थे?

अब तो देश आज़ाद हो गया है। दूल्हा ख़ाँ का प्रश्न हल हो गया था कि ''गोरे अंग्रेज़ों ने भारत छोड़ दिया।'' पर ब्राह्मणवादियों का अछूतों पर अशरीरी, सामाजिक, शैक्षिक, सांस्कृतिक, व्यावसायिक और साहित्यिक अस्पृश्यता बनाये रखने का औचित्य क्या है? मीडिया, सिनेमा, संस्कृति, शिक्षा संस्थानों पर जाति-विशेष के वर्चस्व का औचित्य क्या है?

दूल्हा ख़ाँ नवाब छतारी के क़रीबी थे। नवाब साहब ने स्वामी अछूतानन्द के 'आदि हिन्दू आन्दोलन' में मदद की थी। पर नवाब साहब कॉमरेड नहीं थे।

दूल्हा ख़ाँ को उनके पिता ने जायदाद से बेदख़ल किया था। उसका असर उनकी आर्थिक रूप से टूटती ज़िन्दगी पर अन्त तक दिखा। वे दवा-गोली के मामूली ख़र्च के लिए भी पार्टी-साथियों की मदद पर निर्भर थे और पार्टी की

ओर से ऐसे समर्पित कुलवक़्ती नेता के लिए कोई कोष नहीं था। हश्र ऐसा हो तो कौन दूल्हा ख़ाँ बनना चाहेगा? कॉमरेड शर्मा की माली हालत भी दीक्षित जी की तुलना में काफ़ी ख़राब थी।

दूल्हा ख़ाँ सी.पी.आई. के पी.सी. जोशी, डॉ. गंगाधर अधिकारी, भूपेश गुप्ता आदि जैसे नेता थे। वे सभी धनी और ऊँची जातियों से थे। पर साम्पत्तिक विरासत से बेदख़ल नहीं थे। राजेश्वर राव तक ज़मींदार ही थे। दूल्हा ख़ाँ के अलावा मेरा इन नेताओं से कोई सम्बन्ध नहीं रहा। वैसा ही जैसा कम्युनिस्ट नेताओं का अस्पृश्यता से वास्ता नहीं रहा, बकौल दीक्षित जी—"एक बार कॉ. दूल्हा ख़ाँ मुम्बई भागकर गये थे। तब अक्सर नौजवान फ़िल्मों में हीरो बनने के लिए भागा करते थे। कम्युनिस्ट शायर भी मुम्बई का रुख कर गये थे। ग़ैर दलितों के तरक़्क़ी पसन्द लेखकों/शायरों में भी कोई सेठ का, कोई ज़मींदार का बेटा होता था। हिन्दू-मुसलमान ही अधिक होते थे। सिनेमा में शैलेन्द्र जैसे दलित भी अपनी दलित पहचान के साथ नहीं आये थे, जबकि मथुरा रेलवे की नौकरी शैलेन्द्र ने जाति-भेद के कारण ही छोड़ी थी।"

काश! वे आत्मकथा लिख पाते

उसी दिन अजय सरल क्यूबा से लौटे थे। वे शादी कर एक छोटे से मकान में रह रहे थे, जिसका ज़्यादातर हिस्सा कम्युनिस्ट साहित्य से घिरा हुआ था। पार्टी ख़र्चे पर उन दिनों कॉमरेड समाजवादी देशों की ख़ूब यात्राएँ किया करते थे। सरल उत्तर प्रदेश नौजवान सभा के नेता थे। उतने बड़े क्रान्तिकारी नहीं थे, जितने बड़े नशेड़ी थे। नशे की लत ने उनका स्वास्थ्य ख़राब कर रखा था।

डॉ. अम्बेडकर का ख़्वाब पूरा करने की जो बात दूल्हा ख़ाँ ने मुझसे कही थी, भा.क.पा. ने अलीगढ़ में दलितों के बीच दूल्हा ख़ाँ का वह काम आगे नहीं बढ़ाया, बल्कि वहाँ उसी ज़मीन पर दो दशकों के अन्तराल में आर.पी.आई. नेता बुद्धप्रिय मौर्य के नेतृत्व में दलितों-मुस्लिमों और वाल्मीकियों को एक मंच मिला था। मौर्य सामान्य चुनाव क्षेत्र से जीते। दूल्हा ख़ाँ का किरदार पार्टी के किसी भी कार्यकर्ता का किरदार नहीं बन पाया। पिता के कारिन्दों से 12-14 घण्टों तक हाड़-तोड़ काम बन्द कर काम के आठ घण्टों के क़ानून पर अमल कराया। एक दिन मैं उन्हें पकड़कर बैठा था। धूप तेज थी, रिक्शा पुलर हाँफ-हाँफ कर खींच रहा था। "रोक भाई रोक, शास्त्री उतरो, इसे पैसे दो।" पर आप भी तो

अस्वस्थ हैं पैदल कैसे चलेंगे.? ''पर वह तो हमारा वज़न खींच रहा है। क्या यह आज़ादी है? आदमी आदमी को ढो रहा है?''

उस वक़्त तक डॉ. अम्बेडकर के पाँव उत्तर भारत में ज़्यादा जमे नहीं थे। स्वामी अछूतानन्द को गुज़रे पाँच साल बीत चुके थे। बाबू मंगूराम मंगोवालिया 'पूना पैक्ट' से इतने खिन्न थे कि ऐलान कर चुके थे, "डॉ. अम्बेडकर तुम पंजाब में आये तो मैं तुम्हारी टाँगें तोड़ दूँगा।" बाबू जगजीवन राम कांग्रेस में रहकर अछूतों के सवाल उठा रहे थे। महाकवि बिहारीलाल 'हरित' ने इस लेखक को बताया था, ''मैंने 'भीमायण' महाकाव्य रचने के दौरान नायक भीमराव अम्बेडकर से कई मुलाक़ातें की थीं। अम्बेडकर ने अछूतानन्द के साथ 'आदि हिन्दू सम्मेलन' साझा किया था। दलित आन्दोलन का रैदास, कबीर और अछूतानन्द वाला ट्रैक ही छूट गया।'' बी.पी. मौर्या 1960 के दशक में अलीगढ़ से ही उठे।

'भीमायण' महाकाव्य के रचयिता महाकवि बिहारी लाल हरित को जन्मदिन की बधाई देते हुए, लेखक

भारत के उच्चवर्णीय कम्युनिस्टों को अंग्रेज़ी उपनिवेश से मुक्त हो रहे भारत की आज़ादी ख़ासकर सामाजिक भेदभाव की उतनी चिन्ता नहीं थी, जितनी रूस पर 1941 में हुए जर्मनी आक्रमण की थी। इधर, समृद्ध सवर्ण समाज दलित समाज को अपना उपनिवेश बना रहा था। नाजी जर्मनी के ख़िलाफ़ द्वितीय विश्व युद्ध में भारत ब्रिटेन की ओर से लड़ा था। **महार रेजिमेंट** और **चमार रेजिमेंट** ने ब्रिटेन को जीत दिलायी थी। बावजूद इसके जब दलित सैनिक नेता जी सुभाषचन्द्र बोस की 'आज़ाद हिन्द सेना' के साथ खड़े हो गये तो अंग्रेज़ हुकूमत ने सेना में महारों-चमारों की भर्ती बन्द कर दी थी। सेना से निकाले गये मराठी के पहले दलित पत्रकार गोपाल बुबा 'बलंकर' ने 'बिटाल विध्वंसक' (अस्पृश्यता नाशनी) कविता लिखकर कहा, ''अस्पृश्यता का अन्त करना गुलामी का अन्त कर स्वतन्त्रता प्राप्त करने जैसा है।''

अलीगढ़ में दूल्हा ख़ाँ ने 1943 से 1945 तक मेहतरों के लिए काम किया। अच्छा हुआ मुझे उनके साथ उन बस्तियों में जाने, रहने और इतिहास जानने का

मौक़ा मिला। हिन्दू-मुसलमानों दोनों की आँखों में दूल्हा ख़ाँ ने समता-स्वतन्त्रता के सपने डाले थे, लेकिन अस्पृश्य तो आज़ाद देश में भी हिन्दू-मुसलमानों दोनों का मैला उठा रहे थे, बेगार गुलामी कर रहे थे। नालियाँ साफ़ कर रहे थे। मुर्दा मवेशी उठा रहे थे। वह दोनों के जीवन स्तर में गिरावट के गवाह रहे थे। डॉ. अम्बेडकर के प्रयासों से सरकारी सेवाओं में उन्हें थोड़ा-बहुत आरक्षण मिला। भारतीय समाज बीमार था। जाति-अस्पृश्यता बीमारी के लाइलाज लक्षण थे। क्रान्ति और समाजवाद दलितों के लिए अस्पृश्यता के रहते बेमानी थे। इससे मुक्त स्वराज दिवा-स्वप्न था। जिन दिनों देश अंग्रेज़ों से आज़ाद हो रहा था, उस वर्ष दूल्हा ख़ाँ ने अलीगढ़ में सफ़ाई कर्मचारियों से हड़ताल कराई थी, अछूतों के दम पर नगर पालिका पर लाल झण्डा टाँग दिया गया। भोले-भाले अछूत-मज़दूरों से कहा गया, इससे उन्हें सम्मान और समानता मिलेगी। अंग्रेज़ जा रहे हैं, तो छुआछूत का बर्ताव, मलिन पेशा कराने वाले भी चले जायेंगे।

इधर, नत्थूसिंह प्रधान के शब्दों में यहाँ मुरादाबाद के 'गंज' नामक क्षेत्र में जहाँ खेतिहर ग़रीब, दलित मज़दूरों से ज़मींदार बलपूर्वक उनकी ज़मीनें छीन-छीन कर अपना क़ब्ज़ा कर रहे थे। दूल्हा ख़ाँ ने उन्हें संगठित किया था। उस संघर्ष में एक दलित किसान शहीद हो गया था। दूल्हा ख़ाँ और दलित किसानों को गिरफ़्तार कर लिया गया था। इस एक्शन से दूल्हा ख़ाँ का प्रभाव और भी गहरा हो गया था, वे हीरो बन गये थे। उसके बाद सुधार थम गया। दलित किसानों की भूमि मिल्कियत की समस्याएँ जस की तस बनी रहीं। दूल्हा ख़ाँ के जीवन के आख़िरी दिन काफ़ी कष्टों में बीते थे। जो त्याग संघर्ष एक सच्चे कम्युनिस्ट के रूप में वे कर गुज़रे थे, वह ऐसा था जैसे कोई भारी प्रकाश पीछे से पड़ रहा हो, जिससे सारा वातावरण जगमगा रहा हो। दूल्हा ख़ाँ और मदन दीक्षित हमउम्र, हमपेशा और हमविचार थे, परन्तु व्यवहारतः समानता नहीं थीं–

1. दूल्हा ख़ाँ ने अपनी ज़मींदारी को ठोकर मारी। क्षेत्र के राजा-रानियों के क़ब्ज़े की ज़मीनें भूमिहीनों में वितरण कराने हेतु अभूतपूर्व संघर्ष किया।
2. मदन दीक्षित ने बाग़, ज़मीनें सस्ती ख़रीदीं। जो दलितों, अति पिछड़ों की थीं।
3. दूल्हा ख़ाँ, जो पढ़ते थे, जो सोचते थे, वही बोलते थे। वे इतिहास बना रहे थे, इतिहास लिख नहीं रहे थे।

डॉ. बी.आर. अम्बेडकर के अनुसार **स्वामी श्रद्धानन्द** के आर्य समाज का ध्येय एक वर्णीय समाज बनाना था, परन्तु आर्य समाज और हिन्दू सभाओं के

ध्येयों में अब कोई अन्तर नहीं रहा है। आज 2022-23 तक आते-आते सवर्ण वामपन्थी और सवर्ण दक्षिणपन्थी एक हो चुके हैं। उन्हें सवर्णों में ही ग़रीबी दिखाई दे रही है और जिनकी भागीदरी पाँच हज़ार साल में पाँच फ़ीसद भी नहीं हुई, उन एस.सी., एस.टी. में क्रीमिलेयर दिखाई दे रहे हैं, पब्लिक 'सेक्टर' को प्राइवेट सेक्टर में तब्दील कर, दलित उससे बाहर किये जा चुके हैं।

जाति-भेद कोई समस्या नहीं है; अगर ऐसा है तो एक अनुभव लीजिए। आप अपना सवर्ण-सूचक सरनेम कुछ दिन के लिए बलाये-ताक रख दीजे, किसी भंगी, चमार, धोबी, पासी, मुसहर का सरनेम उधार लीजिए और जात्याभिमानियों की प्रतिक्रियाएँ महसूस कीजिए। इस सम्बन्ध में मैंने एक कविता लिखी थी—

कॉमरेड चल, भंगी हो लें
छोड़ जाति अभिमान
तब क्रान्ति के टूटे पंखों में आयेगी जान।
या फिर सबको बना ब्राह्मण
छोड़ जात्याभिमान न सछूत, ना अछूत कोई
सब एकसा इन्सान,
दुनिया कहे भारतीय हैं हम
भारत बने महान।।

1 नवम्बर, 2012 को 'अमर उजाला' के सम्पादकीय पृष्ठ पर **भय से बड़ी कोई हिंसा नहीं होती** शीर्षक से मेरे स्तम्भ की एक किस्त सभी 21 संस्करणों में छपी थी। तो कई भूले-बिसरे मित्रों, पाठकों के फ़ोन आये और इन्हीं में एक फ़ोन था जी.डी. रावत का। उन्होंने कहा, ''हम वर्षों से आपके लेख पढ़ रहे हैं। आज हम एक शादी में चन्दौसी आये हैं, पढ़ने के बाद आपकी चर्चा हो रही थी। तब भन्ते जी (बौद्ध भिक्षु) ने आपका नम्बर दिया।''

''शीला कैसी हैं?''

''आपने बी.एड. करना सुझाया था, सो किया। 'राजकीय कन्या इंटर कॉलेज', सहारनपुर में प्रिंसिपल हैं।"

"और भाई?"

"वह अब क्लास वन अफ़सर बन गया है।"

''बड़ी मेहनत की पढ़ाई में उसने।''

"क्यों नहीं होता? भाई के लिए बहन की मेहनत देखी थी मैंने।"

"शीला चिन्तित रहती थीं, आपके घुटनों के दर्द से पीछा छूटा कि नहीं?''

"हाँ, पर क़ौम की गुलामी के कितने दर्द, लिखने-पढ़ने की कितनी मसरूफियत अपने सिर ले ली है मैंने, ख़ैर, शीला से बात कराइए।"

"लीजिए, कीजिए।" और उन्होंने शीला को फ़ोन पकड़ा दिया—

"करबद्ध प्रणाम करती हूँ, चाचा जी।"

"प्रणाम, कैसी हो शीला?"

"अच्छी हूँ। आपके तो दर्शन दुर्लभ हो गये।"

"कहाँ हो तुम?"

"वहीं सहारनपुर में रेलवे के उसी मकान में। बस्स, एक बार आये थे आप, वह भी बीमार हालत में और फिर आपने कभी मुड़कर नहीं देखा, इन तीस-पैंतीस सालों में कैसा जीवन जीया, क्या किया? न अपना हाल-चाल बताया। अब आपके घुटनों में दर्द तो नहीं रहता है?"

उसके दिमाग़ में कदाचित मेरी वही 'गठिया बाय' के दर्द से पीड़ित और अस्वस्थ युवक की छवि थी।

"ठीक हूँ, पाँव अभी साथ दे रहे हैं। ज़िन्दगी ने दिल्ली तक का सफ़र तय कर लिया है। तुम बताओ, क्या पढ़ती-लिखती हो आज कल? प्रिंसिपल हो गयी हो, मुझे यह जानकर ख़ुशी हुई।"

"...मैंने आपकी आत्मकथा पढ़ी है 'अमर उजाला', 'हिन्दुस्तान', 'कादम्बिनी' और 'हंस' के अंशों में। हम कुछ तो सामाजिक ज़िम्मेदारियाँ, साहित्य में दिलचस्पी बढ़ायें।" मुड़कर नहीं देखा, सुनकर मुझे 'अपराध-बोध' सा हुआ। पर मैं उसे क्या बताता बीच पूरे 15 वर्षों की बेरोज़गारी-तंगदस्ती ने मुझे कितना तोड़ा था? मैं दो वक़्त का खाना नहीं जुटा पा रहा था। शादी नहीं कर पा रहा था। भूख से माँ की मौत हुई थी। अब पढ़ाई-लिखाई ने इतना दिया है कि ज़्यादा खाओ तो बीमार पड़ जाओ। जब भूख थी तब भोजन नहीं था और अब भोजन है तो भूख नहीं है...।

वह 1980-82 का समय था। चुन्नी मोहल्ला में बड़ी मौसी सुखदेई रहती थीं। जैसा कि आमतौर पर दलितों की बस्तियाँ विकास से उपेक्षित और समाज से बहिष्कृत होती हैं, छोटे-छोटे कबूतरखाने जैसे घर, पतली तंग गलियों में स्वराज प्रदत्त साक्षात् नर्क बालश्रम में लगे बच्चे, बेरोज़गार मर्द-औरतें, अस्थायी दैनिक छोटे-मोटे काम। पूरी जद्दोजहद से दो वक़्त का खाना हासिल कर पाते थे। आज खाकर, कल का भरोसा नहीं। बच्चों की शिक्षा, स्वास्थ्य, सुरक्षा की कोई व्यवस्था नहीं। शाम होते ही थके-हारे मज़दूर हाड़तोड़ मेहनत की कमाई दारू, स्प्रिट पीने में बर्बाद करते

हैं, बीवियाँ लड़ती-झगड़ती हैं, पिटती हैं, रोती हैं, चीख़ती हैं और गालियाँ देती हैं। ग़म कम करने के बहाने सस्ती जानलेवा पेय पीते हैं। कुछ महिलाएँ भी धूम्रपान से लेकर स्प्रिट पान करती हैं। 99 फ़ीसदी घरों में शौचालय, किचेन और हैंडपंप तक नहीं हैं। चूल्हे के लिए जलावन लकड़ी नहीं। रबर जलाकर खाना बनातीं, धुआँ पीती औरतें टी.बी., कैंसर की शिकार हो बेवक़्त मौत की शिकार होने को विवश हैं। इन्हीं के बीच थी शीला।

बुद्ध विहार इसी मोहल्ले में था और अम्बेडकर जयन्ती, बुद्ध जयन्ती की ख़ास तैयारियाँ इसी बस्ती से होनी थीं। मौसी के घर को जाते वक़्त गली में कोने के छोटे-से मकान में शीला की माँ रहती थीं। इनके पिता जी उन दलितों में थे जो कम कमा पाते थे, तनाव में स्प्रिट/दारू पीते जल्दी सो जाते थे। सो, वे भी जल्दी सो चुके थे।

शीला उन दिनों कॉ. अरविन्द सक्सेना के कायस्थान मोहल्ले में 'शान्ति पब्लिक स्कूल' में मात्र सौ रुपये मासिक पर पढ़ाती थीं। मैं शुभ्रा सक्सेना से अंग्रेज़ी सीखने इस स्कूल के सामने से जाता था। शीला उम्र में मुझसे बड़ी थीं, पर ननिहाल के रिश्ते से मुझे अंकल बोलती थीं। उसकी माँ शीला की शादी के लिए बहुत चिन्तित रहती थीं। उन्होंने एक दिन मेरी माँ से कहा, "बुआ क्या तुम श्यौराज के लिए मेरी बेटी का हाथ नहीं पकड़ सकतीं?" पढ़ाई में छोटो, उम्र में छोटो और कोई काम-धन्धे नांय–बऊ नांय.। शीला इस मोहल्ले की सर्वाधिक पढ़ी-लिखी लड़की थी। उसकी सक्रियता में 'अम्बेडकर महिला मण्डल' बनाना, बुद्ध विहार पर समय-समय पर मीटिंग करना, कुपरम्पराओं के विरुद्ध दलित लोक कवियों के महिला गीतों को गाना, अम्बेडकर जयन्ती और बुद्ध वन्दना कराना, सामाजिक आयोजनों में लड़कियों को बोलना-सिखाना आदि शामिल थे।

मैं मौसी के घर से लौटता तो सामने प्रायः पढ़ाती-पढ़ती या सिलाई करती दिखती। चश्मा लगाये गम्भीर मुद्रा मुझे अभिभूत करती, मन में आदर उमड़ता था। मुझे चश्मा चढ़ाकर पढ़ने वाले प्रभावित करते थे। लगता था कि इन्होंने पढ़ाई के लिए ही चक्षु-ज्योति कुर्बान की है। मौक़ा मिला तो मैं भी इतना अधिक पढ़ूँगा-लिखूँगा कि मेरी भी आँखों पर चश्मा चढ़ जाये। मैं चाहता था, क़ौम की हर लड़की की आँखों पर चश्मा हो, जो उसके अध्ययनशील होने की निशानी हो। शीला के पिता गुज़र गये तो विरासत में क़र्ज़ा छोड़ गये। एक छोटी-सी कुठरिया में माँ-बेटी और छोटा भाई रहते थे। शीला अपने ज्ञान और परिश्रम से

गरिमापूर्ण जीवन जीने के लिए संघर्षरत थीं। इसलिए वे आदर और स्मृति का हिस्सा बनी रहीं।

मैं ए.आई.एस.एफ. की ज़िला कमेटी का अध्यक्ष था। सामाजिक गतिविधियों में आगे रहना, जोखिम लेना मेरा स्वभाव बन चुका था। उन दिनों पतरउआ गाँव में एन.के.बी.एम.जी. महिला महाविद्यालय की छात्राओं का एन.सी.सी. शिविर लगा था। शीला ने महिलाओं को सफ़ाई, पढ़ाई और 'परिवार नियोजन' के बारे में बताया था। भाषण प्रतियोगिता में कही गयी ये बातें चाची के कानों तक पहुँच गयीं। "कुँवारी लड़की औरतों की नसबन्दी की बात करती है। बेशर्म-निर्लज्ज कित्ती पढ़ती है, आँखें फोड़ ली हैं, कौन करेगा इस चश्मा चढ़ी से शादी?"

मैंने कहा—"यह लड़की अगर डॉक्टर होती तो भाभी तुम्हारी तो सबसे पहले नसबन्दी कर देती।"

मेरा इतना कहना था कि वह तो राशन-पानी लेकर मेरी अम्मा पर चढ़ बैठीं, "मुखी, तुम्हारे श्यौराज कुँवारी लड़कियों को उकसा रहे हैं। यह भी नहीं सोचते कि लड़की क्या बोल रही है? जिन बातों से शर्म करनी चाहिए उन्हें ये खुल्लम-खुल्ला माइक पर बुलवाते हैं। अनपढ़, मज़दूर महिलाओं के घर लूप-निरोध और गर्भ रोकने वाली गोलियाँ पहुँचाओ। कित्ती बुरी बात कही इनने।"

शीला की शादी रिश्तेदारी में तय हुई। चाचा-चाची ने कहा, "यह तो लड़के को प्रेम करती है। हम तो सहयोग नहीं करेंगे बल्कि यहाँ बारात भी नहीं आने देंगे।" तो उसकी माँ उसे अपने मायके मुरादाबाद की नागफनी बस्ती में ले गयीं। पास ही में उन दिनों के मेरे मित्र मुशर्रफ़ अली की ससुराल थी। बाहर उनके ससुर डॉ. रईस अली का क्लीनिक था। एक बार रास्ते से गुज़रते हुए शीला के भाई ने मुझे पहचान लिया और अपनी माँ के पास लेकर गया। घर में शीला की शादी की तैयारी चल रही थी। मुझे भी निमन्त्रण दिया।

7 मई, 1982 का दिन था, बारात आ चुकी थी, पर समस्या यह थी, विवाह किस पद्धति से सम्पन्न हो? हिन्दू ब्राह्मण तो अम्बेडकरवादियों की बस्ती में विवाह करा नहीं सकता था और बौद्ध भिक्षु को चाचा ने ऐन वक़्त पर रोक लिया था। वर-वधू तैयार थे तथा दरवाज़े पर मेहमानों का जमावड़ा था। अब ब्याह कौन पढ़ेगा? तब किसी एक ने कहा, "अपने बीच, श्यौराज सिंह बेचैन हैं, उनसे कहें तो सही। वे हमारे पण्डित भी हैं, भिक्षु भी हैं।" और सबने समर्थन कर दिया। कहा, ब्याह पढ़ना कोई मुश्किल काम न था। मैं पहले से तैयार नहीं था।

मैंने शीला से कहा, "तुम्हारे पास बुद्ध रीति के विवाह की कुछ पुस्तिकाएँ ज़रूर होंगी। मुझे देखनी हैं।" यह पवित्र दायित्व मेरे ऊपर अप्रत्याशित रूप से आ पड़ा था। मैंने जल्दी-जल्दी पुस्तिकाएँ देखीं और मैं पालथी मारकर बैठा और पढ़ दिया ब्याह। परस्पर वचन ले लिया। सादा, बिना दहेज-लगेज सुयोग्य जोड़ा।

मैंने हँसकर कहा, "यही दुआ पर्याप्त है, पढ़े-लिखे हो, पढ़ते-लिखते रहोगे, तो तुम ख़ुश रहोगे और इस पण्डित की दक्षिणा है कि **पढ़ाई रोकोगे नहीं। हमारे समाज को पढ़े-लिखे जोड़ों की ही नहीं पढ़ते-लिखते रहने वाले जोड़ों की भी ज़रूरत है।** बशर्ते मन में बाबा साहब का आदेश 'पे बैक टू द सोसायटी' की भावना बनाये रखें।" मैं उपहार में क्या दूँ? सो मैंने अपनी छात्रवृत्ति के पैसे से एक कैलेंडर कविता की प्रतियाँ छपवायीं। वे बारातियों-घरातियों में बाँट दीं, ठीक उसी तरह जिस तरह रेवाराम-पुष्पा की शादी में बाँटी थीं।

शायद साल भीतर मेरे घुटनों की पीड़ा बढ़ गयी। दिल्ली के इर्विन अस्पताल में भी मेरा इलाज नहीं हो पाया। ख़ून की कमी, भर पेट भोजन की कमी, बीच-बीच 'निरोबिन' के इंजेक्शन। दर्द की देसी-अंग्रेज़ी दवा के लिए भी पैसे नहीं। स्कॉलरशिप तुच्छ भीख जैसी। पचास-साठ पैसे रोज़ की वो भी समय पर मिलती नहीं थी। क्लर्क-अफ़सर सुविधा शुल्क माँगते थे, उस पर भी ख़ासकर सवर्ण छात्र व्यंग्य करते थे कि एस.सी., एस.टी. तो पढ़ते ही वजीफ़े के लिए हैं। किसी को कोई अपराधबोध नहीं, कोई नहीं मानता कि सदियों-सदियों तक की गयी दलितों की बड़ी क्षति की थोड़ी पूर्ति है यह आरक्षण। पूर्वजों का इतिहास बताता है, दलित देश की नैसर्गिक सम्पदा के स्वाभाविक स्वामी थे। वह यहाँ के मूलनिवासी हैं।

कुछ माह बाद बीमारी की अवस्था में लँगड़ाता हुआ मैं सहारनपुर रेलवे कॉलोनी शीला दम्पति के घर पहुँचा था। दोनों घुटने सूजे हुए थे, हर क़दम दर्द के साथ उठता था। शीला दम्पति ने मेरी बड़ी सेवा की। सुबह-शाम नमक डालकर पानी गर्म कर वे बारी-बारी मेरे घुटनों को देर तक सेंकते, परात में पानी रखकर ठीक से तौलिये से पोंछते। सरकारी अस्पताल ले जाते, दर्द निवारक दवाएँ लेकर मैं सो जाता था। राहत मिलते ही मैं पढ़ने-लिखने लगता था। मैं क़रीब दो सप्ताह स्वास्थ्य लाभ लेकर लौटा था। आज जब शीला ने स्वास्थ्य का हाल पूछा तो मुझे लगा 1982 से आज तक उसके ध्यान में बीमार श्यौराज की छवि ठहरी हुई है जैसे उसकी सेवा का क़र्ज़ा मेरे ज़हन में कृतज्ञता-भाव के साथ अंकित है।

'बेचैन' क्यों?

जब मैं बी.ए. में दाख़िला लेने चन्दौसी पहुँचा था, रेलवे बुक स्टॉल पर मैंने कुछ पत्रिकाएँ देखी थीं। छपी हुई कविताएँ मुझे अधिक प्रभावित किया करती थीं। वह पत्रिका 'धर्मयुग' या 'साप्ताहिक हिन्दुस्तान' थी। पृष्ठ उलटते-पलटते मेरी नज़र इन पंक्तियों पर पड़ी—

"जिस तरफ़, मेरी नज़रें गयीं, दृश्य वे ही पुराने मिले,
ज़िन्दगी की कड़ी धूप में, काँच के शामियाने मिले।"

—कुँअर 'बेचैन'

कॉलेज में पहुँचा तो मैंने पुस्तकालय से उनके कुछ संग्रह पढ़े, जैसे 'पिन बहुत सारे'। परिचय में पूरा नाम 'कुँअर बहादुर सक्सेना' छपा। प्रभाव ऐसा पड़ा कि श्यौराज सिंह के साथ 'बेचैन' शब्द जोड़ लिया।

कुँअर कवि कभी दलितों के किसी मंच पर नहीं आते थे और न दलित कवि उनके बामन-बनियों और कायस्थों के काव्य मंच पर चढ़ाये जाते थे। साहित्य में ऐसी विभाजन रेखा दिखी और देखा तो हिन्दू साहित्य संस्थाओं द्वारा दलित कवियों का बहिष्कार देखा। वर्ण-कवियों में न कहीं देश बन्धुता दिखी और न कहीं इन्सानी प्यार देखा। पर स्पृश्य हिन्दुओं के वे प्रिय गीतकार थे। हाँ, अपवाद के लिए मथुरा में जहाँ कवि कालीचरण 'स्नेही', डॉ. यशवन्त वीरोदय मौजूद थे। मैं काव्य पाठ करने के लिए पहुँचा तो पता चला यहाँ के दलित आयोजकों से पाँच हज़ार रुपये लेकर कुँअर साहब ने काव्य पाठ किया था।

मैंने पहली बार कुँअर का रचना-पाठ चन्दौसी के 'भरतिया महिला कॉलेज' में सुना था। शान्ति यादव मुझे उस आयोजन में लेकर गयी थीं। पता चला कि चन्दौसी में कुछ धनी लोग आयोजन कराने का ठेका लेते हैं। इनमें कुछ बनिये व्यापारी और कुँअर की जाति-बिरादरी के 'कायस्थ' भी यह धन्धा करते हैं। एक संवाददाता के तौर पर मुझे आयोजक मण्डल के एक सदस्य ने सूत्रों के हवाले से बताया था कि ख़ुद कुँअर ने पैसे देकर अपना सम्मान-समारोह कराया है। तीसरी बार मेरी मुलाक़ात 'विश्व हिन्दी सम्मेलन' 2003 में सूरीनाम से लौटते वक़्त तब हुई, जब हमारा विमान तकनीकी ख़राबी के कारण चार घण्टे लेट हो गया था। इसलिए दिल्ली शाम 10 बजे पहुँचने के बजाय रात दो बजे पहुँचने का पूर्व अनुमान था। घर कैसे पहुँचेंगे? उन दिनों ग़ाज़ियाबाद की ओर प्रीपेड

टैक्सियाँ भी आनन्द विहार से आगे नहीं जाती थीं। बातों-बातों में कुँअर ने पूछा, "श्यौराज! आप कैसे जायेंगे?"

"देखूँगा कोई बस या टैक्सी मिलेगी तो।"

"मैंने बेटे को फ़ोन कर दिया है। वह एयरपोर्ट पर आ जायेगा। हम वसुन्धरा से ही गुज़रेंगे, आपको छोड़ते जायेंगे।" कुँअर ने कहा था।

"क्या गाड़ी में जगह होगी?"

"कैसी बातें करते हैं, जगह तो दिलों में होनी चाहिए और फिर हम कवियों के दिलों में जगह नहीं होगी तो किस के दिल में होगी? वैसे भी गाड़ी बड़ी है चार लोग आराम से बैठ सकते हैं।"

ढाई बजे हम दिल्ली इन्दिरा गांधी इंटरनेशनल एयरपोर्ट पर विमान से बाहर आये। मैंने देखा, एक सवर्णवादी लेखक को कुँअर बता रहे हैं कि श्यौराज भी हमारे साथ जायेंगे। वह दलित साहित्य पर नकारात्मक टिप्पणी कर रहा था और मुझे छोड़ कुँअर का कन्धा खींचकर आगे बढ़ रहा था। मैं कुछ दूर उनके पीछे-पीछे हवाई अड्डे से बाहर तक आया। वे गाड़ी में बैठे और चले गये। मैं वहाँ खड़ा-खड़ा उन्हें देखता रह गया।

क्या इन कवियों में दलित-विरोधी कायस्थवाद, अपेक्षाकृत अधिक पाया जाता है? जबकि मधुशाला के कवि हरिवंश राय 'बच्चन' ने अत्यन्त दुख के साथ ब्राह्मणों की कायस्थ विषयक लिखित अपनी आत्मकथा 'क्या भूलूँ, क्या याद करूँ' में उल्लेख किया है–"ब्राह्मणों के बनाये हुए ऐसे बहुत से संस्कृत श्लोक प्रचलित हैं, जिनमें कायस्थों की निन्दा की गयी है या उन्हें गिराने का प्रयत्न किया गया है।" बच्चन जी उद्धृत करते हैं–

कायस्थेनोदरस्थेन मातुर्मांस न भक्षितम्
न तत्र करुणा हेतुः हेतुस्तत्र अदन्तता।

अर्थात 'कायस्थ इतना क्रूर होता है कि आश्चर्य ही है कि जब वह पेट में था, तब उसने अपनी माता का मांस क्यों नहीं खा लिया था। ऐसा उसने किसी करुणा के कारण नहीं किया था, बल्कि उस समय उसके दाँत ही नहीं थे।' क्यों ये साहित्यिक अस्पृश्यता का बरताव करते हैं? अब इतनी क्रुद्धता उनके प्रति है, जो कायस्थ जाति ब्राह्मण-वैश्यों की तत्सम जाति बन चुकी है, तो दलितों के प्रति कैसी क्रूरता रही होगी कल्पनातीत है? 'कफ़न' कहानी को लेकर दलित

भी प्रेमचन्द पर सवाल उठाने लगे हैं। परन्तु उन्हें 'घृणा का प्रचारक' ब्राह्मणों ने ही कहा था। 'सद्गति', 'ठाकुर का कुआँ' और 'सवा सेर गेहूँ' प्रेमचन्द ने जो दलित जीवन पर लिखा, वह उनका यथार्थ अनुमान है, भोगा हुआ अनुभव नहीं है। हिन्दी दलित साहित्य सिवाय इसके और कुछ नहीं है कि तब के 'घीसू, माधवों', 'चतुरी चमारों', 'बुधुआ (भंगी) की बेटी' की कहानी प्रेमचन्द, निराला, 'उग्र' लिख रहे थे। आज वे अपनी कहानी खुद लिख रहे हैं।

ब्राह्मण जातिसूचक 'सरनेम' के सर्वाधिक लाभार्थी हैं, वे उसे बनाये रखेंगे। मुझे याद आ रहा है, रेडियो-टीवी पर एक विज्ञापन शुरू हुआ था, जिसमें श्री अमिताभ बच्चन एक वाक्य बोलते थे, "मिश्रा ससुरा..."

मैंने पहली बार सुनते ही मीनू से कहा, "कल से यह विज्ञापन नहीं आयेगा।"

"क्यों"

"इसलिए कि ब्राह्मण दलित नहीं हैं। जो सौ साल से 'नीच', 'अछूत', 'पतित', 'हरामज़ादा' और 'हरिजन' सम्बोधन सुनते-सहते रहेंगे। कोई आपत्ति, कोई शिकायत नहीं करेंगे। बच्चन जी की शिकायत पहुँच चुकी होगी?"

वाल्मीकि बस्ती का भोजन और हिन्दुओं का हाज़मा

यह सन् 1986-87 का समय था। चुन्नी मोहल्ला से सटी संजय बस्ती के उद्घाटन का मौक़ा था। यहाँ वाल्मीकि भाइयों ने अपनी एक आम सभा आहूत की थी। एस.डी.एम. और नगर कांग्रेस के सभी नेता, समाज सुधारक, विभिन्न दलों के कार्यकर्ता यहाँ पधारे थे। 'दलित बस्तियों में बच्चों का पढ़ने-लिखने में रुझान कैसे बढ़ाया जाये? उन्हें साफ़-सफ़ाई से रहना सिखाया जाये, स्वरोज़गार के विकल्प निकाले जायें। अस्पृश्यता के कारण शहर में ग़ैर-दलित जातियाँ उन्हें गन्दगी की सफ़ाई कराने के अलावा कोई अन्य काम क्यों नहीं देती हैं? उनका मानस बदलने के लिए क्या किया जाये? सफ़ाईकर्मियों में साक्षरता दर कैसे बढ़ायी जाये, ताकि वे कौशल सुलभ रोज़गार पा सकें, उनमें पात्रता बढ़े? अस्पृश्य समाज के बच्चों को दूसरों के समान गुणकारी शिक्षा कैसे सुलभ हो' आदि सवाल मंच पर उठे थे। सभा समाप्त होते ही उन्होंने आमन्त्रित अतिथियों से कहा—"हमने आप सभी के लिए भोजन की व्यवस्था की है। कृपा कर सब से पहले अतिथि भोजन कर लें। उसके बाद हम सब कार्यकर्ता करेंगे।" भोजन का बुलावा सुनते ही कांग्रेसी नेताओं ने कहना शुरू किया—'पेट ख़राब है',

भाजपाइयों ने व्रत रखना बताया, यहाँ तक कि 'अम्बेडकर युवक संघ' और 'बौद्ध महासभा' चलाने वाले चमार नेता भी कुछ-न-कुछ बहाना बना कर गये। मौर्य, धोबी और पाल भी मुँह बनाते खिसक गये। बचे तो केवल कॉमरेड भगवानदास शर्मा, राधेश्याम, मुन्नालाल मौर्य और मैं। सो, हम भोजन कर रहे थे और समाज सुधारक टीका-टिप्पणी।

दिल्ली : 'अजय भवन' में पढ़ाई

जून, 1981 में मुझे अजय भवन पार्टी स्कूल, दिल्ली में पढ़ने भेजा गया था। कॉमरेड शर्मा पार्टी सेक्रेटरी थे। उन्होंने मेरा नाम दिया।

किसी लड़के को कॉमरेड बनाना समाज के नज़रिये से उसको बिगाड़ा जाना था। पर मेरे बनने-बिगड़ने का फ़ैसला मुझे ही करना था। न तो मेरे अभिभावक थे, न जाति-बिरादरी या सरकार की कोई संस्था, जो अपने देश के बच्चों के प्रति कोई ज़िम्मेदारी लेती हो। मैं 'ऑल इंडिया स्टूडेंट फेडरेशन' की ज़िला कमेटी के अध्यक्ष की हैसियत से और नौजवान सभा की ओर से भेजा गया था। स्कूल में मेरे दो परिचित कॉमरेड थे। एक 'मुक्ति संघर्ष' के सम्पादक कृष्ण कुमार दीक्षित और दूसरे उर्दू 'हयात' के सम्पादक। वे बेहद पढ़ाकू और गम्भीर चिन्तक थे। वे अधिक समय कुर्सी-मेज़ के साथ लेखन-अध्ययन की मुद्रा में दिखते थे। मैं क्लास को जाते-आते हर दिन एक-दो बार उनसे मिला करता था।

स्कूल में आर्थिक, राजनीतिक और दार्शनिक विषयों पर कक्षाएँ चला करती थीं। सरदार स्वर्ण सिंह जैसे नामी नेताओं ने हमें पढ़ाया। वह एक महीना एक वर्ष की पढ़ाई जैसा गुज़रा। यहाँ मेरे एक महीने का प्रवास यादगार है। राजेश्वर राय (ज़नरल सेक्रेटरी, भा.क.पा.), अमरजीत कौर 'अनजान' ने भी कक्षाएँ ली थीं। बाबा पृथ्वी सिंह आज़ाद से भी यहाँ हमारी मुलाक़ात हुई। उनकी पैदल यात्रा की कहानी ने सभी को रोमांचित किया था।

अतुल कुमार अनजान उन दिनों ए.आई.एस.एफ. के राष्ट्रीय अध्यक्ष थे। वे अधिक समय बाहर रहते थे। **भारती** के साथ उसी माह उनकी शादी हुई थी। क्लास ही में हमें निमन्त्रण मिला था। हम शादी के कार्यक्रम में शामिल हुए थे। वैन्यू अजय भवन के पास ही किसी सांसद का बंगला था। **सीखने वाली बात विवाह की सादगी थी। न बरात का जुलूस जैसा प्रदर्शन, न कोई दिखावा, न कोई माल-असबाब की नुमाइश, लेन-देन की सौदेबाज़ी और न राजाओं, सामन्तों की पोशाक, हाथी-घोड़े की चढ़ाई या डोली-पालकी में विदाई। एकदम**

सादा-आदर्श गरिमापूर्ण विवाह। न पण्डित-पुजारी, न सप्तपदी। विवाह का केवल पंजीकरण हुआ था।

इस स्कूल में हम छात्रों की दिनचर्या बहुत ही अनुशासित ढंग से आरम्भ हुई थी। प्रातः चार-साढ़े चार बजे सभी को जगा दिया जाता था। पाँच-साढ़े पाँच बजे तक सभी छात्र भवन के प्रांगण में उपस्थित हो जाया करते थे। फिर शुरू होती थीं व्यायाम की क्रियाएँ। वे क्रियाएँ इतनी कठोर होती थीं कि कई की हालत ख़राब हो जाती थी। लड़कियों ने तो पहले ही दिन हाथ खड़े कर दिये थे। उनके लिए हमने लड़कों से अलग पंक्ति के कुछ हल्के व्यायाम प्रस्तावित किये थे। नाश्ता, खाना, सोना, पढ़ना आदि सभी का समय तय था।

मेरे साथ कोई एक शर्मा कॉमरेड था। मैं उसका नाम भूल रहा हूँ। उसका ब्राह्मण सरनेम याद है। वह नॉनवेज नहीं खाता था। इसलिए मैं अपने हिस्से का दही और पनीर उसे दे दिया करता था और उसके हिस्से का नॉनवेज ले लिया करता था। मेरे पीस डबल हो जाते थे। स्कूल में हमें श्रम के प्रति सम्मान करना सिखाया गया। पहली बार सभी छात्रों को 'पार्टी पेपर' बेचकर आने को कहा गया। "जाओ और बेचकर पैसे लाओ। हमें काम करने में शर्म नहीं आनी चाहिए, क्योंकि हम कमेरे किसानों-मज़दूरों के साथी हैं।" हमारे सभी शिक्षकगण अपने-अपने विषयों के ज्ञान से समृद्ध थे। उनमें कुछ नेता थे और कुछ बुद्धिजीवी। हमने ऐतिहासिक भौतिकवाद, द्वन्द्वात्मक भौतिकवाद, राजनीतिक अर्थशास्त्र और 'अतिरिक्त मूल्य का सिद्धान्त', राज्य और समाज के विकास क्रम के बारे में पढ़ा।

यहाँ क्लास शुरू होने से पहले गीतों-कविताओं के लिए प्रतिभागियों को आमन्त्रित किया जाता था। इस क्लास में मैं हर दिन एक नया गीत या कविता लिखकर सुनाया करता था। उसमें समाजवाद, ग़रीबों-मज़दूरों की मुक्ति की परिकल्पना ही मुख्य हुआ करती थी। उन गीतों-कविताओं में मौलिक उद्‌भावनाओं की प्रस्तुति की वजह से मैं कक्षा का प्रिय छात्र हो गया था। मुझे कुछ नया सुनाना है, उसके लिए तैयारी करूँ तो क्लास के नोट्स कब लूँ! मेरा साथी शर्मा इस मामले में मेरी मदद करता था। पुराने कॉमरेड आराम से बोलते थे और युवा तेज़ स्पीड में, तब मैं अक्सर कागज़ और कार्बन शर्मा को दे दिया करता था। वह नोट्स अपने लिए तैयार करता था और उसकी कार्बन कॉपी मेरे लिए। उसके लिखने की स्पीड तेज़ थी। वह कहता था, "यार तू रोज़ कुछ नया लिख-लिखकर सुना, मैं तेरे लिए नोट्स तैयार करता रहूँगा।" पर इसकी एक-दो

पीरियड में ही ज़रूरत पड़ती थी। वे जज़्बातों के उभार वाले दिन थे, बदलाव के प्रति आश्वस्त रहने और सपनों के आकाश में उड़ने-विचरने के दिन थे। समाज के जातिगत भेद-भावों पर बात करना प्रतिक्रियावादी होना होता था। समाजवाद मानो हमारे जीवन काल में ही आने वाला हो। वह जाति, धर्म, क्षेत्र, भाषा आदि की तमाम संकीर्णताओं को दूर कर देगा। नया समाज बनेगा, नया वैश्विक इन्सान होगा। जाति-धर्मों के तो बन्धन ही क्या, विश्व मानव देशों-विदेशों की सीमाओं में भी नहीं बँधेगा। उन नोट्स को जोड़कर मैंने दो कॉपियाँ बना ली थीं। एक मेरे संग्रह में आज भी सुरक्षित है। इसमें 19, 24, 25, 26, 27 जून 1981 के नोट्स हैं। वक्ताओं में एन.एन. मन्ना (पार्टी संगठन के सिद्धान्त), गुरुबक्श सिंह (नक्सलवाद की अनेक धाराओं की आलोचना), सोहन सिंह जोश, छज्जूमल वैद (किसानों में क्रय), कॉमरेड दीवान (एकता का प्रश्न) आदि थे।

एक दिन हम स्कूल से छूटने के बाद बाल भवन के आस-पास घूम रहे थे। हमारे एक साथी ने कहा, "कॉमरेड, पता चला स्टालिन मोची का बेटा था। मोची यानी हमारे मुल्क में चमार-चूहड़ा।" दूसरे ने कहा, "तो हिटलर भी मोची का ही बेटा रहा होगा।" क्या हुआ? कोई तो किसी का बेटा होता ही है। चूँकि क्लास में परिचय के वक़्त जाति नहीं पूछी जाती थी, इसलिए हम लोग ब्राह्मणों के जाति सूचक सरनेम को छोड़कर जानते तक नहीं थे कि किसकी क्या जाति है? मैं कह रहा था, "साथियो हम कॉमरेड हैं, पर हमारे भीतर अपनी जातियाँ भी तो हैं, वे भी इतनी मज़बूती से हैं कि हमारी पहचान बनी हुई हैं। सरनेम प्रदर्शन के रूप में जाति का इस्तेमाल होता है। क्या हमारी जातियों को क्रान्ति के काम लाया जा सकेगा?"

लेखक : जुलाई 1981

पढ़ाई पूरी होने पर लौटते वक़्त उसने मेरी ओर अपनेपन की नज़र से देखा था। मुझे अपनी आर्थिक और पारिवारिक दशा का आभास हुआ। मेरे ख़याल से उसे मेरी जाति की समस्या नहीं थी। पर मेरी अपनी स्थिति-बोध ने मुझे एक इंच भी आगे नहीं बढ़ने दिया। हो सकता है कि यह केवल मेरी खुशफ़हमी हो, वह इतना नहीं चाह रही हो। पर उसकी वह ललचाई-सी नज़र की एक झलक काफ़ी दिनों तक मेरे मन में गड़ी रही और उससे आगे बढ़ने का कभी अवसर नहीं आया। आकर्षित होने की बड़ी वजह यह थी कि वह विदुषी लड़की कई भाषाओं का साहित्य पढ़ने में कुशल थी। मुझे उससे कुछ सीखने को

मिल सकता था, वह मेरी गुरु बन सकती थी। वह विदुषी एक बनिया कॉमरेड की बेटी थी। पर जाति की बात क्या कहूँ? एक दलित नेता की बीवी बनी थी वह। हाँ, अच्छा पहनने-खाने की हसरत तो थी, परन्तु हैसियत नहीं थी। सो चन्दौसी के नेशनल स्टूडियो में जब तस्वीर खिंचाई तब जिस्म, दिल-दिमाग़ तो अपना था, टाई, शर्ट और कोट सहित सब लिबास स्टूडियो का।

ताऊ से अन्तिम मुलाक़ात

27 दिसम्बर, 1995 को ताऊ की मौत की ख़बर लेकर मेरा भाई और मनोरमा का पति मेरे निवास आये। उसी दिन जे.एन.यू. में हिन्दी असिस्टेंट प्रोफ़ेसर पद के लिए मेरा साक्षात्कार था। जे.एन.यू. की स्थापना से अब तक हिन्दी में पहली बार एक पद आरक्षित हुआ था। मैं आश्वस्त था, नियुक्त हो जाऊँगा। नेट तथा पीएच.डी. के अलावा मेरी चार किताबें भी प्रकाशित हो चुकी थीं। डॉ. बी.जी. तिलक ने पूछा था, "साक्षात्कार क्या है?" प्रश्नोत्तरों के बारे में कहा था, जिसे नहीं लेना होता है, उससे पूछते हैं, 'हमारे बाप का नाम क्या है?' लेना होता है, तो पूछते हैं, 'तुम्हारे बाप का नाम क्या है?'

रात को ताऊ की मृत्यु के समाचार से दुखी होकर मैं बिस्तर पर पड़ा-पड़ा उनके साथ बीते दिनों की यादों में खो गया था। 16 जनवरी, 1995 को अपने चायनीज छात्र-मित्र 'लेइ-ग्वानग' (Lei Gunag) को साथ लेकर डूंगर 'मिर्जापुर', आसफपुर और फिर 'नदरोली' पहुँचा। 'लेइ' को 'भारत-चीन' की कृषि आधारित ग्राम्य व्यवस्था पर कुछ शोध सर्वेक्षण करना था, इसलिए मैं उसके काम में सहायता कर रहा था। गाँव पहुँचने पर पता चला कि ताऊ और भाई ने मिलकर बड़े बब्बा भागीरथ की ज़मीन को मात्र 24 हज़ार में बेच दिया है, मुझे ख़बर भी नहीं दी है। मुझे क्रोध आया, मैंने अपने उस विदेशी मित्र को रात का खाना भाई के घर खिलाने के बजाय डोरी लाल के घर खिलाया और प्रेमपाल यादव के घर दूध पिलाया। ताऊ से मुलाक़ात की, वे अस्वस्थ थे। उनके शब्द अस्पष्ट थे, किन्तु भाव आत्मीय थे—"बाक़ी जगह-ज़मीन जो तेरे हिस्से में आती है, मैं नहीं बेचने दूँगा।" जबकि ताऊ अन्तिम साँसें गिन रहे थे। मैं सरकारी नौकरी की ज़िम्मेदारियों तथा परिवार साथ न होने की वजह से गाँव में अधिक समय नहीं रुक सकता था। अतएव हम लोग रात को उलफत सिंह जाटव (हेडमास्टर) के घर जाकर सोये। सुबह का नाश्ता दयाराम भगत जी के घर कर ताऊ की एक तस्वीर खींच कर लौटे।

ताऊ से मेरी यह अन्तिम भेंट ही होगी, ऐसा आभास होने से मेरी आँखें भर आयी थीं। पर मैंने अपने आप को सँभालते हुए कहा—"जा रहा हूँ, ताऊ।" "जा बेटा, ठीक-ठाक से रहना।" भरे कण्ठ से इतना कहकर उन्होंने डबडबाई आँखों पर हाथ रख लिया और रज़ाई से आँसू छिपाने के लिए मुँह ढक लिया। थैले में कल से रखे सेब भाई के बच्चों को पकड़ाकर 'लेइ-ग्वानग' को साथ लेकर मैं दिल्ली की ओर चल पड़ा। भाई कुएँ के पास खड़ा था। वह भी मुझसे बतियाना चाहता था, उसकी चिन्ता थी कि मैं लौटते वक़्त तहसील जाकर रजिस्ट्री निरस्त यानी दाख़िल ख़ारिज न रुकवा दूँ। मैंने ऐसा नहीं किया। बस इतना ही पूछा था, "तुम बाप-दादा की ज़मीन बेचकर क्या सुखी रह सकते हो?" वह बोला—"बाक़ी ज़मीन बिके तब तुम अपने हिस्से के पैसे ले लेना।" गोया, मेरा दुख मेरे हिस्से के पैसे न मिलना मात्र है, ज़मीन का बिकना नहीं! भागीरथ बब्बा का यह खेत साढ़े तीन बीघे का था और पौने दो बीघे ज़मीन विद्याराम बब्बा (मेरे पिता के पिता) की थी।

बात उन दिनों की है जब मैं गाँव में बाल मजूरी किया करता था। माँ, बहन और भाई कोई भी मेरे पास नहीं थे। थे तो नेत्रहीन गंगी बब्बा। मैं पढ़-लिखने की तो कल्पना नहीं कर सकता था, क्योंकि मेरा किसी स्कूल में दाख़िला ही नहीं था। तब मैं सोचता था कि इन खेतों में से 'रेह' (नमकीन सफ़ेद कास्टिक पदार्थ) को हटाकर मैं ज़मीन को उपजाऊ बनाऊँगा। 'रेह' मिटाने का एक ही उपाय था कि खेत में गड्ढा खोदकर पानी भरा जाये तो 'रेह' मर जाता था। इसलिए मैं सुबह मुँह अँधेरे जाता और बब्बा की कस्सी से खेत की मेंड़ बाँधता था, ताकि बारिश हो तो पानी खेत में रुका रहे। मजूरी पर जाने से पहले या आने के बाद एक-दो घण्टा यह काम मैं नियमित किया करता था। दूसरा उपाय कि यदि खेत में ईंटें पाथी जायें तो मिट्टी उठ जायेगी और गड्ढे में पानी भर जायेगा। सो, मिट्टी से अटे पड़े अपने कुएँ को ख़ाली कर ढेंकली लगाकर पानी निकाला और ईंटें पाथीं। खेत उपजाऊ बन गया तो भाई ने बेच दिया।

बस्ती से निकलते ही 'लेइ' ने कहा—"गुरु जी, आपको अपने भाई से पूछना चाहिए, मने ज़मीन क्यों बेची? मुझे ख़बर क्यों नहीं की?" ताऊ की तेरहवीं (मृत्यु भोज) क़र्ज़ लेकर की गयी। हर कारज करने वाले भाई को इस बार ज़मीन विक्रय के पैसे का सहारा था। मैं क़र्ज़ से मृत-भोज कराने के ख़िलाफ़ था। इसलिए गंगी बब्बा और 'माँ' की तेरहवियाँ भी मेरी मर्ज़ी के ख़िलाफ़ की गयीं। परम्परा का

निर्वाह ही करना है तो थोड़े से स्थानीय लोगों को खाना खिला दें। ताऊ की तो अन्तिम क्रिया भी गंगा घाट (राजघाट नरौरा) ले जाकर की गयी।

मैं सुबह घर से बस से रवाना हुआ। भीमपुर चौराहे से पहले सड़क के आसपास लगने वाले पैंठ बाज़ार मुझे याद आने लगे। 1971-72 के दौरान इन बाज़ारों में जूते मरम्मत करने गठरी टाइप बकुचिया बाँधकर हर सप्ताह बाज़ार जाया करता था। भीमपुर चौराहे पर रघुवीर फूफा जी के छोटे भाई डोरी लाल बूट-पॉलिश किया करते थे, वे लम्बी क़द-काठी के व्यक्ति थे। वे झक्क सफ़ेद धोती-कुरता पहनते थे। मैं अक्सर सोचता था कि वह मोचीगीरी के काम में इतने स्वच्छ वस्त्र कैसे पहनते हैं? यहाँ भी मैं कभी-कभी जूते मरम्मत करने बैठा करता था। शिकारपुर पैंठ में मैं बूट-पॉलिश करने आया करता था। इस क्षेत्र के और भी बाज़ारों में मैं जाता था। बस की खिड़की से बाहर झाँका, दायीं ओर जहाँ फल वाले की दुकान है तख़्त के पास, नाई दाढ़ी बना रहा है। नीचे जहाँ मेरी बुआ का लड़का रमेश मोचीगीरी किया करता था। पिछले सालों में वह यह काम छोड़ मरे पशु की खाल उतारना, देहाती टीम के साथ बारातों में लंगड़िया (छोटा लंगाड़ा) बजाना और नाचने का काम करने लगा था। चौराहे के दोनों ओर कुछ और मोची बैठे हैं। भाई की जगह बस्ती के और भाइयों ने ले ली है, सब भूमिहीन चमार मोचीगीरी किया करते थे। भीमपुर नगला के सारे चमारों के 'कारे बाबा' (फूफा के चाचा) के पास ज़रूर थोड़ी ज़मीन थी। चमड़ा रंगने का काम करते हुए ही उन्होंने केला बेटी और अपने तीनो बेटों यादराम, भागवत और ओमप्रकाश को पढ़ाया। नगला पर पक्की बैठक और गाँव में दो मंज़िला पक्का मकान बनवाया। आर्थिक सम्पन्नता और सरकारी नौकरी की वजह से उन्होंने अपने बेटों के लिए सुन्दर गोरी बहुएँ माँगीं, भले ही उनके लिए काला अक्षर भैंस बराबर था, जबकि तीनों बेटे अश्वेत अफ़्रीकियों जैसे श्यामवर्ण थे। अपने रंग को लेकर हीनता ग्रस्त न रहे होते तो गोरी त्वचा वाली बहुओं की वे माँग नहीं करते। छोटे और बेटियाँ दोनों ग्रेजुएट हुए और इलाहाबाद, शिक्षा विभाग में नौकरी पा गये। तीसरे लेदर ठेकेदार बन गये, परन्तु मेरी बुआ कलावती के दोनों बेटे नहीं पढ़ पाये। फूफा की असमय मौत होने और भूमिहीन होने के कारण अन्त तक उनकी माली हालत बद से बदतर होती रही। शिक्षा के अभाव में ज़िन्दगी को बेहतर बनाने की सम्भावनाएँ और कल्पनाएँ भी वे नहीं कर सके। अनपढ़ बहनों को 15-20 साल बड़े कुमेल अपढ़ वर मिले और आर्थिक रूप से कमज़ोर घर मिले। ताऊ के प्रति मेरी इस बुआ और बुआ के ये दोनों बेटों की बहुत अच्छी

भूमिका रही। वे सख़्त बीमार हुए तो मेरा छोटा भाई इन्हीं के पास उन्हें लाया और डिबाई में उनका इलाज कराया। बुआ ताऊ के हर संकट में सहायक रहीं। आत्मकथा लिखते-लिखते हुआ यह है कि मुर्दा पशु उठाने से बुआ के जवान बेटे रमेश की रीढ़ की हड्डी टूटने से मृत्यु हो गयी। उसके बाद छोटा बेटा अशोक पीने के पानी के विवाद में मारा गया और फिर बुआ कलावती सहित सब मौत के मुँह में चले गये। बेटों की बहुएँ विधवा और बच्चे अनाथ हो गये। इनके पालन-पोषण, शिक्षा-दीक्षा के लिए इस घर में कोई साधन नहीं। किसी सरकार की ऐसे असहाय दलितों की मदद करने की कोई नीति, कोई कार्यक्रम नहीं और आरक्षण उसका तो सात पीढ़ी से किसी ने मुँह नहीं देखा। अतः भविष्य क्या होगा, वह वर्तमान से ही तय हो रहा था। अशोक तो मायावती सरकार से आशा लगाये और चौराहे पर किनारे रखी बाबा साहब डॉ. अम्बेडकर की प्रतिमा की स्थापना के लिए लड़ता रहा।

बस कब की 'भीमपुर' दोराहे से गुज़र गयी, परन्तु मेरी स्मृतियाँ वहाँ ठहर गयीं। 'मृत-भोज' पर क़र्ज़ा लेकर पैसे व्यय करना मूर्खता है। बच्चे पढ़ाओ इन्हें गुलामी के जाल से बाहर लाओ।

''अच्छा, शुभ रात्रि सुबह मिलेंगे।'' बोलकर मैं और 'नन्हे' आयोजन स्थल से उठ आये। आकर दालान में किराये की रज़ाई में सोये। दालान की किवाडें नहीं हैं, खिड़कियाँ भी नहीं, चमारों के इस सामूहिक दालान को देखकर सामूहिक दरिद्रता का किसी को भी स्पष्ट आभास हो सकता है। रात को हल्की रज़ाइयों में ठण्ड नहीं रुकी, पर जैसे-तैसे रात कट गयी। सुबह खाना खाकर मैं बबराला को भागा। वहाँ रामनाथ (यादव) शास्त्री से मिला। रात को मुरादाबाद पुलिस लाइन में डॉ. शान्ति यादव के पास रुककर सुबह दिल्ली को प्रस्थान किया। स्कूल पहुँचा तो आर.के. रस्तोगी (पी.जी.टी. कॉमर्स) से बेटे आयुष सिंह को चोट लगने का समाचार मिला, तुरन्त थ्री व्हीलर पकड़ घर पहुँचा तो बच्चे के हाथ में पलस्तर चढ़ा देखा। सुशीला टाकभौरे आग्रह कर मीनू को सेमिनार में ले गयी थीं। घर में बच्चा बेड से गिरा और हाथ टूट गया। एक छात्रावासी मित्र की पत्नी हमारे पीछे ही उसे एम्स, दिल्ली ले गयीं। मैंने देखा हाथ टेढ़ा जुड़ गया है। डॉक्टर को दिखाया तो उसने बिना बेहोश किये हाथ को पुनः तोड़कर जोड़ा। बच्चे की चीख़ सुनकर मीनू के होश उड़ गये।

कितने वाली पीएच.डी.–परास्नातक परिणाम आया भी नहीं था कि मैं रुहेलखण्ड विश्वविद्यालय पहुँच गया। मैंने वी.सी. ऑफ़िस के क्लर्कों से पूछा,

''भाई, पीएच.डी. करने की प्रक्रिया क्या है?'' तो उन्होंने मुझे किसी राकेश नामक व्यक्ति के पास पता देकर शहर में भेज दिया। मैं 'पाल' को साथ लेकर उसके घर पहुँचा। वह प्रथम तल की बालकनी में आकर खड़ा हुआ। मैंने उसे आने की वजह बतायी तो वह बोला, ''कौन सी पीएच.डी. करनी है? मेरा मतलब कितने वाली?''

''मैं समझा नहीं ज़रा साफ़-साफ़ समझायें।''

मैंने कहा, तो वह बोला, ''देखो भाई एक पीएच.डी. होती है 'पन्द्रह हज़ार' में, दूसरी होती है 'दस हज़ार' में और तीसरी होती है 'पाँच हज़ार' में। तुम बताओ तुम्हें कौन सी पीएच.डी. करनी है?''

''इनमें मुझे क्या करना होगा?''

'''पन्द्रह हज़ार' वाली में तुम्हें कुछ नहीं करना होगा। हम सब सामग्री जुटायेंगे, टाइप करायेंगे और जमा करा देंगे। 'दस हज़ार' वाली में हम तुम्हें मैटर मुहैया करा देंगे, तुम टाइप करा के जमा कर देना और 'पाँच हज़ार' वाली में मैटर तुम्हारा, टाइप तुम्हारी हम जमा करा देंगे।''

''नहीं, भाई नहीं, पैसे वाली नहीं, कोई परिश्रम वाली हो तो बताओ?'' मैंने कहा और चला आया।

मैंने छात्रवृत्ति के लिए यू.जी.सी. में एक साक्षात्कार दिया था। हिन्दी के एक हिन्दू विशेषज्ञ ने पूछा—''आपके शोध का विषय क्या है?'' **हिन्दी दलित पत्रकारिता पर पत्रकार अम्बेडकर का प्रभाव** सुनते ही साहित्य विशेषज्ञ के चेहरे पर हिकारत के भाव उभर आये थे।

''यह दलित पत्रकारिता क्या बला होती है जी? क्या करोगे इस पर शोध करके? इसका स्कोप क्या है? आज के ज़माने में चीज़ें एडवांस हो रही हैं और आप दलित पत्रकारिता पर शोध कर रहे हैं, आगे देखो। पत्रकारिता जैसी विधा को अतीत के गर्त में मत ले जाओ और अब अम्बेडकर को पत्रकार तो मत बनाओ, अर्थशास्त्री, शिक्षाशास्त्री, संविधान निर्माता सब कुछ तो बना लिया।''

"सर, हम-आप क्या बनायेंगे? उनके कार्य बहुआयामी हैं, तो हैं।"

बेशक, एस.सी. में ड्रॉपआउट रेट अधिक होने के कारण फैलोशिप पाने वालों की संख्या नगण्य ही होती थी। ऐसा अपवाद में ही होता है कि परीक्षार्थी को उसके मुँह पर ही नकारात्मक परिणाम सुना दिया जाये। पर मुझे सुनाया गया और मैं मुँह लटकाये लौट आया था, जबकि मैंने सोचा था पूरे हिन्दुस्तान भर से केवल तीन दलित शोध-छात्र आये हैं, हम तीनों को स्कॉलरशिप मिल

जायेगी। मीनू भी मेरे जैसी ही थीं, उन्हें कौन-सी छात्रवृत्ति मिलती थी? छात्रवृत्ति आर्थिक सहायता होती थी जो अर्थ सम्पन्न लोगों को ही मिल पाती थी। जिनकी पारिवारिक पृष्ठभूमि मज़बूत होती, वही अच्छी शिक्षा ले पाते और रोटी-कपड़ों का इन्तज़ाम हो तो पूरे वक़्त प्रतियोगी परीक्षाओं की कसरत करते रहते हैं। बाक़ी समय अपने परिवार के सुधार में और विभिन्न क्षेत्रों में नेतृत्व हथियाने में लगाते। यह खाये-अघाये के लिए ही कहना अच्छा है कि क्रान्तिकारी को अर्थ के पीछे नहीं भागना चाहिए।

पीएच.डी. संकट में

डॉ. पुत्तूलाल शर्मा और डॉ. मूलचन्द गौतम निर्देशक बनने को तैयार नहीं हुए। राकेश 'रफीक' की देखा-देखी मैंने भी जे.एन.यू में आवेदन किया। उनकी माता जी श्रीमती बीरबाला सक्सेना के पते पर पत्र मिला। कुछ जानकारियाँ माँगीं। मैंने जवाब दिया और लिखित परीक्षा पास की। लिखित परीक्षा के लिए जारी हुई सूची में मेरा नाम 8वें नम्बर पर था, किन्तु मुझे मौखिकी में नहीं लिया गया।

मैं काफ़ी दुखी हुआ पर हिम्मत नहीं हारा। मुरादाबाद जाकर के.जी. कॉलेज की प्राध्यापिका डॉक्टर बालाजी से गाइड बनने की प्रार्थना की। वे दलित प्रश्न से अपरिचित थीं, परन्तु प्रबुद्ध व्यवहार में उदार और सहयोगी-सी लगीं। उन्होंने ईमानदारी का परिचय देते हुए कहा, "मुझे तो दलित साहित्य के मामले में तुम अनपढ़ मान सकते हो।" मैंने विषय बदला और 'आंचलिक साहित्य में दलितों की तलाश' पर कुछ लिखना शुरू किया। शुल्क जमा हो गया था। डॉ. बाला जी बोली, "मैं तुम्हें सहर्ष कार्य कराना चाहूँगी। तुम बशर्ते बीच में छोड़कर न जाओ तो। दो-तीन साल से अपने अंडर लड़की को लेती हूँ, तो उसकी शादी हो जाती है, वह शोध कार्य छोड़कर ससुराल चली जाती है और किसी लड़के को लेती हूँ तो उसकी नौकरी लग जाती है वह छोड़कर चला जाता है।"

मैं यहाँ फ्रीलांस पत्रकारिता से जुड़ा हुआ था, क्षेत्रीय अख़बारों में लगातार लिख रहा था। दिल्ली आया और पुनः जे.एन.यू. में एम.फिल. के लिए लिखित परीक्षा पास की। इस बार विभागाध्यक्ष डॉ. नामवर सिंह थे। केदारनाथ सिंह, मैनेजर पाण्डेय, पुरुषोत्तम अग्रवाल, वीर भारत तलवार आदि विभाग में थे। उन्होंने मेरी पारिवारिक पृष्ठभूमि पर बात करते हुए कहा, "तुम दलित होने के साथ-साथ आर्थिक रूप से विपन्न भी हो, तो इस महँगी यूनिवर्सिटी में कैसे पढ़ पाओगे, कुछ सोचा है?"

"वह समस्या मेरी होगी, मैं उससे लड़ लूँगा। आप पहले प्रवेश तो दीजिए।"

तब तक मैनेजर पाण्डेय ने मेरा पक्ष लिया, "हाँ, यह समस्या इनकी है कि कैसे करेंगे, दाख़िला हो जायेगा तो ख़ुद व्यवस्था कर लेंगे, चलो देखेंगे।"

हालाँकि शिक्षकों का कहना ग़लत नहीं था, क्योंकि जे.आर.एफ. था नहीं और राजीव गांधी नेशनल फैलोशिप उन दिनों दिया नहीं जाता था। परन्तु लगा ऐसा था कि इस बार प्रवेश मिल जायेगा। परन्तु सफल होने वालों की सूची में मेरा नाम नहीं था, जबकि तीनों वर्ष (1988-90) 'एस.सी.' की सीटें ख़ाली रखी गयी थीं। जे.एन.यू. के तथाकथित प्रगतिशील शिक्षकों का दलित बहिष्कार चिन्ताजनक था। दलित छात्र दाख़िले के लिए धरने देते थे, अनशन करते थे। डॉ. भूपसिंह उनमें से एक थे।

राकेश 'रफीक' ने मुझे बताया था, "तुम्हें एडमिशन नहीं दिये जाने के विरोध में अशोक द्विवेदी की ओर से एक छात्र संगठन ने एक पर्चा निकालकर वितरित किया था।" परन्तु उस पर्चे की प्रति मुझे नहीं मिली। आज जब मैं यह प्रसंग लिख रहा हूँ, तब मेरे लेखन पर बारह पीएच.डी. और बीस एम.फिल. हो चुकी हैं। जिनमें से दो एम.फिल. और एक पीएच.डी. कविता यादव की (शोध प्रबन्ध) जे.एन.यू. से भी है। जो प्रकाशित हो चुका है। सोचता हूँ, इन महान मार्क्सवादी शिक्षकों द्वारा मेरे लिए जे.एन.यू. के द्वार बन्द होने से दलित साहित्य का भला ही हुआ, वरन् मेरी ऊर्जा, रचनात्मकता जो इधर निकलकर आयी, उसकी हत्या हो गयी होती।

उसी दौरान पत्रकार विजय आलम मुरादाबाद में एक दिन मुझे गीतकार **माहेश्वर तिवारी** के निवास पर एक कवि गोष्ठी में भाग लेने के लिए अपने साथ लेकर गये थे। गोष्ठी के बाद शोध के बारे में बात छेड़ी तो तिवारी जी ने कहा—"अपनी यूनिवर्सिटी में तो तुम्हारी रुचि के अनुसार एक ही व्यक्ति हैं डॉ. वीरेन डंगवाल, तुम उनसे जाकर मिलो।"

डंगवाल जी 'अमर उजाला' की रविवारीय पत्रिका का सम्पादन देखते थे और बरेली कॉलेज में पढ़ाते थे। लेखों की मार्फ़त मेरा उनसे थोड़ा-बहुत परिचय था, परन्तु शोध के सन्दर्भ में कोई बात नहीं हुई थी। पत्रकार विजय ने 'अमर उजाला' 'उभरती प्रतिभा' शीर्षक स्तम्भ लिखना आरम्भ किया था। उसी में 24.11.1992 की एक किस्त **समाज में व्याप्त उत्पीड़न से बेचैन हैं कवि 'बेचैन'** छपी थी।

मेरे गाइड वीरेन डंगवाल भले इन्सान थे। उन्होंने मेरे पूरे शोध-प्रबन्ध में से

एक भी लाइन को निकालने की राय नहीं दी। वह यह कि मैंने गांधी-अम्बेडकर अध्याय में लिखा था कि "ट्रस्टीशिप के सिद्धान्त का प्रतिपादन कर गांधी जी ने भारतीय पूँजीपति वर्ग पर अपार उपकार किया और 'पूना पैक्ट' कर दलितों को सच्चे प्रतिनिधि मिलने की सम्भावना को समूल नष्ट कर दिया।"

पाण्डुलिपि मेरे पास नहीं थी। मैं न तो फ़ोटो कॉपी कराता था और न कार्बन करता था। यद्यपि बाज़ार में कम्प्यूटर टाइपिंग शुरू हो चुकी थी, परन्तु महँगी थी। **मैंने पीएच.डी. की पूरी थीसिस वनसाइड ख़ाली रफ़ फ़ोटो प्रतियों पर लिखी थी।** जे.एन.यू. में अमीर और विदेशी छात्र वनसाइड काग़ज़ रद्दी में बेचते थे। मैं उसे कबाड़ी से सस्ता ख़रीदकर उस पर लिखता था। गाइड ने भी कभी देखने से इनकार नहीं किया था, बल्कि बड़ी सकारात्मक भूमिका थी उनकी मेरे प्रति। वे थे तो गुरु पर मित्रवत् मिलते थे।

ऐसे व्यवहार के कारण मुझे यह सोचना परेशान कर रहा था कि वे अपना विवेक छोड़ राकेश 'रफीक' की राय पर निर्भर क्यों हैं? राकेश को स्वयं के अनुसार यह देखना था कि 'श्यौराज का दलित विषयक शोध मार्क्सवादी दृष्टि से सही है या नहीं?, उनका झुकाव जातिगत सवालों की ओर तो नहीं है?, यह कार्य कथित प्रगतिशील मूल्यों के अनुकूल होगा या नहीं?' यदि उन्हें सन्देह या आपत्ति थी तो वे मेरे साथ डिस्कस करते, रोके क्यों रहे? जबकि 'दलित-पत्रकारिता साहित्य पर शोध होना ही अपने आप में प्रगतिशीलता थी।'

उस समय मेरे एक मित्र राजेन्द्र पाल बरेली के ज़िला अधिकारी कार्यालय में लिपिक थे। मैंने उन्हें पाण्डुलिपि लाने को कहा। तो उन्होंने बताया था, "डंगवाल साहब तुम्हारे चैप्टर वापस देने में बहानेबाज़ी कर रहे हैं।" इस प्रक्रिया में सात-आठ महीने गुज़र गये। राकेश 'रफीक' एक क्रान्तिकारी साथी हैं। उन्होंने मुझे अपना उतरा हुआ पैंट और नाना के छोड़े हुए एक जोड़ी जूते मुझे दिये। अनायास ही स्वामी अछूतानन्द की कविता याद आयी—

निश दिन मनुस्मृति हमको जला रही है।
ऊपर न उठने देती, नीचे गिरा रही है।।
ब्राह्मण व क्षत्रिय, सबको बनाया अफ़सर
हमको 'पुराने उतरन पहनो' बता रही है।

जिन दिनों मैं कुल वक़्त सामाजिक कार्यकर्ता था तब उनके घर भी यदाकदा ठहरा था। उनकी 'माँ' हम सबकी मम्मी थीं। मेरी डाक का पता भी उन्हीं का

पता था। ऐसा भी नहीं था कि उन्हें पीएच.डी. जैसी उपाधि का महत्त्व न पता हो, बल्कि राकेश यहाँ की किसी भी सामाजिक-सांस्कृतिक गतिविधि में हिस्सा लेते तो उनके नाम के साथ जे.एन.यू. शोधार्थी विशेष रूप से छपा करता था। मैं जब सामाजिक आन्दोलन का कार्य करता था, राकेश की भाषण-कला का मुरीद था।

शीर्षक 'हिन्दी दलित पत्रकारिता पर पत्रकार डॉ. अम्बेडकर का प्रभाव' की सम्पूर्ण पाण्डुलिपि तैयार कर मैं अपने गाइड डॉ. वीरेन डंगवाल को उनके घर बरेली सौंप आया था। सन् 1992 के अन्त का समय था। मीनू के फुफेरे भाई का घर बरेली में ही है।

मैंने कहा था—"डब्बू तुम दिल्ली आओ तो डंगवाल साहब से मेरी शोध सामग्री लेते आना।"

एक दिन महानदी (जे.एन.यू.) के गार्ड ने हमारा दरवाज़ा खटखटाया—"सर जी आपका फ़ोन है।" मैं दौड़कर गया। फ़ोन पर डब्बू की आवाज़ थी, "क्या ख़बर है, मेरा मैटर लेकर आये?"

"नहीं।"

"नहीं, क्यों?"

"इसलिए कि आपके गाइड ने रिसर्च का ड्राफ्ट मुझे नहीं दिया और वे अभी किसी को नहीं देंगे, आपको भी नहीं।"

"ऐसा क्यों? क्या अभी देखा नहीं है या कुछ सुझाव देना चाहते हैं?" मैंने जल्दी-जल्दी कई प्रश्न पूछे।

डब्बू ने स्पष्ट शब्दों में कहा—"डंगवाल साहब बता रहे थे, कोई आपके साथी हैं राकेश 'रफीक', वे मना कर गये हैं, श्यौराज को अभी साल-दो साल कोई जल्दी नहीं है, कुछ दिन रोक कर रखो।"

मुझे स्वाभाविक आशंकाओं ने घेर लिया। दलितों के विद्या बाधकों का इतिहास ज़हन में घूमने लगा। मेरे गाइड ने राकेश 'रफीक' का परामर्श क्यों माना? क्या कोई घातक निहितार्थ है? अन्यथा वे डब्बू को क्यों कहते कि राकेश ने एकाध साल रोके रखने को कहा है। डॉ. अम्बेडकर की पत्रकारिता पर डॉक्टरेट देने से पूर्व देखना है, वह कार्य कहीं मार्क्सवाद के ख़िलाफ़ तो नहीं? राकेश का ऐसा आग्रह था, परन्तु बिना देखे, कैसे मान लिया, अम्बेडकर के प्रभाव वाली दलित पत्रकारिता पर किया गया शोध कार्य मार्क्सवाद विरोधी और प्रतिक्रियावादी है? क्या शोध-प्रबन्ध एक-दो साल और प्रस्तुत न होने से

मार्क्स सापेक्ष हो जायेगा? शोध-प्रबन्ध सबमिशन अभी रुका, तो क्या फिर कभी प्रस्तुत भी हो पायेगा? इसकी क्या गारंटी है? ऐसे अनेक सवालों से मेरा दिमाग़ परेशान, पूरा दिन इसी उधेड़बुन में गुज़र गया। करूँ तो क्या करूँ? दर्द के मरीज़ की भाँति मैं बिस्तर पर पड़ा करवटें बदल रहा था। मीनू ने पूछा कि, ''सोये नहीं, देखो घड़ी में दो बजे हैं। मैं जानती हूँ तुमने जो सालों शोध कार्य किया है। पर सो जाओ, सुबह कोई हल निकालेंगे। हम बाबा साहब के इस शोध की भ्रूणहत्या नहीं होने देंगे।''

गाइड ने अकारण नहीं रोका है। यदि वे राकेश के दिमाग़ से संचालित हैं, तो मेरा मैटर मुझे नहीं देंगे। चूँकि फ़ोटो कॉपी भी मेरे पास नहीं है और होती भी तो गाइड की संस्तुति के बिना विश्वविद्यालय में प्रस्तुत नहीं किया जा सकता, उसकी वैधता निर्देशक के पास है। परिशिष्ट में दिये गये सुरेन्द्र प्रताप सिंह (आज तक), कमलेश्वर, राजेन्द्र यादव, राजकिशोर, मृणाल पाण्डे, सुभाष धुलिया, अभय कुमार दुबे, मंगलेश डबराल, मस्तराम कपूर, कँवल भारती, ओमप्रकाश वाल्मीकि, मोहनदास नैमिशराय आदि के साक्षात्कारों के सिवाय और मेरे पास कुछ नहीं है।

मेरे शोध में तीन सौ दलित पत्रकारों की खोज और डॉ. अम्बेडकर के पत्रकार रूप का परिचय पहली बार था। हिन्दी में यह दुनिया की पहली पीएच. डी. थी। बल्कि मैंने शोध कार्य के दौरान रात-दिन लगकर डॉ. अम्बेडकर के मराठी पत्र 'मूकनायक', 'बहिष्कृत भारत', 'समता' और 'जनता' के अग्रलेखों (सम्पादकीय) का हिन्दी अनुवाद भी किया था।

मैं तो ज़िन्दगी का काफ़ी हिस्सा बिना किसी उपलब्धि के ही बिता चुका था। डॉ. बाला जी के साथ लिखे सौ-डेढ़ सौ पृष्ठ तथा डॉ. असग़र वजाहत के निर्देशन में 'जनवादी कविता' पर किया गया कार्य भी अप्रासंगिक हो गया था।

तीसरी रात थी। मन कर रहा था कि हॉस्टल से निकलकर पूर्वांचल या मास कम्युनिकेशन तक घूम कर आऊँ। पर दिल्ली में जितनी तेज़ गर्मी पड़ती है, दिसम्बर में उतनी ही अधिक सर्दी भी। यूँ मैं शरीर से लिहाफ लपेटकर बैठ गया। लाइट ऑन की, मेज़ से डायरी उठाई और छोटी-छोटी दो-तीन कविताएँ लिख दीं।

मीनू ने देखा, लाइट जल रही है और श्वेत-श्याम टी.वी. सेट पर रखी घड़ी में सात बजे हैं। वे उठीं और बोलीं, ''कब से जागे बैठे हो?''

''अभी-अभी उठा हूँ।''

“नींद से कब जागे? वैसे तो तुम मुझसे बाद में ही उठते हो, रात देर तक जागे थे?”

“हाँ।”

“यह तुम्हें क्या हो गया है! न दिन को आराम, न रात को नींद? शोध का यह संकट कहीं तुम्हें पागल न कर दे। मैं कब से कह रही हूँ कि चिन्ता छोड़ो और धीरज रखो। मेरा दिल कहता है तुम्हारी मेहनत जाया नहीं होगी। तुम्हें डॉक्टरेट मिलेगी। अगर तुम इतने ही परेशान हो तो बरेली जाकर एक बार डंगवाल साहब से मिल आओ।”

“अभी चार दिन पहले तो गाँव से लौटा हूँ। अब हर तीसरे दिन दिल्ली-बरेली आना-जाना कैसे सम्भव है? क्या मुझे राकेश की तरह कोई जे.आर.एफ. मिलती है?”

जब तीन दिन-रात लगातार बगैर सोये बीत गये, घर मातम जैसा मेरे ऊपर छा गया। मीनू ने ज़ोर देकर कहा, “इस समस्या का एक ही हल है। इसी वक़्त उठो और डंगवाल सर के घर चलो।”

“नहीं मीनू, बरेली जाने से मसला हल नहीं होगा; क्योंकि जब गाइड ने ‘डब्बू’ और ‘पाल’ दोनों को मैटर देने से इनकार कर दिया, मैं भी बराबर पत्र लिख रहा हूँ, तो अब वे मेरे और तुम्हारे मिलने से भी शोध-सामग्री वापस नहीं देंगे।”

“तो क्या करें?”

“हमें राकेश को साथ लेकर जाना होगा। अब शोध प्रबन्ध जमा होने की कल्पना तो छोड़ो। पाण्डुलिपि वापस मिल जाये, वही गनीमत समझो।”

डॉ. बी.बी. जी तिलक, ऊषा और डॉ. सुगथन भी अचानक घर आ गये। ये दोनों दर्शनशास्त्र में ही पीएच.डी. थे और राकेश ‘रफीक’ के सीनियर थे। ऊषा ‘रशियन स्टडी’ में डॉ. तुलसीराम की शोध-छात्रा थीं और ‘मीनू’ की मित्र थीं। उन्होंने मेरी परेशानी का सबब पूछा, मैंने समस्या साझा की तो सबने एक ही सुझाव दिया, “राकेश पर दबाव बनाओ, उसको गाइड के पास लेकर जाओ। अगर कहो तो हम भी तुम्हारे साथ चलें।”

“नहीं, हम स्वयं आज रात को ही ‘बिलारी’ जा रहे हैं। आगन्तुकों को बता देना और ‘ऊषा’ प्लीज़ तुम हमारी डाक देख लेना। हमारे पत्र और अख़बार अधिक संख्या में आते हैं और गेट के पास यूँ ही खुले में पड़े रहते हैं। तुम या तो नीचे से दरवाज़े में खिसका देना या अपने पास रख लेना।”

उस शाम कड़ाके की सर्दी थी। इसलिए रात की यह यात्रा ज़्यादा कष्टकर थी। पर मीनू को डर था कि मेरी चिन्ता बढ़ सकती है, क्योंकि शोध की असफलता को मैं एक हादसे जैसा महसूस कर रहा था। अगर योजना असफल रही तो मैं किस दशा में वापस लौटूँगा? इस बात की उन्हें विशेष चिन्ता थी। मैं उन्हें और अधिक चिन्तित करना नहीं चाह रहा था, पर मुझसे प्रसन्नता का अभिनय नहीं हो पा रहा था। यह इसलिए भी क्योंकि मैंने सच में क्वालिटी रिसर्च की थी। काम अपना, वस्तु अपनी, अधिकार अपना पर जैसे गन्ना हाथी के मुँह में गया तो साबुत खींचा नहीं जा सकता। उँगली पत्थर के नीचे दब गयी हो, तो झटके से नहीं निकाली जा सकती। इसलिए सावधानी ज़रूरी थी।

यहाँ 'वसन्त कुंज' से पुरानी दिल्ली रेलवे स्टेशन के लिए डी.टी.सी. की आर. एल. 61 और आर.एल. 51 नम्बर की सीधी बस सेवा बन्द हो गयी थी। टैक्सी या थ्री व्हीलर का किराया देने में सक्षम न होने के कारण हम टुकड़े-टुकड़े स्टेशन पहुँचे। गाड़ी पौने ग्यारह बजे जाती थी। एक घण्टा लेट हो गयी। सर्दी से बचाव के पर्याप्त गर्म कपड़े हमारे पास नहीं थे और ऊपर से बेटी की तबीयत ख़राब थी। दो-ढाई घण्टे रेलवे स्टेशन पर खुले में बिताया। प्लेटफार्म पर गाड़ी लगते ही गार्ड दिखे। वे मुझे देखते ही पहचान गये, "बेचैन जी, चन्दौसी चल रहे हैं?"

"जी हाँ।"

"पत्नी और बच्चा साथ हैं, बिठा दो अन्दर। सर्दी बहुत है। गाड़ी सुबह पहुँचेगी।"

"बैठो, स्लीपर चार्ज रसीद अन्दर ही काट देंगे। कई बर्थें ख़ाली जाती हैं आज कल।"

फैमिली कम्पार्टमेंट में खिड़कियाँ अच्छी तरह बन्द हो सकती थीं, परन्तु मीनू ने कहा, "इसमें बराबर वाले पता नहीं कैसे लोग आ जायें? मैं खुले में बैठना पसन्द करूँगी। सर्दी सहूँगी पर रिस्क नहीं लूँगी। पिछली बार तो चन्दौसी से एक पुलिस वाला ही शराब पीकर घुस आया था, कैसी-कैसी अश्लील गालियाँ बक रहा था, तुम्हें याद है?"

यूँ हम तीनों खुले डिब्बे में ठिठुरते-सिकुड़ते रात-भर यात्रा करते रहे। किस लिए? उस शोध-प्रबन्ध के लिए जो अभी अस्तित्व में ही नहीं आया था, जिसकी भ्रूणहत्या होने की आशंका हमें खींचे ले जा रही थी। क़रीब सात बजकर तीस मिनट पर गाड़ी 'राजा का सहसपुर' स्टेशन पर रुकी। बेटी जागी नहीं थी, मीनू ने उसे सोते हुए उठा लिया। स्टेशन के बाहर ही रिक्शा मिल गया। हम बिलारी

सीधे राकेश 'रफीक' की ननिहाली हवेली में पहुँचे। बड़े से फाटक के सामने रिक्शा रुका, यह फाटक, जिसके अन्दर राकेश के नाना श्री सक्सेना जी का औषधालय था। बराबर से अन्दर की ओर रास्ता था। पीछे की ओर राकेश का कमरा था, ऊपर के कमरे में शायद वे हों? नहीं, वे बराबर वाले कमरे में थे। ऊपर का कमरा किरायेदारों का था। मैंने कुण्डी खटखटायी। डॉ. मीनाक्षी ने दरवाज़ा खोला।

"अरे! सुबह-सुबह, सपरिवार! अभी तो श्यौराज मिलकर गये थे। सब ठीक-ठाक तो है!"

"हाँ, यूँ ही चले आये।" मैंने कहा। नौकरानी ने चाय पेश की। कप हाथ में लेकर मैंने राकेश से कहा, "डंगवाल साहब को शायद कुछ ग़लतफ़हमी हुई है। तुमने तो मेरा पीएच.डी. ड्राफ्ट कुछ भले के लिए ही रुकवाया होगा। उन्होंने तो साल-दो साल के लिए रोककर रखने को कहा है। रही बात देखने की तो छह-सात महीने तो उन्हें देखते हुए हो ही गये हैं। वैसे जो चैप्टर वैचारिक थे, वे तो पहले ही उन्होंने ओ.के. करके रखे हैं। बहुत कम क़लम लगायी है उन्होंने, अब तो दलितों के पत्र-पत्रिकाओं की सूचनाएँ ही ज़्यादा हैं और कुछ में प्रमुख पत्रकारों के साक्षात्कार हैं, एक बार तुम भी देख लो। पर तुम्हें आन्दोलनों की व्यस्तता में फुरसत कहाँ है?"

उसी बीच कुमार प्रदीप का फ़ोन आया। राकेश उठकर जाने लगे। मैंने प्रदीप को बताया, "मैं हूँ।"

"बरेली जाओगे?" प्रदीप ने पूछा।

"मैंने पहले ही कहा था..." राकेश ने अपने कान रिसीवर के पास आकर टिकाये और मैंने रिसीवर रख दिया।

"तो अब तुम क्या चाहते हो?" राकेश ने रूखे स्वर में प्रश्न किया।

"मैं चाहता हूँ तुम मेरे साथ चलो और डंगवाल जी से मेरा रिसर्च-मैटर वापस दिलाओ, जो कुछ असंगत लगे वह बताओ मैं उसे दुरुस्त कर सकूँ। मैं उच्च शिक्षा सेवा आयोग, इलाहाबाद के लिए व्याख्याता पद हेतु आवेदन कर चुका हूँ। थीसिस सबमिट हो जायेगी तो कुछ भारांक मिल जायेंगे।

मीनाक्षी मीनू की ओर मुख़ातिब होकर बोलीं—"डंगवाल जी राकेश के ही दोस्त हैं। उन्होंने इसी उम्मीद से पीएच.डी. करानी शुरू की है कि 'श्यौराज राकेश का साथी-कार्यकर्ता है।' इसलिए राकेश दलित साहित्य सामग्री का शोध-विवेचन मार्क्सवादी नज़रिये से करेंगे। अभी इनके पास समय नहीं है।

इसलिए राकेश ने मैटर रोकने को कहा है। तुम्हें इसे इतना सीरियसली नहीं लेना चाहिए। रुका है तो रुका रहने दो। फुरसत होगी तो देख लेंगे।''

''मीनाक्षी, आप ठीक कह रही हैं। दलितों की हर समस्या को वैज्ञानिक ढंग से ही देखना चाहिए। गाइड के पास भी अपनी दृष्टि होगी। उन्होंने देख लिया होगा। अगर राकेश को भी देखना था, तो उनसे ले आते। साल-दो साल रखे रहने से खुद-ब-खुद तो कुछ बदल नहीं सकता, अगर उसमें कुछ भी बदलने की ज़रूरत है तो।''

''देखो श्यौराज, जब तुम शोध शुरू कर रहे थे, तब दलित प्रश्नों की स्थिति और थी। अब दलित राजनीति प्रतिक्रियावादी हो रही है। दलित साहित्य उसी की सहायता करेगा तो सामाजिक क्रान्ति कैसे होगी? रही बात मेरी, सो मैं एकाध महीने में बरेली जाऊँगा तो डंगवाल जी से कहकर तुम्हारा मैटर तुम्हें दिलवा दूँगा। क्रान्तिकारी साथियों पर शक करना छोड़ो। वापस दिल्ली लौट जाओ।''

''यह सब तो ठीक है पर मैं एक ज़िम्मेदारी से अपने सिर का बोझ हल्का करना चाहता हूँ। फ़िलहाल तुम हमारे साथ बरेली चलो, या कोई अन्य उपाय करो।'' मैंने विनम्र आग्रह किया।

''अच्छा ठीक है, सोचूँगा। अभी तो तुरन्त मुझे अमरपुर काशी (बिलारी से 10-15 किमी. दूर) एक मीटिंग में जाना है। पता नहीं कितना समय लगे। पर तुम चाहो तो मेरे लौटकर आने तक इन्तज़ार कर लो या फिर कभी आओ। वैसे मुझे पता है, डंगवाल जी इलाहाबाद गये होंगे। तुम्हें मिलेंगे नहीं, इसलिए बरेली जाने या पत्र लिखने का कोई लाभ नहीं होगा।'' कहते हुए राकेश 'रफीक' कमरे से निकले और स्कूटर स्टार्ट कर चले गये। हम समझ गये कि अब वे दो-ढाई घण्टे से पहले तो लौटने से रहे। तब तक हम बस्ती में 'डॉ. अम्बेडकर युवक संघ' के स्थानीय कार्यकर्ताओं मा. लटूरी सिंह और डॉ. रामेश्वर दयाल से मिलने निकले। रामौतार जी के घर खाना खाया।

कुमार प्रदीप के घर पहुँचे तो उन्होंने बताया, "जिस समय राकेश ने डंगवाल जी से तुम्हारी थीसिस रोकने की बात कही थी, मैं साथ में था। मुझे अच्छा नहीं लगा था कि राकेश गाइड और स्टूडेंट के बीच ऐसा अनधिकृत हस्तक्षेप क्यों कर रहा है?"

हम लौटे, तब तक राकेश भी वापस आ चुके थे। वे हमें देखते ही चौंके, ''अरे तुम अभी तक बैठे हो? मैंने सोचा था, तुम चले गये होगे? मुझे तो अभी फिर एक मीटिंग में जाना है।''

मैंने आग्रह दोहराया, ''राकेश, तुम हमारे साथ चलो, नहीं तो एक पत्र ही लिख दो।''

हालाँकि मैं जानता था कि बरेली तो दूर वे एक इंच भी मेरे साथ नहीं जायेंगे। पर जाने की ज़िद में कम-से-कम पत्र ही सही।

''ठीक है, लिखे देता हूँ। पर वे बरेली में नहीं होंगे। तुम व्यर्थ में ख़ुद भी परेशान होना चाहते हो और मुझे भी परेशान कर रहे हो।'' बोलते-बोलते वे क़लम-काग़ज़ लेकर बला टालने बैठे और बग़ैर तारीख़ का निम्नलिखित पत्र लिखा–

''प्रिय साथी वीरेन डंगवाल जी, अभिवादन!

वीरेन डंगवाल

सौ. सुधीर विद्यार्थी

आशा है, सकुशल होंगे। बिलारी में तीन दिन पूर्व हरिदर्शन को हटाकर 'अमर उजाला' में भास्कर को संवाददाता बना दिया है। इस प्रकार हमारी काफ़ी बड़ी समस्या आपके सहयोग से हल हो गयी है। इसके लिए सभी साथी आपको धन्यवाद देते हैं। श्यौराज का थीसिस कार्य आपने पढ़ लिया होगा। आजकल मैं कोई विशेष अध्ययन में व्यस्त नहीं हूँ। इसलिए अगर आप समय न निकाल पा रहे हों तो इनके कार्य को मैं भी देख सकता हूँ। वैसे आप एक नज़र डाल लें तो अच्छा हो, श्यौराज बरेली पहुँच रहे हैं। इनको बैठाकर भी आप सुन सकते हैं। 'उच्च शिक्षा सेवा आयोग' का इंटरव्यू शायद अप्रैल में होगा। सम्भवतः इनकी थीसिस जमा करना पॉजेटिव रहेगा। वैसे आप उचित और समय के अनुरूप निर्णय लें। शेष मिलने पर।

पुनः प्रोफ़ेसर अरोड़ा को बता दें कि मुकुट सिंह ने राय को कोई सहयोग नहीं दिया है। उन्होंने पत्र भेजा था। अरोड़ा जी को श्यौराज से मिला दें!

आपका

राकेश 'रफीक',

बिलारी''

इस पत्र की भाषा शोध सापेक्ष होने के बावजूद मुझे लगा कि इसे पढ़कर भी गाइड महोदय सामग्री नहीं देंगे। हालाँकि डंगवाल जी भले इन्सान थे पर मुझसे पहले वे राकेश के मित्र थे। मैंने पत्र में अनुकूल शब्द को अनुरूप बनाया और मीनू को रास्ते में आसफपुर स्टेशन से उनके घर छोड़कर बरेली डंगवाल जी के घर पर दस्तक दी, ''सर हैं क्या?''

"आ जाओ, श्यौराज मैं इधर हूँ, अन्दर ही आ जाओ।" डंगवाल साहब ने आवाज़ पहचानते हुए बुलाया। मैं सीधा उनके सोफ़े तक चला गया। वे बड़े ही आत्मीय भाव से मिले। बोले, "खाने का समय है, खाना खाओगे?"

"नहीं सर, आपको तो पता है यहाँ मीनू की बुआजी का घर है, मैं वहाँ खाना खाकर आया हूँ। सर, आपने मेरा काम देखा है या नहीं?" मैंने सीधी मुद्दे की बात की।

"क्या बताऊँ श्यौराज, साहित्यिक आयोजनों में भाग-दौड़ लगी ही रहती है। फिर भी मैंने देखना शुरू किया था, पर रुक गया।"

"सर, राकेश ने मुझे चिट्ठी दी है।" मैंने पत्र आगे बढ़ाते हुए कहा। पढ़ते ही उनके भाव बदले। मुँह से पहला वाक्य निकला—"अरे! बड़ा अजीब आदमी है राकेश, ख़ुद ही कहकर गया था कि श्यौराज को पीएच.डी. की कोई जल्दी नहीं है। अभी आप अन्य स्टूडेंट्स के काम देख लें, उसके लिए रुकना है। सो, मैंने तुम्हारा मैटर उठाकर रख दिया था। मैं रोली मिश्रा, अजय शर्मा और अपने अलीगढ़ के एक और छात्र का काम देखने लगा था। तुम्हारे मैटर में तो मुझे ज़्यादा कुछ देखने-करने की आवश्यकता भी नहीं है। तुमने तो ऐतिहासिक शोध कार्य किया है। चाहो तो इसे ऐसे ही ले जाओ और तुरन्त टाइप करा के ले आओ। हाँ, मुझे लगा कि मराठी पढ़ते-पढ़ते तुम्हारी हिन्दी में काफ़ी मराठीपन आ गया है, इसे ध्यान से ख़ुद ही ठीक कर लेना और रही बात राकेश की, सो उसे तो तुमसे सीखना चाहिए, शोध कैसे होता है। ख़ुद भी तो अपनी पीएच.डी. ही कर रहा है।"

डंगवाल जी ने मेरा शोध प्रबन्ध निकालकर मुझे थमा दिया। मैंने उलट-पलट कर देखा, उन्होंने जगह-जगह क़लम चलायी थी। संक्षिप्त निर्देश लिखे थे। ग़लतियाँ चिह्नित की थीं। मैंने उनका शुक्रिया अदा किया और राहत की साँस ली। बुआजी, श्रीमती रामश्री सागर के घर नहा-धोकर खाना खाया और शाम की ट्रेन से आसफपुर लौटा। मीनू को सारा वृत्तान्त बयान किया। "तो क्या अभी राकेश को दिखाना बाक़ी है?" मीनू ने पूछा।

"नहीं, बिल्कुल नहीं, परछाईं भी नहीं पड़ने देनी है।" दूसरे दिन हम दिल्ली लौटे। मीनू के मामा जी श्री एस.एस. आर्य दिल्ली में खाद्य आपूर्ति कमिश्नर थे। उनका निवास स्टेशन के पास राजपुर रोड पर

रुहेलखण्ड विश्वविद्यालय के दीक्षान्त समारोह में पीएच.डी. उपाधि प्राप्त करता लेखक

था। रात को हम उनके घर रुके, सुबह छात्रावास आये और कुछ दिन में शोध प्रबन्ध को टंकित कराकर पाँच प्रतियों में प्रबन्ध लेकर बरेली लौट आये। 5 मार्च, 1994 को डॉ. डंगवाल साहब मुझे अपनी कार में विश्वविद्यालय लेकर गये, मैंने 300 रुपया फ़ीस जमा की और कॉलेज से क्लीयरेंस आदि औपचारिकाताएँ पूरी कराने में वे मेरे साथ भागते रहे, शोध प्रबन्ध जमा कराकर घर लेकर गये, खाना खिलाया और वापस रवाना किया। उनके जैसा सहयोगी स्वभाव विरले शिक्षकों का होगा। वर्ष भीतर परीक्षक डॉ. श्यामलाल यादव द्वारा मौखिकी सम्पन्न हुई और 13 मार्च, 1995 को उत्तर प्रदेश के महामहिम राज्यपाल मोतीलाल वोरा के विशेष आतिथ्य में रुहेलखण्ड विश्वविद्यालय के दीक्षान्त समारोह में मुझे डॉक्टरेट की उपाधि प्राप्त हुई। इस तरह मेरी संघर्षपूर्ण शोध-यात्रा का एक पड़ाव पूरा हुआ।

ब्राह्मणवाद ग़ायब

1997 की बात है, श्री जयप्रकाश कर्दम ने 'समता प्रकाशन' के रामफल गौतम से बात की। 'कान्ति शर्मा' की प्रेस में मेरी थीसिस छपने लगी। प्रूफ़ जे.एन.यू. भिजवाया। मैंने देखा—बाबा साहब का कथन, भारतीय समाजवाद के मार्ग की दो बाधाएँ हैं। एक 'पूँजीवाद' दूसरा 'ब्राह्मणवाद' तो उसमें ब्राह्मणवाद ग़ायब था। मैंने मूल से चेक किया, जोड़ा और वापस किया। दूसरा प्रूफ़ आया **'ब्राह्मणवाद'** फिर ग़ायब, तीसरी बार भी वही स्थिति, चौथी बार मैं स्वयं रामफल गौतम को साथ लेकर श्री शर्मा जी के घर पहुँचा। उन्हें बिठाकर बात की, "आप यह क्यों कर रहे हैं?"

सार्थकता यह कि, थीसिस **Limca Book of Record 1999** में दर्ज हुई और 14 अप्रैल, 2002 को महू संस्थान ने लेखक को राष्ट्रीय बाबा साहब डॉ. अम्बेडकर लखटकिया सम्मान दिया।

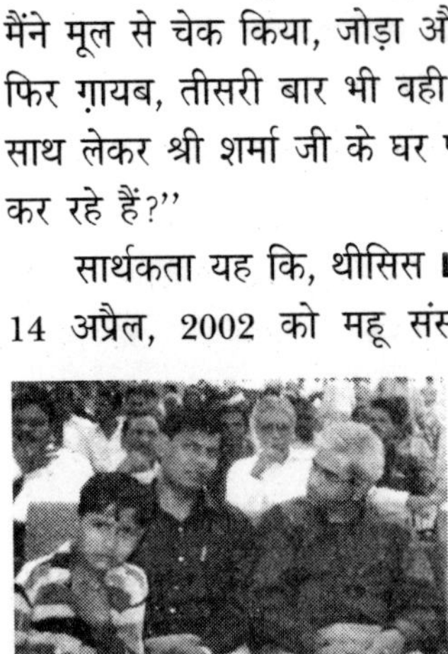

महू—बाबा साहब डॉ. अम्बेडकर राष्ट्रीय सम्मान प्राप्त करने से पूर्व बायें से बच्चा आयुष, लेखक और जब्बार पटेल

ग़ैर-दलितों में राकेश 'रफीक' मेरे सबसे बड़े शुभचिंतक थे। मेरे प्रति उनकी सुचिन्ताएँ पत्रों के आदान-प्रदान के ज़रिये प्रकट हो रही थीं—

प्रिय साथी श्यौराज, अभिवादन!

तुम्हारे निरन्तर मिल रहे पत्रों की कड़ी में कुछ दिन पूर्व जो पत्र मिला उससे ज्ञात हुआ

कि मेरी विचारधारा को तुमने उन अख़बारी बयानों से पूर्णरूपेण समझ लिया है जो क़स्बाई पत्रकार महज़ ख़बर बनाने के लिए स्वतः छापते रहते हैं। और उनमें से अधिकांश की जानकारी मुझे भी नहीं होती है। यह विडम्बना ही है कि तुम 13 वर्ष से साथ रहकर भी अपने साथियों को नहीं समझ पाये। मेरे चिन्तन की पुष्टि विजय को लिखे तुम्हारे पत्र से भी हो गयी। लगता है फ़िलहाल तुम अपनी तीव्र उड़ान में हम सभी को ग़ैर-क्रान्तिकारी सिद्ध करने की आड़ में उन दायित्वों के निर्वाह से बचना चाहते हो जो तुम्हें ग्रुप के प्रति निभाने चाहिए। उदाहरण ार्थ, तुम्हें विजय पर आपत्ति तो है कि उसने षड्यन्त्रवश तुम्हें मीटिंग विशेष की सूचना लेट भेजी। लेकिन उन मीटिंगों के बारे में सोचा, जिनकी सूचना मैं या मुशर्रफ़ स्वयं तुम्हें देकर आये थे? क्या तुम्हें याद रहा 'वैज्ञानिक विचार केन्द्र' के माध्यम से सभी साथियों ने मिलकर एक रचनात्मक ढाँचा खड़ा करने का मन बनाया था? **ख़ैर, छोड़ो! बस यह याद रखना कि ज़मीन छोड़कर हवा में उड़ने वाले त्रिशंकु बनाकर भी लटकाये जाते हैं।**

पुनश्च : मैं केवल यह कहना चाहता हूँ कि अगर तुम आजकल देश के महान क्रान्तिकारियों के बीच हो तो ख़ुशी से रहो। तुम अगर इस देश में परिवर्तन का तूफ़ान खड़ा करोगे तो मुझे व मेरे साथियों को ख़ुशी होगी। तुम्हारे क्रान्तिकारी आन्दोलन में एक साधारण सिपाही के रूप में कार्य करने में हमें कोई झिझक नहीं होगी। फिलहाल तुम हमें ग़ैर क्रान्तिकारी साबित करने में अपना वक़्त ज़ाया मत करो। हम लोग अपने सामूहिक चिन्तन के अनुरूप अपने कार्यों में व्यस्त हैं। और हमें ख़ुशी है कि हमारे बीच व्यक्ति विशेष के स्थान पर समूह प्रतिष्ठित रहता है। अब अगर तुम अपने आप को समूह का अंश समझते हो तो उसके लिए आवश्यक नियमों का अनुसरण करो। अगर तुम्हारे भीतर समूह की चेतना समाप्त हो गयी है और हमसे कोई वैचारिक बहस करना चाहते हो तो मैं उसके लिए तैयार हूँ। पत्र के मर्म को समझोगे। इस आशा के साथ।

तुम्हारा साथी
राकेश 'रफीक'

इस पत्र के लिफाफे के ऊपर राकेश 'रफीक' ने मेरे नाम-पते से पहले लिखा–**देश के मशहूर कवि, आलोचक और साहित्यकार** जो एक व्यंग्य ही हो सकता था। क्योंकि किसी को पत्र प्रेषित करने के लिए प्रापक के नाम-पते के अलावा विशेषणों और उसके बायोडाटा लिखने की ज़रूरत नहीं होती है। ''क्या

यह बात उसको समझाने की ज़रूरत है, जिसने जे.एन.यू. से मार्क्सवादी दृष्टि से पीएच.डी. की हो?" पत्र का जवाब लिखे हुए 10 माह बीत चुके हैं, परन्तु आज भी डाक में डालने की हिम्मत नहीं जुटा पाया। कारण, **त्रिशंकु की तरह टाँग देने के आतंक से आतंकित मैं क्या क्रान्ति करूँगा? कौन से परिवर्तन का तूफ़ान उठाऊँगा? कौन-सा समूह और क्या उसकी कार्य योजनाओं के प्रभाव व परिणाम? कैसा सामूहिक चिन्तन? इस आक्रामक दबंगई से डरा-सहमा हुआ** व्यक्ति क्या करे? क्या पत्रोत्तर दे? बस्स अपनी औक़ात में रहे। मेरी जड़ें और ज़मीन की बात की गयी, क्या वाकई मैं हवा में उड़ रहा हूँ? मैंने क्या लिखा था? पत्रों की छाया प्रतियाँ मेरे पास नहीं हैं। पाठक इस पत्र में थोड़े लिखे को अधिक समझ लेंगे। बस इतना ही। किसका?

श्यौराज सिंह 'बेचैन'
17 फ़रवरी, 1996, रात 12:50

14 अप्रैल, 2018 के अम्बेडकर जयन्ती कार्यक्रम में मैं चन्दोसी में था। पन्द्रह की सुबह सूर्यजीत 'पप्पू' की मार्फत **'वाल्मीकि समाज संस्था'** द्वारा मेरा **'सम्मान समारोह'** किया गया था। उसके बाद मैं मुन्नालाल मौर्य के निवास पर गया, उनकी किताबें देखीं और पूछा, "आजकल क्या पढ़ रहे हो?" तो उन्होंने तपाक से कहा, "यार, किताबें तो सब तुम्हारे समय में ही राकेश 'रफीक' ने बिलारी मँगवा ली थीं। अब तो जो मिल जाती है, पढ़ लेता हूँ। तुमने अपनी न तो आत्मकथा भेजी और न कहानी-संग्रह। 'वाणी' और 'अनामिका' प्रकाशन से छपीं तुम्हारी किताबें यहाँ मिलती नहीं हैं।"

इसी रात मैं बदायूँ कवि सम्मेलन में पहुँचा। प्रो. कालीचरण 'स्नेही' और न्यूजर्सी (अमेरिका) से **रामबाबू गौतम** जैसे नामी कवि आये थे। सम्मेलन सुबह पाँच बजे तक चला था। मैं अध्यक्षता कर रहा था, इसलिए सबके बाद मैं मंच से उठा और हम राधेश्याम के घर चाय पर गये। मेरी नज़र किताबों पर गयी। कार्ल मार्क्स की 'पूँजी' के धूल चढ़े तीन खण्ड रखे थे। कुछ डॉ. अम्बेडकर और दलित लेखकों की किताबें भी थीं। मैंने प्रश्न किया, "तुम्हारी लाइब्रेरी में इतनी कम किताबें क्यों हैं?"

वे बोले, "किताबें तो सब राकेश 'रफीक' के घर पहुँचा दी थीं।"

राकेश जी का पुस्तक प्रेम प्रशंसनीय था, परन्तु उन्होंने एक सामूहिक लाइब्रेरी बनाने के लिए जो पुस्तकें मँगाई थीं, उनमें मेरी भी थोड़ी-बहुत किताबें थीं। पिछले वर्ष बिलारी में राकेश के निवास पर जाना हुआ पर वहाँ कहीं पुस्तकालय दिखाई

नहीं पड़ा। ऐसा ही वाक़या है 1990-91 का, जब मीनू और मैंने 'सिविल सेवा' के लिए आवेदन किया था। प्रगति मैदान, दिल्ली के पुस्तक मेले से एन.सी.ई.आर.टी. की कुछ किताबें ख़रीदी थीं।

राकेश 'रफीक' का पुस्तक-प्रेम भी उनका विशेष गुण था। मीनू कहती हैं कि "मुझे वह दृश्य याद है, जब मैंने पुस्तक मेले में काउंटर से इतिहास, भूगोल, साहित्य आदि विषयों की किताबें ख़रीदी थीं, तब राकेश पास ही खड़े थे। बिल का भुगतान करने के बाद विक्रेता ने किताबें थैले में डालकर मेरी ओर बढ़ा दीं। राकेश ने किसी चोर-झपटमार की तरह हाथ आगे बढ़ाकर किताबों का थैला झपट लिया और कहा, **मैं भी सिविल सेवा ट्राइ कर रहा हूँ, ये किताबें पहले मैं पढ़ूँगा और पढ़ कर तुम्हें लौटा दूँगा।** मैं मुँह देखती रह गयी, नयी-नयी शादी करके आयी थी। राकेश श्यौराज के मित्र थे अतः मैं राकेश को ज़्यादा जानती भी नहीं थी। परन्तु किताबें उलट-पलटकर भी मुझे देखने का मौक़ा नहीं मिला।" राकेश जानते थे, मीनू के दो मामा आई.ए.एस. हैं और एक पी.सी.एस. हैं। उन्हें लगा वे मीनू को गाइड करेंगे तो यह भी आई.ए.एस. बन जायेगी और तब श्यौराज का भी दालित्य कम हो जायेगा। ये हमारी बराबरी करने लगेगा। हालाँकि मेरी खुद्दारी शख़्सियत में पत्नी पक्ष से किसी प्रकार की मदद पाने की गुंजाइश न तो दूर तक कभी थी और न होगी, पर वह कसक आज भी मीनू के मन में है। जहाँ तक किताबें लौटाने का सवाल है, आज तक तो लाये नहीं। अगले जन्म की बात मैं करती नहीं। आज काफ़ी दिनों बाद फेसबुक की मार्फ़त मीनू से 'सरिता भारत' ने बातचीत की। बकौल 'भारत'–"मैं भोजन के बदले राकेश की पत्नी डॉ. मीनाक्षी के निजी अस्पताल में झाड़ू-पोंछा किया करती थी।" स्कूल टीचर सरिता आदिवासी श्रेणी से आती हैं। वे एक जागरूक कार्यकर्ता भी हैं। अलवर में दलित महिला के साथ हुए सामूहिक बलात्कार के विरोध में उन्होंने ज़ोरदार आवाज़ उठायी थी। उन्होंने बताया, "मुझे दलित साहित्य पर एक शोध-पत्र लिखना था। मैंने डॉ. राकेश 'रफीक' से कहा, 'सर, मुझे आपकी लाइब्रेरी से कुछ किताबें चाहिए।' परन्तु मुझे वहाँ न तो दलितों-आदिवासियों से सम्बन्धित कोई किताब मिली और न डॉ. अम्बेडकर की कोई किताब, जबकि मार्क्स, गांधी, जे.पी., लोहिया आदि पर बड़ी संख्या में किताबें थीं।" इसमें डॉ. राकेश 'रफीक' का भी कोई दोष नहीं, उन्होंने तो अपने आन्दोलनों के चालीस वर्षों पर लिखी किताब में स्पष्ट किया है, मैंने 'मार्क्स', 'लेनिन', भगत सिंह, जे.पी. और गाँधी को पढ़ा है। यानी उन्होंने अम्बेडकर के बारे में स्वतः ही

स्वयं को अनपढ़ बनाकर रखा है। उन्हें 'दास कैपिटल' को 23 साल में पढ़ना ज़रूरी लगा और 'प्रॉब्लम ऑफ़ रूपी' साठ साल में भी ग़ैर-ज़रूरी।

आजकल राकेश 'रफीक' का कहना कि " 'पूना पैक्ट' में मुझे तो कोई बुराई नज़र नहीं आती।" दलितों को निर्भर दास बनाकर रखने के आकांक्षी सुविधाभोगी ग़ैर-दलितों के स्वार्थों तक सीमित होकर सोचें तो न पूना पैक्ट में कोई प्रतिनिधि प्रदायी राजकीय संस्थाओं का निजीकरण कराने में कोई दोष नहीं है, न एक दलित भारत को अधिकारों से वंचित कर पुनः 'बहिष्कृत भारत' बनाने में कोई दोष है और न अस्पृश्यता का बर्ताव करने में दोष है। परन्तु राष्ट्र की सामूहिक उन्नति, अमरीका, जापान, कनाडा और ब्रिटेन की तरह विविधता सापेक्ष विकसित देश बनाने की दृष्टि से दोष ही नहीं अपितु देशद्रोह भी है। बुराई तो रजनीश ओशो को नज़र आती है। वे कहते हैं, "धमकाये, डराये और ब्लैकमेल किये गये अम्बेडकर ने **पूना समझौते** में जो कटोरा भर 'जूस' गांधी जी को पिलाया था, वह करोड़ों अस्पृश्यों के अधिकारों का ख़ून था। 'बहिष्कृत भारत' यानी अछूतों के लिए गांधी द्वारा दिया गया **हरिजन** सम्बोधन भी उन्हें प्रिय है, परन्तु राकेश ने जब अपनी हिन्दू सूचक 'सक्सेना' हटाया तो मुस्लिम सूचक 'रफीक' लगाया, गांधी जी ने प्रदत्त दलित सूचक **हरिजन** नहीं अपनाया? क्या उसमें बुराई नज़र आयी?

भारतीय किसान यूनियन का आन्दोलन जाट बाहुल्य था। इस पर धनी किसानों का दबदबा था। स्वाभाविक नेतृत्व जाटों का ही था। चौधरी हरपाल सिंह नौकरी छोड़ आन्दोलन में कूद पड़े थे। उन पर एन.एस.ए. लगा था, वे जेल में थे। बिलारी की टीम के नेता थे राकेश 'रफीक' और कुमार प्रदीप। कृषि कार्य से दोनों का कोई लेना-देना नहीं था। मैं प्रदीप के साप्ताहिक 'कलयुगी-क्रान्ति' अख़बार के कार्यालय में प्रूफ़ देख रहा था, तब पुलिस के हाथ आने के बजाय प्रदीप की छत से बराबर वाली छत पर कूद अन्धी वृद्धा के घर से होकर बाहर भाग गया था। पुलिस ने पूछा, "ये श्यौराज सिंह बेचैन कहाँ है?" मैं किसानों का कोई बड़ा नेता नहीं था, इसलिए कि न तो मैं सवर्ण या जाट था और न धनी किसान, परन्तु यूनियन का दफ़्तर सँभालने वाला अदना-सा कार्यकर्ता था। सो मैंने कहा, "बेचैन यहीं से अभी-अभी बाज़ार की ओर निकल गया है। क्या काम है?"

"उसे ले जाना है।" सिपाही बोलते रहे, मैं निकल गया। उस समय जेल जाना अपनी बाजोखिम क्रान्तिकारिता दर्शाना-सा था। प्रदीप जब राकेश के साथ जेल गये, तब भूख हड़ताल करने की ख़बर रोज़ ही छपती थी। संगठन की एक मीटिंग में मेरी आलोचना की गयी। 'श्यौराज ने अपने आप को किसान आन्दोलन में गिरफ़्तार होने से इसलिए बचाया कि उसे तो डॉ. अम्बेडकर को पढ़ना है। शोध क्रान्तिकारी के लिए तुच्छ उपलब्धि होती है।' "तुम्हें कायरों की तरह पुलिस को देख भाग खड़े नहीं होना था।" मैंने भूल मान ली। जहाँ तक 'बहिष्कृत भारत' की आज़ादी का सवाल है, दूल्हा ख़ाँ के सवाल से सालों पहले डॉ. अम्बेडकर ने गोलमेज सम्मेलन में सवाल किया था। ब्रिटिशों के आने से पूर्व-हमारे लोगों के घर-ज़मीनें छीनकर जंगल की ओर खदेड़ा या गाँव के बाहर बसाया। आपने उन्हें गाँव भीतर लौटाया क्या?

स्कूलों, कुओं-तालाबों से बाहर खदेड़ा गया, आपने उन्हें उनके हक़ वापस दिलाये क्या? हमारी परछाईं तक से घृणा करने वालों के दिलों से अस्पृश्यता की भावना निकाल बाहर कर दी क्या? कुछ नहीं किया, तो फिर अस्पृश्य-भारत क्यों? चाहे कि ब्रिटिश लोग एक पल भी उन पर राज करें, क्या कोई औचित्य है? ब्रिटिशों का भारत में बने रहने का?

मुलाक़ात

तेईस मार्च, 1986 को 'शहीदे आजम भगत सिंह' की स्मृति में एक अखिल भारतीय कवि सम्मेलन, टीका राम डिग्री कॉलेज, अलीगढ़ में आयोजित हुआ था।

इस बार मैं कवि सम्मेलन में काव्यपाठ करने गया था। अध्यक्षता की डॉ. कुँवर बेचैन ने। **वे सम्मेलन में पाँच सौ रुपये में कविता पाठ करने आये थे। उन दिनों मुझे हर व्यावसायिक, मंचीय कवि निकृष्ट लगता था।** संयोजक प्रेम कुमारी 'सरल' और अजय 'सरल' थे। सम्मेलन में उन्हीं ने मेरा कविता पाठ कराया था और रात के तीन बजे अलीगढ़ से बरेली जाने वाली रेल में बैठाया था। उन्होंने मुझसे काव्यपाठ करने का मानदेय पूछा था। मैंने कहा था—"शहीदे आजम भगत सिंह की याद में मैं कविता बेचने नहीं आया हूँ। आप व्यवसायी कवियों को पैसे दीजिएगा, मैं कुछ नहीं लूँगा।" यह मेरा अतिशय आदर्श था, जबकि मुझे पैसे की ज़रूरत कुँवरों, शर्माओं, सक्सेनाओं और गुप्ता कवियों से कहीं अधिक थी। गाड़ी सुबह छह बजे चन्दौसी पहुँची। मैं थैला लिये 'हरी बुक डिपो' के सामने से गुज़र रहा था। चाय वाले के पास रजत रानी 'मीनू' के पिता

श्री नत्थू लाल आर्य जी खड़े थे। राधेश्याम की मार्फ़त उनसे परिचय हो चुका था। उन्होंने मुझे पहचान कर रोक लिया। चाय लाने को बोलकर वे मुझे अपने साथ ऊपर तीसरी मंज़िल पर ले गये, वहाँ मीनू की शिक्षिका 'कमलेश सक्सेना' के साथ एक छोटा-सा कमरा उन्हें दिला रखा था। वे यहाँ बी.ए. तृतीय वर्ष की परीक्षा दे रही थीं। पिता जी ने मीनू से कहा, "मीनू, तुम्हें हिन्दी में कहीं कुछ मुश्किल पेश आये तो श्यौराज सिंह से पूछ सकती हो।"

जुलाई 1986 में रजत ने यहाँ एस.एम. कॉलेज में एम.ए. हिन्दी में दाख़िला लिया था। वे केवल एक दिन कक्षा में उपस्थित हो सकीं। अगले दिन बी.एड. करने बरेली चली गयी थीं।

परीक्षाएँ आ गयी। मैं घायल अवस्था में पेपर देने गया। मीनू को पता चला तो उन्होंने अपने घर जाकर बताया। अगले दिन वे अपने पिता का बुलावा पत्र लेकर आयीं। 'यह जानकर हमें बहुत दुख पहुँचा है।...पत्र का मजमून यही था। आसफपुर चन्दौसी से बरेली मार्ग पर है। यहाँ विद्युत उप संस्थान में उनका परिवार रहता था। मैंने यह नहीं बताया कि 'मैं स्वयं रेल से कूदा था', न रजत को और न उनके पापा जी को। अगर बताऊँगा तो वे सोचेंगे कि जो लड़का रुपये-चार आने के लिए जानलेवा जोखिम लेता है, वह शादी के बाद हमारी बेटी का भरण-पोषण कैसे करेगा? ट्रेन से कूदने की घटना को क़रीब महीना बीत चुका था। अभी भी मैं कमज़ोरी महसूस कर रहा था। मेरा शरीर देखने से भी पता चल रहा था। रजत के घर मेरा बड़ा आदर-सम्मान हुआ था, मुझे एक दिन वहीं रोका गया था।

रजत की मौसी (माँ) ने मुझे एक स्वेटर दिया था। मैंने कमज़ोरी का कारण बीमार हो जाना बताया था। क्या कहीं कोई सम्भावित ससुराल में इतनी ग़रीबी और जानलेवा मूर्खता ज़ाहिर की जाती है? हालाँकि मेरी आर्थिक दुर्बलता ही 'मीनू' की मौसी जी की दृष्टि में मेरी शादी के लिए उपयुक्त पात्रता थी। मैं अगर साधन सम्पन्न होता तो वे मुझे अपात्र समझतीं। दूसरे दिन जब मैं लौटा तो मौसी जी ने 'दूध पी लेना, कमज़ोर हो रहे हो' कहकर पचास रुपये का नोट मेरे हाथ पर रख दिया था। मैं प्रसन्नचित्त चन्दौसी लौट आया था। स्टेशन के सामने कड़ाही में औटता दूध दिखाई दिया। एक गिलास दूध पी लिया जाये। यह सोचते हुए मैंने जेब में हाथ डाला तो जेब ख़ाली थी।

जे.एन.यू. के फिलॉसफी विभाग में राकेश 'रफीक' शोधार्थी थे। उनके 'मार्क्स और स्पनोजा...' शोध-प्रबन्ध की मौखिकी होने वाली थी। मीनू जे.एन.यू.

में एम.फिल. कर रही थीं। एक दिन मैं शाम को महानदी छात्रावास लौटा तो उन्होंने बताया, "आज राकेश आये थे। बड़े उदास थे। जितनी देर रुके, उतनी देर मुँह लटकाये बैठे रहे। मुझे आगाह कर रहे थे, तैयारी ठीक से कर लो। मौखिकी में परीक्षक बहुत परेशान करते हैं। ऐसे मुश्किल सवाल पूछते हैं कि पसीने छूट जाते हैं। तुम्हें भी फेस करना पड़ेगा। सो, मुझे तो डर लगने लगा है। अब तक की करी-करायी मेहनत पर आख़िर में कहीं पानी ही न फिर जाये।"

"क्यों, राकेश ऐसा क्यों कह रहे थे? आज तो उनका पीएच.डी. का वाइवा था।" मैंने प्रश्न किया।

मीनू बोली–"कुछ बताया तो नहीं, परन्तु वे बहुत उदास दिख रहे थे, शायद उनका वाइवा अच्छा नहीं हुआ।"

राकेश के रिसर्च को लेकर मुझे भी उत्सुकता थी। इसलिए कि वे मेरे शोध को अपनी कथित मार्क्सवादी सेंसर मशीन से गुज़ारने के अनधिकृत उपक्रम कर रहे थे, तो ख़ुद उनकी रिसर्च एक्सीलेंसी क्या थी?

मैं खाना समाप्त कर बैठा ही था कि राकेश के 'दर्शन शास्त्र' के सीनियर डॉ. बी.बी. जी तिलक आ गये। वे राकेश की मौखिकी के वक़्त डिपार्टमेंट में उपस्थित थे। उन्होंने कहा–"हमारे डिपार्टमेंट की हिस्ट्री में इतनी ख़राब थीसिस किसी की नहीं बतायी गयी। राकेश ने एक भी सवाल का जवाब नहीं दिया। एग्जामिनर ने तो यहाँ तक ब्लेम किया कि मिस्टर राकेश सक्सेना बतायें कि क्या यह थीसिस आपने स्वयं लिखी भी है या नहीं?"

राकेश के शोध साथियों की बातें सुनकर मुझे पहले तो यक़ीन नहीं हुआ। इसलिए कि राकेश हमारे ग्रुप में सबसे मुखर और बौद्धिक स्कॉलर थे। यह बात गले नहीं उतर पायी कि डॉ. सुगथन आदि साथियों की विशेष मदद लेने के बावजूद राकेश की प्रस्तुति में ऐसी कमी रही, जो उन्हें साक्षात्कार में ऐसी अकल्पनीय स्थिति से गुज़रना पड़ा, जबकि विभागाध्यक्ष प्रो. सुमन गुप्ता उनके सपोर्ट में खड़ी थीं। उनकी अकादमिक गरिमा पर आँच आ रही थी। मेरे ख़याल से राकेश की समस्या ज्ञानाभाव नहीं थी, भाषायी माध्यम से परेशानी पेश आयी होगी।

बायें से डॉ. बी.बी. जी तिलक, पारू, लेखक और ली. ग्वांग (Lei Guang), अज्जू

पर हमारे लिए यह शर्म से डूब मरने जैसी बात थी। इसलिए कि ग्रुप की नाक तो राकेश 'रफीक' की बौद्धिकता ही थी।

डी.लिट. और शवयात्रा

पीएच.डी. करने के क़रीब बारह साल बाद मैंने डी.लिट. की उपाधि प्राप्त की। विश्वविद्यालय शिक्षा में यह सर्वोच्च उपाधि थी। प्रस्तुत विषय प्रस्ताव था 'स्वातन्त्र्योत्तर-दलितेतर साहित्य में दलित समस्या' और विश्वविद्यालय से स्वीकृत होकर आया, 'स्वतन्त्रता पूर्व के दलितेतर वर्ग के उपन्यास साहित्य में दलित समस्या और समाधान।'

2007 में मौखिकी होनी थी। परीक्षक थे डॉ. मैनेजर पाण्डेय, डॉ. सत्यप्रकाश मिश्र और डॉ. सूर्यप्रसाद दीक्षित। दो-तीन बार तिथियाँ रखी गयीं। पाण्डेय जी कुछ-न-कुछ बहाना बनाकर टालते रहे। मेरे सुपरवाइजर डॉ. वीरेन डंगवाल ने मुझसे पूछा—"पाण्डेय जी तुमसे नाराज़ हैं क्या? मैंने तो यह सोचकर उनका नाम दिया था कि वे दलित साहित्य के पक्षधर हैं। तुम्हारे शोध का महत्त्व समझते हैं।"

मैंने उन्हें बताया, "मेरे एडवांस स्टडी शिमला की परियोजना के मूल्यांकन हेतु पाण्डेय जी को मेरी एक साल की रिसर्च सामग्री की पाण्डुलिपि भेजी गयी थी। पाण्डेय जी ने उसे निरस्त कर वापस कर दिया था। देवऋषि (शोध अधिकारी) ने मुझे रिपोर्ट की प्रति दी। मैंने देखा, पाण्डेय जी ने मेरे जिस कथन पर आपत्ति कर उसे अंडर लाइन किया था। वह ओमप्रकाश वाल्मीकि की कहानी **'शवयात्रा' पर मेरी टिप्पणी** थी। 'शवयात्रा' आजकल 'सवर्ण प्रिय कहानी' हो गयी है। मैंने ऐसा लिख दिया था। अच्छा था, मैंने उसे 'ब्राह्मण प्रिय' कहानी नहीं लिखा था, वरन् वे मेरी रिसर्च ख़ारिज करने से सन्तोष नहीं करते, बल्कि कुछ-न-कुछ दण्ड प्रस्तावित करते, जबकि सच्चाई यही थी तथाकथित प्रगतिशील ब्राह्मण 'शवयात्रा' के बहाने जाटवों-वाल्मीकियों में आपसी विघटन पैदा कर रहे थे। वे वाल्मीकि जी की इसी रचना को सर्वश्रेष्ठ मान रहे थे।" तिवारी ब्राह्मणों ने तो इसे दलित एकता को खण्डित करने का प्रमुख हथियार बनाया था। आज भी आर.जे.डी. नेता, डी.यू. प्रो. मनोज झा ने 21.09.2023 को संसद में 'ठाकुर का कुआँ' कविता पढ़ी तो मीडिया और राजनीतिक हलकों में काफ़ी प्रतिक्रिया हुई। तब एक टी.वी. चैनल की बहस में एक ब्राह्मण पैनलिस्ट ओमप्रकाश वाल्मीकि से अपनी गहरी नजदीकी दर्शाते हुए 'शवयात्रा' को श्रेष्ठ कहानी बता रहे थे,

जबकि 'सलाम', 'पच्चीस चौका डेढ़ सौ' और 'घुसपैठिये' उनकी दलित चेतना सम्पन्न कहानियाँ हैं।

ब्राह्मण इसे दलित एकता तोड़क अस्त्र के रूप में इस्तेमाल करेंगे। मुझे आशंका उसी समय हो रही थी, जब वाल्मीकि ने प्रकाशन पूर्व मुझे पाण्डुलिपि पढ़ने को दी थी। यह बात इन्होंने नहीं बतायी थी कि कहानी का आधार किसी जयप्रकाश वाल्मीकि द्वारा प्रेषित अख़बार की कटिंग है, जिसकी न केवल प्रामाणिकता सन्दिग्ध है अपितु घटना को जाटवों से जोड़ना विषयवस्तु पर आधारित नहीं है। जिसमें कोई व्यक्ति अपने मृत बच्चे को अकेला साइकिल के कैरियर पर रखकर अन्तिम क्रिया करने ले जा रहा था। कहानी राजेन्द्र यादव ने 'हंस' में नहीं छापी थी। 'इंडिया टुडे' में अशोक (शर्मा) के सम्पादन में छपी थी। छपने के बाद विवाद होना ही था। डॉ. तेजसिंह, रत्नकुमार साम्भरिया, डॉ. धर्मवीर और कँवल भारती आदि ने कहानी पर जितने तार्किक सवाल उठाये, उतने ग़ैर-दलितों ने वाल्मीकि और जाटव लड़ाये। ओमप्रकाश वाल्मीकि ने एक साक्षात्कार में कहा, "मैंने इस कहानी की पाण्डुलिपि श्यौराज सिंह बेचैन को पढ़वाई थी। उन्होंने तो इसे छपवाने को मना नहीं किया था।" तो इल्जाम मेरे सिर आया। पाण्डुलिपि को सहमति क्यों दी?

वे सच कह रहे थे। मैंने कहा था, "कहानी छपनी चाहिए।" मेरे ज़हन में बात थी कि कहीं-कहीं कुछ जाटव वाल्मीकि भाइयों से अलगाव रखते हैं। यदि हमें सम्मान और सद्भाव चाहिए तो हमसे भी दूसरों को वैसा ही व्यवहार अपेक्षित है। वह नहीं है तो निन्दा होनी चाहिए। चूँकि विषय-वस्तु काल्पनिक नहीं बतायी थी। वैयक्तिक रूप से कतिपय जाटव ऐसे अहंकारी हैं, परन्तु कहानी में 'रविदास सभा' के लोग जो अपेक्षाकृत सुधरे हुए होते हैं, को अमानवीय दर्शाया गया। अख़बार की कटिंग को प्रामाणिक तौर पर सही मान लिया गया। साइकिल पर बच्चे का शव ले जाने वाला वाल्मीकि ही होगा और उसका साथ न देने वाले चमार ही होंगे। यह सब मनगढ़ंत हो गया। हालाँकि वाल्मीकि महाराष्ट्र में रहकर अम्बेडकरी चेतना से जुड़े थे। वरन् ब्राह्मणों, वैश्यों और कायस्थों ने वाल्मीकि की अक्ल पर जो ताला डाला था उसमें वे खटिक, वाल्मीकि साफ़ कहते थे—"अम्बेडकर तो चमारों के हैं, हमारे थोड़े ही हैं। हमारे तो भगवान वाल्मीकि हैं।"

दलित विरोधी ग़ैर-दलितों ने इस कहानी का भरपूर फ़ायदा उठाया। इस प्रसंग से जब ख़ास कर जाति दुराग्रही बुद्धिजीवियों—मीडिया ने ओमप्रकाश

वाल्मीकि को हथियार की तरह इस्तेमाल किया तो उनमें भी ख्याति का लोभ जागा। शायद 'शवयात्रा' पर साहित्य अकादेमी दिलवा दें। वे नामवर सिंह के पीछे सर-सर करते दिखे। परन्तु 'जूठन' में उनकी लिखत कह रही थी। ''इन्द्रेश नगर का पुस्तकालय, जिसे जाटव चलाते थे। हेमलाल जाटव, जिसने 'डॉ. अम्बेडकर जीवन परिचय (संघर्ष)' पुस्तक पढ़ाई, उससे पूछा था, "कौन है यह अम्बेडकर?" वे ईसाई सेवक राम मसीह, जो चूहड़ों के बच्चों को घेर, पढ़ाने बैठ जाते थे। सरकारी स्कूल में तो कोई घुसने नहीं देता था।" (जूठन, पृ. 12, 88)

मैं एडवांस स्टडी, शिमला में फैलो था। 28 मार्च, 2007 को उसकी ओर से आयोजित एक राष्ट्रीय सेमिनार में हिस्सा लेने के लिए पटना के राजकीय अतिथिगृह में ठहरा हुआ था। 30 मार्च, 2007 को रुहेलखण्ड विश्वविद्यालय में मेरी मौखिकी सम्पन्न होनी थी। देर रात वीरेन डंगवाल जी ने मुझे दुखद समाचार दिया, ''डॉ. सत्यप्रकाश जी का देहान्त हो गया।" लखनऊ से डॉ. सूर्यप्रसाद दीक्षित आ रहे हैं। पाण्डेय जी एक पीएच.डी. का वाइवा लेने आयेंगे। मैं उन्हें तुम्हारी मौखिकी के लिए रोक लूँगा। इस तरह मौखिकी के उपरान्त डी.लिट की उपाधि की संस्तुति हुई।

अम्बेडकरी पत्रकारिता पर पहली पीएच.डी.

'हिन्दी दलित पत्रकारिता पर पत्रकार अम्बेडकर का प्रभाव' पर पीएच.डी. की उपाधि लेकर कॉलेज, कमीशन और विश्वविद्यालयों में अध्यापन करने आया तो मुझे काफ़ी विरोधाभासों और जाति-पूर्वाग्रहों का सामना करना पड़ा। पत्रकारिता में विविधता-पसन्द लोग मुझे श्रेय देते थे। वे विषय की अनन्यता, गम्भीरता और उपादेयता समझते थे। अधिसंख्य की दृष्टि में तो डॉ. अम्बेडकर संविधान निर्मात्री समिति के अध्यक्ष भर थे या 'बहिष्कृत भारत' यानी मात्र अछूतों के नेता थे और कुछ नहीं। वे पत्रकार कैसे हो सकते हैं, पत्रकार तो गांधी जी भी थे और दलितों की पत्रकारिता को मान्यता कैसे दी जा सकती है! दलित पत्रकारिता; यह विषय ऐसे चौंकाता, जैसे ब्राह्मण के चौके में बैठकर कोई अछूत भोजन कर रहा हो। दिल्ली के दर्जन भर कॉलेजों के साक्षात्कारों से बाहर, जैसे जे.एन.यू., डी.ए. वी. कॉलेज के चेयरमैन ने मेरा प्रबन्ध उलट-पलट कर पूछा था, "अम्बेडकर ने दलितों को आर्य समाजी क्यों नहीं बनाया, जबकि आर्य समाज अस्पृश्यता मिटा रहा था।" मैं इस्लामिक इंस्टीट्यूट में गया, वहाँ भी डॉ. अम्बेडकर ने इस्लाम कुबूल न कर क्या ग़लती नहीं की? ईसाई कॉलेज में मेरा शोध-प्रबन्ध देखकर फ़ादर ने पूछा, अगर डॉ. अम्बेडकर गॉड की शरण में आप सबको लाये होते तो आज जो करोड़ों अनटचेबिल चाइल्ड इल्लिटरेट घूम रहे हैं, सब एजुकेट हो गये होते। परीक्षक साहित्य, पत्रकारिता पर बात ही नहीं करते। बाबा साहब डॉ. अम्बेडकर के क्रिया-कलापों पर बहस करते मानो, उन्होंने जो कुछ किया था मेरी मर्ज़ी से, मुझसे पूछ कर किया था।

डॉ. हुसैन बनाम रानी

कॉमरेड भगवानदास शर्मा यूसुफपुर नगलिया वासी डॉ. इफ़्तखार हुसैन को भाकपा टिकट पर विधायक के लिए चुनाव लड़ा रहे थे। ये एक तरह से कॉमरेड दूल्हा ख़ाँ के सच्चे ईमानदार शागिर्द थे।

मैं उनके साथ प्रचार के लिए निकला था। बिलारी के पेंठ बाज़ार में रिक्शे पर खड़ा होकर डॉ. अतीकुर्रहमान के पक्ष में नुक्कड़ पर भाषण दे रहा था। उसी समय वहाँ से राकेश 'रफीक' और कुमार प्रदीप स्कूटर पर गुज़र रहे थे। तब तक मैं उनके विचार केन्द्र में शामिल नहीं था।

कॉमरेड शर्मा ने याद दिलाया, ''दुबे जी रोटी बना रहे थे। विनोद आपके कपड़े धो रहे थे। डॉ. इफ़्तखार हुसैन के लिए हम नुक्कड़ सभाएँ कर रहे थे। दूसरी तरफ़ सहसपुर की रानियाँ प्रचार कर रही थीं, उनके साथ बड़ी संख्या में लोग थे। तुम कह रहे थे, 'भाइयो-बहनो, राजतन्त्र चला गया, तो फिर ये रानी-राजा कहाँ से रह गये?' उसके बाद आपने गांधी मूर्ति पर भाषण दिया था—''बहनो-भाइयो, जनता यानी हमारी माता-बहनें बीस-तीस साल में ही बुढ़िया दिखने लगती हैं और इन रानी-महारानियों के साठ-साठ साल के चेहरों पर ख़ून चमकता है, यह ख़ून किसका है? हमारी दलित-पिछड़ी माता-बहनों का...।''

'राजा का सहसपुर' वाली रानी इन्द्रमोहिनी भी चुनाव लड़ रही थीं। मतदान के दिन मैं पोलिंग एजेंट था। रानी अठारह से कम उम्र के दो दर्जन बच्चों को लेकर बूथ पर आयीं। ''यह मेरी पोलिंग ड्यूटी है कि फर्ज़ी वोट न पड़ें और सही वोट पड़ने से न रुके, इसी के लिए मुझे यहाँ खड़ा किया गया है। माफ़ करें रानी जी, आप ये जो दो दर्जन बच्चों को लेकर आयी हैं। अपना परिवार बता रही हैं ये सभी अंडरएज हैं। वोटर लिस्ट में इनके नाम नहीं हैं। बावजूद इसके वोट डलवा रही हैं। मैं यह नहीं होने दूँगा। लोकतन्त्र बचाना हमारी नहीं तो और किसकी ज़िम्मेदारी है?''

"तू जानता नहीं मैं कौन हूँ।''

''जो भी हो मेरी ड्यूटी है फर्ज़ी वोट न पड़ने दूँ।"

''तुझे ज़िन्दा नहीं रहना है क्या?''

हंगामा हुआ, भीड़ जुटी। रानी के गुण्डों ने मुझे धमकाया। कह सकते हैं, मेरा क्या रिश्ता था डॉ. इफ़्तार हुसैन से? मुझे क्यों फ़िक्र थी डेमोक्रेसी की? मेरा व्यक्तिगत क्या था? मैं किसी राजघराने से टकराने का जोखिम क्यों मोल ले रहा था? मुझे तो इस क्षेत्र से कभी कोई चुनाव भी नहीं लड़ना था। राकेश 'रफीक' और 'कुमार प्रदीप' के मुताबिक तो ''भाकपा संशोधनवादी और संसदीय मार्ग अपनाने वाली पार्टी थी। वह सांस्कृतिक-सामाजिक बदलाव के लिए भी कुछ नहीं कर सकती थी। तुम्हारी सारी मेहनत ज़ाया जायेगी।''

रानी समर्थकों ने लाठी-गोली मरवा देने की धमकी दी, पर मैं निर्भीक। कॉमरेड शर्मा ने पोलिंग के बाद नारे लगवाये, "श्यौराज सिंह 'बेचैन' ज़िन्दाबाद।" और कॉमरेड शर्मा क्रान्तिकारी लहजे में बोले—"शाबाश साथी!" मेरा हौसला बढ़ गया था।

एक बार रानी इन्द्रमोहिनी की बेटी रानी द्वितीय बिलारी में जुलूस निकलवा रही थीं। वे सिंहासन से ऊँचे वाहन पर सवार थीं। आगे-पीछे भारी भीड़ थी। लोकतन्त्र में हमें रानी-राजा का सम्बोधन अजीब लग रहा था। बिलारी के साथियों ने रानी के किसान विरोधी कारनामों को ज़ाहिर करने के लिए एक पर्चा छाप रखा था। अब ऐन मौक़े पर उसे बाँटे कौन? ज़िम्मा मैंने लिया, पूरा पुलिस प्रशासन रानी का घेरा बनाये हुए था और दो-तीन सौ पर्चे मैं अपनी शर्ट के भीतर दबाकर चुपचाप भीड़ में शामिल हो गया। जैसे ही रानी मुख्य चौक पर आयीं, मैंने पर्चे निकाले और उनके मुँह की ओर फेंक दिये। कुछ लोगों ने समझा ये पर्चे रानी के स्वागत-प्रशस्ति में हैं, पर तभी वहाँ 'रानी मुर्दाबाद! राजशाही हो बर्बाद! लोकतन्त्र ज़िन्दाबाद' आदि के नारे गूँजे और जब तक कोई मुझे पकड़ता, मैं वहाँ से जा चुका था।

क्रान्ति किसे कहते हैं? 'बहिष्कृत भारत' में बाबा साहब डॉ. अम्बेडकर का लेख पढ़कर मेरी समझ में आयीं। तब लगा यहाँ तो क्रान्ति के नाम पर सवर्ण जातियों के वर्चस्व को बनाये रखने के उपक्रम चल रहे हैं। क्रान्ति तो 'सामाजिक-लोकतन्त्र' विचारों में समताभाव लाये बग़ैर सम्भव ही नहीं है। तब पछताये होत का, जब चिड़िया चुग गयी खेत? तो क्या मेरे जीवन का इतना हिस्सा व्यर्थ ही चला गया?

चन्दौसी—सतीश वाल्मीकि के बाद 'शोषित संघर्ष समति' से एक युवा बाबूराम वाल्मीकि नया-नया जुड़ा था। संजय बस्ती के भोज-बहिष्कार के बाद उसने कहा था, "क्या आप मेरे घर खाना खाना पसन्द करेंगे?"

"क्यों नहीं, तुम्हारे ही घर खायेंगे। क्या बनवाओगे..."

मैं और राधेश्याम जब उनके घर पहुँचे तो वह नदारद था। सतीश को बुलाकर हमने चर्चा शुरू की। विषय था—बाल श्रम में लगे बच्चों को पढ़ाई के लिए कैसे प्रेरित करें...? पर बाबूराम कहाँ है? पता चला कि वह तो अम्बेडकरवादी मास्टर कुन्दनलाल और प्रेस वाले त्रिलोकी जी के घर है, वह उन्हें बुलाने गया था। यह दिखाने के लिए कि 'आप तो अम्बेडकर के प्रचारक हैं, फिर भी वाल्मीकियों के घर का खाना नहीं खाते हैं और श्यौराज सिंह 'बेचैन' और

राधेश्याम आज हमारे घर खाना खायेंगे चलो देखो।' वह उन्हें लाया और हमें घर में बैठाकर चला गया। खाना बनाने का कोई संकेत नहीं, हमारे पेट में चूहे कूद रहे थे। पता चला कि वह दारू पीकर टुन्न होकर सिनेमाघर के पास घूम रहा है।

दिल्ली : शिक्षक के नाते

पिछले सत्र में दिल्ली स्कूल के मेरे एक छात्र 'अवध किशोर पाण्डे' ने दूसरे छात्र 'राय सिंह' की किताबें चुरायीं, कवर बदला और अपना नाम लिख लिया। पर जाँच के दौरान वह पकड़ा गया तो मैंने उसे हिदायत देकर छोड़ दिया। बात प्रिंसिपल तक नहीं जाने दी। बच्चा है, चोरी कुसंस्कारवश या मजबूरी में की होगी, सुधर जायेगा। कुछ दिन बाद उसी बच्चे ने एक दूसरे छात्र की कॉपी-क़लम चुरायी और मेरी अनुपस्थिति में शिकायत प्रिंसिपल राजेश कुमार तक पहुँच गयी। बच्चे के अभिभावकों को स्कूल बुला लिया गया। कक्षा अध्यापक के रूप में उसी दिन मेरी भी उनसे भेंट हुई। वे पुस्तकालय में ले जाकर मुझसे बोले—"सर जी, आप भी किसी गाँव से ही आये होंगे।" जैसे मेरे माथे पर गाँव से आया हूँ लिखा हो।

"जी हाँ, आया तो गाँव से ही हूँ।"

"आप भी स्कूली ज़िन्दगी में ऐसी गलतियाँ करते रहे होंगे। आप भी बस्ते में कुछ तो रखते रहे होंगे।"

"जी हाँ, तो आप कहना क्या चाहते हैं?" मैंने पूछा तो वे निराश स्वर में बोले "मेरे बच्चे को स्कूल से निकाला जा रहा है।"

"मैं प्रिंसिपल सर से कहकर बच्चे को एक और मौक़ा देने की सिफ़ारिश करूँगा। आप बच्चे को स्कूल भेजते रहिए। उसे समझाइए और स्कूल की ज़रूरतें पूरी कीजिए।"

तभी भूगोल शिक्षक एस.पी सिंह आ गये। उन्होंने बताया, "आपके बेटे को बेचैन जी ने कई बार बचाया है।"

वे सुनते ही मेरी ओर मुखातिब हो बोले—"मास्टर जी, आपने मेरे बेटे को सुधारा क्यों नहीं।"

पाण्डे के पिता शिकायत कर रहे थे और मुझे गाँव के उस पिता की तुकबन्दी याद आ रही थी जिसने बच्चे को फेल होने पर कहा था—**कचरा भेजो, मुठियाँ भेजीं भेजो माँगों सोय, तोउ मेरो बुद्धा फेल कराइदओ अरे मास्टर, गुस्सा आवै मोय।**

वे चले गये, लेकिन मेरे ज़हन में मेरे स्कूली जीवन की घटनाएँ ताज़ा हो आयीं। हमें तो बिना चोरी किये स्कूल छोड़ना पड़ता था। हम छिपाते-चुराते थे अपनी ग़रीबी, अपनी तंगहाली। जैसे मैंने आठवीं में 'राँपा' छिपाया था। कोई देखता और जानता तो घृणा करता।

बिलारी : सरकारी अस्पताल की स्थापना के लिए भूख हड़ताल में बैठने वाले डॉ. रामेश्वर दयाल, लटूरी सिंह मास्टर आदि के साथ मैं भी था। उन दिनों 'वैज्ञानिक विचार केन्द्र' और 'अम्बेडकर युवक संघ' बिलारी का एक संयुक्त मोर्चा बना था। प्रशासनिक अधिकारियों से टकराने में उन दिनों बिलारी के युवाओं की बड़ी महत्त्वपूर्ण और जोखिम भरी भूमिका रहती थी। होने को नौजवानों का पूरा समूह था परन्तु राकेश 'रफीक' अगुआ थे। चन्दौसी में 'बस भाड़ा वृद्धि' के विरुद्ध भूख हड़ताल और 'रेलवे कर्मचारियों' के धरने में शामिल होता था।

चन्दौसी : 1982 बस भाड़ा वृद्धि के विरोध में धरने पर ओ.पी. पिप्पल, रेवाराम और लेखक आदि

कुल मिलाकर कहूँ तो बिलारी चन्दौसी, मुरादाबाद में जो मेरे जीवन का एक हिस्सा बीता, जिसमें मैं बौद्धिक, सांस्कृतिक, सामाजिक और राजनीतिक रूप से प्रशिक्षित हुआ, जो मैंने सीखा-अर्जित किया; उसमें कॉ. शर्मा और राकेश 'रफीक' की भूमिका अहम थी। उन जैसा संगठनकर्ता और जाति धर्म-भेद से मुक्त रहकर साथियों का समूह-निर्माण करना देशभर में कहीं दूसरा उदाहरण मेरे संज्ञान में नहीं है, जबकि ये मार्क्स-गांधी के समर्थक और अम्बेडकर विरोधी थे। मैं छद्मता नहीं पहचान पाया, यह मेरी अज्ञानता थी।

1986 का समय था, उन दिनों मेरी एम. ए. की परीक्षाएँ हो रही थीं और बिलारी में एस.डी.एम. के ख़िलाफ़ किसान यूनियन का आन्दोलन चल रहा था।

मैंने साथियों से समय माँगा कि मुझे कहीं दस-बीस दिन रहने-खाने की व्यवस्था हो जाये, तो मैं परीक्षाएँ ठीक से दे पाऊँ। उनका कहना था कि आन्दोलन के बीच रहकर ही पढ़ना-लिखना चाहिए। ख़ाली पढ़कर इम्तिहान देना क्रान्तिकारिता नहीं है। पर यह बात पैतृक सम्पत्ति-सम्पन्न भरे पेट वालों पर तो लागू हो सकती थी। मेरे जैसे सर्वहारा पर नहीं, जिसे बहुधा भूखा रहना पड़ता था।

मेरा पहला पेपर था। मैंने पास हुए छात्रों से पुरानी किताबें ले रखी थीं और इसी के दम पर मैं उम्मीद करता था कि प्रथम श्रेणी तो अवश्य लाऊँगा। परीक्षा एस.एम. कॉलेज चन्दौसी में थी और मैं पच्चीस किलोमीटर दूर बिलारी आन्दोलन में सक्रिय था। आन्दोलन का इतना दबदबा था कि पुलिस फोर्स देखती रही और किसानों द्वारा एस.डी.एम. को कान पकड़कर रस्सी के घेरे के नीचे से निकाला गया था। मैंने धीरे से राकेश से कहा था, "मुझे चन्दौसी जाना चाहिए। पर्चे भी छपकर सुबह आने हैं, मैंने लिख दिया है।"

"ये भी चन्दौसी छपना है।"

"किसी और को सौंपो राकेश, सुबह मेरी परीक्षा है।"

मैं चन्दौसी पहुँचा, मैटर प्रेस में दिया, खाना रेलवे स्टेशन पर सस्ते भोजनालय में खाया और गोलागंज में राधेश्याम के कमरे पर रात को पढ़ने पहुँचा। पढ़ी हुई किताब को फिर से देखने ही बैठा था कि **'राज टिकौली'** वाले **राम प्रसाद गौतम** आ धमके। वे अन्तहीन बहस करने बैठ गये। मुद्दा था—**विवाह की पद्धति कैसी हो? तब मैं शादी करने की सोच रहा था। इसलिए विषय ज़रूरी और दिलचस्प लग रहा था,** उससे अधिक मैं परीक्षा के प्रति गम्भीर था। मेरी विवशताएँ थीं कि मुझे अध्ययनेतर गतिविधियों में ज़्यादा घिसटना पड़ रहा था। कोई किराये का कमरा लेने की मेरी थोड़ी भी सामर्थ्यता होती तो मैं वहाँ ठहरकर अपेक्षित अध्ययन कर पाता। रात दो बजे तक चर्चा पूरी नहीं हो सकी। मैंने बार-बार कहा—"सुबह मेरा पेपर है।" तो वे कहते, "आपको क्या तैयारी करनी है आप तो रात-दिन पढ़ते ही रहते हैं।" नतीजा मेरा परीक्षा परिणाम अपेक्षित नहीं आया।

मीनू के साथ मैं जे.एन.यू. प्रवास पर था। एक दिन किसी काम से डॉ. गोबिन्द प्रसाद जी घर आये। वे नये-नये सहायक प्रोफ़ेसर बने थे।

मैंने कहा, "डॉ. साहब बैठिए, चाय लीजिए। कुछ बातें करें। अभी देवेन्द्र चौबे आने वाले हैं।"

वे घबराहट भरे स्वर में बोले—"नहीं-नहीं, चौबे जी द्वारा यदि पाण्डेय जी को पता चला कि मैं आपसे दलित साहित्य डिस्कस करता हूँ तो पाण्डेय जी..." और वे उठ खड़े हुए।

मैंने कहा, "चौबे जी तो अभी-अभी मेरे पास से उठकर गये हैं, आप इतने डरे हुए क्यों हैं?"

उन दिनों जे.एन.यू. में चेयरपर्सन प्रो. मैनेजर पाण्डेय का दबदबा था। यह पहेली मुझे उलझा रही थी कि एक ओर तो पाण्डेय जी दलित साहित्य का समर्थन करते दिख रहे हैं, रमणिका गुप्ता को प्रोत्साहित कर 'युद्धरत आम आदमी' के दलित विशेषांक निकलवा रहे हैं, सेमिनार करा रहे हैं और एक दलित लेखक से एक ऐसे प्रोफ़ेसर को मिलने से रोक रहे हैं या वह रुक रहा है जो स्वयं दलित है।

बिलारी 1986-88 में भारतीय किसान यूनियन के कार्यकर्ता चौधरी अभयराज सिंह की बहन् 'विनय भारती' ने अपने बेटे के नाम पर 'आनन्द पब्लिक स्कूल' खोला था। मुझे स्कूल में दो सौ रुपये माहवार पगार मिलते थे और लगभग पाँच सौ रुपये पर हस्ताक्षर करने पड़ते थे। मैं बी.एड. था, परन्तु था एक मज़दूर ही, कहीं स्थायी नौकरी नहीं थी। अर्थाभाव के कारण मेरा समय बहुत मुश्किल से गुज़र रहा था।

आनन्द पब्लिक स्कूल ऊपर बायें से दिनेश दिवाकर, लेखक, नीचे शिक्षिकाएँ सबसे दायें प्रबन्धक विनय भारती

स्कूल में दिनेश 'दिनकर' भी मेरी तरह ढाई सौ रुपये प्रति माह पाते थे। 'दिनेश' की हस्तलिपि बहुत सुन्दर थी। वे अख़बारों में फ़िल्मी अभिनेत्रियों को

प्रश्नावली भेजते, जवाब आते और वे उन्हें अख़बारों में भेज देते थे। रंगीन पेज पर छप जाते और उन्हें मानदेय मिल जाता था। वे कहते तुम सीरियस क्यों लिखते हो? स्कूल में पढ़ाना सम्मानित कार्य था, परन्तु यह अधिक दिन नहीं चला।

बिलारी में पोस्ट ऑफ़िस वाले वर्मा जी की बेटी को मैं एम.ए. समाजशास्त्र पढ़ाने के लिए यूनियन के दफ़्तर से बिलारी पैदल जाता था। फ़ीस तो मैं लेता नहीं था, परन्तु मैं चाहता था कि पढ़ाने के बदले मुझे खाना खिला दिया जाये। उनकी माता जी या दादी भी वहाँ होतीं। अपना घर होने के बावजूद वे खाना खाने को नहीं कहती थीं और मैं माँग नहीं सकता था। शायद उन्हें अन्दाज़ा भी न होता हो कि मैं पढ़ाने आया हूँ। तो खाना खाकर नहीं आया हूँ। पढ़ा कर जाऊँगा और खाना कहाँ खाऊँगा? इससे किसी को क्या लेना-देना था? तीन-चार बजे वह खाने का वक़्त भी नहीं होता था। मेरा संकोच, मेरी खुद्दारी मुझे तोड़ भी रही थी और वही मेरी ताक़त भी बन रही थी। मैं जलते हालातों में तप रहा था।

बिजेन्द्र सिंह यादव प्रधान

मेरी चर्चित कहानी 'रावण' का जीवित पात्र फूलसिंह रमेश के साथ आज 27 मई, 2023 को मेरे घर आया। उसके आने से मानो लम्बा अतीत उठकर चला आया। 11 साल दिल्ली रामलीला में रावण की भूमिका अदा करने के बाद जब वह अपने गाँव की रामलीला में रावण बना तो शेष यादव कलाकारों ने यहाँ तक ऐतराज किया कि मंच पर ही उसे मारा-पीटा। उसके बाद वह सपरिवार गाँव छोड़ गया। चालीस साल हो गये। ऊधमसिंह नगर के बाँस बंडा में जा बसा।

उसके उलट यह मेरे गाँव का मेरे प्रति प्रेम ही कहिए कि ग्राम पंचायत में यह बात आयी कि श्यौराज पढ़-लिख गया है, कवि हो गया। पर बेरोज़गार है, रोटी-रोज़ी के लिए वह गाँव छोड़ देगा। उसे गाँव में रोकना है तो उसकी जीविका का कुछ साधन होना चाहिए। प्रधान ने ग्राम-सभा की मीटिंग में मेरी सहायता का सवाल उठाया। मुझे याद है वह मीटिंग मेम्बर साहब के दालान पर हुई थी।

उन्नीस सौ छियासी-सतासी में मुझे गाँव का तालाब मत्स्य पालन हेतु पट्टे पर दिया गया था। शादी कर लूँ। अपना घर बसा लूँ और स्थायी रूप से गाँव में रहने लगूँ। सरकार भी 'मत्स्य पालन उद्योग' चला रही थी। बिजेन्द्र सिंह यादव ग्राम प्रधान थे और फ़ौजी भांजे महीलाल का रुतबा था। बाद में वह गाँव की

आपसी राजनीति में पड़ गया था। विरोधी पक्ष ने गोली मारकर उसकी हत्या कर दी थी। वैसे उसने बड़े-बड़े डाकुओं की हवा निकाल दी थी। इलाक़े में चोर डाकू हुए लगभग सभी यादव। पर महीलाल चमार-भंगियों का पक्ष लेते थे। किसी दबंग यादव को भी ग़रीब-गुरबा पर हाथ नहीं उठाने देते थे।

तालाब दिलाने में मुझे मास्टर कुँअर बहादुर यादव का समर्थन और सहयोग ख़ासकर मिला था। ग्राम-सभा में प्रस्तावित प्रस्ताव के वक़्त एक भी ग्राम-सभा सदस्य ने विरोध नहीं किया था, जबकि एकमात्र दलित सदस्य बैजनाथ जाटव उपस्थित ही नहीं हुए। मेरे सामने पेट भरने की भयंकर समस्या थी, परन्तु यह समस्या मेरे पढ़ने के कारण उत्पन्न होती थी, सो, तालाब के रूप में हल मिल गया था। अगर मैं केवल पेट भरता तो मैं एक अच्छा-ख़ासा राजमिस्त्री भी था, साथ ही और भी ढेर सारे काम करना जानता था, परन्तु मेरा मन लिखने-पढ़ने के लिए मचलता था और समाज की सेवा में रमता था। शारीरिक श्रम छोड़ते ही आर्थिक संकट शुरू हो जाता था। तालाब मिल गया, बीज-पानी के लिए अनुदान भी स्वीकृत हो गया और मैं गाँव में जमने लगा। महीना भी नहीं बीता कि मेरे सहपाठी विनोद गोस्वामी, वेदराम, हेमराज आदि मुझे ढूँढ़ते मेरे गाँव आ पहुँचे। ''श्यौराज, तेरी छात्रवृत्ति आ चुकी है। तुझे प्रिंसिपल साहब ने बुलाया है, कॉलेज चल और पढ़ाई कर।''

मछली पालन हेतु दस वर्ष के लिए तालाब का पट्टा मेरे नाम किया गया था। रमेश ने बताया, 'वह तालाब तो अब तक भी तुम्हारे नाम था। अब जाकर ग्राम सभा में लौटा है।' मैं आज भी गाँव का आभारी हूँ परन्तु मैं सब छोड़कर अपनी पढ़ाई की तड़प लेकर फिर शहर भाग आया। गाँव में रह ही नहीं सका। सुविधा का लाभ लेने का प्रश्न ही नहीं।

दिल्ली : छात्र नहीं शिक्षक

दिल्ली में पहले दिन नीबू बेचने से देर होने के कारण मुझे स्कूली शिक्षा लेने से रोका गया था। मैं ऐसा रुका था कि फिर कभी दिल्ली के किसी स्कूल में नहीं जा सका। उन दिनों मैं तीव्रता से महसूस करता था कि स्कूली शिक्षा मिले। पर मैं बहुत चाह कर भी दिल्ली में स्कूली छात्र नहीं बन पाया। जब दिल्ली के सरकारी स्कूल में अध्यापक के पद पर नियुक्त हुआ तो मुझे वह पुरानी घटना याद आयी, जब मैंने 1968 से 1988 तक छात्र बनने के अनेक प्रयास किये, लेकिन स्कूल से लेकर यूनिवर्सिटी तक मुझे बतौर छात्र स्वीकार नहीं किया। उसी दिल्ली के स्कूल में मैं अध्यापक बनकर आया, दिल्ली विश्वविद्यालय में सीनियर प्रोफ़ेसर से

लेकर विभागाध्यक्ष बनने तक पहुँचा, यह मेरे लिए किसी चमत्कार से कम नहीं था। इसके लिए आभार प्रो. तपन बासू का जिन्होंने अपने ड्राइवर के हाथ मेरे घर आवेदन भेजा, भरने का आग्रह किया और विशेष आभार प्रो. सुधीश पचौरी का जिनके कार्यालय ने मुझे अपनाया।

विवाह की बातें

चन्दौसी में कैथल गेट की दो लड़कियाँ मेरे लिए मौसा जी ने दिखाई थीं। एक थी भगवानवती, दूसरी का नाम याद नहीं। तब मैं ग्यारहवीं में पढ़ता था। लड़की के भाई और पिता गल्ला-कुली यानी पल्लेदार थे। दूसरी के जूता कारीगर। जैसे मौसा जी वैसी उनकी मित्र मण्डली। मुझे जलेबी लाकर खिलायी गयीं। लड़की चमकीले कपड़े पहना कर चाय की प्लेट के साथ पेश की गयी। हाथ जोड़ नमस्ते कर घर में चली गयी। बस देख ली लड़की। मौसा जी ने मुझे समझाया "ये लोग भले मानस हैं, लड़की शरीफ और सीधी-सादी है। एकदम भोली गाय, मैं इन्हें बहुत पहले से जानता हूँ। तुम बस हाँ कर दो।"

ऐसा नहीं कि मुझे कोई लड़की पसन्द न आयी हो, या मैंने कोई हूर परी चाही हो, बल्कि मुझे ऐसा स्मरण नहीं है कि नापसन्द कौन थी। मुझे तो गोरी-काली में भी भेद नहीं रहा, परन्तु मेरा मूल संकट था कि गृहस्थी तो बस जायेगी, पर रोटी कहाँ से आयेगी। दूसरी ओर मैं 10वीं करने के बाद से ही चाहता था कि मुझे अपनी रोटी कमाने लायक कोई काम मिल जाये, जिस लड़की से मेरी शादी हो वह लड़की मेरी तरह पढ़ने की इच्छा रखती हो। इससे ज़्यादा की ख़्वाहिश ही नहीं थी।

'पढ़ ले' कोई कहने वाला नहीं था

एक शिक्षक होने के नाते जान पाया हूँ कि वही बालक अच्छा पढ़-लिख पाता है जिसके अभिभावक सहयोगी और ज़िम्मेदार होते हैं। जिसके पेट को खाना, तन को वस्त्र और पढ़ने को पाठ्यसामग्री उपलब्ध कराते हैं। डॉ. अम्बेडकर दुनिया के सर्वाधिक अध्ययनशील और रचनात्मक बुद्धिजीवी बने, तो उनके पीछे उनके पिता का बेमिसाल योगदान था। 'नवयुग' साप्ताहिक (13 अप्रैल, 1947) को दिये साक्षात्कार में उन्होंने बताया था, 'मेरे स्नेही पिता मुझे हर हाल में पुस्तकें उपलब्ध कराते थे। पैसे नहीं होते तो बहनों से उधार लेकर आते थे।'

मुझे स्पष्ट स्मरण है मेरी उम्र के मेरे साथी छात्रों के माता-पिता कहते थे, पढ़ बेटा और बड़ा आदमी बन। मुझे कोई यह भी कहने वाला नहीं था कि

चल तू जो बन-सो-बन पढ़ना चाहता है तो पढ़ ले। किसी का कोई इशारा नहीं, कोई सहारा नहीं, किसी को कोई सरोकार नहीं। ताई-ताऊ, माँ-बहन सब पढ़ना-लिखना फ़िज़ूल मानते थे। मेरे शैक्षिक भविष्य के प्रति सभी नाउम्मीद थे। बल्कि उन दिनों मैं गुब्बारे व ऐनक बनाकर बेचने के काम से गंगा मेलों में ले जाया करता था। राजघाट-रामघाट ख़ासकर मैंने इस काम में फूलसिंह को भी साथ लिया था। इस काम में न तो मैं कोई विशेष दक्षता प्राप्त कर पाया था और न हमेशा मेले ही होते, जिससे मैं नियमित चार पैसे कमाता। अस्थायी मजूरी, अनिश्चित काम, मेरी जीविका की मजबूरियाँ थीं। शाहदरा में जब मैं फुटपाथ पर अपने गाँव के राजमिस्त्रियों और मज़दूरों के बीच बैठता था तब मुझसे बड़े-छोटे सबके मुँह पर एक ही शब्द रहता, 'चौदह पढ़कर क्या फ़ायदा?' पाँच-सात साल में कितनी गुलामी की। जिन पंजाबी बुजुर्ग को हम सब मज़दूर 'पापा जी' कहते थे, वे एक शेर सुनाते हैं, 'कमर बाँधे हुए यहाँ सब यार बैठे हैं। कुछ जा चुके, कुछ जाने को तैयार बैठे हैं।' पापा जी छत की ख़ाली पड़ी जगह में हमें ईंटों के चूल्हे पर खाना बनाने को कहते, वे पाँच बजे उठ जाते थे।

शहीद भगत सिंह के निमित्त

1984 में चन्दौसी के मुंसिफ मार्ग पर शहीद **भगत सिंह** की प्रतिमा स्थापित करने के लिए नौजवानों की एक समिति बनी थी। मैं भी उस समिति का सदस्य था। आर्थिक सहयोग लेने के लिए सुनील शर्मा, मुन्नालाल शाक्य और मैं डॉ. मूलचन्द के निवास पर पहुँचे। उन्होंने हमें बैठाया, बात की और अपने समृद्ध पुस्तकालय में से निकालकर एक किताब चन्दा स्वरूप पकड़ा दी। "इसे ले जाओ, किसी को बेच देना और चन्दा में शामिल कर लेना।" वह किताब हिन्दी-अंग्रेज़ी की नहीं थी। मतलब, चन्दौसी में उसका ख़रीददार मिल पाना सम्भव नहीं था। हमारे गुरुवर की वह दानवीरता साथियों के बीच काफ़ी दिनों तक याद की जाती रही।

एस.एम. कॉलेज में 'वागीश्वरी परिषद्' एम.ए. पूर्वार्द्ध में सर्वाधिक अंक पाने वाले को अध्यक्ष बनाया जाता था। पर मेरे अंक तो निराशाजनक थे। ऐसा क्यों हुआ कि प्रिंसिपल साहब वीरेन्द्र सिंह और गौतम साहब ने यह चिन्ता ज़ाहिर की, जबकि मुझे लगा मैं द्वितीय श्रेणी अंकों से पास हो गया, बस काफ़ी है। क्योंकि मैं जानता था कि मैं किन अभावों के दौर से गुज़र रहा था। कक्षाएँ अटैंड नहीं कर पाता था। दो वक़्त की रोटी का कोई इन्तज़ाम नहीं था। न

किताबें-कापियाँ ख़रीद सकता था, न जेब ख़र्च को मेरे पास पैसा-पाई होता था और किसी से माँगने की तो कल्पना भी नहीं कर सकता था।

मंजु गौतम के अंक हम सबसे अधिक थे। इसलिए उन्हें अध्यक्ष बनने का प्रस्ताव दिया गया। उन्होंने कहा, "साहित्यिक गतिविधियों में श्यौराज ज़्यादा सक्रिय रहते हैं, मैं चाहती हूँ वही अध्यक्ष बनें।"

राजेन्द्र यादव के सम्पादन में 'हंस' का नया-नया प्रकाशन आरम्भ हुआ था। पत्रिकाएँ ख़रीदकर पढ़ने के लिए मेरे पास पैसे नहीं होते थे। शान्ति यादव चन्दौसी में रहकर दिवंगत पति के स्थान पर पुलिस विभाग की नौकरी कर रही थीं। साथ ही छोटी बहन और भतीजों को पढ़ा रही थीं। उनसे मेरा परिचय मुन्नालाल मौर्या ने कराया था। वे 'हंस', 'गंगा' पत्रिकाएँ मँगाती थीं। मैं उनकी प्रति पढ़ा करता था। क्लास में आते-जाते गौतम साहब के हाथों में 'हंस' की प्रति दिखाई पड़ती थी। 1987 में कॉलेज की साहित्यिक संगोष्ठी में एक कविता प्रतियोगिता हुई, शहर के सामाजिक कार्यकर्ता भी उसमें शामिल हुए थे। प्रतियोगिता के प्रथम, द्वितीय और तृतीय स्थानों में मुझे पहला स्थान मिला। घोषणा कर दी गयी। कानाफसी हुई और फिर तीसरे स्थान पर रहे उपाध्याय को भी एक और प्रथम स्थान सृजित किया गया। तब मुझे कुछ दलित कार्यकर्ताओं ने अहसास कराया कि दलित प्रथम है, इसलिए ब्राह्मणों ने एक और प्रथम स्थान पैदा किया है।

26 जनवरी, 1988 को एस. एम. कॉलेज के मैदान में गणतंत्र दिवस का आयोजन हो रहा था। मुझे बिलारी से किसान नेता चौधरी महेन्द्र सिंह टिकैत की रैली में मेरठ जाना था। चलते-चलते कॉलेज कार्यक्रम देख लिया जाये, अतः मैं मैदान के कोने में खड़ा हो गया। संचालन कर रहे डॉ. मूलचन्द गौतम ने दूर से देखा और पास बुलाकर कहा, 'कुछ कविताएँ, कुछ गीत सुनाओ।' मैंने उनके आदेश का पालन किया, अपनी ताज़ा कविताएँ पेश कीं और वहीं से मैं मेरठ धरने में शामिल होने के लिए रवाना हो गया।

कुलकर्णी का करिश्मा

नवम्बर-दिसम्बर, 1985 में राकेश 'रफीक' ने महाराष्ट्र से सुनील कुलकर्णी को बुलाया था। कुलकर्णी ने हमें 'योगा' सिखाया और अन्धविश्वास-विरोध के एक अभियान में शामिल किया। कुलकर्णी से सीखकर मैंने और राधेश्याम ने लोगों को वैज्ञानिक रहस्य समझाने का प्रयास किया था। भकरौली, आसफपुर और चन्दौसी के कई 'इंटर कॉलेजों' में अन्धविश्वास विरोधी सार्वजनिक कार्यक्रम

किये थे। दर्शकों की भीड़ ऐसे उमड़ती थी मानो हम ही जादूगर हैं। जब मैंने चमत्कार दिखाने वाले एक ढोंगी का पर्दाफ़ाश किया था तो उसके गुण्डों ने मुझ पर हमला कर दिया था। यह व्यक्ति चन्दौसी खुर्जा गेट पर सब्ज़ी की बड़ी-सी

लेखक द्वारा अन्धविश्वासी चमत्कारों का भांडाफोड़ प्रदर्शन, साथ में हैं सुनील कुलकर्णी

दुकान लगाता था और अँधेरा होने पर पेड़ के नीचे छोटे से 'देवी मन्दिर' पर दलित बस्ती की महिलाओं को झाड़-फूँक के लिए आमन्त्रित करता था। पता चला कि वह किसी हिन्दू संगठन के लिए दलितों में अन्धविश्वास फैलाने का सुनियोजित कार्य करता था। चुन्नी मोहल्ला के चुंगी चौराहे पर अन्धविश्वास पर्दाफ़ाश का एक बड़ा 'शो' सम्पन्न हुआ था। भारी भीड़ उमड़ी थी, वह देखने के लिए सुनील कुलकर्णी ने अपनी उपस्थिति में मेरे हाथ से वे सब चमत्कार करके प्रदर्शित कराये थे।

कुलकर्णी अन्धश्रद्धा उन्मूलन का नेता तो था ही 'लवगुरु' भी था। वह 'ओशो' प्रेरित 'कामकला' का भी मास्टर था। वह अपनी नयी-नवेली प्रेमिका को साथ लेकर आया था। सो उसका प्रदर्शन भी सार्वजनिक करने लगता था। राकेश ने उसके ठहरने का इन्तज़ाम डॉ. मूलचन्द गौतम के घर में किया था। एक दिन गौतम साहब ने कहा, "श्यौराज इन लोगों का इतना ज़्यादा खुलापन बर्दाश्त नहीं हो रहा है। ये बेपर्दा बालकनी में खड़े होकर चुम्मा-चाटी करते हैं। यहाँ यूरोपीय कल्चर तो है नहीं।" उन दिनों चन्दौसी के गोलागंज में गौतम साहब के निवास के सामने एक मन्दिर था। वहाँ पूजा-पाठ से ज़्यादा शोर-शराबा होता था। परीक्षार्थी डिस्टर्ब होते थे। गौतम साहब बोले, "श्यौराज

एक दिन अन्धविश्वास और पूजा-पाखण्ड के विरोध में सुनील का एक भाषण इन पाखण्डियों को सुनाओ, ताकि किसी तरह यह भोंपू बन्द हो और शान्ति से बच्चों के पढ़ने-लिखने का माहौल बन सके। ये आडम्बरी रात-दिन माइक पर शोर मचाते हैं, बच्चे पढ़ नहीं पाते हैं। नमाज़-अजान का तो वक़्त मुकर्रर होता है, परन्तु इनका तो कोई समय ही नहीं, रात-दिन ध्वनि प्रदूषण फैलाते हैं।'' कबीर होते तो पूछते, क्या तुम्हारा ईश्वर भी बहरा हो गया है?

डॉ. गौतम 'परिवेश' पत्रिका का सम्पादन भी किया करते थे। इन्होंने देहरादून में ओमप्रकाश वाल्मीकि को 'परिवेश सम्मान' दिया था। परिवेश का दलित साहित्यान्दोलन में एक और योगदान था—मलखान सिंह की कविताएँ परिवेश में छपी थीं। 'सुनो ब्राह्मण' शीर्षक भी सम्पादक गौतम जी ने दिया था। 'हंस' ने भी 'सुनो ब्राह्मण' परिवेश से ही ली थी। परन्तु उनके पास ऐसी कोई दूरद्रष्टा समिति नहीं थी, जो श्यौराज के बहाने भी पत्रिका को सम्मान दिला पाती। मैं पिछले दिनों विश्वविद्यालयों के दलित साहित्य पाठ्यक्रम देख रहा था। यह तथ्य है कि देश के अधिकांश विश्वविद्यालयों में जहाँ दलित रचनाएँ पाठ्यक्रम का हिस्सा बनी हैं, वहाँ मेरी कविताएँ, कहानियाँ और आत्मकथा शामिल हैं। परन्तु जिस विश्वविद्यालय से मेरा पूर्व का सम्बन्ध था, वहाँ के पाठ्यक्रम का हमने मूल्यांकन किया। शोध अधिकारी मोहनलाल आर्य ने बताया—''तुम्हारी रचनाएँ इस पाठ्यक्रम में नहीं हैं, इसलिए कि इसके निर्माण में सर्वेसर्वा तुम्हारे दो-दो गुरु जी निर्णायक भूमिका में थे। एक मूलचन्द गौतम, दूसरे वीरेन डंगवाल, मात्र एक किताब 'हिन्दी दलित पत्रकारिता पर पत्रकार अम्बेडकर का प्रभाव' वह भी सन्दर्भ सूची में रख पाये। ख़ासकर आत्मकथा ऑक्सफोर्ड से अंग्रेज़ी में आने के बाद। देश-विदेश के कई विश्वविद्यालयों में आज मेरी रचनाएँ पाठ्यक्रम का हिस्सा बनी हैं। नांदेड़, मुम्बई, हैदराबाद, लखनऊ, राँची विश्वविद्यालय के साथ-साथ सावित्रीबाई फुले विद्यापीठ पुणे तो कविता के अलावा एक पूरा प्रश्न पत्र श्यौराज सिंह के लेखन पर पढ़ा रहा है। परिवेश में भी मेरी आत्मकथा का मात्र एक अंश **'जड़ों की ओर'** छपा था।

रामचरन लेखानवीस की चादर

रामचरन 'भकरौली' (रेलवे स्टेशन) गाँव के रहने वाले थे। वे गुन्नौर तहसील में 'होती लाल' ताऊ के साथ लेखानवीसी किया करते थे। गंगी बब्बा की कुठिया लिखते वक़्त उरमान सिंह यादव ने उस पर आधे रुपये सिर्फ़ इस बिना पर हड़प

लिये थे कि मेरे **घर की पिछली दीवार गंगी चमार के घर की दीवार से सटी है।** यह कोई तर्क नहीं था, कोरी अनधिकार चेष्टा थी, दबंगई थी। पर ऐसे दीन-हीन चमारों के घर पुश्तैनी व पट्टे की ज़मीनें यादवों द्वारा नाम मात्र की क़ीमत पर अपने नाम करा ली जाती थीं। मेरे घर की बर्बादी के स्मारक खँडहर को छोड़ आज जाटवों-वाल्मीकियों के सब घर यादवों के क़ब्ज़े में हैं। रामचरन ने होती लाल के साथ मिलकर उरमान का साथ दिया था, जबकि ये तीनों एक ही दलित जाति के थे। लिखत के उन्होंने न केवल पूरे बीस रुपये लिए, बल्कि अधिक भी

गाँव नदरोली में लेखक का पुश्तैनी घर

लिए। मेरी भी कमज़ोरी देखो कि मैं दबंग यादव से तो लड़ नहीं सकता था। एक कमज़ोर दूसरे कमज़ोर सजातीय रामचरन से बदला लेने की फिराक में था। एक दिन वे बबराला से रेल में चढ़े। मैंने हेमराज से कहा, ''इसने ऊपर की सीट पर जो बोरी का थैला रखा है, उसमें मुझे कम्बल दिखाई पड़ रहा था। सर्दियों के दिन हैं, मुझे ओढ़ने के लिए कपड़े की ज़रूरत है। मैं गाड़ी चलते ही कम्बल लेकर उतर जाऊँगा। तू इसे बातों में लगाये रखना और अगले स्टेशन पर उतरकर वापस वाली ट्रेन से आ जाना।'' वह मान गया। जैसे ही गाड़ी ने थोड़ी स्पीड पकड़ी, मैं वह थैला लेकर उतर गया। मुड़कर देखा कि हेमराज भी उतर गया। परन्तु रामचरण ने हमारा पीछा क्यों नहीं किया? मेरे ज़हन में प्रश्न कौंधा। **शायद उसे पता ही नहीं चला होगा, क्योंकि वह सीट से उठकर दरवाज़े तक भी नहीं आया। चलो अब सर्दी में कम्बल ओढ़ने का मेरा मसला हल हो जायेगा। हेमराज अब मुझे तेरी रज़ाई की ज़रूरत नहीं होगी। तभी हेमराज ने थैले से कम्बल खींच कर बाहर निकाला तो हम दोनों देखकर स्तब्ध रह गये। इसमें तो सीधे पैबन्द लगे हैं। टुकड़ों को सिलकर रखना! यह इन्सान का ओढ़ना था या**

किसी पशु का? अगर वह खुद इसका इस्तेमाल करता था तो वह मुझसे भी अधिक ग़रीब रहा होगा। यदि पशु के लिए यह उढ़ावन बनाया होगा तो उसकी हालत ठीक-ठाक रही होगी।

"हेमराज, यार यह हमने क्या किया? यह तो अच्छा नहीं हुआ। बेशक यह बदले की भावना से किया गया, पर यह किया तो मैंने ग़लत ही।"

"हाँ श्यौराज, तू ठीक कह रहा है। पर अब अगर पश्चात्ताप या अपराधबोध हो रहा है तो इसका भी उपाय है, प्रायश्चित्त कर। एक ही सप्ताह बाद मैं गाँव जाऊँगा, तू भी चलना हम इसे उसके घर दे आयेंगे।"

"नहीं यार, हम सामने जायेंगे तो उससे नज़रें कैसे मिला पायेंगे?"

"छोड़ यार, पास-पड़ोस में किसी को देकर चले आयेंगे।" रामचरन का वह तथाकथित कम्बल हमने रस्सी से बाँधकर छात्रावास के तख़्त के नीचे रख दिया।

20-25 दिन बाद हम गाँव लौटने लगे तो वह कम्बल भी साथ रख लिया। दोपहर की ट्रेन से हम भकरौली उतर गये और रामचरन के गाँव पहुँच गये। गाँव के बाहर पेड़ों के नीचे से लकड़ियाँ बटोरती महिलाओं से रामचरन मुंशी जी का घर पूछा, तो एक महिला ने कहा, "क्या काम है उनसे?"

"उनका कुछ क़ीमती सामान है जो उन्हें लौटाना है।"

"वो देखो, तलइया के किनारे गाँव के बाहर ही है। चले जाओ सूदे। थोड़ी कीच-कांच है, अपने जूता बचाइ के जइयों।"

"जी, शुक्रिया।"

हम उनके घर पहुँच गये। आँगन में एक वृद्धा खड़ी थी।

मैंने पूछा—"क्या रामचरन जी का घर यहीं है?"

"हाँ जोई है, का काम है उनसे?"

हम बतिया ही रहे थे कि तब तक वे पेड़ों के नीचे वाली महिलाएँ उसी घर आ पहुँचीं।

"हाँ, तो बताओ का सामान देने आये हो?"

"जी, हमें नदरोली वाले होतीलाल ने भेजा है, कि रामचरन को ये थैला दे आओ।"

"का काम करते हो तुम?"

"हम पढ़ाई करते हैं, विद्यार्थी हैं।"

"झूठ और चोरी पढ़त हो का?"

"जी नहीं। हम तो बहुत शरीफ हैं।"

"झूठे हो दुनिया भर के!"

"क्यों?"

"हमारे पापा को गुज़रे सप्ताह है गओ और होतीलाल ताऊ की आँखिनु के सामने पापा को दाह-संस्कार भओ और तुम कह रहे हो तुम्हें होतीलाल ने भेजो है!"

मुझे लगा एक गुनाह से पीछा छुड़ाने आये थे, यहाँ दूसरा गुनाह कर बैठे। मैंने तुरन्त बात बदली, "देखो, हम गाँव से नांय आये हैं, कॉलेज से आये हैं। जब गाँव से गये तब होतीलाल ने हमें ये अमानत सौंपी थी, इस बीच तुम्हारे पापा चल बसे, हमें इसकी जानकारी नहीं थी। पर आप यह बताओ कि वे कहीं ठण्ड से ठिठुर के तो नहीं गुज़र गये? कम्बल की कमी में तो कहीं ठण्ड नहीं लग गयी उन्हें, उनके पास रज़ाई-गद्दा तो थे?"

"तू ऐसी बातें कर रओ है 'ठिठुर कें मरे तेरो बाप', रज़ाई-गद्दा नांय होते तो तुम दे जाते?"

"लेउ ये थैला देने आये हैं हम?"

"तो का तुम ही रेल में तें चुराइ लै गये। पापा ने बताओ हो रेल में कोई चोर मेरो थैला उठाइ लै गओ है। **मैंने 'ऊ'** कोई कोशिश नांइ करी, सोचो पछताइ रओ होइगो लै जाइके।"

पर हम चोर होते तो थैला घर लौटाबन कू आते का?"

"हम नहीं जानत तुम बड़े धर्मात्मा हो, अब ही उठो और अपनों रास्ता पकड़ो।"

हम चारपाई के पास थैला रखकर अपना पिटा-सा मुँह लेकर स्टेशन की ओर मुखातिब हुए।

छूत से भयाक्रान्त ब्राह्मण

बात 26 जनवरी, 1997 की है। उन दिनों भांजा विनोद अपने गाँव डूंगर मिर्ज़ापुर का प्रधान था। उसके साथ उसके गाँव के एक प्रतिष्ठित पण्डित जयप्रकाश शर्मा गणतन्त्र दिवस की झाँकियाँ देखकर हमारे जे.एन.यू. हॉस्टल आये थे। वे एक दिन पहले गाँव से चले थे। रात को कहीं सो नहीं पाये थे। अतः प्रातः आते ही उन्होंने आराम करने की इच्छा प्रकट की। हमने सहर्ष उनकी सेवा की। पण्डित जी बेड के कोने में आराम करने लेट गये। उन्हें नींद आ गयी। तब तक डॉ. देवेन्द्र चौबे आ गये। **डॉ. सोहनपाल सुमनाक्षर** के साथ **प्रो. मैनेजर पाण्डेय** के घर हमारी एक साहित्यिक मीटिंग तय थी।

चौबे जी बोले, "चलिए जल्दी चलते हैं।"
चौबे जी ने जानना चाहा, "आगन्तुक कौन हैं?" तो मैंने शर्मा जी का परिचय दिया।

"अच्छा, गाँव के ब्राह्मण आपके घर में सो रहे हैं!" उन्होंने आश्चर्य प्रकट किया। हम उन्हें आराम फरमाते छोड़ पाण्डेय जी के पास चले गये। डॉ. सुमनाक्षर, अपनी पत्नी श्रीमती त्रिलोचन, आचार्य गुरु प्रसाद और दो बच्चों सहित पहले से ही पाण्डेय जी के निवास पर बैठे थे। 'दलित साहित्य पर संयुक्त सेमिनार' करने के बारे में चर्चा चल रही थी। हम भी शामिल हो गये।

शाम को सब्ज़ी बनाने के बाद जब 'मीनू' रोटियाँ सेंक रही थीं तो मैंने कहा, "पहले अतिथि विनोद और पण्डित जी को खाना खिला दें, हम बाद में खा लेंगे।"

पण्डित जी बोले, "मुझे भूख नहीं है, मैं बाहर का खाना नहीं खाता हूँ। घर से पराँठे बाँधकर लाया था।"

"ठीक है, पर घर के बासी पराँठे क्यों खायेंगे आप? हम ताज़ा खाना बना रहे हैं", मैंने कहा।

"नहीं-नहीं, मैं कुछ गुड़ भी लाया था, सो खा लिया है। आप तकल्लुफ़ मत कीजिए, मैं भूखा नहीं हूँ।"

मुझे शक हुआ कि शायद पण्डित जी छूत-छात की भावना के मरीज़ हैं। पर मैंने कुछ कहा नहीं। खाना खाते-बतियाते रात काफ़ी गुज़र गयी। किसानों में काम करते समय अपनी एक सनातनी साधु द्वारा दी गयी रज़ाई मेरे पास थी। अतिरिक्त इसलिए कि वह मैंने पण्डित जी को ओढ़ने के लिए दे दी। उनका पूरा बिस्तर स्वतन्त्र लगाया, जबकि विनोद और मैं एक रज़ाई में और 'मीनू' बच्चों सहित फ़र्श पर सो गयी।

27 और 28 जनवरी को कोहरे के कारण रात में काफ़ी ठण्ड बढ़ गयी थी। एक नींद पूरी होने के बाद जब मेरी आँख खुली तो देखा कि पण्डित जी अपनी एक गर्म चादर ओढ़े कोने में बैठे हैं। वे ठण्ड से काँप रहे हैं और रज़ाई मैंने जहाँ रखी थी यथावत वहीं रखी है। उन्होंने उसे छुआ तक नहीं है। तब मैंने विनोद को जगाया और धीरे-से पण्डित जी की समस्या पर बात की। उसने बताया कि पण्डित जी दिल्ली में आकर एक अछूत के यहाँ फँस गये हैं, पर घर कोई दलितों की मलिन बस्ती का नहीं हैं, यह जे.एन.यू. के महानदी हॉस्टल का रूम है। विनोद ने बताया, "पण्डित जी की मेंटल कंडीशन ऐसी है कि वे सपने में भी किसी दलित के घर ठहर नहीं सकते। दिल्ली पहली बार आये हैं, किसी को जानते-पहचानते नहीं हैं। वे अपनी ही चादर ओढ़ेंगे।"

मुझे पण्डित जी पर तरस आ रहा था। जब वे छूत से बचना ज़रूरी समझते हैं, तो इस घर में घुसे क्यों? इनका आत्म-कष्ट मुझे दुखी कर रहा है। रात भर मेरी नींद डिस्टर्ब रही। सुबह डॉ. बी.बी.जी. तिलक घर आये। जब मैंने उनके भूखे रहने और ठण्ड सहने की कथा साझा की तो उन्होंने कहा, "यह ब्राह्मण तुम्हारी दया का पात्र है, इससे ज़्यादा क्या कहा जा सकता है। इसे ससम्मान विदा कर मुक्ति लो।"

दूसरे दिन भी उन्होंने खाना नहीं खाया। तो मैंने उनसे साफ़-साफ़ कहा, "पण्डित जी, आप जब किसी अछूत के घर चाय पी सकते हैं, पानी पी सकते हैं तो रोटी क्यों नहीं खा सकते? घर में ठहर सकते हैं, गद्दा और चारपाई इस्तेमाल कर सकते हैं तो रज़ाई क्यों नहीं ओढ़ सकते? यह सब नहीं कर सकते तो आपने यहाँ पधारने का कष्ट क्यों किया? हाड़ कँपा देने वाली इस ठण्ड में भूखे रहकर तो आप मर जायेंगे। यह ब्रह्म-हत्या का पाप आप हम पर लगायेंगे?"

यहाँ देवेन्द्र चौबे हॉस्टल के ऊपरी तल पर रहते थे। मैंने गार्ड को भेजकर उन्हें बुला लिया। पण्डित जी की हालत का अवलोकन कराया और कहा, "आप इन्हें अपने कमरे में ले जाकर कुछ खिला-पिला दें।"

वे बोले, "जब मैं, पाण्डेय जी, यादव जी और रमणिका गुप्ता आपके साथ खा सकते हैं, तो गँवई ब्राह्मण ये क्यों नहीं खा सकते?" वे लाइब्रेरी जाने के बहाने निकल गये।

"मुझे भूख ही नहीं है। मैं शहर का खाना नहीं खा पाता हूँ, गाँव जाकर ही खाऊँगा। वैसे भी आज तो मेरा व्रत है।" यूँ पण्डित जी भूखे ही विनोद के साथ प्रस्थान कर गये। पर एक सवाल छोड़ गये, क्यों मैं शहरी सुधार के चश्मे से देखता-सोचता हूँ कि गाँव में भेद-भाव समाप्त हो गया होगा। पण्डित जयप्रकाश शर्मा मिर्ज़ापुर के सबसे अधिक शिक्षित परिवार के सदस्य हैं। उन्हीं के घर से एक बच्चा रेलवे में नौकरी करता है, दूसरा डॉक्टर है। उन्हीं के घर से लड़के और लड़कियाँ सबसे पहले स्कूल गये, गाँव में उन्हीं के 'पम्प सेट' से मेरी बहन के खेत को पानी मिलता है। लेकिन अपना जातीय शुद्धता का मोह उनसे आज तक नहीं छूटा। मैं जान नहीं पाया कि जब वे इतने अधिक संस्कारों में क़ैद हैं, अपनी स्थिति-भेद के प्रति, तो वे घर पधारे ही क्यों? विनोद ने फ़ोन पर बताया कि "पण्डित जी को दुख है कि सर्दी अधिक होने के कारण आपके घर में उन्हें चाय पीनी पड़ी, गद्दा और चारपाई का उपयोग करना पड़ा। परन्तु शर्मा जी की धारणा है कि आपत्तिकाल में जीवन रक्षा के लिए शास्त्र विरुद्ध जाना पड़े तो वह सब क्षम्य है।"

चन्दौसी : बहादुर दलित बेटी या पुलिस

मैं 'अमर उजाला' के लिए बतौर विशेष संवाददाता रिपोर्टिंग कर रहा था। पुलिस को तो खफ़ा होना ही था; क्योंकि 'कैथल गेट' में एक दलित युवती ने जो बदमाश पकड़ा था, उसकी ख़बर मैंने उसी युवती के नाम से दी थी, आरोपी को हिरासत में लेने के बाद स्थानीय कोतवाल ने मुझसे कहा था—'प्रेस को इसके पकड़े जाने की ख़बर न दें। अन्यथा बाक़ी बदमाश सतर्क हो जायेंगे और हम उन्हें पकड़ नहीं पायेंगे।' शहर-देहात से आयी दिन भर की ख़बरों को छाँटा-सम्पादित कर लिखा और अन्त में 'चोर-सिपाही' वाली ख़बर के साथ मैंने सम्पादक के नाम नोट लिखा—"पुलिस इस ख़बर को रोकना चाहती है। साथ ही पुलिस द्वारा अधीक्षक, मुरादाबाद को ख़बर दी गयी, पुलिस ने अपनी जान पर खेल कर बहादुरी और दिलेरी से एक बदमाश को मार गिराया और दूसरा धर दबोचा।" मेरी ख़बर अख़बार में 'पकड़ा लड़की ने, श्रेय पुलिस को' घटनास्थल चन्दौसी से थी और पुलिस मुख्यालय से अधीक्षक की दोनों ख़बरें एक साथ अख़बार ने छाप दीं, जिससे पुलिस-वीरता की सुनियोजित कहानी किरकिरी हो गयी।

कोतवाली पुलिस ने दलाल प्रेमचन्द दलित को लठैतों के साथ बुला लिया। उन्होंने लाठी-डंडों के साथ मुझे बीच शहर में घेर लिया। तब भगवानदास शर्मा, मदन मौर्या, मदन दीक्षित एडवोकेट और जनवादी लेखक संघ के विनोद कुमार दत्ता, सुनील शर्मा कुछ हिन्दू नेताओं को पता चला। वे मेरी सहायता के लिए कोतवाली पहुँचे। मैं कोतवाल के पास गया और कहा, "झूठी वीरता मैं नहीं लिखूँगा और तुम मुझे मरवा सकते हो, यह ख़बर अग्रिम लिख रखूँगा। वर्दी के भय के आगे मैं अपनी क़लम सरेंडर नहीं करूँगा।" शुभचिन्तकों ने कहा, पत्रकार को अपना काम करने दिया जाये। तब वे पुलिस के दलित-दल्ले भी अलग-थलग पड़ गये।

शिक्षा, स्वास्थ्य, सड़क, बिजली, अपराध सभाएँ, गोष्ठियाँ सब कुछ मेरी बीट थीं। क्षेत्र की विसंगतियाँ उजागर करने के लिए मैंने एस.एम. कॉलेज पर दो बड़ी रिपोर्ट लिखी थीं। पहला लेख छपते ही प्रबन्धक-तन्त्र तिलमिला उठा था। इस लेख पर मेरा नाम था, जबकि दूसरे और तीसरे पर केवल विशेष संवाददाता छपा था।

शुभ्रा सक्सेना : आज पुराने काग़ज़ों को व्यवस्थित करने लगा तो उलटते-पलटते मेरे हाथ में मेरी एक पुरानी कॉपी आयी। इसका कवर पलटते ही

मेरी नज़र प्रथम पृष्ठ की लिखावट पर पड़ी। यह कॉपी 1981 में मेरे लिए भाई साहब डॉ. नत्थूलाल ने ख़रीदी थी। उन्होंने अपनी हस्तलिपि में मेरा नाम और सन् लिखा था। यह बारहवीं कक्षा की मेरी अंग्रेज़ी ग्रामर के अभ्यास की कॉपी थी, जिस पर मेरी अंग्रेजी की टीचर शुभ्रा सक्सेना की हस्तलिखित तारीख—16 जनवरी, 1983 थी। 18, 21, 25, 27, 29 और 31 जनवरी; कुल सात दिन की ही पढ़ाई का ब्योरा भी।

लेखक को सन्तराम बी.ए. 'जात-पात तोड़ो' सम्मान देने के अवसर पर आत्मकथा पर बोलते हुए 'बँधुआ मुक्ति मोर्चा' के नेता स्वामी अग्निवेश और लेखक

कॉमरेड अरविन्द सक्सेना के घर मेरा आना-जाना था। आवास के एक हिस्से में चमड़े के जूते बनाने का उनका कारख़ाना चलता था। यह काम सौ फ़ीसद चमार कारीगर किया करते थे। दूसरी ओर उनकी आवासीय व्यवस्था थी। आगरा, कानपुर, बरेली और चन्दौसी में जूता कारीगरों का श्रम बहुत सस्ता था। अरविन्द के यहाँ भी वह काम शुरू हुआ था। भगवानदास शर्मा मज़ाक़ में जब उन्हें अरविन्द चमार कहते थे, तो मैं चौंकता था और वे कहते थे, 'कायस्थ' तो 'आधा चमार होता है।'

अरविन्द की पत्नी शुभ्रा सक्सेना मात्र ग्रेजुएट थीं। पर उनकी पढ़ाई का माध्यम अंग्रेज़ी था। उन्होंने ट्यूशन पढ़ाने का मन बनाया था। रास्ते की ओर खुलने वाला कमरा ख़ाली पड़ा था। मैं अरविन्द के पास बैठा था। शुभ्रा जी आटा गूँधते हुए बोलीं—"मुझे ट्यूशन पढ़ाने के लिए लड़कियाँ चाहिए। श्यौराज क्या तुम अंग्रेज़ी पढ़ने की इच्छुक 10-20 लड़कियाँ ला सकते हो, अपने मोहल्ले से और कॉलेज से?"

"लड़कियाँ ही क्यों? लड़के क्यों नहीं?"

मैंने प्रश्न किया, तो वे बोलीं, "लड़के उदण्ड होते हैं, शान्त नहीं बैठते। अनुशासन नहीं मानते।" वग़ैरह-वग़ैरह। मैंने कहा, "जो आपसे पढ़ेंगे वे आपको गुरु, टीचर ही नहीं मानेंगे तो क्या पढ़ेंगे?"

"तो फिर ऐसा है कि एक-दो लड़के भी ले आओ, मैं पहले ट्राय कर देखूँगी।"

मैंने कहा, "आप अपना प्रयोग मुझसे ही शुरू कर सकती हैं। देखना, मैं

आपका कैसा आज्ञाकारी और अनुशासित शिष्य बनता हूँ।"

अगले दिन मैं अंग्रेज़ी ग्रामर की पुस्तक लेकर पहुँच गया। उन्होंने डाइरेक्ट इनडाइरेक्ट पढ़ाना शुरू किया। मैंने उन्हें दो छात्र और सात छात्राएँ ट्यूशन के लिए उपलब्ध करा दिये। पर मेरे लिए समय निश्चित न था। किसी भी वक़्त पहुँच सकता था। कई बार देखा कि आटे में उनके हाथ सने हैं—"श्यौराज बैठो, मैं अभी आती हूँ..." कभी कोई ट्यूशन का पैसा नहीं, इतने से ही ख़ुश कि स्थानीय अख़बार 'रंगीला टाइम्स', 'चन्दौसी टाइम्स' में मेरी कोई कविता, कोई व्यंग्य छपा। अख़बार अरविन्द के पास आता था तो पढ़ लिया।

परन्तु मैं मुफ़्त की पढ़ाई भी अधिक दिन नहीं पढ़ पाया। इसलिए कि मैं यह नहीं कह सकता था कि शिक्षिका महोदया मेरा दिमाग़ ही नहीं, पेट भी भूखा है। विद्या के साथ-साथ मुझे भोजन भी चाहिए। उसका प्रबन्ध करना मेरी ज़िम्मेदारी है। भूख की समस्या ने मेरा पढ़ना छुड़ा दिया। अगर मैं पाँच-दस किलोग्राम आटे का इन्तज़ाम अपने लिए कर पाता, रोटी चटनी के लिए भी तो मैं उन्हीं दिनों अंग्रेज़ी के बेसिक्स ज़रूर सीख पाता। विलम्ब से सीख पाना दुनिया के अंग्रेज़ी साहित्य से वंचित रहने का अफ़सोस आज तक है। हालाँकि मैं कहता कि मेरा पेट ख़ाली है, मुझे एक रोटी भी खिला दें, तो सम्भवतया वे दो-चार बार खिला भी देतीं। पर वह भी मैं नहीं कह सकता था। मेरी खुद्दारी, मेरा ज़मीर इजाज़त नहीं देता था। जब बुलन्दशहर ज़िला के किसी महाविद्यालय में शुभ्रा जी राजनीति शास्त्र की व्याख्याता बन गयीं, तब उन्होंने मुझसे एक नाटक लिखने की इच्छा व्यक्त की। उस वर्ष मैंने शुभ्रा जी को आग्रहपूर्वक एक सलाह दी, "आप एस.एम. कॉलेज

उज्जैन : 'कालिदास अकादमी' में राष्ट्रकवि शिवमंगल सिंह 'सुमन' श्यौराज को 'कबीर कविता सम्मान' प्रदान करते हुए। साथ में डॉ. पुरुषोत्तम सत्यप्रेमी, डॉ. एस.पी. सुमनाक्षर एवं म.प्र. संस्कृति मन्त्री विजय लक्ष्मी साधो

से हिन्दी माध्यम से पी.जी. करें और प्रश्नों के उत्तर अंग्रेज़ी में लिखें" वे मान गयीं। विश्वविद्यालय में प्रथम स्थान प्राप्त करने पर उन्हें स्वर्ण पदक मिला। दीक्षान्त समारोह में उस वर्ष मैंने स्नातक की उपाधि प्राप्त की। मैं पढ़ने के लिए अवकाश नहीं निकाल पा रहा था, सीखता क्या ख़ाक! भूखे पेट तो कोई भजन भी नहीं करता, मैं पढ़ाई कैसे करता? मेरी जेब में एक पैसा भी नहीं है। यह बात मैं शुभ्रा जी को क्या, किसी को भी नहीं बता सकता था। संविधान में कल्याणकारी व्यवस्था होने के बावजूद सरकार की ऐसी कोई स्कीम नहीं थी, जो मेरे जैसे वित्तविहीन छात्र की बुनियादी सहायता करती।

ब्राह्मण की रसोई का स्वाद

लम्बा समय गुज़र गया। इस बीच एक पीढ़ी जन्मी और जवान हो गयी, परन्तु एक ब्राह्मण की रसोई का स्वाद है कि मुझे आज भी ऐसा लगता है, जैसे अभी-अभी चखा है। आप जानना चाहेंगे कि वह स्वाद कैसा था?

वाक़या सन् 1986-87 का है। उन दिनों मेरा एक नया-नया मित्र बना था **विनोद गोस्वामी**। विनोद मेरे कवि रूप का प्रशंसक था और मेरा वही गुण उसके लिए मेरे प्रति आकर्षण और लगाव का कारण था। कविता प्रतियोगिता में विनोद ने भी अपनी एक मौलिक कविता प्रस्तुत की थी। विनोद का सम्बन्ध पाली मुकीमपुर (अतरौली) से भी था। वहाँ उसके बुआ-फूफा थे। मैं माँ के पुनर्विवाह के बाद पाली गया था। मेरे सौतेले पिता और भाई की विनोद से अच्छी जान-पहचान थी। विनोद की अंग्रेज़ी भाषा पर अच्छी पकड़ थी। तेजसिंह को उसने कुछ दिन ट्यूशन पढ़ाया था।

विनोद एम.एससी. कर रहा था। उसकी माली हालत अच्छी थी। पिता 'नरसैना' गाँव के प्रधान थे। साठ-सत्तर बीघा उपजाऊ ज़मीन वाले विनोद ने मुझसे कहा था, "कोई छोटा-सस्ता कमरा तुम्हारे आसपास मिले तो बताना। मैं तुम्हारे पास रहना चाहता हूँ। पिताजी अधिक दे सकते हैं। पर मैं माँग नहीं सकता।"

"तब तो कमरा बनियों, ब्राह्मणों में नहीं, भंगी-चमारों, धोबी-कुम्हारों में मिलेगा। अगर तुम अछूतों में रह सको तो मेरे पास आ जाना। संजय वाल्मीकि बस्ती या चुन्नी मोहल्ले में।" वह तो उठा और मेरे साथ ही चला आया। मैंने उसे छोटे-छोटे दो-तीन कमरे दिखाये। मैं सोच रहा था, यह ब्राह्मण-सुत दलित बस्ती में आकर क्यों रहेगा? परन्तु वह तो **रिक्शे पर सामान भरकर** चुन्नी मोहल्ले में मेरे पास तीसरे दिन ही आ धमका।

मैंने रिक्शे से उसका सामान उतरवाया। शिवचरन का ऊपरी तल का छोटा-सा कमरा ख़ाली था। नीचे जूतों की कारीगरी का काम चलता था। मैंने उनसे कहा, "तुम इस लड़के को अपना कमरा दे दो। किराया बताओ और इसका सामान अन्दर रखवाओ। एक चारपाई ऊपर पड़ी होगी, वह इसे इस्तेमाल करने के लिए दे देना।"

"कितना किराया दे देगा?"

"जो चल रहा हो अपनी बस्ती में, उससे कम नहीं देगा।"

"चालीस रुपये महीने?"

"क्यों नहीं, पूरे चालीस लो।"

"पर एक बात तो बताओ श्यौराज, लड़के का चाल-चलन कैसा है?"

"एकदम शिष्ट सदाचारी, कोई शक नहीं। कोई शिकायत का मौक़ा नहीं देगा।"

"है तो अपनी ही बिरादरी का?"

"नहीं, ब्राह्मण है। पर तुम इसे श्यौराज समझो। इसने जाति की ऊँच-नीच छोड़ रखी है। आप इसे अपनी जाति का मान कर कमरा दो।"

"अरे! श्यौराज तुम भी कैसा मज़ाक़ करते हो? कोई ब्राह्मण-बनिया चमारों के मोहल्ले में आकर रहेगा? और आ भी गया तो यह बहू-बेटियों का घर है। ग़ैर-जाति का विश्वास नहीं और फिर ब्राह्मण तो... ।"

"कोई शंका मत करो। मैं गारंटी लेता हूँ। दो-तीन महीने रहेगा, इम्तहान के बाद चला जायेगा। मैं यहाँ रोज सुबह-शाम आऊँगा, तुम्हें कुछ ग़लत लगे तो मुझे बता देना।"

मैं उन्हें आश्वस्त कर चला गया। यूँ विनोद मेरे वैज्ञानिक और तार्किक विचारों से सम्पर्क में आया, जिस प्रकार नया मुल्ला अल्लाह-अल्लाह अधिक करता है। वह भी चुटकी बजाते ही जाति मुक्त चमत्कार कर देना चाहता था। "ले, अब मैं डी-क्लास के साथ-साथ डी-कास्ट भी हो गया हूँ। हम तुम एक ही बर्तन में खाते हैं। अब भी अस्पृश्यता भूतनी बचेगी क्या?"

एक दिन विनोद के पिता पूरनपुरी आ धमके। वे बस्ती में घुसते ही परेशान हो उठे। छोटे-छोटे दड़बेनुमा घर, औरतें, बच्चे सब जूते-चप्पलों की कारीगरी में लगे थे। बच्चे स्कूल नहीं जाते, चूल्हे के लिए लकड़ी, कोयला, कैरोसीन नहीं, औरतें रबर जलाकर खाना बनाती थीं, धुएँ और प्रदूषण की वजह से बीमार रहती थीं। इनके घरों में शौचालय नहीं, शिक्षा-सफ़ाई नहीं, माली हालत गुलामों

से भी बदतर। ऐसी हालत तो कदाचित् परतन्त्र देश में अंग्रेज़ों ने ब्राह्मण-बनियों की क्या अपने क़ैदियों की भी नहीं की होगी, जैसी दलितों की दुर्दशा आज़ाद देश की सरकारों और 'वर्ण बौद्धिकों' ने कर रखी थी।

ब्राह्मण पिता ने बेटे को ऐसी बस्ती में रहते देखा, तो वे व्यग्र हो उठे। "चाँद-सी सुन्दर कहलाने वाली चन्दौसी में तुम्हें यह चमारों का नर्क मिला? क्या ऊँची जाति की बस्ती में नहीं रह सकते थे? तुम्हारे लिए किराया तो क्या मैं मकान भी ख़रीद कर दे सकता हूँ और तुम इन...इन चमारों की बस्ती में? यह कोई बस्ती है। यह तो चलती-फिरती लाशों का श्मशान है। यहाँ तो कीड़े-मकोड़ों की तरह ये ज़िन्दा लाशे रेंगती हैं। इनके बीच एक ब्राह्मण का बेटा? कोई सुनेगा, तो हमें जाति बहिष्कृत नहीं करेगा तो क्या करेगा?"

वे तैश में थे—"तुरन्त ख़ाली करो, मैं तो ऐसी बस्ती से होकर गुज़र भी नहीं सकता और तुम यहाँ प्रवास कर रहे हो? क्या तुम ब्राह्मण नहीं हो? इनके और हमारे रहन-सहन का फर्क नहीं जानते हो?"

विनोद ने बताया, "मुझे तुरन्त कमरा ख़ाली कर पिताजी के साथ जाना है। शहर में कहाँ रहूँगा, बाद में बताऊँगा। यह ले किराया पूरे महीने का, मकान मालिक को दे देना।"

दो रिक्शों पर सामान और वे दोनों मुझे जाते हुए दिखाई दिये। मैं दूर खड़ा देखता रहा। क्रोध में होंगे, यह सोचकर मैं अभिवादन करने भी नहीं गया। चार-पाँच दिन बाद विनोद एक लड़की को बग़ल में बैठाये रोडवेज की ओर रिक्शे में जाता हुआ दिखा। वे आपस में एक-दूसरे का हाथ थामे हुए थे। दो-ढाई बजे जब मैं कॉलेज से बाहर आ रहा था, अचानक रिक्शा पीछे मेरे पास आकर रुका और विनोद मुझे रिक्शे की ओर खींचता हुआ बोला, "चल, मेरे कमरे पर चल, मैं वहीं सब बताऊँगा।"

कायस्थान मोहल्ले का यह कमरा काफ़ी भव्य और विशाल था। मैं दलितों की बस्तियों से मन ही मन तुलना कर रहा था। दलितों के घरों से बेहतर तो ग़ैर-दलितों के किचिन-बाथरूम, कुत्ते-बिल्लियों और पशुओं के बसेरे होते हैं? इधर घर में किचिन और बाथरूम अटैच्ड थे। आँगन हवा और सूरज की रोशनी के लिए खुला था। किताबों के लिए दो बड़ी-बड़ी अलमीरा खड़ी थीं, परन्तु विनोद का बिस्तर ज़मीन पर था। उसने चारपाई नहीं ख़रीदी थी। सो, हम कमरे में घुसे और बिस्तर पर पैर पसारकर बैठ गये।

"सुबह रिक्शे में तेरे साथ कोई रिलेटिव थी क्या..." मैंने पूछा।

"हाँ, ऐसा ही मान ले। वह उमा शर्मा थी, मैं उसी के बारे में तुझे बताना चाह रहा था।"

"तेरे निजी मामलों से मेरा क्या लेना-देना?"

"तेरा नहीं, मेरा तो है। मुझे अपने लिए बात करनी है।"

"खुलकर बोल तेरा मसला क्या है?"

मैंने पूछा तो वह बताने लगा, "मेरे पिता ने मेरी शादी बचपन में ही तय कर दी थी, मैं आठवीं में पढ़ता था और वह पाँचवीं में। वह न मेरे मन की और न मेल की। इसलिए मैं उससे शादी नहीं कर सकता।"

"तो फिर किससे करेगा?"

"जिसे तूने मेरे रिक्शे में मेरे साथ देखा।"

"क्या करती है?"

"वह बी.एड. कर रही है।"

"जान-पहचान कैसे हुई?"

"इसके पिताजी ही इसे अपने साथ लेकर आये थे। यह भी 'गँवा' की ही है, बल्कि उसी बस्ती की है। यह भी मुझे चाहती है, परन्तु इनकी माली हालत मेरे कथित ससुर की तुलना में काफ़ी ख़राब है और दूसरे, मेरा रिश्ता पहले ही पक्का हो चुका है।"

"तो इस बारे में तुम अपनी माँ से कहो, वह तुम्हारे पिता को समझा सकती हैं।"

"पिता जी माँ की तो एक नहीं सुनेंगे। हाँ, बुआ की कुछ बात मान लेते हैं।"

"तो चलो बुआ से ही कहते हैं, वे तुम्हारा मसला हल करा देंगी।" और हम चल पड़े बुआ जी के गाँव। जाते समय मैंने मैक्सिम गोर्की की दो-तीन किताबें 'जीवन की राहों पर', 'मेरा बचपन', 'मेरे विश्वविद्यालय', पैंट-शर्ट रखे और पहुँच गये उनके घर। बुआ रामवती आँवला के पास कटसारी गाँव में ब्याही थीं। उनके 'बबलू' और 'गोपाल' दो बेटे थे। वे काफ़ी समृद्ध परिवार में थीं। बदकिस्मती से वे दो बच्चों के बाद ही विधवा हो गयी थीं। एक सजातीय विधुर के साथ पुनर्विवाह करने का मन बनाया था, परन्तु भाभी की मार्फत भाई का इरादा भाँप कर पाँव पीछे खींच लिया था। विनोद ने मेरा परिचय कराया। वे मुझे अप्रत्याशित ढंग से सुलझी हुई महिला लगीं। जान लेने के बाद भी वे मेरी जाति को लेकर असहज नहीं थीं।

विनोद ने कहा, "बुआ जी, मैं भगवानवती से शादी नहीं करूँगा।"

"तो तुम्हारा आकर्षण उमा के प्रति है। बात कहाँ तक बढ़ी है?" बुआ ने पूछा।

"हम साथ कैसे रहें, केवल इतनी बात हुई है, परन्तु उसके पिता तो मुझे भावी दामाद मान बैठे हैं।" "तुम क्या सोचते हो?" बुआ ने बीच में बात काटी। "मैं तो उमा से शादी करना चाहता हूँ।"

"श्यौराज, तुम भी कुछ सोच कर बताओ।"

"तुम भगवानवती के घर 'गँवा' जाकर उसके माता-पिता से मिलो और मेरा फ़ैसला सुना आ।"

"मेरा फ़ोटो ले जा और कहना कि विनोद का दोस्त हूँ।"

"अगर उन्होंने कहा कि विनोद से कहलवाओ तो?"

"तुम उन्हें 'गँवा' (क़स्बा) से बाहर बुला लाना, मैं यहीं नदी किनारे बैठा मिलूँगा।"

मैं मानो कृष्ण का सन्देश वाहक 'उद्धव' गोपी को योग सिखाने जा रहा था। विनोद नदी किनारे बैठ गया। मैं उसकी ससुराल पहुँचा। 'मैं विनोद का दोस्त हूँ,' तो उन्होंने चारपाई पर बैठा लिया। जाति उन्होंने पूछी नहीं, मैंने बतायी नहीं। वार्तालाप जारी था—"विनोद से आप अपनी बेटी की शादी करने का विचार छोड़ दें। वह अपने मेल की अन्य लड़की को पसन्द करता है।"

"तो विनोद ख़ुद क्यों नहीं आये यह शुभ समाचार सुनाने? 15 साल से हमारी बेटी उनकी पूजाकर रही है। हम हर त्योहार पर दाल, चावल, घी, कपड़े पहुँचा रहे हैं। सारी जाति-बिरादरी जानती है कि मँगनी हो चुकी है।" इतना बोलकर वे चूल्हे में आग फूँकने लगीं।

पण्डित जी डाँटते हुए बोले, "बन्द कर यह खाना-पकाना। यह श्रीमान जी हमें बुरी ख़बर दे रहे हैं और तुम इनके लिए खाना बना रही हो!"

"अरे ठीक है, हैं तो यह भी मेहमान ही।" कहते हुए वे उठीं, रसोई से गिलास में दूध लेकर मेरी ओर बढ़ीं, तो उन्होंने गिलास उनके हाथ से छीनकर कहा—"तो ठीक है, हम प्रधान जी से बात करेंगे। आप जा सकते हैं।"

दूध और भोजन तो दूर मैं बिना पानी पिये वहाँ से उठ आया और नदी किनारे पेड़ के नीचे बैठे विनोद को आकर सारा वार्तालाप बताया। परीक्षाएँ पूरी हो गयी थीं, कॉलेज की छुट्टी हो गयी। कई महीने विनोद से मुलाक़ात भी नहीं हुई। फ़रवरी 1988 को विनोद आया। हाल-चाल पूछने पर बताने लगा,

"यार, मेरी शादी तय हो गयी।"

"तुम्हारे पिताजी मान गये?"

"नहीं वे तो नहीं माने, मैं ही मान गया।" कहते हुए उसने शादी का क़ीमती निमन्त्रण कार्ड मेरे हाथों पर रख दिया। "तुम्हें शादी में हर हाल में आना है।"

'बेगानी शादी में अब्दुल्ला दीवाना' की तर्ज़ पर मैं अतिरिक्त उत्साहित हुआ। बारात हरी बाबा इंटर कॉलेज में ठहरी थी। कुछ दिन पहले इसी कॉलेज में ज़िला किसान सभा की कार्यशाला आयोजित हुई थी। मैंने उसमें शिरकत की थी। पण्डित की व्यवस्था के अनुसार सुबह चार बजे सप्तपदी (फेरे) थी। विनोद ने मुझे जगाया, "उठ फेरों के लिए जाना है।"

"तो तू जा।"

"नहीं, तू भी मेरे साथ चल।" उसने आग्रह किया और मैं चला गया।

वह विवाह मण्डप में बैठा था और मैं उसके पास दरी पर। दुल्हन ने मुझे खलनायक की तरह पहचाना। सुबह जल्दी उठकर स्नान के लिए हम में से कुछ लोग हरी बाबा गंगा बाँध की ओर दौड़े। तुरन्त नाश्ता देकर दुल्हन विदा की गयी। बारात जब मेरे गाँव के क़रीब 'सेंजना' पहुँची। तब मैंने बैलगाड़ी रुकवाई और उतर गया।

चार क़दम ही चला था कि विनोद ने आकर मेरी कौली भर ली। "यार मुझे तेरे बग़ैर अच्छा नहीं लग रहा, तू घर तक चल। कल मैं तुझे बस में बैठवा दूँगा। वैसे भी कल कई मेहमान लौटेंगे, किसी के साथ वापस आना। पर आज मैं तुझे नहीं जाने दूँगा।" सारी बारात देख रही थी। मैं विनोद को मना कर रहा था और वह मुझे बैलगाड़ी की ओर खींचे ले जा रहा था। "तुझे मेरी दोस्ती की क़सम! तू मेरे साथ चलेगा।" सो, मैं बैलगाड़ी में और विनोद सुसज्जित 'फिरक-गाड़ी' में दुल्हन के साथ बैठ गया।

विनोद का गाँव आम सड़क से कटा हुआ था, क़रीब तीन-चार किमी कच्चा रास्ता था। इलाक़ा गंगा की तलहटी का होने के कारण पानी के बहाव से मिट्‌टी कट गयी थी और रास्ता गहरे नाले जैसा हो गया था। इसे पार करते हुए लग रहा था कि हम किसी सुरंग से गुज़र रहे हैं। आसपास झाड़-झंखाड़, पेड़-पौधे खड़े थे। उनसे ढक जाने के कारण सई-साँझ ही अँधेरा-सा लग रहा था। लड़के-नौजवान यहाँ से थोड़ा पैदल चलेंगे तो बैलों को आराम मिलेगा, कच्चे रास्ते में पहिए मिट्‌टी में धँस रहे थे। मैं पहले कूदकर गाड़ी से बाहर आ गया था। गाँव वालों से बात की, दूर सूअर चरते दिखे। अन्दाज़ा हो गया, यह दलितों की बस्ती है।

कुम्हार तो बायें हाथ पर कच्चे बर्तनों के साथ दिख रहे थे। राह चलते युवक से यूँ ही पूछ लिया, "कौन-कौन जात हैं इस गाँव में?" "ज़्यादातर तो यादव हैं, वैसे सातों जात हैं—कुम्हार, धोबी, बढ़ई, बामन, बनिया, वाल्मीकि और जाटव तो हमीं हैं। यह बाहरी बस्ती सब जाटवों की ही है।" ये दो क़ौमें जुड़वाँ बहनों की तरह प्रत्येक गाँव के बाहर हाशिये पर बसायी जाती हैं। वह युवक कुछ दूर साथ चलते-चलते बतियाता गया।

"हाँ, ख़बर है 'नरसैना' के प्रधान के बेटे का ब्याह हुआ है, पण्डित लोग हैं। सब मालूम है। उनके छप्पर छाने गये थे हम लोग। हमारे गाँव के दुए पण्डित बरात में गये।" सूरज डूबने के साथ बारात गाँव में लौटी। बाराती अपने-अपने घर जाने लगे। मेहमान हाथ-मुँह धोकर बैठक में पड़ी चारपाइयों पर बैठ गये। बच्चे पानी-शरबत पिलाने और हुक़्क़ों की चिलम भरने लगे। मैं दालान के बाहर बच्चों से बतियाने लगा। उनमें विनोद की छह में से चार बहनें थीं। ख़ुशी का माहौल था।

बहन खाने के लिए बुलाने आ गयी। हम उठे और बहन के पीछे-पीछे चल पड़े। रसोई में सभी मेहमानों को फूल (धातु) की थालियों में खाना परोसा गया। दो-तीन सब्ज़ियाँ बनी थीं। मीठे में खीर थी। पूड़ियाँ देसी घी में तली थीं। "एक पूड़ी और लीजिए—और लीजिए...।" भरपूर आदर और आग्रह के साथ दिल खोलकर मेहमाननवाज़ी की गयी।

"थालियाँ छोड़ दीजिए धुल जायेंगी।"

"बच्चों मेहमानों के हाथ धुलवाओ। नये तौलिये दो और देखो, बैठक में सभी पलंगों पर दड़ियों पर नयी चादरें बिछा दो।"

बैठक में पेट्रोमेक्स जला दिया गया। कैसी बारात रही? बतियाते-बतियाते जाने कैसे विनोद के फूफा श्रीनिवास गोस्वामी बैठक से उठे और विनोद के घर गये। विनोद घर से बाहर आया और मुझे बैठक से उठाकर गली में दूर ले गया।

"क्यों, कहाँ ले जा रहो इस अँधेरे में?" मैंने जानना चाहा। वह मेरे गले से लिपट कर बच्चे की तरह रोने लगा। मुझे लगा, शायद इसकी पसन्द की लड़की से शादी नहीं हो पायी, इसलिए रो रहा है। यदि ऐसा है तो यह जीवन भर का रोना हो गया।

"अब जो होना था, सो हो गया। निभाओ और पढ़ाने-बढ़ाने की कोशिश करो।"

मैं उसे समझाने का प्रयास कर रहा था, परन्तु उसने सुबकते-सुबकते कहा, "यार, मुझे माफ़ कर दे।"

तो मैं चौंका, "किस बात की माफ़ी? कितने प्यार और लगाव के साथ तू मुझे अपने घर लेकर आया है। चौका में बिठाकर खाना खिलाया है। इसमें माफ़ी की क्या बात है?"

"बात है, बड़ी बात है।"

"ऐसी कैसी बात है, जो तुम्हें रुला रही है?" मैंने पूछा तो उसने कहा, "मेरे फूफा ने घर में तूफ़ान उठा रखा है। सारे बर्तन चौके से बाहर फेंक दिये हैं। तूने जिस जगह बैठकर खाना खाया था, उस जगह पर कोयले से गोला खींच दिया है। कह रहे हैं कि यह जगह अपवित्र हो गयी। इस चौके में बैठकर एक अछूत ने खाना खाया है। वह किसी क़ीमत पर क्षम्य नहीं है।"

"लेकिन तुम्हारे फूफा तो वेशभूषा से देखने में बड़े आधुनिक और सभ्य व्यक्ति लगते हैं?"

"हाँ, लगते तो हैं। मुम्बई में भी रह आये हैं, पर अन्दर से हैं बड़े कट्टर। कह रहे हैं कि इस चौके को ही छोड़ दो। दूसरे घर में खाना बनाओ। इस जगह को पहले गंगा जल से धुलवाना है। फिर गोमूत्र छिड़ककर पवित्र करना है। उसके बाद यहाँ अखण्ड पाठ करना है, वग़ैरह-वग़ैरह।"

"तो तुमको क्या लग रहा है?"

"मुझे अच्छा नहीं लग रहा। फूफा कह रहे हैं कि उस अछूत को पकड़कर लाओ और जाति छिपाकर ब्राह्मण के चौके में खाना खाने के दण्ड स्वरूप उसे सभी पाँच-पाँच जूते लगाओ।"

"पर तुम तो मेरी जाति जानते हो। मैंने छिपाई नहीं।"

"वे कह रहे हैं ऋषियों की सन्तान परशुराम के वंशज हैं हम, जिन्होंने 21 बार पृथ्वी क्षत्रियविहीन की थी। यह अस्पृश्य किस खेत की मूली है?"

"तो तुम्हें क्या लगता है? क्या मैं हाथ-पाँव से अपाहिज हूँ? मैं कुछ नहीं करूँगा? तुम एक लाठी मेरे हाथ में दे दो, खुद निपट लूँगा, हिंसक जानवरों से।" मैंने कहा।

तो विनोद बोला, "तेरा तो मर्डर ही हो जायेगा। पिताजी ने बन्दूक़ लोड कर ली है। यहाँ फूफाजी के अलावा चार बन्दूकें टँगी हैं बैठक में।"

मैंने पेशवाई के बारे में पढ़ा था। पेशवा ब्राह्मण थे। उनके राज में अस्पृश्य बनाये गये लोगों को थूकने के लिए अपने गले में मटकी और कमर में झाड़ू बाँधनी पड़ती थी। वह व्यवस्था ब्राह्मणों के विधि-विधान के अनुरूप थी और मेरे सामने क्षत्रिय विनाशक ब्राह्मण के वंशज थे। देवों ने समुद्र मन्थन से निकले अमृत को छिप कर पीने वाले दैत्य का क्या हश्र किया था?

"तो क्या मैंने वैसा कुछ किया है?"

"बिल्कुल नहीं, मैं तुम्हारे घर-परिवार सबको जानता हूँ पर इन बूढ़ों का क्या करूँ? ये तो घनघोर जात्याभिमान के नशे में डूबे हैं।"

"अब से पहले तुम्हारे फूफा ने कोई ऐतराज क्यों नहीं किया, यह अचानक कैसे आक्रामक हो उठे?"

"वे समझ रहे थे कि यह लड़का कॉलेज का मित्र है तो ब्राह्मण ही होगा। नहीं तो कोई स्पृश्य तो होगा ही, पर अभी जब तू बाहर था उन्होंने मुझसे पूछा—'यह श्यौराज कौन है?' तो मैंने सहजभाव से बता दिया, आपके ही गाँव पाली में भिकारी लाल जाटव के घर में इसकी माँ थी। यह बहुत अच्छा कवि है। छात्र नेता है। किसानों-मज़दूरों में भी वर्षों से काम कर रहा है।" वे तो पलंग से ऐसे उछल पड़े जैसे किसी बिच्छू ने डंक मार दिया हो। "तो इसका सम्बन्ध पाली के उन ढेड़ों-चमारों से है? जो हमारे मरे मवेशी उठाते हैं, उनका मांस भून-भूनकर खाते हैं। चर्बी निकालकर बेचते हैं। हमारी सेवा-सफ़ाई के काम करते हैं, औरतें-बच्चे अनपढ़-ज़ाहिल नशेड़ी होते हैं। ये गुलामों से बदतर हमारे जानवरों के गोबर से अन्न निकालकर खाने वाले, उनका बेटा एक ब्राह्मण की पवित्र रसोई में बैठकर यजमान की तरह खाना खाता है! यह विनोद चन्दौसी जाकर किस ग़लत सोहबत में पड़ गया है। जाने क्या डी-क्लास और डी-कास्ट कहना सीख गया है। यह नहीं जानता कि कहाँ ज़मीन, कहाँ आसमान! कहाँ अछूत और कहाँ ब्राह्मण! कहाँ नीच असंस्कृत, असभ्य और कहाँ कुलीन सुसंस्कृत! पवित्र-पावन विचार और म्लेच्छ, गन्दे आचार-विचार थू-थू-थू। एक अस्पृश्य को यहाँ भूदेव की तरह जिंवाया। बेशर्मो! लानत है डूब मरो।"

मैं श्रीनिवास को बचपन से ही पहचानता था। उनकी एक आँख पत्थर की थी। उसका इल्म तो था मुझे, पर उनकी सीरत भी पथरीली होगी, सोचा न था। वे पाली में शायद सबसे अमीर दिखने वाले व्यक्ति थे। उन्होंने बीच गाँव में सबसे पहले पाँच मंज़िला भवन बनाया था। मैं देखता था, यह कहीं शहर से आते बड़ी-सी मोटरसाइकिल थी, जिसे हम फट-फटी कहते थे और उसके सामने माथे पर एक बड़ा-सा शीशा लगा होता था। वे आँखों पर रंगीन चश्मा चढ़ाया करते थे। हम बच्चे पीछे-पीछे दूर तक भागा करते थे। न जाने कब से दलित क़ौमों के प्रति ऐसी घृणा और विद्वेष भरे बैठे थे? मेरा यह पहला अनुभव था। मैं यहाँ किसी अक्षम्य अपराधी-सा ख़ामोश खड़ा था। कुछ देर पहले विनोद की माँ-बहनें, बुआ, फूफियाँ सब मुझे भैया-भैया, बेटा-बेटा कहकर पुकार रही थीं।

जाति जानते ही उन सबको भी मानो साँप सूँघ गया।

मैंने विनोद से पूछा—"किसी दलित की मौजूदगी अगर बर्दाश्त नहीं है, तो आग्रह कर तू मुझे यहाँ लाया ही क्यों?"

"मुझे इसका बिल्कुल अन्दाज़ा नहीं था। पर अब तो लगता है, ये लोग तेरे साथ मार-पीट करेंगे। यह मुझे अच्छा नहीं लगेगा। इसलिए मेरे साथ चलो। मैं तुम्हें गाँव में कहीं तुम्हारी जाति में छोड़ आता हूँ।"

बैठक में मेरे लिए पलंग बिछा हुआ था। दीवार की खूँटी पर मैंने पैंट टाँग रखा था और पायजामा पहने था। मेरा थैला भी खूँटी पर टँगा था, जिसमें एक-दो किताबें और डेली डायरी के अलावा कुछ और नहीं था। मैं विनोद की विवशता समझ रहा था। सो, मैं लाड़ौरी (पशुओं के चारा खाने का स्थान) से उठा, खूँटी से थैला और पैंट उठाने को देखा तो खूँटी ख़ाली थी। मैंने इधर-उधर तलाशा तो पाया कि मेरा थैला-कपड़े तो उन्होंने पहले ही घूरे पर फिंकवा दिये हैं। मैंने उन्हें उठाते-झाड़ते हुए बाहर का रुख किया कि अचानक मेरी पीठ पर ज़ोर से प्रहार हुआ। मैं औंधे मुँह जा गिरा। पर गिरते ही मैं सचेत हुआ। मैंने देखा यह लात मारने वाला व्यक्ति विनोद का फूफा श्रीनिवास गोस्वामी ही है।

मैं भी जवान था। मैंने देखा बैठक के ठीक नीचे पशुओं के बीच गोबर में सना बाँस पड़ा है। मैंने लपककर उसे उठा लिया और मुँह भर गालियाँ उगलते हुए कहा, "ओ कांणे छिपकर पीठ पर वार करता है। आ मेरे सामनें आ। मैं तुझे मज़ा चखाता हूँ।" मैंने चारपाई पर बाँस मारा तो वह चीख़ा, "अरे पकड़ो, इसे घेर लो। इसकी यह हिम्मत, यह नीची जात मुझ पर हाथ उठायेगा। अरे बन्दूक लाओ, चला दो गोली। मैं सब देख लूँगा।"

शोर-शराबे में औरतें, बच्चे सब घरों से बाहर आ गये। कांणा ब्राह्मण बेकाबू हो रहा था। मैंने भी ऐलान कर दिया, "एक भी क़दम आगे बढ़ा तो मैं भी बिना मारे नहीं मरूँगा। मैं तेरी दूसरी आँख भी फोड़ कर जाऊँगा।"

मैंने कभी किसी की शारीरिक बनावट, जाति, रंग या लिंग को लेकर अपमान नहीं किया, कुदरत की प्रत्येक रचना का मैं सदा से आदर करता रहा हूँ। इसका कारण मैं होश सँभालते ही अन्धे, लँगड़े, विधवा, अछूत और ग़रीबों का ही हिस्सा रहा हूँ, परन्तु श्रीनिवास ने मुझे मजबूर कर दिया जो मैंने उन्हें कांणा कहा। एक ओर विनोद के साथ उसके कवि हृदय ताऊ खड़े थे। वे सब मुझे ही समझा रहे थे, "फेंक दे बाँस फेंक दे, तुझे कोई कुछ नहीं कहेगा। ये सब तुझसे उम्र में बड़े हैं। इनके कहे का बुरा मत मान।"

श्रीनिवास उन्हें भी उकसा रहा था, "इसे घेरते-मारते क्यों नहीं हो, इसकी औक़ात क्या है? यह मेरा खुला अपमान कर रहा है, तुम लोग खड़े-खड़े मेरा मुँह देख रहे हो? क्या तुम ब्राह्मण नहीं हो, हम अछूत की परछाइयों पर थूकते हैं और यह तुम्हारे सामने साक्षात् जुबान चला रहा है?"

वह धमका भी रहा था और डरा-डरा औरतों, बच्चों की भीड़ में घुसता भी जा रहा था, कहीं मैं उसे ईंट-पत्थर मारकर न भाग जाऊँ। विनोद ने हाथ खींचकर मुझे बैठक से अलग किया। पर अब मुझे यहाँ से जाना होगा। मैं यहाँ ठहर नहीं सकता। सोच कर क़रीब ग्यारह बजे मैंने गाँव छोड़ दिया। अँधेरी रात, डरावने रास्ते। सड़क चार-पाँच किलोमीटर दूर। पाँव के नीचे की ज़मीन भी साफ़ नहीं दिख रही थी। रास्ता इतना गहरा था कि पूरा हाथी समा जाये। मेरे पास रोशनी का कोई साधन नहीं, बैटरी मैं रख नहीं सकता था। बीड़ी मैं पीता नहीं था, इसलिए माचिस तक रखने का कोई मतलब नहीं था।

रास्ता भटका तो कहाँ पहुँचूँगा? कोई खूँखार जानवर सामने आ गया तो? अथवा किसी भेड़िये ने ही घेर लिया तो क्या करूँगा? जो भी हो जाना तो पड़ेगा ही। अब यह ब्राह्मण-बस्ती भी भेड़ियों की माँद की मानिन्द लगने लगी थी। मैं डर से लड़ता आसमानी रोशनी के सहारे चला जा रहा था। रास्ता बमुश्किल एक किलोमीटर तय किया होगा कि मुझे आगे से कुछ लोगों की पदचापें सुनाई पड़ीं, मैं सिहर उठा। शायद ये चोर-लुटेरे हैं! मेरे पास लूटने को कोई माल तो है नहीं, लेकिन जान तो है, मेरे पाँव ठिठक गये। मैंने छिप जाना चाहा, ताकि ये लोग रास्ते से गुज़र जायें, तो यात्रा जारी रखूँ।

मेरे कानों में आवाज़ आयी, "ठहर जा श्यौराज..." यह विनोद की आवाज़ थी। मैं उसके सामने आ गया। विनोद के साथ उसके ताया जी थे। वे कह रहे थे, "देखो बेटा, यह समय अच्छा नहीं है, रात आधी हो रही है। ऐसे में तुम कहाँ जाओगे? सड़क चार मील दूर जाकर मिलेगी और इस वक़्त कोई वाहन नहीं मिलेगा। मिलेंगे तो चोर-लुटेरे या खूँखार जानवर, इसलिए तुम वापस चलो।"

"कहाँ चलूँ? किसके घर लौटकर जाऊँ? आप लोगों के सामने ही मेरी क़ौम की बेइज़्ज़ती हुई। आप खड़े-खड़े तमाशा देखते रहे? ऐसे में मैं लौट कर कहाँ जाऊँ?"

मेरी बात सुनकर डॉ. पुरी कहने लगे, "मैं जानता हूँ तुम्हारे साथ अच्छा नहीं हुआ। पर क्या करें, वे हमारे बहनोई हैं। मैं यह भी जानता हूँ कि इन्सानियत के दर्जे से गिरे उन जैसों के कारण ही आज ब्राह्मण का सम्मान कम हुआ है।

पर तुम चलो, रात भर मेरे घर रहोगे। सवेरे तुम चाहे, जितने जल्दी उठकर चले जाना।''

''आपके घर कौन ठहरने देगा?''

''जो भी हो, हम तुम्हें अकेला इतनी रात में जाने नहीं देंगे।'' विनोद रास्ता रोककर खड़ा हो गया।

मैंने कहा, ''तुम मित्रधर्म निभाना चाहते हो तो मेरे साथ सड़क तक चलो, मुझे इस कच्चे गहरे जंगल के रास्ते से बाहर जाने तक मेरा साथ दो। नहीं तो लौट जाओ।"

''नहीं बेटा, ज़िद मत क़रो। मैं तुम्हारे बाप की उम्र का हूँ, मेरी बात मानो। मैं तुम्हारी मनःस्थिति समझ सकता हूँ, परन्तु सबको एक जैसा मत समझो। मैं तुमसे विनम्र आग्रह कर रहा हूँ चलो, बस रात गुज़ारने भर के लिए लौट चलो।''

वे मुझे अपने घर ले गये और चारपाई पर बिठा दिया।

''आराम करो। गिलास में पानी रखे देता हूँ, प्यास लगे तो पी लेना। मुझे नींद नहीं आती है, जब जाना चाहो बता देना। सड़क तक छोड़ आऊँगा।''

''नींद क्यों नहीं आती है आपको? आप तो डॉक्टर हैं? नींद की दवा क्यों नहीं लेते?'' मैंने यूँ ही पूछ लिया तो वे फिर उठा लाये अपनी पत्नी का वियोग काव्य।

''वह जब से छोड़कर गयी है, मेरी नींद अपने साथ ले गयी है। तुम पढ़ोगे तो मेरा भी दर्द समझ सकोगे।'' आयुर्वेदाचार्य डॉ. रघुवीर पुरी।

''क्या लिखा है ताऊजी ने?'' मैंने जिज्ञासा ज़ाहिर की। तो उन्होंने बक्से से एक हस्तलिखित पाण्डुलिपि निकाली।

''यह मैंने पत्नी की याद में लिखा है। वह मुझे छोड़कर चली गयी।''

उनके होंठों से कविता और आँखों से आँसू टपकने लगे। उनकी भावुकता ने मुझे भी द्रवित कर दिया।

''ताऊजी इसे छपवाना चाहते हैं।'' विनोद बोला।

''तब तो इन्हें रोज़ रोते रहने का सामान मिल जायेगा। फिर भी यादें हैं, सँभाली-सहेजी जानी ही चाहिए।'' मैंने कहा।

डॉ. पुरी का दुख वाजिब था। पर अब इतनी रात गये क्या पढ़ूँ? और जब दिल में आग और साँसों में तूफ़ान हो तो पढ़ने को मानस कैसे तैयार हो? मैंने उनका मन रखने के लिए कहा, ''आप ही पढ़कर सुना दीजिए! सुनकर सोना चाहूँगा।'' वे अब रो रहे थे या गा रहे थे?–

तू गयी अकेला छोड़ मुझे
तू गयी इस तरह तोड़ मुझे
सब आश निराश बना के गयी
यूँ जीवित लाश बना के गयी।...

मैं सुनते-सुनते और वे सुनाते-सुनाते आस-पास बिछी खाटों पर लुढ़क गये। बमुश्किल एक-डेढ़ घण्टे बाद किवाड़ों पर ज़ोर-ज़ोर से लाठियों की मूठ मारी जाने, गरियाने और चिल्लाने की डरावनी आवाज़ें आने लगीं। डॉ. पुरी उठकर बैठ गये। ये कौन हैं? समझने में देर नहीं लगी। श्रीनिवास की अगुवाई में मेहमानों, प्रधान पूरनपुरी और बस्ती के कुछ अन्य ब्राह्मणों का समूह था। 'मॉब लिंचिंग' शब्द तब प्रचलित नहीं था। पर भीड़ का चरित्र वैसा ही था।

"डॉक्टर तेरी यह हिम्मत! तू इस अछूत को घर में पलंग पर सुला रहा है। इसे बाहर निकाल, नहीं तो हम दरवाज़ा तोड़कर घर में आग लगा देंगे।"

डॉ. पुरी ने काफ़ी हिम्मत दिखाई, "तुम कौन होते हो मेरे घर पर चढ़ाई करने वाले। हाँ, मैं श्यौराज को लाया हूँ। यह मेरा मेहमान है। मुझे ब्राह्मणों से बाहर कर देना। मैं तुम जैसे ब्राह्मणों के नाम पर अमानुष बनकर जीना नहीं चाहता। जाओ, लौट जाओ नहीं तो कल थाने जाकर तुम सबके ख़िलाफ़ इरादतन हत्या की रपट दर्ज कराऊँगा।" वे कुछ भी सुनने को तैयार नहीं थे, बल्कि उन्होंने विनोद से कहलवाया, "निकल आ श्यौराज, मैं गारंटी लेता हूँ, तुझे कोई कुछ नहीं कहेगा।"

डॉ. पुरी ने दरवाज़ा खोला और इससे पहले कि श्रीनिवास एंड कम्पनी मेरी ओर अग्रसर होती, डॉ. पुरी सीना तान कर मेरे आगे खड़े हो गये। "अगर किसी ने इस लड़के पर हाथ उठाया तो मैं उसे माफ़ नहीं करूँगा। तुम अपने पाँव पर कुल्हाड़ी मार रहे हो। यह तुम्हारी नज़र में अछूत है, परन्तु यह एक कवि है, भला इन्सान है। क्या आप इन्हीं कर्मों से श्रेष्ठ हैं?"

मैं फिर चल पड़ा। रास्ते वही और डर समाया था। अँधेरा और गहरा, संगी-साथी कोई नहीं और सड़क कोसों दूर। मैं दबे पाँव चला जा रहा था, डर और अकेलेपन ने मेरी रफ़्तार तेज़ कर दी थी। सियारों की हू-हू, पेड़ों के पत्तों से टकराती हवा की सनसनाहट, जान हथेली पर रखे मैं चला जा रहा था।

सड़क के समीप गाँव के बाहर ही दलितों की बस्ती थी। मैंने अँधेरे में ही वहाँ सो रहे एक व्यक्ति को बताया, "मैं आप ही की बिरादरी का हूँ।"

उसने कहा, "हम वाल्मीकि हैं, बताओ।"

"हाँ, जानता हूँ। दिन में देखता गया था आपको।"

"क्या चाहते हो?"

"रात बीतने तक ठहरना चाहता हूँ।"

बुजुर्ग अपनी खाट से उठा और बोला, "तुम यहाँ लेट जाओ, यह खाट आधी साबुत है। जब जाना हो चले जाना।"

मैंने उनकी टूटी-सी चारपाई पर लेटकर असीम शान्ति अनुभव की। डर, तनाव और अपमान का सारा बुख़ार जैसे दूर हो गया था। सवेरे मैंने बुज़ुर्ग को धन्यवाद दिया और चल पड़ा। सड़क पर जाकर खड़ा हो गया। दूर से एक ट्रक आता दिखाई दिया। उसे हाथ दिया, चालक ट्रक से उतरा और लघुशंका करने चला गया। मैं आदतन ट्रक पर लिखे शब्दों को पढ़ने लगा। एक ओर किसी बेनाम कवि की दो पंक्तियाँ लिखी थीं–

कहाँ ले जायेगा लूट कर हीरा-मोती
कफ़न में तो जेब भी नहीं होती।

तो दूसरी ओर–

क्यों कुबेर की दौलत समझे तुमने धर्म और जाति
जाने वाले के संग तो कौड़ी भी नहीं जाती।

मैं खड़ा-खड़ा इन्हें नोट कर रहा था। तभी चालक ने मेरी ओर मुँह फेर कर पूछा, "कहाँ जायेगा?"

"सेंजना तक।"

"ज़ेब में पाँच रुपये हैं?"

"नहीं, पाँच पैसे भी नहीं हैं।"

"सच?"

"हाँ, सच।"

"तो चल चढ़, पीछे बैठ जा। जहाँ उतरना हो, बोल देना। गाड़ी रोक दूँगा।"

सूरज सिर की सीध चढ़ आया। मुझे अब तक न एक घूँट पानी मिला और न एक निवाला। ख़ैर, मैं एक अविस्मरणीय कटु अनुभव का भण्डार लेकर अपने घर लौट आया।

सप्ताह भर बाद मैं बरेली में था। पता चला कि विनोद मानसिक चिकित्सालय में भर्ती है। मेरा मन नहीं माना, मैं स्टेशन से सीधा अस्पताल चला गया, जबकि जानता था कि वह अकेला नहीं होगा। मुझे उसके घर वाले उससे मिलने नहीं देंगे।

नर्स मुझे उस कमरे तक लेकर गयी, विनोद नींद में पड़ा था। मैं डॉ. ओमप्रकाश जी से मिला, उन्होंने कहा, "सदमा है, डिप्रेशन का असर गहरा है। इलाज लम्बा चलेगा पर चिन्ता करने की कोई बात नहीं है। धीरे-धीरे ठीक हो जायेगा हंड्रेड परसेंट।"

विनोद की दो बहनें देखभाल कर रही थीं। मुझे देखते ही छोटी बहन बोली, "भैया, आप जल्दी वापस चले जायें। पिता जी दवा लेकर आने वाले हैं। शायद आज फूफा जी भी आयेंगे!"

"आने दे, आयेंगे तो। बैठो भैया। विनोद तुम्हें बहुत याद कर रहा था।" बड़ी बहन बोली।

"तो अब कैसा है?" मैंने पूछा।

"आराम है, दवा लेकर सो गया है। अब तो वह किसी को पहचानता भी नहीं।" छोटी बहन बोली।

मैंने विनोद का हाथ पकड़ा, उसने आँखें खोलीं पर वह मुझे पहचान नहीं रहा था। "मैंने डॉक्टर से बात की है। विनोद पूरी तरह ठीक हो जायेगा।" मैं डॉक्टर के कक्ष की ओर नीची निगाह किये विनोद के बारे में सोचता चला जा रहा था कि बग़ल के कमरे से निकला सहसा एक व्यक्ति मुझसे आ टकराया। उसके हाथ से दवाइयाँ छूटकर नीचे गिर गयीं। मैंने 'माफ़ करें' बोलते हुए लिफ़ाफ़े के साथ सिर ऊपर उठाया तो मैं देखता ही रह गया। ये विनोद के फूफा श्रीनिवास थे और उनके पीछे आ खड़े हुए थे विनोद के पिता प्रधान पूरन पुरी।

वर्षों बाद विनोद पुस्तक मेले में मिला। हम बाहर लॉन में जाकर बैठे। प्रसंग छिड़ा तो वह बोला, "अपनी छोड़ मेरी सुन। जिस स्पेशलिस्ट डॉक्टर ने मेरा इलाज किया, वह डॉ. वाल्मीकि समाज से था। जानकर पिता और फूफा पर क्या गुजरी होगी! तू अन्दाज़ा लगा।"

1988 से लेकर 1991 तक मैंने तीसरी बार जे.एन.यू. की एम.फिल. प्रवेश परीक्षा पास की थी। 'मीनू' के साथ 2 जुलाई, 1990 को सहजीवन की घोषणा कर उन्हें अपने साथ दिल्ली ले आया था। जे.एन.यू. हिन्दी विभाग के साक्षात्कारों में सफल हुए उम्मीदवारों की सूची में मेरा नाम नहीं था। मैंने एक बार फिर तैयारी की। मीनू ने मेरे कुरता-पाजामा कल्फ लगाकर इस्त्री किये और माँ के आशीर्वाद की भाँति पत्नी ने दुआ दी–'जाओ इस बार ज़रूर चुने जाओगे। मेरी दुआएँ तुम्हारे साथ हैं।'

मैं गया डॉ. नामवर जी, मैनेजर पाण्डे जी, पुरुषोत्तम अग्रवाल, वीर भारत तलवार और केदारनाथ सिंह बड़े-बड़े नामी प्रोफ़ेसरों के दर्शन हुए। सवाल-जवाब

हुए और परिणाम वही ढाक के तीन पात, तोबा की अब आगे प्रयास नहीं करूँगा। मैंने जे.एन.यू. में आवेदन करना बन्द कर दिया। परन्तु मैं एम.फिल. का अगला विज्ञापन आते ही आवेदन ख़रीद लाया। स्वयं के लिए नहीं मीनू के लिए।

मीनू ने कहा, ''जब तुम्हें प्रवेश नहीं दिया तो मुझे कौन देगा?''

मैंने समझाया, ''तुम मेरी तुलना में मज़बूत पृष्ठभूमि से हो। रेगुलर पढ़कर आयी हो, तुम्हारा चयन हो जायेगा।'' रजत से आवेदन भरवाया और मेरा उनसे कोई सम्बन्ध है इसका कोई संकेत नहीं दिया। पत्राचार के लिए भी मामा जी का पता लिखा, केयर ऑफ़ श्री एस.आर. आर्य (IAS), 10 राजपुर रोड, दिल्ली–54 और डॉटर ऑफ़ में पिता श्री नत्थूलाल आर्य लिखा।

रजत ने परीक्षा पास की, इंटरव्यू दिया और एम.फिल. में दाख़िला ले लिया। क़रीब दो साल की प्रतीक्षा सूची में रहकर महानदी मैरिड हॉस्टल मिला। मैं मुनीरिका में था 'दलित प्रक्रिया' मासिक का प्रकाशन सम्पादन शुरू कर दिया था। एक भन्ते इसके प्रसारण और एडवोकेट आनन्द आर्थिक व्यवस्था का दायित्व सँभाल रहे थे। इसके लिए मैं अवैतनिक सम्पादन किया करता था। साथ ही मैं 'हंस', 'जनसत्ता', 'अमर उजाला', 'समकालीन जनमत', 'अंगुत्तर', 'बहुजन संघर्ष' इत्यादि में लिख रहा था। एक बार किसी पत्रिका ने मेरी रचना के साथ, डाक पता महानदी छाप दिया। तब डॉ. मैनेजर पाण्डेय ने अपने छात्रों से पूछा, 'ये श्यौराज सिंह 'बेचैन' जे.एन.यू. में कैसे? इसका तो यहाँ दाख़िला ही नहीं हुआ था? छात्रों ने बताया, एम.फिल. कर रही आपकी छात्रा रजत रानी उसकी पत्नी है।

शास्त्री जी का स्वराज और गंगी की गुलामी

छूटती जन्मभूमि के दर्द से शायद कभी निजात नहीं मिलेगी। बदायूँ-बरेली के रास्ते पर ही सड़क के दो-तीन कि.मी. के फ़ासले से मेरा गाँव रास्ते में पड़ता है। अब सालों-साल गाँव जाना नहीं हो पाता। परिवार के लिए मेरे गाँव में क्या रखा है? परन्तु मेरा मन उससे बँधा है। उजड़े हुए घर की गन्ध और उन लोगों से लगाव; मैं बच्चों को नहीं समझा पाता। वे भी नहीं जान पाते कि क्यों गाँव मेरे भीतर घर किये रहता है? क्यों मेरी जन्मभूमि मेरे भीतर बसती है? क्यों मैं ग्राम्य जीवन को भुला नहीं पाता? मैं समझ नहीं पाता कि लोग कैसे अपना देश छोड़ विदेशों में बसने को आतुर रहते हैं?

बच्चों का कहना सच है, गाँव के घर में हैंडपम्प नहीं है। शौच के लिए बाहर जाना पड़ता है। अब बाहर भी बहुत दूर हो गया है। क्योंकि दलित जातियाँ अपने घर-आँगन नाम मात्र के मूल्य पर यादवों को बेचकर गाँव से बाहर आ

बसे हैं। वर्ण-विभाजन काल से ही गाँव के बाहर बसना उनकी नियति रही है। ऐसे घर में बच्चे एक रात भी नहीं काट पाते। जब बच्चे नहीं हुए थे, तब शादी के बाद मात्र एक रात पत्नी मेरे गाँव रुकी थीं।

तब गाँव में चर्चा हुई थी, ''श्यौराज की बहू घूँघट नहीं करती है, मर्दों की तरह चारपाई पर बैठकर बतियाती है।'' अगले दिन सड़क पर कैसे जायें, साइकिल 'डूंमर' के पास थी, कच्चे रास्ते वह उनको बिठाकर खींच नहीं सकता था। तो पत्नी ने कहा, ''तुम पीछे बैठो, मैं साइकिल चलाऊँगी।'' तो यह देखने को तो गाँव की महिलाओं का झुण्ड खड़ा हो गया था। ''यह किसे ब्याह कर ले आया श्यौराज! इसमें तो बहू होने के एक भी लक्षण नहीं हैं। ऊपर से रंग की भूरीउ नाँय है।''

आज मैं फिर उसी रास्ते दिल्ली से वाया बदायूँ-बरेली जा रहा हूँ। आज स्थिति भिन्न है। मैं अपनी कार चला रहा हूँ। दोनों बच्चे मेरे साथ हैं। गाँव के पास से गुज़र रहा हूँ तो थोड़ी देर को ही सही, गाँव घूम आने में क्या हर्ज है? एक नजर देख भर आने से मन को तसल्ली होगी। पत्नी, बच्चे कहते हैं, ''देर होगी। यहाँ रात हो गयी तो ठहरने का प्रबन्ध नहीं है। वापसी में गाँव होते चलेंगे।'' मैं उनकी बातें अनसुनी कर गाड़ी गाँव की ओर लिंक रोड पर मोड़ देता हूँ। संयोग से मनरेगा और सरकार की प्रधानमन्त्री सड़क निर्माण योजना के चलते अब गाँव तक रास्ता पक्का हो गया है। इसलिए गाड़ी आराम से आ-जा रही है। पर मैं जान रहा हूँ कि बच्चों की कोई इच्छा गाँव जाने की नहीं है। मैं यह भी जानता हूँ कि जन्मभूमि छूटती जा रही है। इमारत खँडहर में बदल चुकी है। इस रास्ते पर सांसद या विधायक निधि से एक बहुत बड़ा बोर्ड लगा है। बोर्ड पर लिखा है—**स्वतन्त्रता सेनानी यदुनाथ शास्त्री मार्ग।** इसे देखते ही मेरे ज़हन में शास्त्री जी की आकृति कौंध जाती है। उनसे की गयी हर बात याद आती है। उनकी सूरत-सीरत बेहद अनुशासित थी। दिनचर्या सब कुछ मेरी स्मृति में ताजा हो आती है। मैं बोर्ड के पास गाड़ी रोककर नीचे उतरता हूँ। बच्चों को बताने लगता हूँ, ''शास्त्री बन्धु (यदुनाथ और रघुनाथ) देश की आज़ादी के लिए लड़े थे। वे गांधी जी के साथ जेल गये थे। उन दिनों वे युवा रहे होंगे। उन्होंने जेल में ही सारी पढ़ाई-लिखाई की थी। वे बताते थे कि जेल में कइयों से चक्कियाँ पिसवाई जाती थीं।''

शास्त्री जी स्वराज के लिए जेल गये थे। वे स्वराज दिला गये। सोचते हुए मेरी स्मृति में **शास्त्री के हमउम्र 'गंगी बब्बा' की सूरत कौंधी।** शास्त्री जी और उनके बीच होने वाली बातें याद आयीं। शास्त्री जी को पेंशन मिलती थी, क्योंकि

वे स्वतन्त्रता आन्दोलन के सिपाही थे। परन्तु **'गंगी बब्बा' को दो वक़्त की रोटी के लाले पड़े थे।** दोनों में एक समानता थी। शास्त्री जी के अनुसार 'अंग्रेज़ उनसे जेल में चक्की पिसवाते थे।' **गंगी बब्बा यादवों की, ख़ासकर रामसिंह प्रधान के घर की चक्की पीसा करते थे।** वे चक्की पीसने के लिए शास्त्री परिवार के लिए भी उपलब्ध थे। हालाँकि शास्त्री अन्य यादवों की अपेक्षा मेहनताना अधिक देते थे। अनिश्चित घण्टे चक्की पीसने वाले उस दलित का स्वराज कहाँ था? मैं कहता था कि "शास्त्री जी, आप अंग्रेज़ों की जेल में थे। मेरे बब्बा तो हिन्दुओं की जेल में हैं। वे आप लोगों की चक्की पीसते हैं। आपको तो अंग्रेज़ों से स्वराज मिल गया, पता नहीं हमें स्वराज कब मिलेगा? हम तो अछूत थे, अछूत हैं। ग़रीब थे, ग़रीब हैं। अपढ़ थे, अपढ़ हैं। क्या ग़ैर-दलितों का राज अंग्रेज़ों के राज से बिल्कुल भिन्न नहीं होगा? कुर्बानियाँ तो अछूतों ने भी कम नहीं दी थीं। इन्होंने तो प्रमाण-पत्र भी नहीं लिये।" तो वे परेशान हो जाते थे। वे बब्बा के आगे प्रस्ताव रखते थे कि "गंगी तुम सुबह-शाम मुझसे एक-दो रोटियाँ यूँ ही बिना चाकी पीसे ले जाया करो। मेरी पेंशन में तुम्हारा हिस्सा है। हमारे गांधी जी **हरिजनों** की सेवा करना, उनके ऋण से उऋण होने का एक नैतिक उपाय मानते थे।" बब्बा कहते थे—"मैं बिना काम किये भीख में कछू नाँय लिंगो।" वे कहते कि "ब्राह्मणों को भी तो मन्दिरों में भोजन दिया जाता है, वे कौन से हल जोतते हैं? तो वे कहते, "ब्राह्मण को बिना मेहनत के पच जातु हैं। हमें नाँय पचेगो।"

गंगी, एक सामाजिक गुलाम का नाम, क्या सम्बन्ध शास्त्री बन्धुओं से है जो नेत्रहीन होने के बावजूद चारा मशीन खींचते थे, आटा चाकी पीसते थे। पर जब **दोनों आँखों में रोशनी थी और अंग्रेज़ी राज के ख़िलाफ़ आन्दोलन चल रहे थे। 'जुनावई पैंठ' में ब्रिटिश पुलिस ने स्वराजवादियों पर लाठियाँ बरसाई थीं, जब वे 'अंग्रेज़ो भारत छोड़ो' के नारे लगा रहे थे। रघुनाथ शास्त्री कमज़ोर क़द-काठी के थे। अंग्रेज और पुलिस वाले उन्हें ज़मीन पर गिराकर बेल्ट और बूट मारकर चलते बने। पैंठ में अफरा-तफरी मच गयी।** " 'नदरोली' वाले शास्त्री घायल हैं। मुँह में पानी डालो, उन्हें बचा लो-उठा लो।" बिरादरी के लोगों के साथ गंगी पैंठ में अपने चमड़े की जूतियाँ बेचने गये थे।

शास्त्री जी जब खड़े ही नहीं हो पा रहे तो पैदल चलकर गाँव कैसे पहुँचेंगे? तो उन्हें उठाकर कौन ले जाये? गंगी के कन्धे और पीठ बहुत मज़बूत हैं, क्योंकि वे अपने कन्धों पर मुर्दा-मवेशी उठाते हैं। आधा-एक क्विंटल का बोरा या साठ-सत्तर कि.ग्रा. की कच्ची खाल वे सिर पर रखकर मीलों ले जाते हैं।

शास्त्री तो पचास किलो से भी कम हैं! सभी ने उत्साहित किया। "गंगी कन्धों पर उठा शास्त्री को और ले चल गाँव।" शास्त्री यादव थे। यादव वर्ण व्यवस्था में शूद्र थे, परन्तु चमारों से अस्पृश्यता का बर्ताव करते थे, शास्त्री जी छुआछूत के एकदम ख़िलाफ़ थे।

शास्त्री जी गंगी की मदद को मरते दम तक नहीं भूले। हारी-बीमारी का पता चलता तो आधी रात भी वे गंगी को देखने भागे आते थे। मैंने उन्हें अपने बचपन के दिनों में देखा। वे आज़ाद हुए थे। मैं क्या गर्व करूँ? मैं तो स्वतन्त्रता सेनानी का वंशज नहीं। मैं तो उस गुलाम, उस अछूत गंगी के भतीजे का बेटा हूँ जो आज़ाद भारत में रहकर भी आज़ाद नहीं थे।

शोध के दौरान मैंने डॉ. अम्बेडकर के 'मूकनायक' के एक सम्पादकीय का शीर्षक देखा—'...स्वराज, हमारे ऊपर राज' जो सीधा बब्बा पर लागू होता दिखा। जिन्हें स्वराज मिला है, वे दलितों पर राज कर रहे हैं और दलितों के लिए गाँव-घर खुली जेलों में तब्दील कर दिये गये हैं। पंचायती राज, धनी किसान आदि सब के लिए स्वराज में चाँदी है। समृद्ध सवर्णों को लक्ष्य कर शिक्षा, स्वास्थ्य, उद्योग, कला-साहित्य आदि स्वराज की हर नीति उनके अनुकूल है। दलितों के लिए गाँव छुआछूत के केन्द्र हैं, यातनागृह हैं। यह बात बाबा साहब डॉ. अम्बेडकर ने बहुत पहले लिखी थी। दुर्भाग्य से स्थिति आज भी यथावत् है। सारे दल, लैफ्ट-राइट सारी विचारधाराएँ दलितों को शोषित-शासित बनाये रखने पर एक मत हैं। इतिहास में हज़ारों साल पहले ऐसा हुआ था। तब देश हूण, कुषाण, मुग़लों और अंग्रेज़ों का गुलाम रहा था।

गाँव में ही क्यों, अछूतों को शहर में भी कौन से विकल्प हैं। मुझे बाबा साहब की 'अछूत' पुस्तक पढ़कर अफ़्रीकी-अमेरिकी-अश्वेतों की गुलामी से बदतर अछूतों की ज़िन्दगी की व्यथा परेशान करती है। अश्वेत का मार्केट मूल्य था। उसकी दवा-दारू की जाती थी। पर अछूत मरेगा तो दूसरा मुफ़्त में मिलेगा। बेगार करेगा या नाम मात्र की मजूरी पर मरने-खपने को मजबूर होगा। क्या उसके लिए स्वराज का यही तोहफ़ा है? अफ़्रीकी श्वेत अपने काले गुलामों की सेहत का ध्यान रखते थे। इसलिए कि गुलाम मूल्य चुकाने पर मिलते थे। दास के बीमार होने या मर जाने से मालिक का पैसा मर जाता था; इसलिए वे गुलाम को बचाते थे, उसको पढ़ाते थे। अछूत मुफ़्त मिलता था। बेगार करता था। उसके मरने-उजड़ने का असर व्यक्तिगत रूप से सछूतों पर नहीं पड़ता था। इसलिए वे उसके जीवन की परवाह नहीं करते थे। क्या आज परवाह

करने की उनकी कोई मजबूरी है? इस सामाजिक गुलामी का पुश्तैनी अनुभव मेरे पास था।

दलित को लेकर सछूत इतने देशभक्त भी नहीं थे, जो यह समझ पाते कि देश गुलाम ही तब होते हैं, जब उनकी मेहनतकश आबादी अशक्त, अपढ़ और असमर्थ कर दी जाती है। भारत की गुलामी में जितना हाथ छुआछूत और सामाजिक ग़ैर-बराबरी का है, उतना और किसी का नहीं है। सामाजिक अशक्तता, भेदभाव अभी तक बने हुए हैं। इसलिए आज़ादी का विस्तार असली हक़दार तक नहीं हो सका है। जो ब्रिटिश राज में सुविधाएँ बटोर रहे थे, वे आज़ाद भारत में भी असुविधाओं में नहीं हैं। अछूत 1947 से पहले भी 'बहिष्कृत भारत' था, आज भी 'बहिष्कृत भारत' है, विपन्न है। कितने शास्त्रियों, कितने गंगी गुलामों की कहानियाँ भरी पड़ी हैं हमारे ग्रामीण भारत में। देश को आज़ाद कराने वाले समाज में समता-भाव और जाति-निरपेक्ष न्याय स्थापित क्यों नहीं कर सके? इसका ख़मियाजा ख़ुद भी भुगत रहे हैं। समाज में तो आर्थिक वैषम्य, जाति-विद्वेष कायम है। ऐसे में सब का स्वराज कहाँ फलता-फूलता है!

आज यह जानकर मैं बेचैन हो उठा जब मेरे एक सुधी पाठक एडवोकेट विजेन्द्र सिंह गहलौत ने 'हसनपुर' (दलित आत्मकथाकार हज़ारी के जन्मस्थान) से फ़ोन कर बताया कि 'आज 2 फ़रवरी, 2015 के अख़बार में आपके गाँव की ख़बर छपी है, स्वतन्त्रता सेनानी शास्त्री के बेटे को कुछ रुपयों का उधार न चुकाने से नाराज़ हो एक व्यक्ति ने गोली मार दी है। मौक़े पर ही उसकी मौत हो गयी है। मैं आपको अख़बार की कटिंग भेज रहा हूँ।' शास्त्री का पुत्र मेरा बेहद प्रिय मित्र था।

शूद्रों की छुआछूत

दस से पन्द्रह साल की उम्र में मैं अपने गाँव के यादवों के खेतों पर, गृह-निर्माण के कार्यों और दायें-रहँट हाँकने आदि के कार्य करने जाता था तो खाना खाने के लिए अपना बर्तन (कटोरा) अपने साथ ले जाया करता था। पानी भी पीना होता था तो माँग कर, दोनों हाथों की 'ओक' बनाकर पीता था।

एक बार महाशय श्री होरी लाल यादव का हमने कुआँ बनाया था। उन दिनों मैं राज मिस्त्रियों का सहायक मज़दूर हुआ करता था। सभी राजमिस्त्री चमार थे। उन्हीं ने कुआँ चिना था। बेलदारी में मेरे साथ हरिग्यानी वाल्मीकि

के बच्चे भी थे। महाशय सुप्रसिद्ध आर्य समाजी नेता थे। वे स्वामी अग्निवेश जैसे गेरुए वस्त्र धारण किया करते थे और गाँव में वर्ष में दो-तीन बार आर्य समाज के जलसे आयोजित कराते थे। उसमें बड़े-बड़े प्रचारकों को बुलाते थे। 'इस बार अमुक ब्रह्मचारी जी आ रहे हैं, अन्न नहीं खाते हैं, फल खाते हैं। चार लोटा दूध पीते हैं, कुएँ की जगत पर बैठ जाते हैं, सौ बाल्टी पानी अपने ऊपर डलवाते हैं', ऐसा प्रचार होता था। हमें बड़ी उत्सुकता होती थी कि किसी तरह ऐसे महापुरुषों के दर्शन हो जायें।

उस दिन मैंने अपनी बिरादरी के मिस्त्रियों को कहा था कि "आज खाने के लिए साथ में बर्तन ले जाने की ज़रूरत नहीं है। महाशय जी तो आर्य समाजी हैं, छूत-छात नहीं मानते हैं। वे हमें अपने बर्तनों में खाना देंगे।" हम सब कुआँ निर्माण का काम करते रहे। जब लंच का टाइम हुआ तो महाशय जी के बच्चे बोले, "ऐ मिस्त्रियो! तुम अपने-अपने बासन (बर्तन) ले आओ और खाना ले लो।"

तो मैंने कहा, "हम तो बर्तन नहीं लाये हैं, आप ही अपने बर्तनों में खाना दे दो। हम धोकर रख देंगे।"

इस पर वह कहने लगे, "अरे भाई, तुम जब सभी के यहाँ अपने बर्तन लेकर जाते हो तो यहाँ क्यों नहीं लाये?"

"इसलिए नहीं लाये कि महाशय जी तो आर्यसमाजी जलसे में छुआछूत के ख़िलाफ़ ख़ूब बोलते हैं।"

"हाँ, वे बोलते तो हैं परन्तु बर्तन तो घर की महिलाओं के हाथों में होते हैं। वे तो तुम्हारे बर्तन नहीं धोयेंगी। वे तो जलसे में नहीं बोलती हैं ना।"

तब मैं कुएँ से उतरकर बैठक में तख़्त पर बैठे महाशय जी के पास गया और बोला, "महाशय जी, अगर आप हमें बर्तनों में खाना नहीं देंगे तो हम काम छोड़ देंगे।"

"तुम एक काम करो, मैं घर में बात करता हूँ।" महाशय जी उठे और घर की ओर चले गये। हम काम रोककर खाने के लिए पंगत बनाकर दालान के आँगन में बैठ गये। तब खाना आया, लेकिन बर्तनों की जगह हमारे लिए घासीराम कुम्हार के यहाँ से ताज़ा बने मिट्टी के भोलुये लाये गये। **पत्तल में खाना और भोलुआ में दाल-पानी यानी यादव महाशय के ब्राह्मणीकरण की कहानी।**

मेरे इस गाँव में एक भी ब्राह्मण नहीं था। क़रीब 20 लोग वैश्य थे। 150 मुस्लिम, 50 जाटव/चमार, 20 वाल्मीकि और 4,000 यादवों की आबादी थी।

इन चार हज़ार में मुश्किल से चार-पाँच परिवार ऐसे होंगे जो अपने बर्तनों में दलितों और मुसलमानों को खाना देते थे। इन चार में स्वतन्त्रता सेनानी यदुनाथ शास्त्री और रघुनाथ शास्त्री, रामजीत यादव और प्रेमपाल सिंह यादव से मेरा वास्ता रहा था। बाक़ी सब शूद्र होरीलाल महाशय यानी रँगे सियार जैसे ही थे।

चन्दौसी अख़बारों की ओर मेरा झुकाव सन् 1980-82 के दौरान हुआ था। उन दिनों मैं आत्मपरक कुछ ख़ास नहीं लिखता था। किसानों, बेरोज़गारों और छात्रों की समस्याओं पर सम्पादकों के नाम पत्र लिखा करता था या संस्था की मीटिंगों की प्रेस विज्ञप्तियाँ और समसामयिक समस्या प्रधान कविताएँ भी लिखकर भेजाकरता था। स्थानीय पत्रों के अलावा मेरी लिखत को शुरू में दैनिक 'अमर उजाला' ने स्थान दिया था। सन् 1981-88 के दौरान छपे पत्र, कविताएँ और लेख मेरे रिकॉर्ड में हैं। 'मद्य-निषेध', 'अन्धविश्वासों का पर्दाफ़ाश' जैसे कार्यक्रम की ख़बरें थीं।

1982-83 का ही कोई समय था जब चन्दौसी के **नवल किशोर भरतिया महिला कॉलेज** में बी.एड. की छात्राओं ने भूख हड़ताल की थी। नेतृत्व बुद्ध विहार (मौ.) के बौद्ध परिवार की प्रशिक्षु कर रही थी। वह रेवाराम की क्लासमेट रही थी, उन्हीं की मार्फत मेरा परिचय हुआ था। छात्राओं ने शहर में प्रदर्शन सभा की थी। ए.आई.एस.एफ. की ओर से मैं भी उनकी भूख हड़ताल में शामिल हो गया था। दैनिक 'जनयुग', दिल्ली से निकलता था। उसमें उक्त आन्दोलन की ख़बरें प्रमुखता से छपी थीं।

साप्ताहिक पत्र मसलन, 'कीमियाएँ जीवन', 'चन्दौसी टाइम्स', 'रंगीला टाइम्स', 'सान्ध्य क्रान्ति' आदि। इन पत्रों में मेरी लम्बी-लम्बी कविताएँ और गीत छपा करते थे। यहाँ उल्लेखनीय होगा कि इन सम्पादकों से मेरा परिचय कॉ. शर्मा की मार्फ़त हुआ था और यह भी कहना उचित होग। कि यदि वे जानते कि मैं दलितों के जाति विषयक प्रश्न भी उठाने लगूँगा; जिन्हें वे संकीर्ण प्रतिक्रियावाद कहते थे, तो वे मुझे लात मारकर कब के अलग हो जाते। इसलिए कि दलितों को जगाने का काम ग़ैरदलित कॉमरेडों का है, खुद दलितों का नहीं है। उनके अनुसार दलित तभी तक क्रान्तिकारी है जब तक उसमें अधिकार चेतना नहीं है। ग़ैर-दलित ख़ासकर ब्राह्मण दलितों की समस्याओं पर बोलते हैं तो वह प्रगतिशीलता होती है और अगर दलित स्वयं दलित समस्या पर ध्यान खींचता है तो वह प्रतिक्रियावादी हो जाता है।

मैं बरेली टीचर ट्रेनिंग (बी.एड.) करने के दौरान दैनिक 'दिव्य प्रकाश' छात्रावास के पीछे था। दैनिक 'नवसत्यम' का कार्यालय कॉलेज के रास्ते में था। आते-जाते अख़बारों के दफ़्तरों में जाता। सम्पादकों से मिलता और सविनय उन्हें एक-दो कविताएँ पकड़ा आता था। डॉ. वीरेन डंगवाल बरेली कॉलेज में हिन्दी प्राध्यापक थे और वे 'अमर उजाला' की साप्ताहिक पत्रिका भी देखते थे। सम्पादकीय पृष्ठ भी बरेली से ही तैयार होता था। उन्होंने मुझसे कहा, "तुम 'अमर उजाला' के लिए लिखो। ख़ासकर उन किसानों और दलितों के बारे में जिनके बीच तुम रहते-जीते हो।"

'साप्ताहिक नजरिया' भी बरेली से निकला था। सम्पादन डंगवाल जी देखते थे। उसमें मैंने चौ. महेन्द्र सिंह टिकैत की भारतीय किसान यूनियन में कार्यकर्ता के तौर पर अपना अनुभव और मत लिखा, डंगवाल जी ने उसे प्रमुखता से छापा था। उसी तरह मैंने दो लेख और दिये थे। एक था, कॉमरेड दूल्हा ख़ाँ और दूसरा, 'मुक्ति संघर्ष' के सम्पादक कृष्ण कुमार दीक्षित से जुड़ा एक संस्मरण। दोनों लेखों की प्रकाशित प्रतियाँ आज मेरे संकलन में नहीं हैं।

संयोग से रजत रानी 'मीनू' भी बरेली कॉलेज में डंगवाल जी की छात्रा रही हैं। उनके साथ इन्दिरापुरम में डंगवाल साहब से मिला था, तो उन्होंने बताया—" 'साप्ताहिक नजरिया' बन्द हो गया। तुम बरेली जाते रहते हो, मालिक के पास फाइल होगी, देख सकते हो।" उन्होंने नाम-पता भी दिया था, मैं नहीं देख पाया। जब डॉ. बी.आर. अम्बेडकर को 'भारत रत्न' मिला तो डंगवाल जी का फ़ोन आया। उन्होंने क़रीब एक हज़ार शब्दों में बाबा साहब पर लेख लिखकर भेजने को कहा। मैंने लिखा और उन्होंने 14 अप्रैल, 1990 के 'अमर उजाला' में 'दलित मुक्ति की राह लम्बी हैं' शीर्षक से सम्पादकीय पृष्ठ पर उसे प्रमुखता से छापा।

मेरे पास अपना कोई कमरा नहीं था। मेरे लेख, पाण्डुलिपि, फर्स्ट एड सर्टिफिकेट बारिश के पानी में गल गये। गनीमत यह थी कि प्लास्टिक की थैली ने मेरे शैक्षिक दस्तावेज़ बचा लिये।

भाकियू : कंझावला से बिलारी तक आन्दोलन की जड़ें और जड़ता

बात 1988 की है। मैं राकेश 'रफीक' की सलाह से 'भारतीय किसान यूनियन' में पूर्ण अवैतनिक कार्य कर रहा था। मुझे कार्यालय (राजा का सहसपुर, रेलवे स्टेशन के पास) पर रखा गया था। यहाँ क्षेत्र के सभी किसान कार्यालय से सम्पर्क किया करते थे। उनकी शिकायतें, सुझाव, यूनियन के अगले कार्यक्रमों का

हिसाब रखना मेरी ज़िम्मेदारी थी। यह बहिरमुखी एक कमरा संस्कृत महाविद्यालय में था। (उस कमरे का दरवाज़ा महाविद्यालय की परिधि के अन्दर नहीं था। उसका मुँह सड़क की ओर था।) सामने सड़क और दायें और पीछे खेत थे। वहाँ एक ट्यूबवेल था। मैं उस पर कपड़े धोता और स्नान करता था। अन्दर की ओर यहाँ एक मन्दिर परिसर था। मन्दिर में साधुओं के लिए कुछ कमरे बने थे। वहाँ साधुओं का आना-जाना था और कुछ का स्थायी ठिकाना भी था। भाकियू की सभाएँ मन्दिर के प्रांगण में हुआ करती थीं, जिनमें किसान सप्ताह भर की शिकायतें, समस्याओं और योजनाओं पर विचार-विमर्श किया करते थे। धरने-आन्दोलन की रणनीतियाँ तय करते थे। चौ. हरपाल सिंह सिंभावली डिग्री कॉलेज की कृषि प्राध्यापकी को छोड़कर किसानों का नेतृत्व कर रहे थे। उनमें ग़ैर-जाटों को भी नेतृत्व देने की क्षमता और दृष्टि थी। एक बार मैं भाकियू के लिए उनके पास सिम्भावली भी गया था। मैं किसी को निजी समस्याएँ नहीं बताता था। पर वे जानते थे। राकेश 'रफीक' ने मन्दिर में हुई एक सभा में किसानों से कहा, **"यूनियन के दफ़्तर का काम हमारे साथी श्यौराज सिंह 'बेचैन' देखते हैं, परन्तु किसानों की ओर से अभी तक उनके खाने का इन्तज़ाम नहीं किया गया है और वे किसी से व्यक्तिगत रूप से माँग नहीं रहे हैं। इसलिए यूनियन की ज़िम्मेदारी है कि इन्हें आटा और दाल पहुँचाया जाये। ये खाना ख़ुद बना-खा लेंगे।"**

पहली ज़िम्मेदारी चौ. अशोक सिरोही ने ली थी। वे पाँच किलो आटा और आधा किलो दाल कार्यालय पर पहुँचवा देंगे और उसके बाद अन्य किसानों का नम्बर था, परन्तु एक सप्ताह बीत गया। कहीं से अन्न का एक दाना भी मेरे पास नहीं आया।

ख़ैर, मेरे लिए काम के साथ पेट का सवाल भी गहराई से जुड़ा था। ज़िन्दा रहने के लिए खाना तो चाहिए ही था। मीटिंग में ज़िम्मा लेकर गये किसी भी किसान के घर से मेरे लिए एक दाना नहीं आया। अशोक सिरोही का गाँव टांडा-अमरपुर क़रीब था। राकेश 'रफीक' ने कहा, "अशोक को याद दिलाओ।" मैं ख़ुद उनके घर चला गया। वे व्यावहारिक और मिलनसार व्यक्ति थे। उनके दो ट्रैक्टर बाहर ही खड़े थे तथा कई भैंसें पल रही थीं। बिक्री के लिए कनस्तरों में घी भरा जा रहा था।

मैं गया तो चौधरी अशोक सिरोही की पत्नी मिलीं। वे मुझे पहचानती थीं। मैंने पूछा, "भाभी जी, सिरोही जी कहाँ हैं?" वे समझ गयीं और बोलीं, "आपको

आटा-दाल पहुँचाना था, समय नहीं मिला। लो, आप ही ले जाओ।'' सो मुझे कुछ आटा-दाल दे रही थीं। तब तक सिरोही भी आ गये थे। मोटरसाइकिल पर बिठाकर मुझे भाकियू दफ़्तर तक छोड़ गये। पर उस दिन लगा यह खाने के लिए किसानों के घर-घर माँगने जाना, आत्मसम्मान के लिए अच्छा नहीं है। मैं एक कार्यकर्ता हूँ, कोई बौद्ध भिक्षु या संन्यासी नहीं हूँ। मुझे कुछ सम्मानजनक काम मिलना चाहिए।

यह सर्दी का महीना था। **मैंने मन्दिर के साधुओं के साथ खाना बनाया और खाया। साधुओं ने देखा कि मेरे पास तो ओढ़ने को रज़ाई भी नहीं है, तो एक साधु मुझे मन्दिर के साथ बने स्टोर में लेकर गया। वहाँ बहुत-सी रज़ाइयाँ रखी थीं।** साधु ने कहा, ''तुम इनमें से कोई एक रज़ाई उठाओ और ओढ़ लो। ये सब किसानों के दान-धन से ही बनी हैं। तुम भी किसान सेवक हो, ठण्ड में मरते क्यों हो?'' मैंने रज़ाई उठा ली, सर्दी गुज़रने के बाद वापस की तो साधु ने कहा, ''यह अब तुम्हारी हो गयी। यहाँ रज़ाइयों की कमी नहीं है, बहुत रखी हैं। अगले जाड़ों की भी।'' सच्चाई तो यह है कि मेरी शादी और नौकरी लगने तक उसके अलावा मुझे कभी कोई दूसरी रज़ाई नसीब ही नहीं हुई थी।

साथी श्यौराज जाट नहीं हैं

यह मुझे गवारा नहीं था कि मैं काम किसानों का करूँ और खाना मन्दिर के साधुओं का खाऊँ। अधिसंख्य किसान ग़ैर-दलित धनी किसान थे। साधु भी मुझे जाट ही समझते थे। जाति जानकर साधु क्या प्रतिक्रिया करते! उस भय से मैंने कभी अपनी जाति उजागर नहीं की, बल्कि एक बार चौधरी देवेन्द्र 'गांधी' के गाँव 'सनाई' में जब किसानों की सभा हुई, शायद हम रात को भी वहीं रुके थे। तब चौ. हरपाल सिंह के बाद सबसे बड़े नेता चौधरी अशोक सिरोही ने अपने भाषण के दौरान कहा, **''हम पर आरोप लगता है कि किसान यूनियन केवल जाटों की है या दबंगों की है, यह आरोप ग़लत है...हमारे कार्यालय के सारे कागज़-पत्र और हिसाब-किताब हमारे साथी श्यौराज सिंह बेचैन सँभालते हैं जो कि हमारे बीच मौजूद हैं। उनसे सभी किसान साथी भली-भाँति परिचित हैं, परन्तु वे जाट या लाला नहीं एस.सी. यानी दलित हैं और हमारे बीच बिना किसी भेदभाव के कार्य कर रहे हैं।''**

मेरठ धरने के दौरान मुज़फ़्फ़रनगर, शामली आदि से सुबह ही ट्रकों में भर-भर कर धरना स्थल पर गर्म-गर्म पूड़ियाँ और आलू की सब्ज़ी आ जाती थी।

किसान समर्थ थे, धनी थे और अपने हितों की भावना से भरे थे। इसलिए वे रसद पहुँचा पा रहे थे। यदि भूमिहीन किसान या दलित ऐसा धरना देना चाहें तो वे भोजन-पानी के अभाव में दो दिन से अधिक नहीं टिक सकते। किसानों की महिलाएँ धरने में शामिल नहीं थीं। वे घर से खाना बनाकर भेज रही थीं। विनोद अग्निहोत्री उस समय मेरठ में एक अख़बार में ब्यूरो प्रमुख थे। सुनील 'छइयाँ' 'अमर उजाला' के फ़ोटोग्राफर थे। रात हो जाती तो मैं और राकेश 'रफीक' उनसे मिलने जाते थे।

मेरठ मंच के समीप ही मैं किसानों के साथ ज़मीन पर अख़बार बिछाकर सो गया था। ठण्ड लगी तो अपने एक किसान मित्र की देह से सट कर गर्मी ली थी। किसानों के समर्थन में न केवल राजनेता वहाँ पहुँचे थे, बल्कि कुछ फ़िल्मी हस्तियाँ, हरिओम पवार जैसे कवि-शायर और कुछ विदेशी लोग भी वहाँ पहुँचे थे। एक विदेशी महिला ने अपने बच्चे को पीठ पर लटकाकर भाषण दिया था। वह दृश्य कौतूहल भरा था। **27 जनवरी, 1988** की रात दो-तीन बजे जब मैं किसानों के बीच अख़बार पर सोया पड़ा था। तब मंच से चौ. हरपाल सिंह की आवाज़ मेरे कानों में आयी, "भाकियू कार्यालय बिलारी के प्रभारी श्यौराज सिंह बेचैन आयें और मंच का संचालन करें। किसानों के लिए अपने गीत और कविताएँ सुनायें।" नींद और आलस्य को क़ाबू में करता हुआ मैं हड़बड़ाकर उठा और मंच पर चढ़ गया। चौधरी महेन्द्र सिंह टिकैत बोले—"यू मायक सँभाल भाई बेचैन, सुना किसानों को कुछ चैंड़-चूंड की बातें..." कहते हुए चौधरी साहब पीछे की ओर खिसक गये। मैं बारी-बारी किसानों को बुलाता-गाता सुबह तक भीड़ को बाँधे रहा और अपनी रचनाएँ प्रस्तुत करता रहा। जैसे—

आज़ादी की नयी रोशनी
तुम्हें रास नहीं आयी, किसनवा लुट गयी तेरी कमाई।
रे किसनवा...
श्रम इतना कि सूख गयी काया।
ना कुछ अच्छा पहना-खाया
बिजली-पानी, खाद आदि की हर मुश्किल स्थायी।
रे किसनवा...

जब उतरा तब 'टाइम्स ऑफ़ इंडिया' के Rattan Mall ने मुझसे पूछा, "आप बीकेयू नेता हैं?" मैंने कहा, "बिल्कुल नहीं मैं एक मामूली कार्यकर्ता हूँ।"

1 फ़रवरी, 1988 के अंक में क़रीब आधा पेज की स्टोरी छपी थी। शीर्षक था, 'An uneasy truce of Sorts in Meerut' टिकैत की तस्वीर के साथ बी.के.यू. एक्टिविस्ट के रूप में मेरा संज्ञान लिया था।

MONDAY FEBRUARY 1, 1988 THE TIMES OF INDIA, NEW DELHI

An uneasy truce of sorts in Meerut

By RATTAN MALL
The Times of India News Service
MEERUT, JANUARY 31.

AN uneasy truce of sorts prevails in the city with neither the Bharatiya Kisan Union (BKU) leaders nor the administrative or police officials here wanting to do anything that might spark off a riotous situation.

For despite prohibitory orders in the city, thousands of kisans from far flung districts of U.P. have been staging a gherao at the residence of the divisional commissioner, Mr V. K. Divan, who has gone into hiding. Officials at his residence refuse to divulge his whereabouts. An equal number of others have camped at the CDA Ground nearby. Yet many others have been streaming in daily since January 27 from neighbouring areas and districts in trailers attached to tractors during the day and returning home as dusk falls...

Captain Bhopal Singh vehemently denied to this reporter that the BKU was going to stage any rasta or rail roko movement. "These are our roads and trains, our people, our country. Why should we do anything to disturb or harm these?" he demanded. BKU leaders regretted that some such statements apparently issued by hotheads without any authorisation had found their way into the local papers. All that the protestors had done was to pass a resolution namking the road running in front of the commissioner's residence as "Shaheed Bhagwan Singh Road". The name has been written in chalk on one side of the road, Mr Sheoraj Singh Bechan, a BKU activist from Moradabad, pointed out...

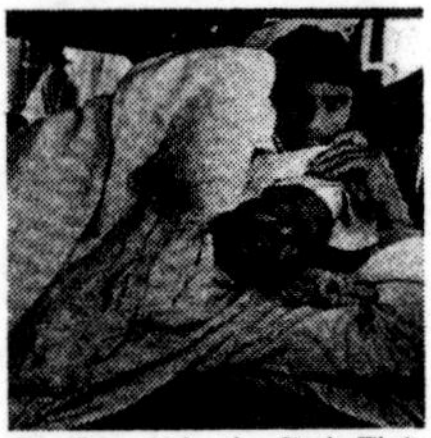

Choudhary Mahendra Singh Tikait, Bharatiya Kisan Union leader, trying to take a nap in his makeshift shelter under the dais on CDA Ground which along with the Commissioner's residence has become the focal point of the kisan agitation in Meerut.–TOI photo

एक रात अफ़वाह उड़ी कि पुलिस टिकैत को गिरफ़्तार करेगी। आधी रात का समय था। हम मंच से दूर थे। तो किसानों को जगाये रखने के लिए चौधरी महेन्द्र सिंह टिकैत ने माइक ले लिया और वे गुरु रैदास की कथा सुनाने लगे। मैं सुनकर चकित था कि एक किसान को गुरु रैदास के बारे में इतनी जानकारी कैसे है? यह धरना क़रीब बीस दिन चला। मैं यहाँ लगातार बना रहा। छोटे-छोटे कई मंच बनाये गये थे। यूनियन में भी गुट बने। टिकैत गुट, भोपाल सिंह गुट, बिजेन्द्र सिरोही गुट। राकेश इनमें वैचारिक नेतृत्व की ख़ास भूमिका निभा रहे थे। सीजीए ग्राउंड के अलावा कमिश्नरी के सामने भी धरना था। हम कभी इस मंच पर तो कभी उस मंच पर भाषण करते, किसानों से बातें करते। धरना जब ख़त्म हुआ तो कैप्टन भोपाल सिंह ने किसानों बल्कि जाटों का जो घोषणा-पत्र पढ़कर सुनाया था, उसका एक हिस्सा अस्पृश्यों की दृष्टि से परेशान करने वाला था। उन्होंने किसानों के लिए बहुत-सी माँगें जोड़ी थीं। जैसे औरतों को आधी बाँहों के ब्लाउज नहीं, बल्कि पूरी बाँहों की कमीज़ें पहनने दी जायेंगी। गाँव की छोटी जातियों से उनके पुश्तैनी सफ़ाई के काम, मवेशियों का चमड़ा उतारने के काम कराये जायेंगे। गाँव छोड़कर शहरों को जाने वाले एस.सी. को रोका जायेगा आदि।

बढ़े हुए बिजली बिल न देने के प्रश्न पर शामली कर्मू खेड़ी बिजलीघर पर चार किसान शहीद भी हो चुके थे। खाद-बीज पानी सब सस्ते हों और उनके उत्पादन के मूल्य बढ़ें; ये माँगें स्वाभाविक थीं। परन्तु भूमिहीन दलित कृषि मज़दूरों के प्रति उनके इरादे लोकतान्त्रिक नहीं थे। उन दिनों कभी-कभी मेरे दलित मित्र ख़ास कर डॉ. रामस्वरूप पूछा करते थे, "भूस्वामी किसानों में तुम भूमिहीन दलित क्या कर रहे हो?"

इतना ही नहीं, दिल्ली के निकट जिस कंझावला गाँव से जाट किसानों ने आन्दोलन की शुरुआत की थी, उसमें अपने हक़ों के लिए लड़ना कोई बुराई नहीं थी, परन्तु उनका इतिहास बहिष्कृत जातियों की मुक्ति के ख़िलाफ़ था। वह आन्दोलन सरकार का भूमिहीन दलितों को भूमि देने और सरकारी सेवाओं में संवैधानिक राष्ट्रीय आरक्षण नीति के तहत नौकरियाँ देने के विरोध में आरम्भ हुआ था।

मैंने किसान आन्दोलन की पृष्ठभूमि जानने का प्रयास किया। पता चला कि 1977 में दिल्ली के निकट कंझावला गाँव में भूमि-विवाद को लेकर 'जाटों और हरिजनों' (सूचना दाता जाट अनुसूचित जातियों को 'हरिजन' कहते थे) के आरक्षण का विरोध करने के लिए जाटों ने किसान यूनियन का गठन किया था। चौधरी चरण सिंह ने इसे जातियुद्ध का हिस्सा मानने से इनकार किया था। 1978 में यूनियन पंजीकृत करा ली गयी थी।

इस सन्दर्भ में मुझे अप्रत्याशित और चकित करने वाली जानकारी तब मिली जब मैं अपनी पत्नी के बड़े मामा श्री एस.आर. आर्य जी के सामने बैठा था और वे संयोग से कंझावला के जाट-दलित प्रकरण पर प्रकाश डाल रहे थे। हालाँकि वे नहीं जानते थे कि श्यौराज किसान यूनियन कार्यकर्ता रहा है। वे 1966 बैच के आई.ए.एस. थे और दिल्ली सरकार के शिक्षा विभाग में मुख्य सचिव थे। वे बता रहे थे कि "सरकार ने कंझावला का विवाद निपटाने के लिए हमें मजिस्ट्रेट बना कर भेजा था और मेरे सीनियर अफ़सर ख़्वाजा साहब के सामने किसान नेता जो शिकायतें लेकर आये, तो मैंने उनसे पूछा था, 'सर ये जाट नेता ऐसी माँगें क्यों कर रहे हैं कि भूमिहीन 'हरिजनों' को भूमि के पट्टे न दिये जायें?' 'हरिजन बच्चों को छात्रवृत्तियाँ न दी जायें। दूसरा–इनके बच्चों को आरक्षण नहीं दिया जाये।' ख़्वाजा साहब कहने लगे, 'आर्य साहब आप पढ़े हैं, अभी गुने नहीं हैं।' तो मैंने पूछा, 'सर इसका मतलब?' 'मतलब यह कि

अगर ये एस.सी. बच्चे आरक्षण लेकर नौकरी करने गाँव से निकल जायेंगे, तो इन धनी किसानों को सस्ते मज़दूर-बेगारी-गुलाम कहाँ से मिलेंगे? यह अकारण नहीं है कि भूस्वामी जाटों के गाँवों में दलितों के बच्चे स्कूल नहीं जा पाते। अपने आरक्षित अधिकार प्राप्त नहीं कर पाये। गुलामी सूचक मैला ढोने, मुर्दा मवेशी उठाने के शाप से मुक्त नहीं हो पाये।' "

"तब आप क्या कहते थे?" मैंने प्रश्न किया।

"हम कहते थे, शासन-प्रशासन में एस.सी., एस.टी. की भागीदारी सुनिश्चित करना सरकार की राष्ट्रीय आरक्षण नीति लागू करना हमारी ड्यूटी है। संवैधानिक संकल्प है। हरिजनों को पढ़ाना, रोज़गार के लायक बनाना। उन्हें शिक्षा स्वावलम्बन के समान अवसर देना, जिससे कि वे सामाजिक गुलामी से आज़ाद हो, विकास की मुख्यधारा में शामिल होकर देश की सेवा करने योग्य बन सकें, ताकि देश की सामूहिक तरक्क़ी हो सके। हमारा देश चीन, रूस, अमेरिका, जापान आदि की बराबरी कर सके।"

जाटों की तरह उनके मुँह से 'हरिजन' शब्द का उच्चारण मुझे और मीनू को अच्छा नहीं लग रहा था, पर वे सही थे। इसलिए कि कंझावला में आज तक दलितों को 'हरिजन' (निरीह, असहाय) ही बनाकर रखा हुआ है। वरन् आज़ादी के सत्तर साल बाद आज भी स्थिति में कोई सुधार क्यों नहीं हुआ? आज भी दैनिक 'जनसत्ता' (13/07/2015) के 'शिकायतें' कॉलम में छपा शीर्षक है—'दलितों को नहीं मिली ज़मीन', मैं ओम सिंह कटारिया का यह पत्रांश साभार प्रस्तुत कर रहा हूँ—

"कंझावला में भूमिहीन दलित, कमज़ोर और शोषित वर्ग के लोगों को रहने के लिए पर्याप्त जगह नहीं होने के कारण काफ़ी समय से परेशानियों का सामना करना पड़ रहा है। भूमिहीन दलित-शोषित को 120 वर्ग गज़ मीटर का आवासीय प्लॉट देने का प्रावधान है, लेकिन गाँव में ग्रामसभा की भूमि को दलित, कमज़ोर और शोषित वर्ग के लोगों को न देकर राजस्व विभाग के उच्च अधिकारियों से साँठ-गाँठ कर भू-माफ़ियाओं ने अपने नाम से ही अलॉटमेंट करा ली। अपनी इमारतें बना लीं। ज़मीन तालाब और कुओं के नाम से ग्रामसभा की लगभग तीन सौ बीघा भूमि भू-माफ़िया को दे दी गयी, जबकि सुप्रीम कोर्ट के आदेशानुसार कुओं और तालाबों की ज़मीनों को छेड़ा नहीं जायेगा, उन्हें ज्यों की त्यों रखा जायेगा। इसके अलावा गाँव के चारों तरफ़ फिरनी मोड़ पर

ग्रामसभा की लगभग तीन सौ बीघा ज़मीन पड़ी हुई थी, लेकिन भूमिहीन दलितों को नहीं दी गयी।

इस बारे में प्रधानमन्त्री, मानवाधिकार आयोग, केन्द्रीय गृहमन्त्री, उपराज्यपाल और दिल्ली सरकार को भी बार-बार पत्र लिखे...'प्रशासन के अधिकारियों का कहना है कि दलित वर्ग के लोगों को आवासीय प्लॉटों के लिए ज़मीन नहीं है।' शौचालय, स्नान-गृह आदि से वे आज तक वंचित हैं। इन छोटे-छोटे मकानों में परिवार के तीन से चार, पाँच से छह और कहीं-कहीं पर दस से बारह सदस्य रहने के लिए मजबूर हैं। कंझावला गाँव में लगभग तीन सौ हरिजन परिवार रहते हैं। इनके पास अपना कोई पूजा-स्थल भी नहीं है, जबकि उच्च वर्ग के पास अनेक पूजा-स्थल हैं। सरकार ने उन्हें चकबन्दी के दौरान भी अलॉटमेंट किये हैं। भूमिहीनों को भी पूजा-स्थल के लिए जगह अलॉट की जाये, ताकि हम भी अपने महापुरुषों और सन्तों की मूर्तियाँ लगाकर उनके आदर्शों/सत्य-मार्गों पर चल सकें।"

वह फ़रवरी, 1988 का महीना था। दिल्ली-मुरादाबाद रोड पर स्थल 'रजबपुर' में किसानों ने ज़ोरदार आन्दोलन किया था। किसानों पर गोलियाँ चली थीं। कई मौतें हुई थीं। आसपास के दर्जनों गाँव के लोग घायल हुए थे। डॉ. वीरेन डंगवाल ने मुझसे कहा था, "प्रभावित किसानों से मौक़े पर मिलकर, गाँव-गाँव घूमकर पूरी जानकारी लेकर 'अमर उजाला' के लिए विस्तृत रिपोर्ट भेजो।" मैंने रजबपुर के उन घरों को देखा, जिनके दरवाज़ों पर गोलियों के निशान लगे थे। मैं आसपास के गाँवों में घायल किसानों से उनके घरों में जाकर मिला। 27 फ़रवरी, 1988 को जब रिपोर्टिंग करते-करते रात हो गयी तो मैंने रजबपुर आकर ठहरने के लिए लोगों से आश्रय माँगा, तो किसी ने भी मुझे शरण नहीं दी। कोई बोला, "तुम पुलिस के आदमी हो सकते हो, सरकार के लिए रिपोर्ट ले रहे हो।" किसी ने कहा, "तुम रात होने से पहले चले क्यों नहीं गये? किस निहितार्थ के तहत रुके हो, हम क्या जानें?" आख़िरकार बस्ती के विपरीत सड़क की दूसरी ओर एक निर्माणाधीन मस्जिद थी। मुझसे कहा, "तुम उस मस्जिद में चाहो तो रात बसर कर सकते हो। पर बहाँ केवल दीवारें खड़ी हैं, न छत है और न दरवाज़े हैं। एक चटाई मिल सकती है। वापस जाना चाहो तो रात भर बसें चलती हैं। किसी में भी चढ़ सकते हो। पर मेरा रिपोर्टिंग कार्य पूरा नहीं हुआ था। मुझे अभी चार-पाँच गाँव और जाना था। सो, मैं खुली

मस्जिद में ही सो गया। लेटते ही नींद भी आ गयी और दिन निकलने के साथ ही मैं गाँवों की ओर निकल पड़ा। दिन भर सूचनाएँ जमा करता रहा। अगली रात को मैं चकमादूदीपुर नामक गाँव में ठहरा और फिर बिलारी लौटा। राकेश 'रफीक' के कमरे में बैठकर चार-पाँच घण्टे में रिपोर्ट फाइनल की। कुमार प्रदीप साप्ताहिक 'कलयुगी क्रान्ति' निकालते थे। राकेश ने कहा, 'कलयुगी क्रान्ति' में यह पूरी छप सकती है। 'अमर उजाला' दैनिक पत्र है, इतना स्थान नहीं दे पायेगा, परन्तु सम्पादक प्रदीप ने कहा, ''एक कॉलम में सार लिखकर दे दो और इसमें तुम्हारे नाम के बजाय कलयुगी क्रान्ति स्पेशल रिपोर्टर दे देंगे।'' मैंने उन्हें आंशिक रिपोर्ट दी और पूरी रिपोर्टिंग लेकर मैं 29 फ़रवरी को डॉ. वीरेन डंगवाल के घर सिविल लाइंस, बरेली पहुँचा। वे घर पर ही थे। मैंने उनके सामने वह रिपोर्ट रखी। उन्होंने पन्ने उलटे और पूछा, ''कितने गाँव गये? कितने किसानों से वार्ता की?'' मैंने उन्हें आश्वस्त किया। वे मेरी मेहनत से परिचित थे। मुझे शाबाशी दी। वह रिपोर्ट 10 अप्रैल, 1988 के रविवारीय 'अमर उजाला' में 'रजबपुर में क्या हुआ?' शीर्षक से आवरण कथा के रूप में प्रकाशित हुई और बाद में 75 रुपये मानदेय भी आया।

महेन्द्र सिंह टिकैत या भोपाल सिंह (कैप्टन) से इतर मुरादाबाद में चौ. हरपाल सिंह, अशोक सिरोही या विजेन्द्र सिरोही जाट नेता तो थे, लेकिन जाटवादी नहीं थे। ये दलित किसानों और मुसलमानों को भी जोड़ रहे थे। पर दलित जातियाँ तो गाँवों में भूमिहीन कृषि मज़दूर अधिक हैं। जिनके पास ज़मीन नहीं उनका जुड़ाव कैसे होता? जातियों का जागरण कोई बुरी बात नहीं है तथा स्वजाति नेतृत्व भी कोई ग़लत बात नहीं, परन्तु जब कोई एक जाति दूसरी जाति के सह अस्तित्व समानता के अधिकार को नकारे और विषमतावादी व्यवस्था स्थापित करे तो अन्याय होता है। भाकियू आन्दोलन से किसानों में जागृति आयी। राकेश 'रफीक' इससे जो उपलब्धि महसूस करते थे वह यह है कि जो किसान पुलिस-प्रशासन, डी.एम., एस.पी. आदि से डरते थे, वे अब उल्टा उन्हें डराने लगे हैं। उनके भीतर से भय निकल गया है।

आत्मसम्मान और आत्म स्वतन्त्रता की दृष्टि से यह अच्छी बात है। परन्तु जब दबंग जातियाँ गाँव में दलित और कमज़ोर जातियों का शोषण-उत्पीड़न करती हैं, हत्याएँ, आगजनी तथा बलात्कार करती हैं, तब मजबूर लोग प्रशासन से माँग करते हैं कि वह उन्हें संरक्षण दे। लॉ एंड ऑर्डर कायम करे। ऐसे में क़ानून को न मानने, संवैधानिक प्रावधानों की अवहेलना करने की प्रवृत्ति

लोकतन्त्र के लिए ख़तरा बनती है। 2015-16 में भी हरियाणा के जाट आन्दोलन में लाखों की सम्पत्ति नष्ट हुई। पुलिस डरी-सहमी हाथ-पर-हाथ रखे देखती रही थी।

दलित आन्दोलन के इतिहास में न तो कभी हिंसा हुई, न अत्याचार और न राष्ट्रीय सम्पत्ति की कभी कोई क्षति। कहा जा सकता है कि दलित की आवाज़ भी तो किसी ने नहीं सुनी। शिक्षा, साहित्य, मीडिया, कला-सिनेमा, खेल, सम्मान (पद्‌म, ज्ञानपीठ, साहित्य अकादेमी आदि) अथवा न्यायपालिका आदि उच्च पदों पर आज तक प्रतिनिधित्व पूरा नहीं किया। जहाँ तक जाटों-पटेलों और मराठों को ओबीसी में शामिल करने या अलग से आरक्षण देने का सवाल है तो दलितों ने विरोध नहीं किया है। आज भी ई.डब्ल्यू.एस. नाम से सवर्णों को जाति आधारित आरक्षण दिया जा रहा है। प्रमाण-पत्र में स्पष्ट लिखा होता है। 'इस प्रमाण-पत्र को प्राप्त करने के लिए एस.सी./एस.टी./ओ.बी.सी. पात्र नहीं हैं' बल्कि दलित तो चाहता है, डॉ. अम्बेडकर के कहे अनुसार सभी संस्थाओं में जातिवार प्रतिनिधित्व देकर सारा झंझट ख़त्म कर दिया जाये।

'अमर उजाला' का मुरादाबाद संस्करण आरम्भ ही हुआ था। इसलिए उसे दूसरे अख़बारों की स्पर्धा में खड़ा होना था। अतः उसे अधिक सक्रिय संवाददाताओं की आवश्यकता थी। विजय ने मुझसे कहा, "इस समय तुम 'अमर उजाला' के लिए काम कर सकते हो।" पर हमें माहेश्वरी जी से बात करनी पड़ेगी और यदि डंगवाल जी कहेंगे, तो वे तुम्हें यह ज़िम्मेदारी दे देंगे। विजय ने मुझे माहेश्वरी जी से मिलवाया।

मीडिया में आज भी दलित नहीं हैं। उस समय भी नहीं थे। हम युवाओं के लिए पत्रकारिता आकर्षक थी। परन्तु ख़बरनवीसी की आय पर जीविका चलाने के लिए निर्भर नहीं रहा जा सकता था। मान्यता प्राप्त पत्रकार तो कम ही थे। **बछावत वेतन आयोग** की रिपोर्ट भी तब लागू नहीं हुई थी। वैसे भी मैं निचले पायदान पर था। हाँ, नाम था, लिखने/कहने का मंच था। आंशिक रोज़गार था। सो, मैं तैयार हो गया। मैंने चन्दौसी और उसके पास के देहात को कवर करने की योजना बनायी। मदन लाल मौर्य, सतीश वाल्मीकि, वेदराम जाटव, ध्रुव कुमार वशिष्ठ, जावेद आदि को मैंने सहयोगी रिपोर्टिंग में लगाया और इन्होंने मुझे काफ़ी सहयोग दिया।

चन्दौसी सांस्कृतिक, राजनीतिक और शैक्षिक गतिविधियों का केन्द्र था। मैं ज़्यादा-से-ज़्यादा घटना-स्थलों पर पहुँचता था। मैंने ध्रुव कुमार वशिष्ठ और

कैमरामैन को साथ लेकर कई गाँवों, स्कूलों, अस्पतालों, रास्तों—इन सबकी बदहाली पर लिखा। दलित बस्तियों में शराब की दुकानें खुलने पर चिन्ता दर्ज की। फिर भी मेरी पत्रकारिता से कुछ लोग असन्तुष्ट थे। कॉमरेड कहते, "तुम हमारे क़रीब रहे हो और हिन्दू संगठनों भाजपा के कार्यक्रमों की ख़बरें, तस्वीरें ज़्यादा देते हो।" दलित कहते, "दलित होकर भी ग़ैरदलितों की ख़बरें ज़्यादा देते हो?" पर जहाँ गतिविधियाँ नहीं, वहाँ ख़बरें कहाँ से आतीं। मेरा काम ख़बरें पेश करना था, ख़बरें गढ़ना नहीं था।

पूरे दिन कार्यालय पर बरसती ख़बरों को मैं शाम को दो-ढाई घण्टे में समेटता तैयार करता था, तब तक फ़ोटोग्राफर फ़ोटो दे जाता था। मैं सम्बन्धित सूचना तस्वीर के नीचे कैप्शन में लिख देता था। आख़िरी बस से पैकेट 'अमर उजाला' मुरादाबाद पहुँच जाता था। हम बस का नम्बर लिखकर रख लेते थे। उस समय ई-मेल की सुविधा नहीं थी। मेरे उन दिनों की जल्दी-जल्दी ख़बरें-घसीट लेखन के विषय में डॉ. मूलचन्द गौतम का कहना था, उसी दबाव और जल्दबाज़ी ने श्यौराज को लेखक बना दिया। चन्दौसी में कभी कोई नेता आता (जैसे—सत्यपाल सिंह यादव), कभी कोई नयी ट्रेन चली, मैंने नेताओं/अधिकारियों के साक्षात्कार लिए, विशेष ख़बरें दीं और वह छपीं भी। कुछ जोखिम और कुछ विवाद एक पत्रकारिता की ईमानदारी के उत्साह में जो झेलने पड़ते हैं, सो मेरे सामने भी आये। उदाहरण के लिए—

मिलावटी दवाइयों से सम्बन्धित एक ख़बर मैंने प्रमाणों के साथ अख़बार को दी, वह छपी और उस पर एक्शन भी हुआ। परन्तु अगले ही दिन, अख़बार की ओर से विजय आलम ने कहा कि तुम अपनी ख़बरों के खण्डन में एक छोटी-सी रिपोर्ट बनाकर भेज दो। पार्टी बहुत प्रभावशाली है। उसका कहना है कि ख़बर छपने से उनकी छवि और व्यवसाय दोनों प्रभावित हुए हैं।

मैंने कहा, "मैं अब सच को झूठ कैसे कहूँ। मैंने देखा कि मुरादाबाद के एक स्थानीय दैनिक ने मेरी ख़बर का खण्डन किया और उन व्यवसायियों की भूरि-भूरि प्रशंसा की। कई घरों, दुकानों और स्टेशन के बुक स्टॉलों पर वह पत्र निःशुल्क बाँटा गया। इतना ही नहीं, अख़बार में पूर्व संवाददाता की ओर से मेरी ख़बर का खण्डन भी छापा गया। मैं दफ़्तर गया और मैंने समाचार सम्पादकों से अपनी स्थिति के बारे में बात की, तो पता चला कि अब उन्हें मेरी ज़रूरत नहीं है। हाँ, इतनी इनायत मेरे लिए थी कि आप समय-समय पर अख़बार के लिए अपने विचार, अपने लेख आदि भेजकर पत्र से जुड़े रह सकते हैं।

पर उन दिनों की एक झूठी ख़बर मुझे आज भी कचोटती है। हुआ यह था कि एक रात दस-ग्यारह बजे सिद्ध गोपाल सागर (रेलवे अधिकारी) मेरे पास आये और बोले, ''अमुक के भाई की जान ख़तरे में है। वह अस्पताल में है।''

मैं तुरन्त उनके साथ गया। उस लड़के ने सल्फास खा लिया था और वह कुछ ही देर का मेहमान था। डॉक्टर उसे बचाने का प्रयास कर रहे थे। उसने मुझे मौत का कारण शादी का दबाव बताया। ''मेरी डायरी और बिस्तर के नीचे पत्र है।'' बोलकर वह हमारी आँखों के सामने तड़पा, हाथ-पाँव हिलाये और दम तोड़ गया। उसे हल्दी चढ़ चुकी थी। 'दो दिन बाद घोड़ी पर सवार होना था, पर हुआ अर्थी पर सवार'। मैं जब ख़बर भेजने के लिए टेलीफ़ोन एक्सचेंज गया, तब सागर साहब बोले, ''आत्महत्या का कारण शादी सम्बन्धी कहोगे, तो पुलिस बाल की खाल खींचेगी। घरवालों को तंग करेगी। यह लड़का बेरोज़गार था। तनाव में रहता था।'' सो, मैंने उसकी मौत की ख़बर बेरोज़गारी के खाते में डाल दी।

ख़बर भेजने के बाद मैं उसके कमरे पर गया। वहाँ मुझे बिस्तर के नीचे एक पत्र मिला। उसकी एक-दो डायरियाँ मैंने पढ़ीं। मामला एक शादीशुदा महिला से अवैध सम्बन्धों का था। उसी महिला को सम्बोधित पत्र में उसने लिखा था। "तुम्हारे पास जो मेरा बच्चा है, उसका पालन-पोषण अच्छी तरहकरना।" मैं पत्र पढ़कर हैरत में था। स्त्री पछाड़ें मारकर रो रही थीं और वह बच्चा मेरे सामने था, पर मैं कोई प्रश्न नहीं पूछ सकता था। सागर और अपने साथियों से बात की तो सब यही बोले, "यह चैप्टर बन्द करो। जाने वाला चला गया। अब अगर बात ज़ाहिर होगी तो ज़िन्दा लोगों की ज़िन्दगी में खलल पड़ेगा।" ख़ैर, सागर साहब तो नौकरी छोड़ बौद्ध भिक्षु बनकर एक बौद्धविहार में जा बैठे। वे तो निर्वाण पा जायेंगे। पर मैं सब सच न लिख पाने के अपराध-बोध से मुक्त होने से रहा।

कभी-कभी मैं अपने लेखन के प्रकार के बारे में सोचता हूँ तो लगता है, मेरी ख़बर में कहानी और कहानी में ख़बर होती है। एक वाक़या याद आता है। उन दिनों दिल्ली आई.एन.ए. बिल्डिंग में अख़बारों के दफ़्तर हुआ करते थे। पत्रकार रामशरण जोशी दैनिक 'नयी दुनिया' के ब्यूरो प्रमुख थे। वे टाइपराइटर पर सीधे ख़बरें टाइप किया करते थे। मैं उस वक़्त गाँव से आया था। एक दलित कलाकार अस्पृश्यता का शिकार हुआ था। रामलीला में 'रावण' की

भूमिका अदा करने पर उसको पीटा गया था। मैंने वह घटना जोशी जी को सुनायी तो वे बोले, "ये लो काग़ज़ और पेन, फटाफट लिख डालो। मैं भेज दूँगा। यह एक ज़रूरी ख़बर है, छप जायेगी।"

मैं लिखने में जुट गया। कुछ पेज लिख लिए। तभी जोशी जी ने बताया कि ''बिल्डिंग के नीचे राजेन्द्र यादव इन्तज़ार कर रहे हैं।''

'गांधी शान्ति प्रतिष्ठान' में उस दिन कोई साहित्यिक कार्यक्रम था।

"तो क्या करूँ? ख़बर तो अभी पूरी नहीं हुई है।"

वे कहने लगे, ''भेजनी तो मुझे ही है, अभी तुम भी साथ चलो, वापस आकर पूरी कर देना।''

काग़ज़ मेरे हाथ में था और हम बिल्डिंग से नीचे उतर आये। कार में राजेन्द्र यादव बैठे थे। जोशी जी आगे किशन के पास बैठ गये और मैं यादव जी के पास।

वे पूछने लगे, ''यह क्या लिख रहे हो?'' मैंने वह घटना संक्षेप में बयाँ की तो वे कहने लगे, ''इसे ख़बर क्यों बना रहे हो? यह तो एक सच्ची कहानी की विषयवस्तु है। ख़बर बनाकर एक अच्छी-ख़ासी रचना का सत्यानाश कर दोगे।''

''पर कहानी तो काल्पनिक होती है। यह तो मेरे गाँव का सच्चा वाक़या है।''

तो वे कहने लगे, ''कहानी का आधार यथार्थ ही होता है। तुम पात्रों के नाम और स्थान बदलकर लिखो और कल 'हंस' में लेकर आओ।''

मुझे याद नहीं कि फिर जोशी जी को वह ख़बर मैंने दी या नहीं, परन्तु कहानी लिखकर 'हंस' के दफ़्तर ज़रूर ले गया। मैंने नाम दिया था—'कलाकार' (मूल सिंह) यादव जी ने उसका शीर्षक 'रावण' रखा और वह 'हंस' पत्रिका के जुलाई, 2000 के अंक में छपी। इलाहाबाद विश्वविद्यालय में पाठ्यक्रम का हिस्सा बनी। उस दिन यादव जी ने कहा कि ''तुम अख़बारी लेखन करना छोड़ दो। इससे तुम कहानी की विषयवस्तु को ख़बर में बदलते हो। फिर कहानी की हत्या हो जाती है और अख़बारी लेखन को गम्भीरता से नहीं लिया जाता।''

मैंने पढ़ा था। हमारे बड़े-बड़े कवि, कथाकार अख़बारों से जुड़े रहे। ग़ैर-दलितों में प्रेमचन्द, निराला, द्विवेदी, कमलेश्वर आदि। बहरहाल मैं उनकी राय नहीं मान पाया। यादव जी के उलट मेरे उन दिनों के मित्र चन्द्रभान प्रसाद कविता-कहानी की अपेक्षा अख़बारों में लिखना ज़्यादा महत्त्वपूर्ण मानते थे। वे

कहते थे, "अख़बार की प्रतियाँ लाखों में छपती हैं, जबकि पत्रिकाएँ दस हज़ार तक सिमटकर रह जाती हैं। किताबें तो और कम छपती हैं। दलित का सन्देश दूर तक जाना चाहिए। मौक़ा मिले तो राष्ट्रीय अख़बारों और टीवी चैनलों में अपनी बात रखनी चाहिए।"

मैंने कहीं पढ़ा था कि नोबेल पुरस्कार विजेता स्पैनिश भाषा के लेखक गार्सिया मार्केज ने कई साल तक अख़बार में रिपोर्टिंग की थी। दिल्ली में मुझे पत्र-पत्रिकाओं से किसने जोड़ा? इसका एक ही रास्ता मुझे याद आता है। वह है सम्पादकों के नाम पत्र लिखने की मेरी कोशिशें। प्रकाशित सामग्री को गम्भीरता से पढ़ना और उस पर प्रतिक्रिया लिखना।

'हंस' की सामग्री और सम्पादकीय पर मैंने पहली बार आलोचनात्मक पत्र लिखा था, जिसे यादव जी ने या तो छापा नहीं था या छपने वाला अंक मेरी नज़र से गुज़रा नहीं था क्योंकि उन दिनों मैं पत्रिकाएँ ख़रीद नहीं सकता था, परन्तु उन्होंने मुझे अपना हस्तलिखित पत्र भेजा था। लिखा था, ''पहले 'हंस' के कम-से-कम पाँच सम्पादकीय तो पढ़ लो, तब आलोचना लिखो। एक-दो अंक पढ़कर राय क़ायम मत करो।...''

दिल्ली में सन् 1990 में बाबा साहब डॉ. बी.आर. अम्बेडकर को 'भारत रत्न' की घोषणा के बाद उन पर पत्र-पत्रिकाओं में काफ़ी कुछ छपने लगा। उस मौक़े पर मैंने दूरदर्शन दिल्ली में डॉ. धर्मवीर और कौशल्या। बैसन्त्री को एक साथ बिठाकर बाबा साहब की साहित्य सेवाओं और शिक्षाओं के बारे में साक्षात्कार किया था। दलित बुद्धिजीवी चन्द्रभान प्रसाद ने मुझे बताया। उस दिन हम एक घण्टा पहले से टी.वी. खोलकर बैठ गये थे। उस वक़्त 'प्रतिपक्ष' नामक पत्रिका से **डॉ. मस्तराम कपूर** और कार्यकारी सं. **डॉ. शम्भूनाथ सिंह जुड़े थे**। दफ़्तर ग्रीन पार्क में था। उन दिनों मैं डॉ. अम्बेडकर और दलितों पर लिख रहा था। मराठी से मेरे अनुवाद भी 'बहुजन संघर्ष', 'न्यायचक्र' और दैनिक 'हिन्द सेनानी' आदि में छप रहे थे। **डॉ. शम्भूनाथ सिंह** से मेरी मुलाक़ात कहाँ हुई, याद नहीं, परन्तु उन्होंने मुझसे कहा कि "हम प्रतिपक्ष का 'अम्बेडकर विशेषांक' निकालना चाहते हैं और आप से सहयोग की अपेक्षा करते हैं।"

मैंने उन्हें सुझाव दिया, "विशेषांक के लिए आप कौशल्या बैसन्त्री से लिखवायें। वे अकेली दलित महिला हैं, जो डॉ. अम्बेडकर के महिला आन्दोलन में शामिल रही हैं।"

उन्होंने पूछा, "वे कहाँ हैं?"

"मेरे सम्पर्क में हैं।" मैंने उन्हें बताया। डॉ. शम्भूनाथ सिंह ने मुझे यह ज़िम्मेदारी सौंपी कि मैं श्रीमती बैसन्त्री जी से डॉ. अम्बेडकर के दलित महिला विषयक कार्यों के बारे में लिखवाऊँ। कौशल्या जी डॉ. अम्बेडकर के 'डिप्रेस्ड क्लास वुमैन संगठन' में काम कर चुकी थीं। मैंने 1942 के 'दलित महिला सम्मेलन' की वह रिपोर्ट पढ़ी थी, जिसे डॉ. अम्बेडकर ने सम्बोधित किया था। बैसन्त्री आयोजकों में थीं।

1990 में 'प्रतिपक्ष' के उस विशेषांक में मेरी भी दो कविताएँ छपी थीं। पर शम्भूनाथ सिंह से मेरी जान-पहचान हो गयी थी। जब वे दैनिक 'हिन्दुस्तान' में कार्यकारी सम्पादक बने, तब उन्होंने सम्पादकीय पृष्ठ के लिए मुझसे कई महत्त्वपूर्ण लेख लिखवाये। **अरविन्द मोहन** ने भी मेरे लेख लिये थे। 'बिहारी लाल हरित', स्वामी अछूतानन्द और 'जूठन' पर भी 'हिन्दुस्तान' में मेरे लेख छपे थे। **मृणाल पाण्डे सम्पादक** थीं, तब उन्होंने मुझे एक पत्र लिखकर आमन्त्रित किया था।

Mrinal Pande
Editor, Hindustan

The Hindustan Times Ltd
Regd. Office: Hindustan Times House
18-20 Kasturba Gandhi Marg
New Delhi- 110 001
Tel 3361234 Fax 3704600
www.hindustantimes.com

आदरणीय श्यौराज सिंह बेचैन जी,

6 सितम्बर, 2002

हिन्दुस्तान के सम्पादकीय पृष्ठ को और अधिक सामयिक, जीवंत, रोचक और विश्लेषणपूर्ण बनाने के लिए हमें आपका सहयोग चाहिए। आप अपने क्षेत्र के जानकार और सिद्धहस्त लेखक हैं। हम चाहते हैं कि आप हमें अपनी विशेषज्ञता के क्षेत्र में होने वाली घटनाओं और रुझानों, बदलावों के बारे में लेख और विश्लेषणात्मक रपटें नियमित रूप से भेजें। यदि भाषा की समस्या हो तो हम लेख का अंग्रेजी से अनुवाद करा लेंगे। महीने में एक या दो लेख भिजवाने का क्रम बना लें तो हमें सुविधा होगी। विषय या अन्य संबद्ध जानकारियों के लिए आप मुझसे या सहायक सम्पादक श्री अरविन्द मोहन से संपर्क कर सकते हैं। उम्मीद है आपका सहयोग हमें तत्काल मिलना शुरू हो जाएगा।

सादर,

(मृणाल पाण्डे)

श्री श्यौराज सिंह बेचैन,
डी-202, जनसत्ता सोसायटी,
सेक्टर-9, वसुंधरा,
गाज़ियाबाद - 201012

Office: Tel. : 3704533, 3361234/424; Fax : 3704645, 3704589 ; e-mail : mrinalpande@hindustantimes.com

कमलेश्वर जी से मेरी जान-पहचान 1991 के आसपास ही हो गयी थी। पहली बार मैं उनके घर 'सूरज कुण्ड' गया था। रेडियो के लिए मैंने उनका एक घण्टे का लम्बा साक्षात्कार किया था। उसके बाद वे जे.एन.यू. में कई बार हमसे मिलने आये। मुझे उनका एक साक्षात्कार मराठी अख़बार 'हिरवे क्षितिजें' में मिला था। मैंने उसका हिन्दी में अनुवाद किया था। साक्षात्कार मराठी दलित साहित्य के बारे में था। 'दलित क्रान्ति का साहित्य' नामक मेरी पुस्तक में भी वह संकलित हुआ। कमलेश्वर 'सारिका' के तीन अंक मराठी दलित साहित्य पर निकालकर काफ़ी ख्याति पा चुके थे। मराठी हिन्दी दलित लेखकों में उन्हें बहुत आदर-सम्मान मिला था। उन दिनों कमलेश्वर, राजेन्द्र यादव मराठी दलित साहित्य की बातें तो करते थे, परन्तु हिन्दी दलित साहित्य से आँखें मूँदते थे। मैंने पहली मुलाक़ात से ही उनकी आँखें खोलने का पाठकीय दायित्व निभाया। राजेन्द्र यादव मण्डल आयोग के बाद समझे। 1992 से पहले उन्हें हिन्दी दलित साहित्य नहीं दिखा था? पर वे स्वयं भी दलित साहित्य का हिन्दी में योगदान महसूस कर रहे थे, वरन् कितने सम्पादक, प्राध्यापक और आलोचक आँखें होते हुए गान्धारी की तरह आँखों पर वर्ण-परम्परा की पट्टी बाँधे सवर्ण-साहित्य को ही प्रगतिशील और सर्वे भवन्तु सुखिनः के अनुरूप 'सत्यं शिवम् सुन्दरम्' साहित्य लोक कल्याणकारी बता रहे थे। सन् 2000 में कमलेश्वर जैन टीवी के सम्पादक थे। उन्होंने मुझे फ़ोन कर 'सिन्धिया हाउस' बुलाया और बोले—"मैं आपसे बाद में बात करूँगा, आप अभी सीधे स्टूडियो में जाओ और पैनल डिस्कशन में शामिल हो जाओ।"

मैंने कहा, "क्या विषय है? कौन-कौन प्रतिभागी हैं? अचानक मैं क्या बहस करूँगा?"

"आप जाइए, मैं जानता हूँ आप कर सकेंगे।"

संयोग से डिस्कशन ठीक-ठाक ही रहा। उसके बाद मैं कमलेश्वर के कक्ष में आया। बोले, "मैं देख रहा था, तुम बिल्कुल सही बोल रहे थे। ख़ुद देखना चाहो तो देख सकते हो।"

मैंने पूछा, "आपने मुझे यहाँ बुलाया किसलिए?"

वे कहने लगे, "मैं महसूस करता हूँ कि मीडिया विमर्श से देश का बड़ा हिस्सा 'दलित समाज' तो बाहर ही रहता है। अगर कुछ कहा जाता है, तो हम ग़ैर-दलितों की ओर से ही कहा जाता है। कहीं कोई दलित नहीं बोलता है।

कमलेश्वर

दिल्ली
19.8.97

प्रिय भाई श्यौराज जी,

मैं आज ही 15 दिनों बाद मुंबई से लौटा तो आपका 7.8.97 का पत्र मिला. आभारी हूँ.

मैं दलित साहित्य सेमिनार के इस द्वितीय आयोजन में अवश्य सम्मिलित होता पर सारी तारीखें व्यस्त हैं। मुझे कल ही देहरादून जाना है और 27.8.97 को लौटते ही जयपुर, आगरा और मुंबई.

मैं सेमिनार में शामिल नहीं हो पाऊँगा, पर मैं हमेशा आप सबके साथ-साथ ज्योतिबा फुले और बाबा साहब आम्बेडकर की सम्यक् क्रांति के साथ हूँ.

महत्त्व इस बात का है अपनी सही अस्मिता के लिए हमें (दलितों को) खुद मनुवादी वर्ण-व्यवस्था को समाप्त करना चाहिए! मनु के वर्णवाद ने ही दलितों और पिछड़ी जातियों को अलग करके रख दिया है...

मूलतः यह सवाल सामाजिक और सांस्कृतिक न्याय का है, पर आज वह आर्थिक न्याय से ही तय हो सकता है!

तो हम जड़ ब्राह्मणवादी और अवसरवादी शक्तियों से, जो बार-बार पैंतरे बदलती हैं, उनसे लड़ने के साथ ही आयातित बाज़ारवादी अर्थ-व्यवस्था से लड़ सकें तो भारत का दलित अपना न्यायोचित अधिकार पा सकता है... बहरहाल...

तो -

अगर मुझे एक-डेढ़ महीने पहले सूचना मिल सके तो हमेशा मैं आप सब के साथ हाज़िर हो सकता हूँ!

इस सेमिनार के लिए शुभकामनाओं-सहित -

सस्नेह
कमलेश्वर

डॉ० श्यौराज सिंह बेचैन
नई दिल्ली

KAMLESHWAR
5/116, EROS GARDEN,
SURAJKUND ROAD,
NEW DELHI - 110 044.
Phones:
Delhi: 8-252116, 8-251309
STD: 0129/252116, 251309
Bombay: 8410803 Jaipur: 519405

किसी तरह उसकी भी आवाज़ सुनी जाये। इसलिए मैंने जैन साहब से बात की है और हम चाहते हैं कि सप्ताह में एक-दो कार्यक्रम दलितों पर केन्द्रित होने

चाहिए और उसका प्रस्तोता दलित पत्रकार ही होना चाहिए। कार्यक्रम नियमित चलना चाहिए।''

तय हुआ कि पहले 'दलित गाथा' नाम से एक साप्ताहिक कार्यक्रम आरम्भ किया जायेगा। वह हुआ। मुझे एंकरिंग का ज़िम्मा सौंपा गया। सम्पादक ने मुझे हस्ताक्षर कर मानद नियुक्ति-पत्र दे दिया। कई मित्रों ने बधाइयाँ दीं। 'हिमायती' पाक्षिक ने ख़बर छापी। कई किस्तें जारी हुईं। मैं जिन्हें आमन्त्रित करता था, बाद में उन्हीं ने यह कार्यक्रम संकुचित किया। **हुआ यह कि मैंने कमलेश्वर जी की मार्फ़त मालिकान के समक्ष माँग रखी, ग़ैर-दलित गेस्ट की तरह 'दलित गाथा' के अतिथियों के लिए भी चैनल की ओर से गाड़ी लाये, ले जाये और हज़ार रुपया जैसे सभी को दिया जाता है, वैसे ही दलित अतिथि को भी मानदेय दिया जाये।** सिद्धान्ततः बात मान ली गयी। उसी बीच एक दलित अतिथि जिन्हें मैं ही पैनल डिस्कशन में लेकर गया था, उन्होंने मालिक से कहा, ''बेचैन जी को छोड़िए, हम आपको ऐसे गेस्ट दे देंगे जो आपसे कुछ भी नहीं लेंगे, बल्कि आपको उल्टा चन्दा देंगे।''

कुछ माह बाद कमलेश्वर के सम्पादन में कश्मीर पर कोई आपत्तिजनक ख़बर चली गयी। मालिकों ने कहा, "इसका ज़िम्मेदार आप संवाददाता को बना सकते हैं।"

कमलेश्वर ने कहा, ''मैं सम्पादक था, ज़िम्मेदारी मेरी थी।'' अतः उन्हें जैन टीवी छोड़ना पड़ा था। मेरा मन भी उखड़ गया। सो मुझे तो पीछे हटना ही था।

2003 में दिल्ली सरकार के अधीनस्थ सेवा बोर्ड ने विभिन्न पदों पर भर्ती के लिए आवेदन आमन्त्रित किये। शर्त यह थी कि एस.सी., एस.टी. के उम्मीदवारों के साथ 1952 से पूर्व दिल्ली के जाति प्रमाण-पत्र होने चाहिए। मीनू और मैं कड़कड़डूमा स्थित भर्ती बोर्ड कार्यालय में नियुक्ति सचिव से मिले। उन्होंने कहा, "यह तो सरकार की नीति है। मैं कुछ नहीं कर सकता। और उन्होंने हाथ खड़े कर दिये। डॉ. अमर सिंह आई.ए.एस. की मदद से हमें मुख्यमन्त्री शीला दीक्षित से मुलाक़ात का समय मिला। हम दोनों उनके कार्यालय पहुँचे। मैंने उन्हें जाति प्रमाण-पत्र की शर्त के बारे में कहा, तो वे बोलीं, ''इसमें तो कुछ हो नहीं सकता। कोई और समस्या हो तो बताओ और चली गयीं।''

मैं कई दिनों तक इसी ऊहापोह में रहा। करें तो क्या करें संयोग से दैनिक 'हिन्दुस्तान' की सम्पादक मृणाल पाण्डे का मुझे पत्र मिल ही चुका था। सो मैंने

लिखा–"**क्या दिल्ली की विधानसभा अवैध है।**" मेरा तर्क था–विधानसभा में आरक्षित विधायक यदि 1952 के बाद के कास्ट सर्टिफ़िकेट पर चुनाव जीते हैं, तो यह अवैध है? लेख छपते ही हड़कम्प मच गयी। मुख्यमन्त्री को विधायकों की मीटिंग बुलानी पड़ी और चार दिन के अन्दर शर्त वापस लेने की घोषणा हुई और नये-पुराने सभी प्रमाण-पत्र मान्य किये गये। भर्ती बोर्ड को समय बढ़ाना पड़ा।

2003 में सूरीनाम में विश्व हिन्दी सम्मेलन होना तय हुआ। कमलेश्वर के नेतृत्व में हिन्दी अकादमी ने पाँच सदस्यों की टीम बनायी। कमलेश्वर मुझे अपने साथ लेकर गये। अन्तिम समय जब मैं बत्रा अस्पताल में उनसे मिला, तब बोले, "श्यौराज मैं एक नयी पत्रिका निकालूँगा और तुम्हें बड़ी ज़िम्मेदारी सौंपूँगा।" ख़ेद है कि वे श्मशान में लौटे। मैं शिमला एडवांस स्टडी में था। रात के 12 बजे डॉ. धर्मवीर ने फ़ोन पर बताया, "कमलेश्वर नहीं रहे।" 28 जनवरी, 2007 को दिल्ली के एक श्मशान में उन्हें अन्तिम विदाई देकर मैं 'बूँदी' रमेश मीना के सेमिनार में चला गया।

विनीत नारायण ने 'जनसत्ता' से निकलकर 'कालचक्र' नाम से दक्षिणी दिल्ली में एक संस्था बनायी थी। उन्हें ऐसे युवा पत्रकारों की ज़रूरत थी जो जोखिम उठाकर ख़बरें ला सकें। विजय आलम मुरादाबाद के हिन्दू कॉलेज के पुस्तकालय में नौकरी करते थे जहाँ विनीत के पिताश्री गुप्ता जी 'हिन्दू कॉलेज' के प्रिंसिपल थे। बाद में वे पूर्वांचल विश्वविद्यालय के कुलपति भी बने थे। विजय ही मुझे विनीत के वसन्त कुंज (दिल्ली) स्थित निवास पर लेकर गये थे और शायद उन्हीं की वजह से मैं 'कालचक्र' के लिए रिपोर्टिंग करने लगा था। पिताश्री गुप्ता जी, वि.वि. में भ्रष्टाचार के आरोपों की वजह से और विनीत नारायण 'जैन हवाला काण्ड' को मीडिया में लाने की वजह से चर्चा में आये थे। वहीं मेरा परिचय अजय शर्मा से हुआ था। अजय और मैं दोनों डॉ. वीरेन डंगवाल के शोध-छात्र थे। मेरा विषय 'हिन्दी दलित पत्रकारिता पर पत्रकार अम्बेडकर का प्रभाव' था और अजय का विषय 'उत्तर प्रदेश की साहित्यिक पत्रकारिता' था। अजय और मैं मुरादाबाद और मलयाना, मेरठ आदि कई जग. हों पर हुई साम्प्रदायिक हिंसा से प्रभावित लोगों की फ़िल्में बनाकर लाये थे। हमने मुस्लिम, दलित और तमाम प्रताड़ित स्त्री-बच्चों के साक्षात्कार कैमरे में क़ैद कर विनीत नारायण के कालचक्र को सौंप दिये थे। उनका प्रसारण हुआ अथवा नहीं हुआ, पता नहीं। पर हमें कोई पारिश्रमिक नहीं मिला था और वह काम भी अधिक नहीं चल पाया था।

1990-91 में एक दिन अजय शर्मा और मैं टैगोर पार्क, मॉडल टाउन, दिल्ली में 'दलित साहित्य अकादमी' के अध्यक्ष डॉ. सोहनपाल सुमनाक्षर से मिले। उन्होंने हमें देश भर के दलित लेखक-पत्रकारों के पते-ठिकाने बताये। दलित पत्र-पत्रिकाएँ साप्ताहिक, पाक्षिक और मासिक सभी के पते दिये। मैंने एक पत्र टाइप कराया और एक साथ तीन सौ फ़ोटो कॉपियाँ कराकर सभी सम्पादकों, लेखकों को पोस्ट कर दिये। कई पत्रों ने मेरा पत्र भी छाप दिया और कई ने जवाबी पत्र लिखे। दलित साहित्य अकादमी में यह मेरी पहली आमद थी और डॉ. सुमनाक्षर जी से पहली मुलाक़ात। उस दिन मैंने अजय शर्मा के साथ मॉडल टाउनके 'अल्पना सिनेमाघर' में 'आशिक़ी' फ़िल्म देखी थी। फ़िल्म अच्छी-बुरी से मतलब नहीं था। जून की गर्मी थी, समय काटे नहीं कट रहा था। सुमनाक्षर जी तीन घण्टे बाद दफ़्तर में आयेंगे, ऐसा बताया गया था। हम थके हुए थे, कहीं ख़ाली बैठने के बजाय सिनेमाघर में घुस गये थे।

दिल्ली के दैनिक 'नवभारत टाइम्स' के रविवारीय विशेषांक में 22 अप्रैल, 1990 को मेरी एक कविता छपी थी। शीर्षक था—बाबा का ख़याल आया।

बयालीस बरस बीते
आज़ादी-ए-भारत को
अब आ के हमें अपने
बाबा का ख़याल आया।
आया यह गनीमत है
जम्हूरी हुकूमत में
जातों के झमेलों में
धर्मों के बखेड़ों में
वोटों के लिए चाहे
वाजिब यह इनाम आया
अब आ के हमें
अपने बाबा का ख़याल आया
मरहूम को इज़्ज़त दी
अच्छा ही लगा हम को
ज़िन्दों से ना मुरब्बत मरहूम का ग़म क्यों है?
दलितों पे सितम जारी।
बाबा पे करम क्यों है?

यह मैंने बाबा साहब डॉ. अम्बेडकर को 'भारत रत्न' मिलने के उपलक्ष्य में 14 अप्रैल, 1990 को लिखी थी और उसी दिन पोस्ट की थी। हुआ यह था कि मुझे अशोक भारती की संस्था 'मुक्ति' में बाबा साहब की जयन्ती पर बुलाया गया था। मैं यह देखकर दुखी हो रहा था कि जो नेता बाबा साहब की महानता का बखान कर रहे थे, वे दलितों के शोषण-उत्पीड़न पर चुप्पी साधे थे, संस्थाओं में दलित प्रतिनिधित्व पूरा नहीं कर रहे थे और बाबा साहब की जय-जयकार कर रहे थे। यह कविता उसी विरोधाभास की उपज थी।

उस समय मैं जे.एन.यू. में रहता था। प्रो. सुभाष धूलिया जी से मेरा परिचय था। एक बार मैं डंगवाल जी के साथ पुष्प विहार स्थित उनके आवास पर भी गया था। मैंने अपने शोध प्रबन्ध में उनका साक्षात्कार दिया था। उन्होंने मुझे पुराने अख़बारों ख़ासकर 'हरिजन' और 'जनता' का अध्ययन करने की पद्धति सिखाई थी।

उस दिन मैं 'भारतीय जन संचार संस्थान' की ढलान से नीचे उतर रहा था और संस्थान की ओर से धूलिया साहब आ रहे थे। मैंने उन्हें देखते ही अभिवादन किया, उन्होंने मुझे रोक लिया और कहा—"श्यौराज, आजकल मैं नवभारत टाइम्स में सम्पादकीय पेज देख रहा हूँ। मैं देखता हूँ, तुम लगातार लम्बे-लम्बे पत्र लिख रहे हो। तुम्हारे कई पत्र तो सम्पादकीय पृष्ठ का लेख बनने लायक होते हैं।"

"तो आप उन्हें बनाते-छापते क्यों नहीं?"

"हाँ, छपने तो सम्पादकीय पृष्ठ पर ही चाहिए। पर..."

"पर क्या?" मैंने जानना चाहा। तो वे कहने लगे, "यह मैं नहीं बता सकता, यह अख़बार की नीति का प्रश्न है।" मैं सोचता रहा कि यह क्या नीति है कि जो सामग्री लेख स्तर की है, परन्तु वह पत्र में भी बमुश्किल जगह पाती है और वे ख़ुशनसीब हैं, जिनका पत्र-स्तर का मैटर बड़े-बड़े लेखों की सूरत में छपकर आता है।

मेरे अख़बारी लेखन की अधूरी कहानी 'राष्ट्रीय सहारा' के बग़ैर तो पूरी हो ही नहीं सकती। सन् 1996-97 की बात है। राष्ट्रीय सहारा ने शनिवारी साप्ताहिक 'हस्तक्षेप' शुरू किया था। उन दिनों अख़बार में सम्पादक थे **कथाकार और वरिष्ठ पत्रकार विभांशु दिव्याल**। मैंने एक छोटी-सी टिप्पणी हस्तक्षेप के बारे में लिखी थी। सार यह था, **आपके विशेष विषयों से देश का चौथाई हिस्सा जिसे दलित कहते हैं और जिसकी आबादी ब्रिटेन की कुल आबादी से अधिक है; वह**

बहिष्कृत है, अनछुआ है। उसके बारे में अनुमान, कल्पना और पूर्वाग्रह से कुछ भी छाप देना काफ़ी नहीं है। आज वे ख़ुद भी अपनी अभिव्यक्ति को लिपिबद्ध कर रहे हैं। साहित्य में भी वे अपना इतिहास रच रहे हैं। हस्तक्षेप की टीम में दिलीप चौबे, पाण्डेय जी, कमलेश त्रिपाठी आदि काम कर रहे थे। जब मैं गया तो दिव्याल जी ने मेरे सामने ही अपनी टीम को चैम्बर में बुलाकर दलित प्रश्नों पर डिस्कशन किया। उन दिनों डॉ. मैनेजर पाण्डेय, डॉ. देवेन्द्र चौबे को जे.एन.यू. में अतिथि अध्यापक के रूप में पढ़वाते थे। चौबे जी अख़बारों में ग़ैर-दलित विषयों पर लिखते रहते थे। वे दिलीप चौबे के क़रीबी थे।

दिव्याल जी ने कहा, ''आप हिन्दी में दलित लेखन अंक के लिए तैयारी कीजिए। यदि आप सामग्री उपलब्ध करा देंगे तो हम 'हस्तक्षेप' के दो-तीन अंक निकालेंगे। आप दोनों सामग्री संकलित कीजिए।'' हमें एक माह का समय दिया गया। देवेन्द्र चौबे और मैंने काम बाँटा–दलित लेखकों से मैं लिखवाऊँगा और ग़ैर-दलितों की दलित विषयक जानकारी देवेन्द्र जी लेंगे। डॉ. तुलसीराम के पास हम दोनों एक साथ गये थे। ओमप्रकाश वाल्मीकि का इंटरव्यू लेने मैं स्वयं रात की गाड़ी से देहरादून पहुँचा था। मैंने आयुध फैक्टरी में बैठकर उनसे बातचीत की थी। दिल्ली लौटकर डॉ. धर्मवीर से सम्पर्क किया था। वे मुझे शकरपुर में बाबूराम के जूतों की दुकान में मिले। बनियान पहने लिखने-पढ़ने में जुटे हुए थे। मैंने उनकी उसी मुद्रा में फ़ोटो ली, साक्षात्कार किया और उसी दिन लोक कवि बिहारी लाल 'हरित' का साक्षात्कार उनके घर बिहारी कॉलोनी जाकर लिया। डॉ. जयप्रकाश कर्दम, डॉ. एन. सिंह, डॉ. सोहनपाल सुमनाक्षर और प्रो. नन्दूराम से देर में सामग्री मिली। दलित पत्रकारिता और कविता-कथा के इतिहास के बारे में मेरी रिसर्च ने पूरी मदद की। उन दिनों रजत रानी 'मीनू' भी जे.एन.यू. में दलित कविता पर शोध कार्य कर रही थीं। उन्होंने भी रचनात्मक सहभागिता की। पहला अंक 18 जनवरी और दूसरा अंक 25 जनवरी, 1997 को प्रकाशित हुआ। पहला अंक आते ही बड़े पाठकों में चर्चा हुई।

यह हिन्दी पत्रकारिता में अभूतपूर्व घटना थी। इससे पूर्व कभी किसी राष्ट्रीय दैनिक ने दलित लेखन पर एक साथ इतने (आठ) पृष्ठ ख़र्च नहीं किये थे। दलित साहित्य को नकारने वाले डॉ. नामवर सिंह ने भी कहा था कि ''हिन्दी में यह पहली बार हुआ है और इसकी पहुँच दूर तक है। मैं जानता हूँ, ऐसा शोध श्यौराज ही कर सकता है।''

उसके बाद मैं दिव्याल जी के घर दिलशाद गार्डन एक किताब भेंट करने

गया। तब उन्होंने मुझे सहारा के दफ़्तर आने को कहा। मैं गया तो उन्होंने कहा, "हमारे पास कोई दलित पत्रकार नहीं है। दलित समस्याओं पर आप हमारे लिए एक साप्ताहिक कॉलम लिखिए और आप ही उसका कोई शीर्षक सोचिए।"

मैंने कहा, "मैं अभी कुछ शोध-कार्य कर रहा हूँ। आपके लिए पाक्षिक स्तंभ तो लिख सकता हूँ, साप्ताहिक नहीं। हाँ, मेरे स्तम्भ का नाम **दलित उवाच** होगा। यह मैं अभी से कह रहा हूँ।"

उन्होंने स्वीकृति दे दी और मैं लिखने लगा। वह स्तम्भ मैंने लगभग तीन साल तक लिखा। बाद में अनामिका प्रकाशन ने स्तम्भ की सामग्री का संकलन 'हिन्दी पत्रकारिता में दलित उवाच' शीर्षक से पुस्तकाकार प्रकाशित किया।

दलित उवाच की कई किस्तें अपनी छाप छोड़ गयीं। मसलन, एक दिन दिव्याल जी ने फ़ोन कर कहा कि माननीय राष्ट्रपति डॉ. के.आर. नारायणन साहब के सर्वोच्च न्यायालय में दलित जजों के प्रतिनिधित्व सम्बन्धी बयान पर जो विवाद हो रहा है, आप उस पर अपना कॉलम लिखकर तुरन्त तीन-चार घण्टे में भेज दीजिए। मैं उस समय दीवानचन्द लैब, दिल्ली में अपने दाँतों का इलाज करा रहा था। मेरे थैले में कलम-काग़ज़ पड़े थे। जाँच कराने के बाद मैं लिखने बैठ गया। एक-डेढ़ घण्टे में लिखकर सामने खड़ी 'अम्बादीप बिल्डिंग' में 'राष्ट्रीय सहारा' के काउंटर पर लिफ़ाफ़ा पकड़ा दिया। अगले दिन 28 जनवरी, 1999 को वह स्तम्भ **महामहिम की कविता** शीर्षक से प्रकाशित हुआ। उस दिन मैं डॉ. बी.आर. अम्बेडकर कॉलेज में पढ़ाने पहुँचा तो पता चला, कार्यालय में राष्ट्रपति भवन से फ़ोन आया था। मैं चौंका, क्या मैंने कहीं कुछ ग़लत लिख दिया?

कुछ देर बाद **डॉ. धर्मवीर** का फ़ोन आ गया। उन्होंने बताया कि **राष्ट्रपति सचिवालय में मेरे बैचमेट हैं।** उन्होंने मुझसे पूछा है, "ये श्यौराज सिंह 'बेचैन' कौन हैं? क्या करते हैं? और कहाँ रहते हैं?" मैंने उन्हें बताया कि "ये दिल्ली यूनिवर्सिटी के **अम्बेडकर कॉलेज में हिन्दी पत्रकारिता पढ़ाते हैं।"** "क्या आप उन्हें जानते हैं?" "हाँ बिल्कुल, वे मेरे साहित्यिक मित्र हैं।" "यह सब क्यों?" मैंने पूछा तो वे बताने लगे। "आज अख़बार में आपका कोई लेख छपा है। वह राष्ट्रपति जी के बारे में है। इसलिए राष्ट्रपति सचिवालय ने संज्ञान लिया है। लेख का अंग्रेज़ी अनुवाद राष्ट्रपति जी को दिखा दिया है। उसी सिलसिले में डायरेक्टर साहब आपसे मिलना चाहते हैं। सो, मैंने कहा है कि हम दोनों आयेंगे।" एक-दो दिन बाद हम दोनों राष्ट्रपति भवन गये थे।

एक और स्तम्भ का ज़िक्र करना प्रासंगिक होगा। उसका शीर्षक था—***इक्कीसवीं सदी के कबीर धर्मवीर।*** इस स्तम्भ के साथ डॉ. धर्मवीर भारती का फ़ोटो छपा था। बाद में खेद के साथ भूल सुधार किया गया। इस स्तम्भ में डॉ. धर्मवीर जी की पुस्तक **कबीर के आलोचक** को लेकर डॉ. मैनेजर पाण्डेय की टिप्पणी का खण्डन कर दिया था। सो, 15 साल बाद तक भी पाण्डेय जी उसे नहीं भूले। कलकत्ता से प्रकाशित 'लहक' मासिक में उन्होंने बताया कि **उन चन्द शब्दों की टिप्पणी के कारण मैंने दलितों से संवाद करना तक बन्द कर दिया है।** ख़ैर, वक़्त अपना इतिहास बनाता आगे बढ़ गया है।

आज यदि मैं कहूँ कि दिव्याल जी के सम्पादन काल में 'राष्ट्रीय सहारा' ने अभूतपूर्व स्थान दिया तो शायद ग़लत नहीं होगा, 'अमर उजाला' छोड़कर किसी और से उसकी तुलना करना सम्भव नहीं है। 'सहारा' की दलितों में भी पाठक संख्या बढ़ गयी थी, दलित घरों में सहारा जाने लगा था और ग़ैर-दलितों को भी दलित लेखकों का रचनापक्ष देखने को मिला। दिव्याल जी से मैंने कहा, ''दलितों में और भी लेखक हैं, उनकी भी सेवाएँ लीजिए।'' उन्होंने कहा, ''तो लाइए।'' तब मैं चन्द्रभान प्रसाद जी को अपने साथ सहारा कार्यालय लेकर गया। दिव्याल जी ने उनसे **दलित सवाल** स्तम्भ लिखवाया, जो प्रश्नोत्तर पर आधारित था। एच. एल. दुसाध जी 'सहारा' से प्रश्न लेकर आते थे और श्री प्रसाद जवाब लिखकर देते और दुसाध जी 'सहारा' पहुँचाकर आते थे। यह स्तम्भ साहित्यिक तो नहीं था, परन्तु प्रश्नाकुलता से भरा रहता था। कट्टर ब्राह्मणों के हाथों में सम्पादन आते ही 'सहारा' 'बेसहारा' हो गया।

'अमर उजाला' में डंगवाल जी के बाद सम्पादकीय पृष्ठ के लिए मुझसे जिन्होंने लिखवाया उनमें संजीव दीक्षित, डॉ. गोविन्द जी, यशवन्त व्यास, कल्लोल चक्रवर्ती आदि को मैं जानता हूँ। कोरोना काल 2022 में पूर्व राज्यपाल माता प्रसाद की मृत्यु पर मैंने 'अमर उजाला' के स्तम्भ में लिखा। सम्पादकीय विभाग ने उस लेख में माता प्रसाद IAS का विवरण शामिल कर दिया। पाठकों की ढेरों प्रतिक्रियाएँ आयीं। एक दलित लेखक ने कहा "आप 'अमर उजाला' का बहिष्कार कर दो।" जबकि अगले ही दिन सम्पादक ने भूल सुधार की। 'जनसत्ता' में मैंने कम लिखा या कहें कि मुझसे कम लिखवाया गया। प्रियदर्शन जी ने किताबों की कुछ समीक्षाएँ करायीं। कभी-कभी बहस में भी हिस्सा लिया। 'दलित लेखन' और अन्तर्जातीय विवाहों पर दो आवरण कथाएँ भी प्रकाशित कीं। सूर्यनाथ सिंह के समय चार-पाँच कविताएँ और दो कहानियाँ ('अम्मा जैसी

थी' और 'सिस्टर') प्रकाशित हुईं। कभी-कभार 'भास्कर' 'जन सन्देश', 'उत्तर उजाला' आदि पत्रों में लिखता था।

कथाकार राजेन्द्र यादव के **'हंस'** में मेरी आत्मकथा, समीक्षाएँ, लेख, मराठी-अंग्रेज़ी से अनुवाद और कहानियाँ छपीं। हंस के पहले दलित विशेषांक 'अगस्त, 2004' का अतिथि सम्पादक होने का अवसर भी मुझे मिला। तब यादव जी ने बार-बार कहा, "पहले दलित विशेषांक में तुम्हारी कहानी ज़रूर जानी चाहिए।" जो मैं नहीं दे सका। 'इंडिया टुडे' **में अशोक जी** दलित कृतियों की भी समीक्षाएँ दिया करते थे। वे मितभाषी सम्पादक थे। उन्होंने न केवल मेरी किताबों की समीक्षाएँ छापीं, बल्कि मुझसे लिखवाया भी और मेरे एक-दो साक्षात्कार भी प्रकाशित किये थे।

सम्पादक गिरधर राठी ने सन् 2000 में 'समकालीन भारतीय साहित्य' में एक आत्मकथा-अंश **बचपन कन्धों** पर छापा था। कुछ अंश रमणिका गुप्ता के 'युद्धरत आम आदमी' में भी छपे थे। **राजेन्द्र यादव** ने 'हंस' में चार अंश, तीन अंश 'अमर उजाला' में डॉ. गोविन्द जी ने, दैनिक 'हिन्दुस्तान' में एक अंश महाश्वेता जी का स्तम्भ भी आत्मकथा पर तथा **डॉ. राजेन्द्र धोड़पकर** ने प्रकाशित किया। इसमें अरुण त्रिपाठी का सहयोग रहा। दो अंश 'कादम्बिनी' ने, एक अंश 'दैनिक भास्कर' ने प्रकाशित किया तो **वेद प्रताप वैदिक** ने मुझे फ़ोन किया था।

2008 – प्रो. तपन बासू अंग्रेज़ी अनुवाद का प्रस्ताव
लेकर जब पहली बार लेखक के घर आये थे।

जब मैंने जे.एन.यू. के पूर्व छात्र-अध्यक्ष रहे अपने पत्रकार मित्र अमित सेन गुप्ता को आत्मकथा की पाण्डुलिपि दिखाई तब उन्होंने उसे धारावाहिक छापने की इच्छा व्यक्त की। उन दिनों वे 'तहलका' (अंग्रेज़ी) में एसोसिएट एडिटर थे। मैं तब शिमला एडवांस स्टडी में अध्येता था। उन्होंने 25-26 किस्तें प्रकाशित कीं। तहलका की अंग्रेजी सहज और आसान थी। पढ़कर 'ऑक्सफोर्ड यूनिवर्सिटी

प्रेस' में सम्पादक मिनी कृष्णनन ने फ़ोन किया, "श्यौराज तुम अमित से बात करो, वे पूरी किताब ओयूपी के लिए ट्रांसलेट करें।" मैंने बात की, अमित की भी इच्छा थी, परन्तु उन्हें पैसे की ज़रूरत थी। अतः उन्होंने एडवांस देने का आग्रह किया। एडवांस देना ओयूपी की नीति नहीं है। अतः अनुवाद-अनुबन्ध नहीं हो सका था। डी.यू. में अंग्रेज़ी के प्रो. तपन बासू ने क़रीब आठ साल कार्य किया और जब दीबा ज़फ़िर जुड़ीं, तब अनुवाद कार्य पूरा हो सका।

'दलित वार्षिकी' (सं. डॉ. जयप्रकाश कर्दम) में मेरी एक कहानी 'क्या करे लड़की' छपी थी। 'वह डॉ. शकुन्तला मिश्रा विश्वविद्यालय, लखनऊ के एम.ए. पाठ्यक्रम में पढ़ाई जा रही है।' 'अपेक्षा' (डॉ. तेजसिंह) ने भी आंशिक योगदान किया। 'दलित अस्मिता' पत्रिका ने 'मेरा बचपन मेरे कन्धों पर' की समीक्षा प्रकाशित की। समीक्षक थे जे.एन.यू. के प्रो. अजमेर सिंह काजल। एक प्रति मुझे भी प्राप्त हुई, परन्तु डॉ. विमल थोराट के सम्पादन में छपी समीक्षा को देख मराठी-हिन्दी के प्रबुद्ध अध्येता डॉ. नितिन गायकवाड़ ने समीक्षा में प्रूफ़ की 80 अशुद्धियाँ रेखांकित करके मेरे पास फ़ोटो प्रति भेजी। मैं सिर पकड़कर बैठ गया। इससे तो ना छापना/बहिष्कार ही कर देना अच्छा होता। डॉ. सूरज बड़त्या ने बताया था कि अशुद्धियाँ दूर कर पुनः प्रकाशन करने की योजना है। पर वह कभी अमल में नहीं आयी। मासिक 'अम्बेडकर इन इंडिया' और 'अम्बेडकर कल्चर' को मैंने अपने लेख दिये। वरिष्ठ आलोचक व सम्पादक सुधीश पचौरी जी के सम्पादन में 'वाक्' में आत्मकथा के चुनिन्दा पाँच अंश प्रकाशित हुए।

इधर, प्रो. दिनेश राम जी के सम्पादन में निकली 'बहुरि नहीं आवना' में मैं शुरू से ही प्रधान सम्पादक रहा। हमारी सम्पादकीय नीति रही कि अपनी पत्रिका में अपने आप को कम-से-कम स्थान देना है।

1994-97 के दौरान एक मासिक पत्रिका निकालने की योजना लेकर एडवोकेट आनन्द और कर्मशील भारती के साथ मेरे पास जे.एन.यू. आये थे। उनकी मंशा बौद्ध धर्म पर केन्द्रित पत्रिका निकालने की थी। एक भिक्षु को लेकर धार्मिक नाम से पत्रिका के एक-दो अंक वे निकाल भी चुके थे। परन्तु पत्रिका में सामाजिक-साहित्यिक धड़कनें नहीं प्रकट हो रही थीं। अतः मैंने कहा, "मैं साहित्यिक-सांस्कृतिक पत्रिका में ही काम कर पाऊँगा। केवल धार्मिक और राजनीतिक विषयों में रुचि रखने वाली कई पत्रिकाएँ हैं।" वे मान गये। सो, मैंने पत्रिका का नाम 'दलित प्रक्रिया' रखा और मुनिरका में कार्यालय बनाकर प्रकाशन शुरू किया। वित्त और प्रसारण व्यवस्था वकील साहब स्वयं देखते थे।

मेरा समय और सेवाएँ फ्री थीं, पर यह ढाई-तीन साल चलकर बन्द हो गयी। उस समय कार्यकारी सम्पादक होने के नाते मुझे लिखने-पढ़ने का सर्वाधिक कार्य करना पड़ता था। तब मैंने बड़े-बड़े सम्पादकीय लिखे थे। मेरी धारणा यह थी, बिना पत्रिका के लेखक पैदा नहीं किये जा सकते और बिना लेखकों के सृजनात्मक विषयों पर काम आगे नहीं बढ़ाया जा सकता। भारती कम पढ़ते थे। भाषा पर उनका अधिकार नहीं था। ज़िद कर उन्होंने 'दलित प्रक्रिया' के एक अंक का सम्पादन अपने हाथों में लिया। रामदास शास्त्री ने उनके सम्पादकीय में 51 अशुद्धियाँ रेखांकित कर पत्रिका मेरे पास भेजी। वह आज भी मेरे संग्रह में है।

इन सब ख़ूबियों और खामियों के बावजूद दलित साहित्य की पत्रिकाओं के बग़ैर दलित साहित्य के आन्दोलन की कल्पना नहीं की जा सकती। फ़िलहाल देश-प्रदेश में अनेक **दलित लेखक संघ** और लेखक सक्रिय हैं, परन्तु मूल्यांकन अपेक्षित है कि व्यापक दलित समाज की मुक्ति से जुड़े मुद्दों पर कितना और कैसा दलित लेखन हो रहा है?

नदरोली : 'लुटिया फोड़ा'

यह 1975 की बात है। मैंने रोज़ एक रुपया कमाकर बड़ी मुश्किल से मात्र सात रुपये जमा किये थे। मुझे एक अर्से से पानी पीने, शौच जाने और बाहर ले जाने के लिए एक लोटे की आवश्यकता थी। घर में पीतल या ताँबे का एक भी बर्तन नहीं था। पिता की मृत्यु के बाद घर छोड़ते वक़्त अम्मा की पुटरिया से ताऊ ने जो पाँच बर्तन छीने थे, वे पाँचों बर्तन माया (बहन) की शादी में दे दिये गये थे। उसके बाद मेरे घर में कोई बर्तन नहीं था। परात तक के लिए लोहे का तसला इस्तेमाल होता था। बब्बा (गंगी) के पास अपनी एक पीतल की 'पुश्तैनी लुटिया', बेला और परात थी। ताई-ताऊ के पास भी अपने बर्तन थे।

लुटिया ख़रीदने के बाद वह मेरे कई काम की वस्तु बन गयी। मैं उसे माँज-माँज कर चमकाता रहता था। हमारे जैसे लोहे के बर्तन पूरी बस्ती में किसी दूसरे घर में नहीं थे।

पर जब मैं बी.ए. में दाख़िला लेकर चन्दौसी से गाँव लौटा, तब वापस जाकर कहाँ रहूँगा? क्या खाऊँगा? यह सबसे बड़ा सवाल था और इस बुनियादी समस्या का समाधान तो दूर रहा, मैं जाऊँगा कैसे? किराये के पैसे चाहिए थे। उस वक़्त अम्मा गाँव आ गयी थी, बल्कि भिकारी ने उसे मार-पीट कर नदरोली खदेड़ दिया था,

''जा, तेरौ बेटा 12 किताबें पढ़ि गयौ है, अब तेरौ यहाँ का काम? जा बाक़ी कमाई खइये।'' सो, वह 'नौकरी कर'-'नौकरी कर' की रात-दिन रट लगा रही थी। पर 12वीं पास करने के बाद भी मेरे लिए नौकरी थी कहाँ?

''मुझे किराये को पैसे चाहिए।''

अम्मा ने कहा, ''रुपया-पैसा हैं कहाँ जो तोई देऊं? तेनें घर में धरे हों तो उठाई ले, तेरी कछु चीज़ होई तो लै जा।''

एक तो घर की माली हालत ख़राब थी। दूसरा, मेरे साथ सबका असहयोग। मंशा यह थी कि 'परेशान होगा तो नौकरी कर लेगा।' जैसे नौकरी मेरे पीछे-पीछे भाग रही हो और मैं उसे छोड़कर भाग आया हूँ।

काफ़ी जद्दोजहद के बाद अपनी एकमात्र पूँजी मेरे ध्यान में आयी, मेरी कांसे की सफ़ेद गोल-मटोल प्यारी-सी चमचमाती लुटिया। अब लुटिया से तो किराया नहीं जुटता। साबुत बर्तन उस समय शहर में कोई ख़रीदता नहीं था। सो लड़-झगड़कर मैंने अपनी लुटिया उठायी और कुआँ की मनि (जगत) पर रखकर ईंट मार-मार कर उसे तोड़ने लगा। क्योंकि बिना टूटे वह बिक नहीं सकती थी और बिना बेचे मैं किराये का इन्तज़ाम नहीं कर सकता था। लुटिया तोड़ते मुझे पूरी बस्ती ने देखा। अच्छे-ख़ासे बर्तन का बेहाल करना! कइयों को मेरी कठोरता लग रही थी। अपनी कमाई से ख़रीदी गयी उस लुटिया में मेरा दिल रखा था, जिसे मैंने खुद तोड़ा। मुझे कितना बुरा लगा, कोई नहीं समझ सका पर उसे तोड़ने-बेचने के अलावा मेरे पास कोई विकल्प नहीं था। नारायन चाचा का बेटा आज तक वह दृश्य नहीं भूला। वह मुझे आज भी श्यौराज मतलब--लुटिया फोड़ा कहकर मेरे आर्थिक संकट के विकट क्षणों को याद दिला देता है।

भोजन-भेद

स्वतन्त्रता सेनानी रघुनाथ शास्त्री जी मुक्ति दिवस की दावत दे रहे थे, कल के दिन वह जेल से बाहर आये थे। मैं उनके घर पहुँचा। पूछने लगे—"श्यौराज तुम एक बार में कितनी रोटियाँ खा लेते हो?"

''क्यों, आप खिलायेंगे क्या?"

"हाँ, पर गुन्नौर होटल में?"

"वहाँ क्यों?"

"इसलिए कि होटल वाला दस फुलके खाने पर भी सवा रुपया लेता है और मैं दो फुलके खाता हूँ, तब भी सवा रुपया ही लेता है। कहता है एक बार की

खुराक के पैसे हैं, चाहे जितना खाओ। तो तुम अगर 10-15 खा सको तो मैं तुम्हें मुफ़्त खिलाऊँगा।''

''ऐसा है तो जयकिशन यादव को खिलाओ, वे कस्सी खोदते हैं और 30-40 रोटियाँ खा लेते हैं। आप होटल पर मिलो। मैं उन्हें लेकर आ रहा हूँ।''

जय शारीरिक संरचना में 'खली' जैसे थे। वे यादवों और मुस्लिमों की कस्सी खोदते थे। दोपहर के भोजन के वक़्त मैं उन्हें लेकर शुद्ध शाकाहारी भोजनालय पर पहुँच गया।

''शास्त्री जी, आप इन्हें एक रुपया दे दीजिए और आप बैठिए, मैं भी बैठता हूँ। तीनों खाना खायेंगे।''

मैंने कहा, ''पहले जय को खा लेने दो। हम बाद में खा लेंगे।'' इतना कहकर अपने आगे की रोटियाँ भी उनकी थाली में खिसका दीं। जयकिशन एक फुलका (फूली हुई रोटी) को एक निवाले की तरह मुँह में दबाते और खा जाते। दाल की कटोरी आती और उठाकर पी जाते। उनकी कुम्भकरणी खुराक के बारे में पूरा गाँव जानता था।

अतः होटल मालिक बोला, ''भाई, ये तो चार आदमी का खाना खा गये। ये एक रुपया में कैसे?''

मैंने कहा, ''शास्त्री जी एक आदमी का खाना चार दिन में खाते हैं। तुमने कभी सोचा? अब ये भी रोज़ खायेंगे या फिर शास्त्री के पैसे कम करो''...उसने पाँच रुपये माहवार कम कर दिये।

अम्बेडकर कॉलेज में : मुख्यमन्त्री का फ़ोन

मैं लेक्चररशिप पाने के लिए कॉलेज-कॉलेज, देश-प्रदेश भटक रहा था। अम्बेडकर कॉलेज दिल्ली सरकार के अधीन था। इसकी स्थापना तत्कालीन दलित उपराष्ट्रपति डॉ. के.आर. नारायणन ने की थी। पहली बार के साक्षात्कार में मेरा चयन नहीं किया गया था। मुझे पता चला था कि दलित साहित्य अकादमी के अध्यक्ष डॉ. सोहनपाल सुमनाक्षर की पुरानी मित्रता साहिब सिंह वर्मा से थी। डॉ. सुमनाक्षर जनसंघ से चुनाव जीतकर पार्षद बने थे। 'दिल्ली शिक्षा समिति' के उपाध्यक्ष थे। तब श्री वर्मा उनके सहायक हुआ करते थे। वर्मा लाइब्रेरियन से सी.एम. बने थे। मैंने सुमनाक्षर जी से फ़ोन कराया और स्वयं भी सम्पर्क कर बायोडाटा सबमिट किया। वर्मा जी से दो-तीन बार फ़ोन कर पूछा तो कॉलेज में मुख्यमन्त्री ने श्यौराज सिंह के बारे में पूछा। कॉलेज प्रशासन के कान खड़े हो

गये। मुख्यमन्त्री ने कहा, "मेरे कार्यालय को रिपोर्ट किया जाये। श्यौराज की चार किताबें, नेट, डॉ. अम्बेडकर पर पीएच.डी. हैं और वे एस.सी. हैं, उन्हें क्यों नहीं लिया गया?" डी.ए.वी. कॉलेज के साक्षात्कार में अध्यक्ष ने मुझसे पूछा, "अम्बेडकर आर्य समाजी क्यों नहीं बन पाये?" मेरे जवाब से प्रबन्धक और डॉ. नित्यानन्द तिवारी सन्तुष्ट नहीं थे। वे हर कॉलेज में आते थे। हारकर बोले, "तुम्हें तो यदि कभी कोई लेगा तो 'अम्बेडकर कॉलेज' ही लेगा।"

मैंने कहा, "अब मुस्लिम शिक्षण संस्था पूछेगी अम्बेडकर मुस्लिम क्यों नहीं बने, बाक़ी ईसाई पूछेंगे कि अम्बेडकर ईसाई क्यों नहीं बने? क्योंकि मेरी पीएच.डी. डॉ. अम्बेडकर की पत्रकारिता पर है।"

सह जीवन की घोषणा को लेकर मीनू, पापा जी

शादी के बाद हम मुनिरका में एक चौधरी के छोटे से कमरे में किराये पर रहे जिसमें बाथरूम और किचन नहीं था। कुर्सी-सोफा, बेड आदि कुछ भी नहीं था, मीनू के पिता जी, 'मीनू' के ममेरे भाई निर्मल कुमार आर्य के साथ आये और बोले—"मीनू यह तुमने किससे शादी की है? मैं इस शादी को नहीं मानता। अभी उठो और वापस अपने घर चलो। इस लड़के के पास तो कुछ भी नहीं है।"

मीनू ने कहा, "यही बहुत कुछ हैं, धन-दौलत भी यही हैं। मैं शादी तोड़कर वापस नहीं जाऊँगी।"

श्यौराज-मीनू

मीनू ने मेरी आत्मकथा के प्रथम खण्ड के प्रसंग को पढ़कर कहा, "तुमने यह सब तो मुझे बताया नहीं था शादी से पूर्व। कुल-खानदान, माँ का बैठना। मैंने एक बार पूछा था कि आप कितने भाई हैं, तो आप सोचने लगे थे।" वे कहना यही चाह रही थीं कि मुझे अपनी आत्मकथा पहले बता देनी चाहिए थी।

ससुराल वाले दुखी होते थे कि मैं गाड़ी से क्यों नहीं आता? वे खानदान को लेकर बातें करते हैं। ससुर साहब ने आज तक मेरा घर नहीं देखा। ज़रूरत ही नहीं समझते। अनुमान रखते हैं, घर कैसा होगा? उनका गाँव-घर मैंने शादी के 11 साल बाद देखा था। वे रेनू की शादी में दहेज देना चाहते थे, परन्तु मुझे

पेश करके दहेज न लेने वाली छाप भी डालना चाहते थे। उन्होंने हमारे घर में कभी रुचि नहीं ली। किराये के मकानों में आये, असन्तुष्ट और उखड़े-उखड़े रहे। यूँ वे शादी के तीन दिन बाद जुलाई, 1990 में एक पन्ना सुशील शर्मा को दे गये थे। उस पत्र में उन्होंने लिखा, ''मीनू बेटा, शादी तोड़कर घर लौट आओ। ज़रा सोचो तुम्हारे दो मामा आई.ए.एस. हैं। एक पी.सी.एस. हैं और तुम्हारे बड़े मामा तो दिल्ली में ही कमिश्नर हैं। तुमने किस स्कूल मास्टर से शादी कर ली?'' उलाहना देने जैसी बातें वे लिखकर गये थे। मेरी कभी कोई अपेक्षा उनसे नहीं रही, परन्तु मीनू के मन में मलाल रहा कि

1. उन्होंने हमारी शादी पर एक फूल माला लाना भी ज़रूरी नहीं समझा था।
2. एक फ़ोटोग्राफ़र की व्यवस्था उन्होंने नहीं की थी, जबकि सोनू के जन्म दिन पर रेनू, पिंटो की शादी में अतिरिक्त इन्तज़ाम किये थे। रेनू की शादी में दी गयी मोटरसाइकिल बेचकर दामाद संजीव ने दारू पी ली।
3. मीनू के लिए मामा-मामी आदि की ओर से जो उपहार आये, दिवंगत माँ की जो चीज़ें थीं, सेकेंड मदर ने सब रख लीं।

पापा ने हर बेटी की शादी के लिए पाँच-पाँच लाख जमा किये, किन्तु हमारी शादी में तय 10 हज़ार कुल ख़र्चे में से छः हज़ार देकर हाथ खड़े कर लिये। मेहमानों को ठहरने के लिए होटल का एक भी कमरा बुक नहीं किया था।

मेरी इच्छा और अपेक्षा ग़रीब की ऐसी बेटी से ही शादी करने की थी, जो अपना निर्माण करने की क्षमता रखती हो, विदुषी हो। मीनू पढ़ी-लिखी हैं, ग़रीब की बेटी की तरह उनकी शिक्षा सरकारी स्कूलों की है। पर इसके लिए मैं दुखी नहीं, क्योंकि आगे बढ़ा जा सकता है। दुख है कि ससुर साहब ने पत्र में जैसी आई.ए.एस. की धौंस जमायी, बच्चों को वैसी क्वालिटी एजुकेशन नहीं दी। बेशक विरासत की भूमि-भवन मेरे पास नहीं थी। मैं स्कूल से कॉलेज में आया तो किस्तों पर घर ख़रीदा। मीनू के परिवार की सलाह थी कि पहले बड़ी-सी गाड़ी ख़रीदो। मेरी प्राथमिकता में बच्चों की बेहतर शिक्षा और अपना एक घर था। मैं साइकिल रिक्शे की सवारी करना छोटा होना नहीं समझता। अब कह सकता हूँ कि गाड़ी वाले, पुलिस वाले या टल्ली तो कभी भी तथा कहीं भी और मिल सकते हैं, ग़रीबों-अमीरों से तो देश भरा पड़ा है। लेकिन श्यौराज-मीनू सब नहीं होते।

मेरी माँ ने कहा था, "किसी से मान-सम्मान पाने की उम्मीद मत करना

तुझे प्यार मिलना होता तो तेरा जन्म अछूत के घर में क्यों होता? तोइ पढ़न कूँ मिलनो होतो तो तेरो बाप क्यों मर जातो। तू ग़रीबी में क्यों पलतो?"

श्री राजीव गांधी जी ने कहा था, 'आपके लिए सौ पैसे सरकार द्वारा भेजे जाते हैं, उनमें से 15 पैसे ही आप तक पहुँचते हैं।' मुझे लगा दलित दुर्दशा की ख़बर प्रधानमन्त्री के कानों तक पहुँच चुकी है। हमारे हक़ या सहारा नहीं मिला, तो आज़ादी कैसी? सामाजिक हिकारत की बाढ़ प्रलयकारी थी, पर उतनी नहीं जितनी वर्ण भेद की कु-नीति—भूकम्प ने तबाही की थी, पर उतनी नहीं जितनी स्पृश्यों द्वारा बरती गयी अस्पृश्यता ने की। अंग्रेज़ों ने गुलाम बनाया देश को, पर उतना नहीं जितना वर्ण-धर्म के क़ायदों ने। पीने का पानी, अस्पृश्यता की और विद्या का अधिकार छीना, पूजा-संस्कार, स्वतन्त्रता का विचार, जातित्येतर शादी, प्यार आदि सब छीने। प्राकृतिक-प्रलय ने बहुत कुछ लूटा था पर उतना नहीं जितना उच्च वर्णीय देश बन्धुओं ने।

बिन मँगनी बिन गौना, मीलों दौड़ी मोना

मैं इलाहाबाद में कलावती बुआ के देवर श्री यादराम के घर पर रुका था, वे शिक्षा विभाग में अधिकारी थे। उनकी पत्नी के गाँव का एक दिलचस्प वाक़या याद आया। यह वाक़या 1981-82 का है। मैं कलावती बुआ के बेटे रमेश की बारात में भीमपुर (डिबाई) से अलीगढ़ के पास एक गाँव में गया था। दुल्हन की तीन-चार सहेलियों में से एक 'मोना' की उम्र 11-12 साल रही होगी। मोना के पिता की मृत्यु हो चुकी थी। मैं मण्डप में दूल्हे के साथ बैठा था। मोना छत पर थी। मज़ाक़-मज़ाक़ में मैंने पूछा, "तुम्हारी शादी नहीं हुई है क्या?"

"नहीं।"

"तो तुम भी दुल्हन के साथ चलोगी?" मेरा इतना कहना था कि बारात वापस होते ही नये कपड़े पहनकर आ खड़ी हो गयी, "चलो, ले चलो। तुम अपने गाँव में मेरी शादी कर देना।"

"मेरी नौकरी नहीं है, पढ़ रहा हूँ, ज़मीन भी नहीं है। कोई आमदनी का ज़रिया नहीं है, तुम खाओगी क्या?" बाराती भी मज़ाक़ के मूड में थे।

"चलो चलो!" वह लड़की खेतों-खेत बारात के समानान्तर डेढ़-दो किलोमीटर तक यह कहती हुई दौड़ी आयी, "मैं श्यौराज की दुल्हन बनूँगी, मोइ ले चलो।" वह लगभग भाग रही थी।

मोना की मासूमियत के बारे में फूफा जी ने बताया, "मोना बहुत ज़िम्मेदार लड़की निकली। उसने पहले अपने भाई की शादी करायी, उसके बच्चे पढ़ने

लगे, तब जाकर अपनी शादी की। अपने बिगड़े हुए भाई को सुधारा, अपराध के रास्ते से वापस बुलाकर काम-धन्धे में लगाया और वह कुशल 'टेलर' बन गया। आज ए.एम.यू. के प्रोफ़ेसरों-शायरों के कपड़े सिलता है। आज भी घर-परिवार के मसले हल करने के लिए मोना को बुलाना पड़ता है।''

बुआ जी ने कहा, ''श्यौराज, तुम उस दिन उसे ला सकते थे। बारात गाँव से निकल आयी थी, नहीं तो तुम्हारा भी पकडुआ ब्याह कर दिया जाता। वह बहुत सुन्दर, स्वस्थ, मेहनती और समझदार लड़की थी, तुम्हारी ज़िन्दगी बदल देती।"

इलाहाबाद कौशाम्बी

मैं 6 अप्रैल, 2003 को गौतम टैक्सी से दिल्ली स्टेशन 8:15 तक पहुँच चुका था। गाड़ी खुलने में अभी पूरा सवा घण्टा बाक़ी था। सोचा कि वापसी का प्रातः का टिकट भी ले लिया जाये! मैं प्लेटफार्म नम्बर 12 पर था और आरक्षण काउंटर था प्लेटफार्म नम्बर एक से भी आगे, दरियागंज की ओर। आठ बजे के बाद पूछताछ खिड़की के अलावा हर खिड़की बन्द थी। मैं वापस गाड़ी में आ गया। मेरी सीट ए-2/37 थी। सो, मैंने चार्ट में नाम पढ़ा और डॉ. तेज सिंह की स्थिति देखने ए-1 पहुँचा। वे देखते ही बोले, ''मेरे ऊपर वाली सीट ख़ाली है, तुम सो जाओ। कोई आयेगा तो उसे वहाँ भेज देंगे।'' मैं वापस अपनी बर्थ पर चला गया। लेटा ही था कि डॉ. बजरंग बिहारी तिवारी आ गये। उन्होंने पूछा, "अनिल चमड़िया, विमल थोरात आदि कहाँ हैं?"

रात सफ़र में गुज़र गयी। मैंने अपने भाषण के बिन्दु ज़रूर सोचे, लेकिन पूरा व्याख्यान तैयार नहीं कर पाया था। गाड़ी इलाहाबाद स्टेशन पर सुबह निर्धारित समय पर पहुँची। पास के ही होटल में हमारे फ्रैश होने का इन्तज़ाम किया गया था। डॉ. तेज सिंह और मैं कमरा नम्बर चार सौ पाँच में थे और विमल थोरात दस में। ओमप्रकाश वाल्मीकि अपनी पत्नी के साथ आये थे, डॉ. हरिओम (ज़िलाधिकारी, कौशाम्बी) के निवास पर हमें दो गाड़ियों में ले जाया गया। "संगोष्ठी दलित विमर्श पर थी, तो अध्यक्ष किसी दलित लेखक को बनाया जाना चाहिए।" डॉ. रामचन्द्र ने अपनी राय ज़ाहिर की। मैंने तुरन्त ओमप्रकाश वाल्मीकि का नाम सुझाया। कौशाम्बी उत्सव चल रहा था। संगोष्ठी के लिए **दलित विमर्श की राजनीति और राजनीति का दलित विमर्श** विषय रखा गया था। अध्यक्षता के बारे में हमने अपनी राय आयोजकों तक पहुँचा दी। पर जैसी

मुझे आशंका थी, ऐन वक़्त पर अध्यक्षता मुद्राराक्षस को सौंप दी गयी। वे हमारे पहुँचने से पहले ही डी.एम. निवास पर मौजूद थे। उन्होंने अपनी अध्यक्षता पूर्व आरक्षित करा ली थी। इसलिए आयोजक ज़िलाधिकारी हरिओम की ओर से उन्हीं का नाम आया। हरिओम साहित्यिक रुझान के व्यक्ति हैं। उन्होंने अपना ग़ज़ल संग्रह 'धूप का परचम' मुझे भेंट किया था। उसका एक ख़ूबसूरत शेर मुझे आज भी याद है—**ये राज पाट, ये रुतबे, ये हवेली, ये महल इन्हें अवाम के पैरों तले कुचलने दो।**

श्री मुद्रा ने अपने भाषण में बताया कि यहाँ के पत्रकारों से उनका सम्बन्ध बहुत पुराना है और साहित्यिकता उनके ख़ून में है। वे चतुरसेन शास्त्री के धेवते हैं। उनके पिता आर.एस.एस. के प्रान्तीय नेता थे, मुझे पता चला कि डी.एम. साहब राक्षस की (स्वर्णकार) जाति से थे, इसलिए उनके लिए अध्यक्षता पूर्व नियोजित थी। ओमप्रकाश वाल्मीकि ने सवाल किया कि "यदि मुद्राराक्षस जी दलित लेखक थे तो अब तक छिपे कहाँ पड़े थे? उन्होंने दलित प्रश्नों पर कभी कुछ लिखा, बोला क्यों नहीं?" लम्बे समय से वामपन्थी साहित्य धारा में शामिल मुद्रा राक्षस दरअसल दलित साहित्य के समर्थन में नहीं थे। मैंने संचालक डॉ. रामचन्द्र को सलाह दी, श्री राक्षस का अध्यक्षीय भाषण सबसे पहलेकरा दिया जाये। उनके नाम की घोषणा हुई, ''मैं इतने महत्त्वपूर्ण दलित लेखकों से पहले क्या बोलूँगा? यह ठीक नहीं है।'' श्री राक्षस ने कहा। ठीक क्यों नहीं है, क्योंकि उन्हें दलितों के भाषणों में से सूचनाएँ लेनी थीं।

गाँव में दलितों के बूथ कैप्चर होते हैं, लेकिन यहाँ विचार, मंच और मुद्दे कैप्चर हो रहे हैं। अब अख़बार देखें; 'अमर उजाला' यहाँ का प्रमुख पत्र है, लेकिन शून्य कौशाम्बी की ख़बरें 'यूनाइटेड लोकल' में छपीं, उनमें मेरा और वाल्मीकि का तो नाम भी नहीं था। 'दैनिक जागरण' में मुद्राराक्षस की तस्वीर के साथ ख़बर छपी। हर दलित लेखक का बयान मुद्राराक्षस के मुँह में डाला गया था और वास्तविक दलित साहित्यकारों को दलित राजनीति से प्रेरित बताया गया, जबकि वहाँ विमल थोरात के अलावा कोई राजनीतिक रुझान का लेखक नहीं था। वाल्मीकि जी की उपस्थिति में डॉ. विमल थोरात ने सवाल किया—तुमने साक्षात्कार में कहा है कि गढ़वाल यूनिवर्सिटी में दलित साहित्य पढ़ाया जाता है। भाषा बता रही थी कि वे भ्रमित हैं। 6 अप्रैल, 2003 को मैंने यादराम फूफा जी के निवास पर रात्रि विश्राम किया। प्रातः उठा तो देखा सामने मुन्ना राशन

केन्द्र में सेंध लगा दी गयी और शोर-शराबा सुनकर चोर भाग गये। आज यहाँ टी.वी. पर एक फ़िल्म 'डैडी' देखी। कलाकार के जीवन पर आधारित होने के कारण फ़िल्म ने काफ़ी प्रभावित किया।

रमणिका गुप्ता और ओमप्रकाश वाल्मीकि ने कहा कि दलित धर्म का अलग मसला नहीं उठना चाहिए। उनका आशय डॉ. धर्मवीर द्वारा प्रस्तावित 'आजीवक धर्म' से था। श्रीमती गुप्ता के मुताबिक़ बाबा साहब द्वारा ली गयीं 22 प्रतिज्ञाएँ, उनकी ओर से समाधान के निचोड़ हैं। उनका विशेष योगदान है, वह वैज्ञानिक है। मैंने कहा—"यदि दलित चिन्तकों द्वारा अपना कोई प्राचीन लुप्त धर्म खोजा जा रहा है तो ग़लत क्या है? वह खोजना उनकी ज़िम्मेदारी है।"

वाल्मीकि जी बोले, "जब धर्म लुप्त हो गया तो उसे खोजने की ज़रूरत क्या है? जो है उसी को अपना बनायें! बाबा साहब ने मान लिया तो और अधिक क्या मानना है?"

यहाँ बहस तलब प्रश्न यह था कि बाबा साहब ने बौद्ध धर्म अपनाया, क्या वह दलितों का धर्म है? उस धर्म में रैदास-कबीर का क्या स्थान है? **हमें धर्म और राजनीति नेताओं के लिए छोड़ देनी चाहिए। साहित्य क्षेत्र में अपनी भूमिका सुनिश्चित करनी चाहिए।**

मेरे भीतर जो एक कवि/गायक था, वह बचा भी है या नहीं? कल भी तेरे लिए संगीत, काव्य और साहित्य के मंच नहीं थे। आज भी नहीं हैं। ओमप्रकाश वाल्मीकि बोले, "कवि सम्मेलन के मंचों पर ब्राह्मणों, कायस्थों और गलेबाज द्विजों का वर्चस्व है। यहाँ तक कि सरकारी धन से संचालित मंचों पर भी यही लोग काबिज़ हैं। केन्द्र या राज्यों की अकादेमी, साहित्य अकादेमी, स्वायत्त संस्थाओं के सम्मान, हर जगह वर्ण-व्यवस्था क़ायम है। लोकतान्त्रिक सहभागिता नहीं है यह बौद्धिक क्षेत्र का द्विज क्या जानें? और क्यों मानें? मानने की उसकी विवशता क्या है जो सवर्णों की साहित्य सत्ता से सम्मान चाहेंगे। वे न सच रच पायेंगे और न कुछ कर पायेंगे सिवाय समझौते और चाटुकारिता के।"

चन्दौसी : बुधिया नानी के निवाले

मैंने सन् 1981-82 तक तो बी.ए. तक पढ़ाई पूरी कर ली थी। इस बीच मैं बेहद तंगहाली से गुज़र रहा था। न कोई रोज़गार था और न दो वक़्त की दाल-रोटी। दिन में तो मैं किसी गाँव या किसी कार्यक्रम में निकल जाता था, परन्तु रात

बिताने को चन्दौसी आता था तो वहाँ खाने के लिए कुछ भी नहीं होता था। मामा कभी कुछ बचाता नहीं था। वह जब मन होता तब किराये का रिक्शा चलाता था। जितना कमाता शराब, सिनेमा, सिगरेट में ख़र्च कर आता था। बड़ी मौसी सुखदेई का घर दूसरी गली में था। वह नानी के लिए एक रोटी सब्ज़ी सुबह और एक शाम को भेजती थी। रोटी चूल्हे पर सेंकी गयी मोटी होती थी। सुबह की पूरी रोटी नानी खाती थी, परन्तु शाम को एक टुकड़ा सब्ज़ी में लपेट कर मेरे लिए रख दिया करती थी। मौसा जी उतनी ही रोटी नानी को भिजवाते थे, जितना वे खा सकें, अधिक नहीं, क्योंकि वे जानते थे कि यदि रोटी बचेगी तो वे श्यौराज को देंगी।

मैं प्रायः भूखे पेट ही घर आता था, पर कहता किसी से नहीं था। मौसी-मौसा से तो बिल्कुल नहीं। क्योंकि उनका सीधा जवाब होता, "जब रोटी नहीं है तो पढ़ने में लगे रहने को किसने कहा है? रोटी कमाने में लगो छोड़ो पढ़ने-बढ़ने का चक्कर, गाँव में जाओ, कमाओ और दोनों वक़्त भर पेट खाओ।" परन्तु नानी मेरी ख़ामोशी जानती थी। वह बिना कुछ कहे कटोरी में मुड़ा हुआ रोटी का टुकड़ा डालते हुए कहती—"बेटा सौराज, खाइले। तेरो पेट का भरैगो पर मैं इतनो ही बचाकर रखी हूँ। ऐसे कैसे ज़िन्दगी कटेगी बेटा? पहले कहूँ दो रोटी को काम ढूँढ़ और शादी करने की सोच, तब पढ़।" कभी-कभी मौसी सामने बैठ कर खिलाती तब भी नानी एक टुकड़ा बचा लेती 'बाद में खाऊँगी' कहकर।

नानी की राय अपनी जगह दुरुस्त थी, पर मैं रोज़गार पाने में कोई कसर नहीं छोड़ रहा था। चार-पाँच रोटी की मेरी ख़ुराक थी और केवल एक टुकड़ा रोटी मिलती थी। मेरे पेट में भूख की जठरानल दहकती रहती थी। वह निवाला कितना स्वादिष्ट होता था, उस अनुभव को व्यक्त करती कोई कविता अभी भी नहीं लिख सका हूँ। भूख से होने वाली मौतों की ख़बरों से मैं एकदम जुड़ जाता हूँ। इस भुखमरी का असर यह हुआ कि मुझे भूख से बीमारी हो गयी। जोड़ों में दर्द बढ़ने लगा। भूख की कोई दवा नहीं है, लेकिन भूख से हुई बीमारी की दवा नेरोबिन के इंजेक्शन थे। उनके लिए भी पैसे चाहिए थे। डॉक्टर ने मेरे शरीर में ख़ून की कमी बतायी। वह कहता, फल खाओ, अण्डा खाओ, खाने के बाद दूध पीयो, कसरत करो, दवा की ज़रूरत नहीं पड़ेगी। मैं आलसी नहीं था, बेहुनर नहीं था, परन्तु चन्दौसी में मेरे लिए पढ़ाई थी, काम नहीं था—रोटी नहीं थी। गाँव में राजगीरी थी, रोटी थी किन्तु पढ़ाई के लिए कॉलेज नहीं था। मैं खाने के लिए नहीं जी रहा था अपितु, जीने-पढ़ने के लिए खाना खा रहा था।

मैं काम-धन्धे की तलाश में कुछ दिनों के लिए चन्दौसी से बाहर चला गया। वापस आया तो सीधा नानी से मिलने गया। पर देखा कि कुठरिया में खाट ख़ाली पड़ी है। मैंने बाहर निकलकर पड़ोसियों से पूछा—"मेरी नानी कहाँ है?"

"उन्हें गुज़रे हुए तो सप्ताह से ज़्यादा हो गया। आख़िरी साँस तक कहती रहीं, 'श्यौराज कूँ बुलाई देउ।' तुम्हारा कोई पता-ठिकाना तो था नहीं। तुम्हें कोई कहाँ ढूँढ़ता?"

जब माँ गुज़री थी, तब भी मुझे ख़बर नहीं मिली थी। तब भी यही कहा गया था, "तुम्हें कोई कहाँ ढूँढ़ता, तुम्हारा कोई ठौर-ठिकाना तो है ही नहीं।"

नानी की डायरियाँ और अन्य पाण्डुलिपियाँ

9 अगस्त, 2014 को बरेली जाते हुए हम सपरिवार डॉ. राकेश 'रफीक' के घर पहुँचे। हम अभी बैठे ही थे कि डॉ. मीनाक्षी ने तपाक से कहा, ''तुम नानी की सारी डायरियाँ ले गये थे!''

मैं चौंका, ''क्या कह रही हो मीनाक्षी?''

मेरे बच्चे मेरी ओर देखने लगे। मैं तो उनकी मृत्यु के समय बिलारी आ भी नहीं पाया था। नानी की डायरियाँ कब ले गया? राकेश चुप थे और उनकी माता जी श्रीमती वीरबाला सक्सेना हमारी बातें सुन रही थीं। उन्होंने पास आकर कहा, **राकेश, वे डायरियाँ तो तुम्हारे मामा जी ले गये थे। हाँ, मम्मी कहती तो थीं कि श्यौराज उन्हें सम्पादित कर छपवायें, पर जीते जी तो उन्होंने दी नहीं।**

सत्यप्रिय मम्मी की गवाही ने मुझे आरोप से मुक्त कर दिया। मेरे परिवार ने राहत की साँस ली, कि चलो राकेश दम्पति के हाथों एक दाग़ लगते-लगते बच गया। मुझे अच्छी तरह याद है वे अपनी डायरियाँ कभी-कभी मुझे पढ़कर सुनाया करती थीं। उन्होंने अपने विवाह के दिन से क़रीब बयालीस-तैंतालीस साल तक हर दिन डायरियाँ लिखी थीं। विषयवस्तु तो एक हिन्दू स्त्री की पारिवारिकता थी, परन्तु उनका चित्रण मुझे काफ़ी साहित्यिक लगता था। उन्होंने कहा था, ''ये डायरियाँ मैं तुम्हारे हवालेकरना चाहती हूँ। तुम इन्हें पढ़कर प्रेरक प्रसंग चुनकर छपवा देना, बाक़ी मैं किसी को हाथ नहीं लगाने दूँगी।''

मैं कोई प्रकाशक नहीं था, कोई सेठ-साहूकार भी नहीं था, पर उनका मुझमें विश्वास था, इससे मुझे सन्तोष था, परन्तु यह उनकी; नितान्त व्यक्तिगत सम्पत्ति थी। शायद उनसे कुछ सीख मिलती, वे पढ़े-लिखे कायस्थ परिवार की परम्परागत

हिन्दू संस्कार सम्पन्न महिला थीं। पठन-पाठन उन्हें विरासत में मिला था, पर आर्य समाज की जकड़न उनमें थी और एक शिक्षिका की आँखों से देखे 'पचास साल' डायरियों में क़ैद थे। जब मैंने 'हंस' के प्रथम दलित विशेषांक का अतिथि सम्पादन किया तब मीनाक्षी ने विरोध में पत्र लिखा था।

डॉ. धर्मवीर जैसे प्रकाण्ड पण्डित ने अपनी डायरियों, पत्रों, फ़ोटो एवं अन्य पाण्डुलिपियों में डॉ. श्यौराज सिंह बेचैन और डॉ. दिनेशराम को रजिस्टर्ड वसीयत की थी, परन्तु बेटी के लिए एक-दो क्विंटल रद्दी से अधिक उनकी कोई अहमियत नहीं बची। काग़ज़ातों से भरे हुए दो बक्से हम क़रीब 20 साल से सँभाले रहे। अन्तिम समय में दिनेशराम के साथ आकर कैलाश दहिया ले गये। वे उनका दुरुपयोग नहीं कर रहे मैं नहीं कह सकता। श्रीमती कंचनलता के पिता की पाण्डुलिपियों के साथ तो और भी बुरा हुआ। मैं वक़्त पर पहुँच नहीं पाया। परिवार ने दाह-संस्कार कराने आये ब्राह्मणों से पूछ लिया, "पिता जी की छोड़ी गयी डायरियों-पाण्डुलिपियों का क्या करें? जाने वाले के साथ ही उनकी वस्तु जाये तो इससे बड़ा पुण्य और कुछ नहीं हो सकता। उन्हें भी मोक्ष मिल जायेगा।" अतः डायरियों का ढेर चिता पर रख दिया और अग्नि प्रज्वलित कर दी गयी।

इस पूरे प्रसंग में मेरे लिए सन्तोष कि लिखने वालों ने मुझमें विश्वास व्यक्त किया और अफ़सोस यह कि मैं किसी की कोई रचना बचा नहीं पाया।

मुझे जुआ क्यों नहीं भाया

जब मैं 'पाली' में था तो होली-दीवाली पर अक्सर जुआ होता देखता था। उसके बाद भी जिन मज़दूरों में बालपन से जवानी तक रहा, कई स्थानों पर जुआ होता देखा। दीपावली पर तो यह धूर्त-क्रीड़ा ज़ोर पकड़ जाती थी। थोड़ा कथा-कहानियों से परिचय हुआ तो कौरव-पाण्डवों का जुआ खेलना पड़ा, जिसमें द्रौपदी को ही दाँव पर लगाया गया। वीर विनाशक महाभारत युद्ध घटित हुआ, पर मुझे बचपन में ही यह बात समझ आ गयी थी कि यदि दस लोग 10 दिन जुआ खेलते हैं, उनके बीच 10 हज़ार रुपये इधर-से-उधर हार-जीत के रूप में आता-जाता रहता है। तब दस दिन का उनका और उनके परिवार का ख़र्चा बाहरी आय की रोक तो नुक़सान दोनों का होता है, जीतने वाले कम, हारने वाले ज़्यादा होंगे। मैं जीत भी गया तो हारने वाले का क्या होगा? मैं उसका दुख नहीं देख सकता। इसलिए जीत तय भी हो तब भी मैं जुआ नहीं खेलूँगा। यह मैंने

चार आना (25 पैसे) जीतने के तुरन्त बाद तय किया था और आज तक इस क्रीड़ा से दूर ही रहा।

अनौखिया यादव का व्यक्तित्व कुछ अलग था। वे कंजूस-लालची पहले सिरे की थीं। जोड़ते रहो, जमा करते रहो, ज़मीनें ख़रीदते रहो, ख़र्चा मत करो। खाओ सादा, पहनो सादा। वह सफ़ाई पसन्द भी नहीं थीं। परन्तु उनकी कुछ बातें मैं भूल नहीं पाया। गाँव के किसी भी बिरादरी के व्यक्ति ने मुझे 'तू' भी कहा तो वे उसके घर तक पहुँच जाती थीं। "तेरी हिम्मत कैसे हुई? सोचा होगा श्यौराज के कोई नांय है, न बाप-न माँ जो चाहे पीट जायेगो, मैं जाकी माँ हूँ जवान चलायी तो जीभ खींच लूँगी ये मेरा बेटा है ध्यान रखिए आइन्दा..."

वे मज़ाकि़या मिज़ाज की पहली महिला रही होंगी, जो राह चलते देवर-जेठ-ससुर सबसे मज़ाक़ हँसी-ठठ्ठा किया करती थीं। उनका मायका छतारी के पास गाँव में था। उनके भाइयों के पास काफ़ी ज़मीनें थीं। एक बार जब वे प्रेमपाल की शादी का न्योता देने मुझे अपने साथ लेकर गयी थीं। मैं उनके कपड़े-लत्तों की पोटली सिर पर लादकर ले गया था। रास्ते में कुछ लोग उनके गाँव जा रहे थे। तो आगे निकलकर उनसे बोलीं, "रे सुन (नाम लेकर) मेरे घर जाकर मेरी भाभियों से कहना अनौखिया आ रई है। पियाऊ पै बैठी है, फिरक भेज दें, और सुन कहिए—अकेली नांए है उवा के संग बाको पालतू यार आइ रओ है।"

सुनते ही मेरे कान खड़े हो गये। यह महिला क्या बोल रही हैं? शायद मैंने ग़लत सुना हो, पर नहीं उन्होंने तो दूसरे व्यक्ति को भी उसी वाक्य की पुनरावृत्ति की। "तो 'बऊ' मैं वापस जा रहा हूँ, कुछ रिश्ता ऐसा था कि सारा गाँव उन्हें बऊ कहता था। तुम चली जाओ। तुम्हारा गाँव आ गया।" वे मेरा हाथ झटक कर बोलीं, "अच्छा, मैं जाने दूँगी तोइ? अब तोइ यार नाइं तो दुश्मन कहूँ।"

मेरे पुश्तैनी घर में कोई किताब नहीं थी। मुझे विरासत में मवेशी उठाना, जूतियाँ बनाने का सामान सान्त, सुतारी, रापी, कलाबूत, पैर, सूत धागा ही मिले थे। बिहार में देशकाल सोसायटी की राष्ट्रीय गोष्ठी में मेरी आत्मकथा अंश को मेरे मुख से सुनकर वरिष्ठ आई.ए.एस. अधिकारी व प्रसिद्ध लेखक एस.के. बिश्वास ने प्रस्तुत उदाहरण देकर कहा था, "श्यौराज सिंह का सच श्यौराज ही लिख सकते हैं।" विश्वकवि रवीन्द्रनाथ टैगोर से किसी ने प्रश्न किया था—"आप ने इतना कुछ लिखा, आपको नोबेल पुरस्कार भी मिला, परन्तु भविष्य में एक दिन ज़रूर आपकी लेखकीय महानता पर उँगलियाँ उठेंगी कि आपने देश के

दलितों-अछूतों की समस्याओं पर कुछ नहीं सोचा? क्यों नहीं लिखा?'' तब रवीन्द्रनाथ टैगोर ने कहा था। (बंगला भाषा में)...

गेच्छी आयी ओपादार प्रांगजेर घारे
भीतरे प्रवेशकरी से शक्ति छीलना एकबारे।
से कविर वानी लागी कान प्रत्याक्षी
जे याच्छे माटीर काचात-काछी, नगदीक
जीवने जीवान जोग करा नाहले
कृत्रिम पन्ने व्यर्थ है गानेर पासरा
सो व्यवसाय।।

मैं उन दलितों-अछूतों के आँगन के किनारे तक गया हूँ। भीतर प्रवेश करने की मुझमें शक्ति नहीं थी। ऐसे में मैं उनके बारे में लिखता तो वह सच नहीं होता। पर उस कवि की वाणी सुनने के लिए मैं कब से कान लगाये और आँखें खोले देख रहा हूँ, जो अछूत मिट्टी के समीप वाले जीवन से जीवन जोड़कर आयेंगे। भोगा हुआ सच बतायेंगे। वरन् कृत्रिमता में जीवन संगीत का सौदा करना व्यर्थ हो जायेगा।'' दक्षिण भारत से आने वाले साहित्य अकादेमी के पूर्व अध्यक्ष ने कहा–

''आज यदि कवि गुरु रवीन्द्रनाथ टैगोर जीवित होते और वे श्यौराज सिंह 'बेचैन' की इस आत्मकथा को सुन रहे होते तो वे निश्चित ही कहते कि वह कवि/अछूत अब आ गया है, जिसे सुनने-देखने को मैं आँखें गड़ाये, कान खोले प्रतीक्षा कर रहा था।"

मेरी पंजाब यात्रा : साहित्यकार के साथ

यह मेरी तीसरी साहित्यिक यात्रा थी। 'योजना' एवं 'रोज़गार समाचार' (पंजाबी) पत्रिका के सम्पादक बलबीर माधोपुरी के साथ इन्होंने मेरे आत्मकथांश से अप्रसन्न होकर अपनी एक बेहतरीन आत्मकथा लिखी। हिन्दी संस्करण के साथ मेरा लम्बा लेख छपा। मुझे पहले ऑक्सफोर्ड से अनुवाद आया। पर इन्होंने 'मेरा बचपन मेरे कन्धों पर' का साहित्यिक अनुवाद किया। इनके साथ, यह यात्रा पूर्व निश्चित थी। 11 अगस्त, 2006 को मैं बलबीर के साथ पटियाला पहुँचा था। यहाँ साहित्यकार और अनुवादक डॉ. गुरमीत कल्लर माजरी तथा पंजाबी के क्रान्तिकारी कवि मोहन त्यागी के सौजन्य से हमारे स्वागत में साहित्यिक संगोष्ठी

का आयोजन किया गया था। डॉ. गुरमीत की ओर से भोज दिया गया। चर्चा का विषय था, 'हिन्दी और पंजाबी के दलित साहित्य का किस तरह परस्पर अनुवाद कर विस्तार किया जाये?' पाठकों और लेखकों के बीच सीधे संवादों को और सहज-प्रभावी बनाने का प्रयास किया जाये। गुरमीत और मोहन त्यागी दोनों वामपन्थियों के प्रभाव में हैं, जबकि गुरमीत दलित साहित्य पर काम कर रहे हैं।

12 अगस्त, 2006 को बलबीर माधोपुरी के साथ **बेगमपुरा मिशन** (पंजाब) की ओर से पटियाला में एक बड़ा कार्यक्रम आयोजित हुआ। बलबीर माधोपुरी को उनकी आत्मकथा 'छांग्या रुख' लिखने के लिए सम्मानित किया गया। आयोजन काफ़ी रचनात्मक था। इस मौक़े पर **पंजाबी की सभा** में दलित सरदारों की संगीत मण्डली ने जो गीत गाया, उसका मतलब था—**हमारी जाति नीच है, पर हम गुरु नानक के साथ रहे हैं**—गुरु ने कहा, "मैं नीचों में अति नीच..."

बलबीर जी मुझे अपनी ससुराल 'आदमपुर' ले गये। मैंने उनके माता-पिता से भी मुलाक़ात की। इससे पहले हम जालन्धर गये थे। हम गुरमीत कल्लर माजरी के निवास पर पहुँचे। रात को चिकन और थोड़ी दारू भी सामूहिक रूप में हमने ली। अच्छी आवभगत हुई। **दलित साहित्य** के प्रति ईमानदार प्रतिबद्धता भी जाहिर की, परन्तु उन्होंने बेटी और पत्नी से हमारा कोई परिचय नहीं कराया। किचन से खाना ख़ुद ला रहे थे। उन्होंने शहर के नज़दीक वाकई एक सुन्दर घर बनाया था। पर शायद घरवाली को साहित्यकारों से लगाव नहीं था। बलबीर जी ने अगले दिन विदा होते समय इस कमी को ज़ाहिर भी कर दिया था। सब कुछ अच्छा रहा। अगली बार इंट्रोडक्शन करायें। पटियाला शहर पहुँचने से क़रीब ढाई-तीन किलोमीटर पहले एक जगह थी 'अखन', जहाँ हम बस से उतरे। 51 एल.आई.जी., फेज-वन में हम पहुँचे। यह ओमप्रकाश जी का घर था। घर में उनके भाई की पत्नी थी। उन्होंने बताया कि वे आपको लेने बस स्टाप की तरफ़ गये हैं। आप दूसरे रास्ते से आये हैं, इसलिए भेंट नहीं हो सकी। ख़ैर, बैठिए।

हमें बैठे अभी मुश्किल से 20 मिनट गुज़रे होंगे, तब तक ओमप्रकाश जी आ गये। वे ऊँचा सुनते थे। कान में मशीन लगी थी। फ़ोटोग्राफी किया करते थे। अब शायद काम मन्दा चल रहा है। भाई अमरीका चला गया है। उसका बेटा-बीवी हैं। माधोपुरी अपने दोस्त की मैडम के बारे में बताते हैं, "यह किसी सिनेमाघर में काम किया करती थी। इसका भाई फ़िल्म देखने जाया करता था। मिलने-जुलने से दोस्ती हो गयी और भाग आयी।"

हमने पंजाब के गाँवों में देखा दलित सिखों और ग़ैर-दलित ख़ासकर जट

सिखों के अलग-अलग गुरुद्वारे बने हैं। दलित गुरुद्वारों में गुरु रविदास की वाणियों का पाठ हो रहा था और ग़ैर-दलितों के गुरुद्वारों में गुरु नानक की वाणी का पाठ हो रहा था। मेरी पवित्र धारणा किरच-किरच हो टूट रही थी। मैं इस्लाम और सनातन धर्मों की तुलना में सिख धर्म को ज़्यादा मानवीय और उन्नत मान रहा था। पर यह गुरुओं का जाति आधारित बँटवारा? परन्तु बीस साल के दलित साहित्य विमर्श ने पंजाब के ग़ैर-दलित बौद्धिकों का नज़रिया बदलकर रख दिया। बकौल बलबीर आज दलित सिख ग़ैर-दलितों के गुरुद्वारों में और ग़ैर-दलित दलितों के गुरुद्वारों में शामिल हो, गुरुओं की विरासत को साझा सम्मान दे रहे हैं।

मृत्यु भोज

गाँव में होड़ होती थी, जितने अधिक लोग शवयात्रा में शामिल होते तो माना जाता कि मृतक उतना ही बड़ा आदमी था। यह उसके वारिसों की ओर से समाज को दिखाना होता था। सो हर कोई चाहता था कि शवयात्रा में सौ के बजाय पाँच सौ जायें। शव को गंगा तल में स्नान कराकर अग्नि को समर्पित करने के बाद सभी यात्री गंगा स्नान किया करते थे। कई बार सभी लोग चिता के पास हाथ जोड़कर खड़े होते और प्रार्थना करते कि दिवंगत आत्मा को मोक्ष की प्राप्ति हो और बाहर आकर रेत पर अपना अंगोछा, धोती, तौलिया आदि वस्त्र बिछाकर शान्त भाव से पंगत में बैठ जाते। बुजुर्ग लोग मृतक के गुणों का बखान किया करते थे। कई बार उनमें से कोई ज्ञानी व्यक्ति इस मौक़े पर देह की नश्वरता को लेकर कबीर का एकाध भजन सुनाता। उन सभी को दोनों हाथों से भर-भर कर गुड़-चना और मुरमुरा दिया जाता। यह होता तो रिफ्रेशमेंट टाइप था, परन्तु कोई भरपेट खाना चाहे तो दो-तीन बार भी ले सकता था। उसके बाद एक व्यक्ति कॉपी-क़लम लेकर बैठता और सभी हाजरीन के नाम दर्ज करता। कोई दूर बैठा होता तो उसके पास जाकर लिखता। एक नाम के दो या दो से अधिक होते तो वह उसके नाम के आगे उसकी जाति यादव, जाटव, तेली, नाई, कुम्हार, धोबी, बढ़ही फ़क़ीर लिख देता। वह मेरे पास नहीं आता तो मैं खुद उसके पास जाता और श्यौराज लिखा है या नहीं, देखकर तस्दीक करता। कॉपी में नाम दर्ज होने का एक लाभ यह होता था कि जब 12 दिनों के बाद तेरहवीं (मृत्यु भोज) होती थी, तब दावत के लिए भले ही अन्य कोई छूट जाये, परन्तु जिसका नाम कॉपी में दर्ज होता उसको न्योता अवश्य दिया जाता था। मैं दावत पक्की कर लेने के

लिए ही 'शवयात्रा' में जाया करता था। इसलिए कि बड़े लोग तो घर बैठे भी न्योते जाते थे, मैं नहीं जाऊँ तो शायद न्योता भी न जाऊँ।

शवयात्रा प्रायः हमारी बस्ती के रास्ते से ही गुजरती थी। इसलिए कि गंगा घाट का रास्ता इधर से ही था। मैं देखता और सब काम छोड़ उस यात्रा में पैदल यात्रियों के साथ चल पड़ता था। तेरहवें दिन शर्विया दावत का बुलावा आता। मेरे घर में भोजन-सामग्री का अकाल रहता ही था। मेहनत-बेगारी से जो खाना मिलता उसकी मुझे श्रम शोषण के रूप में बड़ी भारी क़ीमत चुकानी पड़ती थी। मृत्युभोज का बुलावा उत्सव की तरह होता था। मैं एक वक़्त पहले से भूखा रहता, अगले एक वक़्त और बग़ैर खाये काम चल जाता था। ऊँची जातियों (यादवों, मुसलमानों) को खिलाने के बाद जाटवों का नम्बर आता था। 'मृत्यु-भोज' बहुत लज़ीज़ होता था। देशी दही, बूरा-पूड़ी, आलू, पेठा की सब्जी और फिर बिन किसी रोक-टोक के दस भोलुआ-कुल्लड़ बूरा, लेना हो तो ले सकते थे। भर पेट जितना खा सकते हो खाओ।

वाल्मीकि बस्ती जाटव बस्ती से सटी हुई थी। सो वे बिना बुलाये 'जूठन' लेने के लिए पहले से ही दूर एक कोने में जाकर बैठ जाते थे। बुलाने की भी क्या ज़रूरत थी? 'जूठन' उठाना, खाना वे अपना अधिकार समझते थे। किसी दया या भीख के लिए नहीं, बल्कि साफ़-सफ़ाई का सारा काम वे एक-दो दिन पहले और बाद तक किया करते थे। उनके श्रम में जितना सम्मान अपेक्षित था वह नहीं मिलता था। जाटव, तेली और फ़क़ीर किसी का जूठा नहीं खाते थे। हालाँकि दालान-चौपाल गोबर से लीपने-पोतने में चमार, तेली महिलाएँ आती थीं।

मैं सुबह से ही भूखा रहकर खाने की याद में भोज के स्वाद के बारे में सोचता रहता था। भूख व्याकुल करती तो बार-बार छत पर चढ़कर यादवों की चौपालों से बाहर आते रास्ते की ओर देखता कि किस बिरादरी के लोग दावत खाकर आ रहे हैं, और किस बिरादरी के लोग खाने जा रहे हैं। बड़ी ऊँची से नीची जाति के क्रम में हमारा नम्बर सबके बाद आयेगा और तब तक पेट की जठरानल का ताप और बढ़ जायेगा। एक वक़्त खाकर तीन वक़्त का काम चल जाता था। परन्तु ऐसा मौक़ा तभी आता था जब यादवों के किसी सम्पन्न और बुजुर्ग व्यक्ति की मृत्यु होती थी। अगर कोई ग़रीब गुज़रता तो उसके शव को घाट नहीं ले जाया जाता था। मृत्यु-भोज ज़ोर-शोर से करना भूसम्पन्न सामर्थ्यवान यादवों का शान-समृद्धि का प्रदर्शन था। इसलिए कि आर्थिक रूप से समर्थ भी वही थे।

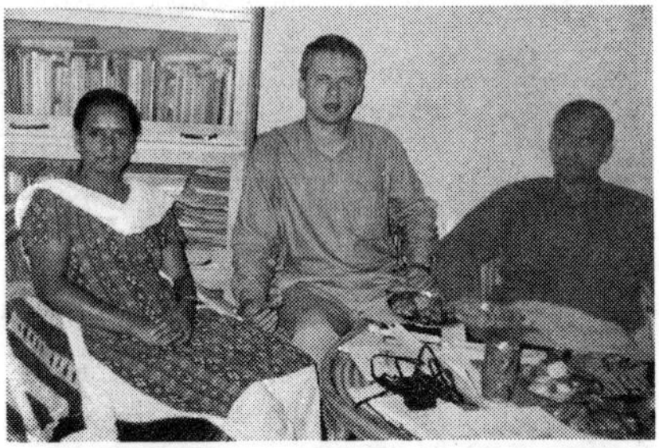

जर्मन स्कॉलर **Heinz wener wessler** ने 2003 में लेखक के निवास पर एक लम्बा साक्षात्कार रिकॉर्ड किया

यादवों में भी कभी कोई ग़रीब-गुरबा गुज़रता तो उसकी शवयात्रा में गिने-चुने लोग ही शामिल होते थे। कोई जाटव, तेली, वाल्मीकि या फ़क़ीर की मृत्यु होती तो उनके सगे सम्बन्धी या उनकी जाति-बिरादरी के लोग ही शवयात्रा में जाया करते थे। उनका दाह-संस्कार गाँव के स्थानीय शमशानों में होता था। इसलिए कि मैं भी उन्हीं लोगों में केवल बैठ आया करता था। उनकी तेरहवियाँ नहीं हुआ करती थीं। वे अपने थोड़े से लोगों को बुलाकर छोटे-मोटे भोज की औपचारिक रस्म निभाते थे। या कुछ बच्चियों को बुलाकर खाना खिला देते थे। और पास गाँव के ब्राह्मण को सूखा चावल, बूरा, दाल और कुछ पैसा पहुँचा दिया जाता था ताकि वह मृतक के स्वर्ग जाने के मार्ग को निर्बाध करा दे। अपवाद मेरे भाई जैसों का भी था जो क़र्ज़ करके भी बिरादरी के दूर गाँव के लोगों को बुलाकर दावत दिया करते थे।

मैं छिका हुआ

मैं जो थोड़ी-बहुत विद्या ग्रहण कर पाया यदि कुछ है मेरी ज़िन्दगी में तो यह विद्या का ही चमत्कार है और इस दृष्टि से मैं आज भी छिका हुआ चुनिन्दा व्यक्ति हूँ। मेरे गाँव बस्ती में बदहाली बढ़ गयी है। जिन जाति-बिरादरी के लोगों ने चालीस साल पहले मुझे छेककर जाति बाहर किया था, आज वे मेरे आगे बड़ी ही दयनीय दशा में खड़े हैं। उन्हीं में शामिल है, मेरे भाई का परिवार भी। वे अपेक्षा करते हैं, उनके बेरोज़गार बच्चों को शहर में कोई रोज़गार दिलाऊँ। जो मैं नहीं दिला सकता। जो लोग गाँव के जीवन को जिये हैं वे जानते हैं कि बिरादरी से छेक देना कितनी बड़ी सज़ा होती है। मेरा घर और मुझे छेकने (बहिष्कृत) के पीछे जो आरोप थे—

1. गाँव के मुर्दा मवेशी उठाना क्यों नहीं छोड़ा?
2. अन्धे गंगी (मेरे पिता के चाचा) यादवों की चाकी क्यों पीसते हैं? कुट्टी काटने की मशीन क्यों खींचते हैं? और गाँव वालों की बेगार क्यों करते हैं?
3. बाबूराम (मेरे पिता के बड़े भाई जो 70-80 फ़ीसदी अन्धे थे) कसेर (डिबाई रेलवे क्रॉसिंग) पर जूता पॉलिश क्यों करते हैं?
4. श्यौराज ने कसेर जाकर बूट पॉलिश-जूता मरम्मत करने का काम करके बिरादरी को नीचा क्यों दिखाया?
5. श्यौराज ये सब छोड़कर, जाति-भोज देकर, बिरादरी में शामिल क्यों नहीं हुआ, छोटा भाई राजमिस्त्री बन गया—दावत देकर जाति में शामिल हो गया, पर श्यौराज छिका हुआ था, छिका हुआ ही रहा। क्योंकि उसने न दावत दी और न जाति में शामिल हुआ।
6. श्यौराज जूता मरम्मत करने का काम छोड़कर कोई और काम करते हुए भी पढ़ने-लिखने की अलग दुनिया बसा सकता था।

मुझे जाति-बहिष्कृत करने वाले अब या तो बूढ़े हो चुके हैं या इस दुनिया से विदा हो चुके हैं। उनके बच्चे-बच्चियाँ पढ़े-लिखे नहीं हैं। आज की तारीख़ में दलितों की एक भी लड़की स्कूल नहीं जाती। अनपढ़ लड़के रोटी-रोज़ी की तलाश में गाँव छोड़ शहरों की ओर भाग गये। गाँव में सर्वाधिक उजाड़ दलित बस्तियों में भंगी-चमारों का हुआ है। अब वहाँ दो-चार महिलाएँ मिलती हैं। मर्द रोज़गार की तलाश में शहरों को भाग गये। भूमि और व्यवसायहीन होने के कारण अशिक्षा-ग़रीबी के बढ़ते दायरे की चपेट में दलितों के साथ-साथ यहाँ के ग़रीब यादव और मुसलमान (तेली) भी आ गये हैं। दशक-दर-दशक आज़ादी के बाद से अब तक सरकारें आ रही हैं, जा रही हैं, लेकिन दलितों की दुर्दशा दिन दूना और रात चौगुना बढ़ा रही हैं। अविद्या और अज्ञानता का अँधेरा गहरा होता जा रहा है। दलितों-पिछड़ों को तंग नज़र राजनीति ने इन जातियों में आपसी कलह भर दी है। मैं उनके बीच जाता हूँ, जिन्होंने मेरा बहिष्कार किया था। उनकी माली हालत देखकर मुझे दुख होता है। मैं चिन्तातुर हूँ। उत्तर प्रदेश में कांग्रेस, भाजपा, सपा, बसपा किसी ने भी हमारे गाँव के हालात नहीं सुधारे हैं। स्थानीय रोज़गार, प्राथमिक शिक्षा, स्वास्थ्य किसी के एजेंडे में नहीं रहा है। तब कैसे गाँव में रह पायेंगे ये लोग? चमारों और भंगियों के घरों के बाहर खेतों तक जब सम्पन्न यादवों के घरों का विस्तार हुआ तो ये बीच गाँव में फँस गये। पर

इन्हें तो शूद्रों (ओबीसी) द्वारा भी गाँव के बाहर खदेड़ना था, सो उन्हें मजबूर कर दिया कि वे अपने घर कौड़ियों में बेचें और या तो कहीं शहर भाग जायें या गाँव बाहर घूरों (कूड़ा-स्थल) के पास अपने ठिकाने बना लें। सो अब वे गाँव में प्रवेश करने से पहले ही मिल जाते हैं। घूरों में घर बनाये। मैं गाड़ी किनारे खड़ी कर उन्हीं के बीच बैठ जाता हूँ। हालचाल पूछता हूँ। अपनी कहता हूँ उनकी सुनता हूँ और अपनी बेचैनी बढ़ाकर लौट आता हूँ।

यहाँ मेरे दादा, परदादा का एक पुश्तैनी घर है, जो जर्जर हालत में है, जो प्रतीक भर है। वह गाँव के भीतर ही खड़ा है। बिरादरी गाँव से बाहर आ गयी है। मैं उस घर का क्या करूँ? मित्रों ने सलाह दी पड़ा रहने दो यादगार के लिए। बेचने पर भी क्या मिलेगा। दो दादाओं के दो खेतों के टुकड़े भाई ने बेच ही दिये। गंगी बब्बा का टुकड़ा बचा है, सो, मेंड़-तोड़ अमर सिंह यादव का परिवार उस पर क़ब्ज़ा करने को आमादा है। उनसे कौन लड़ेगा? वे तो सिंचाई के वक़्त पानी रोककर फ़सल सुखा देते थे। बच जाये तो उसमें अपने जानवर छोड़ देते हैं। खेत की मेंड़ कुतरना तो उनका रोज़ का काम है।.

शिमला में सुखविन्दर पाल सिंह (S.P. Singh)

IIAS शिमला में सहयोगी रहे वरिष्ठ पत्रकार एवं फैलो सुखविन्दर पाल सिंह (एस.पी. सिंह) के निवास पर

एडवांस स्टडी, शिमला में प्रबुद्ध पत्रकार और अध्येता एस.पी. सिंह का मिलना रेगिस्तान में दरिया जैसा था। विनम्रता और सेवाभाव से भरा उनका व्यवहार। अंग्रेज़ी अख़बार में ब्यूरो प्रमुख एस.पी. सिंह ने **वर्ल्ड सिख न्यूज**, यूएसए में कवर स्टोरी मेरे बारे में प्रकाशित करायी। **बृज रंजन मणि** से मेरे लेखन की लम्बी समीक्षा करायी। मणि बड़े प्रखर बुद्धिजीवी हैं। उन्होंने हंस (अगस्त 2004) के प्रथम दलित विशेषांक का ख़ासकर मेरे अतिथि सम्पादकीय 'तहलका' (अंग्रेज़ी) में बड़ा ही वस्तुपरक मूल्यांकन किया था। एस. पी. सिंह ने शिमला प्रवास ही नहीं, बल्कि उन्होंने मेरा आवागमन भी आसान कर दिया था। उन जैसा सेवा सत्कारी मैंने अभी तक दूसरा बुद्धिजीवी नहीं देखा है। मैं उन्हें कभी भूल नहीं पाऊँगा।

मैं जब शिमला से घर लौटने की योजना बनाता, एस.पी. सिंह तुरन्त वन्दना

लखनऊ : आई.आई.ए.एस. में फैलोशिप के दौरान 2007 'साहित्य भूषण सम्मान' संस्थान सचिव व वरिष्ठ कवि केदारनाथ सिंह के हाथों मिला

आई.आई.ए.एस. शिमला में सफल शोधपत्र प्रस्तुत करने पर डॉ. गेल ऑम्वेट ने हार पहनाकर सम्मान किया

BENNETT, COLEMAN & CO. LTD | ESTABLISHED 1838 | TIMESOFINDIA.COM NEW DELHI | CHANDIGARH | TUESDAY, OCTOBER 23, 2007 | PAGES 26 | PRICE RS. 2

THE TIMES OF INDIA

INCLUSIVE OF TIMES OF CHANDIGARH

This Dalit historian was once a shoeshine boy

IP Singh | TNN

A ROLE MODEL

Jalandhar: From his appearance, Dr Sheoraj Singh Bechain looks like one of the many academicians one comes across in a seminar or an academic conference. But not many know that this chronicler of Dalit literature once polished shoes and worked as a mason. His is a story in which grief was transmuted into grit and pathos was transformed into passion. And it's a story that Dr Sheoraj Singh Bechain — poet that he is — likes to retell in verse. In city as chief guest of a seminar, Sheoraj shared his story with TOI.

A PhD and D Litt, Bechain who trains aspiring journalists at Delhi's Dr BR Ambedkar College and is currently on a sabbatical pursuing research at Indian Institute of Advanced Studies, Shimla, is also working on the first-ever documented history of Dalit literature. Today, if he has achieved — what many in his situation would have termed — the unthinkable, then it is thanks to a Sikh couple in Delhi.

"Having lost my father at the age of five, since childhood, I did odd jobs to meet both ends. My grandfather and uncle were both blind. From washing utensils at dhabas to working as a cobbler with my uncle to a labourer — I had to take up any job that came my way," he said recalling his childhood.

Sardar Rattan Singh and his wife spotted this hardworking boy selling lemons and the childless couple immediately wanted to adopt him. They inspired young Bechain to study, provided him with books and even arranged his admission in a school. "They ignited a fire within me," he said. Fearing that she would lose him, Bechain's mother took him away to their native village Nandroli in Uttar Pradesh. Once in the village, it was back to square one for Bechain. But he never gave up his desire to study. When a village teacher found this boy, helping local mason, recite his own poems, he presented Ne Bechain before the village audience at a Holi fair. Another teacher arranged for his admission in class eighth in a local school.

FIRST DALIT FELLOW AT IIAS

Jalandhar: "While studying I continued to work as a mason and even constructed 12 wells in my area. But while doing graduation and postgraduation in Chandosi, I found it difficult to get work and while doing LLB I had to quit studies due to want of funds," Bechain recalled.

In 1989, he got the job of a school teacher in Delhi and could manage time and money for further education. His doctorate earned him a place in Limca Book of Records, as his was the first research on dalit journalism in the country. He went on to secure D Litt on non-dalits' literature on dalits. The man who had once experienced untouchablity is now doing research on the history of dalit literature.

A poet at heart, he has published two collections of poems and seven more books. According to him, he is the first dalit Fellow at the IIAS.

को फ़ोन करते, "मैं बेचैन सर को लेकर आ रहा हूँ।" ये अपने घर (जीरकपुर, चण्डीगढ़) रुकेंगे। वन्दना आई.ए.एस. थीं और चण्डीगढ़ में ही पोस्टिंग थी। हम कार में ढाई-तीन घण्टे में जीरकपुर पहुँचते। मैंने देखा कि बाकी काम सहायक करते थे, पर रोटियाँ वे स्वयं सेंकती थीं। मैंने इस दम्पती के व्यवहार पर सोचा, "यह सिख धर्म में गुरु प्रेरित सत्कार रूपी सेवा भाव है।"

एक दिन उदय, मैं, एस.पी. सिंह और बृज रंजन मणि चारों मैस से खाना खाकर 'स्टडी' के सामने टलहते-बतियाते आ रहे थे। मणि ने कहा, ''बेचैन जी,

बचपन तो मेरा भी तुम्हारे बचपन जैसा ही रहा है, पर मैंने लिखा नहीं है तुमने लिखा है।''

एस.पी. सिंह ने सुनकर मेरी ओर देखा। मैं चुप रहा।

अगले दिन मणि ने कहा, ''मेरे पिता जी के मृत्युभोज में पाँच सौ लोग आये थे।''

एस.पी. सिंह ने अपनी 'स्टडी' में मुझे बुलाया और प्रतिक्रिया जाननी चाही।

मैंने कहा, ''मणि को पहले दिन ज़्यादा चढ़ी थी, दूसरे दिन उसने पी नहीं थी।"

उन दिनों जालन्धर में अम्बेडकरवादी साहित्यकारों ने एक साहित्य सम्मेलन आयोजित किया था। आयोजकों ने मुझे उद्घाटन व्याख्यान देने के लिए आमन्त्रित किया था। एस.पी. सिंह ने 'टाइम्स ऑफ़ इंडिया' में आई.पी. सिंह को फ़ोन कर बताया, 'श्यौराज सिंह बेचैन' को सुनें और उनसे समय लेकर मुलाक़ात कर लें। आई.पी. सिंह की स्टोरी 'टाइम्स ऑफ़ इंडिया' के चण्डीगढ़ और शिमला संस्करणों ने पहले पेज पर प्रकाशित की थी। उस शाम शिमला से एस.पी. सिंह मुझे अपने साथ जीरकपुर अपने निवास पर ले गये थे। उस रात मैं उनका मेहमान था।

Appendix

Professor Sheoraj Singh holds a distinguished array of pioneering achievements in his field:

- He is the first Dalit to attain the esteemed position of Senior Professor and Head of the Department of Hindi (HOD) at the University of Delhi. Notably, he joined the prestigious role against the Unreserved post on February 12, 2010.
- As the first Dalit columnist, he is a regular contributor to national dailies such as Rashtriya Sahara, Hindustan, Amar Ujala, and Jansatta. His prolific writing includes over two hundred lead articles featured on editorial pages.
- Professor Singh is the first Ph.D. scholar to specialize in Dalit journalism, notably conducting groundbreaking research on Ambedkar's role as a journalist. His doctoral thesis, titled "Hindi Dalit Patrakarita par Patrakar Ambedkar ka Prabhav" (The Impact of Journalist Ambedkar on Hindi Dalit Journalism), was recognized in the Records of Limca Book in 1999.
- He made history as the first Dalit anchor on television, hosting a show titled "Dalit Gatha" on Jain TV, in coordination with Kamleshwar.
- His scholarly contributions extend to being the first Dalit fellow at the Indian Institute of Advanced Study (IIAS) in Shimla, Himachal Pradesh, where he delved into the history of Dalit literature. His work was highlighted in a cover story in the Times of India on October 23, 2007.
- In a significant literary achievement, Professor Singh became the first Hindi Dalit to pen his autobiography, "My Childhood on My Shoulders," which was published by the prestigious Oxford University Press (OUP) in 2018.
- Also, he served as the first Guest editor for the inaugural Dalit special issue titled "Satta Vimarsh aur Dalit" in Hans Patrika (Katha Masik) in August 2004, showcasing his editorial prowess and commitment to highlighting Dalit perspectives.

Prof. (Dr.) Parmod Kumar Mehra

Professor of English
Indira Gandhi National Open University
Maidan Garhi, New Delhi 110 068

श्यौराज सिंह के सृजनात्मक एवं आलोचनात्मक साहित्य पर पीएच.डी. (16) एवं एम.फिल.(12) शोध।

पीएच.डी. शोधार्थी	शोध प्रबन्ध के शीर्षक	निर्देशक	विश्वविद्यालय
भोसले पूनम महादेव	"डॉ. श्यौराज सिंह 'बेचैन' : व्यक्तित्व एवं कृतित्व..."	प्रो. विष्णु आर. सरवदे	मुम्बई विश्वविद्यालय, मुम्बई वर्ष 2014
कविता यादव	"दलित प्रश्न और डॉ. श्यौराज सिंह 'बेचैन' का लेखन"	प्रो. रामचन्द्र	भारतीय भाषा केन्द्र, जवाहर लाल नेहरू विश्वविद्यालय, नयी दिल्ली-67, वर्ष-2017
उमेश कुमार	"हिन्दी साहित्य में स्त्री विवेचनाओं के सन्दर्भ में श्यौराज सिंह 'बेचैन' के सा. का अध्ययन"	डॉ. डी.पी. वर्मा	श्री जे. झाबरमल टीबड़ेवाला विश्वविद्यालय, झुंझनू राजस्थान, वर्ष-2018
रजनी गन्धा	"दलित वैचारिकी और श्यौराज सिंह 'बेचैन' का साहित्य"	प्रो. दीपक प्रकाश त्यागी	दीनदयाल उपाध्याय गोरखपुर विश्वविद्यालय, वर्ष-2022
अविनाश रंजन	"हिन्दी दलित साहित्य को डॉ. श्यौराज सिंह 'बेचैन' की देन"	प्रो. धीरेन्द्र प्रसाद राय	बाबा साहब भीमराव अम्बेडकर बिहार वि.वि., मुज़फ़्फ़रपुर, वर्ष-2020
गुड़िया चौधरी	"श्यौराज सिंह की रचनाओं में दलित चेतना"	प्रो. प्रदीप कुमार शर्मा	उच्च शिक्षा और शोध संस्थान द.भा. हिन्दी प्रचार सभा, मद्रास, वर्ष-2021
राजूराम	"हिन्दी साहित्य में दलित साहित्यकारों का योगदान"	डॉ. सोमर साहु सुमन	विनोबा भावे विश्वविद्यालय, हज़ारी बाग, झारखण्ड, वर्ष-2010
हेमलता	"हिन्दी साहित्य की वैचारिकी में श्यौराज सिंह का साहित्य"	प्रो. मनु प्रताप	महात्मा ज्योतिबा फुले रुहेलखण्ड विश्वविद्यालय, बरेली, उ.प्र., वर्ष-2010
नीलम	"डॉ. श्यौराज सिंह 'बेचैन' के काव्य में युगबोध–विशेष सन्दर्भ स्त्री विषयक रचनाएँ"	प्रो. मनु प्रताप	महात्मा ज्योतिबा फुले रुहेलखण्ड विश्वविद्यालय, बरेली, उ.प्र., वर्ष-2024

लालचन्द पाल	''हिन्दी दलित पत्रकारिता में श्यौराज सिंह 'बेचैन' का योगदान''	प्रो. कृष्णाजी श्रीवास्तव	हिन्दी तथा आ.भा. भाषा विभाग, लखनऊ विश्वविद्यालय
रामप्रकाश प्रसाद	''समकालीन दलित साहित्य : श्यौराज सिंह 'बेचैन' की उपलब्धियाँ''	प्रो. विजय कुमार 'संदेश'	विनोबा भावे विश्वविद्यालय, हज़ारी बाग, झारखण्ड, वर्ष-2010
हरिकेश गौतम	''हिन्दी दलित कविता का अध्ययन : श्यौराज सिंह 'बेचैन' के काव्य के विशेष सन्दर्भ में''	प्रो. योगेन्द्र प्रताप सिंह	हिन्दी तथा आधुनिक भा. भाषा विभाग, लखनऊ विश्वविद्यालय, वर्ष-2022
प्रकाश चन्द्र	''श्यौराज सिंह 'बेचैन' के नारी पात्रों का मूल्यांकन''	डॉ. एन.एस. परमार	महाराजा सयाजीराव विश्वविद्यालय, बड़ोदा, वर्ष-2024
विजय कुमार कान्ति भाई परमार	''हिन्दी दलित विमर्श और श्यौराज सिंह 'बेचैन' ''	प्रो. वी.पी. चौहान	हेमचन्द्राचार्य उत्तर गुजरात विश्वविद्यालय, गुजरात वर्ष-2017
कृष्णा कुमारी	''श्यौराज सिंह 'बेचैन' के साहित्य का मूल्यांकन''	डॉ. युवराज सिंह	राजा बलवन्त सिंह महाविद्यालय, आगरा, वर्ष-2009
अर्चना सिंह	''श्यौराज सिंह 'बेचैन' के कथा साहित्य में जीवन मूल्य''	डॉ. क्रान्तिबोध	चौधरी चरण सिंह विश्वविद्यालय मेरठ, वर्ष-2023
शोधार्थी	**लघु शोध के शीर्षक**	**निर्देशक**	**विश्वविद्यालय/संस्था**
जोगीराम	''श्यौराज सिंह 'बेचैन' की आत्मकथा–दलित चेतना के विविध सन्दर्भ''	प्रो. राजेन्द्र बड़गूजर	दक्षिण भारत हिन्दी प्रचार सभा, उच्च शिक्षा शोध संस्थान, कर्नाटक, वर्ष-2012

शिवकुमार रविदास	'मुर्दहिया' और 'मेरा बचपन मेरे कन्धों पर' में चेतना...	प्रो. रामचन्द्र	भारतीय भाषा केन्द्र, जे.एन.यू. नयी दिल्ली, वर्ष-2014
जयराम कुमार पासवान	" 'मेरा बचपन मेरे कन्धों पर' में दलित स्त्री चेतना"	प्रो. वी. विजयलक्ष्मी	पांडिचेरी विश्वविद्यालय, पुदुच्चेरी, वर्ष-2010
पूनम कुमारी सिन्हा	"श्यौराज सिंह 'बेचैन' की आत्मकथा में दलित संघर्ष"	प्रो. इस्पाक अली	उच्च शिक्षा और शोध संस्थान दक्षिण भारत हिन्दी प्रचार सभा धारवाड़, वर्ष-2010
रेखा कुमारी	"श्यौराज सिंह 'बेचैन' की आत्मकथा... का समीक्षात्मक अनुशीलन"	प्रो. रंजना वैशम्पायन	हिन्दी तथा आ. भा. भाषा विभाग, लखनऊ विश्वविद्यालय, वर्ष-2012-13
दीपाली मान	" 'भरोसे की बहन' कहानी संग्रह में दलित चेतना"	प्रो. अनिल कुमार	महर्षि दयानन्द विश्वविद्यालय, रोहतक, वर्ष-2020-21
अनिल गौतम	"समकालीन दलित कहानी...(सन्दर्भ : 'भरोसे की बहन')	डॉ. सन्तोष भदौरिया	महात्मा गांधी अन्तरराष्ट्रीय हिन्दी विश्वविद्यालय, महाराष्ट्र, वर्ष-2016-18
गणेश दास सरोए	"श्यौराज सिंह 'बेचैन' के काव्य में दलित चेतना"	प्रो. राजेन्द्र बड़गूजर	पत्राचार पाठ्यक्रम निदेशालय श्री वेंकटेश्वर विश्वविद्यालय तिरुपति, वर्ष-2007-08
पूजा कुमारी	" 'मेरा बचपन मेरे कन्धों पर' का आलोचनात्मक अध्ययन"	डॉ. आशा मीणा	महात्मा गांधी केन्द्रीय विश्वविद्यालय, मोतिहारी, बिहार, वर्ष-2020-21
पल्लवी मिश्रा	" 'मेरा बचपन मेरे कन्धों पर' आत्मकथा में अभिव्यक्त लेखक का बाल-संघर्ष"	प्रो. कालीचरण 'स्नेही'	हिन्दी तथा आधुनिक भारतीय भाषा विभाग, लखनऊ विश्वविद्यालय, वर्ष-2016
सुनील कुमार सलैडा	"दलित साहित्य के सन्दर्भ में श्यौराज सिंह 'बेचैन' की आत्मकथा...	डॉ. ओमप्रकाश द्विवेदी	हिन्दी विभाग, जम्मू विश्वविद्यालय, जम्मू-06, वर्ष-2010

मणिवेन पटेल	" 'मेरा बचपन मेरे कन्धों पर' आत्मकथा में बाल संवेदना"	प्रो. केदारनाथ सिंह एवं प्रो. देवेन्द्र चौबे	भारतीय भाषा केन्द्र जे.एन.यू., नयी दिल्ली वर्ष-2010

आभार

उन पत्र-पत्रिकाओं के सम्पादकों-समीक्षकों और संस्थाओं का जिन्होंने 'मेरा बचपन मेरे कन्धों पर' का संज्ञान लिया। **राजेन्द्र यादव** के 'हंस' का जिसमें 'अस्थियों के अक्षर' (फरवरी-1996), 'बेवक़्त गुजर गया माली' (फरवरी, 2006), 'यहाँ एक मोची रहता था' (जुलाई, 2007), 'राह बदली कि जीवन बदलता गया' (2006), 'कन्धों पर बचपन' **सं. गिरधर राठी** ('समकालीन भारतीय साहित्य', जुलाई-अगस्त 2000, पृ. 117-130), **रमणिका गुप्ता** ('युद्धरत आम आदमी' में 15 किस्तें प्रकाशित कीं), DR. IMTIYAZ AHMAD, Editor SHAHRYAR, MUGHNI TABASSUM–SHER-O-HIKMAT (11 JULY 2010, 12 MAY 2011, VOLUME 2, 1 AND 2), उर्दू PATRIKA 'AAJs'—ALIGARH—EDITOR ABDUL KALEEM QASMI (JAN-MARCH, 19, BOOK SERIES 9, APRIL-JUNE BOOK SERIES 10), **MINI KRISHNAN** जिन्होंने TAPAN BASU और DEEBA ZAFIR से अंग्रेजी अनुवाद कराकर OXFORD UNIVERSITY PRESS (OUP) से प्रकाशित कराया। **डॉ. मीनाक्षी 'मून'** 'आम्ही मेतरणी' (मराठी), **अमित सेन गुप्ता** (भूमिका), **बलबीर माधोपुरी** अनुवाद (पुस्तक एवं 'प्रीति लड़ी'—पंजाबी पत्रिका), **ओमप्रकाश वाल्मीकि** (जनसत्ता), **अनामिका** Book Review, **कंवल भारती** (रागनी, टिप्पणी), **डॉ. यशवंत वीरोदय** (सम्यक भारत), **राकेश तिवारी** ('दलित अस्मिता के नये छोर', 'जनसत्ता', रविवारीय, 19 मई, 2002)

डॉ. गोबिन्द 'बड़ी दुनिया में छोटे कदम' ('अमर उजाला', 17 मार्च, 2008), 'बालपन का पहला प्रतिशोध' (24 मार्च, 2008), 'स्कूल में आउट साइडर' (31 मार्च, 2008), 'आखर' (तीन किस्तें), 'ज्ञान की चुनौती लें, इसमें हार नहीं होती' (दैनिक भास्कर, इन्दौर, 25 अप्रैल, 2016), **रेखादेश पाण्डे** 'माझं बालपण माझ्या खांद्यावर' ('मराठी लोकसत्ता' पूरा पृष्ठ मुम्बई, 11 अक्तूबर, 2009), 'कितनी कठिन स्कूल की राह' ('दैनिक हिन्दुस्तान', 19 अप्रैल, 2009), **महाश्वेता देवी** 'योद्धा बने हर दलित' ('दैनिक

हिन्दुस्तान', 6 दिसम्बर, 2009), **'कादम्बनी'** 'भूत ने मेरे पिता को मारा' (अगस्त 2003), **प्रियदर्शन** 'बेचैन करने वाले ब्योरे' ('इंडिया टुडे' 21 अप्रैल, 2010), **मैनेजर पाण्डेय, डॉ. दिनेशराम** (रेडियो वार्ता), **सुधीश पचौरी** जिनके विभागाध्यक्ष काल में **अनारक्षित स्थान पर पहला दलित प्रोफेसर तथा विभागाध्यक्ष** बना 'आपबीती जगबीती' ('पाखी') एवं 'जीवित बचा स्वराज' ('वाक्'-2007), **दीपक राजा** 'भोगे हुए यथार्थ की कसौटी' ('राष्ट्रीय सहारा' 27. सितम्बर, 2019), **उमाशंकर** 'वजूद की तलाश' ('जनसत्ता', 1 नवम्बर, 2009), **प्रो. कालीचरण 'स्नेही'** 'प्रेरणा का पावर हाउस' ('वार्ता', वर्धा), **विभांशु दिव्याल** 'चेतना को चीरता बचपन' ('हंस' फरवरी, 2010), 'देहात का दलित यथार्थ' ('राष्ट्रीय सहारा', 16 अगस्त, 2009), **कल्लोल चक्रवर्ती** 'दलित जीवन का दंश : श्यौराज का बचपन', **'माई चाइल्डहुड ऑन माई शोल्डर्स'**—''यह किताब एक ऐसे लेखक की आत्मकथा है, जिसने सवर्ण समाज को निशाना बनाने से ज़्यादा जोर दलित समाज की दुर्दशा को उसकी समग्रता में सामने लाने पर लगाया।'' ('रविवार', 22 अप्रैल, 2018, 'अमर उजाला'), **ओम भारती** 'और मुश्किलें आसां हो गयीं' ('नई दुनिया', 17 अक्तूबर, 2009), **अरुण त्रिपाठी** 'थ्री ईडियट हम और बेचैन' ('Live Hindustan' 23 जनवरी, 2010) **महेश दर्पण,** 'समकालीन भा. साहित्य', **सं. बलराम** आत्मकथा पर नाट्य प्रस्तुति 'राष्ट्रीय नाट्य विद्यालय' (NSD) अगस्त 2004।

'Bechain's Burdens are India's To'—**Pradeep Gopalan,** The Book Review, Celebrating Hindi Volume XLIII Number, (5 may, 2019, Page no. 39-40.), 'Their lives, in their words', BY **MINI KRISHNAN**—'B.R. Ambedkar described as 'graded inequality' also informs one of the best autobiographies titled **My Childhood on My Shoulders** (Sheoraj Singh 'Bechain'), where the very family that undertakes to perform a particular ritual is humiliated when preparations for the feast begin : no vessel from their household is accepted by the cooks who are themselves Dalits : Singh's book also carries a memorable and ironic ditty beginning, "Doés anyone call Tata a Luhar, or Bata a Chamar?" (**The Hindu**—Lit Er- Review— April 15, 2018).

'Weapon of Choice', The intricate web of caste inequality in India and the story of a Dalit life in all its misery and humiliation, and eventual triumph—**HARISH TRIVEDI**, (THE INDIAN EXPRESS, JULY 21, 2018). Braj Ranjan Mani 'Bechain Hai Yeh', SPECIAL REPORT—(WORLD SIKH NEWS, May 28–June 3, 2008), 'Selling nimboos', writing Poetry, by **Dinesh Ram**, THE PIONEER, APRIL 18, 1999., 'A Dalit

Childhood', **Raj Kumar**—(Economic and Political weekly, October 26, 2013), **Avijit Ghosh**—interview at—(Times of India), **I.P. Singh**—(Profile at 'Times of India's chandigarh' and **S.P. Singh**—('World Sikh Newss' USA), Editor 'Tehelka' (Autobiography-30 Installment), **Vibhanshu Divyal**—Samar hill—IIAS Shimla., **Alka Khnal** and **Heinz Werner Wessler**(German), **P.S. Krishnan, IAS (Retd.)** 'A Saga of Personal Struggle and A Valuable Social Document'—The Autobiography of Prof. Sheoraj Singh 'Bechains'—Guest Editor A.J. Thomas Indian Literature, Sahitya Akademi Journal, New Delhi, March-April, 2020., Interview by Prof. **Tapan Basu**—(The Hindu April 12, 2015) , **Lok sabha T.V.** Sahitya Sansar—2014, **Sangat**—EP42 Dalit Literature, caste...Ambedkar/**Anjum Sharma**.

AMIT SEN GUPTA and Tehelka Team—Shadow Lines, The Dalit Voice, Articles of the Series, From 5 June 2003, **Such a long journey**, Dr. Sheoraj singh bechain, Hindi writer—Other Article of the Series- Part I—**Such a long journey** (11-12, 2004), II—**A Step into the big world** (18 December, 2004),—**My first rebellion** (25-12-2004),—**Another trial begins** (01 Jenuary 2005),—**Early morning lemons** (29 Jenuary 2005), VI—**Shout in the lanes** (05 February, 2005), VII—**A juicy poem, a half-ticket** (12 February 2005), VIII—**An old slate copy, pencil** (19 February, 2005), IX—**The wall clock** (26 February, 2005), X—**Unknown steps** (05 March, 2005), XI—**Moving pictures** (12 March, 2005), XII—**Then she called** (19 March, 2005), XIII—**The Dilemma** (26 March, 2005), XIV—**The white girl (**02 April, 2005).

Other Articles of the Series PART I—**Skin the Dead** (18 February, 2006), PART II—**Skin the Dead** (04 March, 2006), III—**A Wedding in the Family** (11 March, 2006), IV— **My First Boat Ride** (18 March, 2006), V—**Poison in a Wedding** (15 March, 2006), VI—**No Drinking those days** (01 March, 2006), VII—**Black Magic Woman** (08 Apri, 2006), VIII—**The Ghost Worshippers** (15 April, 2006), IX—**The Exorcists** (06 May, 2006), X—**An Unfamiliar Situation** (13 May, 2006), XI—**An Enduring Wait** (20-05-2006), XII— **Clouding Darkness** (27 May. 2006), XIII—**Wilted Gardener** (03 June, 2006), XIV—**A Morose Morning** (10 June, 2006), XV—**All that a Death Means** (17 June, 2006), XVI—**Pain of a sons's death** (24 June, 2006), XVII—**Last rites of chacha** (01 July 2006), XVIII—**A vivid childhood memory** (08 July, 2006), XIX—**Rituals of Death** (15 July, 2006), XX— **Waiting for the father** (22 July, 2006), XXI—**The family legacy**.

बतौर मूल्यांकन जिन लेखकों ने किताबें लिखीं—**डॉ. धर्मवीर** 'बालक श्यौराज : महाशिला खण्डों का संग्राम', **प्रो. विजय सन्देश, डॉ. रामप्रकाश प्रसाद** 'समकालीन दलित साहित्य : श्यौराज सिंह बेचैन की उपलब्धियाँ', **डॉ. नितिन गायकवाड़** 'दलित बचपन : वेदना का विस्फोट', **प्रो. राजेन्द्र बड़गूजर** 'श्यौराज सिंह बेचैन : जीवट बचपन की उड़ान', **डॉ. जोगी राम** : 'श्यौराज सिंह बेचैन की आत्मकथा' **डॉ. के किरण दशरथ** 'मेरा बचपन मेरे कन्धों पर' में अभिव्यक्त दलित जीवन', **कविता यादव** 'दलित प्रश्न : श्यौराज सिंह बेचैन का लेखन'।

ऊपर्युक्त के साथ-साथ मैं **अरुण माहेश्वरी** और **अदिति माहेश्वरी** वाणी प्रकाशन का आभारी हूँ।

□□